미메시스

믿는 체하기로서의 예술

미메시스
믿는 체하기로서의 예술

초판1쇄 발행 2019년 11월 5일
초판2쇄 발행 2021년 10월 15일

지은이 | 켄달 L. 월튼
옮긴이 | 양민정
교정교열 | 정난진
펴낸이 | 이찬규
펴낸곳 | 북코리아
등록번호 | 제03-01240호
주소 | 13209 경기도 성남시 중원구 사기막골로 45번길 14
우림2차 A동 1007호
전화 | 02-704-7840
팩스 | 02-704-7848
이메일 | ibookorea@naver.com
홈페이지 | www.북코리아.kr
ISBN | 978-89-6324-674-1 (93100)

값 32,000원

* 이 책의 출간은 2014년 서울대학교 인문대학의 인문학 '명저 번역 · 교감 · 주해' 지원사업의 지원을 받았음.

미메시스

믿는 체하기로서의 예술

Mimesis as Make-Believe

On the foundations of the representational arts

켄달 L. 월튼 지음
양민정 옮김

북코리아

〈그림 1.1〉
카지미르 말레비치(Kasimir Malevich), 〈절대주의 회화(Suprematist Painting)〉, 101.5×62cm, 캔버스에 오일(1915). 암스테르담 시립미술관.

〈그림 3.3〉
로이 리히텐슈타인(Roy Lichtenstein), 〈작지만 큰 그림(Little Big Painting)〉,
68×80인치, 캔버스에 오일(1965), 휘트니 미술관, 뉴욕.

〈그림 4.1〉
파블로 피카소(Pablo Picasso), 〈해변을 달리는 두 여인(Women Running on the Beach)〉, $13\frac{3}{8} \times 16\frac{3}{4}$인치, 합판에 오일(1922). 피카소 미술관. 1924년 발레 〈푸른 기차〉의 커튼으로 사용됨.

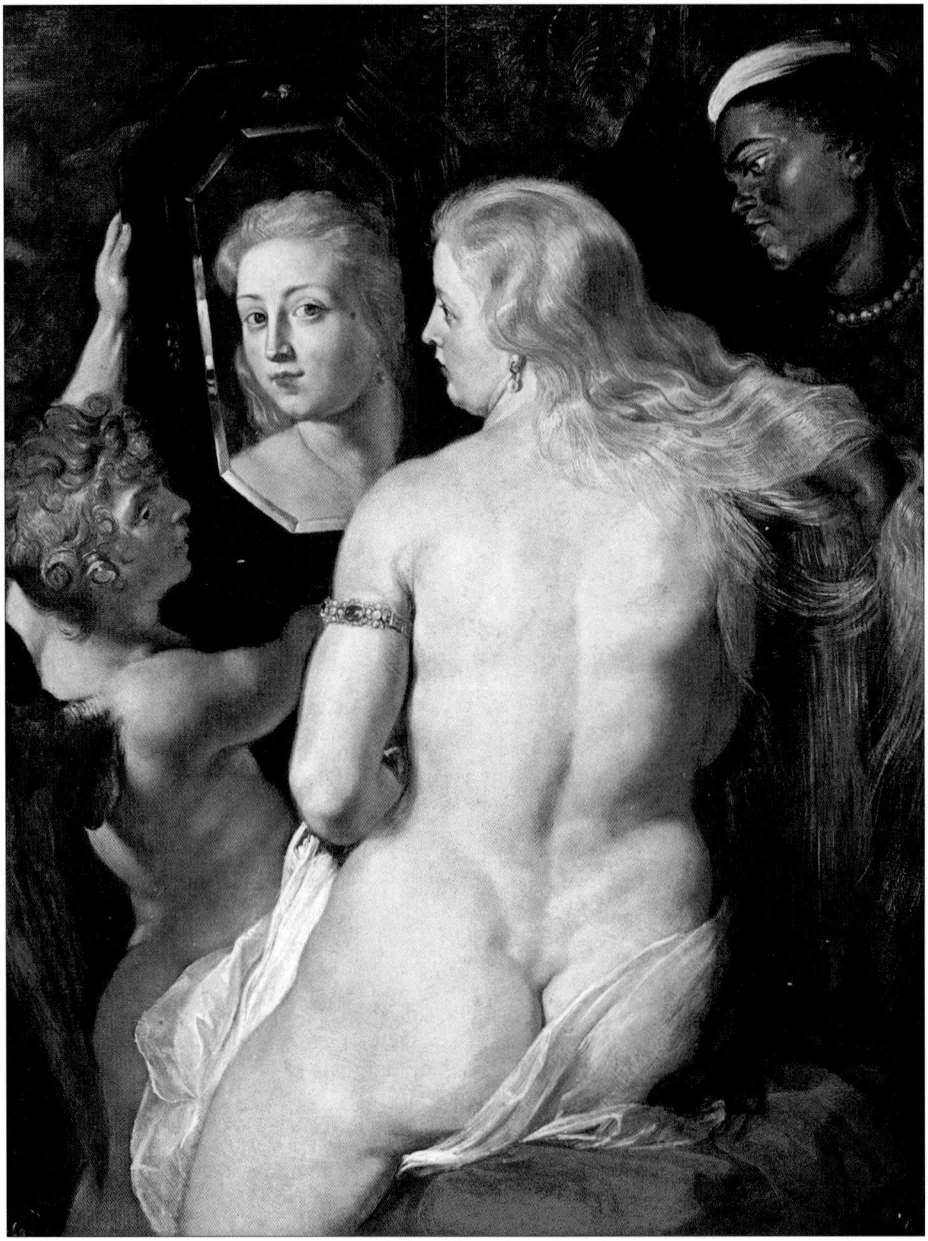

〈그림 4.2〉
피터 폴 루벤스(Peter Paul Rubens), 〈비너스의 화장(Toilette of Venus)〉,
$48\frac{3}{4} \times 38\frac{5}{8}$인치, 패널화(c. 1613-1615). 리히텐슈타인 박물관.

〈그림 6.1〉
빌렘 반 데 벨데(Willem Van der Velde), 〈스헤베닝언 해변(The Shore at Scheveningen)〉,
내셔널 갤러리, 런던.

〈그림 7.5〉
〈뉴스위크(Newsweek)〉 표지,
1973년 11월 12일. 로버트 V. 엥글(Robert V. Engle).

〈그림 8.1〉
마인데르트 호베마(Meindert Hobbema), 〈붉은 지붕의 물방앗간(The Water Mill with the Great Red Roof)〉, 81.3×110cm, 캔버스에 오일(c. 1670). 시카고 미술관.

〈그림 8.4〉
파울 시트로엥(Paul Citroën), 〈메트로폴리스(Metropolis)〉
(1923), 사진.

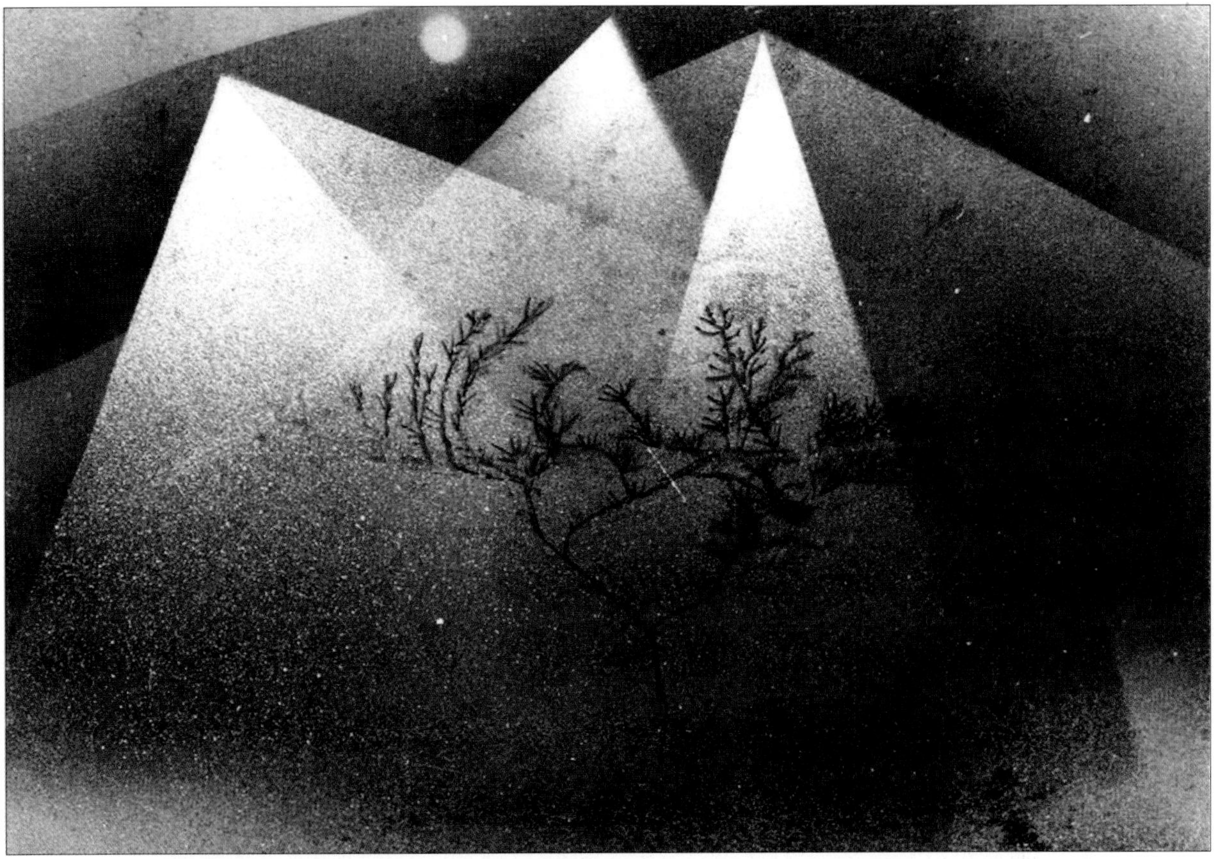

〈그림 8.6〉
파울 클레(Paul Klee), 〈겨울의 산(Mountains in Winter)〉,
11×14$\frac{3}{8}$인치, 판지에 수채물감과 붓(1925). 베른 미술관.

〈그림 8.8〉
얀 베르메르(Jan Vermeer), 〈열린 창문 옆에서 편지를 읽고 있는 소녀(Girl Reading Letter by Open Window)〉, 캔버스에 오일(c. 1658). 드레스덴 국립 미술관.

〈그림 8.9〉
앙리 마티스(Henri Matisse), 〈붉은 방(The Red Studio)〉,
71¼인치×7피트2¼인치, 캔버스에 오일(1911). 현대 미술관, 뉴욕.

〈그림 8.10〉
안드레아 만테냐(Andrea Mantegna), 〈목동들의 경배(The Adoration of the Shepherds)〉, $15\frac{3}{4}\times21\frac{7}{8}$인치, 나무에 템페라(1450-1460). 메트로폴리탄 미술관.

CONTENTS

CONTENTS

한국어판 서문

《미메시스: 믿는 체하기로서의 예술》이 한국어판으로 출간되어 기쁘게 생각합니다. 언어 능력과 철학적 통찰력 양자를 요구하는 매우 어려운 과제를 맡은 양민정에게 감사를 표합니다. 나는 수년 동안 미국과 한국에서 재능 있는 한국인 철학자들과 매우 유익한 교류를 해왔으며, 앞으로도 더 많은 교류를 기대합니다. 나는《미메시스》에서 했던 주장들을 대체로 지지하지만, 그 안에는 분명 실수도 있으며 여전히 해결해야 할 문제가 많이 남아 있습니다. 이 번역서는 한국 철학자들이 더 쉽게 기여할 수 있게 해줄 것입니다. 이 책이 한국의 예술가, 비평가, 그리고 예술 연구자들과의 대화와 협력에도 도움이 되기를 바랍니다. 나는 특히《미메시스》의 아이디어가 한국의 전통 예술 형식에 적용되는지, 그리고 어떻게 적용되는지에 관심이 있습니다. 양민정의 작업은 철학 및 미학의 분야에서 나와 우리 모두에게 도움이 될 것입니다.

켄달 월튼

2019년 9월 2일

감사의 글

내가 재현적인 예술들에 관해 생각하고 글을 쓰는 몇 년간 특별히 재능 있고 관대한 동료 및 친구들과 함께할 수 있었던 것은 커다란 행운이었다. 나는 여러 달, 여러 해 동안 존 베넷(John G. Bennett), 데이비드 힐스(David Hills), 패트릭 메이너드(Patrick Maynard), 홀리 스미스(Holly Smith), 윌리엄 타스첵(William Taschek), 그리고 스티븐 화이트(Stephen White)와의 긴 토론으로부터 큰 도움을 받았다. 그들 모두는 진행 중인 원고의 상당 부분을 한 번쯤 읽고 글을 중요하게 개선시키는 데 도움을 주었다. 나는 가장 골치 아픈 철학적 문제 및 가장 미묘한 미학적 문제들에서부터 사례와 도판의 선택에 이르기까지 모든 것들에 대해 특히 데이비드 힐스와 자주 상의했는데, 그럴 때마다 항상 놀라울 정도로 통찰력 있는 조언을 얻었다. 나는 허구적 개체들의 형이상학적 지위에 대한 논의에서 키트 파인(Kit Fine)과 티모시 매카시(Timothy McCarthy)의 도움을 받았으며, 동남아시아의 믿는 체하기 형식들에 대한 수전 프랫 월튼(Susan Pratt Walton)의 전문 지식으로부터도 도움을 받았다. 예리하고 종종 회의적이기도 했던 많은 학생들의 논평과 찬성하지 않는 표정들은 내 이론들을 형성하는 데 많은 영향을 주었다. 그들 중 테드 힌치먼(Ted Hinchman)과 에일린 존(Eileen John)은 원고를 작성하는 일에도 도움을 주었다.

때로 넬슨 굿맨(Nelson Goodman), 리처드 볼하임(Richard Wollheim), 그리고 니

콜라스 월터스토프(Nicholas Wolterstorff)의 저작들에 대해 이의를 제기하는 데 있어, 나는 그들의 이론에 경의를 표한다. 나는 아마도 그들로부터 벗어나는 것보다 더 자주 그들이 이끄는 대로 따랐을 것이며, 만약 내가 의견의 일치보다 충돌을 더 강조했다면 그것은 단지 그렇게 하는 편이 더 유익하다고 여겨졌기 때문이다. 나는 볼하임 및 월터스토프와 함께 그들과 나의 이론에 대해 여러 차례 나눈 많은 깨달음을 준 대화들을 즐거운 마음으로 회상한다.

나의 믿는 체하기 이론을 용이하게 설명하기 위하여 나는 많은 인물을 등장시켰는데, 그들 중 몇몇은 허구적이지만 몇몇은 실제 인물이며, 나는 그들의 기여에 대해 감사한다. 모두 실제 인물인 그레고리(Gregory)와 에릭(Eric)에게는 특별한 감사를 표한다.

이 책에서 내가 다루는 문제들은 본질적으로 학제간적인 문제들이며, 많은 연구 영역들에서 많은 뛰어난 학자들의 재능을 발휘하게 해 왔다. 비평가들, 예술사가들, 문학 이론가들, 심리학자들, 그리고 철학자들이 많은 방식으로 재현적 예술들에 대한 나의 이해에, 그리고 내가 여기서 발전시키고 있는 이론에 기여했다. 본문 속의 각주들은 이 풍부하고 다양한 문헌들에게 내가 입은 은혜를 단지 암시하는 정도일 뿐이다.

나는 이른 대학원생 시절부터 재현적 예술들에 대한 철학적 문제들에 매료되었으며, 그것은 일련의 논문들을 통해 표현되었다. 그 첫 번째 논문은 1973년에 나왔다. 나는 그동안 몇 가지 문제들에 대해 생각을 바꾸었으며, 내가 결실이 있음을 계속해서 확인한 사고의 방식을 제시하고 발전시키는 더 명료한 방식들이라고 여겨지는 것들을 발견했다. 그러나 현재의 연구는 이 앞선 모험들에 많은 빚을 지고 있다. 앞선 나의 논문들 중 어떤 것도 이 책에 포함되는 과정에서 재편성 — 그리고 바라건대 개선 — 되는 것을 피하지 못했다. 그러나 나는 나의 현재 목적에 도움이 될 때는 그 논문들로부터 아이디어와 문장들을 자유로이 가져다 썼다. 내가 참고한 논문들은 다음과 같다: "Pictures and Make-Believe," *Philosophical Review* 82(1973); "Are Representations Symbols?", *The Monist* 58(1974); "Points of View in Narrative and Depictive Representation", *Noûs* 10(1976); "Fearing Fictions", *Journal of Philosophy* 75(1978); "How Remote Are Fictional Worlds From the Real World?", *Journal of Aesthetics and Art Criticism* 37(1978); Review of Nicholas Wolterstorff, *Works and Worlds of Arts* in *Journal of Philosophy* 80(1983); "Fiction, Fiction-Making, and Styles of Fictionality", *Philosophy and Literature* 7(1983); "Do We Need Fictional Entities? Notes toward a Theory", in *Aesthetics: Proceedings of the Eighth International Wittgenstein Symposium*, part Ⅰ, ed. Rudolf Haller (Vienna: Hölder-Pichler-Tempsky, 1984); 그리고 "Looking at Pictures and Looking at Things", in *Philosophy and the Visual Arts*, ed. Andrew Harrison (Dordrecht: Kluwer, 1987). 나는 이 출판물들로부터 자료들을 사용하도록 허가해 준 편집자와 출판사들에 감사한다.

나는 미국 학술단체협의회(American Council of Learned Societies), 국립 인문학 재단(National Endowment for the Humanities), 록펠러 재단(Rockefeller Foundation), 그리고 지난 20여 년간 여러 차례에 걸쳐 이 책 및 그보다 앞선 논문들을 저술하는 데 집중할 수 있도록 다른 의무들이 면제된 특별 연구원 자격을 준 스탠퍼드 대학 인문학 센터(Stanford Humanities Center)에 감사한다. 나는 또 여름 연구 지원과 원고 준비 지원을 해 준 호레이스 래컴 대학원(Horace H. Rackham School of Graduate Studies) 및 삽화를 수록하는 비용을 지원해 준 미시간 문학 · 과학 · 예술 대학(University of Michigan College of Literature, Science, and the Arts)에 감사를 표한다. 관대하게 출판 지원을 해 준 국립 인문학 재단에 감사한다.

얼마 안 있어 벤 로저스가 나타났다. 그가 가장 두려워하고 있던 것은 모든 아이들 중에서도 바로 그 아이의 놀림이었다. 벤의 발걸음은 삼단뛰기였는데, 그의 마음이 가볍고 기대로 가득 차 있다는 것을 보여주는 충분한 증거였다. 벤은 사과를 먹으며 그 사이사이에 길고 멜로디가 있는 소리를 낸 다음 저음으로 딩동동 딩동동 소리를 냈는데, 그것은 그가 증기선 흉내를 내고 있었기 때문이다! 가까이 다가옴에 따라 그는 속도를 줄이고 길 한가운데서 우현으로 몸을 한참 기울이더니 육중하게, 그리고 짐짓 화려하고 격식 있게 뱃머리를 돌려서 멈추었다. 그는 〈빅 미주리호〉를 흉내 내고 있었고, 9피트만큼이나 물에 잠겨 있다고 상상하고 있었기 때문이다. 그는 배이기도 하고, 선장이기도 하고, 엔진 벨이기도 했기 때문에 자신의 최상갑판에 서서 명령을 내리고 또 그 명령을 따르는 상상을 해야만 했다.

"배를 멈춥니다! 땡, 땡, 땡!" 배는 거의 속도를 줄였고, 그는 천천히 길가로 멈춰 섰다. "배 후진! 땡, 땡, 땡!" 그는 팔을 일자로 펴서 뻣뻣하게 양옆으로 내렸다. "우현 뒤로! 땡, 땡, 땡! 츄! 치-츄우-츄!" 그의 오른손은 그사이에 위엄 있게 원을 그리고 있었는데, 왜냐하면 그것은 40피트 크기의 타륜을 재현하고 있었기 때문이다. "좌현 뒤로! 땡, 땡, 땡! 츄-치-츄-츄!" 왼손이 원을 그리기 시작했다.

"우현 멈춰! 땡, 땡, 땡! 좌현 멈춰! 우현 앞으로! 멈춰! 천천히 바깥쪽을 돌려! 땡, 땡, 땡! 츄-우-우! 그 활대 밧줄을 꺼내! 얼른, 지금! 계선줄을 꺼내와-거기서 뭘 하고 있어? 밧줄 고리를 말뚝에 돌려 감아! 이제 그 선창에 배를 대-배를 내버려 둬! 엔진을 껐습니다, 선장님! 땡, 땡, 땡!"

"쉿! 쉬쉿! 쉿!"(검수기를 시험하며)

톰은 계속 회반죽을 칠했다 — 증기선에는 관심을 보이지 않고.

- 마크 트웨인, 《톰 소여의 모험》

그들은 게임을 하고 있다. 그들은 게임을 하는 것이 아닌 게임을 하고 있다. 만약 내가 그들이 게임을 하고 있다는 것을 안다고 말한다면, 나는 규칙을 깨는 것이고 그들은 나에게 벌을 줄 것이다. 나는 그들의 게임을 해야 한다. 내가 그 게임을 안다는 것을 알지 못하는 게임을.

- R. D.랭, 《매듭(*Knots*)》

서문

나의 출발점은 그저 그림, 소설, 이야기, 연극, 영화 같은 것들 — 이를테면 쇠라의 〈그랑자트 섬의 일요일 오후〉, 디킨스의 《두 도시 이야기》, 히치콕의 〈북북서로 진로를 돌려라〉, 입센의 《헤다 가블레르》, 모차르트의 〈마술 피리〉, 미켈란젤로의 〈다비드〉, 에드거 앨런 포의 《고자질하는 심장》 — 에 대한 관찰과 함께 그러한 작품들이 우리의 삶과 우리의 문화 안에서 가지는 중요성에 대한 깨달음이다. 우리는 그것들이 무엇으로 만들어져 있으며 어떻게 작용하는지에 대해, 그리고 그것들이 종사하는 목적과 그러한 목적을 이루기 위해 사용하는 수단들, 사람들이 그러한 작품들을 이해하고 감상하는 다양한 방식들, 우리의 개인적 · 집단적인 역사 안에서 그것들이 차지하는 공간들의 형태에 대해 숙고하고 궁금해하기를 멈출 수 없다. 더욱 전문적인 관점에서 접근했을 때, 예술 작품들은 또 다른 점에서 우리를 매혹시킨다. 그것들은 형이상학 이론들과 언어 이론들에 흥미로우며 종종 파괴력 있는 문제들을 제기한다.

우리의 연구 범위를 정하는 것은 그 출발점만큼 쉽지 않다. 우리는 어떤 범주의 대상들을 탐구해야 하는가? 내 책의 부제목은 "재현적 예술(representational arts)"에 대한 연구를 약속하며, 나는 어떤 면에서는 그 약속을 지킬 것이다.[*역주: 이 책의 원제는 〈믿는 체하기로서의 미메시스: 재현적 예술의 토대에 대하여〉이다.] 그리고 나는 그 범주가 얼마나 멀리, 그리고 어떤 방향으로 확대될지 아무리 불명확하다 할지라도 위에서 든 예들을 재현적 예술의 범례들로서 간주할 것이다. 이 예들은 또한 "허구(fiction)" 작품의 중심적인 예들이기도 하며, 이 개념 역시 우리의 탐구 영역을 결정하는 데 어떤 역할을 담당할 것이다. 재현적 예술과 허구라는 이 두 개념은 모두 올바른 방향을 가리키기는 하지만, 모호하고 단지 대략적으로일 뿐이다.

재현적 예술이라는 개념은 그 경계에 있는 것들에 대해 잠깐만 살펴보더라도 매우 골치 아픈 개념이라는 것이 밝혀진다. 시드니 오페라 하우스는 재현적 예술의 자격이 있는가? 거기에 "천국으로의 항해"라는 제목이 붙는다면 자격이 있게 될까? 브랑쿠시의 〈공간의 새〉는 재현적인가? 몬드리안의 〈브로드웨이 부기우기〉는 어떠한가? 잭슨 폴록의 그림들은 그 그림을 만드는 행위들을 재현하는가? 우리는 "표현적" 음악이 감정이나 감정의 경험을 **재현한다고** 해야 하는가? 표현은 재현의 한 종류인가? 표제음악은 의심할 여지없이 재현적이지만, 영화의 배경음악은 어떠한가? 우리는 스트라빈스키의 〈풀치넬라 조곡〉, 재스퍼 존스의 과녁과 깃발들, 뒤샹의 레디메이드, 해프닝들을 어떻게 분류해야 하는가? 경계에 있거나 결정하기 어려운 경우들이 존재한다는 것은 그러한 예들이 아무리 많다고 하더라도 문제될 것이 없다. 중요한 것은 우리가 왜 어떤 것이 재현적인지 그렇지 않은지, 아니면 왜 그것이 경계선에 있는 경우인지, 또는 그것을 결정하기 위해서는 무엇을 알아야 하는지를 쉽게 말할 수 없다는 사실이다. 몇몇 문제가 되는 경우들은 경계선에 있다고도 할 수 없다. 우리가 재현성이 무엇인지 더 잘 이해할 수만 있다면 주어진 대상이 **확실히** 재현적이거나 **확실히** 재현적이지 않다는 것을 알 수 있을 것이라고 생각될 것이다. 우리는 재현적인 것이란 무엇인지에 대해 확신하지 못할 뿐 아니라 혼란스럽기도 하다. 우리에게는 이론이 필요하다.

우리의 범주가 재현적 **예술**이라고 한다면, 우리는 예술이 아닌 것으로부터 예술을 구분하는 지루하고도 괴로울 정도로 진전이 없는 일에 맞닥뜨리게 된다. 우리는 예술일 수도 있지만 반드시 예술일 필요는 없는, **재현적인** 것들이라는 부류에 시선을 고정시킴으로써 고민을 덜 수 있을지도 모른다. 그러나 이는 더욱 많은 난제들을 들여온다. 구름이나 별자리가 동물처럼 보일 때 그것들은 재현적인 것들에 포함되는가? 여권 사진은 재현적인 것들에 포함되는가? X-레이 사진이나 텔레비전 화면, 거울에 비친 모습은 재현적인 것들에 포함되는가? 화학 교과서, 역사 소설, 트루먼 카포티의 소설《인 콜드 블러드(*In Cold Blood*)》, 연애 시, 시로 쓰인 연애편지 등은 모두 한 가지 의미에서, 그리고《고자질하는 심장》이 그러한 것과 같은 의미에서 재현적인가? 허수아비, 플라스틱 조화, 달러 지폐, 위조 달러 지폐, 모노폴리 게임 지폐, 성찬식에서 쓰이는 빵과 포도주, 청동으로 본뜬 아기 장화 장식품, 수프 한 입, 마담 투소의 밀랍인형들, 발자국, 드루들(droodle) 그림, 대관식, 화장(火葬), 닭싸움, 그래프, 도표, 게임용 카드, 체스의 말들, 그리고 목마와 장난감 트럭까지 더한다면? 우리는 어떻게 결정해야 하는가? 의심할 여지없이, 이 항목들은 모두 각각 **어떤** 합당한 의미에서는 "재현적"이라 할 만하다. 문제는 그 영역 안에 서로 교차하고 간섭하는 너무 많은 의미들이 있는 것 같다는 점이다.

나는 통상적인 재현적 예술 개념에 대한 해명이나 개선 따위가 아니라 하나의 새로운 범주, 우리가 원칙에 입각한 변경이라고 생각할 만한 하나의 범주를 만들어내고자 한다. 나는 그 구성원들을 단지 "재현들"이라 부를 것인데, 이는 나 자신의 목적을 위해 이 표현을 선취하는 동시에 그 표현이 보통 가진다고 이해되는 것보다 넓으면서도 좁은 연장된 의미를 부여하는 것이기도 하다. 나는 대부분의 경우 예술이라는 개념을 그리 심각하게 다루지 않을 것이지만, 내가 재현들이라고 부르는 것들의 한 가지 중요한 측면에서 예술의 개념은 시사하는 바가 있다. "재현적 **예술**" 작품이라 했을 때 우리에게 가장 먼저 떠오를법한 것들은 우리가 처음에 든 예들과 같이 **허구**(fiction) 작품들 — 예를 들면 문학 작품들 중에서는 전기, 역사, 교과서보다는 소설, 이야기, 그리고 설화들 — 이다. 나는 허구에 집중할 것이며, 내가 제시하는 특별한 의미에서는 단지 허구만이 "재현적"이라는 자격을 갖출 것이다.

"허구"라는 말은 무엇을 의미하는가? 이 표현이 "재현"이 원래 그랬던 것만큼 순전한 수수께끼투성이인 것은 아닐지 몰라도 혼란의 여지는 많다. 우리는 그 용어의 한 가지 의미를 다른 의미들로부터 구분하고 다듬음으로써 그 혼란들 중 일부를 제2장에서 몰아낼 것이다. 우리는 "허구"라는 표현을 **작품들**, 즉 인간이 만든 인공품들에 한정하지 않고 보통 사용되는 것과는 다른 측면들에까지 더 넓게 사용하는 것이 최선임을 발견하게 될 것이다. 이러한 의미에서의 "허구"는 앞으로 우리가 이해하게 될 "재현"과 바꾸어 쓸 수 있을 것이다. 그러나 나는 보통 "비허구(nonfiction)"라고 불리는 것과의 대조를 강조할 때를 제외하고는 "재현"이라는 표현을 더 선호할 것이다.

"재현"이라는 용어가 내가 그 용어에 부여할 역할에 결코 이상적이지는 않지만, 더 이상 나은 용어를 찾을 수 없었다. "허구적 재현"은 비허구를 배제한다는 것을 더 명확하게 가리킬 것이다. 그러나 나는 우리의 범주가 "허구적인" 것들뿐 아니라 "비허구적인" 것들까지 포함하는 것으로 이해되는 더 큰 범주인 "재현"에 속하는 하나의 종이라는 함축에 거부감을 느낀다. 그리고 어쨌든 "허구적인"이라는 표현은 다른 역할이 있다. "미메시스(mimesis)"라는 용어는 그 유명한 역사와 더불어 내가 생각하는 의미의 "재현"에 거의 상응하는 것으로 이해될 수 있으며, 또한 내가 다룰 쟁점 중 많은 것들의 중요한 초창기 논의들과 관련된다. 따라서 나는 이 용어를 내 책의 제목으로 삼았다. 그러나 나는 언어(혹은 "상징")에 대한 그림 이론이나 진리 대응론, 또는 묘사(depiction)에 대한 모방 이론이나 닮음 이론 그 어느 쪽에든 함축적으로 기대는 것을 거부한다. "재현" 역시 어떤 이들에게는 앞에서 말한 것과 같은 종류의 어떤 함축을 암시할 수 있다. 그러나 이 용어는 적어도 한 가지 점에서 다른 용어들보다 나은데, 그것은 이 용어가 너무나도 혼란스러운 많은 의미와 비의미로 다양하게 사용되며 또한 너무나도 다양한 이론적 의도에 따라 사용되기 때문에 현재 통용되는 어떤 용법도 독점권을 주장할 수 없다는 점이다. 이 용어가 새로이 출발할 필요가 있다는 것은 매우 명백하며, 따라서 내가 그러한 하나의 새로운 출발을 제시한다고 해도 반대는 없을 것이다.

재현이라는 범주를 어떻게 구체화할지에 대한 내 결정과 그에 대한 이유들은 우리의 이론이 전개됨에 따라 차츰 분명해질 것이다. 사실 하나의 이론을 구성하는 것, 사물에 대한 하나의 이해를 획득하는 것은 많은 부분 무엇이 그것들을 분류하는 최선의 방법인지, 그리고 어떤 공통점과 차이점을 간파하고 강조할 것인지를 결정하는 일이다. 따라서 우리 탐구 범위에 대한 결정은 크게 보아 그러한 작업의 한 가지 결과가 될 것이다. 우리가 이론을 손에 쥐기 전까지는, 그 이론이 내가 앞서 제시한 예들을 넘어서서 도대체 무엇에 대한 이론인지 알지 못할 것이다.

그러나 우리에게는 보통 "재현적 예술" 그리고 "허구 작품"으로 묘사되는 문화적 대상들의 느슨한 조합이라 할 수 있는 최초의 예들이 있다. 비록 이 분류, 혹은 분류들이 더욱 통찰력 있고 명료한, 우리의 특별한 의미에서의 재현이라는 범주로 대체된다 하더라도 〈그랑자트 섬의 일요일 오후〉, 《두 도시 이야기》, 《고자질하는 심장》, 《헤다 가블레르》 그리고 〈북북서로 진로를 돌려라〉와 같은 그림, 소설, 이야기, 연극, 그리고 영화들은 우리 관심의 핵심으로 남아 있을 것이다. 내가 이 범주를 고안해내고 그 범주가 속하는 이론을 전개시켜나가는 첫 번째 목적은 이러한 작품들과 그것들을 둘러싸고 있는 주변에 대한 우리의 이해를 심화시키는 것이다. 나는 "재현적 예술"의 토대를 탐구하겠다고 한 약속을 이러한 방식으로 지키도록 하겠다.

최초의 예들조차 굉장히 다양하다. 지금으로서는 나는 그것들이 문학 작품과 시각 예술 작품 양자뿐 아니라 연극, 영화, 그리고 오페라 같은 혼성 예술들까지 포함한다는 사실에 주목하겠다. 우리는 적절한 때에 이들 사이의 이러한 차이점과 또 다른 차이점들을 검토할 것이지만, 모든 종류의 재현들의 공통점이 무엇인지 첫 번째로 살펴보는 일이 필수적이다. 문학에만, 혹은 시각예술에만 집중하는 것은 때때로 심각한 오해로 이끌 수 있으며, 그러한 오해를 수정하기 위한 가장 좋은 방법은 한 종류의 재현을 다른 종류의 재현 옆에 놓고 비교해보는 일이다. 제3부 전까지는 문학적 재현과 회화적 재현을 체계적으로 구분하지 않을 것이며, 그것들 사이의 다른 차이점들을 스치며 흘낏 보는 것 이상 깊게 살펴보지 않을 것이다. 그때까지는 일반적으로 재현에 대해 어떻게 말할 수 있는지에 초점을 맞추도록 하겠다.

모든 재현들의 공통점은 믿는 체하기(make-believe)에서 어떤 역할을 한다는 점이다. 상상하기로써 설명되는 믿는 체하기는 내 이론의 핵심을 이룰 것이다. 나는 아이들의 놀이와의 연관 — 소꿉놀이와 학교놀이, 경찰과 도둑놀이, 카우보이와 인디언놀이와의, 그리고 인형, 테디 베어, 장난감 트럭으로 놀며 하게 되는 공상 놀이와의 연관 — 을 진지하게 다루고자 한다. 우리는 아이들의 놀이와 같은 믿는 체하기 활동들과의 유비를 밀고 나감으로써 소설, 회화, 연극, 그리고 영화에 대해 많은 것을 배울 수 있다.

이러한 제안은 별로 대담한 혁신이라고는 할 수 없다. 에른스트 곰브리치(Ernst Gombrich)가 한 유명한 에세이에서 그림을 나무막대로 만든 말에 비유했던 때도 마찬가지다.[1] 어떤 종류의 믿는 체하기(또는 상상하기, 또는 가장하기)가 어떤 방식으로든 "허구 작품"에 중심적이라는 점은 분명히 의심할 여지가 없다. 여기까지야 토끼를 우리에서 꺼내는 것처럼 자연스럽다. 그러나 그러한 견지에서 믿는 체하기가 무엇인지 설명하거나 허구(또는 우리가 제시하는 의미와 유사한 어떤 의미의 재현이라도)의 뿌리를 추적하고자 하는 집중적인 시도는 거의 없었다. 또한 믿는 체하기를 중심에 두었을 때의 결과가 어떻게 나타날 것인지 역시 제대로 인식되지 못했다. 그 결론들 중 몇몇은 놀랍다. 기본적인 통찰은 명백하고 시시해 보일지 모르지만, 우리는 그러한 통찰을 발전시켜나가는 중에 어떤 매우 의외의, 그리고 비정통적인 결론들을 지지하게 되는 것을 발견할 것이다. 결국 우리는 토끼우리라고 생각했던 것이 실제로는 모자였음에 틀림없다고 생각하게 될 것이다. [*역주: 모자에서 토끼를 꺼낸다는 것은 놀라운 해결책에 대한 비유적 표현이다.] 그러나 그때가 되면 토끼는 이미 우리 손 안에 있을 것이다.

최근의 많은 이론가들은 소설, 회화, 연극, 그리고 영화를 이해하기 위한 모델로서 특히 언어에 눈을 돌려, 표준적이고 일상적이고 비허구적인 맥락에서 자연언어가 어떻게 작동하는지를 살피고자 한다. 믿는 체하기에 대한 나의 강조는 부분적으로는 이러한 접근에 지나치게 의존하는 경향에 저항하기 위한 것이기도 하다. 나는 언어 모델이 제공해줄 것이 많다는 것을 부정하지 않는다. 이론가들은 우리가 관심을 가지는 작품들을 언어의 "진지한" 사용과 함께 고려함으로써, 그리고 언어 이론을 작품들에 적용시킴으로써 그 작품들의 중요한 특징들을 밝혀왔다. 그러나 모든 모델에는 위험이 내포되어 있으며, 언어 모델은 허구나 재현적 예술에 대한 최근의 사고에서 너무나도 지배

---

1) "Meditations on a Hobby Horse." (각주에 간단하게 표시된 작품들의 완전한 서지 정보는 책 뒤의 참고문헌을 참고하라.) 한 남자를 그린 그림은 나무막대로 만든 말이 말에 대한 "대체물"인 것처럼 한 남자에 대한 "대체물"이라고 하는 곰브리치의 제안은 몇 가지 실수를 저지를 위험이 있다. 그러나 이 말은 또한 오해를 불러일으킬 여지도 있다. 말이 끄는 마차를 말이 끌지 않는 탈것이 대체하는 식으로 나무막대로 만든 말이 말을 대체하지는 않는다. 우리는 말이 끄는 마차에 타는 것처럼 말이 끌지 않는 탈것에 탈 수 있지만, 아이가 그의 막대기에 실제로 타는 것은 아니다. 또한 아이가 그의 막대기를 말인 것처럼 **생각하는** 반면 자동차를 사용하는 사람은 그것이 말이 끄는 마차를 대체하는 것이라는 사실을 오래전에 잊어버렸을 것이라는 점이 결정적으로 중요하다.

적이어서 언어 모델의 많은 한계들은 인지되지 못한 채 간과되어왔다. 이제 새로운 관점에서 바라보아야 할 때가 왔다. 물론 믿는 체하기 이론이 언어에 기반을 둔 이론과 충돌할 필요는 없다. 한 이론의 진정한 통찰은 다른 이론들의 통찰과 함께 받아들여질 수 있다. 믿는 체하기 게임 자체가 언어적 관점("기호학적" 관점 등의)에서 생각함으로써 밝혀질 수 있다고 주장하는 사람도 있을 것이다. 이러한 주장에는 틀림없이 일말의 진실이 있다. 그러나 우리가 이제 살펴볼 것처럼, 믿는 체하기라는 개념이 언어의 중요한 측면들을 밝혀낼 수 있다는 것 역시 참이다. 어쨌든 언어에 대한 집착이 재현에 대한 우리의 사고에 행사하는 영향력에서 빠져나와 그것이 불러일으킨 왜곡을 뚫고 바라보는 것이 중요하다. 우리는 언어 모델에서 옳은 점이 무엇인지 제대로 평가하기 위해 나중에 언제든 언어 모델로 다시 돌아갈 수 있다.

나는 앞서 탐구해야 할 질문들의 종류를 두 가지로 구분할 것을 암시했다. 한편으로는 재현이 우리의 삶에서 하는 역할, 그것들이 기여하는 목적, 감상자들의 반응의 본성에 대한 질문들이 있다. 사람들이 이야기를 만들어내어 서로에게 말한다는 바로 그 사실, 사람들이 단지 허구에 불과함을 알고 있는 이야기에 흥미를 느낀다는 사실은 놀라우며 설명이 필요하다. 다른 한편으로는 허구 속 등장인물들 및 다른 허구적 개체들의 존재론적 지위에 관한, 그리고 그러한 대상들을 가리키고자 하는 이름들 및 기술들의 의미론적 역할에 관련된 더욱 전문적인 문제들이 있다. 이 두 그룹의 문제들에 대한 논의들, 넓게 말해 허구에 대한 **미학** 지향적 이론과 **형이상학** 지향적 이론 사이에는 주목할 만한 그리고 불행한 분리가 있어왔다. 두 종류의 연구는 거의 교차하거나 교류하는 일이 없다. 미학자들은 톰 소여나 모비 딕이 **진짜로** 있는지에 대해 거의 신경 쓰지 않는다. 형이상학자들과 언어철학자들은 허구라는 관습의 의미와 가치가 무엇일지에 대해 거의 관심을 보이지 않는다. 미학적 · 형이상학적 문제들이 통일된 방식으로 다루어지는 통합적 이론, 한쪽의 질문에 대한 답이 다른 쪽의 질문에 대한 답을 가리키고 또 강화하는 그런 이론이 아쉽다는 것은 말할 필요도 없다.

그러한 통합된 이론이 발견될 것이라고 생각하는 충분한 이유가 있다. 허구라는 제도가 그것이 기여하는 목적에 적합하도록 되어 있다고 추정하는 것은 타당하며, 우리는 어떻게 해서 허구라는 제도가 그렇게 적합하게 되었는지 알 수 있어야 한다. 허구 제도의 논리적 · 의미론적 · 존재론적 구조에 대한 어떤 설명이라도 그러한 구조를 가진 제도가 왜 존재해야 하는지를 해명하지 못한다면 매우 의심스러울 수밖에 없다. 만약 허구 제도가 허구적 개체에 대한 인정을 포함한다면, 우리는 그 이유 및 그러한 인정이 기여하는 목적과 기여하는 방식에 대한 설명을 기대해야 한다. 허구 제도의 본성과 그 존재론적 전제들에 대한 설득력 있는 형이상학 이론이라면 그러한 제도의 목적이 무엇인지에 대한 미학적 질문들과 의미 있게 연결되어야 한다고 요구할 권리가 우리에게는 있다.

미학적 문제들과 형이상학적 문제들 사이의 연결을 기대하는 더 특수한 이유도 있다. "이야기에 사로잡히는" 경험, 소설이나 연극이나 회화의 세계에 감정적으로 연루되는 경험은 많은 허구의 감상에 중심적이며, 이러한 경험의 본성을 설명하는 것은 미학자들의 중요한 임무다. 이야기에 사로잡혀 있을 때는 일시적으로 실제 세계와의 접촉을 끊고 정말로 허구 이야기를 믿는다고 가정하고 싶은 강한 유혹이 들기도 한다. 《안나 카레니나》의 독자는 소설에 빠져, 적어도 순간적으로는 그리고 부분적으로는 안나가 존재한다는 것과 소설이 그녀에 대해 말하는 것이 참이라는 것을 믿는다. 그렇지 않다면 왜 안나가 처한 곤경 때문에 마음이 아프겠는가? 왜 소설을 읽는 수고를 할 만큼 관심이 있겠는가? 그러나 또한 정상적인 감상자는 허구를 **정말로는** (물론!) 믿지 않는 것 같다. 허구에 대한 형이상학의 핵심적 문제는 감상의 경험 자체에 반영된다. 이 두 가지가 밀접하게 뒤얽혀 있지 않다고, 감상자들이 허구를 정말로 믿는지의 여부가 이론가들이 허구적 존재자들을 받아들여야 할지의 문제에 상당히 큰 관련이 있지 않다고 믿기는 어렵다.

내가 그 두 종류의 문제들을 다룰 때 연관성은 분명하게 나타날 것이다. 믿는 체하기는 그 양자의 경우에서 중심적인 역할을 할 것이다. 제1부, 제2부, 제3부에서 나는 믿는 체하기 이론을 발전시키고 그 이론을 (넓게 해석된) 미학적 문제들에 적용시키는 데 집중할 것이다. 그러나 형이상학적, 그리고 의미론적 관심사들이 표면에서 그리 멀리 떨어져 있지 않을 것이며, 나는 앞서 얻은 자원들을 이용하여 제4부에서 그 문제들을 직접적으로 다룰 것이다.

미학적 문제들뿐 아니라 형이상학적 · 의미론적 문제들 역시 부분적으로는 예술에서 믿는 체하기가 하는 역할로부터 발생한다. 그러나 믿는 체하기는 인간 경험에 만연해 있으며, 예술뿐 아니라 우리 삶의 다른 많은 영역에서도 중요한 역할을 한다. 믿는 체하기가 가끔씩 다른 영역으로 번지기도 하나 중심적으로나 범례적으로 또는 우선적으로 예술의 특징이라거나 "미적" 경험의 구성요소인 것도 아니다. 믿는 체하기 자체에 특별히 "미적"인 것은 없다. 그리고 예술 작품들은 우리가 생각하는 의미에서의 재현의 유일한 사례도, 1차적인 사례도 아니다. 예술 작품들은 단지 내가 이 연구에서 초점을 맞추기로 선택한 것들일 뿐이다. 그러나 나는 믿는 체하기를 해명하고 예술에서 믿는 체하기가 하는 역할을 고찰하기 위해 아이들의 놀이에서의 믿는 체하기에 대해 논의할 것이다. 그리고 나는 믿는 체하기를 이용하여 (허구 작품이나 재현적인 예술 작품과 관련이 없는 단언들도 포함하여) 존재한다는 또는 존재하지 않는다는 단언(assertion)들, 그리고 언어의 몇몇 비축어적(nonliteral) 용법들을 이해하는 하나의 방법을 제안할 것이다. 나는 믿는 체하기가 어떤 종교적 의식들,[2] 우리 문화에서의 스포츠의 역할, 도덕 제도, 과학에서의 "이론적 존재자들"의 상정, 그리고 형이상학적 "실재론"이라는 쟁점이 두드러지는 다른 영역들에도 역시 결정적으로 관련될 것이라고 생각한다. 그러나 내 이론이 그러한 분야에 어떻게 적용될 수 있을지에 대해서는 기껏해야 암시 정도만 하고 넘어갈 것이다.

다른 영역에 적용될 때의 타당성은 중요하다. 그것은 이론에 대해 확신하고 예술 영역에서 그것이 가지는 설명력에 대해 내가 야심차게 주장할 바를 강화하는 데 도움을 준다. 우리는 예술에서의 재현성을 그 자신만의 특별한 설명이 필요한 독특한 어떤 것이라기보다는 다른 친숙한 인간 제도 및 활동들과 연속적인 것으로서 볼 수 있게 될 것이다. 그러나 이 이론은 또한 재현적 예술과 믿는 체하기를 포함하고 있는 다른 영역들 사이의, 그리고 재현적 예술 자체들 사이에서의 불연속성을 설명할 수 있을 만큼 충

2) Pavel, *Fictional Worlds*, pp. 57-61을 보라.

분히 풍부하고 유연하다.

예술에서의 믿는 체하기의 역할에 대한 나의 야심찬 주장들은 많은 친숙한 논쟁들을(그리고 몇몇 친숙하지 않은 논쟁들 역시) 포함하고 있다. 어떻게(그리고 과연) 허구가 비허구로부터 구분될 수 있는가(제2장), 어떤 원칙들이 우리의 읽기나 해석을 인도(혹은 기술)하는가(제4장), 믿을 만하거나 믿을 만하지 않은 서술에 관한 문제, 서술자의 매개자로서의 역할에 관한 문제, 그리고 문학 작품들에서 서술자가 얼마나 보편화되어 있는가의 문제(제9장) 등의 내러티브 이론의 문제들, 감상과 비평의 관계, 허구에 대한 감상자의 감정적 반응의 특징(제2부), 비극의 역설(예를 들면, 왜 감상자들은 비극이 그들에게 불러일으키는 것 같은 불쾌한 경험들에 기꺼이 그리고 심지어는 간절히 말려들고자 하는가), 회화적 재현의 본성, 묘사(depiction)는 기술(description)과 어떻게 다른가, 그리고 묘사는 "자연적"인가 "관습적"인가(제8장). 우리는 문학적 재현과 회화적 재현 양자에서 **사실주의**와 **시점**의 개념을 검토할 것이다. 우리는 재현적인 것들의 (명백한 또는 사실상의) 한계를 탐구할 것인데, 비구상적(nonfigurative) 회화(§1.8), 비허구(nonfiction) 문학 작품들(§2.7), 장식적 예술(§7.6), 그리고 음악(§§8.6, 8.7)에 특히 주목할 것이다. 우리는 허구적 개체들의 형이상학적 지위에 대한 전통적인 철학의 난제들은 물론이거니와, 사진과 영화, 전설과 신화들, "시간" 예술과 "정지" 예술에 대한 토론들에 기여할 기회도 가지게 될 것이다. 나의 주장이 예술 내에서의 믿는 체하기의 작용에 한정되어 있다 하더라도 그것이 다루는 영역은 광대하다. 그리고 다양한 독자들은 그 영역 중 서로 다른 부분들에 끌릴 것이다. 독자들은 목차와 색인을 이용하여 가장 관심이 있는 주제들을 찾아 상당 정도 집중할 수 있다. 그러나 모든 독자들은 처음 몇 장들에 나오는 믿는 체하기에 대한 논의들과 재현에 대한 믿는 체하기 이론의 기본 요소들이 어떻게 발전되는지를 우선 보아야 한다. 건너뛰며 읽기 전에 적어도 제1장(특히 홀수 절들), 제3장의 1~6절, 제5장, 그리고 제6장과 제7장의 처음 몇 절들을 읽기를 권한다. 상호 참조들은 주어진 논의가 특히 의존하고 있는 절들로 독자들을 안내할 것이며, 이론에 대해 좀 더 추상적으로 설명하고 있는 지점들을 넘어서 훑어보는 것은 이론이 어떻게 적용되는지에 대해 구체적으로 이해하는 데 도움을 줄 것이다. 이 연구는 개별적 문제들에 대한 별개의 답변들을 모은 개설서가 아니라, 많은 분야에 적용될 수 있는 하나의 포괄적이고 통합적인 이론을 세우고자 하는 시도이다.

시작해보자.

I
재현

1. 재현과 믿는 체하기
2. 허구와 비허구
3. 재현의 대상
4. 발생의 역학

1.
재현과 믿는 체하기

미치광이와 연인과 시인은
모두 상상력으로 가득 차 있답니다.
광대한 지옥에 있는 악마들보다 더 많은 악마를 보는 자가
바로 미치광이입니다. 광기에 사로잡힌 연인 역시
집시의 얼굴에서 헬렌의 아름다움을 본답니다.
시인의 눈은 영감에 찬 듯 번뜩이며 순식간에
천상에서 지상으로, 그리고 지상에서 천상으로 오르내린답니다.
그리하여 상상력이 미지의 사물에
형상을 부여하자, 시인의 펜은
그것에 형체를 주고, 있지도 않은 것에
특정한 장소와 이름을 부여하는 것이랍니다.
강력한 상상력에는 이렇듯 마력이 있는 법이어서
조금만 기뻐도
그 기쁨을 가지고 오는 실체를 생각해낸답니다.
혹 밤중에 무서운 생각만 해도

덤불도 금세 곰으로 보인다니까요!

– *셰익스피어, 《한여름 밤의 꿈》*

그림, 연극, 영화, 그리고 소설을 이해하기 위해, 우리는 먼저 인형, 목마, 장난감 트럭, 그리고 테디 베어를 살펴보아야 한다. 재현적인 예술 작품이 뿌리내리고 있고 또 그러한 작품들에 의미를 부여하는 활동들은 아이들의 믿는 체하기(make-believe) 게임과의 연속선상에서 가장 잘 이해될 수 있다. 사실, 나는 이러한 활동들을 믿는 체하기 게임 그 자체로서 간주해야 한다고 주장할 것이며, 인형과 테디 베어가 아이들의 게임에서 소도구(prop)의 역할을 하는 것과 마찬가지로 재현적인 예술 작품들은 그러한 게임에서 소도구로서 기능한다고 주장할 것이다.

아이들은 믿는 체하기 활동들에 막대한 시간과 노력을 바친다. 그리고 이러한 몰두는 어떤 특정 문화나 사회적 집단에 한정되지 않고 거의 보편적인 것처럼 보인다.[1] 믿는 체하기 활동에 참여하려는 충동과 그러한 활동이 해결해주는 요구는 매우 근본적인 것 같다. 만약 그렇다면, 아이들이 성장하는 순간 단순히 거기서 벗어나게 된다고 예상할 수는 없을 것이다. 믿는 체하기가 성인의 출발점에서 어떤 흔적도 남기지 않고 사라져버린다면 놀라운 일이 될 것이다.

그것은 사라지지 않는다. 나는 그것이 재현적인 예술 작품과 우리의 상호작용(역시 어린 시절에 시작되는) 안에서 지속되고 있다고 주장한다. 믿는 체하기 활동이 취하는 형태는 성장함에 따라 변한다. 그것은 더욱 미묘해지고, 복잡해지며, 덜 공공연하게 된다. 아이들이 인형과 장난감 트럭으로 하는 게임은 어떤 면에서 그보다 투명하고 이해하기 쉽다. 이것은 왜 아이들의 게임이 재현적인 예술 작품들로 하는 어른들의 게임을 밝히는 데 도움을 주는지에 대한 하나의 이유가 된다.

믿는 체하기 "게임"을 말하는 데 있어 그것이 단순히 쓸데없는 일이라는 어떤 함축

1) Opie and Opie, *Children's Games*. 어떤 이들은 모든, 또는 거의 모든 아이들이 하는 게임의 특징이 가장(pretense)이나 믿는 체하기(make-believe)에 있다고 제안해왔다. 예를 들면 술래잡기는 추적과 포획의 가장된 형태라는 등이다. Aldis, *Play Fighting*, pp. 14, 128을 보라.

도 거부해야 한다는 것은 말할 필요도 없다. 아이들의 게임은 아이들이 즐거워하고 말썽을 부리지 않게 하는 것보다 훨씬 중요한 목적을 수행한다. 나는 그러한 게임들 — 그리고 상상 활동 일반 — 이 그것이 널리 퍼져 있음이 시사하듯이 우리가 환경에 대처하는 데 중요한 역할을 한다는 사실이 일반적으로 인정되고 있다고 믿는다.[2] 아우슈비츠 강제 수용소의 아이들은 "가스실에 가기"라고 불리는 게임을 했다.[3] 어떤 이들은 그런 비극적인 문제를 그렇게 가볍게 다룬다는 생각에 끔찍해할지도 모른다. 그러나 이 "게임"은 아마도 참여하는 아이들이 자신들의 공포스러운 상황을 이해하고자 하는 진지한 노력으로서 가장 잘 이해될 수 있을 것이다. 아이들은 "게임을 하면서" 대량 학살이라는 현실을 최대한 진지하게 받아들이고 있었던 것이다.

믿는 체하기의 이점에 대해, 그것이 어떤 필요에 부응하는지와 어떻게 부응하는지에 대해 많은 것을 배울 필요가 있다. 그러나 다음과 같은 제안이 쉽게 떠오른다. 그것은 믿는 체하기 활동에 참여하는 것이 언젠가는 실제 삶에서 해야 할지도 모를 역할을 연습하도록 해주고, 다른 이들을 이해하고 그들과 공감하도록 도와주고, 우리 자신의 감정들을 이해하도록 해주며, 우리의 시각을 넓혀준다는 것이다. 회화, 연극, 그리고 그와 유사한 것들을 믿는 체하기 게임에서의 소도구로서 간주하는 것의 이점은, 아이들의 믿는 체하기 게임의 기능에 대해 우리가 배우게 될 모든 것과 우리가 이미 알고 있다고 느끼는 모든 것이 재현적인 예술 작품이 어떻게, 그리고 왜 가치 있고 중요한 것인지를 설명하는 데 도움을 줄 가능성이 크다는 점이다.

믿는 체하기 게임은 상상 활동의 한 종류이며, 특히 **소도구**(prop)를 포함하는 상상 활동이다. "소도구"가 무엇이고 그것이 어떻게 작용하는지 설명하기 전에, 상상하기에 대해 몇 가지 관찰을 하도록 하겠다.

---

2) §7.5.의 각주 22번을 보라.

3) Opie and Opie, *Children's Games*, p. 331.

1.1 상상하기

상상하기에 대해 생각할 때, 다음과 같은 예가 자연스럽게 떠오른다. 프레드는 어느 한가한 순간 혼자서 생각에 잠긴다. 성공하지도 못하고 인정받지도 못했다고 느끼던 그는 자신이 부자이고 유명해지는 백일몽을 꾸기 시작한다. 그는 박수갈채를 보내는 지지자들의 모습과 고관들을 방문하는 자신의 모습, 거대한 저택, 사랑스러운 여인들, 멋진 차의 이미지들을 떠올린다. 그러나 아쉽게도 그는 결국 구두를 팔아야 하는 현실로 되돌아온다.

이것은 상상하기를 발휘하는 한 모범적인 예이다. 그러나 이 예가 모든 면에서 전형적이지는 않다. 우리는 프레드가 하는 경험의 특이성을 상상하기 일반에서 발견되는 특징인 것으로 간주하지 않도록 조심해야 한다. '상상하기의 발휘'라는 제목 아래 수없이 다양한 경험들이 올 수 있다.

프레드가 하는 상상하기의 한 가지 특징은 소도구를 사용하지 않는다는 점이다. 그리고 또 다른 특징은 심적 이미지(mental image)를 가진다는 점이다. 상상하기는 심상(imagery) 없이도 일어날 수 있기 때문이다. 그러나 나는 일반적인 상상하기와 공통적이지 않은, 프레드가 꾸는 백일몽의 다른 세 가지 특징에 주목할 것이다. 그것은 **의도적이며**(deliberate), **현재 떠오르는**(occurrent) 심적 사건(또는 행위)을 포함하고 있으며, **혼자 하는**(solitary) 상상이라는 점이다. 상상하기는 저절로 일어날 수 있다. 상상하기는 반드시 현재 떠오르는 것이어야 하는 것도 아니다. 또한 상상하기는 때때로 혼자 하는 행위나 경험이 아니라 사회적인 것일 수 있다.

더 나아가기에 앞서, 상상하기가 참이나 믿음과는 독립적이라는 점에 주의해야 한다. 프레드가 상상하는 것의 많은 부분은 거짓이며 프레드 자신도 거짓이라는 점을 알고 있다. 그러나 그는 또한 자신의 이름이 프레드이고, 따뜻한 날씨를 좋아하고, 프랑스는 유럽에 있다는 등 자신이 참이라고 알고 있는 많은 것들도 상상한다. 누군가가 그러그러한 것을 상상한다고 말하는 것은 때때로 그것이 참이 아니라거나 상상하는 사람이 그것을 믿지 않음을 **함축**하거나 **암시**한다. 그러나 어떤 것을 상상하는 것은 그것이 참임을 아는 것과 완전히 양립 가능하다.

나는 어떤 **명제**(proposition)를 상상하는 것과 어떤 **대상**(thing)을 상상하는 것, 그리고 무엇인가를 **한다고**(doing) 상상하는 것 — 예를 들어 곰이 있다는 것을 상상하기와 곰을 상상하기와 곰을 본다고 상상하기 — 사이의 차이와 그것들 사이의 관계에 대한 논의는 뒤로 미루도록 하겠다. 그러나 그것은 나중에 중요한 문제가 될 것이다.

자연발생적인 상상하기와 의도적인 상상하기

우리는 때때로 프레드가 한 것처럼 무엇을 상상할지를 결정한다. 우리는 이것 혹은 저것을 상상할 의도를 형성하고 그것을 실행한다. 상상하기는 때때로 의도적이다. 그러나 항상 그렇지는 않다. 종종 우리는 우리 자신이 무엇인가를 상상하고 있는 것을 발견한다. 우리의 공상하는 마음은 닥치는 대로, 의식적인 방향 없이 나아간다. 생각들은 예상치 못하게 우리 머릿속에 떠오른다. 어떤 경우에, 상상하기는 우리가 하는 어떤 것이라기보다는 우리에게 일어나는 어떤 것으로 여겨진다. 숨쉬기와 같이, 상상하기는 의도적일 수도, 자연발생적일 수도 있다.

의도적인 상상하기와 자연발생적인 상상하기 사이의 구분은 명확하지 않다. 우리가 상상하는 것(또는 우리가 상상하는지)에 대해 다양한 정도와 종류의 통제가 행사될 수 있다. 그리고 의도적인 상상하기와 자연발생적인 상상하기는 종종 하나의 상상 경험 안에서 결합된다. 의도적으로 시작된 어떤 상상하기의 연쇄는 거의 항상 그 스스로 발전해나간다. 곰을 상상하기로 결정한 사람은 자신이 어떤 특정 종류의 곰 — 예를 들면 앞뒤로 왔다 갔다 하는 크고 사나운 회색 곰 — 을 상상하고 있는 것을 발견할 것이다. 우리가 의도적으로 상상한 것의 정교화는 자연적으로 일어난다.

그러나 상대적으로 많은 양의 상대적으로 자연발생적인 상상하기를 포함하는 상상 경험은 좀 더 의도적인 상상하기와 큰 차이가 있다. 상상하기가 의도적인 한, 우리는 그것이 우리에게 의존하고 있다는 것을 잘 알고 있다. 이 경우 "그의 상상의 세계"가 인위적인 고안물이라는 사실, 즉 상상하는 이가 스스로 무엇을 상상할 것인지 선택하면서 하나하나 생각해내고 또 구성해낸 것이라는 사실은 그에게 명백하게 의식된다. 자연발생적인 상상하기는 그 자신의 삶을 가지고 있다. 상상하는 이는 상상을 행하는 사람이라기보다는 "관객"에 가깝다. 그는 자신의 상상적 세계를 구축하기보다는 그것이 전개되는 것을 "관찰한다". 그것은 상상하는 이가 고안해낸 것이라기보다는 상상하는 이와 독립적으로 창조되고 존재하는 것이다. 상상하는 이는 상상의 결과에 대해 놀랄 수도 있다. 상상하는 이는 자신이 막대사탕 줄무늬를 가진 곰을 상상하고 있다는 것에 놀라면서 (이를테면) 이 기이한 짐승이 달을 뛰어넘는 것을 놀라서 "관찰하고" 있을 수도 있다. 자연발생적으로 창조되는 상상적 세계들은 실제 세계와 똑같이 우리를 놀라게 할 수 있다. 자연발생적 상상하기는 의도적 상상하기보다 더 재미있고 흥미로울 수 있다. 그것은 더 "생생"하거나 "사실적"인 경험이 될 가능성이 높다. 그 경험은 의지와는 독립적이라는 점에서 실제 지각 혹은 실제 세계와의 다른 상호작용과 더 유사하다.[4)]

자연발생적 상상하기가 의도적 상상하기보다 더 생생한 경향을 띠는 이유에 대한 좀 더 깊은 설명은 다음과 같을 것이다. 여기에 관련되는 일반 원칙은 '우리 의식에 강제적으로 부과된 명제가 거짓이라는 증거는 그 명제가 참이라고 생생하게 상상하는 것을 어렵게 만든다'는 것이다. 만약 사람의 자취가 없는 황무지를 상상하기를 바란다면, 나는 눈을 감거나 손으로 자동차 행렬과 고층 빌딩들을 내 시야로부터 가려 나무들과 하늘만 볼 수 있게 함으로써 경험의 생생함을 증가시킬 수 있다. 고층 빌딩과 자동차들을 의도적으로 주시한다고 해서 내가 황무지에 있다고 상상하는 것이 어렵지는 않다. 쉽지 않은 것은, 문명의 명백한 증거들이 의식을 차지하고 있는데도 불구하고 이를 **생생하게** 상상하는 일이다. 눈을 감는 것은 내가 자동차와 고층 빌딩들에게 둘러싸여 있

---

4) 버클리(Berkeley)는 자연발생적으로 떠오르는 관념들은 상상의 생각들이 아니라 실재하는 것들이라고 시사하고 있다. "상상에 의해 형성된 관념들은 …… 전적으로 의지에 의존하고 있다. 그러나 감각에 의해 지각된 관념들, 다시 말해 실제 사물들은 …… 우리와 분리된 영혼에 의해 마음에 새겨진 것이므로 우리의 의지에 그처럼 의존적이지 않다."(*Three Dialogues*, p. 197) 또 Locke, *Essay*, bk. 4, chap. 11, sec. 5를 보라. 리처드 볼하임은 "상상에 감정이 동반되는 것은 [우리가] 상상하는 것의 비자발성, 상상하기에서의 [우리의] 수동성 때문이다"라고 말한다. 예를 들어《리어왕》을 보면서 그로스터가 눈이 먼 것을 상상할 때, 우리는 공포의 감정을 느낀다("Imagination and Identification," pp. 68-69).

다는 것을 잊어버리게 하지도 않고 환영을 만들어내지도 않는다. 나는 언제나와 마찬가지로 내가 황무지 안에 있는 것이 아니라는 사실을 분명히 알고 있다. 요점은 나의 믿음이 상상하기의 생생함에 영향을 준다는 것이 아니다. 그보다 중요한 것은 내가 믿는 어떤 사실들이 얼마나 나에게 **뚜렷한가**, 그 사실들이 얼마나 끈질기게 나의 사고 속에 개입하는가, 그 사실들에 대해 (현재 떠올리며) 생각하지 않기가 얼마나 어려운가이다.

제니퍼가 숲에서 곰을 만났다고 상상한다면, 그녀는 곰과 관련된 생각을 하고 있는 것이다. 그녀는 자신 앞에 곰이 있다는 명제, 그리고 아마도 자신 앞에서 왔다 갔다 하는 사나운 회색 곰이 있다는 것과 같은 좀 더 구체적인 명제들 역시 마음속에 품고(entertain), 고려하고, 조사하고 있다. 그녀는 그 곰을 시각화할 수도 있다. 만약 그녀의 상상이 의도적인 것이라면, (실제의) 곰이 아닌 그녀 자신이 이 곰에 대한 생각과 이미지의 원천이라는 사실, 그녀가 그 곰을 생각해냈다는 사실이 그녀의 의식 속에 반드시 두드러져 있을 것이고 그 사실을 무시하기는 어려울 것이다. 그러나 그녀의 상상하기가 자연발생적인 것이라면 이 사실을 무시하기가 그렇게 어렵지 않을 것이다. 그녀는 어떤 실제의 곰도 자신의 생각과 이미지에 책임이 없다는 사실을 완벽하게 잘 **알고** 있다. 그녀는 그 사고와 이미지들이 자신의 무의식 깊은 곳 어딘가에서 흘러나왔다는 것을 의심하지 않을 것이다. 그러나 그녀의 상상하기가 자연발생적인 경우, 그 어떤 것도 그녀가 이 사실을 곰곰이 생각하도록 강요하지 않는다. 비록 그녀에게 묻는다면 주저하지 않고 그것을 알고 있다고 대답하겠지만, 그것은 현재 일어나고 있는 그녀의 사고에 침입하지 않는다. 이것이 바로 의도적인 상상하기보다 자연발생적인 상상하기가 더 생생하고, 흥미롭고, "깜짝 놀라게 할" 가능성이 높은 이유이다.

자연발생적인 상상하기는 상상하는 이의 **통제하에** 있을 수 있다. 상상하는 이는 자신의 상상 경험에 의도적으로 개입할 수 있는 선택권이 있으며, 그러한 선택권을 행사하지 않기로 할 수도 있다. 만약 나 자신이 막대사탕 줄무늬가 있는 북극곰이 달을 뛰어넘는 것을 자연발생적으로 상상하고 있는 것을 발견한다 하더라도, 나는 내가 원한다면 그 대신 물방울무늬의 회색 곰이 별을 뛰어넘는 것을 상상하거나 상상하기 자체를 그만둘 수도 있다는 것을 알고 있다. 이러한 깨달음은 내 상상 경험이 나에게서 독립적이라는 느낌을 제한한다. 상상의 세계는 그 자신의 힘으로 펼쳐지지만, 그것은 단지 나의 (암묵적인) 허가에 의해서이며 내가 그렇게 되도록 허락했기 때문이다.[5)]

그러나 때때로 우리는 상상하는 것에 대해 잠재적이고 실행되지 않은 통제력조차 가지고 있지 않은 것처럼 보이기도 한다. 잠들어 있을 때나 혼수상태일 때가 그렇다. 꿈은 상상하는 이가 (의식적으로) 지시하지 않을 뿐 아니라 지시할 수도 없는, 자연발생적이고 비의도적인 상상하기이다.[6)] 이 사실은 꿈이 왜 종종 그토록 강렬한 경험인지, 상상하는 이가 자신의 상상하기의 전개를 지시하거나 끼어들기를 의도적으로 삼가는 백일몽보다 꿈이 왜 더 흥미진진하고 "사실적"인 경향이 있는지 설명하는 데 도움이 될 수 있다.

현재 떠오르는 상상하기와 현재 떠오르지 않는 상상하기

우리 각자는 수많은 믿음과 의도, 욕구를 가지고 있지만 그중 지극히 작은 일부만이 주어진 순간에 우리의 주의를 차지한다. 따라서 현재 떠오르는 믿음, 의도, 욕구와 현재 떠오르지 않는(경향적인?) 믿음, 의도, 욕구 사이의 전통적 구분이 생겨나게 된다. 마릴린은 민주당이 다음 선거에서 이길 것이라는 생각이 떠오르거나 확신을 갖고 마음속으로 생각할 때 그것을 현재 떠올리며 믿는다. 그녀는 동시에 다른 많은 믿음들도 가지고 있다. 그녀는 토머스 에디슨이 전화를 발명했다거나 바이킹이 아메리카 대륙을 방문한 첫 번째 유럽인이라는 것, 그녀가 직업적인 레슬링 선수가 아니라는 것, 그리고 그 이외에 많은 것들도 믿는다. 그러나 이 다른 믿음들은 이 순간 그녀에게 거의 떠오르

5) Casey, *Imagining*, pp. 63-64를 보라.

6) 때때로 우리는 무슨 꿈을 꿀 것인지에 대해 결정하는 것 같은 느낌을 받기도 한다. 그러나 나는 우리가 결정하는 것은 기껏해야 꿈의 주제 정도이며 꿈의 세부는 우리의 (의식적인) 통제를 넘어선다고 생각한다. 우리는 의도적으로 어떤 방향으로 꿈을 시작하고 나서는 그것이 저절로 흘러가도록 내버려둔다. 그 경험은 꿈과 (의도적인) 백일몽의 교차로서 가장 잘 설명될 수 있을 것이다. 우리는 스스로 어떤 것들을 상상하기를 선택하는 **꿈을 꿀 수도** 있다. 꿈(의 세계) 속에 백일몽이 있을 수도 있다. 그러나 선택하는 꿈을 꾸는 것이 실제로 선택하는 것은 아니다.

지 않는다. 어떤 믿음들은 절대로 떠오르지 않을 것이다.

상상하기도 마찬가지다. 프레드는 자신이 상금이 어마어마한 복권에 당첨되었으며 그 돈을 성공적인 선거 운동을 하는 데 사용한다고 (현재 떠올리며) 상상하는 것으로부터 백일몽을 시작한다. 계속해서 그는 재직하는 동안 수많은 사람들의 애정과 존경을 받다가 결국 은퇴해서 남프랑스에 있는 한 별장으로 가게 되었다고 상상한다. 이 모든 생각들은 프레드가 공상하는 동안 그의 의식을 지나간다. 그러나 그가 부정 투표에 의지하거나 강력한 경쟁 후보에게 뇌물을 주거나 하지 않고 선거에서 승리했다고 상상한다는 것, 은퇴 장소가 지중해의 따뜻한 기후라고 상상한다는 것, 은퇴할 때 건강한 상태라고 상상한다는 것 역시 참이다. 그러나 이러한 사고들은 그에게 명시적으로 떠오르지 않는다. 그의 당선이 정정당당한 것이었는지의 문제는 그의 마음에 한 번도 떠오른 적이 없을 것이다. 그는 그저 그것을 당연하게 여긴다. 그가 은퇴해서 남프랑스의 별장에서 지낸다는 것을 현재 떠올리며 상상할 때, 그는 마음 뒤편에 자신이 지중해의 따뜻한 기후에서 은퇴생활을 한다는 생각을 가지고 있지만 그것을 결코 떠올리지는 않는다. 그는 은퇴할 때 자신이 건강한 상태인 것으로 암묵적으로 생각한다. 그는 그렇게 상상한다. 그러나 현재 떠올리며 상상하는 것은 아니다. 이러한 사고들은 백일몽을 꾸는 동안의 그의 "심적 구성내용(mental furniture)"의 부분이라고 부를 수 있을 것이다.

프레드는 복권에 당첨되어 백만장자가 되는 것을 상상하고 나아가 정치생활을 하다가 은퇴하는 것을 현재 떠올리며 상상한 후에도 자신이 복권에 당첨되었다고 상상하는 것을 멈추지 않는다. 복권에 당첨되었다는 상상하기는 그에게 떠올랐을 때 시작해서 아마도 백일몽이 진행되는 내내 이어지는 지속적인 상태일 것이다. 처음 생각난 이후 그것은 그 후 이어지는 그의 정치 경력과 은퇴에 대한 상상하기에 배경을 형성해주는 현재 떠오르지 않는(nonoccurrent) 상상하기이다. (이러한 배경적 상상하기의 한 가지 효과는 공상이 진행되면서 실은 그의 성공이 그의 재산 덕분인 이상 노력하지 않고 얻은 것이며 그가 그것을 가질 자격이 없다는 모호한 불편한 느낌이 드는 것일 수 있다.)

백일몽이 단순히 첫 번째, 두 번째, 세 번째 상상하기 등의 개별적인 심적 사건들, 상상하기 행위들의 비연결적 연속이라고 생각하는 것은 잘못이다. 다양한 상상하기는 연속적인 하나의 옷감으로 함께 짜인다. 그러나 특정한 지점에서는 그중 일부의 가닥만이 표면에 보인다.

현재 떠오르지 않는 상상하기를 구성하는 것이 무엇인지, 그것이 현재 떠오르는 상상하기와 어떻게 다른지 결정할 필요는 없다. 아마도 그것은 현재 떠올리며 상상하려는 경향일 것이다. 그러나 여기서 조심할 필요가 있다. 계속해서 명성과 큰돈에 대한 똑같은 꿈이나 백일몽을 꾸는 사람은 그 상상이 발생하지 않는 동안에도 자신이 부유하고 유명하다고 상상하는 경향이 있다. 그러나 그렇다고 하여 그가 그 기간 동안 그것을 실제로 현재 떠올리지 않는 방식으로 상상하고 있을 필요는 없다. 그는 심지어 그 반대를 상상할 수도 있다. 프레드는 백일몽을 꾸는 동안 그레타 가르보와 결혼했다고 현재 떠올리며 상상하는 경향이 있을 수 있다. 그는 그녀에게 열중해 있으며, 그가 결혼했는지, 누구와 결혼했는지에 대한 질문이 떠올랐다면 그레타 가르보와 결혼했다고 상상했을 것이다. 그러나 그렇다고 하여 프레드가 그레타 가르보와 결혼했다고 현재 떠올리지 않는 방식으로 상상했다는 것이 뒤따라 나오지는 않는다. 현재 떠오르지 않는 어떤 상상하기는 어떤 종류의 (현재 떠오르는?) **경험** — 마음 뒤편에서 어떤 생각을 품고 있는 경험 — 안에, 혹은 적어도 다른 경험들을 물들이고 있는 어떤 채색 안에 있는 것처럼 보인다. 이러한 상상하기는 복권에 당첨되어 벼락부자가 되었다는 프레드의 지속적인 상상하기에 적용될 수 있을 것인데, 이 때문에 프레드는 호화로운 은퇴를 상상하면서도 그것이 노력하지 않고 얻은 것이며 자신이 그것을 누릴 자격이 없다는 느낌을 가지게 된다.

현재 떠오르지 않으며 비삽화적인(nonepisodic) 상상하기가 반드시 무의식적인 상상하기인 것은 아니라는 사실을 분명히 해야 할 것이다. 우리는 그러한 상상하기들을 적어도 현재 떠오르지 않게나마 의식하고 있을 수 있다. (아마도 그것들을 **현재 떠올리며** 알아차리는 것은 현재 떠오르는 상상하기를 구성할 것이다.) 나는 또한 현재 떠오르는 상상하기가 의식적일 필요도 없다고 생각한다.

현재 떠오르지 않는 상상하기의 본성은 무엇인지, 그러한 상상하기가 현재 떠오르는 상상하기와 어떻게 다른지, 다양한 개별 경우들을 어떻게 분류할지에 대한 많은 의문이 남아 있다. 그러나 우리의 목적을 위해서는 상상하기가 현재 떠오르는 것일 필요는 없다는 사실을 기억하는 것만으로 족할 것이다.

혼자 하는 상상하기와 사회적 상상하기

이제까지 우리는 상상하기를 혼자 하는 것이라고, 한 사람이 하는 어떤 일이거나 그 혼자 경험하는 어떤 것이라고 이해해왔다. 그러나 사람들이 상상하기에 항상 혼자 참여하는 것은 아니다. 공상은 때때로 사회적인 사건일 때도 있다. 사적인 공상만큼이나 집단적인 백일몽도 있다.

우리는 때때로 무엇을 상상할 것인가에 대해 서로 합의하기도 한다. "명왕성으로 향하는 우주선에서 여행하고 있다고 상상하자." "좋아. 그리고 우리가 토성을 지나는 동안 우주 해적에게 공격받았다고 해보자." 공동의 공상하기는 사람들이 그들의 상상 자원을 함께 만들어낼 수 있게 해준다. 사람들은 함께 상상하면서 혼자서 상상할 때보다 더 흥미롭고 만족스러운 것들을 생각해낼 수 있다. 또한 공동의 공상하기에 참여하는 이들은 그들의 경험을 서로 공유할 수 있다. 그들은 자신들이 상상하는 것에 대해 토론할 수 있고, 그에 대한 반응들을 비교할 수도 있다.

내가 '집단적 상상하기(collective imagining)'라고 부르는 사회적 활동은 상상한 것을 단순히 교환하는 것 이상을 포함한다. 다양한 참가자들은 많은 동일한 것들을 상상할 뿐만 아니라 자신이 상상하는 것을 나머지 사람들도 상상하고 있다는 것을 알고 있고, 또 나머지 사람들이 이 사실을 알고 있다는 것도 알고 있다. 또한, 그러한 교환이 제대로 이루어지고 있는지 조사해볼 수도 있을 것이다. 그리고 각 참가자들은 적절한 기대를 하고 있으며, 어떤 사건의 전개가 주어진다면 다른 이들이 무엇을 상상할 것인지에 대해 정당화된 예상도 할 수 있다.

앞서의 우주여행 공상에서처럼 무엇을 상상할지에 대해 명시적인 동의를 하는 것은 통일된 상상하기(coordinating imagining)의 한 가지 방법이다. 그러나 그것은 심각한 결점을 가지고 있다. 참가자들이 무엇을 상상할지에 대해 집단적으로 결정하는 한, 그들의 상상하기는 의도적일(deliberate) 수밖에 없다. 그들 각각은 동의된 것을 상상하기로 결정해야 한다. 동의에 의한 통합의 대가는 자연발생적인 상상하기의 "생생함"을 잃는 것이다. 그러나 우리가 곧 살펴보겠지만, 통일된 상상하기는 이러한 대가를 치르지 않는 다른 수단에 의해 성취될 수 있다. 그것은 인형, 목마, 눈으로 만든 성, 장난감 트럭, 진흙 파이, 그리고 재현적인 예술 작품의 도움을 받는 것이다.

상상하기와 품기

상상한다는 것은 무엇인가? 앞에서 우리는 다양한 상상하기의 많은 차원들을 살펴보았다. 이제는 그 상상하기들의 공통점을 말해야 하지 않을까?

만약 할 수 있다면 그래야 할 것이다. 그러나 나는 할 수 없다. 다행히도, 이 장에서의 관찰로 어느 정도 분명해진, 상상한다는 것이 어떤 것인지에 대한 직관적 이해만으로도 우리의 탐구를 진행시키기에는 충분하다. 그러나 상상하기를 이해하는 유망하지만 실은 부적절한 한 가지 방식을 잠깐 살펴보는 것이 도움이 될 것이다. 문제를 간단히 하기 위해 우리의 주의를 명제적 상상하기(propositional imagining) — 어떤 것이 그러하다는 것을 상상하기(imagining that something is the case) — 에 한정시켜보자. *p*라는 것을 상상하는 것은 *p*라는 명제를 품는(entertain) 것, 그것에 주의를 기울이는 것, 그것을 고려하는 것이라고 할 수 있다.[7)]

품기, 주목하기, 고려하기는 가장 자연스럽게 현재 떠오르는 심적 사건으로 간주되는 듯하다. 만약 그것들이 현재 떠오르는 것이라면, "*p*라는 것을 현재 떠오르지 않게 상상하기"라는 말의 의미를 찾을 수 있는가? 이 말은 "마음 뒤편에 *p*라는 명제를 가지

7) 앨빈 플랜팅거(Alvin Plantinga)에 따르면, 허구적인 작품의 작가는 명제들을 "드러내고", "그것들에 우리를 주목하게 하고, 그것들을 고려하고 탐구하도록 요청한다"(*Nature of Necessity*, p. 62). 또한 스크러튼(Scruton)의 *Art and Imagination*, chap. 7 및 월터스토프(Wolterstorff)의 *Works and Worlds*, pp. 233-234를 보라.

고 있는 것"을 의미한다고 여겨질 수도 있다. 그러나 이 개념은 상상하기 자체만큼이나 불명확하다. 그것이 우리에게 조금이라도 도움이 되려면, 어떤 명제를 (암묵적으로라도) 믿지 않은 채 우리 마음 뒤편에 가지고 있는 것이 가능해야 한다. 믿지 않는 것도 상상할 수는 있기 때문이다. 우리는 현재 떠오르지 않게 의식하고 있거나 알고 있는 모든 명제들을 "현재 떠오르지 않게 품고" 있다고, 우리의 마음 뒤편에 가지고 있다고 말해야 하는가? 이는 너무 많은 것을 허용할 것이다. 내가 거의 평생 동안 성 안셀무스가 8월에 태어났다는 명제를 현재 떠오르지 않게 의식하고 있어왔다고 가정해보자. 나는 암묵적으로 그러한 명제가 있다는 것을 깨달아왔으나, 그 명제를 믿거나 믿지 않거나 욕구하거나 한 적이 없으며 아마도 그 명제의 진릿값을 모른다는 것 외에는 그 명제에 대한 다른 어떤 특정한 심리적 태도도 가진 적이 없었다고 해보자. 나는 안셀무스가 8월에 태어났다는 것을 여러 해 동안 현재 떠오르지 않게 **상상했는가?** 분명히 그렇지 않다. 이 명제는 프레드의 백일몽 안에서 그가 좋은 건강 상태로 은퇴한다는 명제가 하는 역할과 같은 것 — 그가 자신이 은퇴한다는 것만을 마음속에서 떠올릴 때 암묵적으로 좋은 건강 상태로 은퇴한다고 생각할 때와 같이 — 을 나의 상상하기 속에서 전혀 하지 못한다. 만약 어떤 명제를 상상하는 것이 그것을 마음에 품는 것, 마음속에 가지는 것이라면, 마음에 품기 또는 마음속에 가지기는 좀 더 제한된 개념이면서도 현재 떠올리지 않으며 그렇게 하는 것을 허용하는 개념이어야 할 것이다. 나의 경우 이 글을 쓰기 전에는 안셀무스가 8월에 태어났다는 명제를 거의 혹은 절대로 품거나 암묵적으로라도 마음속에 가져본 적이 없는 반면 프레드는 백일몽 중에 자신이 좋은 건강 상태로 은퇴했다는 명제를 품거나 암묵적으로 마음속에 가졌다는 것은 무엇을 의미하는가? 그것은 어떤 명제를 품거나 마음속에 가지는 것은 그것을 상상하는 것임을 의미한다. 우리는 출발점으로 다시 돌아왔다. 즉, 상상하기란 무엇인가?

'명제를 품는다'는 개념이 현재 떠오르는 상상하기에 대한 설명으로서라도 유효한지는 의심스럽다. 헬렌이 2000년 이전에 샌프란시스코에서 지진이 일어날 것이라고 현재 떠올리며 혼자서 생각할 때, 분명히 그녀가 하고 있는 일의 일부는 이 명제를 품는 것이다. 우리는 그녀가 그것을 상상하고 있기도 하다는 것을, 또 일반적으로 사람들이 현재 떠올리며 믿거나, 믿지 않거나, 두려워하거나, 의도하거나, 욕구하는 바를 상상한다는 것을 아마도 큰 무리 없이 받아들일 수 있을 것이다. 그러나 이제 딕이 샌프란시스코에서 2000년이 되기 전에 지진이 일어난다는 것은 **틀렸다고** 생각한다고 해보자. 그는 2000년 이전에 샌프란시스코에서 지진이 일어날 것이라는 명제의 부정뿐 아니라 2000년 이전에 샌프란시스코에서 지진이 **일어날** 것이라는 명제 역시 품고 있는 것처럼 보일 것이다. 그러면 우리는 그가 지진이 일어날 것이라고 하는 명제와 지진이 일어나지 않을 것이라고 하는 명제를 모두 상상하고 있다고 해야 하는가? 우리가 통상적으로 이해하는, 그리고 재현을 설명하기 위해 이해해야 하는 것으로서의 현재 떠오르는 상상하기는 상상된 명제들을 단지 품거나 고려하거나 마음속에 가지는 것 이상을 포함한다. 상상하기(명제적 상상하기)는 (명제적) 믿기나 욕구하기와 마찬가지로 우리가 마음속에 가지고 있는 명제를 **가지고** 무엇인가를 **하는** 것이다.[8)]

상상하기란 무엇인가를 설명하는 다른 전략들은 흔치 않은 어려움들에 봉착하게 된다. 어떤 행동적 기준이 상상하기를 설명해줄 수 있을지, 또는 기능적 설명이라면 어떤 기능이 상상하기에 관련되는 기능일지를 알기는 쉽지 않다. 상상하기는 믿음, 의도, 욕구 등의 좀 더 흔히 논의되는 태도들뿐 아니라 행복함, 슬픔, 죄책감, 질투 등의 감정적 상태들보다 다루기가 어려운 것 같다.

이러한 부정적 결론들은 상상한다는 것은 무엇인가에 대한 완전한 설명을 구성해 보고자 하는 어떤 시도라도 직면하게 되는 몇 가지 어려움을 분명히 보여준다. 나는 적어도 그러한 결론이 상상하기에 대한 완전한 설명을 시도하지 않기로 한 나의 결정에 대해 독자의 공감을 이끌어냈기를 바란다. 이제 우리가 그러한 설명 없이 해나갈 수 있다는 점을 보이는 일이 남았다. 어떤 경우든, 상상하기 개념에 동반되는 어려움이 상상하기보다 약한 어떤 개념 — 예를 들면 고려하기 — 에서 만족하는 데 대한 변명이 될

---

8) "명제를 품는 것은 모든 지적인 현상들 중 가장 익숙한 현상이다. 그것은 모든 형태의 생각하기에 개입하며, 우리의 많은 능동적이고 정서적인 태도들에도 관여한다. 사실 우리는 그것을 기본적인 지적 현상이라고 말할 수도 있을 것이다. 너무 근본적이어서 설명이나 분석을 할 수는 없지만, 반대로 모든 다른 형태의 생각하기들이 그것으로써 설명되어야 하는 것이라고."(Price, *Belief*, p. 192)

수는 없다. 그러한 개념은 명확할지는 모르나 필요한 일을 할 수 없다. "상상하기"는 최소한 아직 완전히 밝혀지지 않은 어떤 개념의 플레이스 홀더(placeholder)[*역주: 빠져 있는 다른 것을 대신하는 기호]로서 기능할 수 있다.

우리는 인형, 장난감 트럭, 그리고 재현적인 예술 작품들이 상상하기의 통일(coordination)을 도움으로써 사회적 상상 활동에 기여한다는 점에 주목했다. 이는 실제 사물들이 우리의 상상하기를 풍요롭게 해줄 수 있는 많은 중요한 방식들 중 하나일 뿐이다. 상상 경험이란 실제 세계와 분리되어 자유롭게 유영하는 공상이라는 일반적 관념은 편협하고 왜곡된 것이다. 분명히 때때로 상상하기는 현실에서 도피하는 하나의 수단이며, 우리는 종종 실제로는 사실이 아닌 것을 상상하기도 한다. 그러나 그럴 때조차 우리의 경험은 우리가 처한 실제 환경의 특징들에 대해 총체적으로 망각하는 것보다는 최대한 면밀하게 주의를 기울이는 것을 포함할 가능성이 크다. 대부분의 상상하기는 이러저러한 방식으로 실제 세계에 의존하고 있거나, 실제 세계를 겨냥하고 있거나, 실제 세계에 닻을 내리고 있다. 나는 실제 사물들이 우리의 상상 경험에서 종종 수행하는 세 가지 주된 역할을 검토할 것이다. 실제 사물들은 상상하기를 **촉발**하고, 상상하기의 **대상**이 되며, **허구적 참을 발생**시킨다. 세 번째 역할은 내가 사용하는 "소도구"라는 용어를 정의하는 특징이다.

1.2 촉발자(prompters)

헤더는 숲을 거니는 동안 곰과 놀라울 정도로 유사한, 혹은 어쨌든 자신에게 그렇게 보이는 나무 그루터기 하나를 발견하고 곰 한 마리가 자신의 길을 가로막고 있다고 상상한다. 그녀의 상상하기는 그 나무 그루터기에 의해 촉발되었다. 그것이 없었더라면 그녀는 그렇게 상상하지 않았을 것이다. 참새가 지저귀는 소리는 칵테일파티의 소리를 상상하도록 유도할 수 있다. 아이는 새 장난감 트럭의 포장을 뜯으면서 크고 빨간 덤프 트럭을 상상한다. 또 자면서 꿈을 꾸고 있는 사람은 자명종이 울리는 소리를 듣고 학교 종이 울리고 있다고 상상하기도 한다. 이러한 경우들은 환경 안의 사물들이 우리의 상상을 촉발하는 예이다. 환각을 일으키는 마약이나 뇌수술도 우리가 상상하는 것에 영향을 줄 수 있다. 그러나 내가 관심을 가지고 있는 것은 지각되거나 경험되거나 인식됨으로써 상상을 촉발하는 촉발자이다. 예를 들어 나무 그루터기는 헤더에게 단지 그것을 본 것만으로 곰을 상상하도록 한다.

촉발자는 몇 가지 방식으로 우리의 상상하기에 기여한다. 가장 명백한 기여는 촉발자가 우리 상상의 지평을 넓힌다는 것이다. 촉발자는 우리에게 그것이 없었더라면 상상할 수 없었을 것들을 상상하도록 해준다. 어떤 암시적인 형태의 바위가 없었더라면 나는 산꼭대기에 앉아 있는 괴물을 상상할 수 없었을 것이다. 상상하기는 새롭고 때로는 무리한 아이디어들을 생각해보고, 탐구하고, 만들어내는 한 방식이다. 그래서 우리의 상상력을 낯선 영역으로 꾀어내는 데 그 가치가 있다.

모든 새로운 아이디어들이 똑같이 생각할 가치가 있는 것은 아니다. 나무 그루터기나 특이한 형태의 바위 같은 자연적 대상들은 우리의 상상을 결실 있는 방향으로 자극하지 않을 수도 있다. 우리에게 무엇을 상상하도록 촉발하는가는 그것들이 우연히 가지고 있는 모양이나 다른 특징들에 의존하기 때문에 부분적으로 우연의 문제이다. 따라서 사람들은 때때로 다른 사람들의 상상을 미리 결정한 방향으로 이끌기 위해 인공적 촉발자를 만들거나 자연적 촉발자를 변형시키기도 한다. 눈사람이나 인형, 장난감 트럭은 그것을 보거나 사용하는 이들에게 사람, 아기, 그리고 어떤 종류의 트럭을 상상하도록 유도하기 위해 고안되었다. 우리는 사람들이 확실히 곰을 상상할 수 있도록 하기 위해 나무 그루터기를 명백히 곰과 "유사하게" 조각할 수도 있다. 우리는 인공적인 촉발자를 만들어냄으로써 우리의 상상적 사고를 다른 이들과 공유한다. 그리고 우리 모두는 유별나게 상상력이 뛰어나고 창조적이고 지각이 예민한 이들, 흥미롭고 도움이 되며 기운을 돋우는 종류의 상상을 만들어내는 데 특별한 재능이 있는 이들에게 도움을 받을 수 있다.

다른 이들의 상상력을 이끌어내기 위해 말로만 지시를 내리는 것은 왜 안 되는가? 귀찮게 나무 그루터기를 조각하는 것보다는 "당신 앞을 가로막고 있는 사나운 회색 곰을 상상하라"라고 말하는 것은 어떤가? 우선, 우리가 다른 이들이 상상하도록 원하는 것을 정확하게 말로 옮기는 것이 어려울 수 있다. ("말하자면 얼굴에 적의보다는 두려움의 표정을 더 많이 띠고 있는, 공격하려는 곰을 상상해보라. 당신이 내 의도를 알기만 한다면.") 그리고 비록 그것을 어찌어찌해서 말했다고 하더라도 그 지시가 즉시 이해되지 않을 수도 있다. 말로써 명시적인 지시를 내리는 것보다는 어떤 종류의 "유사한 물건"을 만들어냄으로써 다른 사람들이 상상하기를 바라는 것을 정확하게 전달하는 것이 더 쉬울 것이다. (어떤 문학 작품은 무엇을 상상할지에 대해 독자에게 명시적 지시를 하는 것으로서 이해될 수도 있다. 그러나 제9장에서 살펴보겠지만 대부분의 문학 작품들은 이보다 복잡한 역할, 조각된 나무 그루터기나 다른 "유사한 물건"과 더 유사한 역할을 한다.)

조각된 나무 그루터기나 그와 유사한 것들이 언어적 지시에 비해 가지는 두 번째 이점은, 지시에 따르는 것은 특히 그 지시가 복잡할 경우 상상하는 이에게 반성과 숙고를 요구할 가능성이 크다는 것이다. 사람들은 적절하게 사실적인 "유사한 물건"에 더 자동적으로 반응한다. 헤더가 나무 그루터기와 마주쳤을 때, 그녀는 곰을 상상할 것인지 아닌지, 그녀가 상상하는 곰이 큰지 작은지, 그녀에게 다가오고 있는지 도망가고 있는지 등을 **결정할** 필요가 없다. 나무 그루터기가 이러한 결정들 중 상당 부분을 그녀 대신 해준다. 나무 그루터기나 장난감 트럭과 같은 촉발자에 의해 유발된 상상하기는 심지어 매우 상세한 상상하기라고 할지라도 지시에 답하기 위한 상상하기보다 종종 덜 인위적이며 덜 고의적이고 더 자연스럽다.

촉발자는 분명히 집단적 상상 활동에 도움이 된다. 장난감 트럭이나 잘 만들어진 눈사람은 그것을 보는 모든 이에게 거의 동일한 것 — 트럭이나 어떤 종류의 사람 — 을 상상하도록 유도한다. 그것은 그들의 상상하기를 통일시킨다. 그리고 그러한 통일이 동의, 약정, 집단적 숙고를 포함하지 않기 때문에 그 상상하기는 자연발생적일 수 있다. 또 참여자 각각에게 다른 이들이 그와 같은 상상을 한다는 것은 아마도 명백할 것이다.

각각의 참여자들은 눈사람이 다른 이들에게 자신에게와 마찬가지로 어떤 종류의 사람을 상상하도록 유도할 것이라고 합리적으로 가정할 수 있다. 촉발자는 토론으로 중단시키는 일 없이 참여자들의 상상하기를 통일하고, 또 그러한 통일을 예상할 수 있는 근거를 제공한다.

이러한 면에서는 자연적 촉발자도 인공적 촉발자와 마찬가지 역할을 할 수 있다. 곰과 충분히 유사한 나무 그루터기는 모든 관찰자들에게 곰을 상상하도록 하고, 또 그들 각각에게 다른 이들에게도 유사한 상상이 촉발되었다고 생각할 근거를 제공해줄 것이다. 곰과 충분히 유사하지 않은 나무 그루터기에는 신중하게 조각을 해야 할 수도 있다. 그러나 더 쉬운 대안은 그 나무 그루터기를 그대로 둔 채 최초의 약정 혹은 동의("저 나무 그루터기를 곰이라고 하자" 혹은 단지 "저 곰을 봐")를 하고 나서 그다음에는 그 나무 그루터기가 우리의 더 세부적인 상상하기를 이끌도록 하는 것이다. 기본적인 약정이 만들어지고 나면 더 이상의 협의는 필요가 없다. 그 나무 그루터기의 특징들은 모든 참여자에게 심사숙고하지 않고도 뒷다리로 서 있는 크고 사나운 곰을 상상하도록 촉발할 수 있을 것이다. 또 각 참여자들은 다른 이들도 그렇게 상상한다는 것을 확신을 가지고 예상할 수 있을 것이다. (마르모탕 미술관에 있는 모네의 말년 작품들이나 자크 립시츠의 〈기타를 들고 누워 있는 누드(*Reclining Nude with Guitar*)〉와 같이 제목에 크게 의존하는 회화나 조각들과 비교해보라.)

집단적 상상 활동에 참여하는 이들이 하는 또 다른 종류의 동의나 약정이 있다. 그것은 재현적 예술의 결정적인 특징을 예견하게 해준다. 참여자들은 어떤 특정한 사례의 곰을 상상하는 대신 어떤 나무 그루터기를 만나든 그것을 곰이라고 상상하기로 합의할 수 있다. ("모든 나무 그루터기를 곰이라고 하자.") 그들은 연습을 통해 이러한 관습을 충분히 "내면화"하여 나무 그루터기를 보면 그것이 그다지 곰처럼 생기지 않은 것일지라도 자동적이고 비반성적으로 곰을 상상하게 될 수 있다. 그 나무 그루터기는 심지어 참여자들을 "놀라서 펄쩍 뛰게" 할 수도 있다.

나무 그루터기, 눈사람, 그리고 장난감 트럭과 같은 것들이 촉발자로서 하는 기능은 중요하기는 하지만 지나치게 과장되어서는 안 된다. 케이트와 스티브가 눈으로 성채를 만든다고 해보자. 그것은 작은 탑들과 중앙 탑을 가지고 있고 해자로 둘러싸인 멋진 구조물이다. 완성된 작품은 그들에게 성채 — 혹은 작은 탑들과 중앙 탑, 해자가 있는 성채 — 를 상상한다는 관념을 주지 못했다. 왜냐하면 그들은 이미 눈으로 된 건축물을 만든다는 관념을 가지고 나서 그렇게 만들었기 때문이다. 사실 그들은 아마도 눈 성채를 만들기 전에, 또는 어쨌든 완성하기 전에 이것을 상상했을 것이다. 그들은 자신들이 만든 작품이 다른 이들의 상상하기를 촉발하도록 의도했을 수도 있지만 그렇지 않을 수도 있다. 그들은 단지 자신들이 사용하고 즐기기 위해 만들었을 수도 있다. 눈으로 만든 성이 촉발하는 역할을 조금도 하지 않았을 리는 없다. 특별히 의도하지 않은 벽의 구멍이 나중에 의자로 해석될 수도 있다. 그것은 케이트와 스티브에게 의자를 상상하도록 유도할 수 있다. 눈사람을 만드는 사람들은 눈사람의 표정을 어떻게 만들 것인지에 대해 단지 모호한 아이디어만 가지고 얼굴 특징들을 매만져나갈 것이다. 그러고 나서 그 결과물은 그들이 예견하지 못했던 특정한 표정을 짓고 있는 사람을 상상하도록 촉발한다. 그럼에도 불구하고 눈으로 만든 성채가 촉발자로서 하는 기능은 그것이 케이트와 스티브의 상상 활동에 기여한 바의 지극히 작은 부분에 지나지 않는다는 것은 분명하다.

만든 이가 아닌 다른 사람들을 위해 만들어지고 그 사람들의 상상하기를 촉발하도록 명백히 의도된 장난감 트럭 역시 다른 방식으로도 중요성을 가진다. 장난감 트럭으로 노는 아이는 단순히 그것을 보고 그것이 상상하도록 촉발하는 것을 상상하지만은 않는다. 그는 빠르거나 느리게, 한 방에서 또 다른 방으로 "그것을 가게 한다". 그 경우 아이는 그러한 방식으로 움직이는 (실제의) 트럭을 상상하는 것이다. 장난감 트럭이나 그 움직임은 **이러한** 상상을 촉발하는 데는 거의 아무런 기여도 하지 않는다. 트럭의 움직임에 대한 아이의 상상이 그 장난감을 특정한 방향으로 움직이게 한 것이지 그 반대가 아니다.

눈으로 만든 성채나 장난감 트럭 같은 것이 그것들이 없었더라면 우리가 상상할 생각을 하지 못했던 것을 상상하게 함으로써 우리 상상의 지평을 넓히는 일에 항상 그렇게 크게 기여하는 것은 아니다. 우리의 상상 활동에서 그것들이 하는 다른 역할들 중에는 상상의 대상이 되는 역할이 있다.

1.3 상상하기의 대상

케이트와 스티브가 눈 성채를 완성했을 때, 그들은 작은 탑들과 중앙 탑과 해자가 있는 (실제) 성을 단순히 상상하는 것이 아니라 실제 눈으로 쌓은 더미 **자체가** 그러한 성채라고 상상한다. 봉제 인형으로 노는 아이는 단지 아기를 상상하는 것이 아니라 그 인형이 아기라고 상상한다. (이는 봉제 인형이면서 아기인 어떤 존재가 있다고 상상하는 것이 아니다. 그 아이는 실제로는 봉제 인형인 어떤 것을 인형이 아닌 아기라고 상상한다.) 아이는 나무 그루터기가 곰이라고 상상하거나 속이 빈 통나무를 집이라고 상상한다. 우리는 꿈을 꾸면서 자명종 시계 소리를 학교 종소리라고 상상한다. 이처럼 많은 상상하기는 실제 대상들에 대한 것이다. 그리고 상상하기를 촉발하는 것들 중 많은 것은 그 자신에 대한 상상하기를 촉발한다. 어떤 사람이 그것에 대해 상상하는 사물들은 그의 상상하기의 대상들이다.[9)]

모든 촉발자가 자신이 촉발하는 상상하기의 대상은 아니다. 네이선이 이탈리아 여행에 대해 공상할 때, 수도꼭지에서 쏟아지는 물은 그가 이탈리아에서 비가 오고 있다고 상상하도록 촉발할 수 있다. 그러나 그는 수도꼭지 자체에 대해서는 아무것도 상상하지 않는다. 그것은 단지 자극제일 뿐이다. 어떤 것 — 예를 들어 눈으로 만든 성채 — 이 상상하기의 대상이 되지만 상상하기를 촉발하지는 않는 경우도 가능하다. 내 현재 관심은 그것이 상상하기를 촉발하든 아니든 간에 상상의 대상에 관한 것이다.

---

9) *de se*(자기) 상상하기는 상상하는 이 자신에 대해 상상하기이다. 그러나 나는 다음 절에서 *de se* 상상하는 사람이 자신의 상상하기의 *de re*(존재적) 대상일 필요는 없다고 주장할 것이다. 그리고 상상하는 이가 "**그 자신에 대해** ……라는 것을" 상상한다고 묘사하는 것은 적절하지 않다고 주장할 것이다. 나는 상상하기의 "대상"이라는 말로 *de re* 대상뿐 아니라 *de se* 대상 역시 의미할 것이다.

대상에 대한 상상하기들 사이에는 중요한 차이점들이 있다. 사라는 조지 부시가 마권 영업자라고 상상한다. 부시는 그녀의 상상하기의 대상이다. 그러나 사라의 상상하기 경험에서 부시의 역할은 인형이나 나무 그루터기, 눈으로 만든 성채가 상상하기에서 보통 하는 역할과는 매우 다르다. 우선, 인형이나 나무 그루터기 등은 상상의 대상이면서 소도구이지만 부시는 그렇지 않다(적어도 부시는 소도구로서 그리 광범위하게 기능하지 않는다). 우리는 아직 이러한 차이점에 대해 생각할 지점에 있지 않다. 그러나 그와 관련이 없지 않은 다른 차이점에 대해 숙고할 수는 있다.

사라는 부시에게 특별한 관심을 가지고 있어 부시를 상상하기의 대상으로 선택했다. 만약 사라가 부시를 실제로는 정의롭고 정직한 보이스카우트형 사람이라고 생각했다면, 그녀는 부시가 마권 영업자가 된다는 생각의 부조리함을 즐겼을 것이다. 반대로, 그녀는 마권 영업자임과 그녀가 부시의 인간성의 근본적인 특징으로 간주하는 바의 공존이라는 생각의 아마도 놀라운 자연스러움에 대해 탐구하고자 할 수도 있다. 어느 경우이든, 부시는 그러한 연습의 초점이다. 그러한 상상하기의 목적, 혹은 적어도 중요한 한 결과는 부시에 대한 사라의 이해를 깊게 하는 것, 또는 부시에 대한 사라의 태도를 명확히 하는 것이다.

에릭이 나무 그루터기를 곰이라고 상상할 때, 그는 그 나무 그루터기 자체에는 별 흥미를 가지고 있지 않을 것이다. 그는 자신의 길을 가로막고 있는 곰이 있다는 생각에 흥미가 있다. 그는 아마도 실제로 그곳에 곰이 있다면 자신이 어떻게 반응할 것인지, 얼마나 용감할 수 있을 것인지, 자신이 공포로 얼어붙을 것인지를 궁금해할 것이다. 그러나 그는 그 특정 나무 그루터기가 곰이라는 생각에 특별히 관심이 있지는 않다. (그는 심지어 그 나무 그루터기는 **곰일 수 없다**고, 곰이 아니라는 것이 그 나무 그루터기의 본질적 속성 중 하나라고 믿을 수도 있다.) 나무 그루터기에 대한 통찰력을 얻는 것은 그의 상상하기의 목적에 속하지 않는다. 나무 그루터기는 부시가 사라에게 관심의 초점이 되는 방식으로 에릭에게 관심의 초점인 것은 아니다.

그렇다면, 나무 그루터기를 곰이라고 상상하기의 핵심은 무엇인가? 왜 단순히 길을 막고 있는 곰을 상상하지 않는가? 단순한 촉발자만이 아니라 상상의 대상으로서 나무 그루터기가 하는 역할은 상상하기 경험에 어떤 기여를 하는가? 직관적인 대답은 그 그루터기가 상상적 곰에게 "실체를 부여한다"는 대답일 것이다. 나무 그루터기를 곰이라고 상상할 때, 상상적 곰이라 불릴 수 있는 무엇인가 — 실제 물건이고 단단하고 걷어찰 수 있는 무엇인가 — 가 **존재한다**. 어떤 지점에 있는 곰을 단순히 상상할 때는 상상적 곰으로 동일시할 그러한 실질적인 대상이 없다. 나는 이러한 차이가 어떤 실제 대상에 대해 그것이 곰이라고 상상하는 것이 실제 대상 없이 상상하는 경우보다 더 "생생할" 가능성이 크다는 나의, 그리고 다른 이들도 공유할 것이라고 여겨지는 인상을 부분적으로 설명한다고 믿는다. 그것이 나만의 인상이 아니라는 것을 보여주는 두 가지 증거를 제시하겠다.

영화에는 없는 연극의 중요한 특징 중 하나는 관객 앞에 실제로 배우가 있다는 것이라는 주장이 있다.[10] 실제 배우가 있다는 사실의 중요성은 그들이 관객의 상상하기의 대상이라는 사실로 설명될 수 있을 것이다. 로렌스 올리비에 경이 햄릿을 연기할 때, 관객은 그를 덴마크의 왕자라고 상상한다. 관객 앞에는 아버지를 살해한 이에게 복수해야 하는 임무에 직면해 있고 그것을 실행하기를 주저하고 있다는 등으로 관객이 상상하는 실제 사람이 있다. 영화의 관객 앞에는 스크린 위의 이미지만 있을 뿐이다. 그 이미지는 관객에게 역마차를 털고 사랑에 빠지는 등의 사람들을 상상하도록 촉발하지만, 관객은 그 **이미지가** 그런 일들을 한다고 상상하지는 않는다. 핵심은 영화 관객의 상상하기가 실제 사물을 대상으로서 가지지 못한다는 것이 아니다. 스크린 이미지는 관객에게 영화배우들이 역마차를 털고 사랑에 빠진다고 상상하도록 촉발할 수 있다. 그러나 그 배우들이 극장 안에 있는 것은 아니다. 따라서 핵심은 배우들이 **앞에 있다**는 것 때문에 상상하기가 더 생생해진다는 점임이 분명하다. 내 주장은 배우들이 실제로 눈앞에 있다는 사실이 중요한 것은 오직 그들이 상상하기의 대상이기 때문이라는 것이다. 그리고 아마도 아무것도 없는 것보다는 여기 없는 대상이라도 있는 편이 더 나을 것이다. 사진으로 만들어진 영화는 어떤 면에서는 (다른 면에서는 아닐지라도) 아예 대상으로 기능하는 배

---

10) Bazin, *What Is Cinema?*, Ⅰ, pp. 96-98을 보라. 그러나 바쟁은 연극과 영화가 이러한 점에서 의미심장하게 다르다는 것을 부정한다.

우들이 존재하지 않는 애니메이션보다 더 "생생할" 것이다. (내 예상에 우리가 그 영화 배우들을 따로 본 적이 있거나 알고 있는 경우 그러할 가능성이 가장 크다.)

두 번째 증거는 어린 소녀들을 위한 어느 15세기 안내서인데, 그것은 친숙한 것들을 대상으로 사용하여 예수의 수난 이야기를 상상하도록 조언하고 있다.

> 수난 이야기를 마음에 더 잘 새기고 각 행동들을 더 쉽게 암기하려면 네 마음속에 그 장소와 사람들을 고정시키는 것이 도움이 되고 또 필요할 것이다. 예를 들어 한 도시를 상상해보라. 그 도시는 예루살렘시가 될 것인데, 이러한 목적을 위해 네가 잘 알고 있는 한 도시를 떠올려보라. 이 도시에서 수난 이야기의 모든 일화들이 일어났음직한 주요 장소들을 찾아보아라. 예를 들어 예수가 제자들과 최후의 만찬을 가졌을 식당이 있는 장소, 성 안나의 집, 그리고 가야바의 집과 예수가 밤에 끌려간 장소, 예수가 가야바 앞에 끌려가서 조롱당하고 매맞은 방을 찾아보라. 그리고 빌라도가 유대인과 이야기를 나눈 관저와 그 안에 있는 예수가 기둥에 묶였던 방도. 또한 그가 십자가에 못 박혔던 갈보리산의 위치나 또 다른 그 같은 장소들을 찾아보아라. ……
>
> 또한 네 마음속에 네가 잘 알고 있는 사람들을 떠올려 그들이 수난 이야기에 포함된 사람들을 재현하도록 해야 한다. 예수 자신과 성모 마리아, 성 베드로, 복음서 저자 성 요한, 성 마리아 막달레나, 성 안나, 가야바, 빌라도, 유다와 나머지 사람들을 모두 네 마음속에 만들어보아라.
>
> 네 모든 상상력을 동원하여 이 모든 것을 했을 때, 너의 방 안으로 들어가라. 혼자 있으면서 모든 외부 생각을 네 마음으로부터 몰아내고, 예수가 어떻게 당나귀를 타고 예루살렘으로 들어왔는지부터 시작해서 수난 이야기의 첫 부분을 생각하기 시작하라.[11]

---

11) *Zardino de Oration* (Venice, 1494). Baxandall, *Painting and Experience*, p. 46에 인용됨.

이 조언이 실제 사물들을 상상하기의 대상으로 이용하라고 말하지만 그러한 대상들이 눈앞에 있을 때 상상하지는 말라고 하고 있음에 주목하라.

상상하기의 가장 중요한 대상들 가운데 상상하는 이 자신이 있다. 그것은 특별하게 다룰 필요가 있다.

1.4 자신에 대해 상상하기

프레드는 자신이 부유하고 유명하다고 상상했다. 그는 자신의 백일몽의 중심인물이었다. 그의 공상은 이런 점에서 전혀 비전형적인 것이 아니다. 나는 사실상 우리의 모든 상상하기가 부분적으로 우리 자신에 대한 상상하기라고 생각한다. 우리 스스로가 꿈이나 백일몽이나 믿는 체하기 게임의 중심인물, **주인공**이 아닐 때라도, 우리는 그 안에서 어떤 역할 — 적어도 다른 사건들의 관찰자 역할이라도 — 을 한다. 센트럴파크에 있는 코끼리를 상상하는 것은 특히 그 코끼리를 시각화하는 경우 우리 자신이 센트럴파크에 있는 코끼리를 보고 있다고 상상하는 것을 포함할 가능성이 크다. 코끼리를 시각화하지 않는 경우라 하더라도, 필시 우리는 그것에 대해 안다고는 상상할 것이다. (이러한 상상하기가 우리가 이런저런 방식으로 그 코끼리에 대해 알게 되었다고 상상하는 것을 포함할 필요는 없다. 이러한 상상하기는 놀라면서, 흥분하면서, 공포에 질리면서, 또는 그 어떤 상태로든 그 뉴스에 반응한다고 상상하는 것을 포함할 수도 있으나, 반드시 그래야 할 필요는 없다.)

상상하기의 많은 부분에서 우리 자신이 중심이 된다는 사실은 놀랍지 않다. 사람들은 자기중심적이기 때문이다. 그러나 나는 의도하기와 마찬가지로 상상하기 역시 어떤 방식으로든 **본질적으로** 자기 지시적이라고 생각한다. (어떤 것이 그러하도록 의도하는 것은 때가 오면 우리 자신이 그 일이 일어나도록 무엇인가를 하겠다고 의도하는 것이다. 그렇지 않다면 의도한다기보다는 단지 희망하거나 기대하는 것이 될 것이다.) 크리스토퍼 피콕(Christopher Peacocke)은 상상하기가 실로 본질적으로 자신에 대한 상상하기를 포함한다고 주장한다.[12)]

상상하기가 상상하는 이를 대상으로서 가지는 상당히 다른 방식들이 있다. 때때로 상상하는 이는 자신을 **자신으로** 상상한다고 할 수 있을 것이다. 그러나 때로는 그렇지 않다. 때때로 우리는 자신을 **1인칭적 방식으로**, 혹은 **안으로부터**(from the inside) 상상하지만 때로는 아니다. 나는 이러한 구분들에 대한 완전한 설명을 제공하고자 하지는 않을 것이다. 그러나 뒤에서 들 예들은 중요한 구분이 있어야 한다는 것을 보여줄 것이며, 또한 서로 다른 종류의 자기 상상하기가 가지는 몇몇 두드러지는 특징들을 드러내 줄 것이다.

피콕의 제안은 "어떤 것을 상상하는 것은 항상 적어도 어떤 의식적 상태에 있다고 안으로부터 상상하는 것"이라는 것이다.[13)] 나의 제안은 이보다 약한데, 그것은 모든 상상하기는 일종의 자기 상상하기(*de se* 상상하기)를 포함하며, 안으로부터 상상하기는 그 중 가장 흔한 종류라는 제안이다. 특히, 모든 상상하기에 동반되는 것처럼 보이는 최소한의 자기 상상하기는 상상하는 것이 무엇이든 간에 그것을 의식하고 있다는 상상하기이다.

테드에 관한 어떤 기사가 신문에 났다. 그러나 그 기사는 그의 신원을 보호하기 위해 가명을 사용했다. 테드는 그 글을 읽지만 그 기사가 자신에 대한 기사라는 것을 알지 못한다. 테드는 그러고 나서 그 기사가 지시하는 인물 — 그 자신 — 이 부유하고 유명하다고 상상한다. 테드는 자신의 상상하기의 대상이지만 그 사실을 깨닫지 못한다. 예를 들어 테드는 그 자신에 대해 그가 어떤 경험을 했으며 유명하고 부유하다고 상상한다. 그러나 그는 이것을 "안으로부터" 상상하지는 않는다. 안으로부터 상상하기란 부분적으로는 그가 상상하는 대상이 자신이라는 것을 의식하지 않을 수 없는 방식으로 자신에 대해 상상하는 것이다.

---

12) "Imagination, Experience, and Possibility."

13) Ibid., p. 21(강조는 필자). "안으로부터"가 무엇을 의미하는지에 대한 피콕의 설명은 *Sense and Content* 제5장에 실려 있다.

안으로부터 상상하기는 내가 "*de se* 상상하기"라 부르는 것의 한 종류인데, 그것은 어떤 것을 **하거나 경험한다고**(imagining doing or experiencing) (또는 어떤 방식으로 **되어** 있다고) 상상하는 것으로 특징적으로 묘사될 수 있는 자기 상상하기의 한 형태이다. 이는 단순히 우리가 어떤 것을 하거나 경험한다는 **것**(that one does or experiences something), 또는 어떤 속성을 가지고 있다는 **것**을 상상하는 것과는 다르다. 프레드는 복권에 당첨되고 프랑스로 건너가 등에 햇살을 받는다고 상상한다. 그러나 테드는 단지 그가 부와 명성을 가졌고 즐긴다는 것을 상상할 뿐, 부와 명성을 **획득한다고**, 또는 그것들을 **즐긴다고** 상상하지는 않는다. *de se* 상상하기는 또한 "그 자신"이라는 어법을 사용해서 특징적으로 묘사될 수 있다. 테드가 **그 자신이** 부와 명성을 가졌으며 즐긴다는 것을 상상했다고 묘사하는 것은 잘못일 것이다.

일반적으로 *de se* 상상하기는 상상하는 이가 그의 상상이 자신에 대한 상상이라는 사실을 의식하지 못할 수 없는 그런 상상하기이다. 그러나 이러한 상상하기가 의심의 여지가 없는 상상 대상을 가지는 유일한 상상하기는 아니다. 비트겐슈타인은 누군가가 불에 휩싸인 킹스 칼리지를 상상할 때 그가 상상하는 것이 킹스 칼리지라는 그의 주장에 의문을 제기할 여지는 없다고 말한다. 다른 대학이나 할리우드의 영화 촬영장이 그의 시각적 이미지(그가 만약 시각적 이미지를 떠올린다면)와 완벽하게 일치한다고 해도 말이다.[14] 그러나 불타고 있다고 상상된 대학의 동일성에 대해 의문의 여지가 완전히 없는 것은 아니다. 상상하는 이가 앞서 다른 대학을 킹스 칼리지라고 착각했다면, 그리고 그의 의도가 **그** 대학을 상상하는 것이라면, 그는 자신이 상상하고 있는 대학이 킹스 칼리지라고 생각하지만 사실은 그것은 다른 대학일 것이다. 만약 그가 킹스 칼리지를 그것이 킹스 칼리지인 줄 모르고서 보았다면, 그는 불길에 휩싸인 킹스 칼리지를 상상하기는 하지만 그가 상상하는 대학이 킹스 칼리지라는 사실을 깨닫지 못하고 있는 것이 된다.

프레드가 자신의 등에 햇살을 느낀다고 (*de se*) 상상하는 경우, 이러한 종류의 착각

---

14) *Blue and Brown Books*, p. 39.

은 가능하지 않아 보인다. 킹스 칼리지에 대한 상상하기가 어떻게 킹스 칼리지에 대한 상상하기가 되는지, 또는 테드의 상상하기를 자신에 대해 상상하기로 만드는 것은 무엇인지에 대해서는 설명이 있어야 한다. 그 설명은 부분적으로 대상과 우리의 이전 경험들(우리가 킹스 칼리지를 보는 경험, 테드가 신문을 읽는 경험) 사이의 인과관계, 그리고 이 경험들과 우리의 상상하기 사이의 인과관계에 대한 설명이다. 이 경우들에서 어떤 것을 상상하기의 대상으로 동일시하는 것은 어떤 종류의 설명이 주어질 것인가에 대한 하나의 가설을 제시하는 것이나, 그 가설은 틀릴 가능성이 있다. 그러나 *de se* 상상하기를 자신에 대해 상상하기로 만드는 것이 무엇인가에 대해서는 그와 유사한 설명이 필요 없는 듯하다.

내가 불타고 있다고 상상하는 것이 킹스 칼리지라면, 나는 그것을 "어떤 기술(description) 하에서" 또는 어떤 "제시 양태(mode of presentation)"로 상상한다고 말할 수 있다. 예를 들어 나는 그것이 "내가 그러그러한 때 보았던 대학교라고" 상상한다고 말할 수 있다. 테드는 테드가 "신문 기사의 주인공이라고" 상상한다. 그러나 프레드가 등에 햇살을 느끼고 있다고 상상할 때의 그 자신에 대한 상상하기(*de se*)에 대해서도 그렇게 말할 수 있는지는 분명하지 않다.

de se 상상하기가 항상 **안으로부터** 상상하기인 것은 아니다.[15] 나는 프레드가 자신의 등에 내리쬐는 햇살의 따스함을 안으로부터 상상하는 것으로 이해한다. 그레고리가 메이저 리그 야구 경기에서 경기를 하고 있으며 홈런을 친다고 상상할 때, 그는 자신의 손에 공이 닿는 배트의 충격을 느낀다고 상상하는 등 그것을 안으로부터 상상할 수 있다. 그러나 그가 홈런을 친다고 상상하는 것이 관중석에 있는 관객의 시점에서라고 가정해보자. 그는 그 시점에서 그 장면을 시각화하고, 경기장에 대한 그의 이미지는 중앙 펜스 너머로 공을 날리고 베이스를 도는 그레고리의 모습을 포함한다. 나는 이러한 상상하기가 *de se* 상상하기로 가장 잘 분류될 수 있다고 믿는다. 이 경우 그레고리가 홈런을 **친다고** 상상한다고, 그리고 **그 자신이** 홈런을 친다는 것을 상상한다고 묘사하는 것

15) 데이비드 힐스(David Hills)가 나에게 이것을 깨닫게 해주었다. 내가 제시하는 이유들은 거의 그가 제시한 것과 같다.

은 완벽히 자연스럽다. 그의 상상 안에서 그 자신이 홈런을 친 선수라는 데는 의심의 여지가 없다. 그의 상상 경험에 인과적으로 선행하는 것들에 관한 그 어떤 생각 가능한 증거도 그 자신이 홈런을 친 사람이라는 데 대해 그가 의문을 제기하게 만들 수 없을 것이다. 그가 상상하는 사람이 어떻게 그레고리가 되었는지에 대해 해야 할 관련 설명이란 없는 것 같다. 또한 그는 자신이 "신문 기사의 주인공"이나 "그러그러한 때에 내가 본 사람" 등과 유사한 기술 하에 있다고 상상하지도 않는 것 같다. 그러나 그의 상상하기는 안으로부터 상상하기가 아니다. 자신이 바로 그 사람이라는 확고부동한 자각에도 불구하고, 그것은 마치 그가 다른 누군가가 공을 치고 베이스를 도는 것을 관찰하는 것과 유사하다. (그는 자신이 관중석에서 그 경기를 보고 있다고 안으로부터 상상할 수도 있다.[16] 그리고 그가 홈런을 친다고 관중석의 시점에서 상상하는 것은 홈런을 친다고 안으로부터 상상하는 것과 번갈아 일어날 것이다.)

어떤 상상하기가 안으로부터 상상하기인지 아닌지에 대한 의문은 상상되는 것이 (넓은 의미의) 경험일 경우에만 일어난다. 그러나 우리는 경험이 아닌 속성들을 가진다고 상상할 수 있다. 우리는 13세기 선원의 후예라고 (*de se*) 상상할 수도 있고, 희귀한 혈액형을 가지고 있다고 상상할 수도 있다. 그러나 그것은 안으로부터 상상하기가 아니다.

안으로부터 상상하기는 필연적으로 **자신**에 대해 상상하기인가? 나는 그렇다고 간주한다. 그리고 안으로부터 상상하기든 아니든 간에, 어떤 것을 하거나 경험하거나 혹은 어떠하다고 상상하는 경우 일반에 있어서도 그렇다고 생각한다. (만약 이것들이 자기 상상하기가 아니라면 우리는 그것들을 *de se* 상상하기라고 부르지 말아야 할 것이다.) 코뿔소를 본다고 상상하는 것은 **자신이** 코뿔소를 본다고 상상하는 것이지, 단지 코뿔소 보기의 한 예를 상상하는 것이 아니다. 따라서 **나폴레옹이** 코뿔소를 본다고 상상하는 사람, 혹은 그것이 누구의 보기인지 상상하지 않고서 **어떤** 코뿔소 보기를 상상하는 사람은 일반적으로 이해되는 바대로 "코뿔소를 본다고 상상"하는 것이 아니다. 그리고 만약 그가 (자신이) 코뿔소를 본다고 **또한** 상상하지 않는다면, 그 상상하기는 안으

16) 어떻게 그가 상상의 경기에서 관객이면서 또한 선수가 되는가? 아마도 그는 관객이 되는 것을 상상하고 또 선수가 되는 것을 상상하지만, 동시에 둘 다가 되는 상상을 하지는 않을 것이다.

로부터 상상하기가 될 수 없다.[17] 이러한 점에서 "상상하다"는 하나의 공통적 경향에 부합한다. 연설한 것을 기억하는 것은 **그 자신이** 연설한 것을 기억하는 것이지 단지 어떤 연설이 행해진 한 예를 기억하는 것이 아니다. 헤엄치기를 시작하는 것은 자신의 헤엄치기를 시작하는 것이다. 어떤 산을 오르기를 시도하는 것은 스스로 그 산을 오르기를 시도하는 것이다. 어떤 일자리에 지원하는 것에 대해 생각하거나 고려하는 것은 그 자신이 지원하는 것에 대해 생각하거나 고려하는 것이다.

그러나 *de se* 상상하기에서 나타나는 자아에 대한 개념이 매우 풍부하거나 완전할 필요는 없다. 그리고 이 사실은 회의주의자들을 누그러뜨리는 데 도움을 줄 것이다. 내가 (나 자신이) 코뿔소를 본다고 상상할 때, 내가 **켄달 월튼이** 코뿔소를 본다는 것을 상상하거나 **월튼의** 코뿔소 보기를 상상하거나 **월튼에 대해** 그가 코뿔소를 본다는 것을 상상하지는 않는다는 것이 가능할 수 있다. 나 자신에 관한 어떤 언어적 재현(내 이름이든, 나 자신에 관한 기술이든, 또는 1인칭 대명사든)도 내가 상상할 때 나의 사고 속에 떠오를 필요가 없다. "나는 코뿔소를 본다" 대신 "**저것은** 코뿔소이다"와 같은 것을 생각할 수도 있지만, "저것은 코뿔소이다"라는 것도 코뿔소를 나와 관련지어 상상적으로 위치시킨다. 나는 어떤 사람 — 나 자신 — 을 **골라내서** 그에 대해 상상해나가는 것이 아니다. 또한 나는 어떤 통상적인 방식으로 누군가(나 자신)를 내 상상하기의 대상으로 **동일시하는** 것도 아니다. 이것을 코뿔소를 본다고 내가 상상하는 그 자아란 "단순한 데카르트적 나"라고 말함으로써 표현할 수 있을지도 모르겠다. 그리고 나의 상상하기를 나 자신에 대한 *de re*(존재적) 상상하기의 한 예로서 특징짓는 것을 합리적으로 거절할 수도 있을 것이다. 나는 *de se* 상상하기를 *de re* 상상하기의 한 종이 아닌, 상상하기가 자신에 "대한" 것일 수 있는 하나의 **다른** 방식으로서 간주하기를 제안한다.[18]

우리는 자신이 **나폴레옹이라고**, 그리고 **그의** 눈을 통해 코뿔소를 본다고 상상할 수

---

17) 우리는 나폴레옹이 코뿔소를 보고 있는 것을 관찰한다고 안으로부터 상상할 수도 있다.

18) 나는 이 제안을 데이비드 힐스로부터 받아들였다. 루이스는 *de se* 믿음을 자신에 관한 *de re* 믿음의 한 예인 것으로 이해하며, "*de re* 믿음"의 두 가지 의미 중 넓은 의미에서이기는 하지만 치솜 역시 그러하다. 두 사람 모두 상상하기에 대해서도 똑같이 말할 것이다(Lewis, "De Dicto and De Se," p. 156; Chisholm, *First Person*, pp. 108-109).

도 있을 것이다. 조이스가 그렇게 한다고 가정해보자. 그녀의 경험을 이해하는 한 가지 이상의 방식들이 있겠지만, 나는 그중 가장 그럴듯한 방식들은 조이스 **자신이** 코뿔소를 본다고 상상한다는 것을 포함하고 있다고 생각한다.

가장 직선적인 설명은 그녀가 자신이 코뿔소를 본다고 상상하는 동안 자신이 나폴레옹과 동일하다고 상상한다는 설명방식일 것이다.[19] 그러나 그녀가 나폴레옹이라는 것은 형이상학적으로 불가능하다. 우리는 형이상학적으로 불가능한 것을 상상할 수 있는가? 아마도 그럴 것이다. 알아볼 수 있을 만큼 낯익은 한 정치가의 얼굴을 한 돼지 그림이 그려진 풍자만화를 볼 때 우리가 하는 일이 바로 그것인 것 같다. 우리는 그 정치가에 대해, 그가 돼지라고 상상한다. 조이스와 나폴레옹 사이의 동일성처럼 형이상학적으로 불가능한 동일성도 믿을 수 있다고 허용하는 사람도 있을 것이다. 나는 브라이언 멀로니를 멀리서 보고 그를 윌리엄 렌퀴스트로 착각했다. 그렇다면 나는 멀로니에 대해 그가 렌퀴스트와 동일하다고 믿는 것이 아닌가? 물론 나는 내가 렌퀴스트로 믿은 인물이 멀로니라는 것을, 따라서 내가 믿은 것이 불가능하다는 사실을 깨닫지 못했다. 조이스는 당연히 자신이 조이스라는 것을 알고 있으며, 자신이 나폴레옹이라는 것은 불가능함을 알고 있다. 이 사실은 그녀가 자신이 나폴레옹이라고 **믿는** 것을 어렵게 만든다. 그러나 이 사실이 그녀가 그렇게 상상하는 것을 막는지는 불분명하다. 여기서 서로 다른 "제시 양태"를 말할 수도 있을 것이다. 나는 멀로니에 대해, 지시적인(demonstrative) 제시 양태("**저** 남자") 하에서 그가 렌퀴스트라고 믿는다. 조이스는 **그녀 자신**으로서의 그녀 자신에 대해 나폴레옹이라고 상상하며, 여기서 나폴레옹은 기술적으로(descriptively), 혹은 어떤 다른 방식으로 동일시된다. 조이스가 자신에 대해 상상하는 제시 양태를 지시적인(demonstrative) 것(자기 자신을 마음속으로 가리키면서 "**이** 사람"이라고 말하는 것)으로 이해하는 이들도 있지만, 어떤 제시 양태도 포함되지 않는다고 주장하는 이들도 있을 것이다.

리처드 볼하임은 "나는 나 자신이 술탄 모하메트 2세라고 상상한다"라고 말하는

19) 이것은 그녀가 **조이스가** 나폴레옹과 동일인물이라고 상상하지는 않는다는 것과도 양립 가능하다.

것이 자신과 그 술탄 사이의 동일성을 상상한다고 말하는 것과 같다는 것을 부정한다. 그는 동일성이 대칭적 관계인 데 비해 "나 자신이 술탄 모하메트 2세라고 상상하기"는 "술탄 모하메트 2세가 나라고 상상하기"와 같지 않다는 점을 지적한다. 이 두 가지 상상하기는 "두 개의 서로 다른 상상하기 프로젝트들"이다.[20] 그러나 이 같은 이유는 불충분하다. 나 자신이 술탄이라고 상상하기에는 나와 술탄 사이의 동일성을 상상하기 **이상이** 있을 수 있다. (무엇이 더 포함되는가는 이 어구에 의해 언급되는 것이라기보다는 이 어구를 사용함으로써 **함축된** 것일 수 있다.) 나 자신이 술탄이라고 상상할 때 동일성 외에 내가 상상해나가는 것은 술탄이 나라고 상상할 때 내가 상상해나가는 것과 다를 것이다. 전자의 경우 나는 나 자신(술탄과 동일한)이 15세기에 살고 있으며 콘스탄티노플 포위를 지휘하고 있다고 상상하는 것이고, 후자의 경우 나는 나 자신(술탄과 동일한)이 20세기에 살고 있으며 재현적 예술에 관한 책을 쓰고 있다고 상상하는 것이다. 또한 "나 자신이 술탄이라고 상상하기"는 나 자신(술탄과 동일한)을 안으로부터 상상한다는 것을, 또는 적어도 *de se* 방식으로 상상한다는 것을 암시할 가능성이 크지만, "술탄이 나라고 상상하기"는 그렇지 않다.

여전히 조이스가 불가능한 것을 상상한다는 관념에 대한 저항이 있을 수 있다. 조이스가 자신이 나폴레옹이라고 상상한다는 것이 조이스가 단순히 그녀 자신이 나폴레옹의 처지가 된다고 상상한다는 것, 다시 말해 그녀 자신과 나폴레옹 사이의 동일성을 상상하는 것이 아니라 단지 그녀가 나폴레옹이 처해 있었다고 생각하는 것과 같은 상황에 자신이 처해 있다고 상상하는 것이라고 할 수 있을까? 이는 "나폴레옹이라고 상상하기"의 의미가 아니다. 왜냐하면 상상하기의 내용에 나폴레옹이 나타나지 않기 때문이다. 볼하임은 그러한 경우 상상하기는 나폴레옹이 달리 존재하지 않는다는 "지배사고(master thought)"를 포함하는 것이라고 제안한 바 있다.[21] 그러나 이러한 제안은 성공적이지 못하다. 조이스가 노트르담에서 대관식을 하고 워털루에서 패배를 겪는 것을

---

20) *Thread of Life*, p. 75. 또한 Wollheim, "Imagination and Identification," p. 80을 보라.

21) "Imagination and Identification," pp. 82-83.

상상할 때, 그녀는 단순히 자신이 나폴레옹 **대신에** 존재한다고, 그리고 노트르담에서 왕관을 받고 워털루에서 패한 것은 그가 아닌 그녀라고 상상하는 것일 수 있다. 이것은 그녀 자신이 "나폴레옹이라고" 상상하는 것이 아니다.

나폴레옹이라고 상상하기 위해 나폴레옹이 했을 것이라 믿는 종류의 경험들을 한다고 상상하는 것이 **필요하지** 않을 수도 있다. 나는 나폴레옹이 달에 착륙했다고 생각하지 않고서도, 또 내가 대관식을 한다거나 나폴레옹이 실제로 했거나 경험했다고 생각되는 그 어떤 다른 것도 한다거나 경험한다고 상상하지 않고서도 내가 나폴레옹이며 달에 착륙한다고 상상할 수 있다. '내가 된다고 상상하는 이를 나폴레옹으로 만드는 것이 무엇인가?'라는 질문이 분명히 있을 것이다. 그러나 그 대답은 상상하기의 기술적 내용, 즉 내가 무엇을 하거나 경험한다고 상상하는가 안에 있지는 않다.

조이스가 형이상학적으로 불가능한 것을 상상한다고 가정하는 것을 피할 수 있는 최선의 방법은, 만약 우리가 그것을 피해야 한다고 느낀다면, 아마도 다음과 같을 것이다.[22] 그녀는 (자신이) 코뿔소를 본다고 상상한다. 그리고 그녀는 이 1인칭적 자기 상상하기를 **통해** 나폴레옹이 코뿔소를 보고 있다고 상상한다. 그녀가 나폴레옹이 경험한다고 상상하는 것을 스스로 경험한다고 상상함으로써 자신에게 보여준다고 해보자. (이를 구로사와의 영화 〈라쇼몽〉과 비교해보라. 산적이 남자를 죽이는 장면의 묘사는 허구적으로 그 산적이 실제 일어난 일이라고 증언하는 바를 보여준다. 이 책 §8.7.을 보라.) 조이스는 자신과 나폴레옹 사이의 동일성을 상상하지는 않는다. 그러나 그녀는 자신과 나폴레옹 모두를 상상하며, 이 두 상상하기는 구분되기는 하지만 중요하게 연결되어 있다.

나는 앞으로 (자신이 아닌 다른) 누군가라고 상상하기라는 개념을 거의 사용하지 않을 것이다. 그러나 무엇인가를 하거나 경험하고 있다고 (*de se*) 상상하기, 좀 더 명확하게는 안으로부터 상상하기의 개념은 핵심적인 역할을 할 것이다. 그러한 자기 상상하기는 우리 상상하기 경험의 결정적인 요소이다. 우리가 자신의 감정들을 수용하게

22) 윌리엄 타스첵(William Taschek)이 이러한 대안을 제안했다.

되는 것은, 즉 우리가 그 감정들을 발견하거나 받아들이는 법을 배우거나 마음에서 몰아내거나 또는 상상하기가 우리에게 하도록 도와주는 것이 정확하게 무엇이든 간에 그것을 하게 해주는 것은 주로 우리 자신이 어떤 상황에 직면해 있다거나 어떤 활동에 참가하고 있다거나 어떤 사건들을 관찰하고 있다거나 또는 어떤 느낌이나 태도를 경험하거나 표현하고 있다고 상상함으로써이다. 이러한 자기 상상하기는 우리의 주된 목표가 다른 사람들에 대한 통찰을 얻는 것일 때조차 중요하다. 우리는 소수자들이 차별받는 것에 대해 어떻게 느낄지를 이해하기 위해 단지 차별 사례들을 상상하는 것이 아니라 **스스로가** 차별받는 사례들을 상상해야 한다. 우리는 차별을 **경험한다고** 상상해야 한다. **나 자신이** 다른 누군가의 처지라고 상상할 때(내가 **그라고** 상상하든 아니든 간에) 나의 상상이 **그를** 이해하도록 돕는 것이다. (이러한 상상적 이해가 아마도 소위 *Verstehen*일 것이다.) 그리고 이러한 것을 상상할 때 나는 나 자신에 대해서도 배우게 된다.

앞서 나는 조지 부시에 대한 사라의 공상을 나무 그루터기에 대한 에릭의 상상하기와 대조시켰다. 대부분의 *de se* 상상하기는 후자보다는 전자의 경우에 속하는 것 같다. 사라의 상상하기와 자기 상상을 하는 사람의 상상하기 모두에서 대상은 그들에게 특별히 중요하다. 사라의 상상하기는 부시에 대한 특별한 관심에서 동기를 부여받고 또 유도되었으며, 그녀는 자신의 경험을 통해 부시에 대한 통찰을 얻기를 기대할 것이다. 마찬가지로, 어떤 최소한의 자기 상상하기는 자동적인 것이라 하더라도 사람들이 자신에 대해 그렇게 많이 상상하는 것은 일반적으로 그들 자신이 그들에게 있어 특별히 중요하기 때문이다. 상상하는 이의 주된 목적이 다른 사람들을 이해하는 것이라 하더라도, 자기 자신에 대한 통찰 또한 얻게 되는 것은 그것이 비록 부분적으로는 부수적인 결과라 할지라도 상상하기의 중요한 결과이다. 상상하기의 대상으로서의 상상하는 이 자신이 나무 그루터기가 그러한 것과 같은 방식으로 다른 것들에 대한 상상하기를 고정시키기 위한 틀로서만, 즉 단순히 수단으로서만 기능하는 경우는 거의 없다.

그러나 상상하는 이는 *de se* 상상하기의 대상일 때, **어떤** 방식으로는 사라의 상상에서 부시가 하는 것으로 내가 추정하는 역할보다는 나무 그루터기와 더 유사하게 기능한다. 상상하는 이는 나무 그루터기와 마찬가지로 대상이면서도 **소도구**가 된다.

1.5 소도구와 허구적 참

이제 상상하기라는 행위 자체보다는 상상하기가 일어나는 장치들 — 꿈, 백일몽, 믿는 체하기 게임, 그리고 재현적인 예술 작품에 대한 경험 — 로 주의를 돌려보자.

"믿는 체하기 게임 안에서 참"일 때 — 예를 들어 줄스가 버팔로 사냥을 하러 간다고 말할 때 — 그가 버팔로 사냥을 하러 간다는 명제는 **허구적**이며, 그것이 허구적이라는 사실은 **허구적 참**이다. 일반적으로 "허구적 세계 안에서", 즉 믿는 체하기 게임이나 꿈, 백일몽, 또는 재현적인 예술 작품의 세계 안에서 참인 것은 허구적이다. 프레드가 유명해지고 부자가 되는 꿈을 꿀 때, 그가 부유하고 유명하다는 것은 허구적이다. 쇠라의 〈그랑자트 섬의 일요일 오후〉에서는 한 쌍의 남녀가 공원에서 산책하고 있으며, 이는 허구적으로 그러하다. 릴리풋인이라고 불리는 키가 6인치인 사람들이 살고 있는 사회가 있다는 것, 그리고 그레고르 잠자라고 하는 어떤 사람이 벌레로 변했다는 것 역시 허구적이다.[23)]

한 명제를 허구적이라고 부르는 것은 단지 그것이 "어떤 혹은 다른 허구적 세계 안에서 참"이라고 말하는 것과 같다. 때때로 우리는 어떤 것이 "그 안에서 참이 되는" 세계가 어떤 "세계"인지 명시하고 싶어질 것이다. 따라서 키가 6인치인 사람들이 살고 있는 사회가 있다는 명제를 단지 허구적이라고만 말하는 것이 아니라 좀 더 구체적으로 《걸리버 여행기》 안에서 허구적이라고 말하거나 혹은 《걸리버 여행기》-허구적이라고 말하도록 하자. 달걀을 깨뜨릴 때 넓은 끝부분을 깨뜨려야 하는지 좁은 끝부분을 깨뜨려야 하는지의 문제 때문에 전쟁이 일어났다는 것 또한 《걸리버 여행기》-허구적이다. 그러나 한 쌍의 남녀가 공원에서 산책하고 있다는 명제는 또 다른 세계에 속한다. 그것은 〈그랑자트〉-허구적이다. "*p*라는 것은 허구적이다"라는 말은 "**누군가 혹은 다른 이가**

23) 허구성이라는 개념은 단토가 말하는 예술적 동일시, 혹은 다른 특별한 종류의 동일시를 가리키는 "이다"(Transfiguration, pp. 126-127)를 불필요하게 만든다. 어떤 인형이 사람이라는 것 또는 어떤 배우가 햄릿이라는 것은 "이다"의 일상적인 의미에서 허구적이다. (단토가 드는 예들 중 몇몇에서의 동일성은 내가 나중에 이야기할 "비공식적인" 믿는 체하기 게임 안에서만 허구적이다.)

*p*라는 것을 믿는다(또는 바란다, 주장한다, 부정한다)"와 유사한 것으로 생각될 수 있으며, "*p*라는 것은《걸리버 여행기》-허구적이다"라는 말은 "존스가 *p*라는 것을 믿는다(바란다, 주장한다, 부정한다)"와 유사한 것으로 생각될 수 있다. 용어에 대해서는 이쯤 해두기로 하자.

나는 허구성을 명제의 한 속성으로 간주하면서 형이상학과 철학적 논리학의 논쟁적인 문제에 대해 성급하게 단정 짓고 있다. 명제를 어떻게 이해해야 하는지에 대해 그리 까다로울 필요는 없지만, 나는 현재의 목적을 위해 명제들 중 몇몇은 개별적 대상들을 그 구성요소로서 가진다고 간주할 것이다. 예를 들어 '프레드는 부유하고 유명하다' 라는 명제에서 프레드는 하나의 구성요소이다. *de re* 허구적 참은 개별자들을 그 구성요소로서 가지는 명제들의 허구성에 있다.[24] "제시 양태" 혹은 그와 비슷한 개념 또한 예를 들어 프레드와 테드가 그들 자신이 부유하고 유명하다고 상상하는 1인칭적 방식과 3인칭적 방식을 구분하기 위해 필요할 것이다. 나는 제시 양태가 명제의 구성요소라고 생각하지는 않지만, 그것은 프레드와 테드의 백일몽 및 상상하기 경험 일반의 성격과 많은 관련이 있다.

논의를 시작하는 다른 방식들도 있을 것이다. 나는 어떤 확신에서보다는 편의를 위해 이런 익숙한 방식을 선택했으며, 이러한 선택이 마지막에 가서는 우리가 다루고 있는 문제들에 그리 큰 영향을 주지 않을 것이라고 믿는다. 명제를 거부하는 독자나 명제를 다른 방식으로 이해하기를 선호하는 독자도 철학적 양심이 지시하는 그 어떤 방식으로든 그들이 일반적으로 (소위) 명제 태도들을 다루는 선호하는 방식에 따라 허구성에 대한 나의 주장들을 재공식화해도 좋다.[25] 나는 어떤 합당한 재공식화이든 같은

---

24) 순수하게 허구적인 개체(entity)들은 명제의 구성요소가 될 수 없다. 왜냐하면 존재하지 않기 때문이다. 그리고 그레고르 잠자라는 이는 존재하지 않으므로 그가 벌레로 변했다는 명제 같은 것도 존재하지 않는다. 그러나 현재로서는 허구적인 개체들과 그들에 대한 명제들도 세계에 포함되어 있는 척하는 것이 용이할 것이다. 나는 현재로서는 그레고르가 벌레가 되었다는 명제가 마치 허구적인 것처럼 말할 것이다. 그러나 이것은 단지 가장일 뿐이다. (이 점에서 이 책의 많은 부분은 그 자체로 허구 작품이다.) 제4부에서 우리는 사람들이 허구적인 개체들에 대해 이야기하는 것처럼 보일 때, 혹은 이야기하는 척할 때 그들이 실제로 말하고 있는 것은 무엇인지를 어떻게 이해해야 할지에 대해 살펴볼 것이다.

25) 나는 명제 태도를 자기 자신에게 속성들을 귀속시키는 것으로 이해해야 한다고 주장하는 루이스("De Dicto and

것으로 식별될 것이라고, 그것이 다루는 문제들의 본질과 그 문제들을 다루는 방식들은 그대로일 것이라고 믿는다.

허구성이란 무엇인가? 우리는 어떤 것이 "허구 세계 안에서 참"이라는 것이 무엇인지를 직관적으로 이해한다. 그렇지 않았더라면 우리가 아는 비평은 불가능할 것이다. 그러나 허구성은 어떻게 분석되어야 하는가? 분석을 향한 첫걸음은 허구성과 상상 사이의 관계를 조사하는 것이다. 그렇게 하는 와중에 우리는 결국 소도구란 무엇인지, 그것이 얼마나 중요한지를 알게 될 것이다.

허구적이라는 것과 상상된다는 것은 많은 명제들이 공유하는 특징이다. 《걸리버 여행기》의 독자는 키가 6인치인 사람들이 사는 사회가 있다는 것을 상상한다. 프레드는 자신이 부유하고 유명하다고 상상한다. 그러나 허구적인 것을 상상되는 것과 단순히 동일시한다면 그것은 심각한 잘못이다. 허구적인 것이 반드시 상상될 필요는 없으며, 아마도 상상되는 것이 반드시 허구적일 필요도 없을 것이다.[26)]

"나무 그루터기를 곰이라고 해보자"라고 에릭이 제안한다. 그레고리가 동의하고, 하나의 믿는 체하기 게임이 시작된다. 그 게임 안에서 나무 그루터기들 — 단지 하나 혹은 특정한 몇몇이 아니라 모든 나무 그루터기들 — 은 곰으로 "간주된다". 숲속에서 한 나무 그루터기와 마주치자, 에릭과 그레고리는 곰 한 마리를 상상한다. 그들이 상상하는 것의 일부분은 어떤 특정 위치 — 실제로는 나무 그루터기가 차지하고 있는 그 위치 — 에 곰 한 마리가 있다는 것이다. "이봐, 저기에 곰 한 마리가 있어!"라고 그레고리가 에릭에게 소리친다. 게임에 참여하지 않고 흘려듣고 있던 수전은 깜짝 놀란다. 에릭은 자신이 가리킨 장소에 곰이 있다는 것은 단지 "게임 안에서"일 뿐이라고 그녀를 안심시킨다. 거기에 곰이 있다는 명제는 게임 안에서 허구적이다.

또는 에릭과 그레고리는 그렇게 생각한다. 그들은 그 곰에게 조심스럽게 다가가지

De Se")와 치솜(*First Person*)의 제안이 특히 매력적이라고 생각한다. 내가 아는 한, 내 이론은 크게 변형되는 일 없이 이러한 방식으로 진술될 수 있을 것이다. 명제 상상하기는 자기 자신에게 상상적으로 속성 부여하기로 대체될 수 있을 것이다. 이는 상상하기가 필연적으로 부분적으로는 자기 자신으로 향한다는 생각과 잘 들어맞는다.

26) 어떤 상상하기에서든 우리는 상상되는 것이 허구적인 것이 되는 어떤 공상을 인식할 수 있다. 그러나 그것이 상상하는 이가 주로 관심을 가지는 "세계" — 예를 들면 믿는 체하기 게임의 세계 — 안에서 허구적일 필요는 없다.

만, 그 그루터기가 실은 나무 그루터기가 아니라 이끼로 뒤덮인 바위라는 것을 발견한다. "잘못된 경보였어. 저기엔 알고 보니 곰이 없어"라고 그레고리는 놀라면서도 안도하며 관찰한다. 그리고 외부인에게는 "우리는 게임 세계 안에서 저기에 곰이 있다고 잘못 생각했어"라고 말한다. 에릭과 그레고리는 곰이 있다는 것을 상상했으나, 그 사실이 그들의 게임 안에서 곰이 있다는 것을 허구적으로 만들지는 못했다. 그들은 허구적으로 곰이 있었지만 그들이 다가가자 사라져버렸다고 말하는 것도 아니고, 앞서 거기에 곰이 있었다는 것이 **더 이상** 허구적이지 않다고 말하는 것도 아니다. 그레고리는 자신이 가리킨 장소에 허구적으로 곰이 있다는 앞서 자신의 주장을 철회했으며, 그렇게 한 것이 옳았다.

한편, 아무도 몰랐지만 에릭 뒤로 20피트도 떨어져 있지 않은 수풀 속에 진짜 나무 그루터기가 가려져 있었다. 허구적으로 곰 한 마리가 수풀 속에 잠복하고 있었지만, 에릭도 그레고리도 그 위험을 알아차리지 못한다. 그 누구도 수풀 속에 있는 곰을 상상하지 않는다. 즉, 누군가가 곰이 있다고 상상하기 때문에 곰이 있다는 것이 허구적이 되는 것이 아니다. 그러나 곰이 있다는 것은 허구적이다. 무엇이 그것을 허구적이게 만드는가? 그것은 나무 그루터기이다. 따라서 그 나무 그루터기가 하나의 허구적 참을 발생시킨다. 그것이 소도구[*역주: prop은 원래 '지주', '버팀목' 등을 뜻하는 것으로 그것 자체가 아닌 다른 것을 의미하기 위한 버팀목이 되는 물리적 사물 정도로 생각할 수 있다]이다. 소도구들은 허구적 참을 발생시키는 것, 즉 그것들의 본성이나 존재 덕분에 명제들을 허구적으로 만드는 것들이다. 눈으로 된 성채는 하나의 소도구이다. 그것은 작은 탑들과 해자가 둘러싸고 있는 (실제) 성채가 있다는 명제의 허구성에 대한 책임이 있다. 한 아이의 게임 안에서 어떤 인형은 금발의 여자 아기가 있다는 것을 허구적으로 만든다.

재현적인 예술 작품들 또한 소도구들이다. 〈그랑자트〉 안에서 한 쌍의 남녀가 공원에서 산책하고 있다는 것을 허구적이게 만드는 것은 그 그림 자체, 캔버스 표면의 물감 얼룩들의 패턴이다. 키가 6인치인 사람들이 살고 있는 사회가 있으며 그들이 달걀을 어떻게 깨뜨려야 하는지의 문제 때문에 전쟁을 벌인다는 것이 허구적이 되는 것은《걸리버 여행기》를 구성하고 있는 단어들 때문이다.

소도구들은 누군가가 상상하거나 상상하지 않는 것과는 독립적으로 허구적 참을 발생시킨다. 그러나 그것들이 어떤 (실제이든 잠재적이든) 상상하는 이와는 상관없이 그 자체만으로 그렇게 하지는 못한다. 소도구들은 사회적인, 혹은 적어도 인간에 의한 배경 안에서만 기능할 수 있다. 수풀 속의 나무 그루터기가 곰 한 마리가 있다는 것을 허구적으로 만드는 것은 오직 그 믿는 체하기 게임 안에 어떤 관례, 이해, 동의가 있어서 어디든 나무 그루터기가 있으면 허구적으로 거기에 곰이 있는 것이 되기 때문이다. 나는 이것을 **발생의 원칙**이라고 부르겠다. 이 원칙은 "나무 그루터기를 곰이라고 하자"와 같은 명시적인 약정에 의해 확립되었다. 그러나 모든 원칙들이 그런 식으로 확립되는 것은 아니다. 예술 작품들이 관련되는 대부분의 원칙들을 포함하여 어떤 원칙들은 결코 명시적으로 동의되거나 심지어 공식화되지도 않으며, 상상하는 이들도 그 원칙들을 의식하지 못할 수 있다. 적어도 상세히 설명해낼 수 없다는 의미에서는 그러하다. 나는 발생의 원칙들이 일반적으로 혹은 통상적으로라도 "관례적"이라거나 "자의적"이라고 추정하는 것은 아니며, 그 원칙들은 배워야만 하는 것이라고 추정하는 것도 아니다. 그러나 어떤 발생의 원칙들이 있는가는 사람들이 다양한 맥락 안에서 어떤 것을 받아들이는가에 달려 있다. 효력을 발휘하는 원칙들은 적어도 암묵적으로라도 효력을 발휘하도록 이해된 것들이다.

소도구들은 종종 상상하기의 촉발자이거나 대상이기도 하다. 심지어는 세 가지 역할을 다 하기도 한다. 에릭과 그레고리가 게임을 하는 동안 발견하는 모든 나무 그루터기들은 세 가지 역할을 다 한다. 그것들은 에릭과 그레고리가 어떤 것들을 상상하도록 촉발하며, 그들이 촉발하는 상상하기들 가운데에는 그것들 자신에 대한 상상하기(나무 그루터기들에 대해, 그것들이 곰이라고 상상하기)가 포함된다. 그러나 세 가지 기능은 서로 구분된다. 소도구들이 어떤 상상하기의 촉발자나 대상이 될 필요도 없다는 것은 이미 분명하다. 어떤 발견되지 않은 나무 그루터기는 소도구이지만 어떤 상상하기도 촉발시키지 않으며, 누구도 그것에 대해 상상하지 않는다. 촉발자나 대상이 소도구일 필요도 없다. 에릭이 산딸기를 옻나무와 연관시킨다고 가정해보자. 그가 최악의 옻발진을 앓은 것은 산딸기를 따고 난 후였으며 그는 그것을 잊지 않았다. 그는 숲속에서 산딸기 덤불을 보고 옻나무를 상상한다. 그가 산딸기 덤불에 대해 그것들이 옻나무라고 상상한다고도 해보자. 이 사실이 그의 게임 안에서 옻나무들이 숲속에서 자라고 있다는 것을 허구적으로 만들지는 못하는데, 그것은 산딸기 덤불이 옻나무로 "간주되는" 어떤 발생의 원칙이나 암묵적인 이해도 아직 존재하지 않기 때문이다. 우연히 그레고리 역시 어떤 이유에서 산딸기 덤불과 옻나무를 연관시키고 에릭이 상상하는 것처럼 상상하도록 촉발된다고 하더라도, 그러한 원칙이 시행되고 있을 필요는 없다. 관련되는 이해가 없다면, 에릭의 상상하기와 그레고리의 상상하기는 단지 우연히 유사한 방향으로 떠돌고 있을 뿐이다. 그들은 자신의 개인적인 공상에 몰두하기 위해 게임을 중단하는 것이다.

우리는 아직도 허구성에 대한 긍정적인 설명을 얻지 못하고 있다. 우리는 허구적이라는 것이 상상되는 것과 같지 않다는 것을 알고 있으며, 어떻게 어떤 허구적 참이 수립되는지 — 소도구가 발생의 원칙과 결합해서 작용함으로써 — 를 알게 되었다. 그러나 그렇게 해서 무엇이 수립되는 것인가? 그 대답은 허구성과 상상 사이에 어떤 연관관계가 성립하는지를 살펴보면서 드러나게 될 것이다.

상상하기는 변덕이나 우연, 그리고 무의식적인 것의 모호한 요구를 제외하고는 어떤 제한도 받지 않은 채 자유롭고 통제되지 않는 활동으로 생각되기 쉽다.[27] 상상력은 탐험하고자 하는 정신이며, 우리의 개념적 우주 안을 속속들이 마음대로 돌아다니는 것이다. 이러한 점에서 상상은 믿음과 날카롭게 대조되는 듯이 보인다. 믿음은 상상하기와 달리 맞거나 틀리다. 믿음은 참을 목표로 한다. 우리는 참인 것을, 그리고 오직 참인 것만을 믿으려고 한다. 우리는 원하는 것을 자유롭게 믿을 수 없다. 그러나 우리는 원하는 것을 자유롭게 상상할 수 있다.

그렇게 보일지도 모른다. 그러나 실은 그렇지 않다. 상상하기 또한 제한을 받는다. 어떤 상상하기는 어떤 맥락 안에서 올바르고 적절한 반면, 어떤 상상하기는 그렇지 않다. 여기에 허구적 참의 개념으로 가는 열쇠가 있다. 간단히 말해, 허구적 참은 어떤 맥

27) "인간의 상상보다 더 자유로운 것은 없다."(Hume, *Enquiry*, sec. 5, pt. 2)

락 안에서 어떤 것을 상상하라고 하는 어떤 규정이나 명령이 있다는 데 있다. 허구적 명제들은 실제로 상상되든 아니든 간에 상상**되어야 하는** 명제들이다.

집단적 백일몽에 참여하는 사람들이 무엇을 상상할지에 대해 하는 합의는 어떤 상상하기를 지시하는 규칙으로 간주될 수 있다. 참여자들이 로켓을 타고 토성으로 여행하는 것을 상상해야 한다든지 또는 어떤 특정 나무 그루터기에 대해 그것이 곰이라고 상상해야 한다는 것은 어떤 집단적 공상하기의 규칙이다. 합의가 되고 나면 규칙들은 자발적으로 확립되고, 그 규칙들의 지시는 문제의 그 상상 활동 안에서 참여자로서 하는 역할에 상대적이라는 것은 옳다. 그러나 그 규칙들은 정말로 지시를 한다. 합의된 바를 상상하기를 거부하는 이는 "게임 하기"를 거부하거나 그 게임을 부적절하게 하는 것이 된다. 그는 규칙을 깨는 것이다.

이 규칙들은 무조건적인 것이다. 그러나 나는 조건부적인 규칙들, 즉 **만약** 어떤 상황이 성립한다면 어떤 것들이 상상되어야 한다는 식의 효과를 가지는 그런 규칙들에 주로 관심을 가질 것이다. 에릭과 그레고리의 게임 안에서 발생의 원칙은 조건부적인 규칙 — 어떤 장소에 나무 그루터기가 있다면 그곳에 곰이 있다는 것을 상상해야 한다는 규칙 — 이다. 어떤 나무 그루터기가 정말로 어떤 장소를 차지하고 있다면, 곰 한 마리가 그 장소를 차지하고 있다고 상상해야 한다. 물론 그 게임에 참여하는 이들이 어떤 특정 나무 그루터기를 알아차리지 못하고 있다면 — 예를 들어 그것이 덤불에 가려져 있었다든지 해서 — 지시된 대로 상상하지 못했다는 것이 양해될 수 있다. 우리는 규칙을 따르기 위해 최선을 다하는 수밖에 없기 때문이다. 그러나 나무 그루터기가 있는 곳에 곰이 있다는 것을 상상하기를 공개적으로 거부하는 것은 규칙을 어기는 것이며 게임 하기를 거부하는 것이다.

어떤 장소에 곰이 있다는 명제의 허구성은 그것을 상상하는 것이 그 게임의 규칙에 의해 지시된다는 사실에 있다. 그 규칙은 조건적인데, 그것은 그 규칙의 지시가 나무 그루터기가 있음에 달려 있기 때문이다. 나무 그루터기는 그런 식으로 허구적 참을 발생시킨다.

그렇다면 **모든** 허구적 명제에 대해, 그 명제가 상상되어야 한다는 요구가 존재하는가? 만약 한 나무 그루터기가 정확하게 4피트 5$\frac{1}{2}$인치 높이라고 한다면, 아마도 정확하게 그만한 키를 가진 곰이 있다는 것이 허구적("그 게임 안에서 참")일 것이다. 에릭과 그레고리는 게임을 부적절하게 하는 것을 감수하고 **그것을** 상상해야 하는가? 그들은 모든 곰들이 그러하듯이 그 곰도 피를 온몸으로 내보내는 하나의 심장을 가지고 있다고, 그리고 그 곰이 블루베리를 좋아한다고 (현재 떠올리지는 않는다 하더라도) 상상해야 하는가? 한 무리의 새를 그린 그림을 감상하는 사람이 허구적으로 그 무리 안에 정확히 마흔일곱 마리의 새가 있다는 것을 알고 또 그렇게 상상해야 하는가? **그렇게** 하는 것은 그 그림을 부적절하게 감상하는 것이라 해도 무리가 아니다. 사소한 세부에 집중하느라 중요한 것에 대한 주의를 흐트러뜨릴 수 있기 때문이다. 하나의 명제는 **그것에 대한 질문이 떠오른다면** 상상해야 하는 것일 때 허구적이라고 하자. 이 말은 그러한 질문이 종종 떠올려지지 **않는다는** 것으로 이해될 수 있다. 보통의 경우에 이 조건은 다음과 같이 이해될 수 있다. 즉 만약 p가 허구적이라면, p를 상상하기와 $\sim p$를 상상하기 사이에서 선택해야 할 때 전자를 상상해야 한다.[28] 앞으로 상상하라는 지시에 대해 이야기할 때, 나는 그것을 이렇게 조건화된 것으로 간주하겠다.

발생의 원칙은 일반적으로 어떤 상황에서 무엇이 상상되어야 하는지에 대한 규칙으로서 해석될 수 있는데, 우리가 이 용어의 가능한 함축들 중 몇몇을 주의 깊게 부인할 경우에만 그러하다. 그것을 '규칙'이라고 부르는 것은 그것이 명시적인 명령이나 동의에 의해 확립되었고, 그것이 효력을 가지는 맥락 안에서 의식적으로 마음에 새겨진다는 것을 암시할 수도 있다. 에릭과 그레고리의 게임에서의 규칙이 그러하듯이 말이다. 그러나 다시 말하지만, 나는 그러한 가정을 하는 것이 아니다. 하나의 원칙은 만약 그것이 어떤 특정 맥락 안에서 그러그러한 상황이 성립하면 이러이러한 것이 상상되어야 한다는 것이 이해된다면, 그 맥락 안에서 효력을 가진다. 그러한 이해는 명시적이거나 의식적일 필요가 없다. 나는 그것이 반드시 "자의적"이라거나 "관례적"이라고 가정하지 않는다. 그것은 너무나 깊이 배어들어 있어 우리가 알아차리지 못할 수도 있으며, 너

28) 이러한 분석은 p와 $\sim p$가 모두 허구적인 특별한 경우에는 들어맞지 않을 것이다. 나는 이 조건이 일반적으로 어떻게 이해되어야 하는지에 대해 설명하고자 하지는 않을 것이다.

무나 자연스러워 그러한 이해가 없는 상황을 상상하기가 어려울 수도 있다. 우리는 그것을 태어날 때부터 가지고 있거나 그것을 습득하는 거의 저항 불가능한 성향을 가지고 태어났을 수 있다. 그럼에도 불구하고 발생의 원칙은 우리가 그것을 규칙이라고 부르든 아니든 간에 어떤 상황에서 어떤 것이 상상되어야 하는지에 대한 조건부적 지시를 구성한다. 그리고 상상되어야 하는 명제들은 허구적이다.

허구성은 어떤 면에서 참과 유사한 것으로 드러났다. 허구성과 상상하기 사이의 관계는 참과 믿음 사이의 관계와 유사하다. 믿음이 참을 목표로 하는 것처럼 상상하기는 허구적인 것을 목표로 한다. 참인 것은 믿어져야 하는 것이며, 허구적인 것은 상상되어야 하는 것이다.

한 발짝 더 나아가 허구성을 참의 한 종으로 간주하고 싶은 끈질긴 유혹이 있다. (그런 경우 상상하기는 이러한 종류의 참에 적절한 믿음의 한 종류로서 간주될 것이다.) 그러한 유혹은 허구적인 것이 일상적으로 "허구적 세계 안에서 **참**"인 것으로 묘사된다는 사실에 반영되어 있는 동시에 그러한 사실에 의해 조장되기도 한다. "허구적 세계"는 유니콘들이 정말로 돌아다니고, 달걀을 어떻게 깨뜨려야 하는지 때문에 실제로 전쟁이 일어나고, 에릭에게서 몇 피트 떨어진 덤불 속에 곰 한 마리가 숨어 있다는 것이 참인 그런 우주의 먼 구석으로 생각되기 쉽다. 게다가 우리는 "……라는 것은 어떤 허구적 세계 안에서 참이다"와 같은 문구를 거리낌 없이 완전히 생략하기도 한다. 이는 우리가 "……라는 것은 참이다"라는 말을 생략함으로써 무엇인가를 참으로 묘사하기보다는 참인 어떤 것을 단언(assert)하는 것과 마찬가지이다. 우리는 "곰 한 마리가 덤불 속에 숨어 있었다는 것은 믿는 체하기 게임 안에서 참이다"라는 말 대신 단순히 "곰 한 마리가 덤불 속에 숨어 있었다"라고 말하며, 그것도 단언적인 목소리 톤으로 말한다. 우리는 "유니콘 태피스트리(의 세계) 안에서 유니콘 한 마리가 잡혔다" 대신 "유니콘 한 마리가 잡혔다"라고 말한다. "우리는 토성으로 향하고 있다"는 "백일몽의 세계 안에서 우리는 토성으로 향하고 있다"를 대신한다. 따라서 우리는 곰 한 마리가 (정말로) 덤불 속에 숨어 있었다는 등으로 단언하는 것처럼 **보인다**. 우리는 허구적 명제들이 마치 참인 것처럼 말한다. 허구적 명제들이 참일 수 있을까? 물론 그 명제들은 예를 들어 '유니콘이란 존재하지 않는다'라는 명제나 '아이들은 때때로 믿는 체하기 게임을 한다'라는 명제 등이 가지는 종류의 참을 일반적으로 가지지 못한다. "허구적 세계 안에서 참"이라는 말은 "실제 세계 안에서 참"이라는 말과 구분되어야 한다. 그러나 그 양자의 명제들을 하나의 단일한 유개념(genus)에 속하는 종들로 간주하고 싶은 유혹은 명백하다.

그러나 나는 그러한 유혹에 저항하고자 한다. 우리가 어떤 허구적 세계 안에서 참이라고 부르는 것은 참의 한 종류가 아니다. "유니콘 한 마리가 잡혔다"라는 말 앞에 있는 "유니콘 태피스트리의 세계 안에서"라는 말은 어떤 방식으로, 어디에서, 또는 어떤 영역에서 유니콘 한 마리가 잡혔다는 것이 참인지 등에 대해 알려주지 않는다. '이것은 참이 아니다'라는 것을 뜻하고 끝이다. "*p*라는 것을 믿는다(욕구한다, 주장한다, 부인한다)"라는 말은 *p*가 참이라는 것을 단언하기 위해 사용되는 것이 아니라 그것에 서로 다른 속성을 부여하기 위해, 즉 누군가가 그 명제를 믿는다거나 또는 누군가가 그것이 참이기를 바란다거나 참이라고 주장한다거나 참이라는 것을 부인한다는 것을 단언하기 위해 사용된다. 마찬가지로, "*p*라는 것은 허구적이다"라든지 그 말의 구어체적 표현들은 *p*에 참이 아닌 허구성을 부여하는 것이다.

내가 허구성을 참의 한 변종으로 간주하려는 유혹을 거부하는 이유는 우리가 왜 그러한 유혹을 받는지 이해하기 시작할 때에야 나타날 것이다. 그 유혹을 이해하는 것은 어떤 경우든 적어도 그 유혹과 싸우는 것만큼 중요하다. 우리가 지금처럼 정말로 유니콘이 존재하는 것처럼, 달걀을 어떻게 깨뜨려야 하는지 때문에 실제로 전쟁이 벌어진 것처럼 말하게 된 것은 우연이 아니며, 우리가 왜 그렇게 말하는지에 대한 설명이 필요하다. 그 설명과 그러한 유혹의 원인은 허구라는 인간 관행의 바로 근간에 존재한다.

비록 허구성이 참은 아니지만, 그 둘은 완벽히 양립 가능하다. 우리는 앞서 사람들이 종종 참인 것이나 참이라고 알고 있는 것을 상상하기도 한다는 것을 보았다. 그러한 상상하기는 때때로 지시되기도 한다. 프레드의 백일몽에서는 그가 실제로 그러한 것과 마찬가지로 따뜻한 기후를 좋아한다는 것이 허구적이다. 미시시피강이 미주리주를 따라 흐른다는 것은 《톰 소여》-허구적이지만, 참이기도 하다. 이 점은 너무나 명백하여 강조할 필요조차 없는 것처럼 보일 수도 있다. 그러나 강조할 필요가 있다.

허구적 참을 발생시키는 데 있어 소도구의 역할은 대단히 중요하다. 소도구들은 허구적 세계와 그 내용에 일종의 객관성, 즉 인지자와 그들의 경험으로부터의 독립성을 부여하는데, 그것은 우리가 그 소도구들로 하는 모험의 흥분에 크게 기여한다. 허구성이 소도구로부터 이끌어낸 것일 때의 이러한 객관성은 허구성과 참 사이의 또 다른 유사성을 구성한다. 나무 그루터기 게임은 소도구가 관련될 때는 허구적인 것이 우리의 상상하기로부터뿐만 아니라 사람들이 허구적이라고 생각하거나 허구적이라고 간주하는 것으로부터도 떨어져 있다는 것을 보여준다. 우리는 허구적 참에 대해 알아차리지 못하거나 잘못 알기 쉬운데, 이는 허구적 참이 의존하고 있는 실제 세계의 측면들에 대해서도 그러기 쉬운 것과 마찬가지다. 에릭과 그레고리는 허구적으로 곰 한 마리가 덤불 속에 숨어 있다는 것을 발견하고는 정말로 놀란다. 그렇게 만든 것은 생각이 아니라 소도구이다. 허구적 세계는 실제와 마찬가지로 "거기 밖에" 있으며, 우리의 선택에 따라, 그리고 가능한 정도까지 조사되기도 하고 탐험되기도 한다. 허구적 세계들을 "사람들의 상상력이 꾸며낸 세계" 정도로 일축해버리는 것은 그것들을 모욕하고 과소평가하는 일일 것이다.

마지막으로 한 가지 짚고 넘어갈 문제가 있다. 소도구가 허구적 참을 발생시키는 것은 **명제들을** 상상하기를 명령함으로써이다. 그러나 모든 상상하기가 명제적인 것은 아니다. **곰 한 마리를 상상하는 것**은 곰 한 마리가 있다는 것을 상상하는 것을 넘어선다. 수영을 한다고 상상하거나 등산을 한다고 상상하거나 연설을 한다고 상상하는 것은 부분적으로는 그럴지 몰라도 자기 자신에 대해 그가 수영한다거나 등산한다거나 연설한다는 것을 상상하는 것만은 아니다. (§1.4.를 보라.) 소도구들은 명제적 상상하기만큼이나 비명제적 상상하기를 지시하기도 한다. 소도구가 비명제적인 상상하기를 지시함으로써 허구적 참을 발생시키지는 않지만, 그렇게 지시된 비명제적 상상하기는 믿는 체하기 게임의 특수하고 중요한 한 부분이다. 이제 우리는 명제적 상상하기와 허구적 참의 발생에 초점을 맞출 것이지만, 비명제적 상상하기는 몇 단계 뒤에서 결정적인 역할을 할 것이다.

1.6 소도구가 없는 허구: 꿈과 백일몽

앞에서 관찰한 바들은 소도구에 의해 그 내용이 발생하는 허구적 세계에 적용된다. 그러나 모든 허구적 참들이 소도구에 의해 발생하는 것은 아니다. 꿈과 백일몽의 허구적 참들은 소도구에 의해 발생하지 않는 것처럼 보인다. 꿈에서 제레미는 괴물에게 쫓기고 있다. 허구적으로 그렇다. 그러나 그레고리와 에릭의 게임에서 나무 그루터기가 허구적 참을 발생시키는 것과 같은 방식으로 이것을 허구적으로 만드는 것은 없는 것처럼 보인다. 프레드의 백일몽에서 허구적으로 그가 부유하고 유명하다는 사실 또한 소도구에 의해 발생하지 않는다. 이러한 허구적 참들은 단순히 제레미와 프레드의 실제 상상하기에만 의존하는가? 꿈과 백일몽의 경우에서 허구적인 것은 상상되는 것으로 주저앉을 우려가 있다.

그러나 우리는 그렇게 생각할 필요가 없다. 꿈과 백일몽에서 허구적인 것은 믿는 체하기 게임이나 재현적인 예술 작품에서 허구적인 것과 마찬가지로 실제로 무엇이 상상되는가보다는 무엇이 상상되어야 하는가의 문제로 이해될 수 있다. 꿈과 백일몽에 대해 말하는 것은 우리의 좀 더 큰 프로젝트에 비하면 부수적인 문제이다. 그러나 내가 제안한 노선을 따라 허구성에 대한 하나의 통합적인 설명이 가능하다는 것을 아는 것은 고무적일 것이다.

나는 '공동의 백일몽'이라는 쉬운 경우를 들어 시작해보도록 하겠다. 로켓을 타고 토성으로 여행하는 상상을 공동으로 하기로 한 이들은 참여자들이 토성으로 로켓을 발사하는 상상을 해야 한다는 절대적인 규칙을 채용하기로 결정한다. 그들은 정말로 그렇게 상상한다. 그러나 백일몽 안에서 그들이 토성으로 로켓을 발사한다는 것을 허구적으로 만드는 것은 그들이 그렇게 상상한다는 사실이라기보다는 그렇게 상상하도록 지시하는 규칙이다. 그러한 결정이 내려지기 전에 그 문제에 대해 논의를 했다고 해보자. 몇몇은 목적지로 토성보다는 명왕성을 제안했고, 또 몇몇은 로켓보다는 비행접시를 타는 것이 더 낫다고 말했다. 토의하는 중에 참여자들 각각은 제안된 각 대안들을 시험해보기 위해 그것들에 대해 상상했을 것이다. 그러나 집단적 결정이 내려져서 규칙이 확립되기 전까지는 집단적 백일몽 안에서 어떤 것도 허구적이지 않다. 그 백일몽 안에서 참여자들이 명왕성을 향해 출발했다거나 비행접시를 타고 여행했다는 것은 허구적이지 않다. 왜냐하면 결국 모두 동의한 것은 토성으로의 로켓 여행이었기 때문이다. 그 백일몽 안에서 허구적인 것은 그들이 그 백일몽의 참여자로서 상상해야 하는 것들이다. 그들이 실제로 상상하는 것이 무엇인지는 상관없다. 채용된 규칙은 절대적이기 때문에 그 규칙이 지시하는 바는 소도구에 의존하지 않는다. 그러나 믿는 체하기 게임에서와 마찬가지로, 어떤 상상하기가 지시되는가가 무엇이 허구적인가를 결정한다.

개인의 백일몽 또한 적어도 그것이 의도적인 것인 한 이와 유사하게 이해될 수 있다. 프레드는 은퇴해서 남프랑스에서 지내는 상상을 하기로 한다. 그의 결정은 그렇게 상상해야 한다는 하나의 규칙을 자신을 위해 채택하고 스스로에게 규정하는 것으로 귀결된다. 그리고 그가 은퇴해서 남프랑스에서 지낸다는 것이 그의 공상 속에서 허구적이게 되는 것은 이 규정에 의해서이다.

꿈이나 자연히 떠오르는 백일몽과 같은 의도적이지 않은 상상하기 경험에 대해서는 어떠한가? 우리는 그것들도 하나의 총괄적 규칙에 의해 통제되는 것으로 이해함으로써 하나의 통합적 이론을 유지할 수 있다. 그 규칙은 꿈이나 백일몽의 부분으로서 실제로 상상되는 것은 무엇이든지 상상되어야 하는 것이라는 규칙으로서, 그것을 **수용** 규칙이라고 부르자.[29] 상상하는 사람은 자신이 하고 있음을 깨닫게 되는 그 상상하기를 올바르고 적절한 것으로 단순히 수용한다. (수용 규칙은 발생의 원칙을 구성하는 규칙들과 마찬가지로 조건부적이다.) 만약 내가 어떤 자연스럽게 떠오른 공상 속에서 내가 인디언 족장이라고 상상한다면, 내가 이것을 상상한다는 사실은 (이 공상의 주체로서의 내 역할과 관련해) 그렇게 해야 한다는 명령을 구성한다. 물론 내가 이미 그런 상상을 했다는 것은 사실이다. 그러나 이 사실이 그러한 지시를 무용한 것으로 만들지는 않

29) 꿈이나 백일몽을 꿀 때 일어나는 모든 상상하기를 그 꿈이나 백일몽의 일부로 간주해야 하는 것은 아니다. 우리는 공상 중간에 그 공상을 (어쨌든 현재 일어나지 않는 방식으로) 하는 것을 멈추지 않은 채 다른 공상에 빠져들 수 있다. 어떤 것이 주어진 꿈이나 백일몽의 부분으로서 상상되는가 아닌가는 내가 생각하기에 그 주체가 자신이 상상하는 것이 그 꿈이나 백일몽의 연장이라고 생각하는가 아닌가에 달려 있다. 나는 이 이상은 말하지 않기로 하겠다.

는다. 그 규칙은 내가 이 백일몽을 꾸는 사람으로서 나 자신을 인디언 족장으로 계속 생각해야 한다는 것, 적어도 이것을 현재 일어나지 않는 식으로라도 계속 상상해야 한다는 것을 지시한다. 만약 그러지 않고 내가 백인 보안관이라고 상상한다면, 나는 "다른 게임을 하고" 있거나 새로운 공상을 시작하거나 (만약 당신이 이렇게 말하는 것을 선호한다면) 원래 공상의 규칙을 바꾸는 것이 된다.

수용 규칙은 꿈 및 자연발생적인 백일몽 안에서 허구적인 것과 상상되는 것 사이의 매우 밀접한 연관관계에 기여한다. 어떤 것을 (그러한 공상의 일부로서) 자연발생적으로 상상하는 것은 사실상 그것을 (그 공상 안에서) 허구적으로 만든다. 그러나 그것을 상상하라는 지시를 확립함으로써만 그렇게 할 수 있다. 여기서 다시 허구적인 것이란 상상되어야 하는 것으로 이해될 수 있다.

허구성에 대한 우리 설명의 통합성을 유지하기 위한 이러한 책략은 보이는 것만큼 그리 임시방편적이지는 않다. 나는 어떤 자연발생적인 공상의 일부로서 상상되는 것은 무엇이든 그 공상 안에서 허구적이라는 것을 받아들인다. 그러나 그 역이 성립하는가는 명확하지 않다. 나는 상상되지 않는 명제들도 자연발생적인 공상 안에서 허구적일 수 있다고 제안하며, 그 명제들을 허구적으로 만드는 것은 그것들이 상상되어야 한다는 지시라고 하는 것도 그리 부당하지는 않다.

어느 날 아침, 도리스는 자신이 꾼 꿈에 대해 다음과 같이 말한다.

> 내 꿈속에서 나는 시카고에서 뉴욕에 있는 존스에게 전화를 했어. 그 후에 나는 그와 또 대화를 나누었는데, 이번에는 뉴욕에 있는 그의 사무실에서 직접 대화를 한 거야. …… 내가 그사이에 뉴욕으로 간 것임에 틀림없어.

(만약 "실제로" 도리스가 뉴욕으로 늘 비행기를 타고 여행한다면, 그녀는 더 상세하게 자신의 꿈 세계 속에서 자신이 뉴욕으로 날아갔음에 틀림없다고 말했을 것이다.)

이는 도리스가 뉴욕으로 여행하는 꿈을 꾸지 않았고 그렇게 하는 상상도 하지 않았지만, 그럼에도 그녀가 뉴욕으로 여행했다는 것이 "그녀의 꿈속에서 참"이라는 것,

즉 그 안에서 허구적이라는 것을 함축한다. 나는 이 함축을 액면 그대로 받아들이고 싶다. 그리고 도리스가 꿈에 대해 한 이야기 자체는 자연스럽고 완벽히 정합적인 것으로 보인다. 따라서 꿈속에서의 허구성은 꿈꾼 내용으로 환원되지 않는다.

우리는 도리스가 어떻게든 뉴욕으로 여행하는 꿈을 꾸었다고 가정해야 하는가? 아마도 그녀는 프레드가 자신이 은퇴해서 남프랑스에서 지낼 때 건강한 상태라고 상상하는 것과 마찬가지로 현재 일어나지 않는 방식으로, 또는 심지어 무의식적으로라도 그렇게 했을 수 있다. 그러나 나는 우리가 그렇게 가정해야 한다고 생각하지 않는다. 도리스가 자기가 꾼 꿈에 대해 말할 때, 그녀가 시카고에서 뉴욕으로 "여행했음에 틀림없다"는 것을 알아차린 것은 어느 정도 놀라움과 함께였다. 이 사실은 그녀에게 하나의 발견처럼 느껴진다. 그러나 프레드는 그의 공상 속에서 자신이 건강한 상태로 은퇴했다는 것을 알아차린다고 해서 놀라지 않는다. 이 생각이 그가 공상하고 있는 동안 그에게 명시적으로 떠오르지 않았다 해도 말이다. 이 생각은 프레드의 마음 뒤편에 있었을 것이다. 그러나 도리스의 경우 시카고에서 뉴욕으로 여행한다는 생각은 프레드와 같은 방식으로 그녀의 마음 뒤편에 있지 않았을 것 같다. 그녀가 놀란 것은 그 때문이다. (어떤 것을 현재 떠오르지 않게 상상하는 것과 그것이 상상되지 않은 채 꿈이나 백일몽 안에서 허구적인 것 사이의 경계는 매우 불분명하다.)

도리스가 무의식적으로 뉴욕으로 여행하는 꿈을 꾸었다는 가설은 발견이나 놀라움의 느낌을 설명해줄지도 모른다. 또는 그렇게 추정할 수 있다. 그러나 그녀는 왜 그래야 했는가? 그녀의 꿈이 왜 의식적이지 않았는지에 대한 통상적인 종류의 설명, 예를 들어 심적 억압이라든지 하는 설명은 분명히 필요치 않다. 그리고 그녀의 발견은 무의식적이었던 것을 깨닫게 되는 경우의 통상적인 범례들과 그리 유사해 보이지 않는다. 심리치료를 하다가 이전에는 무의식적이었던 동기나 느낌을 깨닫게 되는 사람은 그런 방식으로 놀라지 않는다. 그는 그 동기나 느낌을 내내 희미하게 의식하고 있었다는 인상을 받는다. 그것은 익숙한 것으로 느껴질 뿐 특별히 놀라운 것으로 느껴지지 않는다. 그는 단순히 그것을 "인정"하고 마침내 스스로 그것을 받아들인다. 도리스는 여행한 꿈을 꾼 것에 대해 "인정"하거나 여행한 꿈을 꾸었다는 것을 마침내 스스로 받아들이는 것이 아니다. 그녀는 꿈에 대해 이야기하면서 "자신의 꿈의 세계 안에서" 그러한 여행을 했다는 것을 처음으로 깨닫게 되었을 뿐이다. 그녀는 이 사실을 단순히 "깨닫고" 알게 된 것이 아니라, 그 사실을 다른 것들로부터, 즉 허구적으로 자신이 처음에는 시카고에 있다가 나중에는 뉴욕에 있었다는 사실로부터 추론했다.

도리스가 뉴욕으로 여행했다는 명제의 허구성을 구성하는 것은 무엇인가? 내가 앞서 허구성에 대해 성격화한 바에 따르면, 우리는 도리스가 실제로는 상상하지 않았음에도 뉴욕으로 여행했다고 상상한 것으로 간주된다고, 즉 그녀가 그 꿈을 꾼 사람으로서 그렇게 상상하도록 명령하는 규칙이 있다고 말해야 한다. 나는 그와 관련된 규칙은 그 꿈 안에서 허구적인 명제들의 무리가 어떤 자연스럽고 명백한 방식으로 전체의 정합성을 유지하면서 채워지도록 하는 그런 규칙이라고 제안한다.[30] (어떤 것들이 채워져야 하는지에 대한 세부는 제4장에서 논의할 함축의 원칙과 유사한 어떤 것을 포함할 것이다.) 나는 이것을 **보충** 규칙이라고 부르겠다. 도리스가 꾼 꿈으로 인해 어떤 것이 허구적인지가 주어지면, 수용 규칙에 따라 어떤 다른 것들이 또한 상상되어야 하고 따라서 허구적이게 된다. 꿈속에서 도리스가 한때 시카고에 있다가 나중에 뉴욕에 있었다는 것이 허구적이기 때문에 그녀가 시카고에서 뉴욕으로 여행했다는 것을 상상할 것이 요구되고, 그 꿈속에서 그녀가 여행했다는 것이 허구적이다. 이 규칙 또한 발생의 원칙을 구성하는 규칙들처럼 조건부적이다. 그러나 이 규칙의 명령은 소도구의 존재나 본성을 조건으로 하는 것이 아니라 또 다른 규칙에 의해 어떤 명제가 허구적이게 되는가를 조건으로 한다.

내 생각에 도리스가 여행했다고 상상하도록 요구받는다는 것은 현상적인 사실들과도 일관적인 것 같다. 꿈에 대해 이야기할 때, 그녀는 자신의 꿈이 끝나지 않았거나 불완전하며 여행을 상상하는 것(또는 여행을 했다고 상상하는 것)이 어떤 식으로든 요청된다는 느낌을 받았을 것이다. 그 느낌은 내 생각에 다음과 같은 느낌과 유사하다. 나

30) 이 말은 꿈의 세계가 비정합적일 수 없다는 것을 의미하지는 않는다. 단지 꿈의 세계가 이미 비정합적인 것이 아니라면 이 규칙에 의해 비정합적인 것이 되지는 않아야 한다는, 또는 이 규칙이 적용되지 않았을 때보다 덜 정합적인 것이 되지는 않아야 한다는 것을 의미한다.

는 길에서 예상치 못하게 옛 친구를 만난다. 너무 반가운 나머지 나는 그가 있을 것으로 여겨지던 교도소에 더 이상 있지 않다는 것을, 그가 어떻게든 거기에서 나왔다는 것을 알아차리지 못한다. 그것은 명백한 사실이지만, 나는 심지어 현재 떠오르지 않는 식으로라도 그 사실을 믿을 여유가 없다. 마침내 나는 그 사실에 관심을 갖게 되고, 그때 나는 내가 그것을 더 빨리 알아차렸어야 한다고, 믿었어야 한다고 느낀다. 도리스는 자신의 꿈에 대해 이야기하는 중에 자신이 뉴욕으로 여행했다는 명제가 허구적이라는 것을, 명백히 그렇다는 것을 깨닫게 된다. 즉, 그녀는 그것을 상상했어야 했다.

다음과 같은 반론이 있다. 어떻게 꿈이 규칙을 따른다거나 지시를 받을 수 있는가? 규칙은 행위를 지배하며, 지시는 우리가 행하는 것들에 적용된다. 그러나 꿈꾸는 것(그리고 자연발생적인 상상하기 일반)은 행위가 아니다. 그것은 우리에게 일어나는 어떤 일일 뿐 우리가 행하는 어떤 일이 아니다.

이 반론은 핵심을 놓치고 있다. 지시는 무엇인가에 대한 꿈을 꾸라는 것이 아니라 그것을 상상하라는 것이다. 꿈꾸기는 상상하기의 한 종류이다. 만약 적절한 것에 대한 꿈을 꾸고 있다면, 우리는 아마도 무심코이기는 하지만 규칙을 따르고 있는 것이다. 그러나 규칙을 따르는 또 다른 방식이 있다. 그것은 지시된 것을 의도적으로 상상하는 것이다. 지시가 타당하다고 할 수 있는 것은 우리가 의도적으로 그 지시를 따를 수 있기 때문이다. 지시를 따르기 위해 아무것도 하지 않은 채 그저 자신이 지시를 따르고 있음을 발견할 수도 있다는 사실은 상관없다. (숨쉬기는 종종 불수의적(involuntary)이다. 그럼에도 불구하고 합창단 지휘자나 수영 강사가 누군가에게 숨쉬기를 요구하거나 명령하는 것은 완벽하게 타당하다. 이는 숨쉬기가 의도적**일 수 있기** 때문이다. 우리는 요구에 따르거나 명령에 따르기를 선택할 수 있다.)

그러나 지시는 어떤 것을 **단순히** 상상하라는 것이 아니라 그것을 꿈의 일부로서 상상하라는 것이다. 이 말은 그 지시가 어떤 것에 대한 꿈을 꾸라는 지시임을 의미하는 것은 아닌가? 그렇지 않다. 우리는 어떤 것을 특정한 공상의 일부로 상상하도록 요구받았으며, 그 공상이 마침 꿈일 뿐이다. 그러나 꿈이 계속 꿈으로 남아 있을 필요는 없다. 자연발생적인 상상 경험은 의도적인 것이 될 수 있다. 꿈으로 시작한 것이 그 꿈을 꾸는 사람이 깨고 난 후에 의도적인 백일몽으로 이어질 수도 있다. (꿈을 백일몽으로 지속하는 것은 꿈을 상기하거나 그 꿈에 대해 이야기하는 것과는 다르다.) 도리스는 꿈에서 깨고 나서 꿈이었던 것을 공상으로 계속 이어나갈 수 있다. 그러고 나서 그녀는 공상의 주체로서 자신이 명령받은 그 어떤 것이든 이 공상의 일부로서 의도적으로 상상할 수 있다. 그리고 내 생각에는, 자신의 꿈이었던 것을 지속한다고 생각하는 이상 그녀는 어떤 것들을 상상해야 한다고 분명히 느낄 것 같다. 이를테면 그녀 자신이 시카고에서 존스에게 전화했다고 (어쨌든 현재 떠오르지는 않게) 계속 생각해야 하고, 또 시카고에서 뉴욕으로 여행했다고 상상해야 한다고 말이다.

상상하는 이가 조건이 만족되었다는 것을 알지 못한다면 조건부 규칙이 상상하도록 명령하는 것을 그가 상상하리라고 기대할 수 없다는 것을 기억하자. 에릭과 그레고리가 덤불 속에 있는 곰을 상상하지 못한 것은 그 안에 나무 그루터기가 있다는 것을 몰랐기 때문이라고 양해할 수 있다. 그와 마찬가지로, 도리스가 의도적 공상 단계에서 자신이 시카고에서 존스에게 전화를 했고 그 후에 뉴욕에서 그와 직접 대화를 나누었다는 꿈을 꾼 것을 떠올리지 못했다면, 혹은 그녀가 그 두 가지 일을 연결하지 못했다면, 우리는 그녀가 뉴욕으로 여행하는 상상을 하지 못한 것을 양해하거나 어쨌든 이해할 수 있다. 그러나 그녀가 그 두 꿈에 대해 기억했고 "그것들을 연결했"으면서도 여행에 대해 상상하기를 거부한다면, 그녀는 올바르게 "게임을 하지" 못했다거나 그 공상을 다른 공상으로 전환시켰다는 비난을 정당하게 받을 수 있다.

도리스가 단순히 여행하는(혹은 여행한) 것을 상상하기를 거부하는 것이 아니라 여행하지 **않는다고** 상상한다고 해보자. 아마도 그녀는 (보통의) 여행을 하는 것이 아니라 순간적인 불연속적 장소 이동(예를 들면 시카고에서 그녀의 몸이 소멸되는 것과 동시에 뉴욕에서 그녀의 몸이 유전적으로 재조합된다든지 하는)을 겪고 있다고 상상할지도 모른다. 그렇다면 그녀는 게임을 부적절하게 하고 있는 것이 아니다. 왜냐하면 이 경우 그녀가 (보통의 방법으로) 뉴욕으로 여행한 것이 아니라 순간적으로 그곳으로 이동했다는 것이 허구적이기 때문이다. (만약 그녀의 새로운 상상하기가 의도적이라면, 그녀는 순간이동을 상상해야 한다고 스스로에게 규정했을 것이다. 반대로 그 상상이 자연발생적이었다면, 수용 규칙이 적용될 것이다.) 이 경우에 보충 규칙은 보통의 여행을 상상하라고 지시하지 않는다. 사실, 그 규칙은 그런 여행이 없다는 상상을 하라고 지시한다. 보충 규칙은 허구적 참들의 덩어리인 허구적 세계의 정합성을 유지해야 하기 때문이다. 누군가가 시카고에서 사라지는 동시에 뉴욕에서 나타나는 허구적 세계란 이상하겠지만, 만약 그 사람이 이런 방법으로 뉴욕에 가면서 동시에 또 보통의 방법으로도 가게 된다면 더 이상하고 더 비정합적인 세계가 될 것이다.

도리스가 순간이동을 상상한다는 사실은 여행을 상상해야 한다는 의무를 제거한다. 그러나 이것이 그녀가 여행하는 상상을 하는 것을 막지는 못한다. 그녀가 그런 상상을 한다고 해보자. 그렇다면 그녀의 공상 속에서 그녀가 뉴욕에 도착한 것은 순간이동의 결과이면서 또한 보통 방식의 여행의 결과이기도 하다는 것, 즉 예를 들어 그녀가 아메리칸 항공과 유전자 재조합 주식회사 양자를 이용했다는 것이 허구적이다. 그 꿈/백일몽 세계는 비정합적이지만, 공상의 규칙을 위반한 것은 아니다.

이제까지의 관찰에서 꿈의 본성에 대한 하나의 중요한 교훈을 이끌어낼 수 있다. 꿈은 단지 사람들이 잠들어 있는 동안 하는 현상적 경험, 어떤 종류의 상상하기의 연속이 아니다. 꿈은 어떤 특정한 방식으로, 즉 경험 자체 안에서 주어지는 규칙이 아니라 그 경험에 부과되는 규칙에 따르는 것으로 이해되는 잠 경험이다.[31] 이 규칙들은 문화에 의해 좌우될 수 있다. 즉, 이 규칙들은 꿈에 대해 이야기하는 관행과 함께 성장해온 전통의 문제일 수 있다. 만약 그렇다면, 또는 그런 정도까지는, 꿈은 문화적 대상이다. 그러나 아마도 그 규칙들은 문화나 경험, 전통보다는 우리의 심적 구성의 고정된 특징들에 의해 더 많이 결정될 것이다. 특히 수용 규칙은 특별히 자연적인 것으로서, 어떤 강한 의미에서도 "관례적"이거나 "자의적"이지 않다. 그럼에도 불구하고 그것은 달라질 수 있으며(비록 우리가 마음대로 그것을 바꿀 수는 없지만), 보충 규칙 또한 달라질 수 있다. 오직 꿈을 꾼 내용만이 꿈속에서 허구적이라는 것은 이해할 수 있다. 그렇다면 도리스의 현상적 경험이 정확히 내가 가정한 그대로라 할지라도 그녀가 뉴욕으로 여행했다는 것

31) 우리가 꿈을 이해하는 방식이 우리의 꿈 경험에 영향을 준다는 것은 의심의 여지가 없다.

은 그녀의 꿈속에서 허구적이지 않을 것이다. (물론 그녀가 뉴욕으로 여행하지 않았다는 것이 허구적이라는 결론이 나오지도 않을 것이다.) 꿈을 꾼 모든 내용이 허구적인 것은 아니라는 것 또한 이해할 수 있다. 우리가 꿈을 지금처럼 이해하는 것은 우리의 문화적 유산은 아니라 하더라도 우리의 심적 구성에 대한 우연적인 사실이다. 또한 꿈의 속성들은 우리 잠 경험의 현상적 특징에 의존하는 것만큼이나 우리가 그 속성들을 이해하는 방식에도 의존한다.

꿈은 점점 더 믿는 체하기 게임처럼 보이기 시작하고, 꿈 경험은 재현적인 예술 작품 및 다른 소도구들처럼 보이기 시작한다. 어떤 그림 안에서 무엇이 허구적인지가 캔버스 위의 물감자국들에만 의존하는 것이 아니라 그 자국들을 어떻게 이해할 것인지에 대한 관련 전통들에도 의존하는 것처럼, 어떤 꿈 안에서 무엇이 허구적인지는 꿈의 현상적 경험 자체에만 의존하는 것이 아니라 꿈꾼 사람의 현상적 경험을 어떻게 해석할지에 대한 우리의 이해에도 의존한다. 우리는 꿈 경험이 소도구라고까지 말할 수 있다. 즉, 꿈은 (그리고 자연발생적인 백일몽도) 어떤 종류의 믿는 체하기 게임이다. 그렇다면, **의도적인** 백일몽은 (개인적인 것이든 집단적인 것이든) 소도구 없이 허구성이 존재하는 유일한 맥락으로서 두드러지게 될 것이다.

물론 차이점들은 있다. 꿈을 꿀 때, 그리고 백일몽을 꿀 때도 종종, 우리는 외적인 소도구들을 사용하여 공상할 때보다 우리의 공상에 더 배타적으로 몰두하는 것 같다. 회화와 소설을 감상하는 사람들, 그리고 일반적인 믿는 체하기 게임을 하는 사람들은 전형적으로 일종의 이중적 관점을 가진다. 그들은 자신들의 게임에 참여하는 동시에 그 게임을 관찰한다. 그들은 허구적인 명제들에 주목함과 동시에 그 명제들이 허구적이라는 사실과 그 허구성을 발생시키는 수단에도 주목한다. 그러면서 그들은 그것이 소도구의 어떤 특징들 때문인지, 그리고 때로는 어떤 발생의 원칙이 작동하고 있는지에도 주의를 기울인다. 소설이나 회화를 감상하는 이들은 예술가가 소도구를 조작함으로써 허구적 세계를 만들어내는 솜씨와 교묘함에 감탄할 수 있다. 그레고리와 에릭은 유난히 높고 가느다란 나무 그루터기를 곰으로 간주하는 것이 어색하다는 것을 알아차릴 수도 있다. 심지어 그들은 게임의 규칙을 바꿔 그것이 기린으로 간주되도록 하는 것을 고려할 수도 있다. 또는 그들은 곰과 놀랍도록 유사한 나무 그루터기와 마주쳤을 때 그 우연의 일치에 경탄할 수도 있다.

그러나 꿈을 꾸는 사람은 허구적 세계에만 몰두해 있을 가능성이 크며, 백일몽을 꾸는 사람 역시 그렇다. 그는 허구적인 것에 집중한다. 그는 그것이 허구적이라는 사실에 집중하는 것이 아니라 실제로 허구적인 명제들에 집중하며, 그것들에 대한 그의 주목 양태는 상상하기이다. 지각자들이 보통 자신의 지각 경험에 주의를 기울이지 않는 것과 마찬가지로, 꿈을 꾸는 사람은 소도구, 즉 자신의 꿈 경험에 주의를 기울이지 않을 가능성이 크다. 지각자는 자신의 지각을 지나쳐 (실제) 세계에 대해 지각이 드러내주는 것에 주목하며, 꿈을 꾸는 사람은 자신의 상상하기를 지나쳐 꿈의 세계에 주목한다. 그 둘 모두 경험 자체에는 주목하지 않는다.

공상하기에서 외적이거나 내적인 소도구를 사용하는지의 여부와 공상에 참여하는 만큼 그 공상을 관찰하기도 하는지 사이에는 **필연적** 연관이 없다. 백일몽을 꾸는 사람은 그들의 상상하기 행위, 소도구, 그리고 소도구가 허구적 참을 발생시키는 방식에 대해 주목하고 반성할 수 있다. 꿈을 꾸는 사람도 때때로 자신이 꿈을 꾸고 있는 것을 관찰하고 있는 것 같은 인상을 받는다. 외적인 소도구가 꿈꾸기에 전형적인 것과 같은 식으로 공상에 몰입하는 것을 막지는 않는다. 꿈속에서는 허구적으로 학교 종소리인 알람시계 소리가 꿈꾸는 사람의 몰입을 감소시키지는 않는다. 외적인 소도구는 발리의 트랜스 댄스(trance dance)에서도 사용된다. 가면, 의상, 크리스(단도), 랑다(Rangda) 마녀를 물리치기 위한 흰색 천, 그리고 참여자들 자신의 몸 또한 소도구이다. 그러나 트랜스의 참여자는 허구적 세계에 빠져 있다. 아마도 허구적 참이 발생하는 방식을 의식하지 못한 채 말이다. 그는 분명히 어떤 식으로는 소도구들에 주목하고 있다. 그러나 내 생각에 그의 유일한 사고는 소도구들이 만들어내는 허구적 참들에 대한 것이다. 그는 심지어 그것들이 소도구라는 것을 알아차리지 못할 수도 있다.

아마도 그는 문제의 그 명제들이 **단지** 허구적이라는 것을 깨닫지도 못할 것이다. 그는 랑다가 정말로 자신을 공격하고 있다고 생각할 것이다. (이는 그가 랑다가 자신을 공격하고 있다는 것이 허구적이라고 간주하기도 한다는 것을 배제하지 않는다.) 아마도 (데카르트가 가정하듯이) 꿈을 꾸는 사람은 단지 그들의 꿈 안에서 허구적인 것을 상상하는 것만큼 믿기도 할 것이다. 우리는 어느 쪽인지 결정할 필요가 없다.

꿈과 백일몽에 대해서는 이쯤 하기로 하자. 우리는 이제 우리 탐구의 주된 흐름으로 돌아왔다. 그것은 믿는 체하기 게임 — 외적 소도구를 사용하는 — 을 관통하여 재현적 예술들에게로 나아간다.

1.7 재현들

〈그랑자트〉, 미켈란젤로의 〈다비드〉, 《걸리버 여행기》, 〈맥베스〉, 그리고 재현적인 예술 작품들은 일반적으로 믿는 체하기 게임에서의 소도구들이다.[32] 인형과 장난감 트럭, 그리고 에릭과 그레고리의 게임에서의 나무 그루터기들도 그러하며, 우리가 그 안에서 동물이나 얼굴을 "보는" 구름의 모양이나 별자리들 역시 그것들이 촉발하는 상상하기를 지시하는 것으로 이해한다면 소도구들이다. 이 다양한 소도구들 사이의 차이점은 이것들 모두가 상상하기를 지시하며 허구적 참을 발생시킨다는 공통성을 배경으로 하고 살펴보아야 한다. 그러나 차이점들은 중요하다. 그중 하나는 먼저 살펴볼 필요가 있다. 나무 그루터기와 구름의 모양들은 재현적인 예술 작품과 같은 종류로 분류되는 것이 특히 이상해 보일 수 있다. 나는 "재현"이라는 말을 그것들을 제외하는 방식으로 이해하기를 제안한다.

나무 그루터기들은 임시방편적 소도구이다. 그것들은 일회적인 경우에 일회적인 믿는 체하기 게임을 위해서만 소도구로 사용된다. 이와 대조적으로 인형과 장난감 트

32) 소도구인 것은《걸리버 여행기》나 〈맥베스〉 자체인가, 아니면 단지 소설의 **인쇄본들**이나 연극의 **공연들**인가? 독자나 관객이 무엇을 상상해야 하는지는 작품 자체, 즉 소설이나 연극의 본성에 달려 있으며, 인쇄본들이나 공연들은 그 본성이 무엇인지를 가리키는 역할을 한다. 따라서 작품이 소도구이다. 〈맥베스〉의 경우 한 특정 공연의 특색들 — 의상, 제스처, 억양 — 은 작품에 의해 지시되는 상상하기에 추가적인 상상하기들을 요구하며, 따라서 공연 역시 소도구이다.

럭들은 소도구가 되기 위해 고안된다. 그것들은 특별히 그런 목적을 위해 만들어진다. 그것이 그것들의 기능이며, 그것들이 존재하는 이유이다. 의자의 기능이 앉는 것이고 자전거의 기능이 타는 것인 것처럼 말이다. 게다가 인형과 장난감 트럭은 단지 소도구일 뿐만 아니라 어떤 종류의 게임에서 소도구가 되기 위한 것들이다. 그 게임들 안에서 그것들은 어떤 종류의 허구적 참들을 발생시킨다. 인형은 아기로, 장난감 트럭은 트럭으로 "간주되도록" 의도되었다. 나는 어떤 주어진 소도구가 그 안에서 기능하도록 되어 있는 종류의 게임들을 그 소도구의 **공인된** 게임이라고 부르겠다. 어떤 주어진 인형은 물론 **특정한** 게임(한 사례)을 위해 고안된 것은 아니며, 서로 다른 많은 게임들에서 사용될 수 있다. 그 인형은 충분히 오랫동안 온전한 상태이기만 하다면 몇 세대에 걸친 아이들의 게임에서 그 역할을 할 수 있을 것이다. (그러나 눈으로 된 성채는 단지 하나의 특정한 게임만 염두에 두고 만들어질 것이다.)

〈그랑자트〉 및 다른 재현적인 예술 작품들은 나무 그루터기보다는 인형과 더 유사하다. 그것들은 어떤 종류의 게임들에서 소도구로 사용되고자 하는 목적을 위해 특별히 만들어졌으며, 무수히 많은 그런 게임들이 서로 다른 때에 서로 다른 감상자들에 의해 행해진다.

어떤 이들은 소도구가 되기 위해 **창조된** 것들, **그런** 의미에서 그 기능이 소도구인 것들만 재현으로 분류하기를 선호할 수도 있다. 이 경우 나무 그루터기뿐 아니라 큰곰자리 같은 별자리들과 자연적 대상들 일반도 제외될 것이며(창조주의 의도라는 것을 인정하고자 하지 않는다면), 다른 목적으로 창조된 인공물들(예를 들어 어떤 믿는 체하기 게임에서 "집"으로 사용되는 테이블 같은) 또한 제외될 것이다.

나는 "재현"을 그 기능이 소도구인 것들로 한정하고자 하지만, "기능"이라는 말의 의미를 좀 더 느슨하고 덜 제한적인 것으로 볼 것이며, 거기에 대해 엄격하게 정의하지는 않겠다. (§2.7.에서 더 말할 내용이 있을 것이다.) 어떤 것은 그 **종류의** 것들이 전형적으로 또는 보통 제작자들에 의해 어떤 목적을 수행할 것으로 의도된다면, 개별 제작자의 의도에 상관없이 그러한 목적을 수행하는 기능을 가지는 것으로 볼 수 있다. 이렇게 본다면 바위의 갈라진 금이 이루는 패턴이나 생각 없이 그려진 낙서가 어떤 얼굴 그림을 우연히 닮았을 때도 그것이 믿는 체하기 게임들에서 거기에 한 얼굴이 있다는 것을 허구적으로 만드는 기능을 가졌다고 말할 수 있게 된다. 또는 어떤 것은 그것이나 그와 같은 것들을 어떤 목적으로 사용하는 (어떤 사회집단의) 전통이나 일반적인 관행이나 관례가 있다면 (그 사회집단에게) 그 기능을 한다고 간주될 수 있다. 그래서 석탄의 기능은 집을 데우는 것이고, 금의 기능은 교환의 매개로 사용되는 것이며, 큰곰자리의 기능은 곰이 있다는 것을 허구적으로 만드는 것이다.

(우리가 어떤 것의 기능은 그 개별 창조자의 목적과 연결되어 있다고 이해한다 해도, 이는 그렇게 간주하는 전통이나 관례나 이해가 우연히 있었기 때문에 그러할 뿐이다.)

어떤 경우 기능은 사물들이 어떻게 사용되어야 할지에 대한 규칙의 문제로서 간주될 수 있다. 어떤 사물들이나 어떤 종류의 사물들, 또는 어떤 의도로 만들어지거나 어떤 사회적 맥락 안에 있는 사물들이 믿는 체하기 게임에서 어떤 종류의 소도구로서 사용되어야 한다는 규칙이 있을 수 있다. 그런 규칙들을 개별적 게임의 규칙들과 혼동하지 말아야 한다. 그것들은 더 정확히 말하자면 메타 규칙(meta-rules)으로서, 문제의 그 사물로 어떤 종류의 게임을, 어떤 규칙을 가진 게임을 해야 하는지에 대한 규칙들이다. 나는 이런 종류의 메타 규칙(암묵적인 규칙들)이 재현적 작품의 표준적인 사례들에 적용된다고 주장한다.

어떤 것은 실제로 소도구로 사용되거나 관련 게임이 행해진 적이 없다 하더라도 그 기능이 소도구로 사용되는 것일 수 있다. 따라서 재현들이 실제로 소도구로 사용되어야 할 필요는 없다. 아무도 본 적이 없는 그림이나 영원히 읽히지 않은 소설도 재현으로 간주될 수 있다. (그런 작품들은 그 기능을 고려했을 때 그것들이 확립하는 게임 **유형**에서의 소도구들이다. 비록 그 유형이 사례나 견본들을 가지지 않는다 해도 말이다.)

기능은 사회에 상대적이다. 석탄, 금, 별자리 그리고 인형은 어떤 주어진 사회적 맥락에 관련해서만 기능을 가진다. 어떤 사물은 한 사회집단에서는 믿는 체하기 기능을 하지만 다른 사회집단에서는 그러한 기능을 하지 않을 수 있으며, 따라서 한 사회에서는 재현이지만 다른 사회에서는 재현이 아닐 수 있다. 우리 사회 전체에 관련해서는 단지 임시방편적 소도구인 나무 그루터기가 좀 더 국지적인 맥락 안에서는 소도구로 사용되는 기능을 가질 수도 있다. 또는 몇 명의 아이들이 나무 그루터기들이 완전한 의미의 재현이 되는 임시적 사회를 구성할 수도 있다.[33)]

믿는 체하기 게임에서 소도구로 사용되는 것은 통상적인 재현적 예술 작품들의 기능이며, 기능이라는 용어의 어떤 합당한 의미에서도 그렇다. 이는 재현적인 예술 작품들에 관한 주목할 만한 사실이며, "재현"이 어떻게 정의되는가 하는 문제와는 별개이다. 어떤 주어진 사물의 기능이 어떤 종류의 게임에서 소도구가 되는 것으로 이해된다면, 그 게임은 할 때마다 매번 새로이 설정될 필요가 없다. 관련된 발생의 원칙을 확립하기 위한 약정이 필요하지 않기 때문이다. 이는 마치 확립된 언어가 있어서 매번 임시방편적 암호를 만들어내지 않고도 어떤 대화에서도 사용할 수 있는 것과 같다. 그러나 이점은 편의성에만 있는 것이 아니다. 어떤 종류의 게임에서 소도구가 되는 것이 그 사물의 인정된 기능인 한 그 원칙들은 자연스럽게 여겨지고 자동적으로 수용되고 내면화될 가능성이 크며, 지시된 상상하기는 자연발생적으로 일어날 가능성이 크다. 게다가 소도구의 창작자들은 그들의 창작물이 어떻게 사용될지를 예측할 수 있으며, 따라서 소도구를 적절하게 고안함으로써 사람들의 상상하기를 지시할 수 있다.

회화와 소설을 감상하는 것은 크게 보아 그것들을 가지고 그것들이 소도구로 기능하는 종류의 믿는 체하기 게임을 하는 것이다. 그러나 때때로 우리는 어떤 특정 게임과는 별개로 소도구 자체에 관심을 가진다. 그리고 때때로 우리는 반드시 실제로 게임을 하지는 않더라도 믿는 체하기 게임에 어떤 기여를 하는 것이 그것들의 기능인지, 어떤 허구적 참을 발생시키는 것이 그것들의 기능인지, 그리고 어떤 종류의 게임이 그것들의 기능과 조화되는지 알아보는 데 관심을 가진다. 종종 이는 재현들을 이해하고 평가하고자 하는 비평가들의 관심사이다. 또한 한 작품으로부터 예술가와 그의 성격, 스타일, 재능 또는 독창성에 대한 추론을 이끌어내고자 하는 이들의 관심사이기도 하다. 우리는 (§7.6에서) 비평뿐 아니라 감상 역시 종종 이러한 종류의 관심을 포함하고 있다는

---

33) 그러나 만약 예를 들어 재현적인 예술 작품의 믿는 체하기 기능이 그것들의 동일성에 본질적인 것이라면 그것들은 단지 하나의 혹은 다른 사회에 상대적으로뿐만 아니라 절대적으로 재현이다. (§2.7.을 보라.)

것을 알게 될 것이다. 그러나 그러한 관심은 나무 그루터기 같은 임시방편적 소도구들 — 소도구의 기능을 가지고 있지 않은 것들 — 에는 적절하지 않다.

믿는 체하기 게임에서 소도구의 기능을 하는 것으로서 재현을 특징짓는다면, 어떤 것이 그러한 자격이 있는지에 대한 많은 질문들이 해결되지 않은 채 남게 된다. 스트라빈스키의 〈풀치넬라 조곡〉을 듣는 사람은 그 곡이 후기 바로크 시대에 작곡되었다고 상상해야 하는가, 아니면 단지 그 곡의 스타일이 어떤 면에서 바로크 작품들의 스타일과 유사하다는 것에 주목하는 데서 그치는가? 텔레비전 생방송은 상상하기를 지시하는 기능을 가지는가? 성찬식에서 사용되는 빵과 포도주는 어떠한가? 청동으로 만든 아이의 신발 조형물은? 몇몇 의문의 여지가 있는 예들은 더 충분히 이해할 필요가 있지만, 다른 것들은 자의적이고 무의미한 약정을 감수해야 할 것이다. 그것은 우리의 이론에 대한 반론이 되지 못한다. 우리의 이론이 해명한다고 주장되는 바는 이론이 긋는 경계선의 분명함에 의존하는 것이 아니다. 그러나 이제 불확실한 것들에 대한 의문이 조금은 덜해졌을 것이다.

어떤 것이 재현의 자격이 있고 어떤 것이 재현의 자격이 없는가에 대한 몇 가지 더 나아간 질문들은 나중에 다루어질 것이다. 그러나 이제 소위 "비재현적" 또는 "비대상적" 또는 "비구상적" 예술에 대해 생각해보도록 하자. 거기에는 앨버스, 말레비치, 몬드리안, 폴록, 로스코, 그리고 스텔라 같은 예술가들의 그림이 포함될 것이다.

1.8 비구상적 예술

리처드 볼하임은 다음과 같이 주장한다. "어떤 것을 재현으로서 본다는 것은,"

흰 캔버스 위에 검은 물감이 찍혔을 때 우리가 검은 것을 흰 것 위에 있는 것으로 보거나 흰 것 뒤에 있는 것으로 보거나 또는 같은 평면 위에 있는 것으로 볼 수 있는 방식과 본질적으로 관련이 있으며, 심지어는 가장 높은 경지라 하더라도 그러한 방식의 정교화나 연장에 불과하다. [반론:] 도표, 아라베스크 무늬, 낙서 같은 것들 …… 은 하나가 다른 것 위에 있는 것으로 볼 수 있는 경우들이지만, [그러나] 분명히 [그것들은] 재현적이지 않다. 우리는 한 선이 다른 선 **위로** 가로지르는 것을 보며, 정육면체의 한 모서리가 다른 모서리 **앞으로** 튀어나오는 것으로 본다. …… 나도 동의한다. 그러나 그렇다면 왜 이런 경우들을 어떤 것을 재현으로 보는 경우로 간주하지 말아야 하는지 모르겠다. 사실, 그렇게 하지 않는 데 대해 내가 생각할 수 있는 유일한 이유는 바로 편견이다. …… 즉, 재현적인 것을 구상적인 것과 미숙하게 동일시하는 것 말이다. 왜냐하면, 당연히 우리는 정육면체로 그려진 도표나 격자무늬처럼 생긴 낙서를 …… 구상적인 어떤 것으로 볼 수 없기 때문이다.[34]

카지미르 말레비치의 〈절대주의 회화〉(1915)(그림 1.1)에서 우리는 캔버스의 윗부분에서 대각선 방향으로 된 노란색의 직사각형 형태가 수평의 녹색 선(혹은 길게 늘인 직사각형) 앞에 있는 것을 "보며", 또 다음에는 그것이 반대쪽 대각선 방향으로 긴 큰 검은색 사다리꼴 앞에 있는 것을 보게 된다. 이것은 우리가 이 회화를 보는 방식일 뿐 실제로 그러한 것이 아니다. 실제로 노란색, 녹색 그리고 검은색은 모두 (사실상) 같은 평면 위에 있다. 수평의 녹색 형태는 하나가 아니라 두 개이며, 노란색 직사각형의 모서리에 의해 분리되어 있다. 그리고 검은색 형태는 사다리꼴이 아니라 여러 직사각형으로 둘러싸인 복잡한 모양이다. 이 회화를 이런 방식으로 보는 것은 부분적으로 노란색 직사각형이 길게 늘인 녹색 직사각형 앞에 있다는 것 등을 (비의도적으로) 상상하는 것이다. 그리고 이것이 그 회화가 감상되도록 기대된 방식이다. 노란색이 녹색 앞에 있다는 상상하기는 캔버스의 실제 특징들에 의해 지시된다. 따라서 이 회화는 소도구이다. 그것은 감상자들이 하는 믿는 체하기 게임에서 노란색 직사각형이 녹색 직사각형 앞에 있다는 것을 허구적으로 만든다. 또한 분명히 그러한 소도구로서 사용되는 것은 어떤 합

34) Wollheim, "On Drawing an Object," pp. 27-28.

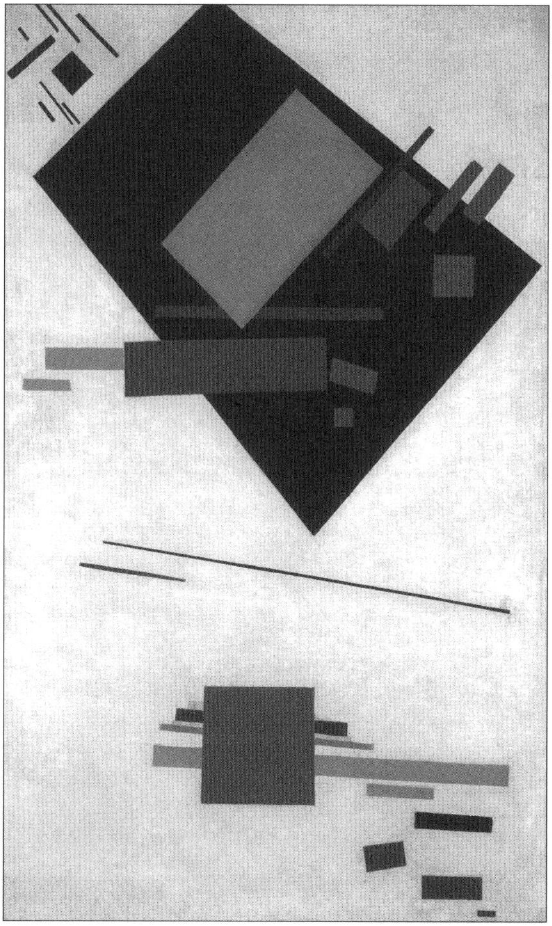

〈그림 1.1〉
카지미르 말레비치(Kasimir Malevich),
〈절대주의 회화(Suprematist Painting)〉,
101.5×62cm, 캔버스에 오일(1915).
암스테르담 시립미술관.

당한 의미에서든 그 회화의 기능이다. 따라서 〈절대주의 회화〉는 재현적이다.

이러한 주장을 피하는 것이 가능한지 모르겠다. 우리가 보는 것이 단순히 환영에 불과하다고 생각할 수도 있다. 즉, 이것은 상상하기의 한 예가 아니라 감상자에게 노란색 직사각형이 검은색 사다리꼴 앞에 있는 긴 녹색 직사각형 앞에 있는 것처럼 **보이는** 것일 뿐이라는 것이다. 그러나 우선, 이것이 완전한 의미에서의 환영인지가 불분명하다. 왜냐하면 어떤 의미에서는 이 회화가 그 어떤 부분도 의미심장하게 다른 어떤 것 앞에 있지 않은 평평한 표면으로 보이기 때문이다. 우리는 노란색이 녹색 앞에 있는 것을 "보면서도" 그림을 보고 쉽게 그렇게 말할 수 있다. 그리고 비록 환영이 있다 하더라도,

그것은 감상자들이 노란색이 녹색 앞에 있다고 상상하지 않는다는 것을 의미하지는 않는다. 그것이 환영이라 하더라도 그 환영은 우리를 속이지 않는다. 우리는 그 회화의 표면이 평평하다는 것을 충분히 잘 알고 있기 때문이다. 그 그림이 환영 대신 상상하기를 유도한다고 왜 말하지 못하는가? 감상자가 노란색이 녹색 앞에 있는 것 등으로 "보인다"는 "환영"을 무시하거나 피하려고 하는 대신 그것에 몰두하고 그에 대해 숙고한다면, 이렇게 말하는 것은 특히 합리적일 것이다.

그러나 만약 〈절대주의 회화〉가 재현적이라면, 재현적이지 않은 회화가 거의 없게 된다. 어떤 전경-배경(figure-ground) 형태로 보이는 그 어떤 "비구상적" 또는 "비대상적" 회화라도 자격이 될 것이다. 아마도 게슈탈트 심리학자들이 **폐쇄성**(closure)이라고 부르는 것을 사용하는 어떤 디자인이라도 그러할 것이다. 그러한 디자인은 예를 들어 단지 사각형의 암시만 포함하고 있더라도 우리에게 사각형을 상상하도록 명령할 것이다. 물감을 떨어뜨리고 끼얹어 그린 잭슨 폴록의 회화들도 떨어뜨림과 끼얹음에 대한 허구적 참들을 발생시키는 것으로 드러날 것이다. 마찬가지로 대부분 또는 모든 음악들도 그와 유사한 이유에서 재현적인 것으로 간주되어야 할 것이다.

나는 이러한 결론들이 괴롭게 생각되지 않는다. 이 결론은 이른바 "비대상적" 작품들과 명백히 재현적인 작품들 사이에 실제로 있는, 쉽게 간과되지만 중요한 유사성들을 강조한다. 그러나 이 결론은 또한 우리에게 문제를 남겨주기도 한다. 비록 양자 모두가 "재현"으로서의 자격을 갖추었다 할지라도, 〈절대주의 회화〉 같은 작품들과 〈그랑자트〉 같은 작품들 사이에는 설명되어야 할 중요한 불연속성이 있다. 볼하임은 몇몇 용어를 제공한다. 그에게 〈절대주의 회화〉는 "재현적"이지만 "구상적"이지는 않은 반면, 〈그랑자트〉는 양자에 모두 해당한다. 그러나 그가 이것을 어떻게 명확히 설명할 수 있을지는 분명하지 않다.

나의 제안은 이렇다. 〈절대주의 회화〉가 지시하는 상상하기는 그 작품 자체의 부분들에 대한 상상하기이다. 우리는 캔버스 위의 실제 노란색 직사각형 조각에 대해 그것이 녹색의 앞에 있다는 등으로 상상해야 한다. 이는 〈절대주의 회화〉를 〈그랑자트〉로부터 구분하는 대신 인형이나 조각과 긴밀한 관계를 가지도록 한다. 우리는 〈그랑자트〉

나 그 부분에 대해서는 상상해야 할 것이 없지만, 인형에 대해서는 그것이 아기라고 상상해야 하고 또 (내가 추정하기로는) 나폴레옹의 청동 흉상에 대해서는 그것이 나폴레옹(의 부분)이라고 상상해야 한다. 그러나 후자의 두 경우 각각에서 우리 상상하기의 대상은 그 실제 존재와는 매우 다른 어떤 것으로, (논쟁적이지만) **반드시** 실제 존재와 다른 어떤 것으로 상상되어야 한다. 예를 들어, 틀로 찍어낸 어떤 플라스틱 조각은 인간 아기인 것으로 상상된다. 그러나 〈절대주의 회화〉에서 노란색 직사각형은 그 실제 존재인 노란색 직사각형으로 상상된다. 그것은 예를 들어 수평 방향의 녹색 직사각형 앞에 있다고 상상되는 것처럼 실제 그렇지는 않은 방식으로 다른 것들과 관련된다고 상상되기도 한다. 그러나 그것은 그런 방식으로 그 다른 것들과 관련**될 수 있었다**. 〈절대주의 회화〉에서 노란색 직사각형은 인형보다는 후안 그리스의 콜라주 〈대리석 콘솔〉에서의 실제 거울과 더 유사하다. 그 거울은 실제 존재인 거울로 상상되며, 실제로는 대리석 탁자 윗면에 붙어 있지 않지만 대리석 탁자 윗면에 붙어 있는 것으로 상상된다. (그것은 대리석 탁자 그림에 붙어 있다.)

우리는 이 제안을 구상적 회화들은 〈절대주의 회화〉가 하지 못하는 방식으로 그들 자신을 "넘어서 지시한다"고 말함으로써 표현할 수 있을 것이다. 〈그랑자트〉는 그림 자체와는 별개인 사람들과 대상들(아마도 허구적인)을 그려내는 반면, 〈절대주의 회화〉는 그저 그 자신의 요소들을 어떤 방식으로 묘사한다. 〈그랑자트〉는 캔버스 외부의 것들에 대한 상상하기를 유도하고 지시하지만, 〈절대주의 회화〉는 그 표면 위에 있는 자국들의 상상적 재배열만을 요구한다. 차이점에 대한 이러한 형식화는 우리가 만약 허구적 대상들을 인정하지 않기로 결정한다면 유효하지 않을 것이다. 그럼에도 불구하고 우리는 〈그랑자트〉는 그 자신을 넘어서 허구적 대상들을 묘사하는 것으로 간주하는 반면 〈절대주의 회화〉는 그렇지 않은 것으로 간주한다.

1.9 허구적 세계

허구적 세계에 대한 우리의 전이론적(pretheoretical) 개념은 부주의한 이론가들을 쉽게 잘못된 길로 이끌 수 있는 위험한 것이다. 나는 그것이 허구성을 참의 한 종류인 것으로 간주하고자 하는 유혹과 관련되어 있다는 것을 지적했다. 다른 위험들은 허구적 세계를 최근의 의미론에서 말하는 가능세계와 연관시키고자 하는 불가피한 경향으로부터 나온다. 나는 허구적 세계에 대한 우리의 직관적인 아이디어들이 가능세계에 대한 현재의 전문적인 개념들로 이끈 사고를 고무하는 데 도움을 주지 않았나 하는 의심이 든다. 그러나 그 개념들은 우리가 보통 이해하는 바대로의 허구적 세계와는 현저하게 다르다. 나는 가능한 한 허구적 세계에 대한 어떤 개념에도 의존하지 않고 싶다. 그러나 허구적 세계를 완전히 무시할 수는 없다. 왜냐하면 그 위험이 무엇이든 허구적 세계라는 일상적 개념(들)이 재현에 대한 우리의 사고에서 중심적인 역할을 한다는 것을 부인할 수 없기 때문이다. 또한 재현은 하나의 문화적 현상이므로 그에 대한 우리의 사고는 우리가 이해해야 할 것들의 일부이다.

나는 이미 두 번이나 허구적 세계라는 개념에 호소했다. 처음에는 허구성을 그 개념을 사용하여 성격화했다. 즉, 한 명제는 그것이 "허구적 세계 안에서 참"일 때만 허구적이라고 할 수 있다고 했다. 그러나 이것은 단지 출발점이었을 뿐이다. 허구성에 대한 이러한 성격화는 그 후 더 숙고된 끝에 상상하기에 대한 지시라는 개념을 사용한 설명으로 대체되었다.

내가 허구적 세계라는 개념을 사용한 두 번째 용도는 여전히 남아 있다. 나는 어떤 명제들은 "에릭과 그레고리의 믿는 체하기 게임 세계 안에서" 허구적이라고, 또 어떤 명제들은 "〈그랑자트〉의 세계 안에서" 혹은 "《걸리버 여행기》의 세계 안에서" 허구적이라는 등으로 말했다. 우리는 어떤 것이 "주어진 허구적 세계 안에서" 허구적이라는 것이 무엇인지, 그리고 두 명제가 "동일한 허구적 세계 안에서" 또는 "서로 다른 허구적 세계 안에서" 허구적이라는 것이 무엇인지를 허구적 세계에 대한 단순히 직관적인 개념에 필요 이상으로 기대지 않고서도 설명할 수 있기를 원한다.

한 세계에서의 허구성

믿는 체하기 게임의 허구적 세계들, 재현적 작품들의 허구적 세계들, 그리고 꿈과 백일몽의 허구적 세계들이 있다. 한편에는 세계들, 그리고 다른 한편에는 게임, 작품, 꿈과 백일몽들을 두고 그사이에 일대일 대응관계가 있다고 잠정적으로 가정해보자. 물론 작품들의 개별화는 (게임과 꿈은 말할 것도 없이) 항상 명료하지는 않다. (한 연속된 연재만화는 한 작품인가 여러 작품인가?) 그리고 우리는 때때로 어떤 작품의 쌍들이나 (그 자체로는 작품이 아닌) 작품의 부분이 그 자신의 허구적 세계를 가지고 있다거나 혹은 하나의 애매한(ambiguous) 작품이 서로 다른 합당한 해석들에 상응하는 두 개 혹은 그 이상의 허구적 세계를 가지고 있다고 말하고 싶을 수도 있다. 그러나 우리가 지금 이 복잡한 문제들에 신경쓸 필요는 없다.

게임 세계들 중에 재현적 작품들이 소도구가 되는 게임 세계들이 있다. 만약 리처드가 〈그랑자트〉를 감상하는 감상자라면, 그의 게임 세계가 있다. 우리는 이 세계를 〈그랑자트〉 자체의 세계와 혼동하지 않도록, 그리고 일반적으로 감상자들이 재현적 작품들로 하는 게임의 세계와 작품의 세계를 혼동하지 않도록 주의해야 한다.

그러한 혼동은 게임 세계와 작품 세계가 많은 허구적 참들을 공유한다는 사실에 의해 더 부추겨진다. 한 게임 세계에서 허구적인 명제들이란 그 허구성이 그 게임의 원칙들과 소도구들에 의해 발생하는 명제들, 즉 시행 중인 원칙들과 소도구들의 본성 때문에 그 게임의 참가자들에 의해 상상되어야 하는 명제들이다. 리처드의 게임에서 소도구인 〈그랑자트〉는 그의 게임 세계 안에서 한 쌍의 남녀가 공원에서 산책하고 있다는 것과 호수에 돛단배들이 떠 있다는 것 등을 허구적으로 만든다. 이 명제들은 그림의 세계 안에서도 역시 허구적이다.

그러나 우리는 그 두 세계 사이를 구분하기를 고집해야 한다. 만약 작품 세계가 그 작품이 소도구인 게임 세계로부터 구분되지 않는다면, 〈그랑자트〉를 가지고 서로 다른 감상자들이 하거나 서로 다른 때에 하는 다양한 게임의 세계들 중 어느 것이 〈그랑자트〉의 세계와 동일시되어야 하는지를 어떻게 결정해야 하는가? 이것이 자의적이지 않은 방식으로 결정될 수 없다면, 우리는 그림의 세계를 감상자들의 게임 세계들 너머에 있는 세계로 간주해야만 한다.

또한 리처드의 게임 안에서 허구적인 명제들과 〈그랑자트〉 안에서 허구적인 명제들 사이에 상당한 겹침이 있다 하더라도, 전자에 해당하는 것들 중 일부는 후자에 포함되지 않는다. 나는 리처드가 공원에서 산책하고 있는 한 쌍의 남녀를 본다는 것이 그의 게임 안에서 허구적이라고 주장하고자 한다. 그러나 그것은 그림 안에서 허구적이지는 않다. 리처드는 자신이 보고 있는 그림 안의 등장인물이 아니다. 따라서 그 두 세계는 구분된다.

작품의 세계에 실제로 어떤 허구적 참들이 속하는지에 대해 더 말해야 할 것들이 있다. 한 감상자의 게임 안에서 허구적인 명제들 중 극히 일부만이 그가 감상하는 작품의 세계 안에서 허구적이거나, 심지어는 게임 안에서 허구적인 명제들 중 그 어떤 것도 작품의 세계 안에서는 허구적이지 않은 경우도 생각해볼 수 있다. 사람들은 주어진 작품으로 자신들이 원하는 어떤 종류의 게임이든 할 수 있다. 우리는 〈그랑자트〉에 그려진 물감 패턴에서 한 쌍의 하마가 진흙 구덩이에서 뒹굴고 있다는 것을 한 커플이 공원에서 산책하고 있다는 것 대신 상상해야 한다는 발생의 원칙을 적용하기로 자의적으로 결정할 수도 있다. 이는 우리의 게임에서 전자의 명제를 허구적인 것으로, 후자의 명제를 허구적이지 않은 것으로 만들 것이다. 그러나 그것이 그림의 세계를 바꾸지는 않을 것이다. 그렇다면 하마들이 진흙 구덩이에서 뒹굴고 있다는 것은 그 그림의 모든 감상자들이 어떤 이유에서 그것이 허구적인 게임을 하기로 했다 하더라도 〈그랑자트〉-허구적이지는 않을 것이다. 그리고 한 커플이 공원에서 산책하고 있다는 것은 여전히 〈그랑자트〉-허구적일 것이다.

여기서 기능에 대한 우리의 개념이 작동하게 된다. 어떤 종류의 게임들 — 한 커플이 공원에서 산책하고 있다는 명제를 (그 게임들 안에서) 허구적으로 만드는 발생의 원칙을 포함하는 게임들 — 에서 소도구로 사용되는 것은 〈그랑자트〉의 기능이며 목적이다. 사람들이 〈그랑자트〉로 실제로 어떤 게임을 하든 상관없이, 하마들이 진흙 구덩이에서 뒹굴고 있다는 것이 허구적인 게임에서 소도구가 되는 것은 〈그랑자트〉의 기능이 아니다. 하마 게임은 그 그림에 부적절하며, **공인되지 않은**(앞서 정의된 의미에서) 게임이다. 그러한 게임을 하는 것은 그 작품을 잘못 사용하는 것이다. 이것이 바로 하마들이 진흙 구덩이에서 뒹굴고 있다는 것이 〈그랑자트〉-허구적이지 않은 이유이다.

어떤 작품의 공인된 게임들에서, 즉 그 안에서 소도구로 사용되는 것이 그 작품의 기능인 게임들에서 허구적인 모든 명제들은 작품 안에서도 허구적이라고 해야 하는가? 당연하지만, 이는 한 커플이 공원에서 산책하고 있다는 것을 〈그랑자트〉-허구적으로 만들 것이다. 그러나 이는 한 커플이 공원에서 산책하고 있는 것을 리처드가 보고 있다는 것 또한 〈그랑자트〉-허구적으로 만들 것인데, 왜냐하면 리처드의 게임은 (가정상) 그 그림의 기능에 부합하기 때문이다. 그 그림에 공인된 게임들이지만 그 안에서 리처드에 대한 명제가 허구적이지는 않은 게임들이 당연히 있다. 리처드의 게임에서 그 명제가 허구적인 것은 부분적으로 그 게임의 특수성, 즉 그 게임을 하고 있는 이가 리처드라는 사실에서 기인한 결과이다. 그 허구성은 그림만으로는 발생하지 않는다.

이는 〈그랑자트〉에서 허구적인 것은 그 안에서 소도구로 사용되는 것이 그 그림의 기능인 **어떤** 게임에서든 허구적인 것(또는 허구적일 만한 것)이어야 하며 또 그 허구성은 그 그림에 의해서만 발생해야 한다는 결론을 시사한다. 나는 이를 기본적으로 옳은 것으로 간주하겠다.

한 작품 세계에서 어떤 명제들이 허구적인가를 이런 식으로 구체화하는 것은 작품 세계와 그 작품으로 하는 게임 세계 사이의 연관성을 드러내준다. 그러나 그것은 작품 안에서의 허구성을 게임 안에서의 허구성과 매우 다르게 보이도록 할 것이다. 어떤 면에서는 당연히 그래야 한다. 왜냐하면 작품과 게임은 중요한 측면들에서 서로 다르기 때문이다. 그러나 이것들 및 그 안에서 명제들이 허구적이 되는 다른 맥락들은 중요한 공통점도 가지고 있다. 그 공통점은 어떤 것이 한 작품 세계에서 허구적이라는 것이 무엇인가를 또 다른 방식으로 나타냄으로써 밝혀질 수 있다.

어떤 종류의 게임들에서 소도구로 사용되는 것은 재현의 기능이다. 이 경우 기능은 그 작품이 어떻게 사용되어야 하는가에 대한 규칙이나 관례들이 있다는 문제로서 간주될 수 있다. 감상자들은 그 작품으로 어떤 종류의 게임들을 해야 한다. 그리고 이 게임들은 게임을 하는 이들이 게임의 규칙과 그 작품의 본성으로부터 이끌어낸 지시를 따라야 하는 게임이며, 그 지시란 그 작품 안에서 허구적인 어떤 명제들을 상상하라는 지시이다. 따라서 우리는 한 작품에서 허구적인 것은 그 작품의 감상자들이 (그 작품의 감상자로서) 상상해야 하는 것이라고 말할 수 있다. 이와 마찬가지로, 꿈이나 백일몽 안에서 허구적인 것은 그 꿈이나 백일몽을 꾸는 사람에 의해 상상되어야 하는 것이며, 한 게임에서 허구적인 것은 그 게임을 하는 사람들이 상상해야 하는 것이다. 일반적으로, 한 명제는 그것이 상상되어야 한다는 취지의 지시가 있다면 허구적이다. 그리고 한 명제가 그 안에서 허구적이 되는 세계가 어느 세계인가 하는 것은 누가 그 지시에 따르는가, 그가 어떤 역할에 해당하는가의 문제이다. 서로 다른 종류의 맥락들 및 그와 연관된 세계들은 무엇이 지시에 책임이 있는가에 따라 구분된다. 어떤 경우들(의도적인 백일몽)에서는 지시가 단순히 어떤 명제들이 상상되어야 한다는 무조건적인 규칙들로부터 나온다. 다른 경우들(믿는 체하기 게임, 꿈, 그리고 자연발생적인 백일몽)에서는 관련 조건들이 만족되는 덕분에 지시를 하는 조건부적인 규칙들이 있다. 재현의 경우, 지시는 한층 덜 직접적으로 확립된다. 즉 그 작품의 기능을 구성하는 메타 규칙들이 있어 그것이 어떤 종류의 게임들을 하도록 지시하며, 이 게임들은 소도구로서 사용되는 작품과 결합된 조건부적 규칙들에 기반을 둔 그 자신의 지시를 한다.

세계를 가지지 않는 소도구들

모든 소도구가 그것들로 하는 게임의 세계와 별도로 그 자신의 허구적 세계를 가지는 것은 아니다. 임시방편적 소도구들은 그 자신의 허구적 세계를 가지지 않는다. 이것은 임시방편적 소도구가 재현과 다른 중요한 지점이다.

에릭과 그레고리의 게임에서 나무 그루터기들은 소도구로 사용되지만, 그렇게 사용되는 것이 그것들의 기능은 아니다. 이는 나무 그루터기의 감상자들이 감상자로서 상상해야 하는 것이 없다는 것을 의미한다. 한 작품의 세계 안에서 허구적인 명제들은 그 안에서 소도구로 사용되는 것이 그 작품의 기능인 게임의 세계 안에서 허구적이거나 허구적일 만한 명제들이다. 나무 그루터기들은 그러한 기능을 가지고 있지 않다. 따라서 나무 그루터기 세계가 있다 해도 거기에는 허구적 참이 없을 것이다. 그런 세계를 인정하는 것은 아무런 의미가 없다.

인형과 장난감 트럭들은 어떠한가? 그것들은 믿는 체하기 게임에서 소도구로 사용되는 기능을 가지고 있다. 그러나 우리는 그러한 것들의 세계를 (그것들로 하는 게임의 세계와 구분해서) 쉽게 이야기하지 않는다. 우리의 이론이 그런 세계들을 인정하는지 아닌지는 별 문제가 되지 않는다. 그러나 우리의 전이론적인 주저함에 대한 이유들은 흥미롭다. 내 생각에 서로 다른 세 가지 이유가 있는 듯하다.

① 그것들로 어떤 종류의 게임을 하라는 **지시**가 있다는 것을 함축하는 의미에서 인형이 소도구로서 사용되는 기능을 가지고 있는지는 명확하지 않다. 인형을 만드는 사람들은 그 인형이 어떤 방식으로 사용될 것으로 기대하고, 또 그것들을 그런 방식으로 사용하는 것이 통례이다. 그러나 인형의 "감상자들"이 그것들을 이런 방식으로 사용해야 한다는 어떠한 **요구**라도 있는가? 인형을 비관례적으로 사용하는 것(예를 들면 그것들이 아기가 아닌 베개로 "간주되는" 게임에서 사용하는 것)은 〈그랑자트〉를 한 쌍의 하마가 진흙 구덩이에서 뒹굴고 있다는 것을 허구적으로 만드는 게임 안에서 사용하는 것과 같은 방식으로 **잘못** 사용하는 것은 아니다. 재현적 작품들을 어떤 방식으로 사용하는 것의 우선성은 우리가 그 작품들에 대해 하는 판단이나 평가의 종류와 관련이 있다. 한 작품을 부적절하게 사용하는 것은 그것에 대한 우리의 판단을 왜곡할 가능성이 크다. 그러나 인형(장난감 가게에서 파는 보통 인형)이 그와 유사한 방식으로 판단되거나 평가되는지는 분명하지 않다. 즉 그 안에서 사용되는 것이 인형의 "기능"인 게임 안에서 허구적인 명제들이 바로 사람들이 인형의 "감상자"(사용자?)로서 상상해야만 하는 명제들인지는 분명하지 않다. 따라서 이러한 명제들을 인형의 세계 안에서 허구적인 것으로 간주하지 않는 것이 합리적일 것이다.

② 어떤 허구적 세계에 대해 이야기하는 것은 부분적으로 그 세계에 속하는 허구적 참들의 집합이나 무리에 대해 이야기하는 것이다. 허구적 세계라는 개념을 받아들이는 한 가지 이유는 그러한 허구적 참들의 무리를 손쉽게 지시할 수 있게 하기 위해서이다. 우리는 왜 〈그랑자트〉의 세계에 속하는 허구적 참들의 무리(그것으로 하는 게임에 속하는 더 큰 무리가 아닌)에 특별히 관심을 기울여야 하는가? 왜냐하면 그것은 그림이 그것이 소도구로서 사용되는 게임에 기여하는 바를 반영하기 때문이다. 우리가 그림 자체, 그 성격이나 스타일, 가치, 또는 예술가의 재능, 상상력, 창조성에 관심이 있는 한 우리는 그림이 단독으로 발생시키는 작품 세계의 허구적 참들에 특별히 주의를 기울일 것이다. 우리는 인형들로 하는 게임과는 별도로 인형 자체에 대해 그만큼 자주 관심을 기울이지 않는다. 대부분의 인형들이 그러한 게임에 기여하는 바는 상대적으로 사소하다. 중요한 것은 보통 그 인형들로 행해진 바에 따라 발생하는 허구적 참들, 예를 들면 허구적으로 헤더가 아기를 목욕시킨다거나 아기에게 옷을 입힌다거나 꾸짖는다거나 하는 것들이다. 인형만으로 발생하는 허구적 참들은 허구적으로 두 팔과 두 다리와 머리를 가진 한 아기가 있다는 것 이상을 거의 포함하지 않을 것이다. 그림과 소설, 그리고 다른 재현적 작품들은 그것들이 소도구로서 사용되는 게임에 분명히 훨씬 더 실질적으로 기여한다.

③ 그림들(어쨌든 그중 많은 것들)은 그 자신의 "허구적 공간"을 창조하는 반면, 인형들은 "실제 공간", 예를 들어 헤더의 놀이방 안에서 작동한다고 말할 수 있다. 이것이 무엇을 의미하는가? 내 생각에 그것은 부분적으로 실제 공간에서의 인형의 위치는 중요한 반면 그림의 실제 위치는 중요하지 않다는 것을 의미한다. 한 인형이 헤더의 품속에 있다거나 헤더의 침대 위에 있다는 사실은 아마도 (헤더의 게임 안에서) 한 아기가 헤더의 품속에 있다거나 헤더의 침대 위에 있다는 것을 허구적으로 만들 것이다. 그러나 메트로폴리탄 미술관의 벽에 걸려 있는 유니콘 태피스트리는 거기에 유니콘이 있다는 것을 허구적으로 만들지 않

는다. 어떤 다른 곳 — 우리가 "허구적 세계"로 간주할 수 있는 어떤 "허구적 장소" — 에 유니콘이 있다는 것이 허구적이다. 그러나 허구적으로 아기가 있는 장소는 바로 인형이 우연히 있게 된 실제 장소이며, "허구적 세계"로 간주될 "허구적 장소"는 없다.[35] 조각상과 조각들은 이런 면에서 때때로 인형과 같은 방식으로 간주되기도 한다. 콩코드 다리 위에 있는 미니트맨(Minute Man) 상은 **콩코드 다리 위**에 한 병사가 있다는 것을 허구적으로 만든다. 그리고 사실 나는 "그 조각상의 세계"에 대해 말하는 것이 (비록 내가 그렇게 말하기는 하겠지만) 특별히 자연스럽지는 않다고 생각한다.

"허구적 공간"으로서의 허구적 세계라는 구상은 내가 사용하고 있는 허구적 세계의 개념과 관련이 없어 보인다. 그러나 그것은 중요하며, 방금 묘사한 인형과 유니콘 태피스트리 사이의 차이점 역시 중요하다.

훨씬 뒤에 우리는 작품들을 그 자체의 허구적 세계를 결여한 소도구로서 간주하는 것이 어느 정도 타당한 좀 다른 경우, 즉 음악의 경우를 만나게 될 것이다.

허구적 세계란 무엇인가?

이 책의 주인공은 세관 공무원이다. 이 인물은 공무원이 아니라 한 오래된 영리 회사의 고위직 직원이다. 이 회사의 사업은 나빠지고 있으며 빠르게 그늘이 드리워지고 있다. 이 회사의 사업은 매우 잘 되고 있다. 우리는 주인공이 부정직하다는 것을 알게 된다. 그는 정직하며, 자동차 사고로 죽은 자신의 전임자가 위태롭게 만든 상황을 다시 복구하기 위해 애쓰고 있다. 그러나 그 회사가 최근에야 설립되었으므

35) 어떤 그림들은 그 그림이 있는 장소 때문은 아니지만 뉴욕이나 파리 혹은 다른 실제 장소에 사물들이 있다는 것을 허구적으로 만든다. 아마도 우리는 그러한 그림들의 세계를 실제 장소에 상응하거나 또는 실제 장소의 변형인 허구적 장소라고 간주할 수 있을 것이다.

로 그에게는 전임자가 없었으며, 그것은 사고가 아니었다. 게다가, 그것은 자동차가 아니라 실은 배(커다란 흰 배)였다.

– 알랭 로브그리에, 《질투》

각각의 꿈이나 백일몽, 믿는 체하기 게임, 그리고 재현적 작품에 대해 하나의 허구적 세계가 있다고 말하는 것, 그리고 한 명제가 어떤 특정한 꿈이나 게임이나 작품의 세계 안에서 허구적이라는 것이 무엇인지를 말하는 것은 허구적 세계가 어떤 종류의 개체인지를 말하는 것이 아니다. 이 문제를 해결하는 것이 우리의 목적에 중요한 것은 아님이 드러날 것이다. 그러나 허구적 세계가 무엇이 아닌지에 대한 몇 가지 관찰을 할 필요는 있다.

각각의 허구적 세계는 명제들의 한 특정 집합이나 무리와 연관되어 있다. 그 명제들이란 그 세계 안에서 허구적인 명제들이다. 어떤 이들은 허구적 세계를 이 명제들의 무리와 동일시하고 싶은 유혹을 느낄 것이다. 〈그랑자트〉의 세계는 〈그랑자트〉-허구적인 명제들의 집합으로 생각될 수 있다. 이는 허구적 세계를 가능 세계와 매우 유사하게 보이도록 할 터인데, 왜냐하면 가능 세계를 이해하는 하나의 표준적인 방식이 바로 명제들의 집합으로서 이해하는 것이기 때문이다. 그러나 허구적 세계는 가능 세계가 아니다. 특히 두 가지 차이점이 다른 곳에서 논의되었다. 허구적 세계는 때때로 불가능하고 일반적으로 불완전한 반면, (보통 이해되는 대로의) 가능 세계는 반드시 가능하고 또 완전하다는 것이다. 이 차이는 아직 완전히 탐구되지 않은 중요한 결과를 가져올 수 있으며, 또 다른 차이점들도 있다.

윌리엄 호가스의 판화 〈잘못된 원근법〉(그림 1.2)의 세계는 불가능하다. 그 안에서 허구적인 명제들, 즉 현재의 제안에 의하면 그 세계를 구성하는 명제들은 모두가 참일 수는 없다. 어떤 나무가 간판 앞에 서 있는 몇 그루의 다른 나무들보다 전경에 더 가까이 있는데도 불구하고 그 간판 뒤에 있다는 것, 그리고 2층 창문 안에 있는 한 여인이 먼 언덕 위에 있는 남자와 닿을 정도의 거리(양초로 그의 파이프에 불을 붙여줄 만큼 가까이)에 있다는 것은 〈잘못된 원근법〉-허구적이다. M. C. 에셔의 불가능한 그림들은 잘

〈그림 1.2〉
윌리엄 호가스(William Hogarth), 〈잘못된 원근법(False Perspective)〉, 판화(1754). 존 조슈아 커비(John Joshua Kirby), 《브룩 테일러 박사의 쉬운 원근법(*Dr. Brook Taylor's Method of Perspective Made Easy*)》(런던, 1754)의 권두 삽화. 대영박물관.

알려져 있으며, "세 갈래로 보이는 두 갈래 막대"와 다른 속임수 그림들 역시 그렇다. 만약 시간여행이 불가능하다면, 시간여행 이야기들의 세계는 불가능하다. (H. G. 웰스의 《타임머신》의 세계는 어떠한 경우에도 불가능하다.) 아마도 카프카의 《변신》의 세계와 사람들이 호박이나 개구리나 사슴으로 변하는 동화의 세계들 역시 그럴 것이다. 비록 이 경우들(과 몇몇 시간여행 이야기들)에서의 불가능성은 논리적이라기보다는 형이상학적인 것일지라도 말이다. 원을 네모지게 하는[*역주: 불가능한 일을 하는] 요정에 대해 이야기하는 것을 막을 수 있는 것은 아무것도 없다.

불가능한 것을 상상할 수 있는가? 상상할 수 있음이 가능성에 대한 좋은 테스트라면 아마도 그러지 못할 것이다. 그렇다면 우리의 설명에 따르면 모순적이거나 형이상학적으로 불가능한 명제들은 허구적일 수 있는가? 나는 모순적인 것조차 이와 연관된 의미에서 상상될 수 있다고 생각하고 싶다. 그러나 허구성에 대한 우리의 이해는 그러한 것들이 상상될 수 없다 하더라도 안전하다. 모순적인 것을 상상하는 것이 가능하지 않다 하더라도 모순적인 것을 상상하라는 지시는 있을 수 있다. (어떤 잘못 입안된 법은 어떤 것을 하라고 요구하는 동시에 그것을 하지 말라고 요구할 수도 있다.) p를 상상하라는 지시와 ~p를 상상하라는 분리된 지시가 있으면서도 그것들의 연언(conjunction)을 상상하라는 지시는 없을 수도 있다. 한 주어진 세계 안에서 어떤 모순도 허구적이지 않다 하더라도 그 안에서 허구적인 명제들의 집합은 모순적일 수 있다.

때때로 한 허구적 세계의 불가능성은 주목할 필요가 있다. 〈잘못된 원근법〉의 핵심은 바로 그 그림이 모순된 것들을 허구적으로 만든다는 사실에 있다. 그러나 동화를 읽는 독자들은 허구적으로 사람들이 개구리나 사슴으로 변한다는 사실을 조금도 놀라지 않고 받아들일 것으로 기대되며, 동화 속에서 허구적인 것들의 불가능성을 거의 알아차리지도 못할 것이다.

《변신》에서 그레고르의 증조부가 열쇠공이었다는 것은 허구적이지 않으며, 그의 증조부가 열쇠공이 아니었다는 것이 《변신》-허구적이지도 않다. 그 이야기는 증조부의 직업에 대해 어떤 것도 말하거나 함축하지 않는다. 그 세계는 이러한 점에서 **비결정적**이거나 **불완전**하다. 그림의 전경에 있는 커플이 결혼했다는 것도, 그들이 결혼하지 않았다는 것도 〈그랑자트〉-허구적이지 않다. 명백히 대부분의 허구적 세계는 많은 점에서 비결정적이다. 그러나 보통 이해되는 바대로의 가능 세계들은 완전하다. 어떤 주어진 가능 세계든 그것을 구성하는 명제들의 집합은 모든 명제 p(또는 그 세계에 없는 개별자에 대한 것이 아닌 모든 명제)에 대해 p를 포함하거나 아니면 ~p를 포함한다.

허구적 세계를 구성하는 명제 집합들은 가능 세계를 구성하는 명제 집합들과 달리 일관적이거나 완전할 필요가 없다고 허용하기만 한다면, 허구적 세계를 명제들의 집합과 동일시하지 못할 이유는 아직 없다. 그러나 다른 고려사항들은 우리를 조심하도록 만든다. 허구적 세계가 우연적으로 존재하는 것이라고 생각하는 것은 자연스럽다. 〈그랑자트〉의 세계는 오로지 그 그림이 존재하기 때문에 존재한다. 그 세계는 쇠라가 그 그림을 그렸을 때 그에 의해 창조되었다. 그러나 명제들과 명제들의 집합은 필연적으로 존재한다. (또는 적어도 명제들의 존재는 그것들이 관련된 개별자들에만 의존한다.) 〈그랑자트〉-허구적인 명제들의 집합은 〈그랑자트〉가 존재하지 않았더라도 존재했을 것이며, 그 그림이 만들어지기 전에도 존재했다.

게다가(그리고 더 중요한 것인데) 두 개의 서로 다른 작품이 정확하게 동일한 허구적 참들을 발생시킬 수 있다. 서로를 모르는 상태에서 작업하고 있는 두 명의 작가가 우연히 정확하게 동일한 명제들을 허구적으로 만드는 소설들을 쓸 수 있다. (그 두 소설은 단어 하나하나까지 동일할 수도 있지만, 그렇지 않다 하더라도 동일한 허구적 참들을 발생시킨다고 가정할 수 있다.) 나는 그런 경우 각각의 작품 안에서 동일한 명제들이 허구적이라 하더라도 여전히 각각의 작품이 그 자신의 구별된 세계를 가지는 것으로 간주해야 한다고 생각한다.

이 두 가지 반론은 허구적 세계를 명제들의 집합이 아니라 **주어진 작품**(또는 믿는 체하기 게임이나 꿈, 또는 백일몽)**에 의해 지시된 것으로서의 명제들**의 집합과 동일시함으로써 피할 수 있을지도 모른다.[36] 그러나 그렇게 하는 것(그리고 단순한 명제 집합 이론 역시)은 우리가 어떤 주어진 세계가 실제로 그 안에서 허구적인 명제들과는 다른 명제들을 허구적인 것으로 가질 **수 있었다**고 말할 수 없게 만들 것이다. 만약 다른 명제들이 그 세계 안에서 허구적이었다면, "그 세계"는 지금의 그 허구적 세계가 아니었을 것이다. 따라서 카프카가 그의 이야기에 그러그러한 것을 더했더라면 그레고르의 증조부가 열쇠공이었다는 것이 (실제) 《변신》의 세계에서 허구적이었을 것이라고 말하는 것은 옳지 않게 될 것이다.

나는 허구적 세계들의 본성에 대해 더 이상 말하지 않을 것이다. 많은 선택지들이 열려 있다. 아마도 허구적 세계가 명제들의 집합으로 간주되는 이론이나 **지시된** 명제들의 집합으로 간주되는 이론을 그 이론이 허구적 세계에 대한 보통의 관념과 유리되어 있다는 데는 개의치 않은 채 받아들일 수도 있을 것이다. 또는 보통의 관념과 더 일치하는, 형이상학적으로 존중할 만한 종류의 개체를 찾고자 할 수도 있다. 그러나 우리는 허

36) Levinson, "What a Musical Work Is"; Fine, "Problem of Non-Existence."

구적 세계가 무엇인지 결정할 필요가 없다. 사실상 우리는 허구적 세계와 같은 것을 인정할 필요조차 없다. 중요한 것은 바로 명제들이 때때로 가지는 다양한 속성들이다. 허구적이라는 속성, 그리고 어떤 특정 재현적 작품이나 믿는 체하기 게임, 꿈이나 백일몽 안에서 허구적이라는 속성 말이다. 이 속성들을 허구적 세계를 지시하는 것처럼 보이는 어구들을 사용해서 표현하는 것은 자연스러우며("……의 세계에서 허구적이라는 속성"), 나는 종종 편의를 위해 그렇게 할 것이다. 그러나 이 속성들에 대한 나의 설명은 어떤 세계에 대한 지시도 전제하지 않는다.

1.10 믿는 체하기라는 마법

믿는 체하기, 즉 상상 활동에서 (외적인) 소도구를 사용하는 것은 정말로 놀라운 발명이다. 우리는 소도구가 어떻게 사람들이 행하고 생각하는 바로부터 허구적 세계를 격리시켜 실제 세계에나 어울릴 만한 일종의 객관적 완전성을 부여하고 그 세계에 대한 탐험을 발견과 놀라움이 가득한 모험으로 만드는지를 보았다(§1.5를 보라). 그러나 믿는 체하기의 세계는 실제가 그러한 것보다 훨씬 더 유연성이 있다. 우리는 소도구를 조작하거나 심지어 필요하다면 발생의 원칙을 변경함으로써 그 내용을 우리가 바라는 대로 배열할 수 있다. 우리는 사람들을 호박으로 변하게 할 수도 있고, 착한 사람들이 반드시 이기도록 할 수도 있으며, 나쁜 사람들이 이긴다는 것이 어떤 것인지 볼 수도 있다. 알려지지 않은 것을 탐험하는 흥분은 우리 자신이 그 세계를 만들어내는 정도만큼 상실될 것이다. 그러나 만약 우리가 다른 이들(예술가들)이 우리를 위해 허구적 세계를 만들어내도록 한다면, 우리는 그러한 흥분을 즐길 수 있을 뿐 아니라 그들이 그 작업에 동반하는 특별한 재능과 통찰력이라는 혜택을 누릴 수도 있다.

실제 삶에서는 나쁜 사람들이 이길 때 치러야 할 대가가 있다. 우리가 그 경험에서 배우는 것이 있다 해도 말이다. 믿는 체하기는 그 경험 — 어쨌든 그와 유사한 어떤 것

— 을 무료로 제공한다. 재난이 일어난다는 것이 허구적일 때, 그것은 (보통) 실제로 일어나지는 않는다. 허구성과 참 사이의 차이는 실제 세계에서라면 우리가 예상해야 할 고통과 괴로움을 면하게 해준다. 우리는 실제로 혹독한 경험을 겪지 않고서도 그것이 주는 혜택의 일부를 얻을 수 있다.

이 마지막 이점은 상상 활동 일반에 공통적이다. 그러나 오직 믿는 체하기만이 내가 주장하고 있는 다른 특징들의 놀라운 결합물을 제공한다. 의도적인 백일몽의 세계(프레드의 백일몽 같은)는 인간의 통제에 따를 수 있지만, 믿는 체하기 세계가 누리는 것과 같은 독립성을 누리지 못한다. 꿈과 자연발생적인 백일몽도 어떤 독립성을 자랑할 수 있다. 꿈을 꾸는 사람은 무슨 일이 일어날지 보기 위해 기다리기도 하고 때때로 놀라기도 한다.[37] 그러나 그 혹은 다른 누구도 그것들을 효과적으로 조작할 수 없다. (마약이나 버섯, 또는 매운 음식이 어떤 효과를 미칠 수도 있으나 그것은 대개 예측 불가능하다.) 우리는 꿈의 세계를 있는 그대로 받아들여야 한다.

게다가, 꿈을 꾸는 것은 불가피하게 혼자 하는 활동이다. 우리는 꿈 안에서 많은 동료를 가질 수 있다. 우리는 자신에 대한 것만큼이나 다른 이들에 대해 꿈을 꿀 수도 있기 때문이다. 그리고 꿈을 꾼 사람은 자신의 경험을 아침식사 자리에서 이야기할 수도 있다. 그러나 그때 그가 공유하는 것은 단지 그가 자신의 꿈 밖에서 그 꿈에 대해 성찰한 바일 뿐이다. 우리는 꿈을 같이 꿀 수 없다. 우리는 꿈을 경험할 때 다른 이들과 함께하지 않는다. 이와 대조적으로, 의도적인 백일몽은 사회적일 수 있다. 그러나 그것은 허구적 세계의 객관성뿐 아니라 자연발생적인 상상하기의 생생함도 희생시킨다. 그러나 믿는 체하기 게임은 쉽게 공유된다. 우리는 믿는 체하기 게임을 함께 한다. 그리고 그렇게 하는 것이 허구적 세계의 객관성을 손상시키거나 참여자들이 하는 상상하기의 자연스러움을 감소시키지 않는다.

객관성, 통제, 공동 참여의 가능성, 자연스러움, 그리고 그에 더해 실제 세계의 걱정들로부터의 어떤 자유까지, 믿는 체하기 게임은 모든 것을 가진 것처럼 보인다. 물론

37) 그러나 기다리는 것만이 꿈을 꿀 때 가능한 유일한 탐험 방식이다. 믿는 체하기 게임에서는 우리가 능동적으로 탐구를 지휘할 수 있다.

다른 양태의 상상하기들에 참여하는 이유들, 믿는 체하기 게임은 하지 못하지만 그러한 상상하기들은 기여하는 목적들이 있다. 그러나 믿는 체하기라는 마법은 그것을 토대로 하여 재현적 예술들, 그 힘과 복잡성과 다양성, 그것들이 우리의 삶을 풍요롭게 하는 능력을 설명할 수 있는 놀랄 만큼 촉망되는 기반이다.

나는 **재현**이란 믿는 체하기 게임에서 소도구로 사용된다는 사회적 기능을 가진 것들이라고 말했다. 비록 소도구들이 상상하기를 **촉발**하기도 하고 때로는 상상하기의 **대상**이 되기도 하지만 말이다. 소도구란 조건부적인 **발생의 원칙**에 의해 상상하기를 지시하는 어떤 것이다. 그것을 상상할 것이 지시되는 명제들은 **허구적**이며, 어떤 주어진 명제가 허구적이라는 사실은 **허구적 참**이다. **허구적 세계**는 허구적 참들의 집합과 관련된다. 허구적인 것은 예를 들면 믿는 체하기 게임의 세계라든지 재현적인 예술 작품의 세계 같은 어떤 주어진 세계 안에서 허구적이다. 이것이 개략적인 내 이론의 뼈대이다. 이제 거기에 살을 붙이고 그것이 우리에게 해줄 수 있는 것이 무엇인지 살펴보자.

2.
허구와 비허구

2.1 비허구

다윈의 《종의 기원》, 프레스콧의 《페루 정복사》, 샌드버그의 에이브러햄 링컨 전기를 어디에 위치시켜야 할 것인가? 철학 논문들, 수학 교과서, 취급 설명서, 레시피, 법률 문서들, 그리고 소금을 건네 달라는 요청 등은 말할 것도 없다. 그런 "비허구 작품들"은 소설이나 다른 허구 작품들과 어떻게 비교되는가?

몇몇 조건화와 정교화를 잠시 미룬다면, 다음과 같이 말할 수 있다. 즉 믿는 체하기 게임에서 소도구로 사용되는 것은 전기, 교과서, 신문 기사의 그 자체로서의 기능이 아니라고. 그러한 것들은 어떤 명제들을 허구적으로 만들기보다는 명제들의 참을 주장하기 위해 사용된다. 그것들은 허구적 세계를 만들어내는 대신 실제 세계를 묘사하고자 한다. 우리는 워싱턴이나 왈라왈라에서 실제로 무슨 일이 일어났는지 알아보기 위해 〈뉴욕타임스〉를 읽는 것이지 "〈타임스〉의 세계 안에서" 무슨 일이 일어났는지 알아보기 위해 읽는 것이 아니다. 비허구 작품들은 일반적으로 우리가 말하는 특별한 의미에서의 재현이 될 자격이 없다.

다음과 같은 반론이 있을 수 있다. 예를 들어 다윈의 《종의 기원》은 믿음을 이끌어낼 목적으로 집필되었다. 그런데 어떤 것을 믿는 것은 그것을 상상하는 것을 포함한다고(또는 적어도 현재 떠오르는 믿음은 상상하기를 포함한다고, 그리고 아마도 다윈의 책은 현재 떠오르는 믿음을 불러일으키도록 의도되었다고) 주장할 수 있다. 그렇다면 《종의 기원》은 상상하기를 지시하고 따라서 허구적 참들을 발생시키는 것이 아닌가?

그렇지 않다. 다윈은 책을 쓰면서 분명히 독자들에게 어떤 것들을 믿게 하려고 의도했다. 그러나 독자들이 책에서 말하는 바가 무엇이든 단지 그 책이 그렇게 말하기 때문에 믿어야 한다는 것은 이해할 수 없다. 만약 우리가 진화론을 믿어야 한다면, 그것은 그 이론이 참이기 때문이거나 그에 대한 충분한 증거가 있기 때문이지 그 이론이《종의 기원》에서 표현되었기 때문이 아니다. 물론《종의 기원》이 그 이론이 참임을 확신시켜 주거나 그에 대한 증거를 알려줄지는 몰라도 말이다. 다윈의 책 자체는 믿음을 지시하지 않는다. 따라서 비록 믿음이 상상하기를 포함한다 하더라도 우리는 다윈의 책이 상상하기를 지시한다고 결론내릴 수 없다.

아마도《종의 기원》의 독자는 그 작품의 독자로서 적어도 그 책 안에 표현된 명제들을 그 진위에 상관없이 고려하고 이해하고 주목하고 품어야 할 것이다. 만약 그렇게 하지 않는다면, 아마도 그 책을 제대로 읽는 "게임을 하고 있는" 것이 아닐 것이다. 그러나 앞에서 살펴보았듯이(§1.2), 명제들을 고려하거나 품는 것은 그것들을 상상하는 것에 미치지 못한다.

《종의 기원》 그리고 내가 재현적이라고 간주하는《걸리버 여행기》 같은 작품 사이의 차이를 보여주는 하나의 중요한 징후는《종의 기원》 안에서 말해지는 바는 "종들은 자연선택에 의해 진화했다"와 같은 단언들을 저절로 타당하게 만들지 않는다는 점이다. 그것은 그 단언들이 참이라고 생각할 충분한 이유를 제공하는 경우에만 그 단언들을 정당화한다. 그러나《걸리버 여행기》 안의 문장들은 "달걀을 어떻게 깨뜨려야 하는지 때문에 전쟁이 일어났다"와 같은 단언적 발언을 그 문장들이 그런 전쟁이 실제로 일어났다고 생각할 이유를 제공하는지 아닌지와 무관하게 타당하게 만든다.

물론 역사나 전기, 논문들, 또는 위원회의 보고서들을 소설처럼 **읽는** 것도 가능하다. 어떤 이는 샌드버그의 링컨 전기가 표현하는 어떤 명제라도 상상하기로 결심할 수 있으며, 그렇게 해야 한다는 하나의 원칙을 채택할 수도 있다. (이는 그 명제들이 참인지 거짓인지에 대해 무시하는 것을 포함할 수도 있지만, 꼭 그럴 필요는 없다.) 그렇다면 그는 그 전기가 보통 소설들이 하는 종류의 소도구 역할을 하는 하나의 믿는 체하기 게임을 하는 것이다. 그렇다면, 우리는 그 전기가 **그 독자에게는** 하나의 재현이라고 허용해야 할지도 모른다. 그러나 우리는 그것이 **보편적으로** (우리의 의미에서의) 재현이라는 것은 거부할 것이다. 왜냐하면 누군가가 어떻게 사용하기로 선택했든 간에 그것의 (관련된 의미에서의) **기능**은 믿는 체하기 게임에서 소도구가 되는 것이 아니기 때문이다.

어떤 작품들은 울타리를 넘나들기도 한다. 예를 들어 많은 역사 소설들은 그것들이 표현하는 명제들을 상상하기를 지시하는 **동시에** 그 명제들 중 많은 것들에 대한 독자의 믿음을 불러일으키고자 하는 것으로서 가장 잘 이해될 수 있다. (그러나 독자들이 예를 들어 소설가가 알 리 없는 역사적 인물 간의 상세한 대화에 대한 명제들을 믿어야 하는 것은 아님은 일반적으로 감안된다.) 어떤 역사서들은 너무나 생생하고 소설 같은 스타일로 쓰여 독자들이 믿든 믿지 않든 거의 불가피하게 말해진 것을 상상하도록 유도하기도 한다. (프레스콧의 《페루 정복사》에 대해서는 정말로 그렇다.) 우리가 그 작품을 그러한 반응을 지시하는 것으로 간주한다면, 그것은 하나의 믿는 체하기 게임에서 소도구로서 사용된다. 우리는 심지어 그것의 기능이 부분적으로 소도구로서 사용되는 것이라고 허용할 수도 있다. 비록 이 기능이 독자들에게 정보를 주고자 하는 기능에 부차적인 것일지라도 말이다. 여기에는 몇 개의 차원을 따라 정도의 차이가 존재한다.

따라서 우리는 **비허구**로부터 **허구**를 구분할 하나의 방법이 있음을 알게 된다. 허구 작품들은 간단히 말해 우리의 특별한 의미에서 재현인, 즉 그 기능이 믿는 체하기 게임에서 소도구로서 사용되는 것인 작품들이다. 재현이 **작품**, 즉 인공물 — 앞으로 살펴보겠지만 중요한 사실인 — 일 필요가 없다는 사실만 제외한다면, 우리는 "재현"과 "허구 작품"을 서로 바꾸어서 사용할 수 있을 것이다.

허구에 대한 이러한 개념은 책 판매상들이나 도서관 사서들이 동화나 단편, 소설, 그리고 슈퍼맨 만화책들을 신문 기사, 취급 설명서, 지리 교과서, 전기, 그리고 역사서들과 구분하기 위해 사용하는 개념에서 자연스럽게 유래한 것이다. 그러나 이는 그들이 선을 긋는 바로 그곳에 우리가 선을 긋기를 기대해야 한다는 것은 아니다. 일상적인 대략적 분류가 우리의 이론적인 목적에 사용되기 위해서는 다듬어질 필요가 있다. 예를 들어 버클리의《하일라스와 필로누스의 대화》는 두 허구적 인물을 포함하고 있으므로 우리의 허구 범주에 들 것이다.

버클리의《대화》는 독자들에게 실제 세계에 대해 설명하려는 진지한 시도이며, 그가 이러한 목적을 추구하는 방식은 그가 허구적인 인물들을 이용한다는 사실에도 불구하고 예를 들어 흄이《인간 본성에 관한 논고》에서 그러한 목적을 추구한 방식과 여러 면에서 유사하다. 우리는《대화》가 왜 보통 "비허구"로 분류되는지 이해할 수 있다. 그러나 "허구"를 우리 식으로 이해할 때, 이러한 분류는 "허구"와 "비허구" 사이의 겹침이라는 당황스러운 망령을 만들어낸다. 우리는《대화》및 몇몇 역사서들과 역사 소설들을 양쪽 다인 것으로 간주하고 있을 수도 있다. 그러나 이 작품들의 복잡성을 특징짓는 좀 더 명쾌한 방법을 찾는 것이 더 나아 보인다. 나는 명료함을 위해 "비허구"라는 말로써 단순히 "허구가 아님"을 의미할 것이다. 믿는 체하기 게임에서 소도구로 사용되는 기능을 가진 작품은 어떤 것이든 그 기능이 아무리 작거나 지엽적이거나 부수적이라 하더라도 "허구"의 자격을 가진다. 이러한 기능이 완전히 없는 것만이 비허구로 불릴 것이다.

나는 허구의 범주 주위에 정확한 선을 긋지 않았다. 그렇게 하는 것이 바람직하지도 않다. 그것은 경계선 영역에 있는 많은 복잡하고 미묘한 작품들의 가장 흥미로운 몇몇 특징들을 흐릿하게 만들어버릴 것이기 때문이다. 그러나 내 이론의 목적들 중 하나는 분류에 저항하는 작품들, 즉 이런저런 방식으로 혼성적이거나 주변적이거나 비결정적이거나 애매한 작품들을 이해하는 도구를 계발하는 것이다. 이것은 §2.7의 부담이 될 것이다.

"허구"를 이해하는 이러한 방식을 다른 대안들과 비교하여 고려하는 것이 중요하다. 이어지는 몇 개의 절에서 우리는 좀 더 표준적인 설명들을 선별해서 살펴볼 것이다. 그 설명들의 결점은 나의 다소 비정통적인 설명을 더욱 강조할 것이며, 믿는 체하기 접근 방식을 전체적으로 더 강화할 것이다. 특히 우리는 언어적 토대를 가진 몇몇 이론에 비해 믿는 체하기 이론이 가지는 중요한 이점들에 주목하게 될 것이다.

2.2 허구 대 실재

우리의 현재 관심은 "실재(reality)"에 반대되는 것으로서의 "허구"도, "허구"와 "사실" 혹은 "참" 사이의 대조도 아니다. 이러한 반대항들은 나의 현재 제안이 기반으로 하고 있는 직관들과는 거의 관련이 없으며, 내 생각에 책 판매상들이나 도서관 사서들이 책을 분류하는 관행을 지배하는 직관과도 별로 상관이 없다. 우리가 관심을 가지고 있는 것은 **허구 작품들**과 **비허구 작품들** 간의 차이이다. 이 점에 대한 혼동 가능성은 상당히 크며, 충분히 인식되어왔다.[1)]

"허구 작품"을 믿는 체하기로서 이해하자는 나의 제안은 잠시 미뤄두고, 소설, 이야기, 우화, 동화를 한편에, 그리고 전기, 역사, 교과서, 취급 설명서, 신문 기사를 다른 한편에 두는 다소 거칠지만 근본적인 구분에 대한 분석 이전의 이해로 되돌아가 처음부터 시작해보자. 이러한 이해는 결코 분명하지 않으며 다양한 면에서 확실치 않지만, 우리는 이것이 허구와 실재 혹은 참 사이의 일단의 구분과는 본질적으로 독립적인 구분 개념이라는 것을 타당하게 주장할 수 있다.

우리가 하고자 하는 구분이 실재하는 것들과 단지 "허구적"일 뿐인 것들 사이의 구분은 분명히 아니다. 소설과 만화책들은 신문 기사나 교과서보다 결코 덜 실재적이지 않다. 이는 명백하다. 그러나 "허구적"이라는 말의 두 가지 의미가 어떻게든 결정적으로 연결되어 있을 것이라는 추정, 그리고 허구 작품이라는 개념이 허구적 존재자 개

---

1) "허구 작품"과 "비허구 작품"이라는 구절조차 애매하지 않게 올바른 방향을 가리키는 데 실패할 수 있다. 이 용어들의 사용은 이론화에서나 실제에서나 양심적인 해설가를 초고층 빌딩으로 몰아가버릴 만큼 뒤죽박죽이다. 내가 하려는 구분이 상당한 중요성을 가지는 것이며, 적어도 "허구" 및 그 합성어들을 사용하는 보통의 혼란스러운 용법들 중에서도 두드러지는 요소라는 것을 말하는 것으로 충분할 것이다.

념을 이용함으로써 이해되어야 할 것이라는 추정은 끈질기게 따라붙는다. 드물지 않은 제안 중 하나는 소설과 이야기는 그 자체로서는 실재한다 해도 대부분 한낱 허구인 것들에 **대한** 작품인 반면 전기와 교과서는 실재하는 사물들에 대한 것이라는 주장이다. (논증을 위해 단지 허구적인 것들이라는 것이 있다고 해보자.) "우리가 한 문학 작품을 **허구** 작품이라고 부를 때, 우리는 등장인물들이 실제로 살았던 어떤 사람과도 동일시될 수 없고 그 작품 속의 사건들이 실제로 일어났던 어떤 개별적인 사건과도 동일시될 수 없다는 것 이상을 의미하지 않는다."[2)]

이러한 주장은 적절하지 않다. 윌리엄 해즐릿(William Hazlitt)의 《셰익스피어 극의 등장인물들》(1817)은 대부분 한낱 허구에 대한 것이지만, 그보다 더 분명하게 비허구 작품인 것은 없다. 토마소 랜돌피(Tomasso Landolfi)의 놀라운 판타지 〈고골의 아내〉는 실재하는 어떤 것 — 니콜라이 바실리예비치 고골(Nikolay Vasilyevich Gogol) — 에 대한 것이다. 조이스 캐럴 오츠(Joyce Carol Oates)의 이야기 〈디트로이트 교도소에서 내가 어떻게 세계를 바라보았는지〉는 디트로이트 교도소와 디트로이트 자체, 그리고 디트로이트의 많은 거리, 상점, 교회 — 모두 실제로 존재하는 것들인 — 에 대한 이야기이다. 그럼에도 불구하고 이 둘 모두 허구 작품이다. 물론 이 이야기들에서 몇몇 혹은 모든 등장인물은 허구적이다. 그러나 허구 작품이 전적으로 실제로 존재하는 사람과 사물들(개별자들)에 대한 것이 되지 못할 이유는 없다. 실재는 판타지의 소재가 될 수 있다.

그러나 허구 작품이 실제 사물에 대한 것일 때, 작품이 그것에 대해 말하는 바는 종종 사실이 아니다. 그렇다면 비허구 작품은 참을 표현하는 반면 허구 작품은 거짓이나 사실이 아닌 것을 표현한다는 사실에 차이가 있는 것인가? 그렇지 않다. 하나의 판타지는 우연히 실제 사건들과 일치한다 하더라도 여전히 허구로 남아 있다. 미래에 혹은 어떤 외계 행성에서 쓰인 하나의 소설이 우연의 일치든 무엇이든 간에 마지막 세부까지 예언하듯이 "정확한" 것으로 밝혀진다 해도 그 허구로서의 지위는 위협받지 않을 수 있

---

2) A. J. Toynbee, *Webster's Third New International Dictionary*, p. 844에서 인용. 또한 MacDonald, "Language of Fiction," p. 342; Beardsley, "Fiction as Representation," p. 300, 그리고 Wilshire, *Role Playing*, p. 28을 보라.

다. 우리는 조지 오웰의 《1984》가 허구인지 비허구인지 결정하기 위해 소설을 그해의 사건들과 비교해볼 필요가 없으며, 《2002》를 분류하기 위해 2002년까지 기다려야 할 필요도 없다. 역으로, 부정확한 역사서도 여전히 역사서이며 단지 틀린 역사서일 뿐이다. 심지어 완전히 날조된 전기나 교과서라 해도 그러한 이유로 소설이나 허구 작품으로 간주되지는 않을 것이다. 사실은 허구일 수 있으며, 허구는 사실일 수 있다.[3)]

(그렇다면 차이는 그의 주장이 옳든 아니든 저자가 자신이 쓴 것이 참이라고 **주장하는가**의 여부에 달려 있는가? §2.4에서 살펴보겠지만, 그렇지 않다.)

이 절의 교훈은 심오하지는 않지만 전적으로 중요하다. 도서관이나 서점에서 사용되는 것과 같은, 우리가 가지고 있는 관념과 유사한 허구 작품의 관념은 많은 논의들에서 허구-실재 사이의 대조와 무책임하게 뒤얽혀 혼돈스러운 결과를 낳고 있다. 허구를 믿는 체하기로써 이해하는 것은 이러한 구분이 적절하게 이루어지도록 할 수 있다.

그러나 우리는 허구를 이해하는 방식에 대한, 방금 언급한 제안과는 다른 더 사려 깊은 대안들을 고려해볼 필요가 있다. 그중 몇몇은 허구와 실재 사이의 대조에 덜 직접적으로 기대고 있으며, 어떤 것들은 전혀 기대고 있지 않다.

2.3 언어적 전략들

허구 작품들을 비허구 작품들로부터 구분하려는 대부분의 시도는 언어의 허구적 사용에 초점을 맞춘다. 그러한 구분의 발상지는 문학이다. 의심의 여지없이, 부분적으로 이러한 이유 때문에 언어 이론들이 그것을 설명하려는 시도에 두드러진 역할을 해

3) 굿맨은 "문자 그대로 거짓임이 허구를 참인 보고(report)로부터 구분한다"라고 주장한다. 비록 그가 허구는 문자 그대로(literally) 거짓일 뿐 아니라 문학이어야(literary) 한다고 생각하지만 말이다. "문자 그대로 참인 진술들을 높은 비율로 포함하고 있는 소설은 비허구에 근접하며, 거짓 진술들을 높은 비율로 포함하고 있는 [문학적] 역사서는 허구에 근접한다."("Fiction for Five Fingers," pp. 124, 126.)

왔다. 그러나 여기에 위험이 도사리고 있다. 모든 허구가 언어적인 것은 아니다. 허구에 대한 어떤 적절한 이론이라도 문학적 허구뿐 아니라 예를 들면 회화적 허구 역시 수용할 수 있어야 한다. 그러지 못하는 이론은 심지어 문학적 허구를 설명하는 데도 적절하지 않을 것이다. 우리의 목표가 소설, 이야기, 설화, 그리고 모험담을 이해하는 것이라면, 그것들을 **허구** 작품들로 만드는 요소가 무엇인지 알아야 하며, 그러기 위해서는 허구성 일반이 무엇인지 — 허구적 문학 작품들이 다른 종류의 허구 작품들과 어떤 공통점을 가지고 있는지 — 를 알아야 한다. 앞으로 살펴보겠지만, 왜곡은 문학적 허구에만 집중하는 데서, 그리고 언어 이론들에만 지나치게 배타적으로 의존하는 데서 발생한다.

언어 이론들은 언제나 표준적이고 문자 그대로이며 비허구적인 담론에 초점을 맞춘다.[4] 허구에 대한 설명을 전개해나가는 일반적인 순서는, 처음에 하나의 언어 이론을 고안해내거나 채택하고 난 다음 그 이론의 중심 개념들을 허구적 담론이 얼마나 "보통의" 비허구적인 언어 사용에서 벗어나 있는지 설명하는 데 이용하는 것이다. 그러한 이론가는 아마도 결국 나중에 추가로 덧붙이는 식으로 문학적 허구에 대한 설명을 다른 매체에서의 허구까지도 다루도록 억지로 확장하고자 시도할 것이다. 이러한 과정 아래에 있는 중심적인 추정 — 즉 허구는 비허구의 관점에서, 그리고 비허구에서 파생된 것으로서 이해해야 한다는 추정 — 은 근본적으로 잘못되었다. 이는 비문학적 허구가 일반적으로 다루어지는 것보다 더 초기 단계에서 고려될 때 극명하게, 그리고 더 심각하게 드러난다.

언어 이론들 중 몇몇 종류는 허구에 대한 논의에서 다른 이론들보다 더 주목을 끌어왔다. **지시**(denotation)나 **참**(truth) 같은 의미론적 속성들에 대한 강조는 사실이나 실재와 반대되는 것으로서의 "허구"에 대한 질문들 — 우리가 지금 관심을 가지는 문제들이 아닌 — 로 재빨리 이어져 "걸리버" 같은 이름들이 과연 지시하는 것이 있다면 무

4) "일반적으로 은유, 직유, 의미의 전이, 아이러니, 풍자, 알레고리, 각색 등과 같이 많은 문학적 흥미를 끄는 문제들은 논리적이고 의미론적인 연구의 초반에 옆으로 미뤄지게 되는데, 그러한 연구에서는 항상 문자 그대로의 의미와 보고하는 담론이 강조되는 대신 담론의 나머지 부분들은 대부분 무시되어왔다. 옆으로 치워진 문학적 현상들은 기껏해야 문자 그대로의 보고하는 담론을 다루는 중요한 작업이 완수된 뒤에 형식적으로만 다루어진다."(Routley, *Exploring Meinong's Jungle*, p. 537)

엇을 지시하는지, 그리고 "걸리버가 릴리풋을 방문했다" 같은 문장들이 참인지 아닌지 등에 대해 고찰하도록 강요한다. 굿맨은 **허구적** 재현들, 즉 유니콘-그림처럼 재현적이지만 어떤 것도 재현하지 않는 작품들에 대해 이야기한다.[5] 그러나 그가 이해하는 허구적 재현과 우리가 지금 관심을 가지는 허구의 개념 사이에는 거의 연관이 없다. 나는 굿맨의 이론은 그저 우리가 생각하는 구분에 희미하게라도 상응하는 구분을 지지하지 않는다고 말하는 것이 정당하다고 생각한다. 이러한 무시는 굿맨으로서는 의도적일 것이다. 그러나 그것은 경솔했다.

허구와 비허구는 의미론적인 면에서보다는 화용론적인 면에서 더 차이가 있다. 따라서 발화 행위(speech-act) 언어 이론들이 굿맨의 것과 같은 이론들보다 그러한 구분을 이해하려는 시도에 더 자주 사용되어왔다는 것은 놀라운 일이 아니다. 존 오스틴(John Austin)의 "언표내적(illocutionary) 행위들" — 단언하기, 질문하기 그리고 요청하기 같은 행위들 — 이라는 개념은 이 분야에서 널리 사용되어왔다. 이어지는 세 개의 절에서 우리는 발화 행위 이론의 틀 안에서 허구와 비허구의 구분을 설명하고자 하는 몇 가지 인기 있는 방식들을 살펴볼 것이다. 나의 결론은 대체로 부정적일 것이다. 발화 행위 이론들은 허구를 설명하는 데는 놀라울 정도로 무용하다는 점이 밝혀질 것이다. 우리는 여기서 "이론이 통하기를(Have theory will travel)" 증후군, 즉 이론가들이 새로운 문제에 맞닥뜨렸을 때 그들이 알고 있고 사랑하는 오래된 이론, 그러나 다른 문제들을 해결하기 위해 고안된 이론의 먼지를 털어내고는 갈라진 틈으로 밀어 넣고서 그것이 들어맞기를 기도하는 경향의 불행한 일례를 보고 있다. 이 경우에 그것은 들어맞지 않았고, 그 결과는 해명보다는 혼동을 불러왔다.

내가 목표로 하고 있는 것 이외의 영역에 침범하지 않기 위해 현재 나의 관심은 언어 이론으로서의 발화 행위 이론들의 성공 가능성에 대한 것이 아니라는 점을 강조하고자 한다. 나는 발화 행위 이론들이 문학적 허구 및 다른 허구들의 중요한 특징들을 해명하는 데 효과적으로 사용될 수 있다는 것을 부정하지도 않는다. 단지 '허구란 무엇이

---

5) *Languages of Art*, pp. 21-26.

며 허구 작품들이 어떻게 다른 것들로부터 차별화될 수 있는가?'라는 기본적인 질문만을 겨냥하고 있을 뿐이다. 발화 행위 이론들의 다른 장점이 무엇이든, 발화 행위 이론들을 이 질문에 적용시킨 결과는 명백히 불운했다.

발화 행위 이론들은 허구의 본성에 대한 질문에 다양한 방식으로 적용되어왔으나, 대부분의 경우 허구 만들기라는 행위를 강조했다는 공통점을 가진다. 허구는 허구 작품들이 만들어지는 행위를 통해 이해되어야 한다고 생각되었다. 이는 놀랍지 않은데, 왜냐하면 발화 행위 이론들은 언어 사용자들에 의해 수행되는 행위들로써 언어를 이해하기를 제안하기 때문이다. 그러나 이는 정확히 역행적이다. 기본적인 개념은 허구 작품이라는 개념, 혹은 그것이 인공물이든 아니든 허구 작품들이 하는 것과 같은 기능을 하는 사물들의 개념이지 허구 만들기 행위의 개념이 아니다.

2.4 허구와 단언

어떤 문학 작품이 허구인지 비허구인지 여부가 그 안의 단어들에서 반드시 드러나지는 않는다. 정확히 같은 단어의 배열, 동일한 문장들이 전기를 구성할 수도, 소설을 구성할 수도 있다.[6] 허구와 비허구의 본질적인 차이가 단어들이 세계와 맺는 관계에 있는 것도 아니다. 우리는 그 차이가 실제의 존재자에 대한 것인지 허구적 존재자에 대한 것인지의 문제가 아님을 이미 살펴보았으며, 또한 그 차이가 작품 안에 있는 문장들의 진릿값, 즉 그 문장들이 사실에 부합하는지 아닌지의 여부에 달려 있는 것도 아니라는 것 역시 살펴보았다.

아마도 결정적인 것은 작가가 쓰는 바가 참인지의 여부가 아니라 그가 그것이 참

6) 예를 들어 "옛날 옛적에"라는 문구와 같이 때때로 단어들 안에 암시가 있는 경우도 있다. 어떤 문법적인 구성물들은 허구에서는 자주 나타나지만, 비허구에서는 드물게 나타나거나 혹은 전혀 나타나지 않는다. 밴필드(Banfield)의 "Narrative Style"과 *Unspeakable Sentences*를 보라.

이라고 **주장하는지**의 여부, 그가 적는 (어쨌든 진술하는 형식의) 문장들을 그가 **단언하는지**의 여부일 수 있다.[7] 허구 문학 작품들은 단언되지 않는 텍스트로서, 그리고 다른 (보통의) 언표내적 행위들을 전달하지 않는 텍스트로서 이해되어야 하는가? 이러한 제안은 허구 작품의 개념과 실재, 사실, 그리고 참과 대조되는 것으로서의 "허구"라는 개념 사이에 어떤 거리를 두게 해준다는 이점이 있다. 이러한 제안이 진술한 바와 같이 너무 투박하다는 것은 명백하다. 그러나 이러한 제안의 난점은 처음 보이는 것보다 심각하다.

작가가 보통 허구를 쓰면서 동일한 말을 사용하는 어떤 사람이 비허구적인 상황에서 수행하는 것과 같은 언표내적 행위들을 수행하지 않는다는 것은 사실이다. 카프카는 (원래의 독일어 판으로) "나는 굴 파기를 끝냈고 그것은 성공적인 것으로 보인다"[8]라고 쓰면서 자신이 실제로 굴 파기를 끝냈다고 단언하거나 주장하고 있는 것이 아니다. 그러나 이러한 단순한 관찰은 허구 개념의 핵심에서 너무 동떨어져 있다.

일련의 진술적인 문장들을 단언(또는 어떤 다른 표준적인 언표내적 행위들을 수행)하지 않은 채 적는 것이 반드시 어떤 허구 작품을 만들어내는 것은 아니라는 점은 즉각 명백하다.[9] 우리는 문법 수업을 할 목적에서나 마이크를 테스트하기 위해 한 무리의 문장들을 엮을 수도 있다. 허구는 단순히 보통의 기능들 중 일부를 박탈당한 언어가 아니다. 그것은 긍정적인 어떤 것, 특별한 어떤 것이다.

보통의 언표내적 효력이 없다는 점이 한 작품이 허구가 되기 위한 적어도 필요조건이라고 할 수 있는가? 허구를 쓰는 것은 단언적으로 쓰는 것과 양립 불가능하다고 종

---

7) 이것은 몇 가지 조건화를 덧붙인 비어슬리(Beardsley)의 제안이다(*Aesthetics*, pp. 419-423). 또한 Ohmann, "Speech Acts," pp. 13-14를 보라. **단언**(assertion)을 어떻게 설명해야 하는지에 대해 결정할 필요는 없을 것 같다. 예를 들어 그라이스의 개념에 따라, 어떤 사람의 발화가 무엇을 의미하는지를 청자가 알아차리게 됨으로써 나타나게 되는 효과를 청자에게 불러일으키려는 발화자의 의도로 이해할 수도 있을 것이다(Grice, "Meaning"). 또는 설(Searle)의 *Speech Acts*에서의 분석 같은 것에 따라, 화자가 어떤 조건들을 만족시킬 책임을 진다는 생각이 중요한 역할을 한다는 것을 받아들일 수도 있다. 단언을 이해하는 이러한, 그리고 다른 합리적인 방식들 중에서 어느 것을 선택하는지는 여기에서나 앞으로 내가 말하는 것에 영향을 주지 않을 것이다.

8) "The Burrow," p. 325.

9) 메리 루이스 프랫(Mary Louise Pratt)이 지적하듯이(*Toward a Speech Act Theory*, pp. 91-92).

종 여겨져왔다. 그러나 분명히 그렇지 않다. 단언들은 수많은 방식으로 행해질 수 있다. 강의하는 중에 진술적인 문장들을 말함으로써, 깃발을 들어 올림으로써, 경적을 울림으로써, 장미꽃을 꽂음으로써, 차창 밖으로 팔을 뻗음으로써 등. 적절한 상황에서라면 허구를 씀으로써 어떤 단언을 하지 못할 이유는 없다. 실제로 바로 그런 것을 하는 오랜 전통이 있다. 소위 **교훈적**(didactic) 허구라는 것이 있는데, 그것은 교육, 광고, 선전 등을 위해 사용되는 허구이다. 어떤 이야기를 함으로써 주장을 밝히거나 우화에 빗대어 이야기하는(심지어 일상적인 대화에서도) 드물지 않은 관행이 있다. (아마도 허구를 쓰는 것은 단언을 하는 수단인 경우보다 다른 언표내적 행위들 — 제안하기, 질문하기, 문제 제기하기, 상기시키기, 행위 촉진하기 — 을 수행하는 수단인 경우가 더 많기는 할 것이다.)

이 주장은 그렇게 자주 거부되지만 않았더라면 언급할 필요조차 없었을 것이다. "그런데 시인으로 말하자면, 그는 어떤 것도 단언하지 않기 때문에 절대로 거짓말을 하지 않는다"[10]라는 필립 시드니 경(Sir Phillip Sidney)의 논평은 (어쨌든 맥락을 무시하고 본다면) 그러한 거부의 한 예로 이해될 수 있을 것인데, 이러한 관찰은 허구에 대한 현대 담론들 안에서 꾸준히 되풀이되고 지지받고 있다.[11]

그러나 허구 작가들이 단언하는 문장을 쓸 때 단언하는 것은 보통 그들이 쓰는 문장들이 명시적으로 표현하는 바나 그들이 그 문장들을 비허구적으로 사용한다면 단언하게 될 바와 다르다. 우리는 늑대가 나타났다고 너무 자주 외친 소년에 대한 이야기를 꼭 그런 사건이 정말로 일어났다고 말하기 위해서가 아니라 그와 유사한 일이 일어날 가능성 — 예를 들면 불황이나 공산주의자들의 정권 탈취에 대해 너무 자주 경고하는 정부 관리들이 신용을 잃을 가능성 — 을 지적하는 한 방법으로서 이야기한다. 그렇다

---

10) *An Apology for Poetry*, p. 123.

11) "나는 허구인 이야기를 만들어낼 때 어떤 것도 단언하지 않는다."(Urmson, "Fiction") 또한 Beardsley, *Aesthetics*, pp. 421–423을 보라; Gale, "Fictive Use of Language," pp. 324–339; Ohmann, "Speech Acts," pp. 11–14, 16–18; Plantinga, *Nature of Necessity*, pp. 161–162; Van Inwagen, "Creatures of Fiction," p. 301. "그 주제에 관해 글을 쓰는 사실상 모든 저자들은 …… 그러한 경우 허구 작가가 자신이 쓰는 바를 **단언**하거나 **보고**하거나 **기술**하지 않는다는 데 동의한다."(Parsons, "Review of Woods," p. 158) 이 저자들 중 일부는 자신이 지지하는 것처럼 보이는 것보다 약한 주장을 의도했을 수도 있다.

면 우리는 어떤 작품이 허구로 간주되기 위해 필요한 것은 그것을 쓸 때 작가가 자신의 문장들이 명시적으로 말하는 바를 단언하지 않아야 한다는 것이라고 해야 할까? 그가 간접적으로 다른 주장을 하고는 있다 하더라도 말이다.

나는 그렇게 생각하지 않는다. 역사 소설들이 예외가 된다. 또는 적어도 예외가 될 수 있다. 역사 소설의 작가가 많은 세부들, 특히 어떤 역사학자도 발견하리라 기대할 수 없는 사적이고 도청되지도 않은 대화의 정확한 단어 같은 것들을 꾸며낼 것이라는 점은 예상할 수 있다. 그러나 작가는 사건의 일반적인 개요에 대한 자신의 묘사가 정확한지에 대해 당연히 책임이 있다. 그의 목적 중 일부는 독자들에게 역사적 사건에 대해 알리는 것, 그가 쓰는 몇몇 문장들에 의해 명시적으로 표현되는 사실들이 전달되도록 하는 것이다. 만약 그가 정말로 이러한 목표를 가지고 있다면, 그리고 심지어 그렇지 않더라도, 단언에 대한 어떤 합리적인 설명에 따르든 간에 그는 관련 문장들을 단언적으로 쓰고 있을 가능성이 매우 크다. (역사 소설 속의 문장들 중 단언되는 것과 그렇지 않은 것들 사이에는 명확한 구분이 없다. 소설가가 역사를 재구성하도록 하는 허용의 한계는 잘 정의되어 있지 않다.)

역사 소설 속의 단언된 문장들을 허구를 방해하는 것으로, 그렇지 않았더라면 허구적 구성물이었을 것에 비허구적인 것을 끼워 넣는 것으로 간주하는 것은 일반적으로 적절하지 않을 것이다. 톨스토이가 나폴레옹이 러시아를 침공했다고 쓸 때, 그가 허구 작품을 쓰는 것을 중단한 것은 아니다. 비록 그렇게 쓸 때 그가 나폴레옹이 실제로 러시아를 침공했다고 주장하고 있었음에도 말이다. 톨스토이는 나폴레옹이 (톨스토이 자신이 세부를 꾸며낸) 다양한 대화들을 했을 뿐 아니라 러시아를 침공하기도 한 하나의 "허구적 세계"를 만들어냈다. 톨스토이가 그 사건이 실제로 일어났다고 단언할 수 있었던 것은 나폴레옹이 러시아를 침공했다는 것을 (내 용어로 말하자면) 허구적으로 만듦으로써였다.

작가가 자신이 쓰는 모든 문장들이 참이라고 주장하면서도 여전히 허구를 쓰고 있는 것일 수 있을까? 나는 그러지 못할 이유가 없다고 본다. 작가들이 사실을 다루는 데 있어 어떤 자유도 허용되지 않고 그들이 쓰는 말은 무엇이든 간에 사실로 단언하고 있는 것으로 이해되는 역사 소설 장르가 존재하지 못할 이유는 없다.[12)] 우리는 그러한 장르의 소설 안에 있는 단어들을 허구적 서술자나 극의 변사에게 귀속시키면서도 그와 동시에 그 서술자를 "작가를 대신해서 말하고 있는" 것으로 간주할 수 있다. 이는 버클리의 《대화》에서 필로누스가 버클리를 대신해서 이야기하는 것이라든지 사르트르의 저서 속 등장인물이 때때로 그를 대신해서 말하는 방식과 유사하다. (독자들은 작가가 실제 세계에 대한 주장을 하고 있다는 사실을 무시하고 서술자와 "허구 세계 안에서" 일어난 일에만 관심을 갖기를 선택할 수도 있다.)

소위 '뉴저널리즘(New Journalism)'이라 불리는, 사실을 있는 그대로 전달하려는 성실한 노력과 소설적인 테크닉의 의도적 활용을 결합한 장르가 그러한 장르에 근접한다.[13)] 정확성이 기대되는 한, 뉴저널리즘 작가는 일반적인 저널리스트와 마찬가지로 자신이 쓰는 바를 단언하고 있는 것으로 이해될 수 있을 것이다. 그러나 그의 작품 속의 몇몇 견본들만 보더라도 그 소설이 대부분의 소설들보다 결코 덜하지 않은 정도로 상상하기를 지시하는 기능을 가지고 있다는 점에는 의심의 여지가 없어 보인다. 그것은 우리의 의미에서는 허구이다. 다음은 노먼 메일러(Norman Mailer)의 《사형집행인의 노래(*Executioner's Song*)》 중에서 가져온 한 구절로, 개리 길모어(Gary Gilmore)의 사형 집행에 이르는 사건들을 상세하게 설명하고 있다.

> 11월의 둘째 날, 모든 전화가 걸려오고 난 후였지만, 베시는 다시 울리는 소리를 듣기 시작했다. 과거가 베시의 귀 속에서 울려댔으며, 그녀의 머릿속에서 울려 퍼졌다. 쇠몽둥이들로 돌을 두드려대는 듯했다.
>
> "그 바보는" 하고 미칼이 그녀에게 소리를 질렀다. "형은 지금 자기가 유타에 있다는 것을 몰라? 형이 밀어붙인다면 그들이 형을 죽일 거야." 그녀는 자신의 막내아들을 진정시키려고 애썼다. 그리고 그러는 동안 내내 그녀는 개리가 세 살일 때부

12) 피쉬(Fish)가 이러한 가능성과 유사한 것을 지적한다("How to Do Things," p. 235). 또한 §2.7을 보라.

13) 노먼 메일러는 《사형집행인의 노래》를 "마치 소설인 것처럼" 쓰인 "진정한 삶의 이야기"로 묘사한다("An Afterword," in *Executioner's Song*, p. 1053).

터 그가 사형당할 것임을 알고 있었다고 생각하고 있었다. 그는 사랑스러운 어린아이였으나, 그녀는 그가 세 살일 때부터 그러한 두려움과 더불어 살아왔다. 그것은 그녀가 접근할 수 없었던 어떤 면을 그가 보여주기 시작했을 때였다. ……

모든 것은 갈색조였다. 하나의 결핍이 다른 결핍을 뒤따랐다. 심지어 아이스박스마저 갈색이었다. 그것은 걷히지 않을 그 우울의 색조였다. 어떤 것도 자랄 수 없었다.

바깥에는 50대의 트레일러가 고속도로를 벗어난 이 부지에 있었는데, 그들은 그곳을 '공원'이라고 불렀다. 그곳에는 늙은 사람들이 머물렀다. 비용은 거의 들지 않았다. 그녀의 트레일러가 3,500달러쯤 했나? 그녀는 더 이상 기억할 수 없었다. 사람들이 거기에 침실이 하나인지 두 개인지 물으면, 그녀는 "한 개 반의 침실이 있어요, 당신이 믿을 수 있다면 말이죠"라고 대답하곤 했다. 거기에는 또 반쪽의 차양이 달린 반쪽의 현관이 있었다.[14]

(분명히 뉴저널리즘은 예전의 좀 더 문학적인 스타일의 학문적 역사 저술, 그리고 작가가 이야기 및 그 안에 등장하는 모든 실제 인물과 사건들에 대한 지리적 · 역사적 · 문화적 배경을 조사하면서 사실을 올바르게 서술하기 위해 심혈을 기울이는 소설들 — 명백한 역사 소설들만은 아닌 — 과도 많은 공통점을 가지고 있다. 그것은 새로운 장르라기보다는 오래된 장르의 갱신이라는 것이 더 적절하다.)

비록 허구를 쓰는 것이 단언하는 것이나 다른 언표내적 행위들을 수행하는 것과 양립 불가능하지는 않지만, 양립 불가능하다고 말하는 것처럼 보이는 이들의 말 근저에 있을 것이라 여겨지는 단순하지만 중요한 하나의 진실이 있다. 그것은 허구 작품들은 **반드시** 단언이나 어떤 다른 언표내적 행위들의 전달수단이 될 필요가 없다는 것이다. 하나의 허구 작품을 만들어내는 것은 그 자체로는 어떤 언표내적 행위를 하는 것이 아니다. 이 점에서 나는 발화 행위 이론에서 여타의 방식으로 허구에 대한 설명을 이끌

14) Mailer, *Executioner's Song*, pp. 494-495.

어내야 한다고 주장하는 많은 이들과 분명히 다른 입장을 취한다.

2.5 언표내적 행위들을 가장하기와 재현하기

어떤 이론가들은 스토리텔링을 단언하는 것처럼 **가장하는**(pretending) 행위나 다른 언표내적 행위들을 수행하는 것처럼 가장하는 행위로서, 그리고 허구 작품을 그러한 가장하기 행위의 수단이나 산물로서 이해하고자 한다. 존 설(John Searle)은 이러한 노선을 택한 이들 중 한 명이다.[15] 그는 아이리스 머독(Iris Murdoch)이 소설 《빨강과 초록》에서 보통은 앤드루 체이스-화이트라는 어떤 소위의 사고와 행위들에 대해 단언할 때 사용될법한 문장들을 사용한다고 말한다. 그러나 머독이 그녀의 문장들로 하는 일은 단언하기가 아니다. 대신 그녀는 그러한 단언들을 하는 것처럼 가장한다. 설은 일반적으로 "허구의 작가는 그가 실제로는 수행하고 있지 않은 언표내적 행위들을 수행하는 것처럼 가장한다"(p. 325)라고 주장한다.

설은 머독의 가장하기는 거짓말의 한 형태가 아니라고 재빨리 지적한다. 그녀는 그 누구도 속이고자 하는 것이 아니다. 그녀가 가장하고 있다고 할 때의 의미는 다음과 같은 것이다. "어떤 것을 하는 것처럼 …… 가장하는 것은 그가 …… 마치 그것을 하고 있는 **것 같은** 행위에 참여하는 것이며 속이려는 어떤 의도도 없이 그렇게 하는 것이다." (p. 324)

이것은 가장하기에 대한 설명으로 적절하지 못하다. 설이 뒤에 "어떤 것을 하는 것처럼 가장하려고 의도하지 않았다면 진정으로 그것을 가장했다고 할 수 없다"(p. 325)라고 조건을 덧붙였지만 마찬가지다. 하프시코드를 연주하는 연주자가 피아노 연주 테

---

15) Searle, "Logical States of Fictional Discourse," pp. 319-332. 이와 유사한 이론이 Gale, "Fictive Use of Language"에서 전개되었다. 또한 Lewis, "Truth in Fiction," p. 266("스토리텔링은 가장하기이다. 스토리텔러는 자신이 지식을 가지고 있는 문제들에 대해 진실을 말하고 있는 것처럼 보이려고 한다")을 보라.

크닉을 사용하여 마치 피아노를 연주하는 것처럼 연주한다 하더라도 그가 반드시 피아노를 연주하는 것처럼 가장하는 것은 아니다. 그가 피아노 연주 스타일로 연주하는 것이 의도적일지라도 말이다. 우리는 무엇인가를 하는 것처럼 가장하기 위해서는 자신이 그것을 하고 있다고 상상해야 한다고 덧붙임으로써 그 설명을 개선할 수 있다. (결국 나는 가장하기를 믿는 체하기를 가지고 설명할 것이다. 그렇지만 좀 더 기다려보자.)

나는 허구의 작가는 실제로는 문제의 그 언표내적 행위를 수행하고 있는 것이 아니라는 설의 주장을 무시하기로 하겠다. 앞에서 살펴보았듯이, 작가는 그 언표내적 행위를 수행하고 있는 것일 수도 있다. 그러나 우리는 실제로 어떤 행위를 하고 있으면서도 또한 그 행위를 하는 것처럼 가장한다고도 할 수 있는 "가장하기"의 적절한 의미를 고안해낼 수 있을 것이다. 어쨌든 설이 허구를 이해하는 방식에 대해서는 좀 더 심각한 반론들이 있다.

허구 문학의 창작자들이 때때로 정말로 자신이 말하거나 쓰는 바를 단언하는 것처럼 가장할 때도 있을 것이다. 젊은 날의 모험담을 장황하게 늘어놓고 있는 한 늙은 이야기꾼은 유콘(Yukon) 골드 러시에서 한몫 벌었다가 포커 게임에서 다 잃고 말았다고 주장하는 것처럼 가장하고 있는 것일 수 있다. 머독은《빨강과 초록》을 쓰면서 앤드루 체이스-화이트라는 사람에 대해 단언을 하는 것처럼 가장하는 것일 수 있다. 그러나 그녀가 그러는 것처럼 가장하는 것이 아닐 수도 있다. 그녀가 단언하는 것처럼 가장했는지 아닌지는 그리 중요하지 않으며, 그녀의 작품을 허구 작품으로 만드는 데 아무런 관계도 없다.

허구에 대한 가장하기 이론의 문제점이 무엇인지 알 수 있는 가장 빠른 방법은 **문학적** 허구만이 유일한 허구가 아니라는 점, 그리고 허구적 문학을 허구적으로 만드는 것이 무엇인지에 대해 어떤 설명이 적절한지 알아보는 결정적인 테스트는 그것이 다른 매체에 대한 설명으로도 타당하게 확장될 수 있는지의 여부라는 점을 상기하는 것이다. 가장하기 이론은 이 테스트에서 완벽히 실패한다.

피에르-오귀스트 르누아르(Pierre-Auguste Renoir)의 회화 〈목욕하는 여인들〉과 자크 립시츠(Jacques Lipchitz)의 조각 〈기타 연주자〉는 분명히 허구 범주에 속한다. 그러나 르누아르와 립시츠가 그 작품들을 만들면서 단언하는(또는 다른 언표내적 행위들을 수행하는) 것처럼 가장하고 있었는지는 심히 의심스럽다. 회화와 조각을 제작하는 것은 단언하는 방법으로서는 서술적 문장을 발화하는 것보다 덜 표준적이거나 덜 명백한 방법이다. 따라서 〈목욕하는 여인들〉을 그리거나 〈기타 연주자〉를 조각하는 것이 단언하는 것처럼 행동하는 것으로 간주되어야 하는지는 분명하지 않다. 그리고 그 예술가들이 자신이 무엇인가를 단언하고 있다고 상상했을 것 같지도 않다.

회화를 그리거나 조각을 만들면서 단언하고 있는 것처럼 가장**할 수 있다**는 것은 부정할 수 없다. 회화나 조각을 만드는 것이 정말로 단언하는 것이 되는 관례들이 있다. 신문에 나오는 법정 스케치들은 법정에서 일어나는 일들에 대한 주장을 구성한다. 아마도 전통적인 초상화들은 (그것이 회화이든 조각이든) 모델의 외양에 대한 단언을 전달하는 매체일 것이다. 예술가는 그러한 관례들을 흉내 냄으로써 단언하는 것처럼 가장할 수도 있을 것이다. 그러나 〈목욕하는 여인들〉과 〈기타 연주자〉를 만든 이들이 자신이 단언하기를 흉내 내고 있다거나 감상자들에게 그렇게 간주되고 있다고 생각할 것 같지는 않다. 어쨌든, 그들이 반드시 단언하는 것처럼 가장하고 있었던 것만은 아니며, 감상자들도 그들의 작품을 허구 작품으로서 이해하고 감상하기 위해 그 작품을 만든 이들이 그렇게 하고 있었다고 이해할 필요가 없다. 허구적인 회화나 조각 작품을 만드는 것은 그렇게 함으로써 진리 주장을 하는 것처럼 가장하는 것이 아니다. 그것은 전혀 가장하기가 아니다. 인형을 만드는 것을 생각해보라. 그것은 분명히 무엇인가를 하는 것처럼 가장하는 행위가 아니다. 그리고 나는 회화나 조각을 만드는 것을 그것과 다르게 간주해야 할 이유가 없다고 본다. 그림을 그리거나 조각을 만들거나 인형을 제작하는 것은 더 정확히 말하자면 다른 이들이 그들의 상상적 활동들 속에서 사용하기 위한 소도구를 만드는 것이다.

아직도 의심이 남아 있다면, 그림이나 조각을 단언의 수단으로(또는 다른 어떤 언표내적 행위의 수단으로) 사용하는 전통이 전혀 없는 한 사회의 가능성을 고려해보라. 이 사회에서 예술가들은 동물과 사람, 목욕하는 여인들과 기타 연주자의 그림과 조각들을 만들어내지만, 결코 다른 누군가에게 실제 동물이나 사람들의 존재나 본성에 대해 알려주는 수단으로서나 어떤 다른 정보를 전달하는 수단으로서 그렇게 하는 것은 아니다. 그들은 예를 들어 들소를 그리는 행위를 항상 하나의 새로운, 허구적인 들소를 "만들어내는" 것으로 간주할 뿐 결코 실제의 어떤 동물에 대한 무엇인가를 누군가에게 설명하는 것으로 생각하지는 않는다. 그러한 그림은 분명히 허구 작품이 될 자격이 있다. 그러나 그 그림을 그린 예술가가 그것을 만들어내면서 무엇인가를 단언하는 것처럼 가장하고 있지 않았다는 것 또한 분명하다. 그는 물감을 가지고 진리 주장을 하는 관례를 흉내 내고 있었던 것이 아니다. 왜냐하면 흉내 낼 그러한 관례가 없기 때문이다.

이러한 사회의 가능성은 허구에 대한 '가장된 단언하기' 이론의 운명을 결정짓는다. 그 어떤 것도 단언하는 것처럼 가장하는 수단이 됨으로써 허구 작품이 되지는 않는다. 심지어 그러한 부수적 역할을 우연히 하게 된 작품이라도 그렇다. 이 점은 회화와 조각뿐 아니라 문학 작품도 마찬가지다. 그 어떤 허구 제작자와도 마찬가지로, 허구 작가 역시 언표내적 행위들을 수행하는 것처럼 가장한다고 간주될 필요가 없다.

가장하기 이론에는 언뜻 보기에는 좀 상태가 나아 보이는 사촌쯤 되는 이론이 있다. 허구 작품들은 발화 행위의 **재현**이라는 이론이 그것이다. 몇몇 이론가들이 "문학"이나 "시적 언어", 혹은 "허구적 담론"에 대한 그러한 설명을 내놓아왔다.

> 어떤 허구적 텍스트를 만들어내는 것은 하나의 언표내적 행위, 또는 일련의 언표내적 행위들의 재현(즉, 묘사)이다. 그것은 화가가 어떤 소를 묘사한다거나 또는 배우가 무대 위에서 주먹질하는 행위를 묘사한다는 것과 기본적으로 같은 의미에서 그러하다.[16)]

> 하나의 문학 작품은 사실상 다른 식으로는 존재하지 않는 일련의 발화 행위들을

16) Beardsley, *Aesthetics*, p. xliv.

모방(또는 보고)**하는 것처럼** 한다.[17)]

만약 이 이론이 단지 문학적 허구만이 아닌 허구 일반에 대한 이론으로 간주된다면, 그것은 즉시 붕괴되고 만다. 허구적인 그림들은 명백히 발화 행위를 재현할 필요가 없다. 유니콘 그림은 유니콘이 있다는 누군가의 단언이나 어떤 다른 언표내적 행위의 수행을 재현하지 않는다. 그것은 단지 유니콘을 재현할 뿐이다. 이는 이 이론이 설령 문학적 허구에 적절한 이론이라 할지라도 문학적 허구의 허구성을 이해하는 데는 도움을 주지 못하리라는 것을 의미한다.

허구 문학 작품은 정말로 발화 행위들을 재현하는가? 화자(narrator)가 있는 작품들은 그렇다. 콘래드(Conrad)의 《로드 짐》은 말로가 어떤 말들 — 텍스트에 있는 말들 — 을 발화하며 그로 인해 다양한 단언을 하고 질문을 한다는 것 등을 허구적으로 만든다. 나는 거의 모든 문학 작품들에서 화자를 인식해야 한다는 것을 지지한다. 그들 중 일부가 배경으로 사라지는 경우가 얼마나 많든지 간에 말이다. (§9.5를 보라.) 그러나 몇몇 작품들을 화자가 없는 것으로 간주하는 선택지는 분명히 유효하며, 명백하고 드러나는 화자가 알려지지 않는 문학 전통에 속하는 작품들의 경우에는 그렇게 간주해야 한다는 것이 명령에 가깝다. 따라서 우리는 발화 행위들을 재현하지 않는 허구 문학 작품이 있을 수 있다는 것을 허용해야 한다.

우리가 그러한 가능성을 허용하지 않는다 하더라도, 이 이론은 허구적인 문학 작품들을 **허구적으로** 만드는 것이 무엇인지 말해주지 못할 것이다. 왜냐하면 그것은 허구(일반)에 대한 설명으로서 실패하기 때문이다. 우리가 알고자 하는 것은 적절한 의미에서 어떤 것을 재현한다는 것이 과연 무엇인가이다. 허구적인 문학이 재현하는 것이 담론이나 언표내적 행위라는 것은 (기껏해야) 그것을 **문학**으로 만드는 것일 뿐이다.

허구를 언표내적 행위들을 하는 것처럼 가장하거나 재현하는 것으로 보는 이론들

17) Ohmann, "Speech Acts," p. 14. 또한 Beardsley, *Possibility of Criticism*, pp. 58-61; Eaton, "Liars, Ranters, and Dramatic Speakers," pp. 356-371. 그리고 Smith, *Margins of Discourse*, pp. 24-40을 보라.

의 약점이 국소적 요법으로 해결할 수 있는 피상적인 약점이 아니라는 것을 아는 것이 중요하다. '가장하기'나 '화자'라는 개념을 만지작거리는 것으로는 도움이 되지 않을 것이다. 이 이론들은 그 핵심에서 잘못되었다. 그 두 가지 이론의 핵심에는 허구는 "진지한" 담론들에 기생하고 있다는 관념이 있다. 즉 언어, 그림, 또는 그 밖의 무엇인가를 허구적으로 사용하는 것은 단언하거나 질문하거나 명령을 내리거나 또는 비허구적인 언어에 특징적인 다른 행위들에 참여하는 용도에 의해 이해되어야 한다는 관념 말이다. 이러한 "진지한" 사용이 1차적이며, 허구적 사용은 이런저런 방식으로 그러한 사용에 기반을 두고 있거나 그로부터 이끌어낸 것으로 간주된다. 그러한 이론의 중심 주장에 따르면, 결정적인 것은 허구가 필연적으로 1차적으로는 "진지한" 담론을 위해 고안된 도구들을 사용한다는 점, 그리고 그러한 도구를 허구 안에서 사용하는 것을 가능하게 하는 것은 그 1차적인 "진지한" 기능이라는 점이다.

우리는 허구 작품들 — 적어도 회화와 조각의 경우 — 은 어떤 "진지한" 용도도 가질 필요가 없는 종류의 것들임을 보았다. 사실상 나는 그림과 조각이 허구적이기 위해서는 언어든 그림이든 또는 다른 무엇이든 간에 그것의 "진지한" 담론이라는 것이 있어야 한다고, 또는 누군가가 그러한 어떤 개념을 가지고 있어야 한다고 가정해야 할 이유를 찾지 못하겠다. 허구의 개념은 "진지한" 담론의 개념에 기생하는 것이 아니다.

그렇다면 왜 그런 식으로 생각하게 되었는가? 내 생각에 그것은 주로 문학에만 집중했던 경향과 함께 문학에 적용되는 것은 무엇이든 다른 예술에도 똑같이 적용되리라는 순진한 가정 때문이었던 것 같다. 허구적인 **문학**은 "진지한" 담론에 기생하는 것일 수도 있다. 문학은 허구적이든 그렇지 않든 간에 반드시 언어를 사용해야 하며, 아마도 때때로 "진지한" 담론에 사용되지 않는다면 어떤 것도 언어로 간주되지 못할 것이다. 만약 그렇다면, 허구적인 문학은 부분적으로 "진지한" 담론을 통해 설명되어야 할 것이다. 그러나 그것은 허구적인 문학이 문학이기 때문이지 허구이기 때문은 아니다.

이러한 주장마저 반론에 노출되어 있다. "진지한" 담론이 존재하지 않는 사회를 생각해보라. 그 사회에서 사람들은 영어 문장처럼 보이는 것들로 허구 작품들을 만들어낸다. 그들의 작품은 언표내적 행위들을 수행하는 것처럼 가장하기 위한 수단이 아니며, 언표내적 행위들을 재현하지도 않는다. 그림이나 조각과 마찬가지로, 그 작품들에는 화자가 없다. 우리는 그 작품들이 언어로 구성되어 있다고, 그리고 그것들이 **문학** 작품이라고 말해야 할까? 만약 그렇다면, 우리는 문학적 허구라는 개념조차 "진지한" 담론의 개념으로부터 독립적이라는 것을 인정해야 할 것이다.

2.6 언표내적 행위로서의 허구 만들기?

이제 발화 행위 이론이 허구의 본성을 밝혀줄 것이라고 생각되었던 마지막 방식을 살펴보기로 하자. 허구를 만드는 것은 때때로 "진지한" 담론을 구성하는 언표내적 행위의 표준적인 형태 중 하나이거나 또는 그러한 언표내적 행위들을 수행하는 것처럼 가장하거나 재현하는 행위가 아니라 하나의 특별한, 독자적인 종류의 언표내적 행위 자체라고 간주된다. 허구 작품들은 본질적으로 '허구 만들기'라는 언표내적 행위의 수단으로서 여겨진다.[18] 이러한 견해를 제기하는 이들의 임무는 물론 허구를 만드는 것이 어떤 종류의 언표내적 행위인지 설명하는 일이다. 그러나 그들은 이보다 더 심각한 어려움에 직면하는데, 그것은 허구를 만드는 것이 언표내적 행위이며 허구 작품들은 본질적으로 그러한 행위를 전달하는 수단이라는 관념 자체를 오염시킨다.

발화 행위 이론들은 언어를 근본적으로 단어나 문장들의 속성보다는 발화자가 수행하는 행위를 통해 이해하고자 한다. 언어적 표현들은 본질적으로 발화자의 행위의 수단으로서 간주된다. 어떤 의미를 가진다는 등의 그 표현들이 가지는 두드러진 속성들은 그러한 행위 안에서 하는 역할에 의해 설명된다. 허구를 만드는 행위가 단언하기, 질문하기, 그리고 약속하기와 유사한 하나의 언표내적 행위로서 효과적으로 간주되기 위해서는 그러한 것들과 유사하게 근본적인 것이어야 한다. 문장들이 단언하기, 질문하

18) Wolterstorff, *Works and Worlds*, pp. 219-234. 또한 Gale, "Fictive Use of Language," Eaton, "Liars, Ranters, and Dramatic Speakers," Currie, "What Is Fiction?"을 보라.

기, 약속하기 행위의 수단인 것과 마찬가지로, 허구 작품들은 1차적으로 '허구 만들기'라는 행위의 수단으로서 이해되어야 한다.

우리가 문장들을 "단언들"이라고 기술할 수 있다 하더라도, '단언'이라는 개념은 1차적으로 인간의 행위에 적용된다. 당연히 그 이유는 단언에 근본적인 것은 문장이 아니라 행위이기 때문이다. 단언적 문장들은 사람들이 단언하는 수단으로서 중요하다. 문장들은 단지 파생적이거나 의존적인 의미에서 단언이라고 할 수 있다. 하나의 문장은 만약 그것이 사람들이 단언할 때 보통 또는 전형적으로 또는 일반적으로 사용하는 종류의 문장이라면 "단언"이다. 이와 유사하게, 허구적 재현을 하는 것은 근본적으로 하나의 인간 행위이며 사람들이 하는 어떤 것이라고 주장된다.[19] 사람들은 텍스트나 그림이나 다른 인공물들을 만들어냄으로써 그것을 한다. 따라서 우리는 (만약 그러기를 원한다면) 하나의 파생적인 의미에서 텍스트나 그림들을 허구적 재현이라고 말할 수 있다. 그러나 1차적인 것은 행위 — 단언하기, 약속하기, 요청하기와 마찬가지로 그 자체로 하나의 언표내적 행위로서 분류될 수 있는 하나의 행위 — 이다.

이러한 유비는 극적으로 실패한다. 허구를 만드는 행위는 언표내적 행위들이 보통의 대화에서 차지하는 것과 유사한 자리를 허구라는 제도 속에서 차지하지 못한다.

어떤 단언적 문장이 자연적으로 새겨지는 경우를 생각해보자. 예를 들어 어떤 바위의 갈라진 금들이 순수하게 우연의 일치로 "메라피(Merapi)산이 분출하고 있다"라고 쓰여 있는 것처럼 보인다고 해보자. 그리고 우리가 그 금들이 자연적으로 형성된 것이며 누군가가 무엇인가를 단언하기 위해 그것을 쓴(또는 사용한) 것이 아님을 어떻게든 확실히 알고 있다고 가정해보자. 이 새겨진 글은 사람들의 단언을 전달하는 수단들이 전형적으로 추구하는 것과 같은 목적을 추구하지 않는다. 그것은 우리에게 메라피산이 분출하고 있다거나, 그렇다고 믿을 만한 이유가 있다거나, 또는 누군가가 그렇다고 믿거나 우리가 그렇게 생각하도록 원한다고 확신시키지 못할 것이다. 보통 우리가 어떤 사람이 단언하는 수단에 관심을 가지는 것은 정확히 그 수단들이 바로 단언 자체이기

19) Wolterstorff, *Works and Worlds*, pp. 198-200.

때문이다. 단언적 글이나 발화는 누군가가 그것을 만들어내면서 무엇인가를 단언했다는 사실 때문에 중요성을 가진다. 우리의 궁극적인 관심은 말해진 바가 참인지의 여부에 있을 것이다. 그러나 그 말들이 우리에게 그것이 참이라는 것을 확신시켜준다면, 그것은 우리가 보통 발화자가 그 말을 단언적으로 발화했다고 간주하기 때문이다. 다른 언표내적 행위들에 대해서도 마찬가지다. 약속하기, 요청하기, 사과하기, 또는 위협하기에서 **행위**는 결정적이다. 문장은 그러한 행위를 전달하는 수단으로서 중요하다. 보통의 경우에서는 약속하거나 요청하거나 사과하거나 위협하기 위해 사용되는 종류의 문장이 자연적으로 새겨졌다면 그것은 그저 진기한 것에 불과할 것이다.

자연적으로 생겨난 이야기와 대조해보자. "옛날 옛적에 세 마리의 곰이 있었는데……"라고 쓰여 있는 것처럼 보이는 바위의 갈라진 금들을 생각해보자. 이 새겨진 글이 누군가에 의해 만들어지거나 사용된 것이 아니라는 것을 깨닫는다고 해서 우리가 그것이 누군가에 의해 만들어지거나 사용되었더라면 그랬을 방식으로 그 이야기를 읽고 즐기지 못할 이유는 없다. 그 이야기는 매혹적이고, 긴장감 넘치고, 마음을 사로잡고, 위안이 될 수 있으며, 우리는 그 이야기에 울고 웃을 수도 있다. 작가가 쓴 이야기를 읽는 우리의 경험 중 어떤 차원이 결여될 수도 있지만, 그 차이는 그것이 자격을 제대로 갖춘 **이야기**로서 기능하고 이해된다는 것을 부정할 근거는 되지 않는다. 작가가 없다면 우리는 작가나 작가가 속한 사회에 대한 통찰력을 얻지 못할 것이며, 작가가 가진 이야기꾼으로서의 기량에 감탄하거나 인간사에 대한 작가의 시각이 드러내는 예민함에 대해 경탄하지도 못할 것이다. 또한 우리는 작가의 확언이나 항변을 알아차리지도 못할 것이며 작가의 약속이나 사과를 받아들일 수도 없을 것이다. 그러나 그러한 기회들은 (우리가 그러한 기회를 가졌다면) 작가가 이야기한 것의, 즉 믿는 체하기 게임에서 어떤 종류의 소도구로서의 역할을 하는 것을 그 기능으로 하는 하나의 대상을 만들어낸 것의 **결과**이다. 우리가 작가에 대한 통찰력을 얻거나 작가의 예민함이든 무엇이든 간에 그것에 경탄하거나 하는 것은 작가가 그러한 일을 했기 때문이다. 이 믿는 체하기 기능은 그 기능을 가진 것들이 종종 불러일으키곤 하는 허구 제작자에 대한 관심과는 별개로 인식될 필요가 있다. 1차적 의미의 "허구"를 허구를 만드는 행위로 제한하는 것은 작가가 썼다는 점에나 누군가의 이야기를 전달하는 수단이라는 점에 의존하지 않는 것으로서의 이야기의 특별함을 가려버리는 것일 수 있다. **이야기**의 기본 개념, 그리고 **허구**의 기본 개념은 행위보다는 대상에 가장 분명하게 귀속된다.

이야기가 자연적으로 생기는 경우는 드물지만, 허구적 그림은 종종 자연적으로 생기기도 한다. 우리는 바위의 얼룩이나 구름 안에서 얼굴, 인물, 동물들을 보곤 한다. 얼룩이나 구름은 누군가가 그림을 그리거나 허구를 만드는 행위의 전달 수단이 아니다. 그러나 이 사실이 그것들을 자동적으로 그림으로서 자격이 없게 만든다고 하거나 단지 2차적인 의미에서만 그림이 되게 한다고 결정하는 것은 그것들이 소도구로서 가지는 역할을 무시하는 일이 될 것이다. 이 역할은 그러한 것들이 사람이 그린 그림과 공유하는 역할이지만, 그 역할에 대한 개념이 그러한 것들이 보통 그림 그리기 행위에 의해 만들어지는 종류의 것들이라는(또는 보통 그림으로서 제시되거나 전시되는 종류의 것들이라는) 생각을 반드시 포함할 필요는 없다. 자연적으로 만들어진 디자인들은 그것들의 기능이 특별히 시각적인 종류의 게임 안에서 소도구로서 사용되는 것이라고 이해된다면 그림으로서, 그것도 완전한 의미의 그림으로서 간주되는 것이 최선이다.

언표내적 행위와 허구 만들기 행위 사이의 근본적인 불일치는 행위자의 의도가 하는 역할의 차이에서 드러난다. 하나의 언표내적 행위를 당하는 편에 있는 사람에게 있어 결정적인 질문은 거의 항상 '그가 그것을 의도했는가?'이다. 그가 그것을 단언하고자 의도했는가? 그것을 약속하기를 의도했는가? 그러그러한 명령이나 사과를 의도했는가? 그러나 우리는 작가나 예술가가 어떤 허구적 참을 발생시키기를 의도했는지 묻지 않고서도 충분히 어떤 이야기를 읽거나 (허구적인) 그림을 감상할 수 있다. 사진가들은 특히 그들의 작품이 발생시키는 허구적 참에 대해 알아차리지 못하기 쉽다. 작가나 다른 예술가들은 그들이 의도적으로 발생시킨 허구적 참으로부터 추정된 것이 어디까지 가는지를 보고 놀랄 수도 있다. 이러한 사실이 감상자에게 특별히 어떤 차이를 만들어낼 필요는 없다. 작가가 허구를 만들어내면서 무엇을 단언하고 있었는지에 대해, 그것을 만드는 과정에서, 그리고 그것을 만드는 것에 더해서 작가가 어떤 언표내적 행위를 수행하고 있었는지에 대해 감상자가 관심이 없다면 말이다. 그리고 그러한 사실이 허구 만들기 행위에 결함이 있다거나 성공하지 못했다는 판단을 정당화하지도 않는다. 우연적인 허구 만들기라는 개념은 우연적인 단언 개념이 문제가 되는 식으로 문제가 되지 않는다.

허구 만들기는 하나의 언표내적 행위로 타당하게 분류되지 않으며, 허구 작품은 본질적으로 허구 만들기라는 행위의 전달 수단이 아니다. 언어가 발화자의 행위에 초점을 맞춘다는 것은 옳을 수도 있다. 그러나 허구라는 제도는 허구 제작자의 행위에 초점을 맞추는 것이 아니라 대상들 — 허구 작품이나 자연적 대상들 — 과 감상자의 행위 안에서 하는 그것들의 역할에 초점을 맞추고 있으며, 그 대상들은 믿는 체하기 게임에서 소도구로 사용되는 것을 그 기능으로 하는 그러한 대상들이다. 허구 만들기는 단지 그러한 소도구들을 만들어내는 행위일 뿐이다.

허구 제작자는 허구의 기능이 그의 의도에 의존하는 것으로 이해되는 경우에만 어떤 역할을 하게 된다. 그러나 허구의 기능이 반드시 그의 의도에 의존하는 것으로 이해될 필요는 없다. 우리의 허구 이론은 기능을 고정시키는 어떤 특정한 수단에 얽매이지 않고 전반적으로 적용된다. 우리 사회에서는 하나의 텍스트나 그림의 기능, 그것이 어떻게 사용되어야 하는가가 부분적으로 그 제작자의 의도에 따라 결정되는 것일 수 있다. 그러나 또 다른 사회는 제작자에 대한 고려에 그보다 덜한 중요성을 부여하거나 전혀 중요성을 부여하지 않을 수도 있으며, 우리조차 자연적 대상들의 기능에 대해 서로 다르게 결정한다.

그러나 기능이란 어떤 경우에서든 문화적 구성물이며, 그 어떤 것도 어떤 사회적(혹은 적어도 인간적) 맥락이나 배경과 독립적으로는 허구가 될 수 없다. '세 마리 곰'에 대해 자연적으로 만들어진 이야기는 어떤 종류의 텍스트들을 어떻게 취급해야 할지에 대한 사람들의 이해에 의해서만 허구가 된다. 그러한 이해는 누군가가 어떤 목적으로 하나의 글을 만들었다 — 또는 제시하거나 전시했다 — 거나 그것으로써 무엇인가를 의도했다거나 그것으로 무엇인가를 했다는 것 등을 포함할 필요가 없다. "옛날 옛적에"로 시작하는 **그 어떤** 글로 된 텍스트든 소도구의 역할을 하는 것으로 이해될 수도 있으며, 심지어 누구도 알지 못하는 텍스트조차 거기에 포함될 수 있다.

우리는 허구 만들기라는 행위(그리고 허구 제시하기나 전시하기 행위)와 더불어 인간 전달자를 포함한 어떤 의미의 **의사소통**이라도 허구의 본질에서 제외시켜야 한다. 언어는 본질적으로 사람들이 서로 의사소통을 하는 수단일 수 있다. 따라서 언어 이론의 기반을 언어 전달자나 언어 사용자의 행위에 두는 것은 설득력이 있다. 그러나 허구가 본질적으로 의사소통의 수단이라고 가정하는 것은 허구가 의사소통의 목적으로 사용되지 못한다고 가정하는 것만큼이나 설득력이 없다.

사람들은 허구를 통해 의사소통을 한다. 그리고 우리는 허구 제작자나 사용자가 허구를 가지고 무엇을 하는지 또는 그것을 사용해서 무엇을 의미하는지에 종종 관심을 가지기도 한다. 내가 말한 그 어떤 것도 허구가 행위의 수단으로서 종종 하는 역할을 얕보게 해서는 안 된다. 내가 주장하는 것은 믿는 체하기 게임에서 소도구가 된다는 일차적 기능을 독립적으로 인식할 필요가 있다는 것이다. 누군가가 그러한 기능을 가진 무엇인가를 만들거나 전시하는 것이 흥미롭든 아니든, 그리고 그 기능이 그것을 제작하는 자나 전시하는 자에 의해 부여되는 것이든 아니든 말이다.

허구의 기본 개념은 언어 — 특히 그 "진지한" 사용 — 으로부터 독립적일 뿐만 아니라 언어와 놀라울 정도로 다르다는 것이 밝혀졌다.

2.7 혼합물, 중간물, 애매한 것, 비결정적인 것

도서관에 소장되어 있는 실제 문학 작품들은 허구와 비허구라는 두 개의 구분되는 더미들로 깔끔하게 구분되지 않으며, 다른 매체의 작품들 역시 그렇다. 현실에서는 선을 어디에 그을 것인지가 전혀 분명하지 않다. 많은 영역은 정체불명이고, 얼룩덜룩하며, 심지어는 변덕스럽기까지 하다. 아마도 각 범주에 속하는 명료한 예들이 적어도 **몇 개**는 있겠지만, 이마저도 당연하게 받아들여서는 안 된다.

우리는 §2.2에서 떨쳐버린 고질적인 혼동에서 기인하는 불확실성을 옆으로 밀어놓을 수 있다. 그러나 내가 제안한 대로 현실이나 참이나 진리 주장에 반대되는 것으로서의 허구의 개념으로부터 분명하게 분리되는 허구의 개념을 고수하더라도, 우리에게는 수많은 골칫거리들이 남아 있다.

이러한 불분명함, 그리고 허구에 대한 상식적인 개념을 명확하게 밝히고 다듬으려는 진지한 노력에도 불구하고 남아 있는 그 불분명함의 끈덕짐은 허구와 비허구 사이를 구분하는 일의 실행 가능성과 중요성에 대한 회의를 부추겼다.[20] 그러나 그러한 불분명함은 회의주의를 뒷받침하지 않는다. 우리의 목표는 해명이다. 허구에 대한 어떤 설명의 목적은 분류를 쉽게 만드는 것이 아니라 개별 작품들이 가진 때때로 복잡하고 미묘한 성격에 대한 통찰력을 증진시키는 것이다. 그리고 통찰력은 각각을 명확하게 그 자신의 상자에 할당하는 데 있지 않다. 우리는 분류에 저항하는 작품들이 왜 그러한지, 그 작품들이 왜 그리고 어떤 방식으로 주변적이거나 중간적이거나 혼합적이거나 애매하거나 비결정적인지를 올바로 이해해야 한다. 그러나 허구에 대한 설명은 정확한 선을 긋지 않고서도, 심지어는 사실상 애매하지 않은 경우를 전혀 구분해내도록 할 수 없다 하더라도 이러한 목적에 기여할 수 있다. 우리가 직면하고 있는 것은 구분의 실행 가능성이나 구분에 대한 우리의 설명에 가해지는 위협이 아니라, 작품들이 어느 한쪽이나 다른 한쪽에 수월하게 들어맞지 않게 되는 방식들을 이해해야 한다는 도전이다. 좌절로 두 손을 들어버리는 것은 해명에 대한 요청을 저버리는 일이다.

어떤 작품들은 허구와 비허구의 혼합물이다. 이러한 것들은 이론적 견지에서 보자면 거의 문제가 되지 않는다. 철학 논문에서 가설적 예(사악한 천재, 원시적 "언어 게임", 너무 웨이터처럼 행동하는 웨이터, 통 속의 뇌, 예상치 못한 사형 집행 등의 예)를 제시하고 있는 구절들은 그 논문의 나머지 부분들은 그렇지 않음에도 불구하고 허구로서의 자격을 가질 수 있다. 비허구적 맥락 안에 끼워져 있는 은유나 아이러니는 때때로 일시적인 믿는 체하기 게임에서 소도구로 사용되는 역할을 하는 것으로 이해될 수 있다. (§6.3을 보라.) 소설 및 두드러지게 허구적인 다른 작품들도 물론 어떤 비허구적 구

20) 예를 들면 Fish, "How to Do Things," pp. 235-237을 보라.

절들을 포함할 수 있지만, 완전히 애매하지 않은 구절의 예는 찾기가 쉽지 않다. 어떤 소설 속의 한 구절이 (작가가 독자들에게 직접적으로 전하는) 실제 세계에 대한 거의 정직한 논평이나 선언인 것으로 이해될 수 있다는 점은 상당히 명백하며, 종종 충분히 명백하기도 하다.《안나 카레니나》의 첫 문장("행복한 가정은 모두 비슷하지만, 모든 불행한 가정은 제각각의 이유로 불행하다")은 자주 인용되며, 헨리 필딩(Henry Fielding)의 소설들 속에는 사랑 및 다른 실제 세계의 관심거리들에 대해 논하는 부분들이 있다.[21] 《거미여인의 키스》에 대한 각주에서, 마누엘 푸익(Manuel Puig)은 섹슈얼리티에 대한 프로이트(Freud), 노먼 브라운(Norman O. Brown), 헤르베르트 마르쿠제(Herbert Marcuse), 빌헬름 라이히(Wilhelm Reich), 그리고 다른 이들의 견해를 이야기하는 명백히 직설적인 일련의 소론을 제시하고 있다. 그러나 그러한 구절들이 상상하기를 불러일으키는 기능, 예를 들면 누군가 — 작가가 그를 통해 말하는 등장인물 또는 심지어 작가 자신 — 가 그러한 선언들을 하고 있다는 것을 허구적으로 만드는 기능 **또한** 가지지는 않는다는 것이 완전히 명확한 경우는 드물다. 만약 톨스토이(Tolstoy)가《안나 카레니나》의 첫 구절을 적어 내려가면서 모든 행복한 가정은 정말로 비슷하지만 불행한 가정에는 서로 다른 많은 종류가 있다고 (약간의 과장을 보태서) 주장하고 있었다면, 그의 말은 누군가 — 화자 — 가 그 말을 단언적으로 발화한다는 것 또한 허구적으로 만들 수 있다. 만약 이것이 그 말의 기능이라면, 그 구절은 우리의 의미에서는 허구이다.[22]

나는 §1.7에서 도입된 **기능**이라는 개념에 대해 고의적으로 모호하게 남겨두었다. 기능을 통해 이해되는 허구 개념 역시 이러한 모호함을 이어받는다. 어떤 작품이 그것이 가지는 기능 중의 하나로 믿는 체하기 게임에서 소도구로 사용되는 역할을 하게 된다는 것은 무엇인가? 무엇이 허구로 간주되는가는 우리가 한 작품의 기능을 무엇에 의

21) 예를 들면《톰 존스(*Tom Jones*)》, bk. 6, chap. 1("Of Love")을 보라.

22) 또 다른 가능성은, 그 말은 그 말이 참이라는 것 — 모든 행복한 가정은 엇비슷하다는 등의 것 — 을 허구적으로 만들지만 누군가가 그것을 단언한다는 것을 허구적으로 만들지는 **않는다**는 것이다. 또 하나의 다른 가능성은, 그 말은 단지 독자들에게 그것이 허구적이라는 것을 선언할 뿐이며 그것을 허구적으로 만들기 위해서는 그 말을 어떻게 이해할지를 소설의 나머지 부분들에 맡기거나 또는 소설의 세계가 그러한 점에서는 실제 세계와 유사하다는 가정에 맡겨야 한다는 것이다. 그 구절은 그러한 선언을 하는 기능을 한다고 해서 허구의 자격을 가지지는 않는다.

존하는 것으로 이해하는지의 여부에 달려 있게 될 것인데, 우리는 작품의 기능이 제작자가 그것이 어떻게 사용되도록 의도하거나 기대했는지에 의존하는 것으로 이해할 수도 있고, 전형적으로나 전통적으로 그것이 실제로 어떻게 사용되는지에 의존하는 것으로 이해할 수도 있고, 사람들이 (그들이 그것을 그렇게 사용하든 아니든 상관없이) 어떻게 사용하는 것을 올바르거나 적절한 것으로 간주하는지에 의존하는 것으로 이해할 수도 있고, (사람들이 자각하든 아니든) 용인된 원칙에 따르면 그것이 실제로 어떻게 사용되어야 하는지에 의존하는 것으로 이해할 수도 있고, 또는 이러한 것들의 어떤 혹은 다른 결합에 의존하는 것으로 이해할 수도 있다. 여기서 정확성을 기하기 위해 애쓰는 것은 의미가 없다. 그러나 우리는 한 특정 작품이 어떤 의미 혹은 의미들에서 믿는 체하기 게임에서 소도구로 사용되는 기능을 가지고 있다는 것인지, 그리고 어떤 의미 혹은 의미들에서 그런 기능을 가지고 있지 않다는 것인지 말할 수 있어야 한다.

기능은 사회에 상대적인 것이므로 허구 역시 그렇다. 고대 그리스의 신화는 그리스인에게는 비허구였겠지만 우리에게는 허구이다. (그러나 §2.8을 보라.) 아마도 어른들에게는 비허구인 것이 때때로 아이들에게는 허구인 경우도 있을 것이다. 그러한 구분의 불분명함은 부분적으로 어떤 것을 관련되는 사회집단으로 간주할 것인지에 대한 불확실성에서 기인하기도 한다.

그러나 어떤 것이 한 사회에서는 허구이지만 다른 사회에서는 허구가 아닌 경우는 예상보다 그리 많지 않다. 어떤 작품(또는 텍스트)이 서로 다른 사회적 맥락 속에서 서로 다르게 사용되는 것은 드문 일이 아니다. 그러나 어떤 주어진 사회 안에서의 기능이 그 사회 안에서 (보통 또는 심지어 보편적으로) 사용되는 방식과 일치해야 한다고 가정할 필요는 없다. 우리는 다른 문화와 다른 시대에서 생겨난 작품들을 존중하는 전통을 가지고 있다. 우리는 종종 작품들이 만들어진 사회에서 그 작품들이 어떻게 사용되거나 이해되었는지, 그리고 작품을 만든 이들이 그것이 어떻게 사용되기를 의도하거나 기대했는지 알아내기 위해 최선을 다하고 그 작품들을 그와 유사하게 사용하는 것을 올바르거나 의무적인 것으로 간주한다. 기능을 결정하는 우리의 규칙은 때때로 기원이 되는 사회에 대해 경의를 표하는 것을 요구하는 것으로 이해될 수 있다. 그 규칙은 한 작품이 **우리에게** 가지는 기능은 그들에게 그 작품의 기능이었던 바라고 명할 수도 있다. 우리가 그들에게 있어 그 작품의 기능이 무엇이었는지에 대해 심각하게 오해하고 있거나 실제로는 그것을 매우 다르게 사용하고 있다 하더라도 말이다.[23] 만약 그리스 신화가 그리스인에게 비허구였다면, 그것은 우리가 그것을 허구로서 사용하고 이해한다는 사실에도 불구하고 우리에게도 역시 비허구일 것이다.

그렇지 않으면, 우리는 기능을 작품의 동일성에 본질적인 것으로 간주할 수도 있다. 아마도 어떤 주어진 회화나 이야기는 반드시 믿는 체하기 게임에서 소도구로 사용되는 기능을 가지고 있어야 하는 것일 수 있다. 그러한 기능이 없다면 그것은 지금과 같은 것이 될 수 없었을 것이다. 이는 작품들이 단지 어떤 혹은 다른 사회에 상대적으로가 아니라 절대적으로 허구이거나 비허구라는 것을 의미할 것이다. 우리는 우리가 이야기하는 그리스 신화를 (동일한 **텍스트**를 공유하고 있음에도 불구하고) 고대 그리스 시대의 신화와 구분되는 것으로 간주할 수도 있다. 우리가 이야기하는 그리스 신화는 완전히 허구인 것으로, 그리고 고대 그리스 시대의 신화는 완전히 비허구인 것으로 말이다.

기능은 그것이 사회에 상대적인 것이라 하더라도 정도의 문제이며, 허구성 역시 그렇다. 믿는 체하기 게임에서 소도구로 사용되는 것은 주어진 사회에서 주어진 작품의 **더하거나 덜한** 기능일 수 있다. 그러나 몇 가지 다른 관련 차원들을 따라서도 정도의 차이가 존재한다. 한 작품이 더하거나 덜한 정도로 가지는 하나의 특정 기능이 상상하기를 (그저 촉발하는 것에 대비되는 것으로서) 지시하는 더하거나 덜한 정도의 기능, 즉 믿는 체하기 게임에서 소도구로 사용되는 더하거나 덜한 정도의 기능일 수 있다. 한 작품이 더하거나 덜한 정도로 가지는 기능은 그저 명제들을 생각하기보다는 상상하라고 지시하는 것일 수 있다. 경계선상의 경우들은 다양한 양상으로 나타난다.

우리는 믿는 체하기 게임에서 소도구로 사용되는 것이 다른 기능들로 사용되는 것과 잘 공존할 수 있다는 것을 보았다. 소도구들은 단언의 전달 수단, 지식을 전달하기 위한 수단, 이해를 이끌어내기 위한 수단, 지혜를 기르기 위한 수단, 또는 행동을 자극

---

23) "자율적인" 예술 개념에 대항하여 "역사주의적인" 예술 개념을 옹호하는 새빌(Savile)의 주장을 보라(*Test of Time*, chap. 4).

하기 위한 수단이 될 수도 있다. 하나의 작품이 이 역할들 모두 혹은 일부를 수행하는 기능을 가질 수 있다. 분명히 그러한 조합들이 허구와 비허구 사이 어디에 선을 그어야 할지에 대해 망설이도록 했을 것이다. 특히 한 작품의 믿는 체하기 역할은 명백하게 부차적인 것일 수 있기 때문에 더욱 그러하다. 이러한 설명을 따른다면 허구에 대한 우리의 개념은 불확정성에 시달리지 않는다. 상상하기를 지시하는 기능을 가진 한 작품(혹은 한 작품의 어떤 구절)은 그것이 어떤 다른 목적들을 가지든지 상관없이, 그리고 상상하기를 지시하는 기능이 얼마나 미미하든 상관없이 우리의 의미에서는 분명히 허구이다. 그러나 우리는 한 작품에 부과되었을 수 있는 다양한 임무들, 그것들의 상대적인 중요성, 그리고 그것들 사이의 상호작용에 민감할 필요가 있다.

버클리의 《하일라스와 필로누스의 대화》는 아마도 (하일라스와 필로누스라는 어떤 이들 사이의 대화에 대한) 상상하기를 지시하는 기능을 가지고 있겠지만,[24] 이것은 명백히 그 저서의 주된 목적이 아니며, 실재의 본성에 대한 버클리의 견해와 논증을 제시하는 주된 목적의 달성에 부수적인 기능일 것이다. 버클리는 아마도 큰 손실 없이 필로누스를 대변자로서 내세우기를 포기할 수 있었을 것이며, 하일라스는 반대자가 말하거나 말할 내용에 대한 더 착실한 언급으로 대체되었을 수도 있다. 그 결과물은 생생함이 덜했을 수는 있겠지만, 아마도 조금도 설득력이 덜하거나 해명하는 바가 덜하지는 않았을 것이다.《대화》에서 허구적인 요소는 수사적인 장식에 지나지 않는다.

좀 더 흥미로운 경우들에서는 한 작품의 여러 목적들 중 어느 것이 주된 목적인지가 명확하지 않을 수 있으며, 그 다양한 기능들이 복잡하고 미묘한 방식으로 서로와 상호작용하고 서로를 강화할 수도 있다. §2.4에서 나는 뉴저널리즘 계열의 "비허구 소설" 또는 "사실적 허구"를 언급한 바 있다. 메일러가 쓴《사형집행인의 노래》의 한 중심 목적이 믿는 체하기 게임에서 소도구로 사용되는 것이라는 데는 의심의 여지가 있을 수 없다. 그러나 믿는 체하기에서 그것이 하는 역할은 부분적으로 실제 역사적 사건에 대

24) 이에 대해 의문을 제기할 수도 있다. 우리가 어쨌든 그 대화를 그리 생생하게 상상해야 하는 것은 아닐지도 모른다. 또는 단지 그렇게 상상하는 것을 상상해야 하는 것일 수도 있다.

한 정보와 통찰을 전달하고자 하는 목적을 위한 하나의 수단이다.[25)] 그 작품이 독자들에게 불러일으키는 상상적 활동은 그 역사적인 사건의 사실적 세부들이 기억에 남도록 도와주기도 하지만, 의심의 여지없이 이 역할은 사실적 정보를 획득하는 것을 넘어서는 의미에서의 이해(*Verstehen*)를 달성하고 전달하는 데 있어서 특히 결정적이다.[26)]

그러나 이 작품이나 이와 유사한 작품들의 인지적 차원은 결국 그 작품들이 믿는 체하기에서 하는 역할에 기여한다. 독자의 상상하기의 생생함은 그가 상상하는 바가 참이라는 지식에 의해, 이야기의 배경과 등장인물과 사건들이 실제라는 것을 그가 실감함으로 인해 강화될 것이다. 《사행집행인의 노래》 — 또는 이 문제에 있어서는 톨스토이의 《전쟁과 평화》 — 가 주로 비극적인 이야기나 모험 이야기로서 읽히며 실제 역사적 사건에 대한 지식이나 이해를 증진시키기 위한 목적으로 읽히지는 않는다 하더라도, 독자가 그 내용이 대부분 정확하다고 간주한다면 그렇지 않았을 때보다 더 흥미롭고 마음을 사로잡을 가능성이 크다.[27)] (이 점은 물론 상상의 실제 대상이 상상하기의 생생함에 기여하는 바와 관련이 있다. §1.3을 보라.) "예술적" 목적이 인지적 목적과 구분되는 정도까지, 예술적 목적은 사실을 정확하게 기술하는 것으로부터 도움을 받을 수 있다. 소설가들이 때때로 그들이 만드는 허구의 배경 및 그들이 등장인물로 사용하는 역사적 인물들을 조사하느라 들이는 어마어마한 노력은 독자들에게 정보를 전달하려는 관심으로만은 설명될 수 없으며, 때로는 그러한 관심과 전혀 상관이 없기도 하다. 그

25) 지지(Advocacy) 역시 종종 뉴저널리즘의 중요한 목적 중 하나이다. "참여와 지지는 새로운 거센 저널리즘의 시금석으로 남아 있다. …… 우리는 에이지(Agee), 오웰(Orwell), 그리고 카뮈(Camus)처럼 단지 세계를 기술하는 것만이 아닌 세계를 더 나은 것으로 바꾸는 데 뼛속 깊이 헌신하는 작가들이 특별히 필요하다."(Newfield, "Journalism," p. 65)

26) "진지한 작가는 그의 소재에 더 가까이 다가갈수록 더 나은 이해를 얻게 될 것이며 더 많은 자연스럽고 진실한 결정적 순간들을 기록할 수 있다. 그는 그 맥락 속으로 들어가 좀 더 보수적인 기자들이 거리와 중립성 때문에 보지 못하는 장면과 세부를 본다. 그는 대필된 연설, 예행연습이 잘 된 콘서트, 그리고 무대에 올려지고 세심히 관리된 기자회견과 같은 비개인적인 공공 행사에 대해 쓸 필요가 없다. 그는 한 사람의 성격을 밝혀주는, 늦은 밤에 드러나는 인간 행동 양식을 보고 반응하기 위해 거기 있다."(Ibid., p. 65)

27) 이는 동화에 대한 반응으로 하게 되는 상상하기도 똑같이 생생할 수 있다는 것을 부정하는 것은 아니다. 우리가 상상하는 바의 생생함에는 서로 다른 많은 것들이 영향을 끼친다. 그리고 물론 몇 가지 종류의 "생생함"이 서로 구분될 필요가 있다.

목적은 — 유별나게 불명료한 용어를 사용하자면 — "사실주의"를 증진시키는 것일 수 있다.

우리는 한 작품이 허구인지 비허구인지의 분류를 단지 주어진 기능이 있고 없음에 결부시키는 대신, 확인할 수 있는 한 그 작품의 **1차적인** 혹은 **지배적인** 기능에 의거해서 판단해야 하는가? 나에게는 이러한 대안은 어색하게 느껴진다. 특히 우리의 목적이 도서관 사서들이 실제로 하는 일을 인식 가능할 정도로 세밀하게 구별하는 것이라면 말이다. 비허구가 (넓게 말해서) 인지적인 목표를 달성하는 것을 그 1차적인 목적으로 하고 믿는 체하기 요소는 이 목적에 부차적이라는 점 때문에 허구와 구분된다는 생각에는 그 누구도 끌리지 않을 것이다. 인지적인 목표는 결코 비허구만의 독점적인 속성이 아니다. 이해를 증진시키는 것은 특정 사실들을 정확히 기술하기 위해 특별한 노력을 기울이지 않은 작품들을 포함하여 많은 범례적인 허구 작품들의 1차적인 목표라고 주장할 수 있다. 허구를 단지 정보를 알려주는 것에 대조되는 것으로서 **이해**(*Verstehen*)를 획득하거나 전달하는 것을 1차적인 목표로 하고 있는 것으로 간주하는 것도 적절하지 않을 것이다. (내 생각처럼 이 구분이 이루어질 수 있다고 가정한다면 말이다.) **위대한** 허구 작품은 이해를 목표로 하겠지만, 그보다 못하지만 여전히 범례적으로 허구적인 작품들은 정보를 전달하는 것으로 만족할 수도 있다. 게다가, 이해는 아마도 많은 비허구 — 예를 들면 많은 심리학적 혹은 인류학적 저술 및 많은 역사서와 전기들(눈에 띌 정도의 상상하기를 지시하지 않는 것들을 포함하여) — 의 궁극적 목표일 것이다. 잘 골라낸 사실적 세부들을 단지 언급하는 것만으로도 역사적 인물이나 사건들을 깊이 이해하는 데 도움을 줄 수 있으며, 그것이 바로 그러한 세부들을 언급하는 목적일 것이다.

2.8 전설과 신화들

이러한 관찰을 통해 고무되는 반가운 가설 중의 하나는 고대나 외부의 문화에서 기원하는 전설이나 신화 — 예를 들면 고대 그리스 신화와 힌두의 《라마야나》와 《마하바라타》 서사시 — 에 대한 우리 자신의 이해가 그것들이 원래의 배경 안에서 이해되었던 방식과 일반적으로 예상하는 것보다 더 많은 공통점을 가지고 있을지도 모른다는 것이다.

그런 많은 전설들이 우리에게 허구로서 전해지고 이해된다는 것은 명백하다. 친숙한 줄거리에 따르면, 원래 그것들은 실제 역사적 사건을 정확하게 전달하는 것으로 알려져 있었다. 그러나 개화된 시대에 사는 우리는 그것들을 그러한 태도로 진지하게 받아들일 수 없으므로 우리는 그것들을 허구로서 재해석한다.[28] 이러한 메타신화에 따르면, 저승에서 에우리디케를 구하려 한 오르페우스의 비극적인 시도에 대한 이야기는 고대 그리스에서는 우리가 샌드버그가 쓴 링컨 전기나 《제3제국의 융성과 몰락》을 대하는 것과 유사한 방식으로 다루어졌다. 우리에게 오르페우스 이야기는 《호빗》이나 《오즈의 마법사》와 더 유사하다. 물론 이러한 극단적인 변화는 점진적으로 일어났을 것이고, 중간 단계에서는 그 신화의 지위가 중간적이었을 것이다.

이러한 조잡한 시나리오는 이중으로 의심스럽다. 많은 신화들은 직설적인 참 주장으로 간주된 적이 한 번도 없으며,[29] 그렇게 간주되었을 때라도 내내 허구로도 간주되었을 것이다.

고대와 힌두의 신화들은 그 원래의 배경에서 뉴저널리즘처럼 실제 사실들에 대한 정보를 전달하는 동시에 믿는 체하기 게임에서 소도구로 사용되는 양자의 기능을 했을 것이다. 그것들은 과거의 사건들에 대한 충실한 기록으로서 제시되고 받아들여졌다 하더라도 우리에게 현재 그러하듯이 원래도 허구였을 수 있다.

---

28) 이는 두 가지 방식으로 말할 수 있는데, 우리의 관점에서조차 허구가 아닌 **원래의** 신화가 그와 동일한 허구로 대체되었다고 말하거나, 또는 오직 하나의 신화만이 지속적으로 존재하며 그것은 그 창시자들에게는 비허구였지만 우리에게는 허구라고도 말할 수 있다. 어떤 경우이든 원래의 이야기를 **말하는** 것은 아마도 직설적인 참 주장이었겠지만, 오늘날 그 이야기를 말하는 것은 참 주장이 아닌 허구, 즉 믿는 체하기 게임에서 소도구로 사용되는 기능을 가진다.

29) 내 말은 신화를 말하는 사람들은 그것들이 말 그대로 참이라고 주장한 것이 아닐 수 있다는 것이다. 나는 신화를 이야기하는 것이 교훈을 주거나 세계의 구조, 인간의 조건, 최선의 삶을 살아가는 방법에 대한 일반적 관찰을 제시하는 수단이었다는 데 대한 회의론을 제기하고 있는 것은 아니다.

그러나 그것들이 과거의 사건들에 대한 충실한 기록으로서 간주되었다는 추정조차 가볍게 받아들여져서는 안 된다. 모든 문화가 항상 우리 문화가 그러하듯이 참과 거짓에 몰두해 있는 것은 아니다.[30)] 《라마야나》 이야기를 하는 힌두의 이야기꾼과 청자들은 라마(Rama), 시타(Sita) 그리고 라와나(Rawana)가 **실제로** 존재했는지, 또는 라와나의 심부름꾼이 정말로 시타를 속이기 위해 사슴의 모습을 하고 있었는지에 그리 큰 관심이 없을 수도 있다. 아마도 그러한 질문 자체가 떠오르지 않았을 것이다. 《라마야나》 이야기를 하는 것은 그러한 사건들이 실제로 일어났다고 주장하는 것으로 이해될 필요가 없다. 그렇다면, 그 이야기의 유일한 역할은 아닐지라도 **주된** 역할은 믿는 체하기에서의 역할임이 틀림없다. 《라마야나》 이야기 — 그리고 고대 그리스 신화들도 마찬가지로 — 는 그 원래의 문화에서 1차적으로 허구의 역할을 했을 것이다. 그것은 정확히 우리 문화에서 그것들이 하는 역할이다.[31)]

조상들로부터 전해지고 다시 자손에게 전하는 이야기들이 **참**인지 아닌지를 어떻게 신경 쓰지 않을 수 있을까? 이러한 태도가 놀랍더라도, 잠시 생각해본다면 우리가 지금처럼 그런 것을 신경 쓴다는 사실 역시 때로는 그만큼이나 놀라운 일임을 깨닫게 될 것이다.

왜 우리는 역사에, 과거에 일어났던 일들이 참인지에 관심을 가지는가? 특히 먼 과거의 사건들은 우리의 삶에 그리 직접적으로 영향을 주지 않는다. 4세기 전에 어떤 영지를 공격하기 위한 군대의 병력은 지금 우리에게는 동서양의 군비 경쟁이나 동시대 아프리카 부족이나 마피아 조직들의 전쟁 준비에 비해 훨씬 직접적 관심거리가 되지 못한다. 물론, 고대의 포위 공격이나 다른 먼 과거의 사건들은 우리에게 막대한 영향을 끼치는 결과를 낳았을 수도 있다. 노르만인의 잉글랜드 정복이 그러하듯 말이다. 핵심은 그러한 사건들을 **알고자** 하는 우리의 욕구는 보통 현재의 사건들에 대해 알고자 하

30) 나는 이러한 방향으로 권고해준 데 대해 엘리자베스 아이젠슈타인(Elizabeth Eisenstein)에게 감사한다.

31) 물론 차이들은 존재한다. 우리가 (말 그대로 이해된) 신화를 적극적으로 불신하는 데 비해, 고대인이나 힌두인은 그렇지 않았을 수도 있다. 아마도 더 중요한 차이는 그 이야기들이 원래의 문화에서는 우리 문화에서보다 더 중심적인 위치를 차지했다는 점일 것이다.

는 욕구만큼 급박하지 않다는 것이다.

이는 물론 역사가 우리에게 교훈을 준다거나 가장 먼 과거의 사건들에 대한 지식조차 우리의 삶에 영향을 주고 또 주어야 한다는 것을 부정하는 것이 아니다. 때로 우리는 과거로부터 일반화하여 미래에 대입할 수도 있다. 과거의 전쟁 원인에 대한 자료들이 우리가 다음 전쟁을 막기 위한 조치를 취하는 데 도움을 줄 수도 있다. 그러나 하나의 또는 몇몇 고립된 사건들은 그것을 기반으로 어떤 예측을 하기에는 단지 일화적인 근거만 제공해줄 뿐이다. 조상들로부터 나에게 전해 내려온 어떤 이야기의 참과 거짓 여부가 내가 삶을 살아가기 위한 귀납적 기반에 중대한 영향을 줄 것 같지는 않다.

역사의 가장 중요한 교훈들 중 많은 것들은 이러한 종류의 교훈이 아니다. 과거의 사건들은 새로운 믿음을 채택하기 위한 근거가 되지 않고서도 수많은 방식으로 많은 깨달음을 줄 수 있다. 그것들은 가능성을 제안할 수도 있고, 장래성 있는 어떤 사고방식이나 시도를 보여줄 수도 있고, 미래에 대한 전망을 고취시킬 수도 있고, 사고를 명료히 하고 구체화할 수도 있으며, 모호한 직관을 명확히 표현할 수 있도록 촉진할 수도 있다. 과거의 사건들은 우리가 알고 싶어 하지 않았을 사실들을 받아들이도록 강요할 수 있다. 물론 역사적 사실들은 진공 속에서 작용하는 것이 아니라 비역사적인 정보들 및 다른 정보들과 결합하여 작용한다. 우리가 획득한 통찰이 증거에 기반을 두고 있는 한, 우리의 **증거**는 완전히 동시대적일 것이다. 역사에 대한 탐구로부터 얻은 지식은 우리가 과거의 상황과 현재의 상황 사이의 유사점과 차이점을 파악하는 동안 유형과 관계들을 드러내어 사물들을 새로운 시각으로 보게 함으로써 우리가 이미 가지고 있는 정보들의 재구성을 촉진하는 촉매 역할을 한다.[32)]

때때로 상상이 결정적 역할을 하기도 한다. 나 자신이 어떤 역사적 인물의 상황에 처해 있다고 상상하는 것은 나 자신이나 다른 이의 심리 또는 어떤 민족이나 문화의 정신에 대한 통찰력을 제공해줄 수 있다. 그의 상황이나 행동 또는 마음 상태에 대한 역사적인 설명은 그것이 오늘날의 관심사에 대한 중요한 증거를 제공하든 아니든 상관없이

---

32) Lewis, "Truth in Fiction," pp. 278–279를 보라.

적절한 상상하기를 불러일으킬 수 있다.

역사적 지식의 이점이 오직 또는 심지어 중심적으로라도 "인지적"인 것이라거나, 혹은 그 문제에 있어서는 인지적 효과나 가치라는 구별되는 범주가 있다고 가정하지 않기로 하자. 과거에 대한 지식은 감정과 태도와 행동에 영향을 준다. 그것은 사람들이 그들의 운명을 받아들이거나 운명에 저항하도록 하고, 만족감을 증진시키고, 혁명을 선동하며, 위안을 주거나 자극을 주기도 한다. 다시 한번 말하지만, 과거의 사건들은 많은 경우 다르게 느끼거나 생각하거나 행동하는 데 대한 이유라기보다는 촉매제가 된다.

이러한 관찰이 새로운 것은 아니지만, 역사적 지식이 통찰을 유도하거나 다른 방식으로 우리에게 영향을 주는 방식의 세부는 지금까지 연구되었던 것보다 더 많은 연구를 할 가치가 있다. 우리에게 지금 중요한 것은 많은 그러한 목적들에 전설이나 신화가 역사만큼이나 적절할 수 있다는 점이다. 어떤 공공연하게 진실이 아닌 이야기는 실제 사건들에 대한 신뢰할 만한 설명만큼이나 암시적이고 고무적일 수 있으며, 그와 유사한 통찰력을 고취할 수 있다. 판타지, 우화, 가설적 예들은 사건들의 실제 발생을 증거나 이유로 사용하지 않아도 되는 경우 종종 사실적 보고가 하는 역할을 대신할 수 있다. 오이디푸스(Oedipus) 이야기에 대한 소포클레스(Sophocles)의 묘사는 내가 그것을 참이 아니라고 간주하더라도 참이라고 생각했을 때만큼이나 오늘날의 관심사에 대한 나의 이해를 증진시킬 수 있다.

그렇다면 태고 시절에 일어난 일이라고 들은 이야기들이 참인지 거짓인지에 대해 우리가 왜 신경 써야 하는가? 그 이야기들의 진실성을 판단하느라 애쓰지 말고 그저 그것들이 제공하는 통찰과 자극을 받아들이면 왜 안 되는가? 상상하기가 중요할 경우, 우리는 한 이야기를 허구로서, 상상하기를 지시하는 것으로서 이해하기를 원할 것이다. 우리는 그것이 참인지를 결정할 필요가 없으며, 심지어는 물을 필요조차 없다. 나는 이것이 몇몇 문화가 그들의 신화에 대해 본질적으로 가지는 태도일 것이라고 제안하고 있다.

우리가 경험적 문제들에 대해 숙고하는 일을 하고 있기는 하지만, 아이들이 동화에 대해 가지는 태도 역시 생각해볼 수 있다. 나는 매우 어린 아이들은 동화를 일반적으로 인정되는 참에 대한 보고로서 간주하며 그대로 믿어버린다는, 그리고 나중에 가서야 그것들을 허구로서 간주하게 된다는 생각이 의심스럽다. 동화가 참인지 거짓인지의 질문은 단순히 처음에는 떠오르지 않을 수 있다. 그리고 순진한 어린 아이들은 개화된 좀 더 나이 먹은 아이들만큼이나 동화에 대한 반응으로 적절하게 상상하면서 그것을 믿는 체하기 게임에서 소도구로 사용할 수 있다.[33)]

이러한 추측들은 단지 추측일 뿐이다. 그리스인이나 힌두인이 그들의 신화에 대해 어떻게 생각했는지에 대해, 또는 동화에 대한 아이들의 태도에 관한 역사적 · 심리적 질문들에 대해 결정하는 것은 나의 목적이 아니다. 그러나 내가 대략 그려본 그림은 마음에 담아둘 필요가 있다. 나는 한 사람이나 문화의 "개화"가 전설이나 이야기에 대한 그 혹은 그 문화의 관심의 본성에 근본적인 변화를 낳는다고 가정하지 않아도 된다는 것이 이 이론의 장점이라고 생각한다. 만약 그런 가정이 옳다면 그 이야기들이 왜 종종 그 이전이든 이후든 똑같이 그러한 강한 호소력을 가지는지를 설명하기 어려울 것이다. 우리가 믿는 체하기로서 이해된 허구와 참이 아니거나 믿어지지 않거나 단언되지 않는 것으로서 이해된 허구 사이를 명확하게 구분하지 못한다면, 우리는 개화를 가로지르는 지속성의 가능성을 알아차리지 못할 공산이 크다. 그것을 구분하지 못할 경우 우리는 해당 이야기들에 대한 인지적 태도의 변화 — 그것이 비록 단지 불가지론에서 불신으로 변화한 것이라 할지라도 — 에 너무 큰 인상을 받은 나머지 그것들이 믿는 체하기에서 하는 역할의 지속성을 간과할 수 있다.

2.9 참과 실재에 대한 하나의 주석

만약 사람들이 정말로 개구리와 사람을 구분할 수 없다면, 개구리 왕에 대한 동

---

33) 내 기억에 Frank Sibly가 이런 노선과 유사한 것을 제안했다.

화들은 나타날 수 없었을 것이다.

– *J. R. R. 톨킨, 〈요정 이야기에 대하여(On Fairy-Stories)〉*

나는 이 장과 앞 장들에서 **참**(truth), **실재**(reality), 그리고 **사실**(facts) 같은 개념들을 이 개념들에 수반되는 악명 높은 철학적 혼란을 언급하지 않은 채 자유롭게 말해왔다. 나는 그처럼 이야기하는 것이 타당하다고, 실제로 그런 것과 그렇지 않은 것 사이에 차이가 있으며 사실 그대로 말하는 것이 그렇지 않게 말하는 것과 다르다고 뻔뻔하게 가정했다.

이러한 입장은 (그것이 대담하다고 생각하는 이들에게) 보이는 것만큼 그렇게 대담한 것은 아니다.[34] 왜냐하면 나는 실재나 참이나 사실들의 본성에 대한 어떤 특정한 개념도 지지하지 않아왔기 때문이다. 특히, 나는 실재가 지각이 있는 관찰자로부터 독립적인 물자체의 영역이라거나, 참이라는 것은 이러한 객관적인 실재를 어떤 식으로든 묘사하거나 반영하는 것이며 사물들이 "실제로" 존재하는 방식에 상응하는 것이라고 가정하지는 않는다. 사실이라는 것은 발견되는 것이 아니라 만들어지는 것이라는 입장, 즉 실재는 (단순히 그리고 직접적으로) 사고와 언어의 표적이라기보다는 사고와 언어의 산물이라는 입장에는 중요한 의미가 있을 수 있다. 무엇이 참이고 무엇이 거짓인지는 문화나 언어, 개념적 틀, 또는 이론 체계나 인간 마음의 구성에 의존하거나 그것들에 상대적이거나 그것들에 의해 좌우될 수 있다. 사물들이 어떠한지를 묻는 것은 오직 어떤 특정 "언어 게임"이나 "근본 은유"나 "패러다임"이나 "이론 체계" 내에서만, 또는 어떤 "직관의 형식과 이해의 범주"와 관련해서만 의미가 있을지도 모른다. 우리는 참과 실재가 어떻게 이해되어야 하는지에 대해 중립적인 입장을 취할 수 있다. 만약 우리의 목표가 실재나 참과 반대되는 것으로서의 "허구"를 탐구하는 것이었다면, 아마도 우리는 어느 한 편을 들어야만 했을 것이다. 그러나 그것은 우리의 목표가 아니고, 우리는

34) 어떤 위험도 없다고 생각하는 독자들은 이 절을 건너뛰어도 된다.

편을 들 필요가 없다.[35] 이는 다행한 일인데, 왜냐하면 상응 이론과 그에 경쟁하는 이론들(정합론과 실용주의 이론, 정당화된 단언 가능성이나 발화 조건과 관련되는 참 개념, 실재를 현상으로 환원하는 이론) 사이의 논쟁은 하루 만에나 한 장만으로나 한 권의 책만으로 해결되지 않을 것이며 우리는 허구라는 주제로 넘어가야 하기 때문이다.

그러나 적어도 주의 깊지 않은 이들의 눈에는 참과 실재의 객관성에 대한 우려가 우리의 기획을 위협하는 것처럼 보이게 하는 한 방식, 실재나 참에 대조되는 것으로서의 "허구" 개념 때문에 생기는 혼란에 전적으로 기인하지는 않는 한 방식이 있다. 만약 실재가 결코 "객관적인" 것이 아니라면, 즉 우리가 발견하도록 "거기 밖에" 있는 어떤 것이 아니라 우리 자신이 만들어낸 것이라면, 역시 우리가 만들어내는 것인 허구의 영역과 그것을 어떻게 구분할 것인가? "실제 세계"라는 것은 단지 또 다른 허구적 세계의 과장된 이름에 불과한 것인가? 만약 그렇다면, 실제 세계에 대한 담론과 오즈의 세계나 《안나 카레니나》에 대한 담론 사이의 차이는 어떻게 되는가? 스탠리 피쉬는 다음과 같이 의문을 제기한다.

> "공유된 가장하기"는 우리가 어쨌든 무엇인가에 대해 말할 수 있게 해주는 것이다. 우리가 의사소통을 하는 것은 사실상 우리가 무엇이 사실로서 약정될 수 있는가에 대한 결정이라고 할 수 있는 일단의 담론 협정에 관여하고 있기 때문이다. 우리가 소설가이든 〈뉴욕타임스〉의 기자이든 상관없이 무엇인가를 언급할 수 있는 것은 실체라는 것이 유효하기 때문이 아니라 이러한 결정과 그 결정을 따르겠다는 합의 덕분이다. 누군가는 이런 주장이 모든 담론들을 허구적인 것으로 만드는 결과를 낳는다고 반대할지도 모른다. 그러나 이 주장이 모든 담론들을 진지한 것으로 만든다고 말하는 것 역시 똑같이 맞을 것이며, 그것보다는 이 주장이 모든 담론을 동등하게 만든다고 말하는 것이 훨씬 나을 것이다.

---

35) 나는 다른 곳("Linguistic Relativity")에서 세계가 그 자체로 그러한 방식이라는 것은 없으며, 하나 혹은 다른 하나의 지각 있는 존재에게 이해된 바대로의 사물들만이 존재한다는 오래된 관념이 설득력이 있음을 주장한 바 있다.

진지한 담론과 허구적인 담론 사이의 구분은 …… 발화 행위 이론이 가지는 함축이 명확하고 견실하게 이해된다면 유지될 수 없다.[36)]

피쉬 및 다른 이들은 우리의 "실재"를 창조하는 것은 담론 자체라고 제안해왔다.[37)] 소설 또는 다른 허구 작품들은 허구적 세계를 만들어낸다. 그렇다면 차이는 무엇인가?

이러한 우려에 대해 우리의 목적을 위해서는 충분한 한 가지 답변은 어떻게 그것들이 이해되든지 간에 단순히 실재는 실재이고 사실은 사실이며 사실인 것은 사실이 아닌 것과 **실제로** 명백히 다르다고 대답하는 것이다. 그 차이가 관습적이든 문화에 따라 특수하든, 여기에 의존하든 저기에 상대적이든 어쨌든 말이다. 사실이라는 것이 "있는 그대로"인 것이 아니라는 통찰은 (정말로 그러하다면) 구분을 붕괴시키는 것과는 거리가 멀다. 가장 극단적으로 실제 세계의 "객관성"을 의문시하고 그것이 우리에게 의존하고 있다고 주장하는 철학자들의 다수는 실제 세계라는 개념을 유지하고 그것을 거짓이라든지 비실재와 대조시키는 것이 정당하다고 주장해왔다.

물론, 우리는 거짓과 허구를 참과 사실로부터 구분해야 한다. 그러나 확신하건대 허구는 만들어진 것이고 사실은 발견되는 것이라는 점을 근거로 하여 그것들을 구분할 수는 없다. ……

다수의 대안적 세계-판본들이 있다고 인식하는 것이 방임주의를 의미하지는 않는다. 잘못된 판본과 옳은 판본을 구분해내는 기준은 오히려 매우 중요하다.[38)]

---

36) Fish, "How to Do Things," pp. 197, 242-243.

37) "당신이 이야기하고 있는 프랑스는 항상 그것에 관해 말한 것들의 산물이며, **결코** 독립적으로 얻어질 수 없다."(Ibid., p. 199) "모든 글, 모든 작품들은 구성된 것이다. 우리는 세계를 모방하는 것이 아니라 세계의 판본들을 구성한다."(Scholes, *Structural Fabulation*, p. 7) "그 논증에 따르면, 모든 형태의 글은 실재를 사실적으로 기술하기보다는 실재의 모델이나 판본들을 제공해주므로 비허구는 허구와 마찬가지로 실재를 기록한 것일 수 없다. 결과적으로, 비허구는 허구만큼이나 본질적으로 '비실제적인' 것이 된다."(Weber, *Literature of Fact*, p. 14)

38) Goodman, *Ways of World-Making*, pp. 91, 107. 칸트는 비록 가능한 경험의 대상들이 우리 직관의 형식과 오성의 범주에 의해 결정된다 하더라도 우리가 그 대상들에 대해 맞거나 틀릴 수 있다는 것을 의심치 않았다. 버클리

피쉬 자신도 다음과 같이 동의한다. “나는 사실이라는 것이 없다고 주장하고 있는 것이 아니다. 나는 단지 사실의 지위에 대해 의문을 제기하고 있을 뿐이다.”[39]

그렇다면 왜 이렇게 야단법석인가? 참과 실재 같은 것이 있기는 하지만, 그것들은 우리가 순진하게 생각하는 것만큼 그렇게 의미심장하지는 않다는 말인가? (비록 굿맨은 방금 반대를 표명했지만) 피쉬의 몇몇 언급들은 그 정도까지 암시하기도 한다. 피쉬는 우리가 서로에게 말하는 다양한 “이야기들” 중에서 “참인” 것들은 단지 다른 것들보다 더 “인기 있고” 더 “명성이 있을” 뿐이라고 말한다. “실재”로 간주되는 것은 우연히 “표준”이 된 이야기 혹은 이야기들에 의해 주어진다. 비표준적인 이야기들은 단지 “권위를 부여받지 못했을” 뿐이다.[40]

그러나 참과 실재는 그것들이 무엇이든 간에 분명히 **정말로** 문제가 된다. 고대인들이 에우리디케 이야기의 진릿값에 대해 얼마나 개의치 않았든 간에, 그들은 공격이 다가오고 있다거나 지도자가 죽었다는 보고가 참인지 아니면 단지 허구적인지에 대해 분명히 관심을 가졌을 것이다. 〈닥터 스트레인지러브〉 안에서 세계가 핵전쟁으로 파괴되었다는 것은 허구적이다. 우리는 그것이 참이 되지 않기를 열렬히 바란다. 그 차이는 막대하며 그보다 더 중요한 문제는 없다.

참과 실재라는 개념은 일상생활에서와 마찬가지로 이론적으로도 중요한가? 버클리, 칸트, 그리고 굿맨은 분명히 그렇다고 생각했고, 우리도 동의해야만 한다. 그것들은 우리의 사고에서 너무나 중심적이어서(사실상 그것들 없이 사고한다는 것이 어떤 것일지 상상하기도 어렵다) 인간 제도에 대한 어떤 탐구의 주제로부터도 필연적으로 분리 불가능하다. 탐구자가 그가 탐구하고 있는 바로 그것 없이 해나갈 수는 없을 것이다. 이

는 어떤 것도 “신의 지각과 별개로, 그리고 **모든** 마음들의 외부에 **절대적으로** 존재하지 않는다”라고 주장하지만, “실제 사물들과 상상이 만들어낸 망상들이나 꿈속의 환상들” 사이의 일상적인 구분을 유지하고자 주의를 기울였다(*Three Dialogues*, p. 197). 로티는 상응 이론에 반대하여 참에 대한 실용주의 이론을 주장했지만, “‘세계’의 한 의미에서는 …… 참을 결정하는 것이 세계라는 주장에는 이론의 여지가 없다”라고 허용했으며, 이를 하나의 “논쟁의 여지없는 사소한 사실”이라고 부른다(“World Well Lost,” pp. 662, 664). 우리는 더 이상은 요구할 필요가 없을 것이다.

39) “How to Do Things,” p. 237.

40) Ibid., p. 239.

연구의 주제는 재현이라는 제도이며, 그 필수불가결한 부분 중 하나는 참과 허구성 사이의 차이, 명제들이 참이지만 허구적이지 않거나 참이 아니지만 허구적일(또는 양쪽 다이거나 양쪽 다 아닐) 가능성, 그리고 우리의 개인적 · 사회적 경험 안에서 이러한 조합들이 하는 역할이다.

실제 세계와 허구적 세계 사이의 근본적인 차이 중 하나는 (만약 양자 모두 어쨌든 인간이 만든 것이라 할 때) 우리가 그것들을 만드는 방식에 있다. 하나의 허구 작품은 그 자체의 맥락 안에서 자신의 허구적 세계를 확립하고 그에 속하는 허구적 참들을 발생시킨다. 하나의 특정한 전기나 역사서는 그 자체로 자신이 말하는 바를 참으로 확립하거나 자신과 관계되는 사실들을 생산해내지 못한다. 그것들이 우리 자신의 창작물이라면, 사실들을 발생시키는 것은 개별적 글이 아닌 한 문화의 담론 전체라든지 언어 안에서 말해진 것에 반대되는 것으로서의 언어 그 자체, 혹은 그중 어느 쪽에든 구현된 개념적 틀과 더 유사한 어떤 것이다. 참을 지향하는 모든 담론이나 사고는 실재를 구성하는 데 있어서 지각이 있는 존재가 어떤 역할을 하든 간에 그 담론이나 사고에 부합하는, 담론이나 사고 **자체**로부터 독립적인 하나의 실재를 가진다. 어떤 주어진 허구 작품에 상응하는 허구적인 세계는 그런 식으로 작품과 독립적이지 못하다.

피쉬 자신은 "어떤 제도 외적인 실재에 충실한 언어와 그렇지 않은 언어" 사이의 "절대적인 대조"를 부정한다고 해서 자신이 "어떤 참의 기준이 존재하며 그것을 적용함으로써 우리가 서로 다른 종류의 담론들을 구분할 수 있다"는 것을 부정하는 것은 아니며, "내 주장은 단지 그 기준이 맹목적이 아니라 제도적이고, 자연적이 아니라 만들어진다는 것이다. 놀라운 것은 이것이 변화시키는 것이 거의 없다는 점이다"라는 말로 끝맺고 있다.[41]

사실상, 허구에 대한 우리의 개념에 관련되는 **어떤 것도** 변하지 않은 것 같다. 우리가 우리 자신의 문제를 다루기 위해 실재에 관련된 모든 문제들을 해결할 필요는 없다.

---

41) Ibid., p. 243. 이 말이 "진지한 담론과 허구적 담론 사이의 구분은 …… 유지될 수 없다"(p. 197)라는 그의 주장과 어떻게 조화될 수 있는지는 분명하지 않다.

2.10 두 종류의 상징?

우리는 허구성이 실제이거나 참이거나 사실적인 것 혹은 그렇지 않은 것과는 아무런 본질적인 연관도 없다는 것, 허구성은 가장 일상적인 사실들에 대한 있는 그대로의 보고를 포함해 단언이나 의사소통과 완벽하게 양립 가능하면서도 그런 것들로부터 완전히 독립적일 수 있다는 것, 그것이 본질적으로 인간 행위의 산물이거나 전형적으로 언어적일 필요는 없다는 것, 그리고 허구는 "진지한" 담론이나 상징들의 비허구적 사용에 기생하지 않는다는 것을 보았다. 비록 그중 몇몇은 예상치 못한 결과였다 하더라도, 이러한 결과들은 허구적이라는 것이 기본적으로 믿는 체하기 게임에서 소도구로서 사용되는 기능을 가지는 것이라는 단순한 직관으로부터 쉽게 따라 나온다.

허구적인 것의 경계가 우리가 시작했을 때보다 훨씬 더 분명해진 것은 아니지만, 어느 정도 재배치되기는 했다. 그러나 어떤 주어진 작품이 허구인지 비허구인지에 대한 질문 — 우리가 지금 이 질문을 이해하는 바에서 — 이 허구란 무엇이며 어떻게 작동하고 어떤 면에서 다양한 다른 것들과 유사하거나 유사하지 않은지에 대한 더 나은 이해로 이끌어줄 수 있기를 바란다. 비록 간단한 대답이 나타나지는 않더라도 말이다.

허구 작품들은 간단히 말해 제1장에서 정의된 의미에서의 **재현**이다. 허구 작품들은 작품이고 인간이 만든 인공물인 반면 재현은 그럴 필요가 없다는 점만 제외하면 말이다. 재현이라는 것은 한편으로는 로스코(Rothko)나 몬드리안(Mondrian)의 회화와 바흐(Bach)의 인벤션(inventions)이 그렇다고 여겨지듯 "비재현적인" 또는 "비대상적인"(비록 나는 그것들이 비재현적인 것이 아니라고 제안했지만) 예술 작품들과, 그리고 보통의 나무나 의자들과 구분될 필요가 있다. 다른 한편으로 재현은 위원회 보고서, 경제학 교과서 등의 비허구 작품들과 구분되어야 한다. 우리는 허구 작품들 및 다른 재현들을 믿는 체하기를 통해 이해함으로써 한꺼번에 이 양자의 구분을 하게 된다. 나무와 의자, 그리고 우리가 제외시키고자 하는 어떤 "비대상적인" 예술 작품이든 그러한 것들은, 또 경제학 교과서나 위원회 보고서는 믿는 체하기 게임에서 소도구로서 사용되는 기능을 하지 않는다.

이 과정은 그 자체로 비정통적이다. 두 가지의 구분이 차례대로 나타난다고 생각하는 것은 자연스럽다. 처음에 우리는 "상징" 또는 "기호"(또는 "상징체계"나 "상징 행동")라는 하나의 넓은 집합을 인식한다. 그것은 내가 말하는 재현보다 넓은 의미에서 "재현"이라 불릴 수도 있을 것이다. 그 집합은 보통의 나무나 의자들, 그리고 "비재현적인" 예술 작품들을 제외시키는 반면 허구와 비허구 양자를 포함하게 된다. 그 이후 우리는 이 부류(genus)에 속하는 두 가지 종(species)을 분리시키는 임무에 착수한다.

이러한 그림은 허구와 "진지한" 담론, 또는 상징의 "비허구적" 사용 사이의 격차를 불분명하게 한다. (그리고 허구를 "진지한" 담론으로부터의 일탈로 생각하는 경향을 충분히 막지 못한다.) 양자 — "진지한" 담론과 비허구적으로 사용되는 "상징"뿐만 아니라 내가 재현, 허구 작품이라 부르는 것들까지도 — 를 수용할 수 있을 만큼 충분히 큰 유일한 부류는 내 생각에 해명하는 것이 있기에는 너무 큰 개념일 것 같다.

우리는 그러한 부류를 명제들을 "골라내"거나 "구체화하는(specify)" 사물들의 집합으로 이해해야 할까? 아마도 그 안에 속하는 종들은 그 다음에 그 명제들로 무엇을 하는가 — 예를 들면 단언하는가 아니면 질문하는가 아니면 그 명제들이 허구적이게 되는가 — 에 따라 구분될 수 있을 것이다. (이는 그 부류를 하나의 의미론적 범주로 만들며, 거기에 속한 종들을 나누는 일을 화용론적 문제로 만든다.) 우리는 명제들을 골라내는 일이 항상 그 명제들을 이런저런 목적으로 사용하는 일보다 (논리적으로) **앞선다고** 가정해서는 안 된다. 아마도 언어적 상징의 경우에는 그럴지도 모른다. 어떤 텍스트는 그것이 명제들을 단언하는지 아니면 허구적으로 만드는지 등의 여부와 독립적으로 (그것의 맥락 안에서) 언어의 의미론 덕분에 명제들을 골라낼 수 있을 것이다.[42] 그러나 내 생각에, 많은 경우 어떤 것이 명제를 골라낸다고 어쨌든 말할 수 있는 것은 오직 그것이 어떤 명제를 허구적으로 만들거나 그 명제를 단언하기 위해 사용되는 덕분이다.[43]

42) 이조차 의심스럽기는 하다. 한 소설이 허구적으로 만드는 명제들은 종종 그 언어의 의미론이 주어졌을 때 그 안의 단어들이 표현하는 명제들이 아니며, 그 단어들을 단언적으로 말하거나 쓰는 누군가에 의해 단언될 만한 명제들이 아니다. 한 작품이 어떤 명제들을 골라내고 허구적으로 만드는지 결정하기 위해서는 그것이 소설임을, 그것이 하는 일이 허구적 참들을 발생시키는 일임을 알아야 한다.

43) §8.8에서 나는 그림들이 명제들을 골라내는 것은 믿는 체하기에서의 역할 덕분이라고 제안한다.

이것이 그 부류 자체를 무효화하는 것은 아니다. 명제들을 "골라내는" 것들의 집합은 그것들이 그렇게 하는 방법이 경우마다 다르다고 하더라도 하나의 인식 가능한 종류를 구성할 수 있다. 그러나 그것은 통제 불가능할 정도로 확장될 위험이 있다. 그렇다면 명제들을 **참으로** 만드는 것들은 어떤가? 농구 경기를 하는 중에 공을 고리 안으로 던져 넣는 행위는 한 골을 득점했다는 명제를 "골라낸다". 그 행위가 이 명제로 하는 일은 그 명제를 참으로 만드는 일이다. (아마도 그 행위는 후자 — 명제를 참으로 만드는 일 — 를 성취함으로써 전자 — 명제를 골라내는 일 — 를 할 것이다.) 아문센(Amundsen)이 남극에 도달한 것은 그 정황상 스코트(Scott)가 두 번째로 도달했다는 명제를 참으로 만들었다. 어떤 완벽한 구형인 돌은 완벽하게 구형인 돌이 하나 있다는 명제를 참으로 만든다. 그렇다면 그 돌은 이 명제를 "골라내지" 않는가? 우리의 부류는 전적으로 모든 것들을 포함해야 할 것인가? 한 명제를 허구적으로 만드는 것이, 이를테면 그 명제를 단언하기 위한 도구로 사용되는 것보다 그 명제를 참으로 만드는 것과 조금이라도 덜 유사한지는 명백하지 않다.

어떤 용법들은 한 **사람**에 의해 어떤 목적으로 사용되는 것을 포함하는 반면, 다른 용법들은 그렇지 않다. 어떤 교과서의 단언적 용법은 누군가가 그것을 단언하기 위해 사용하는 데 있다. 구 모양의 돌이 있다는 명제를 참으로 만드는 것은 그 구형의 돌 자체가 하는 어떤 일이다. 그러나 이러한 면에서 허구는 교과서보다는 돌과 같은 곳에 속한다. (§2.6을 보라.)

어떤 이들은 명제를 구체화하는 "관습적인" 수단들은 "자연적인" 수단들과 구별되어야 한다는 생각에서 위안을 찾으려고 할지도 모른다. 우리는 허구이든 비허구이든 그림들과 텍스트들을, 그리고 짐작건대 농구공을 고리 안으로 던져 넣는 것 역시 그것들이 명제를 골라내는 것이 관습에 의해서라는 이유로 "상징"으로 간주하고, 둥근 돌은 그렇지 않기 때문에 상징이 아닌 것으로 배제해야 할까? 그럴 수도 있다. 그러나 콰인(Quine)과 비트겐슈타인(Wittgenstein)을 읽은 우리는 이 구분이 유효하다는 전망에 대해 그리 낙관적일 수 없다.

어떤 그림이나 이야기나 교과서는 오직 어떤 문화적 맥락 내에서만 그것이 허구적으로 만들거나 단언하는 데 사용되는 명제들을 골라내는가? 물론 그렇다. 그러나 둥근 돌이 있다는 명제를 골라내고 참으로 만드는 데 있어 둥근 돌이 하는 작용 역시 문화에 상대적일 수 있다. 아마도 문화적 맥락이 다른 방식으로 관여하겠지만, 그것은 증명되어야 할 것이다.

허구적 그리고 비허구적 "상징" 양자를 포괄하는, 쓸모 있을 정도로 한정된 자연종을 골라내는 일은 아무리 낙관하더라도 만만찮은 일이다. 나는 그것이 가능할지조차 알 수 없다. 그러나 우리는 믿는 체하기 게임에서 소도구로 사용되는 기능을 가진 것들로서 이해되는 재현, 허구 작품 및 비작품(nonwork)들이라는 범주를 선택하고 그것으로 해나갈 수 있다.

3.
재현의 대상

3.1 대상이란 무엇인가

《전쟁과 평화》는 나폴레옹에 대한 소설이다. 《두 도시 이야기》는 런던, 파리, 그리고 프랑스 혁명에 대한 이야기이다. 세잔의 〈생 빅투아르산〉은 생 빅투아르산을 그린 그림이다. 나폴레옹은 《전쟁과 평화》의 한 **대상**이고 런던, 파리, 그리고 프랑스 혁명은 《두 도시 이야기》의 대상들에 속하며, 생 빅투아르산은 〈생 빅투아르산〉의 가장 두드러진 대상이라고 부르기로 하자. 어떤 주어진 재현이 한 사물에 대한 명제들을 허구적으로 만든다면 그 사물은 그 재현의 대상이다. 우리는 상상하기의 다수가 실제 사물들에 대한 것이라는 점을 보았다. 그러한 상상하기들은 때때로 소도구들에 의해 지시된다. 어떤 사물에 대한 상상하기를 지시하는 것이 한 작품의 기능일 때, 그 작품은 그 사물에 대한 (*de re*) 허구적 참을 발생시킨다. 그 사물은 그 재현의 대상이다. 파리가 《두 도시 이야기》의 대상인 것은 《두 도시 이야기》가 파리에 대해 그것이 존재하며 어떤 드파르주 부인이라는 사람이 뜨개질하는 장소라는 등을 허구적으로 만들기 때문이다.

어떤 작품이 무언인가"의" 그림이라거나 무엇인가에 "관한" 것이라고 말하는 것, 또는 그것이 "재현"하거나 "그리"거나 "묘사"하는 바에 대해 말하는 것은 종종 그 작품의 대상을 명확하게 밝히는 것이다. 그러나 이러한 표현들은 다른 역할들 역시 하기 때문에 재현의 대상으로 확실하게 안내하기에는 너무 잡다한 의미를 가진다. 그러나 나는 그 표현들을 보통은 이 역할에 한정시키기로 하겠다. 그 반대라는 것이 명확하지 않은 이상, 내가 한 작품이 어떤 주어진 것의 또는 그것에 대한 작품이라고 말할 때, 또는 그것을 재현하거나 그리거나 묘사한다고 말할 때, 나는 그것이 앞서 말한 의미에서 그 작품의 대상이라는 것을, 즉 그 작품은 그것에 관한 허구적 참들을 발생시킨다는 것을 의미하겠다.

어떤 것으로서 재현하는 것(representation-as)은 한 작품이 그 대상에 대한 어떤 명제들을 허구적으로 만드는가의 문제이다. 한 사람을 키가 크거나 영리한 것으로서 재현하는 것은 그 사람에 대해 그가 키가 크거나 영리하다는 것을 허구적으로 만드는 것이다. 보통의 작품들은 그 대상들을 존재하는 것으로서 재현한다. 우리는 누군가가 어느 날 아침 일어나 보니 1988년 조지 부시(George Bush)가 대통령직에 당선된 것은 단지 꿈이었고 마오쩌둥(Mao Tse-tung)은 한 익명의 중국 관료를 위해 일하는 선전업자들이 꾸며낸 신화였다는 이야기를 쓸 수도 있다.[1] 이 이야기는 부시의 당선에 대해 그것이 일어나지 **않았다는** 것을, 그리고 마오쩌둥에 대해서는 그가 존재하지 **않았다는** 것을 허구적으로 만든다. 그럼에도 불구하고 허구적으로 존재하지 않은 그것은 바로 부시의 실제 당선과 실제 마오쩌둥이다. **그 이야기 안에서** 그가 실제로 존재하지 않는다 하더라도, 실제 마오는 그 이야기의 한 대상이다. 그는 존재하지 않는 것으로 재현 — 잘못 재현(misrepresent) — 된다. 따라서 재현의 대상들을 단순히 그들의 허구적 세계 안에 살고 있는 것들로 생각해서는 안 된다.

많은 이들이 모든 재현은 어떤 것으로서 재현하는 것이라고 말했다. 이는 나의 정의에서 쉽게 뒤따라 나온다. 어떤 것을 재현하는 것은 그것을 단지 어떻게든 골라내는 것만이 아니라 그것에 관한 어떤 명제를 허구적으로 만드는 것이며, **그렇게** 하는 것은 그것을 무엇인가**로서** 재현하는 것, 그 명제가 참이 되는 어떤 것으로서 재현하는 것이

1) 내가 알기로 호르헤 루이스 보르헤스(Jorge Luis Borges)가 이런 이야기를 쓴 적은 없다.

다. 한 작품이 그 대상을 어쨌든 재현할 수 있는 것은 그 대상을 그러그러한 것으로서 재현함으로써이다.

비록 모든 재현들이 어떤 것"의" 혹은 어떤 것"에 대한" 혹은 어떤 것을 "재현하는" 것으로서 적절하게 기술될 수 있지만, 모든 재현들이 대상을 가지는지는 명확하지 않다. ("~의", "~에 대한", 그리고 "재현하다"의 잡다한 의미가 그렇듯이 말이다.) 어쨌든, 모든 재현이 **실재하는** 것들을 대상으로서 가지는 것은 아니다.[2] 유니콘 태피스트리는 "유니콘의 그림"이지만, 그 태피스트리가 그리는 어떤 실제의 유니콘도 없다. 에드거 앨런 포의 이야기《고자질하는 심장》은 "살인을 저지르는 한 사람에 대한" 것이지만, 어떤 실제 세계의 사람이나 살인도 그 대상이 아니다. 우리는 유니콘 태피스트리는 **유니콘-재현**(그중에서도 유니콘-그림)이며《고자질하는 심장》은 **사람-재현**이고 **살인-재현**(사람-이야기이고 살인-이야기)[3]이라고 말할 수 있지만, 우리는 아직 이것이 무엇을 의미하는지 설명할 수 있는 위치에 있지 않다. 이 작품들은 적어도 *de dicto* 허구적 참, 즉 어떤 특정 사물들에 대한 것이 아닌 허구적 참을 발생시킨다. 유니콘이 **있다**는 것은 유니콘-태피스트리-허구적이며, 살인을 저지르는 어떤 사람(적어도 한 사람)이 **있다**는 것은《고자질하는 심장》-허구적이다. 이 재현들이 실제 세계가 아닌 "그림 안에서" 그리고 "이야기 안에서" 찾을 수 있는 어떤 실재하지 않는 유니콘에 대한, 그리고 어떤 실재하지 않는 사람과 실재하지 않는 살인에 대한 (*de re*) 허구적 참들 역시 발생시킨다고 생각하고 싶은 유혹이 느껴질 것이다. 우리는 이러한 유혹에 곧 맞서게 될 것이다. (§3.8을 보라.) 그러나 그때까지 우리는 실재하는 재현의 대상들에만 관심을 가질 것이다.

---

2) 세계 혹은 우주는 모든 재현의 대상이며 모든 재현은 우주가 유니콘이든 사람이든 살인이든 무엇이든 포함하고 있다는 것을 허구적으로 만든다고 무의미하게 말하기를 원하지 않는다면 말이다.

3) 이 부분은 Goodman, *Languages of Art*, pp. 21-26을 따른다.

3.2 재현과 일치(matching)

'재현하기'를 재현과 세계 안의 사물들 사이에 성립할 수 있는 또 다른 관계 — 내가 **일치**라고 부를 — 로부터 구분하는 일은 극도로 중요하다.

한 뚱뚱한-남자-재현은 모든 뚱뚱한 남자들과 한 가지 점에서 상응한다(correspond)고 말할 수 있다. 비격식적으로 말해서, "그림 안의 남자"와 어떤 주어진 뚱뚱한 남자는 양자 모두 뚱뚱하다는 점에서 닮았다. 실제로 뚱뚱한 한 남자의 초상화이며 뚱뚱한 남자를 뚱뚱한 것으로 재현하는 하나의 뚱뚱한-남자를-재현하는 그림은 따라서 그 대상과 상응한다. 그 그림과 대상은 물론 다른 면에서는 상응하지 않을 수도 있다. 그 남자는 키가 작거나 가난하지만, 그림은 키 큰-남자-재현이거나 부유한-남자-재현일 수도 있다. 내가 "일치"라고 부르는 것은 재현과 세계 안에 있는 어떤 것 사이의 **완전한** 상응이다. 다시 비격식적으로 말해서, 한 남자-그림은 어떤 남자가 **모든** 세부에서 "그림 안의 남자"와 정확하게 유사하다면 그 남자와 일치한다. 한 이야기는 어떤 사람의 상태나 행동이 그 이야기에 나오는 등장인물의 모든 상태나 행동과 같다면 그 사람과 일치한다.[4)]

"일치"에 관한 이러한 설명은 (순수하게 허구적인) 그림 안의 사람들이나 이야기 안의 등장인물들이라는 것이 있다고 가정하고 있다. 나는 그런 것들이 없다고 믿지만, 우리는 지금으로서는 그러한 가정 없이 "일치"를 정의할 수단을 가지고 있지 않다. (그것을 정의할 한 가지 방법은 내가 방금 한 대로 말하되 이것을 문자 그대로 받아들이는 것이 아니라 허구적 개체들을 지시하는 것처럼 보이며 비공식적인 믿는 체하기 게임을 포함하는 그런 진술들이 1차적으로 받아들여지는 방식으로 받아들이는 것이다. § 10.4를 보라.)

한 작품은 일치하지 않는 어떤 것을 재현하거나 재현하지 않는 어떤 것과 일치할

---

4) 이야기가 그 사람과 일치하기 위해 등장인물이 그의 모든 속성들을 가지고 있을 필요는 없다. 비록 그 역은 반드시 참이라 해도 말이다. 예를 들어 그 사람은 금발이지만 이야기는 등장인물의 머리색에 관해 비결정적일 수 있다.

수 있다. 일치하지 않게 재현하는 것은 단순히 잘못된 재현(misrepresentation)이다. 롱펠로(Longfellow)의 서사시 《폴 리비어의 한밤중의 말 달리기》는 폴 리비어가 1775년 4월 18일 영국군이 쳐들어오고 있다는 것을 미국인에게 경고하기 위해 콩코드까지 말을 달린 것으로 묘사한다. 리비어는 실제로는 그러지 못했다. 그는 콩코드에 도착하기 전에 영국군에게 붙잡혔다. 이 서사시는 그를 잘못 재현하며, 그와 일치하는 데 실패한다. "시 속의" 폴 리비어는 콩코드에 도착했으나 실제의 그는 그러지 못했다. 그러나 잘못 재현하기는 그럼에도 불구하고 재현하기이다. 그 시는 리비어를 재현한다. 그 시가 허구적으로 만드는 몇몇 명제들은 비록 거짓이라 해도 그에 대한 것이다.

재현하지 않고 일치하기는 어떠한가? 만약 존의 한 초상화가 완벽하게 정확하다면, 즉 그 초상화가 그와 일치한다면, 그것은 그의 일란성 쌍둥이 형과도 역시 일치할 것이다. 또는 그 초상화가 존과는 그리 일치하지 않더라도 그의 쌍둥이 형과 우연히 일치할 수도 있다. 이러한 두 상황 모두 그 초상화를 형의 그림으로 만들지는 않는다. 그것이 발생시키는 허구적 참들은 존에 대한 것이지 그의 쌍둥이 형에 대한 것이 아니다. 《톰 소여의 모험》 속의 등장인물인 톰 소여와 꼭 닮은 사람이 실제 세계에 있다고 해보자. 마크 트웨인의 소설이 허구적인 톰 소여가 그러그러한 상태에 있고 또 행동한다고 묘사한 것과 똑같은 상태에 있고 똑같은 행동을 하는 똑같은 이름의 한 소년, 다시 말해 그 소설과 일치하는 한 소년이 우연히 실제로 있었다. 마크 트웨인은 실제의 "톰 소여"에 대해서는 아무것도 알지 못했다. 그와 등장인물 간의 상응은 순수하게 우연의 일치이다. (또한 그 소년은 세상에 알려지지 않은 채 생을 마쳤으며 그 소설을 읽은 독자들 중 그러한 상응을 알아차리거나 알아차리도록 기대되는 사람은 아무도 없다고 가정해 보자.) 《톰 소여의 모험》은 이 실제 소년에 대한 소설이 아니다. 이 소년은 그 소설의 대상들 중 하나가 아니다.

우리는 이렇게 말해야 하는가? 우리는 트웨인이 우연히 한 실제 인물에 대한 소설을 썼다고 간주할 수 있을까? 우리는 이 문제가 단지 언어적인 문제에 불과하다고 생각하는 경향에 저항해야 한다. 마크 트웨인의 소설은 등장인물의 실제 세계 대응물에 대한 어떤 상상하기도 지시하지 않는다. 독자들은 결코 실제 "톰 소여"에 대해 그가 친구들에게 울타리를 흰색으로 칠하게 하고 그 자신의 장례식에 참석했다는 등을 상상해야 한다거나 상상하도록 기대되지 않는다. 그가 우연히 이 모든 일들을 실제로 했다는 사실은 그 소설이 우리에게 상상하도록 요청하는 바와는 아무런 관련이 없다. 이것이 바로 실제 소년이 그 소설의 대상이 아닌 근본적인 이유이다. 어떤 것을 대상으로 가지는 것은 그것에 대한 허구적 참을 발생시키는 것이며 그것에 대한 상상하기를 지시하는 것이다. 따라서 대상들은 재현을 가지고 하는 믿는 체하기 게임에서 특별한 역할을 한다. 어떤 재현과 일치하는 것은 그것이 우연히 그 재현의 대상이기도 한 경우가 아닌 한 어떤 그러한 역할도 하지 않는다. 그 양자를 다 재현의 대상이라고 부르는 것은 이 중요한 차이점을 함부로 다루는 일이 될 것이다.

우리는 곧 이 구분을 더욱 충분히 인식하게 될 것이다. 그러나 그것이 직관적으로 자연스러운 것이라는 데 일말의 의심이라도 남아 있다면, 허구적인 톰 소여가 실제 세계에 하나 이상의 대응물을 가지고 있을 가능성을 생각해보라. 《톰 소여의 모험》이 그들 **모두**에 대한 소설이라고 기꺼이 말할 수 없다면, 우리는 일치로는 재현하기에 충분하지 않다는 데 동의해야 할 것이다.

3.3 결정 요소

한 작품이 무엇을 재현하는지, 또는 그것이 무엇인가를 재현하는지 아닌지의 여부를 결정하는 것은 무엇인가? 이것은 어떤 발생의 원칙이 효력을 가지는가의 문제이다. 문제의 원칙 — 그로 인해 어떤 작품들이 어떤 (실제의) 사물들에 대한 상상하기를 지시하는 — 은 느슨하고, 가변적이며, 복잡하다. 나는 제4장에서 이 원칙들 및 다른 원칙들에 대한 좀 더 일반적인 검토에 착수할 것이다. 그러나 어떤 전통이나 우리에게 익숙한 어떤 장르들에서 재현의 대상을 결정하는 데 어떤 역할을 하는 것으로 보이는 몇몇 상황들을 기억해두는 것이 유용할 것이다. 지칭(reference)에 관한 최근의 철학적 논의들에 익숙한 독자들이라면 다음에 나오는 대부분의 제안들이 낯익을 것이다. 나는 재현하기(우리의 의미에서)를, 예를 들면 이름과 그 이름이 가리키는 것 사이의 관계와 마찬가지로 지칭의 한 종으로 간주한다.

어떤 재현들은 그 대상과의 접촉을 성취하기 위해 보통의 언어적 지칭을 이용한다. 문학 작품 안의 등장인물에게 잘 알려진 인물의 이름("나폴레옹", "줄리어스 시저")을 사용하는 것은 흔히 등장인물과 그 인물 간의 "동일성"을 확립하고 그 작품이 그 사람에 대한 소설이나 희곡 혹은 시가 되게 하는 역할을 한다. 그 사람이 독자로서 의도된 이들에게 상당히 잘 알려진 사람이어야 하며, 작가가 전혀 알려지지 않은 지인의 이름을 사용하는 것은 그 지인을 그가 쓴 작품의 대상으로 만들기에 충분하지 않다고 주장할 수 있을 것이다. 아마도 한 작품은 그것이 누구에 대한 상상하기를 지시하는지 독자가 인식하기를 합당하게 기대할 수 없다면 그 사람에 대한 상상하기를 지시하는 것이 아닐 것이다. 또한, 잘 알려진 이름이라 하더라도 작가가 그것을 우연히 사용한다면 그를 대상으로 만들기에 성공하지 못하며, 작가는 문제의 그 인물의 이름을 잘 알고 고의적으로 사용했어야 한다고도 주장할 수 있다. 작가가 고의적으로 사용하지 않았다면 그는 단지 동명이인일 뿐이다. 텍스트 안에서 그 이름이 등장하는 것은 그 인물을 지시하지 못하며, 그 작품은 그를 재현하지 않는다.

그림들은 종종 제목을 통해 그 대상을 골라낸다. 존 슬론(John Sloan)의 〈맥솔리의 술집〉은 주로 그 제목에 의해 뉴욕에 있는 맥솔리의 술집에 대한 회화가 된다. 이때 역시, 그림의 제목과 실제 사물의 이름 간의 우연한 일치만으로는 불충분할 것이다. 그러나 내 생각에 감상자들과 그 대상 사이의 친숙성은 보통 회화의 경우 문학의 경우보다 덜 중요한 것으로 이해되는 것 같다. 맥솔리의 술집에 대해 그 누구도 들어본 적이 없다 하더라도 문제가 되지 않을 것이다. 때때로 비언어적인 기호가 어떤 역할을 하기도 한다. 르네상스 회화에서 후광은 대상의 범위를 성인들에 한정시킴으로써 대상을 가려내는 데 도움을 준다.

어떤 이들은 예술가의 의도만이 효력이 있으며 작품들은 작가가 자신의 작품이 재현하도록 의도한 것만을 재현한다고, 또 이름과 제목, 그리고 비언어적 단서들은 예술가의 의도를 가리키는 데만 사용된다고 주장할 수도 있다. 물론 이러한 효과를 나타내도록 하는 발생의 원칙들이 있을 수 있다. 감상자는 예술가가 감상자가 참여하도록 의도한 상상하기의 대상이 무엇이든 그것에 대한 상상하기에 참여해야 한다고 이해될 수도 있다. 그러나 나는 대부분의 경우 예술가의 의도는 한 작품이 무엇을 재현하는가를 결정하는 데 관련이 있는 상황들의 느슨한 무리 가운데 하나일 뿐이라는 것이 더 합당하게 생각된다.

어떤 예술가가 실제 사물을 보고 그릴 때, 그의 그림의 대상은 아마도 그가 그리는 실제 세계의 단편 — 그가 이젤 너머로 관찰하는 산이나 도시, 또는 사람 — 일 것이다. 의도가 개입되기는 하지만, 어떤 특정 장면이나 사물이 그 그림의 대상이라는 의도만은 아니다. 대상은 예술가가 그림을 그리는 동안 그의 손을 인도하며, 그는 그 대상이 그렇게 하도록 의도한다. 사진의 대상은 때때로 사진가의 의도와는 상관없이 카메라의 렌즈 안과 필름 위에 빛을 반사하고 그럼으로써 이미지를 산출해내는 사물인 것으로 이해될 수 있다.

내가 이제까지 든 예들은 어떤 대상이 한 재현의 대상이 되기 위해서는 그 작품의 생산에 어떤 인과적 역할을 해야 한다는 것을 암시한다. 그것은 그 작품이 만들어진 의도에 개입되어서든 아니면 좀 더 "기계적인" 어떤 방식으로든, 그 재현이 나타나게 된 과정에 이런저런 방식으로 관련되어야 한다. 나는 이것이 맞는 것 같다. 그리고 그것은 재현하기를 일치로부터 뚜렷하게 구분하는데, 왜냐하면 일치에는 어떤 그러한 인과적 연결도 요구되지 않기 때문이다. 그러나 재현이 실제로 그 대상과 인과적으로 연결되어야 한다 하더라도, 그러한 요구가 있다는 것은 단지 우연적인 사실이다. 작품이 자신과 높은 정도로 상응하는 무엇이든지 재현했다고 할 수 있는 관례라든지 심지어는 작품과 일치하는 것만을 재현했다고 할 수 있는 관례가 있었을 수도 있다. (후자의 관례는 비현실적일 텐데, 왜냐하면 일치는 달성하기도 확신하기도 너무 어렵기 때문이다.)

심지어 실제 경우들에서도, 우리는 한 재현이 어떤 것과 얼마나 일치하는지가 그것이 그 대상을 재현하는지의 여부와 어떤 관련이 있다고 하고 싶을 가능성이 크다. 르네 마그리트(René Magritte)의 회화 〈수태고지〉는 한쪽 손에 뼈를 들고 있고 다른 쪽

손에는 한편에 그의 머리가 달린 바벨을 들고 있는 한 역도선수를 묘사하고 있다. [*역주: 월튼이 말하는 그림은 〈수태고지〉가 아니라 〈영구 운동(Le Mouvement perpetuel, 1935)〉으로 보인다.] 이 그림은 그 제목에도 불구하고, 심지어 마그리트가 그렇게 의도했다 하더라도(그럴 리 없지만) 〈수태고지〉를 묘사한다고 하기 어렵다. 이 그림은 그 사건을 어떤 방식으로 "상징하는" 것일 수 있지만, 그것을 그리고 있지는 않다. 이 사실은 재현과 그 대상 사이에는 어떤 상응이 있어야만 한다는 것을 암시한다. 아마도 어떤 것이 수태고지를 재현하기 위해서는 적어도 수태고지-재현(announcing-representation)이어야 할 것이다. 만약 그렇다면, 재현에 대해 어떤 적절한 인과적 관계를 가지는 것은 그 재현의 대상이 되기 위한 필요조건일지는 몰라도 충분조건은 아니다.

우리는 실제 장면과 그것을 그리거나 찍은 그림이나 사진 사이에 성립하는 인과적 관계를 지나치게 강조하지는 말아야 한다. 프라 필리포 리피(Fra Filippo Lippi)는 한 지방 수녀인 루크레치아 부티(Lucrezia Buti)를 자신의 〈허리끈을 든 성모〉의 모델로 삼았다. 그녀는 많은 귀족들이 자신의 초상화를 위해 포즈를 취한 것과 똑같이 그 그림을 위해 포즈를 취했다. 그러나 〈허리끈을 든 성모〉는 그것과 똑같은 의미에서 루크레치아의 초상화인 것은 아니다.[5] 그녀는 그 그림의 대상이 아니며, 성경에 나오는 마리아가 그 그림의 대상이다. 그 그림이 지시하는 상상하기는 마리아에 대한 것이지 루크레치아에 대한 것이 아니다. 작가들은 때때로 자신이 잘 아는 사람을 등장인물의 모델로 삼거나 실제 사건을 허구적 사건의 모델로 삼는다. 그러나 이 사실이 모델을 그 작가의 작품의 대상으로 만들지는 않는다. **모델들에 대해서는** 어떤 허구적 참도 발생하지 않는다. 그것들은 단순히 작가가 자신의 작품에 어떤 종류의 등장인물과 허구적 사건들을 포함시킬지, 자신의 작품이 어떤 허구적 참들을 발생시키도록 할지 결정하는 데 도움을 줄 뿐이다. 그 도움이 얼마나 귀중하든 말이다. 《데이비드 코퍼필드》는 어떤 의미에서는 "자전적"이다. 그러나 그 소설이 찰스 디킨스(Charles Dickens)에 대한 허구적 참을 발생시키는 것으로 간주될 필요는 없다.

---

5) 먼로 비어슬리(Monroe Beardsley)의 "명목적(nominal)" 초상과 "물리적(physical)" 초상 사이의 구분과 비교해 보라(*Aesthetics*, p. 277).

나는 한 재현의 대상을 결정하는 데 있어 어떤 고려사항들이 관련되는지에 대해 매우 대략적인 그림만을 그려보았다. 현재로서는 제목이나 그런 종류의 기호들, 예술가의 의도, 다른 인과적 관계들, 그리고 아마도 어느 정도의 상응 사이의 어떤 결합이 재현하기라는 관계를 성립시키는 데 전형적으로 기여한다는 사실을 유념하는 것으로 충분하다. 이러한 관찰을 하는 목적 중 일부는 재현하기와 일치 사이의 구분을 더욱 명료하게 하는 것이다. 그것은 또한 재현하기가 지칭하기에 어떻게 관련되는지 보도록 도와주기도 한다.

3.4 재현하기와 지칭하기

리피의 〈허리끈을 든 성모〉는 루크레치아 부티를 **재현**하지 않는데, 그 이유는 그 그림이 그녀를 **지칭**하지 않기 때문이다.《데이비드 코퍼필드》가 찰스 디킨스를 지칭하지 않는다면, 그것은 그를 재현하지 않는다. 재현하기는 지칭하기의 일종이다.

그러나 모든 지칭하기가 재현하기인 것은 아니며, 심지어 모든 재현에 의한 지칭하기가 재현하기인 것도 아니다. 지칭은 때때로 어떤 실제 인물을 나타내고 의미하며 떠올리게 하는 순수하게 허구적인 등장인물에 의해 이루어지기도 한다. 볼테르(Voltaire)의《캉디드》에 등장하는 팡글로스 박사(Dr. Pangloss)는 라이프니츠(Leibniz)를 가리키며, 따라서 그 작품은 그를 지칭한다. 스펜서(Spenser)의《요정 여왕》은 허구적 세계 안의 대역인 글로리아나(Gloriana)라는 등장인물을 통해 엘리자베스 여왕을 지칭한다. 그러나 나는 이 작품들이 라이프니츠와 엘리자베스 여왕을 우리의 의미에서 **재현하는** 것으로 간주하지는 않고 싶다. 그의 이름이 "팡글로스"이며 그가 "종기로 덮여 있고 눈은 흐리멍덩하며 코끝은 잘려나가고 입은 비뚤어지고 이는 검게 변하고 목쉰 소리로 말을 하며 심한 기침으로 고통스러워하면서 기침을 할 때마다 이 하나씩을 뱉어내는 거지"가 되었으며, 이런 유감스러운 상태에서 그의 예전 철학 제자인 캉디드를 만나 그에게 계속해서 모든 것이 최선의 상태임을 증명하려고 한다는 것은 라이프니츠에 대해 허구적이지 않다.[6] 비록 우리가 팡글로스에 대해 읽을 때 라이프니츠에 대해 생각하고 그 둘 사이의 어떤 "닮음"을 알아차리고 숙고해보도록 기대되기는 하지만, 우리는 라이프니츠에 대해 그러한 것을 상상하도록 요청받지 않는다. 팡글로스는 볼테르가 라이프니츠를 지칭하기 위한 장치이기는 하지만, 볼테르는 그에 대한 허구적 참을 수립하기 위해서가 아니라 그에 대해 논평하기 위해 라이프니츠를 지칭한다. 이런 식으로, 지칭되는 사물에 대한 허구적 참이 아닌 허구적 참의 발생을 기반으로 하여 이루어지는 지칭은 알레고리의 흔한 한 종류이다.

우리가 흔히 알레고리적인 지칭에 대해 이야기할 때 재현하기에서 사용하는 것과 같은 언어로 한다는 사실로 인해 혼동이 나타날 수 있다. 《캉디드》는 라이프니츠에 대한 것이라고, 혹은 그를 재현한다고 말해진다. 〈허리끈을 든 성모〉는 루크레치아 부티를 재현하지도 지칭하지도 않지만, 루크레치아 부티의 그림으로 묘사된다. 다시 한번, 우리는 이러한 표현들의 잡다한 의미에 주의해야 한다.

무명의 프랑스인이 그린 〈에페 드 라 리그(Effet de la Ligue)〉라는 세 장의 인쇄물 시리즈에서, 스페인의 필립 2세와 기즈가의 사람들(Guises)은 배경에서 마을이 불타는 동안 사람들을 짓밟고 있는 머리가 세 개 달린 괴물로 "묘사된다". (그림 3.1을 보라.) 그 괴물은 나중에 용감한 사자, 헨리 4세에 의해 정복된다. 우리는 허구적으로 필립 2세와 기즈가의 사람들은 머리가 세 개 달린 괴물, 헨리 4세는 사자라고 주장할 필요가 없다. 나는 그보다 그 허구적 세계에서 (순수하게 허구적인) 머리가 세 개 달린 괴물이 (순수하게 허구적인) 사자에 의해 무찔러졌으며, 이렇게 각색함으로써 그 무명의 예술가는 필립 2세와 기즈가의 사람들, 헨리 4세를 알레고리적으로 지칭하고 논평한다고 말하는 편이 나은 것 같다. (만약 그림으로 그려진 동물의 얼굴이 실제 인물들의 얼굴을 닮았다면, 허구적으로 그 인물들이 동물이라고 주장하는 것이 좀 더 자연스러울 것이다.)

《캉디드》와 프랑스 인쇄물에서 알레고리적인 지칭은 압도적으로 명백히 드러난

6) *Candide*, chaps. 3 and 4.

〈그림 3.1〉
작자 미상, 〈에페 드 라 리그(Effet de la Ligue)〉, $6\frac{1}{4} \times 4\frac{7}{8}$인치, 에칭 및 조각(1594). 프랑스 국립도서관, 파리.

다. 그보다 덜 분명한 알레고리적 지칭들은 찾으려고만 하면 거의 어디서든 발견할 수 있다. 카프카(Kafka)의 《변신》과 베케트(Beckett)의 《고도를 기다리며》를 생각해보라. 그러나 그것들은 증명하기가 어렵다. 이것이 알레고리의 큰 미덕 중 하나이다. 그것은 검열과 때로는 감상자 자신의 내적 검열까지도 속이려는 묘책이기 때문이다. 자바 섬의 인형극 공연자는 《마하바라타》 서사시에서 고대의 사악한 왕이 폐위당하는 일화를 선택해, 당국에 거스르지 않으면서 현재의 사건에 대한 자신의 메시지를 전달할 수 있다.[7)]

7) 나는 이 예에 대해 베커(A. L. Becker)에게서 도움을 받았다. 여기서 알레고리적인 지칭을 수행하는 것은 작품이 아니라 그 일화의 공연이다.

3.5 대상의 사용

작품이 실제 사물을 재현한다는 것의 핵심은 무엇인가? 적어도 "미학적인" 관점에서는 실제 세계와의 연결이 불필요하다고 보는, 이상하게도 고집스런 경향이 존재한다. 문제는 어떤 **종류**의 사람들과 장소와 사건들이 허구적 세계에서 발견될 수 있는가이지 그중 어떤 것들이 실제인가의 여부가 아니라는 것이다. 이러한 태도를 견지한다 하더라도 우리는 재현의 대상에 어느 정도의 실제값(practical value)을 허용해야 한다. 만약 어떤 이야기꾼이 제국주의와 민주주의적 전통이 혼재하며 모종의 경제적 · 계층적 구조를 가진 나라의 큰 현대 산업 도시를 이야기의 배경으로 삼기를 원한다면, 그는 사건을 런던에서 일어나는 것으로 설정함으로써, (실제의) 런던에 대해 그 사건이 거기에서 일어난다는 것을 허구적으로 만듦으로써 한 번에 그런 배경을 마련할 수 있다. (이는 보통 그저 그 사건이 일어나는 도시를 '런던'이라고 부름으로써 성취될 수 있다.) 이렇게 하는 것은 이야기꾼과 독자 모두에게 배경에 대한 세부를 자세하게 설명하는 데 드는 지루한 시간과 페이지를 절약하게 해준다. 또한 행위에 대한 묘사를 희생하며 배경에 과도한 강조를 하게 되는 것을 피하게 해주기도 한다. 독자는 그 반대라는 명확한 암시가 있는 경우를 제외하고는 단순히 그 허구적 런던이 실제 런던과 유사하다고 가정한다. 이야기가 그렇지 않다고 암시하지 않는 한, 허구적으로 그 행위가 일어나는 도시는 크고 현대적이고 산업이 발달했으며 그 밖에 무엇이든 실제 런던과 같은 곳이다. (그러나 제4장을 보라.) 배경이 그렇게 준비되고 나면, 작가는 독자의 주의를 등장인물과 그들의 행위에 집중하도록 할 자유를 얻게 된다.

그러나 대상을 재현하는 것은 편의를 위한 장치 이상이다. 어떤 재현들은 실제 사물들에 대한 진술이나 단언을 포함하고 있으며, 그렇게 하기 위해서는 그 사물들을 지칭하는 것이 필요하다. 우리가 보았듯이, 그 지칭하기가 반드시 재현하기여야 하는 것은 아니다. 그러나 재현하기일 수도 있으며, 재현하기는 때때로 최선의 방법일 수 있다. 알레고리의 우회성은 감추어진 지칭을 하는 데 유용하며, 심지어 명백한 알레고리적 지칭조차 비록 투명할지라도 어느 정도 가장하는 것 같은 인상을 풍기게 된다. 역사 소설, 초상화, 그리고 종교적인 성상들에서와 같이 단순하고 직설적인 지칭이 요구되는 경우에는 재현하기가 선호될 것이다. 게다가, 어떤 사물에 대한 재현을 포함하는 진술은 특별히 호소력 있고 설득적일 수 있다. 왜냐하면 어떤 것을 재현하는 것은 그것에 대한 상상하기를 지시하는 것이기 때문이다. 그리고 어떤 것 — 조지 부시, 프랑스 혁명, 자기 자신 — 에 대한 상상하기에 참여하는 것은 그것에 대한 이해를 깊게 하는 좋은 방법이다. 사실상 진술은 필요하지 않을 수도 있다. 대상의 재현은 진술이나 단언의 전달 수단으로서 이해되지 않는 경우에도 그 대상에 대한 상상하기를 지시한다.

이는 부수적으로 재현을 유사언어의 관점에서 다루는 현재 유행하는 관행의 한 가지 결점을 보여준다. 언어적 발화는 단언의 전달 수단이므로 전형적으로 정보를 주는 것이다. 어떤 말을 발화하면서 화자는 어떤 건물이 불에 타고 있다든지 기차가 탈선하려 한다든지 하는 것을 **단언**하거나 **진술**하고 있으며, 우리는 그의 말을 통해 상황이 그렇다는 것을 알게 되기 때문이다. 그러나 재현은 적절한 상상하기를 유도함으로써 그러한 의사소통적인 역할과는 완전히 별도로 어떤 해명을 제공해준다. (§2.8을 보라.)

우리는 아리스토텔레스(또는 그의 주석자들)로부터 시의 기능은 개별적인 것들에 대한 참이 아닌 **보편적인** 참을 드러내는 것이라는 관념을 물려받았다. 그렇더라도, 개별자들을 재현하는 것은 도움이 될 수 있다. 보편적인 전쟁의 폐해를 보여주는 한 가지 방식은 특정한 예를 드는 것, 예를 들어 스페인 내전 같은 특정한 예를 재현하는 것이다. 그렇게 함으로써 그 작품은 그 개별적인 경우에 대해 감상자들이 독립적으로 아는 바, 그리고 그것에 관한 상상하기로 얻어진 통찰을 끌어들이고 이용하여 그들이 보편적인 결론에 이르도록 인도할 수 있다. 다시 한번 말하지만, 이것은 그 작품이 특정한 경우에 대한 논평이나 보편적인 참에 대한 진술로서 이해되지 않더라도 성취될 수 있다.

재현의 모든 대상들이 우리에게 특별히 흥미로운 것은 아니다. 그것이 보편적인 참에 대한 예로서 이해되더라도 마찬가지다. 그리고 작품이 항상 우리의 관심을 대상들에게로 향하게 하는 것도 아니다. 대상들은 작품의 요점에서 멀리 떨어져 있을 수도 있다. 이것은 때때로 설정, 배경, 그리고 장소에 대해서도 그렇다. 《킹콩》의 사건이 일어나는 장소를 뉴욕으로 설정하여 뉴욕을 그 작품의 대상으로 만든 목적이 뉴욕에 대한 우리의 이해를 깊게 한다거나 우리의 관심을 특별히 그 도시에 돌리도록 하려는 것은 아니다.

그것들의 목적은 무엇인가? 우리는 §1.3에서 상상하기는 때때로 그것 자체로서는 관심의 초점이 아닌 나무 그루터기, 쌓인 눈, 플라스틱 인형 등에 대한 것일 수도 있다는 것을 보았다. 나는 이 대상들이 상상 경험에 중요한 기여를 한다고 확신한다. 그렇지 않다면, 왜 상상하기가 그렇게나 자주 그러한 부수적인 것들을 대상으로 삼는지를 이해하기 어렵다. (나는 그것들이 상상하기에 "실체"를 부여함으로써 상상하기의 "생생함"을 강화한다고 다소 모호하게 제안한 바 있다.) 그 대상이 (적어도 우리가 작품을 감상하는 동안) 우리의 관심에서 중심적이지 않은 작품들, 그러한 대상들에 대한 상상하기를 지시하는 작품들은 그 대상들이 상상하기에 기여하는 바를 이용한다.

킹콩이 탈출하고 다양한 모험을 하는 것이 실제의 도시이며 친숙한 도시에서 일어난다는 사실, 킹콩이 고층 건물에서 맨해튼의 잘 알려진 명소들을 내려다본다는 사실은 그 영화에 《걸리버 여행기》나 《호빗》과 같이 순수하게 허구적인 나라나 순수하게 상상적인 행성에서 일어나는 일들을 그린 판타지들, 또는 심지어는 허구적이지만 전형적인 요크나파토파 마을(Yoknapatawpha County)에서 벌어지는 것으로 설정된 포크너(Faulkner)의 이야기들과는 완전히 다른 독특한 정취를 부여한다. 어떤 이들은 친숙한 실제 세계의 배경은 믿을 수 없는 이야기에 "그럴듯함"의 분위기를 제공해준다고 제안할 수도 있겠다. 내 생각에 그것은 그 믿을 수 없는 사건들에 우리의 개인적인 관심을 끌어들이게 하는 문제, 우리가 "나는 (허구적으로) 킹콩이 작은 소녀를 붙잡았던 바로 그 모퉁이에 서 있었던 적이 있어"와 같은 것들을 말할 수 있게 하는 문제에 더 가까운 것 같다. 나는 역사적 사건들에 대해 읽을 때 그 사건들이 일어났던 런던탑, 파르테논, 게티즈버그, 로마, 예루살렘 같은 장소들을 방문한 적이 있다는 것이 큰 차이를 낳는다는 것을 기억한다.

3.6 재귀적 재현

어떤 재현들은 그 자신의 대상이다. 우리는 제1장에서 아이들의 게임에서 소도구들은 그것들이 지시하는 상상하기의 대상이 될 수 있다는 것을 보았다. 인형은 게임의 참가자들에게 한 아기를 상상하는 것만이 아니라 그 인형 자체가 아기라고 상상하도록 지시한다. 따라서 그 인형은 자기 자신에 대한 허구적 참들을 발생시킨다. 즉, 그 인형은 자기 자신을 재현한다. 그 인형을 하나의 **재귀적**(reflexive) 재현이라고 부르자.

《걸리버 여행기》의 독자는 "걸리버"라는 이름을 가진 어떤 배의 의사가 다양한 신기한 나라들을 여행하고 자신의 모험을 상세히 기록하는 여행일지를 썼다는 것을 상상해야 하지만, 또한 그가 읽고 있는 바로 그 책에 대해서, 그것이 바로 그 여행일지라고 상상해야 한다. (스위프트의 소설의 정식 제목은 《레뮤얼 걸리버가 쓴 세계 여러 먼 나라로의 여행기》이다.) 따라서 이 소설은 그 자신에 대해, 그것이 릴리풋, 브롭딩낵, 휴이넘랜드 같은 곳들을 여행한 어떤 여행가의 모험에 대한 보고서라는 것을 허구적으로 만든다. 이 소설 역시 재귀적이다. 편지, 일기, 그리고 일지의 형태로 쓰인 문학적 허구들은 일반적으로 재귀적이다. 《트리스트럼 섄디(*Tristram Shandy*)》는 자신에 대해 그것이 자서전이라는 것을 허구적으로 만든다. 허구적으로 스타니스와프 렘(Stanislaw Lem)의 《완벽한 진공》은 (《완벽한 진공》에 대한 비평을 포함한) 책 비평 모음집이다. 허구적으로 베케트의 《말론 죽다》는 한 남자의 임종 침대 위에 놓인 노트에 휘갈겨 쓰여 있는 그의 마지막 며칠간에 대한 두서없는 기록이다.

재귀성은 솔 스타인버그(Saul Steinberg)의 드로잉들에서 반복해서 나타나는 주제이다. 그림 3.2를 이루고 있는 선들은 허구적으로 테이블에 앉아 그림에 열중하고 있는 한 화가에 의해 방금 그려진 것들이다. 이 선들은 화가, 그의 테이블, 그리고 그의 펜을 그리고 있는 선들을 포함한다. 로이 리히텐슈타인(Roy Lichtenstein)의 〈작지만 큰 그림〉(그림 3.3)은 붓 자국을 그린 실물보다 큰 크기의 그림인데, 그 그림 자신의 일부를 붓 자국으로서 재현하고 있다. 캔버스 위의 물감 자국이 물감 붓으로 아무렇게나 네 번 휘갈겨 그린 결과라는 것은 그 물감 자국에 대해 허구적이다.

〈그림 3.2〉 솔 스타인버그(Saul Steinberg), 〈드로잉 테이블(Drawing Table)〉, 19×25$\frac{1}{4}$인치, 종이에 잉크(1966). 페이스 갤러리, 뉴욕.

스타인버그와 리히텐슈타인의 작품은 특별하다. 대부분의 회화와 드로잉들은 재귀적이지 않다. 비구상적인 그림들까지도 재귀적인 한 방식을 제외하고서는 말이다. (§1.8을 보라.) 티치아노(Titian)의 〈비너스〉에서는 한 여인이 긴 의자에 비스듬히 누워 있다는 것이 허구적이지만, 그 회화 자체나 그 일부에 대해 **그것이** 여인이라거나 긴 의자라는 것이 허구적이지는 않다. 〈비너스〉는 그런 방식으로 그 자신을 재현하지 않는다.

어떤 경우들은 불명확하다. 로마에 있는 4세기경에 만들어진 콘스탄티누스 대제(Constantine the Great)의 대리석 머리를 그것 — 조각된 대리석 덩어리 자체 — 이 허구적으로 콘스탄티누스의 머리라는 식으로 해석하고 싶을 수도 있다. 그러나 내 생각에 이렇게 해석하는 것은 인형이 그 자신이 아기라는 것을 허구적으로 만든다고 이해하는 것보다 훨씬 덜 설득적인 것 같다. 그 차이는 아마도 인형의 더 많은 실제 속성들이 허구적으로 아기가 가지고 있는 속성이 된다는 사실 때문일 것이다. 만약 그 인형이 조지아(Georgia)주의 디케이터(Decatur)에 있다면, 허구적으로 아기도 거기에 있다. 크리스가 인형을 껴안는다면, 허구적으로 크리스가 아기를 껴안는 것이 된다. 그러나 허구적으로 콘스탄티누스(혹은 그의 머리)가 그 대리석 조각이 있는 장소에 있다거나 만약 그 조각이 트럭에 실려 있다면 허구적으로 콘스탄티누스가 트럭에 타고 있다거나 하는지는 명백하지 않다. 그 조각은 8피트 높이이지만, 분명히 콘스탄티누스의 머리가 그렇게 크다는 것이 허구적이지는 않다. 적어도, 어떤 큐레이터가 그 대리적 덩어리를 안는다고 해서 그가 허구적으로 콘스탄티누스를 안는 것이 되는 게임에 연루되는 것은 그 조각상의 기능이 아니다. 따라서 인형은 조각상이 그렇지 않은 많은 측면들에서 그 자신과 상응한다. 그것은 그 자신과 일치하는 것에 더 근접한다. 즉, (비격식적으로 말해서) 허구적인 콘스탄티누스가 그 조각상과 유사한 것보다 허구적인 아기가 인형과 더 유사하다. 우리는 이 점 때문에 인형이 스스로를 재현하는 것으로 간주되는 것이 더 자연스럽다는 사실에 놀라지 말아야 한다. 왜냐하면 (§3.3에서 보았듯이) 한 작품이 어떤 주어진 대상을 재현하기 위한 필요조건은 그 작품이 어느 정도 그 대상에 상응해야 한다는 것이기 때문이다. 그러나 우리가 이러한 불확실한 경우들 때문에 마음 졸일 필요는 없다.

재현이 스스로를 대상으로 골라내는 수단들은 다양하다. 다른 것들을 지칭하기 위해 사용하는 보통의 기법들도 사용할 수 있다. 《완벽한 진공》과 영화 〈불타는 안장〉은 제목으로 스스로를 지칭한다. 만약 어떤 그림이 벽에 그림이 걸려 있는 방을 묘사한다면, 그 묘사된 그림이 묘사하고 있는 그림 자신인지의 여부는 다른 그림이 그 대상인지의 여부를 결정하는 것과 같은 방식으로 결정되어야 한다. 화가는 그 그림이 스스로를 재현하기를 의도했는가? 벽에 걸린 그림은 그림 자신과 일치한다고 말할 수 있을 정도인가? 관람객이 그 그림이 자신에 대한 상상하기를 지시한다는 것을 알아차리기를 기대할 수 있는가? (완성되지 않은 상태에서) 그 그림에 대한 주목이 화가의 손이 그것을 그리는 것(을 완성하는 것)을 인도했는가? 이 경우들에서, 재현된 작품이 재현하는 작품과 동일하다는 것을 알아차리지 못하는 것은 완벽하게 가능하다. 만약 어떤 영화 관람객이 자신이 보고 있는 영화의 제목을 잊어버렸다면, 그는 허구적으로 **그것**이 영화

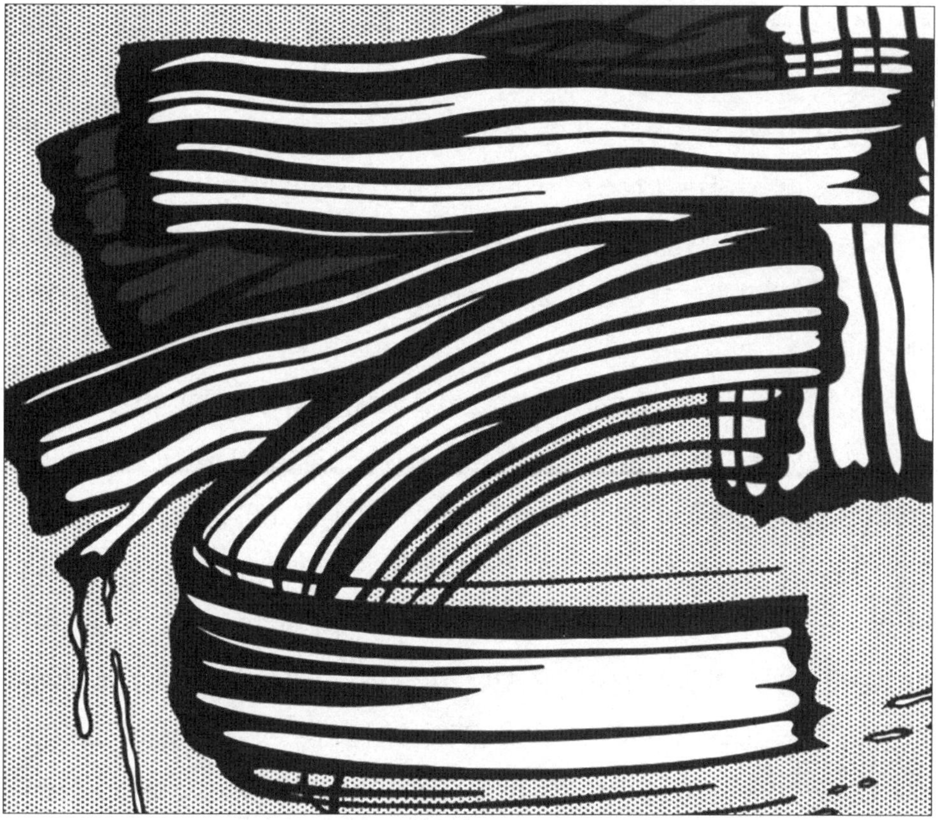

〈그림 3.3〉 로이 리히텐슈타인(Roy Lichtenstein), 〈작지만 큰 그림(Little Big Painting)〉, 68×80인치, 캔버스에 오일(1965), 휘트니 미술관, 뉴욕.

안의 등장인물들이 〈불타는 안장〉을 광고하고 있는 차양 아래를 지나며 보러 가는 그 영화라는 사실을 놓칠 수 있다.

우리는 어떤 주어진 것이 재현이나 재현의 일부와 동일하다는 사실이 그것이 재현되었다는 것을 확립하는 데 있어 결정적인 경우들에 더 관심이 있다. 만약 (아마도 사실상 불가능한 어떤 수단에 의해) 그림 3.2가 그것을 실제로 구성하는 선들과 다른 선들로 구성되어 있었다면, 그것은 (실제 보이는 모습과 전혀 다르지 않게 보인다 하더라도) 그것이 실제로 재현하는 선들이 아닌 그 다른 선들을 재현했을 것이다. 작품의 일부가 된다는 것은 그 선들이 그 그림의 대상이 되도록 하는 것의 일부이다. 우리는 그 그림이 재현하는 선들이 그 드로잉 자체의 선들이라는 것을 알아차리지 않고서는 그 그림이 선들을 재현한다는 것을 알아차릴 수 없다. 그림 3.2가 그 자신을 그 자신으로서 지칭한다고 말해보자. 《걸리버 여행기》 역시 그렇다. 거기에 나오는 단어들을 그 작품이 재현하는 대상들의 일부로 만드는 것은 부분적으로 그 단어들이 그 작품 속에 있다는 것 때문이며, 독자는 그 텍스트의 단어들 자체가 재현되었다는 것을 알아차리지 못하고서는 단어들이 재현되었다는 것을 알아차리지 못할 것이다. 그와 대조적으로, 〈불타는 안장〉과 벽에 걸린 그 자신을 묘사하는 그림은 그 자신을 그 자신으로서 지칭하지 않는다.

(이 두 종류 모두의) 재귀적 재현은 그 자신을 재현으로서 재현할 수도 있지만 반드시 그럴 필요는 없다. 〈작지만 큰 그림〉은 그 자신을 재현으로서 재현하지 않는다. 그 그림은 그 자신을 단지 타성적인 붓 자국으로서 재현한다. 그러나 스타인버그의 드로잉은 그 자신을 재현으로서 재현한다. 허구적으로 그 드로잉의 선들은 테이블 앞에 앉아 있는 한 화가에 대한 묘사를 구성한다. 이것은 우리에게 하나의 허구적 세계 안에 들어 있는 또 하나의 허구적 세계를 선사한다. 그 선들이 한 화가가 테이블 앞에 앉아 있다는 것을 허구적으로 만든다는 것이 허구적이기 때문이다. 사실 우리는 수없이 많은 내포된 허구적 세계들을 가지게 되는데, 그 각각은 그 드로잉의 실제 선들을 포함한다. 허구적으로 한 남자가 방금 그 선들을 그렸고, 그로 인해 한 남자가 그것들을 방금 그렸다는 것을 허구적으로 만들고, 또 그로 인해 다음과 같은 것을 허구적으로 만들고 …… 등으로 무한히 이어진다. 〈불타는 안장〉에서도 등장인물 중의 일부가 영화 〈불타는 안장〉을 보고 있다는 것은 허구적이며, 그 사실이 (어쨌든 함축에 의해) 그 영화의 등장인물들이 영화 〈불타는 안장〉을 본다는 것을 허구적으로 만들고, 또 그 사실이 …… 이렇게 무한히 이어지게 된다. 존 바스(John Barth)의 《액자식 이야기》는 페이지의 한편에 "옛날 옛적에"라고 쓰여 있고 또 다른 한편에 "다음과 같이 시작하는 한 이야기가 있었다"라고 쓰여 있는데, 종이를 비틀어서 양쪽 끝을 붙여 하나의 뫼비우스 띠로 만들라는 지시가 달려 있다.[8] 따라서 그 이야기는 옛날 옛적에 다음과 같이 시작하는 한 이야

8) *Lost in the Funhouse*, pp. 1-2에서.

기가 있었다. 옛날 옛적에 다음과 같이 시작하는 한 이야기가 있었다. 옛날 옛적에 …… 하는 식으로 무한히 반복하여 읽히게 된다. 이 단어들은 (어쨌든 이 단어의 인쇄들은) 스스로를 재현하는 재현으로서 스스로를 재현하는 재현으로서 스스로를 재현하는 재현으로서 …… 스스로를 재현한다.

물론 재현이 허구적 세계 안에 또 하나의 허구적 세계를 끼워 넣기 위해 재귀적이어야만 하는 것은 아니다. 모든 재현의 재현은 그것이 **스스로를** 재현으로서(또는 어떤 다른 것으로서) 재현하든 아니든 그렇게 할 수 있다. 그림의 그림(마티스(Matisse)의 〈붉은 화실〉)도 있고, 이야기에 대한 이야기(키스 포트(Keith Fort)의 《석탄 캐는 사람》)도 있으며, 연극에 대한 연극(〈햄릿〉), 조각의 조각(조상들의 흉상을 들고 있는 기원전 30년경 로마 귀족의 조각이 있다), 영화에 대한 영화(트뤼포(Truffaut)의 〈아메리카의 밤〉), 소설에 대한 소설(이탈로 칼비노(Italo Calvino)의 《어느 겨울밤 한 여행자가》), 그림에 대한 소설(오스카 와일드(Oscar Wilde)의 《도리안 그레이의 초상》), 그림에 대한 시(키츠(Keats)의 《그리스 항아리에 부치는 노래》), 영화에 대한 소설(마누엘 푸익의 《거미여인의 키스》)도 있다. 모든 재현의 재현은 다양한 다른 명제들을 허구적으로 만드는 한 작품이 있다는 것을 허구적으로 만든다. 그중의 몇몇은 그것들 자신 혹은 자신의 일부가 그러한 작품이라는 것을 허구적으로 만드는 것으로 해석할 수 있지만, 다른 것들은 그렇게 해석할 필요가 없거나 그렇게 해석할 수 없다. 《도리안 그레이의 초상》에서 그 소설의 어떤 부분이 도리안 그레이의 초상이라는 것은 허구적이지 않다.

많은 재귀적 재현들은 스스로를 허구 작품으로서가 아니라 비허구 작품으로서 재현한다. 어떤 것들은 스스로를 전기, 역사, 일지, 수필(《트리스트럼 샌디》, 《완벽한 진공》, 《걸리버 여행기》)로서 재현한다. 전기와 같은 것들은 허구적 세계를 가지고 있는 것이 아니므로 그런 작품들은 내포된 허구적 세계를 제시하지 않는다. 훌리오 코르타사르(Julio Cortázar)의 이야기 《욕망》은 스스로를 허구로서 재현하는지 비허구로서 재현하는지 애매하도록 신중하게 의도되었다. 베케트의 《말론 죽다》는 허구적으로 대부분이 비허구이지만, 허구 작품인 이야기의 일부로 보이는 부분이 삽입되어 있다. 허구적으로 말론은 자신의 임종 시의 경험에 대해 (비허구적으로) 써 내려가지만, 몇몇 지점에서는 명백히 스토리텔링을 시도하기도 한다. 그러나 그의 이야기 조각들이 자전적이며 비허구적일 가능성이 크다는 암시들이 있으며, 따라서 《말론 죽다》는 그 자신을 완전히 하나의 비허구 작품으로서 재현한다고 주장할 수도 있다.

재현의 재현과 재귀적 재현이라는 장치와 관련해서 많은 흥미로운 문제들이 있을 것이다. 그러나 재귀성은 특히 이론적으로도 상당히 중요하며, 내 이론을 전개하는 데 중요한 역할을 담당할 것이다.

3.7 대상은 필수적이지 않다

재현적이기 위해 반드시 무엇인가를 재현해야 하는 것은 아니다. 모든 재현이 대상을 가지는 것은 아니다.[9] 그러나 대상을 가진다는 관념, 무엇인가를 재현할 가능성은 재현적이라는 것의 개념에 여전히 핵심적인 것일 수 있다. 특정 재현들(유니콘-그림, 유령-이야기)이 때때로 대상을 가지지 않는 경우가 있다 하더라도, 재현성은 대상에 의해 이해되어야 할지도 모른다.

그러나 나는 그렇게 생각하지 않는다. 어떤 것이 재현적이라는 것이 무엇인지에 대한 제1장의 설명은 대상을 언급하지 않는다. 나는 이제 이러한 누락에 대해 옹호할 것이며, 대상 재현하기를 더 일찍 소개하고 대상들에 더 중심적인 이론적 역할을 부여하고자 하는 이들을 논박할 것이다.

나는 여기서 재현과 언어 사이에 흔히 상정되는 하나의 유비에 반대하는 입장에 서 있다. 우리는 재현하기(representing)라는 관계, 즉 (재현이 대상을 가지고 있을 때) 재현과 그 대상들 사이에 성립하는 관계가 이름이나 다른 지칭적 표현들이 지칭 대상과 갖는 관계와 같은 언어적 지칭과 매우 유사하다는 것을 보았다. 만약 재현하기가 재

9) 실재하지 않는 개체라는 것은 없다고 가정했을 때, 즉 오직 실재하는 것들만이 재현의 대상이 될 수 있다고 가정했을 때. (§3.8을 보라.)

현에 중심적인 것이라면, 언어적 지칭 표현들은 재현을 이해하기 위한 모델로서 매우 장래성 있는 후보일 것이다. 우리의 기본적인 구성단위는 하나의 지배적인 의미론적 관계, 즉 우리가 **지칭**(reference) 혹은 **지시**(denotation)라고 부르는, 그리고 그 범례적인 예인 언어적 지칭 표현들에 의한 지칭을 관찰함으로써 가장 잘 이해되는 의미론적 관계여야 한다고 생각할지도 모른다. 재현하기는 이 의미론적 관계의 한 예로서 이해될 것이며, 재현적인 것이 무엇인지는 그것을 통해 설명될 것이다.

이러한 계획은 "지시는 재현의 핵심"이라는 넬슨 굿맨의 슬로건[10)]의 정신을 따르고 있다. 불행하게도, 굿맨이 "지시"라는 말로써 의미하는 바가 무엇인지에 대한 근본적인 불명확성은 그의 입장이 무엇인지에 대해 확신할 수 없게 만든다. 그가 사물들을 "지시하는" 재현에 대해 말할 때, 그는 내가 "재현하기"라고 부르는 것, 즉 재현이 그 대상과 맺는 관계 같은 것을 염두에 두었을 수도 있다. 그러나 그는 그 대신 **일치**와 유사한 어떤 것을 의미하는 것일 수도 있다.[11)] 이 질문은 결정적인데, 왜냐하면 재현하기와

---

10) *Languages of Art*, p. 5. 굿맨은 "재현"을 내가 사용하는 것보다 더 넓게 사용하고 있기도, 더 좁게 사용하고 있기도 하다. 그에게 있어 "재현"은 허구뿐 아니라 비허구에도 적용된다. 그리고 그는 그것을 그림과 기타 (허구적이거나 비허구적인) 묘사(depiction)들에만 적용시키고 문학 작품들은 배제한다. 그러나 그가 내가 재현이라고 부르는 모든 것들의 핵심을 지시라고 간주한다는 것은 매우 분명하다.

11) 첫 번째 해석을 지지하는 증거는 다음과 같다. (a) 굿맨은 자신이 지시하는 사물들을 **묘사하는** 또는 **재현하는** 그림들, 또는 그것들의 그림이 되는 그림들에 대해 말한다. 어떤 통례적 의미에서든, 어떤 것과 일치한다는 것이 그것의 그림이 되거나 그것을 묘사하거나 재현하는 것이 되지는 않는다. (b) 그가 드는 지시하는 그림의 예들 ― 말보로성을 그린 컨스터블의 그림, 처칠과 웰링턴 공작의 초상화 ― 은 명백히 일치의 예라고는 할 수 없는 재현하기의 경우들이다. 처칠의 모든 (보통 그렇다고 간주되는) 초상화들은 처칠을 대상으로 하지만, 대부분은 이런저런 방식으로 대상을 미화하거나 비난하고 있으며, 모든 경우들에서 "그림 속 처칠"이 실제 처칠과 몇몇 세부에서 다르다는 것, 즉 그 초상화가 처칠과 일치하지 않는다는 것은 확실하다. (c) 굿맨은 지시되는 것을 잘못 재현할 가능성을 인식하고 있다(ibid., pp. 27, 29-30). 그러나 잘못 재현한다는 것은 일치하지 **않고** 재현하는 것이다.
두 번째 해석을 지지하는 증거는 다음과 같다. (a) 굿맨은 그림이 묘사하는 것, 다시 말해 그림이 지시하는 것은 오직 그 "회화적 속성들", 즉 (개략적으로 말해서) "그 그림이 어떤 곳에 어떤 색이 칠해져 있는지"에만 의존하고 있다고 주장한다(ibid., pp. 41-42). 우리는 그림이 재현하는 바에 대해 이것이 사실이 아님을 보아왔다. 제목, 의도, 인과적 관계, 또는 이것들의 어떤 조합이 개입하기 때문이다. 아마도 어떤 그림이 일치하는 것이 무엇인지는 (회화의 체계 및 일치될 대상의 본성이 주어져 있다면) 오직 그 회화적 속성들에 달려 있을 것이다. (b) 그는 "한 그림과 그것이 재현하는[즉, 지시하는] 바 사이의 관계를 …… 한 술어(predicate)와 그것이 적용되는 것 사이의 관계에" 비유한다(ibid., p. 5). 하나의 그림이 어떤 것과 일치하는 것은 정말로 하나의 술어가 그것에 적용되는 것에 비교할 만한 것 같다. 그러나 재현하기는 이름과 그 이름의 주인 사이의 관계와 더 유사하다.
나는 굿맨의 지시 개념이 재현하기와 일치의 위험한 융합을 감추고 있다는 결론을 피하기 어렵다고 본다.

일치 사이에는 근본적인 차이가 있기 때문이다. 우선 첫 번째 해석을 선택해보자. "지시"를 재현이 그 대상과 맺는, 그리고 지칭하는 표현들이 그 지칭 대상과도 맺는 그러한 관계로서 간주해보자. 《전쟁과 평화》와 나폴레옹의 초상화는 나폴레옹을 지시한다고 말할 수 있을 것이며, "나폴레옹 보나파르트"라는 이름과 "1804년 왕위에 앉은 프랑스의 황제"라는 어구 역시 그러할 것이다. 그렇게 이해되는 지시는 재현의 핵심인가?

굿맨은 모든 재현이 지시하지는 않는다는 것, 즉 재현이 단순히 실제로 무엇인가를 지시하는 문제가 아니라는 것에 동의한다. 그는 실재하지 않는 개체라는 것에 전혀 공감하지 않는다. 그러나 그는 지시가 어떻게 덜 직접적인 방식으로 재현적인 것의 기초가 될 수 있는지에 대해 암시하고 있다.

> 비록 재현이 이와 같이 상징과 그 지시 대상 사이의 관계보다는 상징들 사이의 관계에 의존하고 있기는 하지만, 그럼에도 불구하고 재현은 상징의 지시적 상징으로서의 **사용**에 의존하고 있다. 하나의 조밀한 요소 집합은 적어도 **표면적으로**라도 지시 대상들이 주어지지 않는다면 하나의 재현 체계가 되지 못한다. 상징들을 지시 대상들과 연결시키는 규칙이 상징들에 어떤 실재하는 지시 대상도 할당하지 못하고, 따라서 지칭 영역이 공집합이 되는 결과를 낳을 수도 있다. 그러나 요소들은 실제로든 **원칙상으로**든 어떤 그러한 상관관계와 관련되어야만 재현이 될 수 있다.[12]

이 말은 그리 명확하지 않다. 그러나 문제의 지시하기를 재현하기라고 간주한다면, 나는 이 말이 참에 가깝다고조차 생각하지 않는다. 재현적인 것(나의 의미에서나 굿맨의 의미에서나)은 어떤 식으로든 지시하기로 이해될 수 없다. 재현들은 부분적으로라도 지시하는 역할을 함으로써 재현이 되는 것이 아니다. 그 지시가 실제적이든 함축적이든 의도된 바이든 가장된 것이든 표면적이든 원칙적이든 말이다. 재현적이라고 해서 그로 인해 하나의 지시 체계에 속하게 되는 것은 아니다.

---

12) Ibid., pp. 227-228, 강조는 필자. 노비츠는 그의 저서 *Pictures and Their Use*에서 (회화적) 재현을 근본적으로 지시적인 것으로 이해하는 굿맨에게 반대하지만, 나와는 정반대의 이유로 그렇게 하고 있다.

언어적 지칭 표현들은 이와 현저하게 대조된다. 지칭하는 표현들은 그 지시하는 역할에 의해 이해된다. 이 점은 실제로 지시하는 표현들뿐 아니라 실제로는 어떤 것도 지시하지 않는 표현들에도 적용된다. 그것들은 모두 **지시적**이라고 할 수 있다. 지시하지 않는 지칭 표현들에는 몇 가지 종류가 있다. "에베레스트산을 오른 유일한 사람",[13] "그렌델(Grendel)", 그리고 "폴 헨리 오맬로리(Paul Henry O'Mallory)"는 그 예가 될 것이다.

"에베레스트산을 오른 **첫 번째** 사람"은 누군가를 지시하지만, "에베레스트산을 오른 유일한 사람"은 그렇지 않다. 그 차이는 단순히 이 세계에는 우연히 에베레스트산을 오른 첫 번째 사람은 있지만 에베레스트산을 오른 유일한 사람이 있지는 않다는 것이다. 나는 "상징들을 지시 대상들과 연결시키는 규칙"이 후자의 표현에 어떤 지시 대상을 할당한다고 생각하지 않는다. "그렌델"과 "폴 헨리 오맬로리"에 대해서는 그에 적용되는 규칙이 **존재하는지**가 명확하지 않다. (나는 "폴 헨리 오맬로리"가 심지어 허구 안에서라도 이름으로 사용된 적이 한 번도 없다고 가정하겠다.) 이 표현들이 지시하지 못하게 되는 것은 그 표현들이 골라내는 것으로 의도된 지시 대상이 우연히 존재하지 않기 때문이 아니다. 그러나 "그렌델"은 적어도 어떤 하나의 의미에서는 하나의 지시 대상이 "표면적으로는 주어지는" 것이라 할 수 있다. 우리는 "그렌델"이 《베오울프(*Beowulf*)》에서 나타날 때 어떤 실제 인물의 이름인 것처럼 가장하고, 상상하고, 믿는 체한다. "폴 헨리 오맬로리"가 지시하는 것처럼 가장하는 사람은 아무도 없다. 그러나 그것은 관례적으로 지시하는 역할이 부여되는, 이름이라는 것들의 집합에 속하는 한 구성원이라는 의미에서 지시적이다. 즉, 그것은 '잠재적 지시자'라는 하나의 목록에 속한다.

이와 유사한 방식으로 지시적이지만 지시하지는 않는 재현의 산발적인 예들이 존재한다. 공룡의 발자국인 것처럼 보이는 것이 애리조나에서 발견되었다고 가정해보자. 그리고 한 화가가 그 발자국의 주인인 공룡을 그리도록 의뢰받았다고 해보자. 그의 스

13) 키스 도넬란(Keith Donnellan)이 "속성부여적(attributive)"이라고 부르는 방식으로 사용되었을 때("Reference and Definite Descriptions").

케치는 그렇게 이름 붙여지고 박물관에 그 발자국과 함께 전시된다. 그러나 그 발자국이 사실은 공룡에 의해 만들어진 것이 아니라 야심이 좌절된 한 고생물학자가 바위 위에 새긴 것이라고 가정해보자. 그 스케치는 "에베레스트산을 오른 유일한 사람"과 유사하다. 《걸리버 여행기》, 그리고 걸리버의 삽화들은 지시하지는 않지만 "그렌델"이라는 이름과 같은 방식으로 지시적이다. 아마도 파울 클레의 《학자》는 "폴 헨리 오맬로리"에 상응할 것이다. 이 작품은 지시하는 데 종종 사용되는 사람-그림이라는 것들의 집합에 속하기 때문이다.

재현이 이 방식들 중 어떤 방식으로라도 지시적일 필요가 없다는 것은 명백하다. 화가가 동물과 사람들의 그림, 즉 동물-그림과 사람-그림을 그리지만 실제 동물이나 실제 사람을 재현하는 그림은 그리지 않는 사회(§2.5에서의 사회와 유사한)가 있을 수 있다. 그 화가들의 어떤 그림도 (실제의) 대상을 가지지 않으며, 어떤 것을 재현의 대상으로 만드는 규정 같은 것도 없다. 재현에 제목이나 어떤 기호를 붙이는 것이 그 재현을 어떤 (실제의) 사물을 재현하는 것이 되도록 하는 관례도 없으며, 화가들은 재현을 만들어내면서 어떤 것을 모델로 사용하지도 않는다고 해보자. 그들은 어떤 대상을 재현한다는 것이 무엇인지 모르고, 따라서 한 작품이 무엇인가를 재현하도록 의도할 수도 없다. 들소를 그리는 것은 항상 (상상의) 들소를 **창조하는 것**, **만들어내는 것**으로 간주되며, 이미 존재하는 어떤 동물을 상징하거나 지칭하는 것으로는 간주되지 않는다. (아이들이 기린을 그리면서 기린을 **만들었다고** 말하는 것은 우연이 아니다.)

그러한 맥락에서 들소-그림은 어떤 식으로든 지시적이지 않다. 그것은 박물관에 있는 공룡 그림이 하는 것과 같은 방식으로는 어떤 것도 지시하고자 하지 않으며, 어떤 방식으로든 지시하는 것처럼 가장하는 것도 아니다. 그것은 보통 또는 전형적으로 지시하는 데 사용되는 것들의 한 종류도 아니다. 그러나 분명히 그것은 재현적이다.

재현적이라는 개념은 따라서 지시하기의 개념과 독립적이다. 지시는 "재현의 핵심"이 아니다. 이 중요한 요점을 인식하지 못하는 것은 내 생각에 상당 부분 재현하기와 일치 사이를 혼동하는 데서 기인하는 것 같다. 이것들이 제대로 구분되고 나면, 재현적인 것이 재현하기의 가능성, 지시하기의 가능성을 전제로 한다거나 또는 그에 의존한다고 가정하는 것은 용납될 수 없다.

나는 **문학적** 재현이 재현하기에 대한 규정 없이 가능하다고 주장하지 않았다. 대개 문학 작품들은 지시적인 표현들을 포함한 언어적 표현들을 필연적으로 포함하고 있으며, 이는 아마도 그 작품들 자체가 지시적이라는 것을 의미할 수도 있다. 그러나 만약 문학적 재현들이 근본적으로 지시적이라면, 그것은 그 작품들이 문학이기 때문이지 그 작품들이 재현이기 때문은 아니다. 재현은 지시로써 설명될 수 없다. 재현의 대상이라는 개념은 재현적이라는 것의 개념에 본질적이지 않다.

앞에서 나는 오직 실재하는 사물들만이 재현의 대상이 될 수 있다고, 즉 작품들은 오직 실제 세계의 개체들만을 재현(지시)한다고 가정했다. 우리는 다음 절과 이 책의 제4부에서 이 가정을 진지하게 검토할 것이다. 그러나 여기서 그러한 가정을 빠뜨리는 것이 현재의 질문에 어떤 결과를 가져올지에 대해 살펴보기로 하자.

지시가 재현의 핵심이라는 아이디어는 만약 우리가 실재하지 않는 대상이라는 것을 기꺼이 받아들인다면 지금까지보다는 더 설득력이 있는 것으로 여겨질 것이다. 심지어는 재현적인 것을 지시하기로써 설명하는 방식에 이제까지 우리가 검토해온 어떤 설명보다 더 간단한 설명을 기대할 수도 있다. 만약 재현이 허구적 대상을 가질 수 있다면, 예를 들어 §2.5에서 묘사된 들소-그림이 어떤 허구적 들소를 재현한다면, 모든 재현들이 무엇인가를 실제로 지시할 수 있을 것처럼 보인다.[14] 우리는 잠재적인 지시나 지시하기를 의도된 것이나 원칙상의 지시 등에 대해, 또는 실제로 지시되는 것이 없더라도 지시하기에 대한 규정이 있는지에 대해 신경 쓸 필요가 없을 것이다. 이러한 대안이 허구적 개체라는 것에 대한 적대감으로 악명 높은 굿맨의 마음을 끌지는 못할 것이다. 그러나 존재론적인 거리낌을 잘 달래온 몇몇 이론가들에게는 이러한 제안이 매력적일 수 있다.

그러나 우리가 허구적인 개체를 인정한다 하더라도 대상 — 실재하는 대상이 아니라면 허구적인 것일지라도 — 을 가진다는 개념이 재현을 설명하는 데 기본적인 것으

---

14) 사실 지시하지 않는 재현도 비록 드물겠지만 여전히 가능할 것이다. "유령들이 있었다. 끝"이 그 하나의 예가 될 것이다. (§3.8을 보라.)

로 간주되어야 한다는 결론이 뒤따라 나오지는 않는다. 내 생각에 최선의 절차는 여전히 내가 한 것처럼 재현을 믿는 체하기 게임과 허구적 참의 발생으로써 설명하고, 그러고 나서야 역시 믿는 체하기 게임과 허구적 참에 대한 설명에 기대어 재현의 대상이라는 아이디어를 소개하는 것이다. 특히 재현과 그 (허구적일 수도 있는) 대상 사이의 관계를 언어적 지칭에 비유하며 지시라는 하나의 일반적인 언어적 관계로 시작하여 그것을 재현적인 것을 정의하는 데 사용하는 것은 타당하지 않을 것이다. 허구적 대상을 인정한다고 해서 그것이 재현에 언어적 모델을 사용하는 데 집착하는 이들을 지지하지는 않을 것이다.

논의 전개를 위해 《모비 딕》과 《학자》가 허구적 대상을 가진다고 가정해보자. 《모비 딕》은 에이허브(Ahab)(와 고래, 다구(Dagoo) 등)를 재현하고, 《학자》는 어떤 허구적 학자, "그림 속의 남자"를 재현한다. 우리는 이제 재현하기와 언어적 지칭 사이에 성립한다고 가정된 유비를 재고해보아야 한다. 《모비 딕》과 《학자》가 그 허구적 대상에 대해 가지는 관계는 지칭하는 표현들과 그 지칭 대상 사이의 관계와 상당히 다르다. **실재하는** 대상의 재현을 언어적 지칭과 같이 지시하기의 예로서 분류하는 것에 대해서는 충분한 정당화가 존재한다. 그러나 우리는 허구적 대상 재현하기를 그와 같은 경우들에 포함시키는 데는 주저할 것이다.[15)]

가장 두드러진 차이는 다음과 같은 점이다. 에이허브와 학자는 그들을 재현하는 작품과 독립적이지 않다. 에이허브는 그의 존재(대단한 것은 아니지만)와 본성을 《모비 딕》에 빚지고 있다. 만약 그 소설이 어떤 측면들에서 다르게 쓰였다면, 또는 그 소설이 쓰이지 않았다면, 그는 존재하지 않았거나 그런 등장인물은 없었거나 또는 그가 지금과 같은 성격이 아니었을 것이다.[16)] 그와 대조적으로, 실재하는 재현의 대상들은 그들을 재현하는 작품과 완전히 독립적으로 존재하고 그러한 성격을 가진다. 그리고 지

15) 우리는 재현이 **이주해온**(immigrant) 허구적 대상, 즉 다른 재현에 고향을 두고 있는 대상을 지시한다는 것을 허용해야 할 것인데, 왜냐하면 이주해온 대상들은 그것들이 이주해온 재현과는 독립적이기 때문이다.

16) 월터스토프는 등장인물은 영원히 존재하는 **종**(kind)이며 따라서 창조되는 것이 아니라 단지 재현에 의해 선택되는 것이라고 주장한다(*Works and Worlds*, pp. 134-149). 그러나 이러한 동일시는 독립적인 근거에서 반박 가능하다. Walton, "Review of Wolterstorff"를 보라.

칭하는 표현들의 대상들 역시 그와 유사하게 지칭하는 표현들로부터 독립적이다. (재현이나 지칭 표현들이 그 자신을 지시하는 경우를 제외하고는 말이다.) 이 사실은 재현과 허구적이거나 실재하는 대상 사이의 관계를 언어적 지칭 모델을 바탕으로 이해해야 한다고 주장하는 이들을 적어도 주저하게 만들 것이 분명하다.

우리는《모비 딕》이 에이허브를 창조하고 **그에 더해** 그를 지시하기도 한다고 말해야 하며, 적어도 그중 지시하기는 언어적 지칭을 모델로 해서 이해해야 하는가? 그렇게 하는 것은 기껏해야 언어적 모델의 유용성을 약화시킬 뿐인데, 왜냐하면 재현의 창조 기능은 그것과 따로 이해되어야 할 것이기 때문이다. 게다가, 우리가 일단《모비 딕》이 에이허브를 창조한다고 말하고 나면 그것이 그를 지시한다고 덧붙여 말하는 것이 어떤 의미가 있는지 분명하지 않다. 그런 식의 덧붙임은 불필요해 보인다. 그러나 그것을 빼고 나면 언어적 모델이 설명할 것은 아무것도 없다. 독립적으로 분석해야 하는, 창조하기와 지시하기라는 두 가지 분리된 기능이 있는 것이라고는 생각되지 않는다. 어떤 작품이 그 등장인물들을 지시하지 않는 채 창조한다는 것은 어떤 것일까? 만약 설명되어야 할 것이 **하나의**(single) 관계라면, 이 관계는 언어적 모델의 사용을 보증하기에는 언어적 지칭과의 유사성이 불충분해 보인다.

믿는 체하기 이론이 우리가 허구적인 개체를 인정하든 아니든 재현의 "창조하는" 기능을 설명할 수 있다는 점은 주목할 가치가 있다. 그러한 설명의 일부는 재현이 존재에 대한 명제들을 참이 아니라 허구적인 것으로 만듦으로써 "창조한다"는 것이다. 그러나 그 나머지는 아직 더 설명되어야 한다.

재현은 지칭하는 표현보다는 언어적 술어(predicate)를 모델로 해서 이해되어야 할까? 이러한 제안은 "지시는 재현의 핵심이다"라는 아이디어와 잘 어울린다. 만약 문제의 지시가 재현하기가 아니라 **일치**라면 말이다. 우리는 굿맨이 말하는 "지시"를 어느 쪽으로 해석하더라도 거의 동등한 정도만큼 정당하게 읽을 수 있다는 것을 보았다. 실제로 그는 "한 그림과 그것이 재현하는 바를 한 술어와 그것이 적용되는 것 사이의 관계

에" 명시적으로 비유한다.[17)]

이 제안에 따르면 재현의 대상은 우리의 이론에서 중심적인 위치를 차지하지 못하는데, 왜냐하면 한 작품이 재현하는 것, 그 작품이 대상으로 하고 있는 것은 그 작품과 일치하는 것과는 독립적이기 때문이다. 그러나 어쨌든 이 주장을 살펴보기 위해 잠시 멈춰보자.

술어와 재현 사이에는 적어도 다음과 같은 유사성이 있다. 양자는 모두 속성들을 가리키고, 골라내며, 구체화한다.[18)] "남자(이다)"라는 술어는 남자임이라는 속성을 가리킨다. 《학자》는 어떤 생김새를 가진 한 남자임이라는 속성을 가리키고, 《고자질하는 심장》은 누군가를 살해하고 그 시체를 마룻바닥 아래에 숨긴 한 남자임이라는 속성을 가리키며, 다른 것들도 이런 식으로 말할 수 있다. 술어와 재현은 그것들이 골라내는 속성을 가진 무엇이든 간에 (있기만 하다면) 술어의 경우 그것에 적용되고 재현의 경우 그것과 일치한다.

이 유비를 더 밀고 나가고 싶은 유혹이 느껴질 것이다. 술어는 속성을 골라내는 장치이기도 하지만, 그 속성을 개별 사물에 귀속시키는 장치이기도 하다. 이 사실은 재현의 대상을 다시 중심적인 역할을 하도록 끌어들일 우려가 있다. 그러나 여기서 유비는 무너진다. 들소임이라는 속성을 무엇인가에 귀속시키는 것은 §2.5의 들소-그림의 기능이 아니기 때문이다.

사람들은 사물에 속성을 귀속시키기 위해, 사물에 대해 그것이 어떤 속성들을 가지고 있다고 말하기 위해 술어를 사용한다. 나는 §2.3에서 그러한 의사소통적 사용은 재현적인 것에 본질적이지 않으며 재현을 그렇게 사용하라는 규정도 있을 필요가 없다

---

17) *Languages of Art*, p. 5. 이러한 비유의 근거는 불명확하다. 특히 굿맨이 하는 말의 많은 부분이 그가 "재현의 핵심"이라고 간주하는 "지시하기"가 일치보다는 재현하기라는 것을 암시하며 따라서 술어보다는 지칭하는 표현들이 재현과의 유사물이라는 쪽을 가리키기 때문이다. 베넷(Bennett)은 "Depiction and Convention"에서 좀 더 명시적인 이론을 전개하고 있으며 그것은 굿맨의 언급들 중 몇몇에 대한 이해하기 쉬운 버전에 느슨하게 기반을 두고 있는데, 그에 따르면 그림은 그 자체로 (비언어적인) 술어이다.

18) 굿맨이 이들 사이의 유사성을 이런 방식으로 표현하지 않는 것은 유명론을 지지하고 있기 때문이다.

는 것을 보였다.[19] 그러나 재현은 의사소통에서 사용되지 않더라도 무엇인가에 속성을 귀속시킨다고 말할 수 있다. 〈존스의 정원〉이라는 제목이 붙은 한 그림은 누군가에게 존스의 정원에 관해 알려주기 위해서나 어떤 다른 언표내적 행위를 수행하기 위해 사용되지 않고서도 존스의 정원이 어떤 속성들을 가지고 있다는 단칭 명제를 도입하거나 가리킬 수 있다. 그러나 그림이 단칭 명제들을 가리키는 기능을 반드시 가지고 있는 것은 아니라는 점은 명백하다. 들소-그림을 (그것에 설명이나 제목이 있든 없든 간에) 어떤 특정 들소에 대한 명제를 도입하기 위해 사용해야 한다는 규정 같은 것은 없다. 그러한 명제들을 가리키는 일은 회화적 재현, 나아가 재현 일반의 본질적인 기능이 아니다.

이 말은 명제들을 구체화하는 것이 재현에 중심적임을 부정하는 것은 아니다. 재현은 명제들을 허구적으로 만들며, 따라서 자신이 허구적으로 만드는 명제들을 구체화한다. 그러나 그 명제들이 단칭 명제, 즉 개별 사물들에 대한 명제일 필요는 없다. 들소-그림은 들소 한 마리가 있다는 (존재함축적) 명제를 가리키고 허구적으로 만든다. (비록 그 그림이 단지 그렇게 한다는 점 때문에 "들소의 그림"이 되는 것은 아니라는 것을 곧 보게 되겠지만 말이다.) 그것은 어떤 의미에서든 그것이 골라내는 속성을 어떤 개별적인 사물에 귀속시키지 않는다.

적어도 어떤 **실재하는**(actual) 사물에는 말이다. 우리는 허구적 개체라는 것이 존재한다고 가정하면서 그 그림이 어떤 허구적인 짐승, 즉 "그 그림 속의 들소"에게 그 속성을 귀속시킨다고 말해야 할까? 우리가 술어가 사물들에 속성을 귀속시킨다고 말할 때 의미하는 것과 가까운 의미에서는 그렇지 않을 것이다. 한 사물이 어떤 속성을 가지는가는 그 사물에 어떤 술어가 귀속되는가와 독립적이다. 그러나 그 그림은 그려진 들소를 하나의 들소로 **만든다**.

재현이 사물들에 속성들을 귀속시키는 것은 아니라 해도 재현이 술어와 마찬가지

---

19) 베넷은 "그림이 의사소통에서 하는 역할"을 근본적인 것으로 간주한다. "그림들은 '문장들'을 만들고 사람들이 서로와 의사소통을 할 수 있도록 하기 위해 사용된다."("Depiction and Convention," p. 266) 그의 주장은 이것이 그림의 가장 중요한 용도라는 것이 아니라, 그것 없이는 회화적 재현이라는 것이 존재할 수 없는 그러한 용도라는 것이다.

로 속성들을 골라낸다는 것은 여전히 사실이다. 그러나 이 점이 말해주는 것은 거의 없다. 많은 사물들이 속성들을 골라내는 것으로 쉽게 간주될 수 있다. 비허구 작품들도 그렇다. 어떤 모차르트 교향곡의 론도(rondo) 부분은 충만한 젊음을 가리키며, 파르테논 신전은 안정과 질서를 가리킨다고 말할 수 있을 것이다. 표현적인 작품들 일반은 그 작품이 표현하는 속성들을 골라내는 것으로 간주될 수 있다.[20] 농구 경기에서 고리 안으로 공을 던져 넣는 것은 한 골을 득점했다는 속성을 예시(instantiate)함으로써 그 속성을 구체화한다고 말할 수 있을 것이다.

속성을 가리키는 것들이라는 방대하고 다양한 것들을 포괄하는 범주에 재현이 속한다는 것을 안다고 해서 별로 해명되는 것은 없다. 언어적 술어들이 이 집합에서 특별히 중심적이거나 범례적인 경우로서 간주될 만한지, 즉 언어적 술어들이 다른 것들, 말하자면 재현과 같은 것들을 이해하기 위한 모델로서 간주될 만한지도 분명하지 않다. 우리가 관심을 가지고 있고 또 중요한 문제는 구체화되는 속성들로 무슨 일이 행해지는가의 문제이다. 재현의 중심적인 기능은 재현이 가리키는 속성들을 포함하고 있는 명제들을 허구적으로 만드는 것이다. 우리는 재현과 고리 안으로 공을 던져 넣는 것 사이의 유사성을 발견할 수 있다. 고리 안으로 공을 던져 넣는 행위는 한 골이 득점되었다는 것을 참("실제 세계에서의 참")으로 만들고, 《학자》는 어떤 종류의 남자가 있다는 것을 허구적("허구 세계에서의 참")으로 만든다. 재현과 언어적 술어 사이에는 이보다 가까운 유사성이 존재하지 않는 것 같다. 언어적 술어의 중심 기능은 아마도 사람들에게 그것이 가리키는 속성들을 포함하는 명제들이 참이라는 것을 알려주기 위해 사용되는 기능 같은 것일 것이다. 그것은 명제들을 허구적으로 만드는 일과는 전혀 다른 일이다.

20) 굿맨은 표현이 되기 위한 하나의 필요조건은 표현되는 바에 대한 "지칭(reference)"이라고 주장한다(*Languages of Art*, p. 86).

3.8 실재하지 않는 대상?

셰익스피어의 《줄리어스 시저》는 "줄리어스 시저"라는 이름을 가진 한 로마의 황제에 대한 것이다. 세르반테스의 《돈키호테》는 "돈키호테"라는 이름으로 통하는, 모험을 찾아다니는 어느 기사에 대한 것이다. 한 작품은 시저에 대한 허구적 참을 발생시키고, 다른 작품은 돈키호테에 대한 허구적 참을 발생시킨다. 연극의 관객이 시저에 대한 상상하기에 참여하는 것처럼, 소설의 독자들은 돈키호테에 대한 상상하기에 참여해야 한다. 줄리어스 시저가 《줄리어스 시저》의 대상인 것과 마찬가지로, 돈키호테는 《돈키호테》의 대상인 것처럼 보인다.

피카소의 놀라운 〈스트라빈스키의 초상화〉(1920)가 스트라빈스키를 그린 그림인 것처럼, 그의 〈앉아 있는 여인〉(1923)은 어떤 (이름이 알려지지 않은) 여인을 그린 그림이다. 허구적으로 그 여인은 두 손을 느슨하게 맞잡은 채 앉아 있으며, 허구적으로 스트라빈스키 역시 같은 자세로 앉아 있다. 이 여인은 한쪽 그림의 대상이고, 스트라빈스키는 다른 쪽 그림의 대상이다.

그래 보인다. 그러나 재현의 대상이 되기 위해서는, 그것에 대한 허구적 참이 있기 위해서는 무엇인가가 존재해야 하는 것이 아닌가? 줄리어스 시저와 이고르 스트라빈스키는 실제 인물들이지만, 돈키호테와 피카소의 앉아 있는 여인은 그렇지 않다. 어떤 이들은 돈키호테와 앉아 있는 여인 같은 개체들이 **존재하지는**(exist) 않지만 **있다고**(there are) 주장함으로써, 또는 그들이 특별한 종류의 존재성을 가진다거나 "실제 세계"와는 구분되는 특별한 어떤 영역 안에 존재한다고 주장함으로써 이 차이를 최소화하려 할지도 모른다. 따라서 돈키호테와 앉아 있는 여인은 부재로부터 구조되어 세르반테스와 피카소의 재현의 대상이 된다는 것이다.

그러한 형이상학적 왜곡은 쉽게 조롱받고 말지만, 공감하고 이해할 만한 면이 있다. 우리는 부정할 수 없는 사실을 부정하고자 하는 강한 직관적 충동, 돈키호테 및 그와 같은 처지인 허구들을 위한 공간을 세계 어딘가에 만들어주고 싶은 충동을 우리 이론 안에서 어떻게든 인정하고 수용할 필요가 있다. 앞에서 주장했듯이, 그것들을 인정하는 것은 재현성이 지시라는 유사-언어적인 관계로써 이해되어야 한다는 아이디어에 거의 보탬이 되지 않는다. 그러나 그 아이디어가 그것들을 인정해야 한다는 주장의 주된 근거는 결코 아니다.

허구적 대상에 대한 공감을 끌어낼 최선의 길은 허구적 대상이라는 것 없이 해나가려고 노력하는 것이다. 만약 돈키호테가 없다면, 그에 대한 허구적 참도 없다. 따라서 아마도 세르반테스의 소설은 그저 "돈키호테"라는 이름을 가진 한 사람, "산초 판자"라는 이름의 종자를 데리고 있고 또 풍차를 거인으로 착각하고 양떼를 군대로 착각하는 등의 일을 한 한 사람이 **있다**는 것만을 허구적으로 만들 것이다.[21] 이 모든 것이 **누군가**에 대해 참이라는 것은 허구적이지만, 그 소설은 그것이 **누구**에 대해 허구적으로 참인지 가리키지 않는데, 그것은 가리킬 이가 없다는 단순한 이유 때문이다. 만약 〈앉아 있는 여인〉이 그에 대해 두 손을 느슨하게 맞잡고 있다는 것을 허구적으로 만드는 그런 (실재하건 실재하지 않건 간에) 사람이 없다면, 그 그림은 단지 그렇게 하고 있는 누군가가 있다는 것만을 허구적으로 만드는 것처럼 보일 것이다.

만약 이것이 옳다면, 다음과 같은 평범한 주장들, 즉

(1) 돈키호테는 풍차를 거인으로 착각했다.

그리고

(2) 그 여인의 손은 느슨하게 포개져 있다.

와, 이 주장들과 매우 유사하게 들리는

(3) 줄리어스는 한 예언가로부터 3월 15일을 조심하라는 말을 들었다.

---

21) Plantinga, *Nature of Necessity*, pp. 159-163을 보라.

그리고

(4) 스트라빈스키의 손은 느슨하게 포개져 있다.

는 매우 다르게 이해되어야 할 것이다. 우리는 (3)과 (4)를 명백히 거의 액면 그대로 받아들일 수 있으며, 단지 "셰익스피어의 연극에서"라거나 "피카소의 그림에서", 또는 그런 효과를 가지는 다른 말들이 암시적으로 덧붙여진 것으로 간주하면 된다. 그러나 (1)과 (2)는 철저한 재공식화가 필요하다. 첫 번째 시도는 (1)에 다음과 같은 설명을 덧붙이는 것이다.

(5) 풍차를 거인으로 착각한 "돈키호테"라는 이름을 가진 어떤 사람이 있다는 것은《돈키호테》-허구적이다.

이것은 어떤 특정한 대상에 대한 진술처럼 보이는 것을 단지 존재한다는 것이 허구적인 그 사물이 어떤 **종류**의 것인지만을 말하는 진술로 바꾸어놓는다.

이러한 분석은 전혀 적절하지 않다. 세르반테스의 소설의 주인공이 풍차를 거인으로 착각한 것이 아니라고, 그리고 소설의 한 모호한 구절에서 등장인물 중의 한 사람이 돈키호테와 이름이 같고 풍차를 거인으로 착각한 돈키호테의 먼 조상을 언급한다고 가정해보자. 그렇다면 풍차를 거인으로 착각한 "돈키호테"라는 이름을 가진 한 사람이 **있다**는 것은 허구적이지만, **주인공** 돈키호테에 "대한" 진술인 (1)은 거짓이 된다. 우리는 같은 이름을 가진 서로 다른 등장인물들을 어떻게든 구분할 수 있어야 할 것 같지만, 그것은 등장인물들을 인정하지 않고서는 가능하지 않다. 허구적 대상 없이 해나가는 것이 전망이 있는지에 대한 의혹은 당연해 보인다. 이 분석의 두 번째 결함은, (5)는 부분적으로 "돈키호테"라는 **이름**에 대한 것인 데 비해 (1)은 그 이름을 사용할 뿐 언급하지는 않는다는 점이다.

주어진 작품이 실재하는 대상을 가지는지 아닌지 알려지지 않은 경우들을 고려할 때 의혹은 더 깊어진다. 우리는 어떤 원시 동굴 벽화나 현대의 스케치가 실제 인물을 그린 것인지 아닌지 알지 못할 수 있다. 그러나 이러한 불확실성은 문제가 되지 않을 수 있다. 우리의 경험은 우리가 어떤 것을 사실이라고 가정하는지에 어떤 근본적인 방식으로든 의존할 필요가 없다. 이러한 불확실성을 작품이 발생시키는 허구적 참들이 취하는 완전히 다른 두 가지 형태 중 어느 쪽인지에 대한 불확실성으로 묘사하는 것은 사태를 너무 과장하는 것이다. 우리 경험의 현상적 특징에 좀 더 충실한 것으로 보이는 것은, 우리가 그 작품이 어떤 대상을 가지고 있고 무엇인가에 대한 허구적 참들을 발생시키며 우리가 그것에 대한 적절한 상상하기에 참여한다는 것을 알고 있다는 점을 인정하는 것이다. 우리가 모르는 것은 그 대상이 실재하는지 아니면 단지 허구적인지의 여부뿐이다. 우리가 어떤 것을 "어떤 사람의 그림"이라고 묘사할 때, 우리는 이 주장이 근본적으로 애매하다고, 즉 그 작품이 그리고 있는 사람이 존재한다는 것을 의미하거나 아니면 완전히 다른 것을 의미하거나 둘 중 하나라고 생각할 필요가 없다.

어떤 재현들은 개별적인 (실제의 혹은 허구적인) 사물이 존재하는지에 대해서가 아닌 어떤 종류의 사물이 존재하는지에 대한 허구적 참들을 명백히 **정말로** 발생시킨다. 이는《줄리어스 시저》와 스트라빈스키의 초상화뿐만 아니라《돈키호테》및〈앉아 있는 여인〉과도 날카롭게 대조된다. 그러나 우리가 만약《돈키호테》와〈앉아 있는 여인〉이 허구적 대상을 가진다는 것을 허용하지 않는다면 그 대조는 길을 잃을 위험이 있다.[22)]

이 차이는 각각에 상응하는 두 종류의 상상하기 사이의 대조를 생각해볼 때 가장 잘 이해될 수 있다. 나는 어떤 나무 안에 있는 다람쥐 한 마리를 상상할 수도 있지만, 그 나무 안에 다람쥐 한 마리가 있다는 것만을, 즉 그 나무가 그 안에 다람쥐 한 마리 — 어떤 혹은 다른 다람쥐 — 를 갖고 있다는 것만을 상상할 수도 있다. 첫 번째 경우에서, 나는 내가 나무 안에 있다고 상상하는 어떤 **실제의** 다람쥐도 염두에 두고 있을 필요가 없다. 그러나 내가 하고 있는 것을 어떤 특정한 다람쥐를 상상하는 것이라고 묘사하는 것이 적절해 보인다. 나의 상상하기에는 어떤 다람쥐의 시각적 이미지가 동반될 가능성

22) 로버트 하월(Robert Howell)이 이 차이를 강조했다("Fictional Objects," pp. 145-169). 또한 Fine, "Problem of Non-Existence," p. 104를 보라.

이 크지만, 이 역시 필수적이지는 않다. 두 번째 경우에서, 내가 단지 그 나무에 다람쥐가 있다는 것만을 상상할 때 나는 앞에서와 동일한 의미에서 어떤 특정 다람쥐를 상상하지는 않는다. 그리고 나의 상상하기가 어떤 나무의 이미지와 함께 그 나무 안에 다람쥐가 있다는 이해를 동반할 수는 있지만, 어떤 다람쥐의 이미지를 동반할 수는 없는 것처럼 보인다. 나무 이미지에 다람쥐 이미지를 추가하는 것은 어떤 특정한 다람쥐를 상상하는 것이 될 것이다.

이러한 차이의 본성은 쉽게 파악하기 어렵다. 모든 다람쥐들은 **특정한** 다람쥐들이며, 당연히 이 점은 실제 세계뿐 아니라 나의 상상의 세계에도 적용된다. 따라서 어떤 혹은 다른 다람쥐가 나무 안에 있다는 것을 상상하는 것은 당연히 그곳에 어떤 **특정한** 다람쥐, 어떤 혹은 다른 특정한 다람쥐가 있다고 상상하는 것이다. 그러나 이것을 상상하는 것은 어떤 특정한 다람쥐 — 내가 골라내고, 동일시하고, 지칭하는 — 에 대해 그것이 나무 안에 있다고 상상하는 것이 아니다. **그것은** 내가 첫 번째 경우에서 하는 것이라고 말하고 싶은 유혹이 느껴질 것이다. 그리고 이제 우리는 다시 곤경에 처하게 된다. 내가 다람쥐 한 마리를 상상할 때, 내가 상상하고 있는 그 다람쥐를 내가 동일시할 수 있다면, 그것이 실재하는 것은 아니라 하더라도 동일시되어야 할 그런 다람쥐 한 마리가 정말로 **존재해야** 한다.

하나의 재현은 그 두 종류 중 한쪽의 상상하기를 지시할 수 있다. 다음과 같은 매우 짧은 이야기

(A) 조지는 스프루스가에 있는 낡아빠진 저택에 살고 있는 늙고 거의 기운이 다 빠진 유령이었다. 끝

은 "어떤 (특정한) 유령에 대한" 상상하기를 지시한다. 다음과 같은 이야기

(B) 유령들이 여기저기에 있었다. 스프루스가에 있는 그 오래되고 낡아빠진 저택이 그들 중 몇몇의 집이었다. 끝

은 그렇지 않다. 이 이야기는 우리에게 유령이 나오는 어떤 흉가를 상상하도록 요구하며, 그 집에 나타나는 아마도 하나 이상의 어떤 혹은 다른 유령이 있다는 것만을 상상하도록 요구한다. (A) 이야기는 "어떤 유령에 대한" 이야기이지만, 나는 (B)를 이런 식으로 묘사하기가 망설여지는데, 왜냐하면 그 이야기가 대상으로 하고 있는 특정한 (허구적인) 유령이 존재하지 않(는 것으로 보이)기 때문이다.

(A)에서의 유령은 이름을 가지고 있는 반면, (B)에서의 유령들 중 어느 누구도 이름을 가지고 있지 않다. (적어도 독자에게 그들의 이름은 알려지지 않았다.) 그러나 이것이 결정적인 차이는 아니다. 우리는 (B)를 다음과 같이 더 상세하게 만들 수 있다.

> (B′) 유령들이 여기저기에 있었다. 스프루스가에 있는 그 오래되고 낡아빠진 저택이 그들 중 몇몇의 집이었으며, 그중 한 유령의 이름은 "조지"였다. 그것은 당연한데, 왜냐하면 그 시절에 모든 유령들은 조지라고 불렸기 때문이다. 끝

우리는 다시 어떤 묘사를 만족시키는 한 유령이 있다는 것만을 상상하도록 요구받는데, 그 유령은 늙고 거의 기운이 다 빠졌고 스프루스가에 있는 저택에 살고 있으며 "조지"라는 이름을 가진 유령이다. 게다가, 만약 (A)가

> (A′) 그는 스프루스가에 있는 낡아빠진 저택에 살고 있는 늙고 거의 기운이 다 빠진 유령이었다. 끝

과 같이 변경된다 해도 그것은 여전히 "어떤 특정한 한 유령에 대한" 상상하기를 지시할 것이다.

그 저택에 살고 있는 "조지"라는 이름의 유령이 **단 한 명** 있다는 것은 (A)에서 허구적이지 않다. 왜냐하면 우리 모두는 조지라는 이름의 유령이 많이 있을지도 모른다는 것을 알고 있기 때문이다. 그 이야기의 어떤 부분도 그렇지 않다고 시사하지 않는다. 우

리는 조지가 그 이름을 가진 유일한 유령이 아니라는 점이 명시적으로 드러나도록 (A)를 다음과 같이 확장할 수 있다.

(A″) 조지는 스프루스가에 있는 낡아빠진 저택에 살고 있는 늙고 거의 기운이 다 빠진 유령이었다. 그는 다른 두 유령과 함께 그 집에 살았는데, 그 두 유령의 이름도 "조지"였으며, 역시 늙고 거의 기운이 다 빠져 있었다. 끝

그러나 이 이야기가 대상으로 하고 있는, 이야기에서 처음 나타나는 "조지"라는 이름과 "그"라는 대명사에 의해 지칭되는 어떤 특정한 (실재하지 않는) 유령이 여전히 있는 것처럼 여겨진다.

만약 우리가 (B)를 어떤 묘사에 들어맞는 하나의 유일한 유령이 있다는 것을 허구적으로 만들도록 변경시키면 무슨 일이 일어날까?

(B″) 유령들이 여기저기에 있었다. 스프루스가에 있는 그 오래되고 낡아빠진 저택이 그들 중 몇몇의 집이었다. 다락방에 불이 켜져 있었다. 한 유령이 거기로 올라갔음에 틀림없다. 한 명의 유령만이 갔을 텐데, 왜냐하면 유령들은 다락방에서 혼자 있기를 좋아하기 때문이다. 끝

우리는 (B″)가 "한 특정한 유령(다락방에 있는 그 유령)에 대한" 것이며 그것이 "한 특정한 (실재하지 않는) 유령에 대한" 상상하기들을 지시한다고 말해야 하는가? 나는 그렇게 생각되지 않는다. 그 이야기는 여전히 어떤 혹은 다른 유령이 어떤 속성 집합을 가지고 있다는 것만을 허구적으로 만들며, 이제 거기에 다락방에 있는 유일한 유령이라는 속성이 더해졌을 뿐이다. 직관적으로 우리는 여전히 다락방에 있는 것이 어느 유령인지 알지 못하는 것 같다. 비록 이 말은 반대로 우리가 만약 그것이 어느 유령인지 안다면 우리가 그에 대해 알고 있는 어떤 (실재하지 않는) 유령이 있는 것임을 함축하지만 말이다. 나는 어떤 맥락에서는 (B″)에 대한 반대의 해석이 타당할 수도 있다고 생

각한다. 어쨌건 간에, 어떤 유일한 F가 있다는 것을 허구적으로 만드는 것은 "한 특정한 F 재현하기"에 충분조건일지는 몰라도 필요조건은 아니다.

(A)와 (B) 사이의 대조는 회화에서도 유사하게 나타난다. 물고기 한 마리 혹은 여러 마리가 호수에서 헤엄치고 있는 것을 보여주는 그림 (X)와 물고기가 있는 것이 분명한(이라고 가정해보자) 호수를 그렸지만 실제로 물고기가 보이지는 않는 그림 (Y)를 비교해보자. 양쪽 그림 모두 호수 안에 물고기가 있다는 것을 허구적으로 만든다. 그러나 (X)는 하나 혹은 여러 마리의 특정한 물고기를 재현하는 반면 (Y)는 그렇지 않은 것 같다. (잡은 물고기를 끌어올리는 중인 한 어부를 보여주지만 물고기는 보여주지 않는 그림이 한 특정한 물고기를 재현하는 것인지 아닌지 말하는 것은 그보다 쉽지 않다. 물론 그 그림이 한 특정 물고기를 **그리는** 것은 분명히 아니지만 말이다.)

《돈키호테》와 〈앉아 있는 여인〉은 이야기 (A) 및 그림 (X)와 유사하며, 《줄리어스 시저》와 스트라빈스키의 초상화도 마찬가지이다. 그것들은 그저 어떤 종류의 무엇인가가 있다는 것만을 허구적으로 만들고 우리에게 상상하도록 요구하는 것이 아니다. 돈키호테가 풍차를 거인으로 착각했다거나 피카소의 앉아 있는 여인이 두 손을 포개고 있다고 말할 때, 우리는 마음속에 한 특정한 (허구적) 인물, 즉 세르반테스의 소설 속의 **그** 돈키호테와 피카소가 그린 회화 안의 **그** 앉아 있는 여인을 떠올리고 있는 것처럼 보인다. 우리는 허구적인 개체들, 재현의 실재하지 않는 대상들이 **있다**는 아이디어를 대신할 적절한 대안을 아직 가지고 있지 않다. 그 대안은 한편에 《돈키호테》, 〈앉아 있는 여인〉, 이야기 (A), 그리고 그림 (X)를, 다른 한편에 이야기 (B)와 그림 (Y) 같은 재현들을 두는 구분을 붕괴시키지 않을 수 있는 것이어야 한다.

나는 제4부에서 그러한 하나의 대안을 찾기 위해 노력할 것이다. 그러나 두 종류의 재현 사이의 차이를 이해할 한 가지 방법, 허구적 개체를 인정해야 한다는 압력을 완화시킬 수 있다고 여겨지는 한 가지 방법을 지금 개략적으로 그려볼 수는 있다. 나는 그 차이가 그 재현들이 어떤 허구적 참들을 발생시키는가에 있는 것이 아니라 그것들로 해야 하는 믿는 체하기 게임들에 있다고 제안한다.

어떤 관찰자가 그림 (X)를 볼 때, 그녀의 게임 안에서는 그녀가 한 (특정한) 물고기를 보고 그럼으로써 그 물고기를 동일시한다는 것이 허구적이다. 그러나 그림 (Y)로 하는 게임에서는 물고기가 사는 호수를 본다는 것만이, 그리고 아마도 그 안에 물고기가 있음에 틀림없다고 추론한다는 것이 허구적일 것이다. 이야기 (A)의 독자가 허구적으로 한 유령을 **보는** 것은 아니지만, 그가 한 유령에 대해 안다는 것, 그가 한 유령에 대한 *de re* 지식을 가지고 있다는 것은 허구적이다. 이 같은 점은 이야기 (B)의 독자에게는 허구적이지 않다. 허구적으로 이야기 (B)의 독자는 단지 그 저택 안에 유령들이 있다는 것만을 알 뿐이다. 만약 이야기 (A)에 서술자가 있다면, 독자가 그에게서 한 유령에 대해 듣는다는 것, 즉 독자가 그것을 서술자가 말하는 그 유령으로서 알고 있다는 것이 허구적일 것이다. 서술자가 없다 하더라도, 독자가 한 유령에 대해 안다는 것은 허구적으로 그가 그 사실을 어떻게 아는지가 비결정적이라 해도 여전히 허구적일 것이다.

이 점은 작품 세계 안에서의 차이가 아니다. 양쪽 이야기와 양쪽 그림 모두에서 어떤 것 혹은 어떤 종류의 것들 — 유령들 또는 물고기들 — 이 있다는 것 자체는 허구적이다. 차이는 감상자에 대해 무엇이 허구적인가에 있으며, 이러한 허구적 참들은 작품 세계가 아닌 감상자들의 게임의 세계에 속한다.

그러나 이 차이는 핵심적인 것이 아니다. 그림 (X)를 볼 때, 우리는 우리가 어떤 물고기를 본다는 것을 상상해야 할 뿐 아니라 그것을 안으로부터 상상해야 한다. 이는 부분적으로 우리가 어떤 물고기를 **본다고** 상상해야 한다는 것, 따라서 한 물고기에 대해 **안다고** 상상해야 한다는 것을 의미한다. (§1.4를 보라.) (A)의 독자는 한 유령에 대해 안다고 상상하는 것이지 그저 그가 한 유령을 안다는 **것**을 상상하는 것이 아니다. (Y)의 관찰자와 (B)의 독자는 그러한 종류의 상상하기에 참여하지 않는다. 따라서 감상자들이 하는 게임들, 그 작품들을 가지고 해야 하는 게임들은 게임 세계 안에서 어떤 명제들이 허구적인가에 있어서의 차이를 넘어서는 방식으로 달라진다. (A)나 (X)의 감상자는 어떤 명제들을 상상해야 할 뿐 아니라 그 명제들을 어떤 특정한 방식으로 상상해야 한다.

나는 한 유령이나 물고기나 다람쥐를 상상하는 것은 한 (특정한) 유령이나 물고기나 다람쥐에 대해 안다고 상상하는 것이라고 제안한다. (더 자세히 말하자면, 이 사실을 안으로부터 상상하는 것일 것이다.) 따라서 우리는 (내가 원래 그랬듯이) "한 특정한 유령에 대한" 재현들은 감상자가 한 유령을 상상해야 하는 게임 안에서 소도구로 사용되는 재현들이라고 말할 수 있다.[23)]

우리는 이제 실재하는 것들에 대한 재현들과 단지 허구적인 것들에 대한 것으로 보이는 재현들 사이의 유사성을 인정할 수 있게 되었다. 《줄리어스 시저》의 독자가 줄리어스 시저라는 어떤 사람에 대해 안다고 상상하는 것처럼 《돈키호테》의 독자는 돈키호테라는 이름을 가진 모험을 찾아다니는 어느 기사에 대해 안다고 상상하는 것이다. 감상자는 〈앉아 있는 여인〉이나 스트라빈스키의 초상화를 보면서 어떤 특정한 인물을 본다고, 따라서 그를 동일시한다고 상상한다. 비록 이 경우들 중 두 경우에는 감상자가 어떤 특정한 인물에 대해 **실제로** 알고 있고 다른 두 경우에는 그 대상이 존재하지 않기에 안다고 할 수 없지만, 이 모든 경우들에서 감상자는 안다고 상상한다. 따라서 이 네 가지 재현은 단순히 어떤 종류의 누군가가 있다는 것을 허구적으로 만드는 것을 넘어선다.

우리는 또한 어떤 동굴 벽화의 대상이 어떤 (실재하는) 인물인지 아닌지, 또는 우리가 그렇게 생각하는지 아닌지가 특별히 문제가 되지 않는 이유를 알 수 있다. 차이는 우리가 어떤 실재하는 인물에 대해 그를 본다는 것을 상상해야 하는지의 여부에 있다. 그러나 양쪽 모두의 경우에서 우리는 누군가를 본다고 상상해야 한다.

우리는 재현의 허구적인 대상들을 인정해야 한다는 요구를 적어도 일시적으로는 미룰 수 있게 되었다. 지금까지 가장 결정적인 질문은, 예를 들어 한 유령을 상상하는 것이 상상해야 하는 하나의 (허구적인 또는 상상의) 유령이 있어야 한다는 것을 요구하는가의 질문이었다. 한 유령을 본다는 것을 상상하는 것(imagining that one sees a ghost)은 분명히 그러한 요구를 하지 않으며, 한 유령을 본다고 상상하는 것(imagining seeing a

---

23) 만약 어떤 그림이 한 물고기를 상상하기를 지시하고 한 물고기를 상상하는 것이 (자신이) 한 물고기를 본다고 상상하는 것이라면, 그 그림은 자신에 대한 하나의 상상하기를 지시하는 것이다. 그렇다면 감상자가 작품 세계 안에 들어가게 되는 것인가? 그렇지 않다. 그 그림이 그 혹은 그녀에 대해 상상하기를 명령하는 그런 특정한 사람은 없다. 한 물고기를 본다고 상상되는 그 사람은 각 감상자들마다 달라진다. (칼비노의 《어느 겨울밤 한 여행자가》 같은 소설들에서 독자를 지칭하기 위해 사용되는 "당신"이라는 말과 비교해보라.) 그러나 그 그림은 **누군가**가 한 물고기를 본다는 것을 상상하도록 지시하고 그러한 명제를 허구적으로 만드는 것 같기는 하다. 나는 이 같은 우려들을 §6.5에서 다루겠다.

ghost)이 그러한 요구를 한다고 생각되지도 않는다. 그러나 이 문제가 완전히 해결된 것은 결코 아니다.

그러나 허구적인 개체들이 존재한다고 가정하는 것이 지금으로서는 최선일 것이다. 올바른 존재론적 입장(이라고 내가 간주하는 것)을 섣불리 수용하는 것은 올바르지 않은 입장을 받아들이는 것보다 더 심각하게 사실을 왜곡할 수 있다. 우리는 우리의 대안이 더 나은 판단을 거스르고 허구에 구체성을 부여하고 싶어 하는 강력한 경향의 원인이 무엇인지 명확히 알게 해준다는 것을 확신할 수 있어야 한다. 또한 우리의 대안이 허구적 개체들을 인정하는 이론들에서 허구적 개체들이 하도록 요청받는 이론적인 역할을 해낼 수 있는 성공적인 방법을 제공한다고 확신할 수 있어야 한다. 독자는 "그레고리가 덤불 속에 숨어 있는 곰을 발견했다는 것은 허구적이다"와 "톰이 자기 자신의 장례식에 참석했다는 것은《톰 소여》-허구적이다" 같은 진술들을 해석할 때 우리가 허구적으로 그레고리가 발견한 그 곰이나 톰이라고 지칭되는 허구적으로 자기 자신의 장례식에 참석한 그 인물과 같은 허구적 개체들이 있다고 간주하는 것 같다는 점을 알아차리게 될 것이다. 이러한 경향은 제10장에서 제거될 것인데, 거기서 이런 진술들은 잘못 형식화된 것으로서 배제될 것이다. 우리는 그러한 진술들과 관계되는 일상적 진술들, 예를 들면 "《톰 소여》에서 톰은 자기 자신의 장례식에 참석했다"가 무엇을 의미하는지, 그 진술들이 왜 우리가 어떤 허구적인 톰이 있다고 생각한다는 것을 나타내지 않는지, 왜 이러한 방식으로 말하지 않고 해나가기가 그렇게 어려운지, 그리고 존재론적 문제에 관한 한 이것이 왜 문제가 되지 않는지 설명해야 할 것이다. 그때까지 나는 이런 식으로, 즉 톰 소여와 허구적인 곰 같은 것들이 마치 있는 것처럼 계속 이야기하겠다.

4.
발생의 역학

프랑스의 바쟁(Bazin)과 미국의 에이지(Agee) 같은 비평가들의 위대함은 그들이 공식에 의존하기보다는 자신의 지성과 직관의 전 범위를 사용한 것과 관련이 있을 것이다. 비평은 과학이 아니라 하나의 예술이며, 규칙을 따르는 비평가는 그의 가장 중요한 기능 중 하나에서 실패할 것이다. 그것은 **새로운** *작품에서 무엇이 독창적이고 중요한지 지각하고 다른 이들이 그것을 보도록 돕는 일이다.*

- 폴린 카엘, 《나는 영화관에서 그것을 잃어버렸다(I Lost It at the Movies)》

4.1 발생의 원칙들

우리는 주어진 재현에서 무엇이 허구적인지 어떻게 결정하는가? 우리 모두가 알고 있듯이, 이 기본적인 수준에서의 해석조차 종종 불확실하고 논쟁의 대상이 된다. 햄릿이 오이디푸스적 죄책감을 겪는다는 것은 허구적인가? 맥베스가 정말로 단도를 본다는 것이 허구적인가, 아니면 단지 단도의 환영을 본다는 것이 허구적인가? 허구적으로 모나리자가 짓고 있는 표정은 무엇인가?

재현들은 그 특징들 — 회화 표면 위의 자국들, 소설 속의 단어들, 희곡을 공연하는 동안 무대 위에서 발생하는 일들 — 에 의해, 그리고 해당 발생의 원칙에 따라 허구적 참들을 발생시킨다. 무엇이 허구적인가에 대한 불일치들 중 일부는 어느 한쪽이 결정적인 특징들을 알아차리지 못하는 데서 기인하며, 때때로 그러한 특징들을 알려주면 해결되기도 한다. 그러나 많은 불일치들은 해결되지 못하고 지속된다. 햄릿의 오이디푸스 콤플렉스가 논쟁의 대상이 되는 이유가 누군가가 셰익스피어의 희곡 안에서 어떤 단어들을 보지 못했기 때문은 아니다. 많은 경우, 어떤 발생의 원칙이 주어진 작품에 적용될 수 있는가에 대한 불확실성과 불일치가 존재한다.

이 장에서 우리는 다양한 종류의 재현들에 효력을 발휘하는 발생의 원칙들에 대해 우리가 관찰할 수 있는 것들을 살펴볼 것이다. 내 목표는 해석에 대한 개별적 질문들을 해결하는 것이 아니다. 그러한 질문 중 많은 것들은 어떤 경우이든 최종적인 해결을 허용하지 않는다. 그러나 우리는 해석에 대해 서로 충돌하는 주장들이 기대고 있는 원칙들을 해명함으로써 그러한 논쟁들에 대한 우리의 이해가 개선되기를 기대할 수 있을 것이다. 그 외에도 우리는 발생의 장치들이 취하는 개별적인 형식들이 내가 전개시키고 있는 재현이라는 제도의 전반적인 본성에 대한 개념과 어떻게 일치하는지 보고 싶을 것이다. 이는 어떤 발생의 원칙들이 작동하고 있는지 관찰하는 것뿐 아니라 우리가 가지고 있는 그러한 발생의 원칙들을 왜 가지게 되었는지에 대한 성찰도 포함하게 될 것이다.

비평가와 감상자들이 뚜렷한 원칙들을 마음속에 명시적으로 가지고 있는 경우는 드물다. 심지어 그들이 작품이 어떤 허구적 참들을 발생시키는지에 대해 확신하고 있을 때라 해도 그렇다. 예술가들 역시 작품이 그들이 발생되기를 원하는 허구적 참들을 발생시키도록 만들기 위해 공식을 찾아보지는 않는다. 소설의 단어들이나 펼쳐진 캔버스의 물감 자국이 주어지면, 그러그러한 것이 허구적이라는 것은 종종 그저 우리 마음에 떠오른다. 우리가 이성을 가지고 있는 한, 우리가 따라간다고 의식하고 있는 바는 이런저런 특정한 경우에 어떻게든 합리적인 것으로 여겨지는 개별적 고려들의 다양한 모음이다.

그러나 규칙은 표면 아래에서 작동할 수 있으며, 표면적인 다양함은 때때로 그 아래에 있는 질서를 보기 어렵게 하기도 한다. 허구적 참들이 어떻게 발생하는지를 이해하는 상대적으로 단순하고 체계적인 방법, 즉 예술가와 비평가들이 하는 일의 실제를 암묵적으로 지배하는 제한된 수의 매우 일반적인 원칙들이 존재하는가? 나는 노련한 비평가들 중 이것을 유효한 가능성으로 고려할 사람이 있을지 의심스럽다. 나로서는 그것이 유효한 가능성이라고 생각하지 않는다. 그러나 어떤 이론가들은 그러한 일반적 원칙을 찾아왔고, 그 원칙들이 무엇인가에 대해 적어도 시험적인 제안들을 해왔다.[1] (그 배경에는 어떤 수준에서 작품의 특징들과 허구적 참들 사이에 적절히 단순한 어떤 관계가 존재하지 않는다면 어떻게 지금 존재하는 것과 같은 상당한 합의가 있을 수 있는지, 우리가 어떻게 많은 경우 그러하듯이 그렇게 자신 있게 새로운 작품으로부터 허구적 참들을 끌어내는 법을 배울 수 있는지에 대한 우려가 있다.) 이 제안들을 살펴보는 것은 그러한 원칙을 찾는 일이 헛된 노력이라는 의심을 강화하고, 허구적 참들을 발생시키는 수단들의 복잡성과 미묘성에 대한 건전한 존중을 촉진할 것이다.

이 장에서의 관찰들이 허구성의 본성, 즉 어떤 명제가 허구적이라는 것이 무엇인가에 대한 이해에 기여하는 것으로 해석되어서는 안 된다. 우리는 이미 그 질문을 다루었다. 한 명제의 허구성은 그것을 상상하라는 지시에 있다. 우리의 현재 관심은 그러한 지시를 확립시키는 수단, 즉 다양한 익숙한 재현 장르들이 허구적 참들을 발생시키는 장치에 있다. 좌회전 신호를 하는 것이 무엇을 의미하는지 설명하는 것과 어떤 특정한 문화적 맥락 안에서 누군가가 어떻게 그러한 신호를 하는지 관찰하는 것은 전혀 다른 일이다. 우리의 현재 임무는 후자와 유사하다. 우리 사회에서는 적절한 위치에 놓인 깜빡이를 활성화시키거나 왼쪽 팔을 뻗음으로써 좌회전 신호를 할 수 있다. 그러나 길에 붉은색 풍선을 던지거나 개처럼 짖음으로써 동일한 의미의 좌회전 신호를 하는 관

---

1) "어떤 주어진 예술 작품의 세계 안에 어떤 사태들이 포함되는 것으로 여겨져야 하는가? …… 이 질문에 대한 답을 추구하면서 나는 어떤 일반적인 규칙, 하나의 원칙을 찾고자 하는 것이다."(Wolterstorff, *Works and Worlds*, p. 115)

례가 있을 수도 있다. 어떤 혹은 다른 사회적 맥락 안에서 허구적 참들을 발생시키는 우연적인 수단들은 한 명제가 허구적이라는 것이 무엇을 의미하는지와 아무런 관련이 없다. 나는 이 둘을 명확하게 구분하는 데 실패한 것이 발생의 역학을 이해하는 하나의 단순하고 체계적인 방식이 있다는, 어떻게든 있어야 한다는 헛된 희망을 부추긴 것이 아닐까 의심스럽다.

우리가 현재 허구적 참의 발생에 초점을 두고 있기는 하지만, 재현적인 예술 작품들에 대한 관심과 그러한 작품들의 중요성이 허구적 참에만 있는 것은 아니라는 점을 명심해야 한다. 비평가나 감상자는 작품의 특징들이 허구적 참의 발생에 기여하는 바와는 별도로 작품의 특징들 자체 — 회화의 외양, 시의 소리 — 에 민감할 필요가 있다. 또한 한 작품의 허구적 참들이 부분적으로 (**단지** 부분적으로만) 기여하는 전체적인 주제, 교훈, 훈계, 식견, 그리고 통찰력도 있다. 앞으로 살펴보게 되겠지만, 하나의 혹은 또 다른 허구적 참이 얼마나 강조되는지 또한 중요하며, 개별적인 경우에 어떤 발생의 원칙이 작동하고 있는지를 포함하여 허구적 참들이 발생하는 방식 역시 마찬가지로 중요하다. 발생의 장치는 단지 허구적 참들을 만들어내는 수단만은 아니다. 발생의 장치와 그 작용은 감상자의 조사에 열려 있으며, 그 결과로 얻어지는 허구적 참들보다 종종 더 흥미롭기도 하다. 화가나 소설가가 만드는 작품의 예술적 효과 중 많은 부분은 그가 허구적 참들을 발생시키기 위해 발견하는 수단들에 있다.

4.2 직접적인 그리고 간접적인 발생

허구적 참들은 **직접적으로** 발생할 수도 있고 **간접적으로** 발생할 수도 있다. 나는 직접적으로 발생한 허구적 참들을 **1차적인** 것으로, 그리고 간접적으로 발생한 허구적 참들을 **함축된** 것으로 부르겠다.

고야(Goya)의 〈전쟁의 참화〉 중 〈도저히 바라볼 수 없다〉는 총살대의 총살 집행을 기다리는 희생자들과 그들을 겨누고 있는 총부리들을 보여준다. 그 판화는 총을 들고 있는 군인들을 보여주지는 않는다. 그들은 그림 틀 밖에 있다. 그러나 총을 들고 있는 군인들(또는 어쨌든 사람들)이 있다는 것은 의심의 여지가 없다. 우리는 총들의 위치 때문에 그들이 있다는 것을 안다. 총들이 허공에 걸려 있다고 주장하는 것은 비꼬여 있거나 아니면 고의적인 오해일 것이다.

허구적으로 총들이 죄수를 겨누고 있다는 사실은 군인들이 그것을 들고 있다는 것이 허구적이라고 믿을 이유 이상이다. 그것은 군인들이 총을 들고 있다는 것을 허구적으로 **만든다**. 총의 위치는 그림 세계 안에 군인들이 있게 하는 데 책임이 있다. 군인들이 있다는 것이 허구적인 것은 그렇게 위치한 총들이 있다는 것이 허구적이기 때문이다. 따라서 전자의 허구적 참은 후자의 허구적 참에 의존하고 그에 의해 함축된다. 즉, 전자의 허구적 참은 간접적으로 발생한다.

조셉 콘래드(Joseph Conrad)의 소설《비밀 요원》의 결말 부분에서 벌록 부인(Mrs. Verloc)은 영국해협을 지나는 배 위에서 몸을 던져 자살한다. 소설 속 어느 부분에서도 그녀가 자살했다는 말이 쓰여 있지는 않다. 그러나 그녀의 자살은 그녀가 대륙으로 여행을 하고 있었다는 사실이 앞서 묘사된 것과 함께 다음 부분에서 명백히 암시되어 있다.

> 오시폰은 마치 어떤 신비한 힘에 의해 갑자기 떠밀린 것처럼 여러 번 접힌 신문을 그의 주머니에서 꺼냈다. 바스락거리는 소리에 교수가 고개를 들었다.
>
> "그 신문은 뭔가? 뭔가 있나?" 그가 물었다.
>
> 오시폰은 겁먹은 몽유병자처럼 말하기 시작했다.
>
> "아무것도, 아무것도 없어요. 이건 열흘 된 거예요. 주머니에 넣어두고 잊어버렸나 봐요."
>
> 그러나 그는 그 오래된 신문을 던져버리지 않았다. 그것을 다시 주머니에 넣기 전에 그는 한 단락의 마지막 몇 줄을 흘끔 보았다. 거기에는 다음과 같이 적혀 있었다. "이 광기 혹은 절망의 행위에 대해서는 풀리지 않는 수수께끼가 영원히 남을 것으로 보인다."

그것은 다음과 같은 제목이 달린 기사의 마지막 말이었다. "영국해협을 오가는 배에서 숙녀 승객 자살하다" 오시폰 동지는 신문 스타일 특유의 문구에 대해서는 익숙했다.[2)]

허구적으로 이 표제가 벌록 부인이 대륙으로 출발하고 나서 얼마 되지 않아 신문에 나타났다는 사실은 (몇몇 다른 상황들과 함께) 벌록 부인이 자살했다는 것을 허구적으로 만든다. 그녀가 배에서 뛰어내렸다는 것이 허구적인 것은 신문 표제에 그처럼 쓰여 있었다는 것이 허구적이기 때문이다.[3)] 후자의 허구적 참은 전자를 함축한다.

다른 허구적 참들이 기반으로 하고 있는 허구적 참들 자체도 훨씬 더 기본적인 허구적 참들에 의존한다. 허구적으로 그 신문이 의미심장한 표제를 달고 있다는 사실은 아마도 허구적으로 화자가 그렇다고 보고했다는 사실에 의해 함축된 바일 것이다. 허구적으로 죄수들을 겨냥하고 있는 총들이 있다는 것은 허구적으로 그렇게 겨냥하고 있는 총들이 있는 것처럼 **보인다**는 사실에 의해 함축되는 바일 것이다. 이론의 여지가 없는 **1차적인** 허구적 참들의 예, 즉 다른 허구적 참들의 발생을 통해서가 아니라 캔버스 위의 자국이나 종이 위의 단어들에 의해 직접적으로 발생하는 허구적 참들의 예를 발견하기는 쉽지 않을 수 있다. 그러나 그런 것들이 반드시 있다고, 즉 모든 재현은 다른 허구적 참들에 의존하지 않으며 그 재현이 발생시키는 다른 모든 허구적 참들에 간접적으로 책임이 있는 핵심적인 1차적 허구적 참들을 발생시킨다고 일시적으로(§4.4를 보라) 가정하는 것이 편리할 것이다.[4)]

허구적 참들은 토끼처럼 새끼를 친다. 몇 개 되지도 않는 1차적 허구적 참들의 자손이 하나의 작은 세계를 훌륭히 채울 수도 있다. 우리는 일반적으로 등장인물들이 사람이라는 이유만으로 그들의 혈관에 피가 흐른다고 가정할 권리가 있다. 그들의 피에

---

2) *The Secret Agent*, p. 249.

3) 이것은 허구적으로 그녀가 뛰어내린 것이 신문 표제 때문이라고 말하는 것이 아니다. 고야의 판화의 세계가 군인들의 존재가 총의 존재 및 위치에 의존하고 있는 특이한 세계인 것도 아니다.

4) 어떤 허구적 참들은 그것들이 다른 허구적 참들을 발생시키는지와 상관없이 부분적으로는 다른 허구적 참들에, 그리고 부분적으로는 작품의 특징들에 의존하기도 한다.

대해서는 한 번도 언급되거나 기술되거나 제시되거나 그려진 적이 없다 하더라도 말이다. 〈그랑자트〉에서는 공원에서 산책하고 있는 한 쌍이 먹고 자고 일하고 놀기도 한다는 것, 그들이 친구와 경쟁자도 있고 야망도 가지고 있으며 만족하기도 하고 실망하기도 한다는 것, 축을 중심으로 자전하고 태양 주위를 공전하며 날씨와 계절이 있고 산과 바다가 있고 평화와 전쟁이 있고 산업과 농업이 있으며 풍족함과 빈곤이 공존하는 한 행성에서 살고 있다는 것, 그리고 그 외에 많은 것들이 허구적이다. 이 모든 것들은 그에 반대되는 암시가 없는 한 허구적으로 그들이 인간이라는 사실에 의해 함축된다.

많은 그런 함축된 허구적 참들은 어느 정도 자동적으로 발생하며, 그중 많은 것들은 특별한 관심의 대상이 아니다. (만약 사람들이 피가 흐르거나 태어나거나 야망을 가지거나 하지 **않는다**는 것이 허구적이라면, **그러한** 허구적 참은 주목할 만한 것이겠지만 말이다.) 몇몇 간접적으로 발생한 허구적 참들은 주목의 초점으로서는 아니더라도 배경으로서 필요하다. 우리는 민주주의와 제국주의적 전통이 혼재하는 등의 특징을 가진 한 섬나라 안에 있는 큰 산업 도시가 다양한 사건들이 일어나는 배경이라는 것을 소설가가 그저 허구적으로 그 사건들이 런던에서 일어난다고 처리함으로써 어떻게 경제적으로, 그리고 불필요한 강조를 하지 않고서도 허구적으로 만들 수 있는지를 보았다. 후자의 허구적 참은 다른 모든 허구적 참들을 함축한다.

그러나 함축된 허구적 참들이 언제나, 또는 심지어 전형적으로라도 배경으로 밀려나 있는 것은 결코 아니다. 때때로 가장 두드러지고 의미심장한 허구적 참들이 간접적으로 발생하기도 한다. 한 등장인물이 무심코 던진 몇 마디 말이나 어떤 효과적인 제스처가 그의 성격이나 동기의 결정적 특징을 훌륭하고 정확하게 밝힐 수도 있다. 초상화에서 관심의 초점이 되는 허구적 참들 — 기분, 긴장, 평정, 체념과 관련된 것들 — 은 모델의 얼굴 특징에 대한 허구적 참들에 의해 함축될 것이다. 사실상 함축된 허구적 참들은 그것들이 의존하고 있는 허구적 참들보다 훨씬 더 중요할 수 있다. 후자의 허구적 참들은 때때로 그것들이 함축하고 있는 바를 떠나서는 거의 또는 전혀 중요하지 않을 수 있다. 우리는 그것들에서 파생된 허구적 참들에 놀라면서도 그것들 자체는 주목하거나 심지어 알아차리지 못할 수도 있다. 한 소설의 독자들은 어떤 등장인물의 결단력이나 불안감, 또는 낙관주의에 강한 인상을 받으면서도 그것이 그의 행동이나 말 혹은 그에 대한 다른 이들의 논평에 관한 어떤 허구적 참들 때문인지 알지 못하거나 신경 쓰지 않을 수 있다. 어떤 회화를 면밀히 조사하더라도 인물의 얼굴 모습에 대한 어떤 허구적 참들이 그의 표정이나 기분에 대한, 그 자체로는 완전히 명백한 허구적 참들을 함축하는지 밝히지 못할 수 있으며, 사실상 후자의 허구적 참들이 어떤 다른 방식으로 발생하는 것이 아니라 전자의 허구적 참들에 의해 함축되는지의 여부조차 밝히지 못할 수 있다. 일반적으로, 감상자들이 함축된 허구적 참들을 그것들이 기반으로 하고 있는 허구적 참들로부터 **추론**한다고 말하는 것은 명백히 잘못된 것이다. 때때로 하나의 허구적 참이 간접적으로 발생한다는 점 자체가 그 허구적 참을 두드러지게 할 수 있는데, 특히 그것을 쉽게 더 직접적으로 발생시킬 수 있었을 경우 그렇다. 다른 경우와 마찬가지로, 재현을 하는 데 있어서 약간의 숨김은 흥미를 자극하고 주의를 집중시킨다.

어떤 매체들에서 함축은 어떤 허구적 참들을 발생시키는 데 거의 필수적이다. 무성영화가 어떻게 소리를 묘사할 수 있으며, 회화와 정지 사진이 어떻게 움직임을 묘사할 수 있겠는가? 스턴버그(Sternberg)의 〈뉴욕의 선창〉에서 새떼가 갑자기 날아오르는 것은 사운드트랙의 도움 없이도 총이 발사되었다는 것을 알게 해준다.[5] 어떤 그림에서 누군가가 달리거나 뛰어오르고 있다는 것이 허구적이 되는 것은 그녀의 양쪽 발이 동시에 땅에서 떨어져 있다는 것이 허구적이기 때문이다. 그런 자세는 달리거나 뛰어오르고 있는 사람이 아니라면 도저히 할 것 같지 않은 자세이기 때문이다.

우리는 직접적으로 발생한 허구적 참들이 간접적으로 발생한 허구적 참들보다 일반적으로 더 중요하거나 더 명백하다고 간주하는 것, 또는 직접적으로 발생한 허구적 참들을 발견하는 것이 덜 추론적이라고 가정하는 것에 대해 경고해야 하며, 또한 1차적인 허구적 참들을 작품 안에서 "명시적으로" 드러난 허구적 참들과 동일시하거나 함축된 허구적 참들을 "암시적으로" 제시되는 것으로 추정하지 않도록 조심해야 한다. 우리는 하나의 소설이 명시적으로 "말하는" 것이나 하나의 그림이 명시적으로 "보여주는"

5) Arnheim, *Film as Art*, p. 107.

것의 허구성은 그 작품이 단지 "암묵적으로"만 표현하고 있는 명제들의 허구성에 의존할 수 있다는 것을 보게 될 것이다. (§4.4를 보라.) 내가 "간접적으로 발생하는" 허구적 참들이라는 말로써 의미하는 것은 단순히 다른 허구적 참들에 의존하는 허구적 참들이다. "1차적"이거나 "직접적으로 발생하는" 허구적 참들은 그렇지 않은 것들이다. 1차적이라거나 함축된다는 것에 다른 어떤 것이 포함되는지에 대해 선불리 결론내리지 않기로 하자.

허구적 참들을 발생시키는 장치에 대한 우리의 탐구는 두 종류의 서로 다른 원칙들을 고려해야 할 것이다. 단순히 한 작품이 어떤 단어들이나 자국 등을 가지거나 포함하고 있으면 그러그러한 명제들이 허구적이게 된다고 말하는 직접적인 발생의 원칙들, 그리고 1차적인 허구적 참들로 이루어진 핵심 집단이 주어지면 어떤 허구적 참들이 함축되는지를 알려주는 함축의 원칙들이 그것이다. 우선 함축의 원칙들을 살펴보기로 하자.

4.3 함축의 원칙들

어떤 허구적 참들이 어떤 다른 허구적 참들을 함축하는지 결정하는 것은 무엇인가? 한 재현의 1차적인 허구적 참들의 핵심 집단이 주어졌을 때, 그것이 어떤 다른 허구적 참들을 발생시키는지 어떻게 결정하는가? 우리가 길잡이로 삼을 수 있는 단순하고 포괄적인 함축의 원칙이 있는가? 그러한 두 가지 원칙이 특히 문학적 재현과 관련하여 (다양한 공식으로) 제안되고 매우 광범위하게 논의되어왔다. 그것은 '**실제의 원칙**(Reality Principle)'과 '**상호 믿음 원칙**(Mutual Belief Principle)'이다.[6] 이 양자의 원칙은

6) Beardsley, *Aesthetics*, pp. 242-247, 그리고 Woods, *Logic of Fiction*, pp. 64-65. 두 원칙에 대한 더 철저한 전개는 Lewis, "Truth in Fiction"과 Wolterstorff, *Works and worlds*에서 발견될 수 있으나, 그들이 문제를 설정하는 방식은 나와는 다소 다르다. 특히 그들은 내가 하는 방식처럼 (소위) 1차적 허구적 참과 함축된 허구적 참 사이를 구분하지 않는다. Ryan, "Fiction, Non-Factuals, and Minimal Departure"는 "실제의 원칙"과 유사한 원칙을 논한다.

실제 함축의 미묘함과 복잡함에 비교해보았을 때 심각하게 부적절한 것으로 드러날 것이다. 그럼에도 불구하고 많은 함축은 그 원칙들 중 어느 한쪽에 정말로 따르기도 하고, 다른 몇몇 경우들에서는 그 원칙들의 식별 가능한 변종이 작용하기도 한다.

실제의 원칙

요정 이야기는 …… 요정에 대한 이야기, 즉 요정들이 그 안에서 자신의 존재를 가지는 영역 혹은 나라인 요정의 나라(Faërie)에 대한 이야기들이다. 요정의 나라에는 엘프(elf)와 요정(fay)들 외에도, 그리고 난쟁이, 마녀, 트롤, 거인, 또는 용 외에도 많은 것들이 있다. 거기에는 바다, 태양, 달, 하늘이 있으며, 땅과 거기에 속한 모든 것들, 나무와 새, 물과 돌, 포도주와 빵, 그리고 마법에 걸려 들어온 유한한 생명을 가진 우리 인간이 있다.

– J. R. R. 톨킨, 〈요정 이야기에 대하여〉

'실제의 원칙'이 체계화하고자 하는 기본적인 전략은 1차적인 허구적 참들의 핵심 집단이 허용하는 한 허구적 세계를 실제 세계와 가장 유사하게 만드는 것이다. 허구적인 등장인물들이 피가 흐르고, 태어나고, 뒷모습이 있는 등의 속성을 가진다고 추정되는 것은 실제 세계의 사람들이 그러한 속성들을 가지고 있기 때문이다. 우울한 피아노 조성은 직접적으로 발생하는 허구적 참들이 그 반대를 지시하지 않는 한 그것이 실제 세계에서 가지는 것과 같은 효과를 허구적 세계에서 가지는 것으로 이해된다. 따라서 예이젠시테인(Eisenstein)의 무성영화 〈전함 포템킨〉에서 어떤 사람이 피아노 건반 위를 밟는다는 것이 허구적일 때, 허구적으로 피아노 소리가 난다는 것이 함축된다. '실제의 원칙'에서 예상되는 하나의 결과는 함축들이 실제 세계에서 타당한 추론이라고 간주될 만한 노선을 따른다는 것이다. q를 p로부터 타당하게 추론할 수 있다면, 우리는 q의 허구성을 p의 허구성으로부터 타당하게 추론할 수 있다. 후자의 허구적 참은 전자의 허구적 참을 함축할 것이기 때문이다.

'실제의 원칙'(RP)에 대한 잠정적인 공식은 다음과 같다.

> 만약 $p_1, \cdots, p_n$이 명제이고 그 명제의 허구성을 한 재현이 직접적으로 발생시킨다면, 또 다른 명제 q는 만약 $p_1, \cdots, p_n$이면 q일 경우, 그리고 오직 그 경우에만 그 재현 안에서 허구적이다.

해석하는 사람은 그 허구성이 직접적으로 발생하는 명제들이 참이라면 실제 세계가 어떠할지에 대해 물어보아야 한다. 만약 그것들이 참이라면 다른 어떤 것들이 참이 되는가? 그에 대한 대답은 1차적인 허구적 참들이 그 허구성을 함축하는 명제들이 될 것이다. 나는 "만약 $p_1, \cdots, p_n$이면 q일 것이다"라는 반사실문(counterfactual)을 스톨네이커-루이스(Stalnaker-Lewis)의 노선을 따라 대략 $p_1, \cdots, p_n$이 참이고 q 역시 참인 가능 세계가 $p_1, \cdots\cdots, p_n$이 참이고 q가 거짓인 어떤 가능 세계보다 실제 세계와 더 유사함을 의미하는 것으로 이해하겠다.[7] 따라서 비평가는 허구적 세계와 실제 세계 사이의 차이를 최소화할 의무가 있다. 반사실문을 다른 방식으로 이해하기를 더 선호하는 독자들은 '실제의 원칙'(RP라고 부르기로 하자)을 그와는 다른 함축들을 승인하도록 공식화된 것으로 받아들이고 그 공식 안에서 상응하는 조정을 하기를 원할 것이다.[8] 그러나 우리의 목적에 비추어보았을 때 '실제의 원칙'이 정확히 어떻게 이해되어야 하는지에 대해서는 그리 상세하게 논할 필요가 없을 것 같다.

다음과 같은 점에 주목하는 것이 중요한데, 그것은 RP에 따를 때 함축되는 바는 전체로서의 1차적 허구적 참들의 덩어리에 의존하는 것이지 그중에서 선택된 하나 혹

---

7) Stalnaker, "Theory of Conditionals"; Lewis, *Counterfactuals*.

8) 어떤 이들은 어떤 사람이 피아노 건반 위를 걷는다면 피아노 소리가 날 것임이 단지 **그럴듯하거나**(likely) **개연적일**(probable) 뿐이라고 생각할 수도 있다. 그들은 찰스 카렐리스(Charles Karelis)의 "개연성 균히기" 원칙("The Las Meninas Literature," p. 112)과 같은 것을 적용시킴으로써 〈전함 포템킨〉에서 그 소리가 분명히 **났다는** 것이 허구적이라는 직관을 유지할 수 있을 것이다.

은 몇 개의 허구적 참에만 의존하는 것이 아니라는 점이다.[9)] 이것은 당연하다. 하나의 개별적인 허구적 참으로 어떤 다른 명제의 허구성을 충분히 확립하기는 어렵다. 하나의 개별적인 허구적 참으로부터 예상된 함축들은 다른 허구적 참들에 의해 취소되거나 무효화될 수 있다. 보통 허구적으로 어떤 등장인물이 인간 부모를 가지고 있다는 사실은 익숙한 자연 법칙에 따라 허구적으로 그 등장인물이 개구리나 벌레, 코뿔소, 호박이 아니라 인간이라는 것을 함축한다. 그러나 이오네스코(Ionesco)의 《코뿔소》, 카프카(Kafka)의 《변신》, 그리고 수많은 동화들에서 이러한 함축은 저지된다. 《변신》의 텍스트는 특히 그레고르의 부모가 인간임에도 불구하고 그레고르가 벌레라는 것을 (그의 변신 후에) 보여 준다. 어떤 허구적 참들이 간접적으로 발생하는지 결정하기 위해 개별적인 허구적 참들을 고립적으로만 살피면서 그것들이 참이라면 어떻게 될지를 묻는다면 우리는 일을 그르치게 될 것이다.

이는 감상자나 비평가가 작품의 1차적인 허구적 참들의 전체 목록을 모으고 나서야 해석을 시작하고 또 그런 다음에 그것들의 함축을 추적해나가야 한다는 것을 의미하는가? 분명히 우리는 그렇게 하지 않으며, 그렇게 할 수도 없다. 1차적인 허구적 참들의 수가 한정적이라거나 한정적으로 열거될 수 있다는 보장도 없으며, 작품을 평범하게 조사함으로써 그러한 명제들 모두에 접근할 수 있다는 보장도 없다.[10)] 게다가, 어떤 개별적인 허구적 참이 1차적인 허구적 참의 목록에 속하는지 아닌지는 때때로 매우 까다로운 질문이며 명확한 답이 없을 수도 있다.

보통은 1차적인 핵심 집단에 속하는 하나의 작은 부분집합이 비록 그 자체로는 충분하지 않더라도 어떤 주어진 함축에 특별히 책임이 있으며, 또 하나의 허구적 참이 다른 간접적으로 발생한 허구적 참에 의존할 때는 보통 그러한 것들 중 하나 혹은 몇 개(물론 이것들 역시 1차적인 허구적 참에 의존하지만)에 특히 의존한다. 허구적으로 누

---

9) Wolterstorff, *Works and worlds*, p. 128을 보라.

10) 어떤 그림은 오직 현미경으로 분석해야만 밝힐 수 있는 1차적인 허구적 참들을 가지고 있을 수 있으며, 작품의 특징을 거의 절대적으로 정확하게 구분해내야만 모든 1차적인 허구적 참들을 밝힐 수 있는 경우도 있다. Goodman, *Languages of Art*를 보라.

군가가 피아노 건반을 밟는다는 사실은 그것이 1차적이든 아니든 허구적으로 피아노 소리가 난다는 것을 초견적으로(prima facie) 함축한다고 할 수 있다. 그러한 함축은 예를 들면 현이 없다는 것을 보여주는 피아노 내부 샷에 의해 파기될 수 있겠지만, 그러한 개입이 없는 이상 통과된다. 허구적으로 누군가가 피아노 건반을 밟는다는 사실이 허구적으로 피아노 소리가 난다는 것을 보장하지는 않지만, 그것은 증명의 책임을 그것을 거부하는 이에게로 돌린다.

감상자와 비평가들이 하는 일은 거칠게 말해서 허구적 참들이 직접적으로 발생했는지 간접적으로 발생했는지에 대해 고민하지 않은 채, 그리고 그 허구적 참들이 1차적 핵심 집단의 전부라고 가정하지 않은 채 그 재현이 의문의 여지없이 발생시키는 것으로 보이는 허구적 참들의 모음에 집중하는 것, 그리고 그것들의 초견적 함축들을 알아차리는 것이다. 우리는 종종 1차적인 허구적 참의 핵심 집단 안의 어떤 것도 그러한 허구적 참들을 무효화시키지 않는다는 것을 합리적으로 확신할 수 있다. 이를 위해서는 전체로서의 작품에 대한 감수성이 필요하지만, 1차적인 허구적 참들의 완전한 목록 같은 것이 필요하지는 않다. 〈전함 포템킨〉의 감상자들이 허구적으로 피아노 소리가 난다고 판단할 때 그들이 주목하지 못했을, 등장인물들이 입고 있는 옷에 관한 많은 세부가 있다. 그러나 감상자들은 그러한 허구적 참들이나 그것들이 기반으로 하고 있는 1차적 참들 중 어떤 것 — 또는 피아노의 색이나 건반이 눌러지는 정확한 힘(어떤 최소한의 힘을 넘어서는)에 대한 어떤 허구적 참들 — 도 그 함축을 방해하지 않는다는 것을 합리적으로 확신할 수 있다.

따라서 1차적으로 비평 관행을 인도하는 것은 RP로부터 인가받은 다음과 같은 경험 법칙인 것처럼 보일 것이다.

> $r_1, \cdots, r_n$의 허구성(직접적으로 발생하든 간접적으로 발생하든)은 만약 $r_1, \cdots, r_n$이면 q일 경우, 그리고 오직 그 경우에만 q의 허구성을 초견적으로 함축한다.

'실제의 원칙'의 노선을 따르는 제안들은 허구적 참들이 불필요하게 확산되는 것을 인정하게 된다고 비판받아왔다.[11] 그것은 비평가들이 실제로 인정하거나 인정해야 하는 것보다 훨씬 많은 허구적 참들을 받아들이도록 강요하는 것처럼 보인다.

일반적으로 모순은 모든 것을 함의한다고 가정되며, 종종 한 명제는 그것이 함의하는 그 어떤 것이든 반사실적으로 함축한다고 가정된다. RP에 따르면, 한 작품이 직접적으로 그 허구성을 발생시키는 명제들 중에 모순이 있으면 그 작품 안에서는 모든 것이 허구적이게 된다는 것이 재빨리 뒤따라 나오게 된다. 모순적인 명제들이 허구적이게 되는 어떤 작품에서건, 그 명제들이 1차적이든 아니든 간에, 모든 것이 허구적이게 된다는 결론을 피하기는 어렵다. 이는 당황스러운 결론이다. 논쟁의 여지는 있으나 〈잘못된 원근법〉(그림 1.2)에서 한 여인이 그녀가 불을 붙여주고 있는 파이프를 든 한 남자와 닿을 만한 거리에 있기도 하고 그렇지 않기도 하다는 것은 허구적이지만, 그 여인이 그와 동시에 색종이 조각들을 창문 밖으로 던지고 있다거나 다리 아래 흐르는 물이 실은 물이 아니라 피라거나 목성에 마귀들이 산다는 것이 허구적이라고 가정하는 것은 완전히 불합리해 보인다. 게다가, 만약 모순이 허구적일 경우 모든 것이 허구적이라면 〈잘못된 원근법〉과 H. G. 웰스의 소설 《타임머신》은 정확히 동일한 허구적 참들을 포함하게 된다.

몇 가지 대답이 가능하다. 우리는 모순적인 전건(antecedent)을 가진 모든 반사실문들이 참이 되지는 않는 방식으로 반사실문을 이해하는 방법을 찾을 수도 있다. ("만약 한 여인이 한 남자와 닿을 만한 거리에 있기도 하고 그렇지 않기도 하다면 목성에는 마귀들이 살 것이다"를 참으로 간주해야 하는지는 직관적으로 명백하지 않다.) 우리는 바람직하지 않은 함축들을 차단하도록 '실제의 원칙'을 재형식화할 수도 있다.[12] 아니면 우리는 그 원칙의 결과들을 있는 그대로 용납하는 법을 배울 수도 있다.[13] (어쨌든,

---

11) 예를 들면 Parsons, *Non-Existent Objects*, pp. 177-178, 그리고 Wolterstorff, *Works and worlds*, pp. 117-118.

12) 이것이 *Works and worlds*에서 월터스토프가 사용한 전략이다.

13) 루이스가 "Truth in Fiction"에서 제안하듯이 말이다. 이는 어떤 주어진 작품이 발생시키는 허구적 참들 중에서 어떤 것들은 다른 것들보다 더 강조될 수 있다는 것을 인식한다면 보기보다 그렇게 어렵지 않다. 그러나 우리가 감내해야 할 허구적 참들 가운데는 허구적으로 여인이 초를 들고 있다는 사실뿐만 아니라 여인이 초를 들고 있지 않다는 것이 〈잘못된 원근법〉-허구적이라는 사실 역시 포함된다.

모순적인 허구적 세계는 색다를 것이라고 예상하면 안 되는가?)

그러나 과도한 증식의 위험은 모순적인 허구적 세계에만 한정되지 않는다. 실제 세계는 매우 큰 곳이다. 만약 허구적 세계들이 그 1차적인 허구적 참들이 허용하는 정도만큼 실제 세계와 유사하다면, 대부분의 허구적 세계들은 실제 세계에 있는 대부분을 포함할 것이다. 따라서 심지어(또는 특히!) 가장 개략적인 이야기나 그림조차 어느 누가 예상했던 것보다 훨씬 더 풍부하고 상세한 것으로 드러날 것이다. 텐징(Tenzing)과 힐러리(Hillary)가 에베레스트산을 최초로 등정했으며 닐 암스트롱(Neil Armstrong)이 달에 처음으로 착륙했다는 것은 "골디락스와 세 마리의 곰"에서 허구적일 것이다. 마르코 폴로(Marco Polo)의 모험, 샌프란시스코의 지진과 화재, 워터게이트 추문, 그 외에 셀 수도 없는 흥미롭고 마음 아프고 비극적이고 일상적인 실제 삶의 사건들의 모든 세부들이 "세 마리의 눈먼 쥐"의 세계에 포함될 것이다.[14)]

나는 이 모든 잡동사니들을 허구적 세계에서 내쫓아버리기보다는 무시하기를 제안한다. 어쨌든 우리는 한 작품의 다양한 허구적 참들 사이에는 중요성에 있어서의 큰 차이가 존재한다는 것을 인정해야 한다. 어떤 것들은 강조되고 가장 밝게 비춰지는 반면 다른 것들은 그늘 속에 남아 있다. 주요 인물이 있는가 하면 비중이 크지 않은 인물들도 있으며, 중심 사건이 있는가 하면 주변적인 사건들도 있다. 말할 필요도 없이, 어떤 소설 속의 사건들이 실제로 일어났다 하더라도 그 **소설**(또는 그림이든 무엇이든) **안에서** 중요하거나 중심적인 것이 역사의 전개 안에서 가장 중요한 일일 필요는 없다. 내가 무엇이 **허구적으로** 더 혹은 덜 중요한지를 염두에 두고 있는 것도 아니다. 어떤 큰 왕국 안에 살고 있는 한 농부 가족에 대한 이야기 안에서, 좋든 나쁘든 국왕이 역사의 전개 안에서 중심인물이라는 것, 국가의 운명이 그에게 달려 있다는 것이 허구적이며, 그

14) 이 이야기에서 새롭게 발견된 흥미로운 사실을 축하하기 전에, 우리는 마르코 폴로의 모험이 거의 모든 작품에서 반복적으로 나타나며, 그것은 역시 실제 세계에서 빌려온 견디기 힘들 만큼 지루한 에피소드들, 이를테면 내가 가장 최근에 식료품점을 방문한 일 같은 것들의 방대한 나열에 묻혀버린다는 것을 깨달을 것이다. 또한, 그것은 작가 덕분도, 작품 덕분도 아니므로 감탄할 이유도 없다. 루이스의 반사실문 개념(참이 되기 위해서는 선행하는 것과 결과 사이의 어떤 의미심장한 관련성을 요구하는)보다 좁은 반사실문 개념이나 RP에 대한 어떤 적절한 재형식화가 실재로부터의 이러한 방대한 이주를 막을 수 있을지도 모르지만, 그러기 위해서는 허구적 세계와 실제 세계 사이의 유사성이 최대화되어야 한다는 관념으로부터 물러나야만 할 것이다.

농부들은 역사적 관점에서는 중요하지 않다는 것이 허구적일 수 있다. 그러나 이야기에서는 농부들이 중심적이며 국왕은 주변적일 것이다. 그 이야기는 주로 농부 가족에 대한 것이며, 국왕은 단지 그 가족들이 삶을 살아가는 배경의 일부 역할을 할 뿐이다. 찰스 킨보트는 나보코프(Nabokov)가 쓴《창백한 불꽃》의 중심 등장인물이며 화자이고 주인공이지만, 그가 하찮은 익살꾼이라는 것이 허구적이다. 재현은 단지 우리에게 허구적 참들의 모음을 선사해주는 것이 아니다. 재현은 우리를 위해 허구적 참들을 정리하고 배열하며, 어떤 허구적 참들에는 다른 것들보다 더 초점을 맞춘다. 재현이 초점을 맞추고 있는 것들 대신 다른 허구적 참들에 과도하게 주목하는 것은 허구적 참을 잘못 이해하는 것만큼이나 작품을 왜곡하는 것일 수 있다. (톰 스토파드(Tom Stoppard)의《로젠크란츠와 길덴스턴은 죽었다》의 요지 중 일부는 그것이《햄릿》의 강조점을 뒤집는다는 것, 중요하지 않은 등장인물을 주요 인물로 만들고 주요 인물을 중요하지 않은 인물로 만든다는 것이다.)

따라서 우리는 마르코 폴로, 샌프란시스코의 지진, 워터게이트, 그리고 그 이외의 모든 것들을 "세 마리의 눈먼 쥐"의 세계 속에 안전하게 허용할 수 있다. 우리가 그것들의 위치를 그 이야기의 먼 배경에 위치하는 것으로 인정한다면 말이다. 그것들은 가만히 내버려두기만 한다면 우리를 성가시게 하지 않을 것이다. 〈잘못된 원근법〉과《타임머신》은 심지어 그것들이 정확히 동일한 허구적 참들을 발생시킨다 하더라도 매우 다른 작품들이다. 그것들은 그 안의 허구적 참들 중 어떤 것들을 강조하는가에 따라 달라진다.

어떤 이들은 중요하지 않은 허구적 참들이 철저히 경시된다고 선언하기보다는 그것들을 완전히 배제하는 방법을 고안해내기를 선택한다.[15] 나는 중요하지 않은 허구적 참들을 배제하는 것에 끝까지 반대할 생각은 없지만, 강조하지 않는 편을 더 선호한다. 나의 제안에서는 이야기의 행위에 충분히 밀접히 관련되어 그 허구적 세계 안에 포함될 수 있는 실제 세계의 특징들과 그렇지 않은 특징들 사이 어딘가에 명확한 구분이 있

---

15) 루틀리(Routley)는 실제 세계의 매우 한정된 부분만을, "작품이 암시하거나 의존하는 것들을 포함하기에 충분할 정도로 ……, 그 이야기를 이해하고 몇몇 오해들을 방지하기에 충분할 만큼, 그리고 거기까지만" 허구적 세계 안에 포함시키기를 선택한다(*Exploring Meinong's Jungle*, p. 542).

다고 상상할 필요조차 없으며, 강조하는 것과 강조하지 않는 것의 가장 미세한 정도의 차이까지도 쉽게 인식할 수 있다. 어떤 메타 수준으로 물러나 어떤 실제 세계의 참이 허구적 세계에 포함되는 것이 혹은 포함되지 않는 것이 더 그럴듯한지 덜 그럴듯한지에 대해 말하는 것은 그보다 상당히 어색한 일이 될 것이다.

이러한 해결책은 '실제의 원칙'이 가진 몇 가지 난점을 해결해줄 것이다. 그러나 이 해결책은 한 작품이 어떤 허구적 참들을 발생시키는지에 대한 질문을 넘어서 또 다른 질문을 제기한다. 한 작품의 허구적 참들 중 어떤 것이 중요하고 어떤 것이 그렇지 않은가를 결정하는 것은 무엇인가? 이 점에 대해서는 분명히 많은 답들이 있을 수 있겠지만, 나는 발생의 원칙이 어떻게 작동하는가에 대한 질문에 대해서와 마찬가지로 이 질문에 대해서도 어떤 체계적인 답변을 예상하거나 요구하지 않을 것이다.

'실제의 원칙'을 위한 유예는 단지 일시적인 것이다. 우리는 곧 그것이 가끔은 '상호 믿음 원칙'에 자리를 내주어야 한다는 것을 보게 될 것이다. 그러나 그 양자 모두에 대한 더 심각한 반론들이 기다리고 있다. '실제의 원칙'을 무분별하게 적용하는 데 대한 제임스 서버(James Thurber)의 다음과 같은 풍자적인 경고를 명심하도록 하자.

> "나는 단 한 순간도 맥베스가 그랬다고 생각하지 않아요. …… 나는 단 한 순간도 그가 왕을 살해했다고 생각하지 않아요"라고 그녀는 말했다. …… "당신은 누구를 의심하나요?"라고 내가 물었다. …… "맥더프"라고 그녀는 즉시 대답했다.
>
> "오, 맥더프가 했어요. 틀림없어. …… 당신은 던컨의 시체를 누가 발견했는지 아세요? …… 맥더프가 그것을 발견했어요. …… 그러고 나서 그는 계단을 달려 내려와 소리쳤죠. '혼란이 주의 성전을 부수어 열었다.' 그리고 '신성모독적인 살인이 그 최고의 작품을 만들어냈다.' 그리고 계속해서 그런 식으로 말하죠. …… 그 모든 말들은 연습한 거예요. …… 당신은 그렇게 많은 말들을 준비 없이 하지 못할 거예요, 그렇지 않나요? 당신이 시체를 발견했다면 말이죠. …… 절대로 그러지 못할 거예요! 당신이 미리 연습하지 않았다면 말이에요. '세상에, 여기 시체가 있어!'가 결백

한 사람이 할 만한 말이죠."[16]

상호 믿음 원칙

지구는 평평하며 바다로 너무 멀리 나가는 것은 떨어질 위험을 감수하는 것이라고 널리 그리고 굳게 믿는 어떤 문화권에서, 한 이야기꾼이 바다 쪽으로 먼 항해를 감행하는 용감한 선원들에 대한 이야기를 만들어낸다. 그 이야기 안에는 지구의 모양이나 위험에 대한 어떤 언급도 없다. 그 이야기꾼은 그러한 언급이 불필요하다고 생각할 것인데, 왜냐하면 그와 그의 이야기를 듣는 청중은 그 이야기 안의 지구가 그들이 실제 지구의 모양이라고 믿는 것처럼 생겼으리라고 가정하기 때문이다. 모든 이들은 허구적으로 광대한 바다 어딘가에 아무것도 없는 곳으로 떨어지는 벼랑이 있다는 것이 함축되어 있는 것으로 간주한다.

우리는 그들이 자신들의 지리학에 따라 그 이야기를 그렇게 이해하는 것을 '실제의 원칙'을 근거로 하여 고쳐주어야만 하는가? 그 허구성이 직접적으로 발생하는 명제들은 참이라 하더라도 지구의 모양에 영향을 주지 않는 것들이다(라고 나는 가정하겠다). 지구는 (여전히) 실제로 그러하듯이 대략 구 모양이며 평평하지 않을 것이다. 따라서 RP에 따르면 지구는 구 모양이며 떨어질 위험은 없다는 것이 허구적이다. 그러나 이렇게 고집하는 것, 즉 그 이야기를 그 원래의 맥락에서 떼어내어 작가도, 그가 의도한 청자 중 가장 통찰력 있는 이조차 예측할 수 없는 해석을 강요하는 것은 부자연스럽고 불필요하게 무자비한 것으로 여겨질 것이다. 또한 그렇게 하는 것은 하나의 훌륭한 모험 이야기를 망치고 말 것이다. 그 이야기는 등장인물들이 위험을 감수한다는 데서 그 극적인 효과를 가진다(고 가정하자). 그 이야기를 이해하고 감상하고자 하는 목적에서는 지구의 모양에 대한 잘못된 관념에 동조하고 허구적으로 지구의 가장자리가 위험하

---

16) "The Macbeth Murder Mystery," pp. 81-82.

다는 것을 허용하는 편이 더 나을 것이다.

'실제의 원칙'은 함축된 허구적 참들이 자연계의 사실들에 의존하도록 만듦으로써 그것들에 대한 예술가의 통제를 느슨하게 한다. 만약 예술가가 관련된 사실에 대해 실수하게 되었다면, 그의 허구적 세계는 그가 의도한 대로 나타나지 않을 것이다. 이는 많은 경우 불행한 일이 될 것인데, 왜냐하면 어쨌든 경험할 만한 가치가 있는 작품들을 만드는 예술가들에게는 어떤 종류의 허구적 세계가 흥미롭고 가치 있을 만한지에 대한 훌륭한 판단력이 있기를 기대할 수 있기 때문이다. 알려지지 않은 자연계의 사실들이 허구적 세계를 형성하도록 허용하는 것보다는 예술가에게 허구 세계를 만들어낼 자유 재량권을 주는 것이 어떤가?

평평한 지구 이야기를 '실제의 원칙'이 지시하는 대로 이해하는 것이 그리 끌리지 않는다는 사실은 무엇이 허구적인지에 대해 예술가가 실제로 하는 것보다 더 확실한 통제력을 예술가에게 부여하는 원칙들이 실제로 작용하고 있다는 것을 암시한다. 루이스와 월터스토프는 둘 다 이 같은 것을 염두에 두고 (그들 식의) '실제의 원칙'에 대한 대안들을 제안한다. 루이스의 두 번째 원칙은 실제 세계가 실제로 가진 모습보다는 작품이 창조된 공동체 내에서 "공공연하게" 믿어지고 있는 바에 함축들의 근거를 둔다.[17] 월터스토프의 원칙은 실제 세계에 대해 작가가 "의도한 관객 대부분이 믿는 바라고 추정한" 것에 함축들의 근거를 둔다.[18] 다음은 루이스의 제안에 따라 만들어본 '상호 믿음 원칙'(MBP)이다.

> 만약 $p_1, \cdots, p_n$이 명제이고 그 명제의 허구성이 한 재현이 직접적으로 발생시키는 것이라면, 또 다른 명제 q는 만약 $p_1, \cdots, p_n$이면 q라는 것이 그 예술가의 사회 안에서 상호 간에 믿어질 경우, 그리고 오직 그 경우에만 그 재현 안에서 허구적이다.

17) "Truth in Fiction," p. 273.

18) *Works and Worlds*, pp. 123-124.

이 원칙은 다음과 같은 그 자체의 경험 법칙을 인가한다.

> $r_1, \cdots, r_n$의 허구성(직접적으로 발생하든 간접적으로 발생하든)은 만약 $r_1, \cdots, r_n$이 참이면 q가 참이라는 것이 그 예술가의 사회 안에서 상호 간에 믿어질 경우, 그리고 오직 그 경우에만 q의 허구성을 초견적으로 함축한다.

(대략적으로 말해서, 한 사회 대부분의 구성원들이 어떤 것을 믿고, 그들 대부분이 그것을 믿는다는 것을 그들 대부분이 믿고, 대부분이 그것을 믿는다는 것을 대부분이 믿는다는 것을 대부분이 믿는 등이라면 그것은 그 사회에서 "상호 간에 믿어진다".)[19]

왜 믿음이 상호적이어야 하는가? 왜 사람들이 다른 이들이 믿는다는 것을 의식하든 그렇지 않든 그 예술가의 사회 안에서 관련 반사실문이 널리 믿어진다는 것만을 요구하거나 예술가 자신이 그것을 믿는다는 것만을 요구하지 않는가? 그러한 양자의 선택지들은 감상자들이 허구적 세계에 충분히 접근할 수 없게 만들고, 우연히 작가의 마음을 알아맞힌 비평가들에게 불공평한 이득을 주게 된다. 그중 첫 번째 선택지는 예술가가 다른 이들이 믿는 바가 무엇인지에 대해 추측을 해야 하는 만큼 허구적 세계를 예술가의 통제에서 벗어나게 만들기도 할 것이다. 따라서 좀 더 사회적인 종류의 믿음이 필요한 것이다.

MBP는 실제 세계 있는 그대로가 아니라 예술가의 사회 안에서 실제 세계가 그러하리라고 상호 간에 믿어지는 혹은 믿어졌던 바와 허구적 세계 사이의 유사성을 최대화하기 위해 추정을 하도록 지시한다.[20] 만약 평평한 지구 이야기를 말하고 듣는 사회 안에서 지구가 평평하다는 것이 상호 간에 믿어진다면, 실제 지구가 구의 모양임에도 불구하고 그 이야기는 허구적으로 그 모험가들이 지구 가장자리에서 떨어질 위험에 처해 있다는 것을 함축한다. 우리의 우월한 지리적 지식이 그 이야기가 우리에게 주는 흥

---

19) 나는 쉬퍼(Schiffer)의 "상호 믿음"이라는 문구를 루이스의 "공공연한 믿음" 대신 사용하겠다. Lewis, "Truth in Fiction," p. 272; Lewis, *Convention*, pp. 52-60; Schiffer, *Meaning*, pp. 30-42를 보라.

20) 적어도 반사실문에 대한 스톨네이커-루이스 식의 설명에 따르면 그렇다.

분을 망칠 필요는 없다.

MBP는 좀 더 가다듬을 필요가 있다. 회화에서 등장인물의 신체적 특징에 대한 허구적 참들은 그들의 성격, 기분, 그리고 다른 심리적 상태들에 대한 허구적 참들을 함축한다. 그러나 우리 중 누구도, 그리고 어떤 예술가의 사회 안에서든 거의 어느 누구도 어떤 사람이 어떤 표정을 지을 때 그의 성격이나 기분이 어떠할지에 대해 그리 상세한 **믿음**을 가지고 있지는 않다고 주장할 수 있다. 그럼에도 우리는 어떤 사람의 표정을 지각할 때 그의 성격과 기분을 **알아차릴** 수 있다. (비록 우리가 그의 표정의 어떤 세부가 관련되는지 알아차리지는 못할 수 있지만 말이다.) MBP는 몇몇 함축들의 근거를 예술가가 속한 사회의 구성원들이 신체적 표현과 기분 사이의 상관관계에 대해 가지는 믿음보다는 이를테면 신체적 표현을 통해 기분을 알아차리는 성향에 두도록 수정될 수도 있을 것이다. 그러나 나는 더 나은 공식을 고안해내려고 하지는 않을 것이다. MBP는 어떤 그럴듯한 원칙들을 대표하고 있는 것으로, 즉 함축된 허구적 참들이 예술가가 속한 사회 구성원들의 인지적 구조가 가진 이런저런 특징에 의존하고 있는 그러한 원칙들의 하나의 집합을 대표하는 것으로 받아들여질 수 있다. 이것은 정교하지 못한 첫 번째 시도이지만, 이러한 종류의 원칙들과 '실제의 원칙' 및 다른 것들을 대조시키는 데 충분히 잘 사용될 수 있을 것이다.

'상호 믿음 원칙'은 '실제의 원칙'에 비해 개선된 것인가? 확실히 '상호 믿음 원칙'의 결과는 상당히 많은 경우에 좀 더 구미에 맞으며, 해석자들의 관행도 중요한 지점들에서 그것을 전제로 하는 것 같다. 비평가들은 RP에 따를 때 많은 허구적 참들이 의존하고 있는 것이 되는 때때로 소수만이 아는 자연적 현상들을 광범위하게 조사하고자 하는 경우는 거의 없지만, 예술가 및 그가 속한 집단의 믿음을 포함하여 작품이 생산되는 사회적 맥락에 대해서는 연구한다.

함축들이 왜 RP보다는 MBP와 더 유사한 어떤 원칙에 지배받을 것이라고 예상해야 하는지에 대해서는 충분한 이유가 있다. MBP는 예술가들에게 무엇이 허구적인가에 대한 더 나은 통제력을 부여할 뿐만 아니라 많은 경우 감상자들에게 무엇이 허구적인가에 대해 더 쉽게 접근할 수 있도록 해준다. 감상자들은 종종 무엇이 참인가보다는 무엇이 예술가의 사회 안에서 상호 간에 믿는 바인가를 더 잘 결정할 수 있는 위치에 있다. 특히 그들이 예술가의 사회에 속하는 경우에는 더 그렇다. 그 결과 RP보다는 MBP가 재현이 예술가가 감상자들의 상상하기를 안내하는 도구라는 관념, 그에 따르면 예술가가 감상자들에게 어떤 명제들을 상상하도록 독려하기 위해 그의 작품이 그 명제들을 허구적으로 만들도록 짜 맞추고 감상자는 예술가가 그러기를 의도한 바대로 상상하기 위해 허구적인 바를 상상하도록 노력한다는 그러한 관념에 더 잘 들어맞는다.[21] 물론 예술가와 감상자 모두가 실제에 대한 잘못된 관념을 공유하고 있을 경우,[22] 비록 RP가 효력을 발휘하고 있을 때라 하더라도 예술가는 감상자들의 상상하기를 성공적으로 완벽하게 잘 지시할 수 있다. 그때 감상자들이 허구적이라고 간주하는 바는 예술가가 자신이 허구적으로 만들었다고 생각한 바일 것이고, 감상자는 그것을 상상하면서 예술가가 그에게 상상하도록 의도한 바를 상상하고 있을 것이다. 그러나 그렇다면 무엇이 **실제로** 허구적인지의 개념은 쓸모없는 것으로 여겨질 것이다. 예술가가 감상자가 상상하도록 하는 데 성공한 것, 예술가와 감상자 양자가 허구적이라고 간주하는 것이 실제로는 그렇지 않다고, 그 작품이 실제로 감상자에게 상상하도록 지시하는 바가 아니라고 이론가가 주장해보았자 무슨 소용이 있겠는가? **만약** 그러한 작용의 모든 목적이 예술가가 감상자의 상상하기를 성공적으로 지시하는 것이라면 말이다.

그러나 MBP(또는 어떤 변종)가 항상 또는 심지어 일반적으로라도 RP에 우선하는지는 결코 명백하지 않다. MBP는 자연적 재현 — 구름, 나무 그루터기, 별들의 패턴 — 에는 적용조차 할 수 없다. 그것들의 함축을 추적하려면, 우리는 아마도 예술가의 사회보다는 감상자들이 속한 공동체의 상호 믿음에 의거해서 판단하거나 그렇지 않으면 '실제의 원칙'으로 되돌아가야 할 것이다. 자연적 재현은 예술가가 감상자들의 상상하

21) 제2장에서 살펴보았던 것처럼 재현, 즉 하나의 허구 작품이 된다는 것이 무엇인지가 이런 식으로 설명되지 않는다 하더라도, 이것이 재현의 중요한 한 가지 목표라는 데는 의심의 여지가 없다.

22) 또는 감상자들이 예술가가 허구적이라고 생각했던 바를 알고 있다면, 예술가가 틀렸다는 것을 깨닫는다 하더라도 감상자들은 자신이 허구적이라고 간주하는 바가 아니라 예술가가 허구적이라고 생각했다고 간주하는 바를 상상하고자 노력할 것이다. 이때 역시 무엇이 정말로 허구적인가라는 개념은 쓸모없는 것으로 여겨질 것이다.

기를 지시하기 위해 사용하는 수단이 아니다.[23] 그러나 그러한 재현들조차 때로는 MBP가 아닌 RP에 지배를 받는다고 주장할 수 있다. 또한 RP가 얼마나 자주 더 나은 결과를 가져다주는지와는 완전히 별개로, 나는 RP가 재현에 대한 우리의 사고에서 더욱 근본적인 어떤 역할을 한다고 생각한다.

나는 특히 허구적 참들과 도덕성 간의 관련이 문제가 될 때 MBP에 비해 RP를 선호하는 것이 합리적이라고 생각한다. 이러한 제안은 다음과 같은 흄의 견해와 관련이 없지 않은데, 그에 따르면 비록 이전 시대의 작품을 다룰 때 우리가 더 이상 동의하지 않는 "악의 없는 관습의 특질들"과 "추측에 근거한 견해들"을 용인하고 허용해야 하며 그것들이 작품으로부터 주의를 분산시키지 않게 해야 하겠지만, "도덕성과 예의"에 대한 사악하거나 비뚤어진 것이라고 생각되는 관념들을 용인하고 넘어가서는 안 된다. 흄은 "나는 그러한 정감들에 빠져들 수도 없고 그렇게 하는 것이 적절하지도 않다"라고 말하며, "그리고 그 시인을 어떻게든 용서해준다 하더라도 …… 나는 절대로 그 시를 즐길 수 없다"라고 말한다.[24] 아마도 우리는 "사실적인" 문제들에 대한 함축을 추적하는 데 있어서는 예술가가 속한 사회 안의 상호적인 믿음 같은 것에 의거해서 판단할 수 있겠지만, 도덕성의 문제에 관해서는 우리가 확신하는 한 참에 의거해서 판단한다. 우리는 피를 뽑는 것이 병을 치료해주고, 태양이 지구 주위를 돌며, 사람들이 심장으로 생각한다는 것이 허구적이라고 가정할 준비가 되어 있어야 한다. 만약 그러한 것들이 예술가가 속한 사회 안에서 상호 간에 믿어지며 직접적으로 발생한 허구적 참들이 그 반대를 가리키지 않는다면 말이다. 그러나 유일하게 선한 인디언은 죽은 인디언이라거나 노예 제도는 정당하다거나 폭정을 돕는 고문이 잔혹하지 않다고 가정할 수는 없다. 물론 상황들이 이렇게 단순하지는 않지만, 나는 우리 중 많은 이들이 이러한 방향에 공감하리라고 생각한다.

---

23) 자연적 재현은 예술가가 그것들에 대한 주목을 환기시키고 그것을 재현으로서 보기를 권한다면 예술가가 감상자들의 상상하기를 지시하는 수단이 될 수 있다. 유신론자들은 신이 우리 유한한 인간의 상상하기를 인도하기 위해 자연 대상들을 창조했다고 생각할 것이다.

24) Hume, "Standard of Taste," pp. 21-24. 또한 Mothersill, *Beauty Restored*, pp. 411-412를 보라.

만약 인종이 섞이는 것은 유해하며 그것을 억압하는 것은 도덕적 필요라고 굳게 그리고 상호 간에 믿어지는 어떤 파시스트 사회에서 만들어진 한 이야기 안에서 서로 다른 인종의 사람들이 우정을 쌓게 되고 거기에 대해 당국으로부터 벌을 받는다는 것이 허구적이라면, 우리는 그 이야기를 이해하고 감상하려는 한정된 목적만을 위해서라도 우리 자신의 상반된 도덕적 확신을 한쪽으로 치워놓아야 하는가? 우리는 그 이야기가 허구적으로 그 우정이 비도덕적이며 그것을 억압하는 것이 정당함을 함축한다는 것을 받아들여야 하는가? 우리가 그래야 한다는 것은 결코 명백하지 않다.[25] 따라가기를 거부하는 것은 분명히 우리가 그 이야기를 읽는 것을 망칠 것이다.[26] 그러나 우리는 기꺼이 그것이 망쳐지도록 할 것이다. 우리는 그러한 비난받을 만한 정서를 따라가기를 즐기는 것이 어쨌든 불가능함을 알게 될 것이다. 그 이야기 자체가 그것을 "미적으로" 파괴할 정도로 도덕적으로 그릇된 것이라고 주장할 수 있다.

우리가 도덕적으로 그릇되었다고 간주하는 명제들을 그것들이 허구적이라는 것을 인식하고 있음에도 불구하고 상상할 수 없거나 상상하기를 꺼린다고 단순히 말할 수 있는가? (사랑하는 사람의 사진이나 그림에 핀을 꽂아도 종이 외에는 아무것도 해치지 않는다는 것을 완전히 인식하고 있음에도 그렇게 하기 어렵다는 사실과 비교해보라.)[27] 어떤 이는 '상호 믿음 원칙'이 명하듯이 그 우정이 나쁘고 처벌이 정당하다는 것이 정말로 그 이야기 안에서 허구적이기는 하지만 단지 우리가 그것을 상상하라는 지

25) 이 이야기에 어떤 혹은 다른 원칙을 적용하는 일의 적절성은 물론 내가 열거하지 않은 그 예의 특징들에 의존할 수 있다. 인종이 섞이는 것이 나쁘다는 생각이 중심적인 "그 이야기의 교훈"인지, 아니면 성격과 인간 본성을 연구하기 위한 수단인지, 아니면 신의 벌을 받을 위험을 수반하는 모험을 위한 하나의 배경인지는 차이를 낳을 것이다.

26) 그러나 그렇지 않을 수도 있다. 그 이야기의 요점은 등장인물 중의 일부 혹은 모두가 인종이 섞이는 것이 나쁘다고 **간주한다**는 것이 허구적이라는 데 의존하는 것이지 그들의 생각이 옳다는 데 의존하는 것이 아닐 수도 있다. 우리는 전자의 허구적 참이라면 받아들이기를 주저할 필요가 없다.

27) "우리가 [다른 시대나 다른 나라의 교양 있는 저술들에] 만연해 있는 …… 모든 견해에 빠져들어 거기에서 이끌어낸 정감이나 결론들을 즐기기 위해서는 단지 사고나 상상력의 약간의 전환만이 필요하다. 그러나 예의에 대한 우리의 판단을 바꾸기 위해서는, 그리고 오랜 관습에 의해 우리 마음이 익숙해져 있는 것과는 다른 승인이나 비난, 사랑이나 증오의 정감들을 불러일으키기 위해서는 매우 극심한 노력이 필요하다. 그리고 어떤 사람이 자신의 도덕적 판단 기준이 올바르다고 확신하는 곳이라면 그는 당연히 그것을 지키려고 애쓰며, 한순간이라도 어떤 저자에게 순종하여 자신의 정감을 빗나가게 하지 않을 것이다."(Hume, "Standard of Taste," p. 22)

시에 따르는 것을 견딜 수 없는 것뿐이라고 주장함으로써 '상호 믿음 원칙'을 구해내고자 할 수도 있다. (어떤 이들은 이 경우 우리가 "순수하게 미적인" 태도를 취할 수 없거나 그러기를 꺼린다고 말하는 식으로 표현할 수도 있다.) 그러나 나에게는 아마도 우리가 그릇된 도덕적 교의라고 간주하는 것을 참이라고 상상하는 일의 어려움에 근거를 두는 하나의 "관례", 즉 도덕성과 관계되는 경우들에 RP와 유사한 어떤 것이 작동하도록 하는 관례가 있어 그 관례에 의해 우리가 그렇게 하지 않아도 된다는 결론을 내린다는 것도 똑같이 합리적이라고 여겨진다. 해석에 관한 질문들은 도덕적 문제들과 상관없으며 그 둘을 혼동하지 않도록 주의해야 하는가, 아니면 도덕적 고려사항들이 때때로 해석에 영향을 주는가? 나는 결정을 내릴 만한 충분한 근거들이 있다고 생각하지 않는다.

어떤 이들은 프로이트 이전의 의심 없는 예술가들의 작품에 강요된 정신분석학적 해석들을 RP 류의 원칙과 MBP 류의 원칙 사이에서 무엇을 선택해야 하는가에 대한 시험 사례로 언급해왔다.[28] 그러나 원칙을 선택하는 것과 그러한 해석 사이의 관련성은 전혀 명백하지 않다. 정신분석학 이론이 기본적으로 옳고, 허구적으로 햄릿이 보여주는 것과 같은 행동은 실제 세계에서는 심각한 오이디푸스적 갈등이라는 진단을 정당화할 것이라고 가정해보자. 누군가가 그렇게 행동한다면 (그리고 《햄릿》이 그 허구성을 직접적으로 발생시키는 모든 명제들이 참이라면) 그는 오이디푸스 콤플렉스를 겪고 있는 것이다. 그렇다면, 셰익스피어 그리고 그와 동시대에 살았던 엘리자베스 시대 사람들이 다행스럽게도 프로이트의 이론을 알지 못했다 하더라도 햄릿이 오이디푸스 콤플렉스를 겪고 있다는 것이 허구적인가? RP는 긍정적인 대답을 내놓을 것이며, MBP는 부정적인 대답을 할 것이다.

그러나 열성적인 프로이트주의자는 필시 셰익스피어와 그의 동시대인이 프로이트의 이론에 대해 아무것도 몰랐다 하더라도 프로이트 이론의 많은 부분이 참이라는 것을 무의식적으로 깨닫고 있었을 것이라고, 혹은 그랬음에 틀림없다고 대답할 것이

28) Lewis, "Truth in Fiction," p. 271. 또한 Wolterstorff, *Works and worlds*, pp. 120-121을 보라.

다.《햄릿》 자체는 셰익스피어가 그것을 깨닫고 있었다는 증거로서 거론될 것이다. 오이디푸스 콤플렉스의 역학을 직관적으로 의식하고 있지 않았다면 어떻게 그런 희곡을 쓸 수 있었겠는가? 관객이 그 연극에 반응했다는 사실은 그들이 프로이트 이론의 기본적인 교의를 직관적으로 이해하고 있었음을 가리키는 것으로 간주될 수 있다. 이렇게까지 가다 보면, 셰익스피어와 그의 동포가 오이디푸스 콤플렉스에 대한 그들의 이해를 다른 이들도 공유하고 있다고 인식 — 물론 암묵적으로겠지만 — 하고 있었다고 가정하는 것도 억지스럽게 여겨지지 않는다. 셰익스피어는 분명히 관객이 반응하기를 기대했을 것이며, 관객은 분명히 셰익스피어가 비록 무의식적이라 해도 고의적으로 햄릿의 오이디푸스 콤플렉스를 보여주려고 했음을 알아차렸을 것이다. 우리는 요구되는 상호 믿음을 손쉽게 얻게 된다. 따라서 MBP의 지지자는 결국《햄릿》에 대한 프로이트적 해석을 수용할 수 있게 된다.

해석에 대한 쟁점은 결국 MBP를 어떻게 이해할 것인지에 대한 질문, 즉 의식적으로 그리고 명시적으로 가지는 상호 믿음이 무의식적으로 가지는 상호 믿음보다 우선해야 하는지에 대한 질문으로 이어지게 된다. 그러나 나는 프로이트적 해석에 대한 저항감의 많은 부분이 프로이트의 이론 자체에 대한 불만에 근거를 두고 있는 것은 아닌지 의심스럽다. 즉 '실제의 원칙'을 받아들였을 때 실제 세계에서 햄릿의 행동은 오이디푸스 콤플렉스를 가리킬 것이라는 전제에 대한 의심에 근거를 두고 있거나, 아니면 이러한 조건적 명제가 엘리자베스 시대 사람들에 의해 (무의식적으로) 상호적으로 믿어졌을 것인지에 대한 의심에 근거를 두고 있거나 말이다.

충돌이 일어나는 경우 때때로 우리가 '상호 믿음 원칙'이 승인하는 함축들이 아닌 '실제의 원칙'이 승인하는 함축들을 지지할 준비가 되어 있다 하더라도, 나는 그 반대인 경우가 더 많을 것이라고 생각한다. 그럼에도 불구하고, RP는 해석의 관행에서 더 중요하게 나타난다. 어떻게 그러한가?

많은 경우 충돌은 전혀 일어나지 않는다. 관련되는 상호 믿음이 참일 경우, 두 원칙은 동일한 결과를 낳는다. 그리고 참이든 아니든 이러한 믿음을 공유하는 비평가들은 그들이 어떤 원칙을 선택하든 동일한 결론에 도달할 것이다. 예술가가 속한 사회가 우리 자신의 사회인 경우, 우리는 그 사회의 상호적인 믿음을 공유할 가능성이 크다. 따라서 우리 자신의 문화에서 만들어진 작품에 대한 해석은 우리가 추정하는 것들의 근거를 자연의 사실들(이라고 우리가 간주하는 바)에 두건 상호적인 믿음에 두건 동일할 가능성이 크다.

보통은 그런 경우 우리는 자연의 사실들을 따른다. 비록 갈등이 일어날 경우 MBP와 더 유사한 어떤 것을 선택할 준비가 되어 있다 하더라도, 우리는 실제로는 별 문제없는 경우 RP를 안내자로 삼는 경향이 있다. 왜 우리는 미쉬킨 왕자(Prince Mishkin)와 몰 플랜더스(Moll Flanders)의 혈관에 피가 흐른다고 가정하는가? 왜냐하면 그것이 사람들, 즉 실제 사람들 그리고 따라서 (보통은) 허구적 사람들이 그러한 바이기 때문이다. 그것이 우리의 즉각적인 대답이다. 비록 우리가 (실제 사람들의 혈관에 피가 흐르고 있다고 생각한 것이 잘못된 것으로 밝혀진다 하더라도 여전히 이 등장인물들의 혈관에 피가 흐르고 있다는 것이 허구적일 것인지 질문 받는다면) 그러한 함축의 원인으로 생물학적 사실보다는 상호적인 믿음을 따라야 할 수도 있지만 말이다. 레오나르도는 화가들에게 어떻게 신체적 특징을 이용해 심리적 특징을 묘사할 것인지를 충고하면서 그 둘 사이의 관계에 대해 믿음(또는 인식 능력)이 아닌 사실이라고 간주한 바들을 다음과 같이 열거했다.

> 얼굴이 사람의 본성, 그들의 결함과 기질들에 대한 암시를 보여준다는 것은 사실이다. 뺨이 입술에서, 콧구멍이 코에서, 그리고 눈두덩이 눈에서 분리되는 곳의 주름들은 사람들이 유쾌하고 잘 웃는지를 명확하게 보여준다. 그런 주름이 거의 없는 사람들은 생각을 많이 하는 사람들이다. 얼굴에 주름이 깊게 진 사람들은 사납고 성미가 급하며 이성적이지 못한 사람들이다. 눈썹 사이에 강한 주름이 진 사람들 역시 화를 잘 내는 사람들이다. 이마에 가로 주름이 강하게 진 사람들은 겉으로 드

러나든 그렇지 않든 간에 슬픔으로 가득 찬 사람들이다.[29)]

우리가 RP 대신 MBP로 바꾸어야 할 필요성을 느끼게 될 때는 그 두 원칙을 적용한 결과들이 달라질 것 같은 경우, 보통은 우리 자신의 문화가 아닌 문화에서 만들어진 작품들을 다룰 경우뿐이다. 오직 그런 때에만 우리는 함축들을 추적할 때 실제 자체가 아닌 실제에 대한 사람들의 믿음을 고려해보게 된다.

게다가, '실제의 원칙'은 교차 문화적인 맥락에서 '상호 믿음 원칙'이 우리의 추정들을 안내할 때조차 여전히 관련되어 있다. MBP에 호소하는 공식적 목적은 예술가가 속한 사회의 구성원들이 RP를 사용해 이해했을 만한 방식을 다시 포착하는 것일 가능성이 크다. 우리는 셰익스피어를 엘리자베스 시대 사람들의 관점에서, 그리고 자바의 와양 쿨릿(Wayang Kulit)(인형극) 공연을 전통적인 자바인의 관점에서 이해하기를 원한다. 나는 우리가 특정 사람들이 실제로 이 작품들을 이해했던 그 (또는 하나의) 방식을 정확하게 복제하는 것을 목표로 하고 있다는 말을 하는 것이 아니다. 예를 들면 우리는 어떤 측면에 대해 원래의 관객 일부 혹은 모두가 그랬던 것보다 더 예민하게 지각하기를 바랄 수도 있다. 우리가 추구하는 것은 그들의 이해 — 그들이 얻으려고 노력한 것이라고 우리가 생각하는 이해 — 에 대한 일종의 이상화(idealization) 같은 것이다. 그러나 우리는 엘리자베스 시대의 사람들이나 자바인의 입장이 되어보기를, 어떤 측면에서 그들의 관점을 취해보기를 실제로 추구하며, **그** 관점에서 그들의 작품에 대해 우리가 할 수 있는 한 최선의 이해를 얻고자 한다. 엘리자베스 시대의 사람들과 자바인은 그들 자신의 문화에서 만들어진 작품들을 다루면서 그들이 추정하는 것 중 많은 것들을 그들이 가진 지식의 한계 안에서 가능한 한 실제에 근거를 두도록 했을 것이다. 그들의 해석이나 그들이 이상적으로 도달했을법한 해석을 다시 포착하기 위해서는 **우리가** 믿는 대로의 실제가 아니라 **그들의** 실제 관념에 호소해야 한다. 즉, 우리 자신은 MBP와 유사한 어떤 것을 사용해야 한다. '상호 믿음 원칙'을 적용하는 주된 이유는 예술가의 사회

29) Leonardo da Vinci, *Treatise on Painting*, Baxandall, *Painting and Experience*, p. 59에서 인용.

에서 상호 간에 믿어졌던 믿음들이 주어졌을 때 '실제의 원칙'이 산출했을법한 결론들을 재생산하기 위한 것이다.

그러나 우리가 추구하는 것은 단지 결론들만이 아니다. 그것들을 얻기 위해 '실제의 원칙'을 사용하는 과정 역시 중요하다. 우리는 어떤 명제들이 허구적인지 밝혀내기 위해 상호 간에 무엇이 믿어졌는지 냉정하게 확인하고 난 다음 상상하기를 진행하는 것이 아니다. 우리는 예술가의 사회가 상호적으로 믿거나 믿었던 것과 똑같이 믿으면서, 그리고 그러한 관점에서 RP를 적용시키면서 그 믿음들을 공유하는 것을 상상한다. 그러고 나서 우리는 이렇게 상상으로 RP를 적용한 결과를 승인하며, 그것은 MBP의 결과와 거의 일치하게 된다. 우리는 실제 세계를 기반으로 하여 우리가 실제 세계를 받아들이는 방식이라고 상상하는 바에 따라 추정한다.

왜 이렇게 '실제의 원칙'을 끈질기게 고수하는가? 추정의 근거를 의식적으로 MBP가 아닌 RP에 두는 것은 몇몇 이점을 가질 수 있다. 우리는 아직 그러한 이점들을 완전히 인식할 수 있는 지점에 있지 않지만, 그 중심 아이디어는 다음과 같다. 감상자들은 재현을 소도구로 사용하면서 믿는 체하기 게임에 참여한다. 널리 퍼져 있고 또 특별히 중요한 참여의 한 형태는, 감상자의 게임 안에서 그가 어떤 방식으로 실제를 탐색한다는 것이 허구적이라는 데 있다. 이것은 그가 실제로 작품의 세계를 탐색하는 방식으로 인해 허구적이 된다. 작품 안에서 무엇이 허구적인지 발견하는 과정은 그 게임 안에서 그가 무엇이 참인지 발견한다는 것을 허구적이게 만든다. RP는 특히 그러한 참여를 촉진하는데, 그 이유는 '실제의 원칙'에 따라 허구적 세계를 탐색하는 것은 실제 세계에 대한 탐색을 반영하기 때문이다.

우선은 하나의 단적인 실례를 보여주는 것이 좋을 것 같다. 로레타는 어떤 이야기를 읽으면서 등장인물의 하나인 앤디가 다소 반사회적인 방식으로 행동한다는 것이 허구적임을 알아차린다. 그녀는 허구적으로 앤디가 유전적인 신경질환을 앓고 있다고 추측하는데, 그녀의 추정은 '실제의 원칙'에 근거를 두고 있다. 왜냐하면 그녀는 실제 사람이 보여주는 그런 종류의 행동은 그러한 질환이 있다는 것을 가리킨다고 생각하기 때문이다. 그러나 다른 이들은 유사한 상황에서 문제의 그런 행동이 그보다는 어린 시절의 트라우마적인 경험에 의해 설명되거나 아니면 독버섯을 먹어서 발생한 두뇌 화학 물질들의 불균형에 의해 설명되어야 한다고 제안한다. 로레타는 그 문제를 연구해보기 위해 의학 도서관을 방문한다. 그녀는 관련되는 종류의 반사회적 행동이 내적인 신경 질환에 근거를 두고 있다는 자신의 원래 의견에 대해 확신하며 도서관을 떠난다. 그리고 그 이야기에 대한 자신의 원래 해석을 재확인한다.

로레타는 그 이야기를 읽고 거기에 대해 생각하면서 하나의 믿는 체하기 게임을 한다. 그녀의 게임 안에서 그녀가 앤디의 반사회적 행동을 알아차리고 그가 유전적 정신질환을 앓고 있다고 추측한다는 것은 허구적이다. 그녀가 도서관에서 한 조사조차 그 게임에 쉽게 통합된다. 왜냐하면 그곳에서 그녀가 한 일은 실제 인물에 대한 진단을 확인하기 위해 그녀가 할 만한 바로 그 일이기 때문이다. 허구적으로 그녀는 행동장애에 대한 선두적인 전문가들의 발견을 담고 있는 최근의 출판물들을 찾아 그것이 앤디의 상태를 어떻게 해명할 수 있는지 살펴본다.

'상호 믿음 원칙'이 적용될 때는 일이 그렇게 순조롭게 진행되지 않는다. 메이블은 그 이야기를 읽고 허구적으로 앤디가 반사회적으로 행동한다는 것을 알아차린다. 그녀는 MBP를 사용하여 그가 악마에게 홀렸다는 것이 허구적이라고 추론하는데, 왜냐하면 그녀는 예술가의 사회에서 그러한 행동은 악마에게 홀렸다는 것을 가리킨다는 것이 상호 간에 믿어진다고 간주하기 때문이다. 메이블은 이 추론을 확인하기 위해 적절한 역사 기록 보관소를 찾는다. 그녀는 예술가의 사회에서 정말로 그녀가 그러하리라고 생각했던 대로 상호 간에 믿었다는 것을 확인하고 나온다. 그리고 그 이야기에 대한 자신의 해석을 재확인한다.

로레타와 마찬가지로 메이블은 하나의 믿는 체하기 게임을 한다. 메이블이 허구적으로 앤디가 악마에게 홀린 것이라고 결정했을 때, 그녀가 그렇게 결정한다는 것은 그녀의 게임 안에서 허구적이며, 그녀가 앤디가 악마에게 홀린 것이라고 생각한 것은 허구적으로 앤디의 반사회적인 행동에 근거를 두고 있다. 그러나 역사에 대한 메이블의 조사는 게임 안에 쉽게 들어오지 못한다. 반사회적 행동의 원인에 대해 예술가의 사회에서 무엇이 믿어졌는가를 확인하기 위한 그녀의 시도는 (현대 과학의 신봉자이며 낡은 미신이 틀렸다고 생각하는) 그녀가 그들의 믿음이 얼마나 잘못되었거나 편견에 사로잡히거나 자기기만적이라고 생각하는지를 고려하지 않기 때문에 그녀가 실제 인물을 진단하는 것과 매우 다르며, 따라서 그녀의 조사를 허구적으로 앤디의 행동 원인을 조사하는 것이라고 이해하는 것은 적절하지 않을 것이다.

그러나 메이블은 그녀의 게임에 의미심장하게 참여하기는 한다. 기록 보관소에서 조사한 결과로 그녀는 때때로 사람들을 홀리고 그들을 반사회적으로 행동하게 만드는 악마가 있다는 것이 허구적이라고 간주한다. 그리고 그녀는 자신의 게임 안에서 자신이 그렇게 믿는다는 것이 허구적이라고 이해한다. 그녀는 자신이 그렇게 믿는다고 상상한다. 따라서 그녀는 자신이 그 예술가의 사회 구성원의 입장에 있다고 상상한다. MBP에 따라 허구적으로 무엇이 앤디의 행동의 원인인가에 대해 결정하려는 그녀의 이어지는 노력 중 많은 부분은 그녀의 게임에 통합된다. 그녀가 허구적으로 가진 것이 되는 인간 본성 때문에라도 그녀는 앤디의 문제가 무엇인지 결정해야 한다. 허구적으로 그녀는 그러한 자신의 상황 안에서 증거에 대해 심사숙고하고 앤디가 홀렸다는 결론에 도달한다. 그러나 그녀의 실제 종교적인 신념과 과학적 믿음들은 그녀가 그것들을 믿는 이유들 및 그러한 믿음에 도달하게 된 과정과 함께 게임 밖에 남겨져 있다. 역사적 조사는 그녀가 어떤 세계관을 받아들이는 것이 허구적이어야 하는지, 그녀가 자신이 어떤 입장에 있다고 상상해야 하는지 결정하기 위해 필요하다. 그러나 이 과정 — 그녀가 예술가가 속한 사회의 믿음(얼마나 어리석든 간에)에 대해 조사하는 과정 — 은 그 자체로는 허구적으로 그러한 세계관을 가지게 되는 것만큼 쉽게 포함되지 않는다. 로레타는 메이블보다 그녀 자신에 대해 참인(그리고 그녀가 참이라고 알고 있는) 것들의 더 많은 부분을 자신의 게임 세계 안으로 옮겨놓을 수 있다.

그렇다면, 두 원칙 사이의 균형은 다음과 유사한 어떤 것이 될 것이다. 어떤 허구적 참이 함축되는지를 결정하는 것으로 이해되는 '상호 믿음 원칙'은 예술가에게는 무엇이 허구적인가에 대한 더 큰 통제권을 주며, 그의 직접적인 감상자들에게는 무엇이 허구적인가에 더 잘 접근할 수 있게 해준다. 그리고 예술가들이 감상자들의 상상하기를 지시하기 위해 재현을 사용하는 것을 더 용이하게 한다. 감상자가 어떤 허구적 참들이 함축되어 있는지 알아내기 위해 사용하는 '실제의 원칙'은 그가 자신의 믿는 체하기 게임에 더 풍부하고 자연스럽게 참여하는 데 기여한다. 이 두 원칙 모두가 훌륭한 비평가들의 작업 안에서 중요한 자리를 차지하고 있다는 것은 놀라운 일이 아니다.

RP를 사용한 결과가 MBP와 일치한다고 예상될 경우, 우리는 양쪽 방법 모두 사용할 수 있다. 이것은 인지적으로 균질적인 문화의 구성원들이 그들 중의 어떤 예술가에 의해 만들어진 재현을 감상할 때 전형적으로 일어나는 일이다.

어떤 독자는 '실제의 원칙'과 '상호 믿음 원칙'을 다루는 나의 인내심에 조바심이 났을지도 모르겠다. 그 원칙들에 대한 반례들 — 아마도 방대한 수의 반례들 — 을 알아차렸다면 말이다. 우리는 함축의 역학에 대한 우리의 관심이 이 원칙들의 타당성을 평가하는 것을 훨씬 넘어선다는 것을 기억해야 한다. 그러나 반례들을 검토해보아야 할 때가 왔다. 우리는 우선 어떤 허구적 참들이 어떤 다른 허구적 참들에 의해 함축된다는 것이 분명해 보이지만 그 함축이 RP에 의해서도, MBP에 의해서도 인가받지 않는 경우들에 집중할 것이다. §4.5에서는 반대 종류의 예들, 즉 성립하지 않는 것으로 보이는 함축이지만 RP나 MBP, 혹은 그 양자에 따르면 성립해야 하는 경우들을 살펴볼 것이다.

다른 함축들

권총을 쓸 줄 아는 사람은 (영화의 관례에 따르면) 엉덩이가 빈약한 사람이다.

- 폴린 카엘, 《나는 영화관에서 그것을 잃어버렸다》

'실제의 원칙'에 의해서도, '상호 믿음 원칙'에 의해서도 인가받지 않는 함축의 몇 가지 예가 있다.

(a) 어떤 아이라도 마녀를 그릴 수 있다. 검은 망토를 입고 고깔모자를 쓰고 코가

긴 여인을 그린다면 보통은 성공할 것이다. 긴 빗자루와 검은 고양이, 그리고 보름달은 결정타다. 허구적으로 마녀가 있다는 사실은 허구적으로 검은 망토, 고깔모자, 긴 코를 가진 여인이 있다는 사실에 의해 함축된다. 그러나 (실제 세계에) 검은 망토를 차려입고 고깔모자를 쓴 코가 긴 여인이 있다고 해서, 심지어는 보름달 아래에서 빗자루를 들고 검은 고양이와 함께 있다 하더라도, 마녀가 있다는 것은 사실이 아니다. 이것은 그 아이의 사회에서 상호 간에 믿어지지도 않는다. 그 사람은 핼러윈 파티를 위해 차려 입은 주부일 가능성이 가장 크며, 우리 모두는 이 사실을 알고 있다. 그 그림이 그 허구성을 직접적으로 발생시키는 명제들의 전체 덩어리를 가져온다 하더라도, 그것들이 모두 참이면 마녀가 있다는 것은 아마 참도 아니고 상호 간에 믿어지지도 않을 것이다. '실제의 원칙'도 '상호 믿음 원칙'도 허구적으로 마녀가 있다는 함축이 성사되도록 허용하지 않는다. 그렇지만 그런 함축이 정말로 성사된다는 것은 의문의 여지가 없다. 그 그림은 틀림없이 마녀를 묘사하고 있다.

(b) 제임스 서버가 쓴 이야기《정원의 유니콘》에 실려 있는 어떤 선 그림은 이마 한가운데에 뿔이 하나 있는, 말처럼 생긴 한 동물을 묘사하고 있다. 그 동물은 유니콘이기 때문에 그것이 흰색이라는 것은 (이야기나 제목의 도움을 받지 않더라도) 분명하다.[30] 그러나 우리 모두가 알고 있듯이 유니콘은 신화적인 동물이다. 만약 실제 세계에 뿔이 하나 달린 말처럼 생긴 동물이 있다면 그것은 흰색이 아닐 가능성이 매우 크며, 그렇지 않다고 믿는 사람은 없을 것이다. (대부분의 유사한 동물들은 어두운 색의 털을 가지고 있다.) 그 동물이 흰색이라는 것은 의문의 여지없이 허구적이지만, 우리 원칙들 중 어떤 것도 그러한 함축을 용납하지 않는다.

30) 그 그림은 종이가 흰색이기 때문에 그 동물을 흰색으로 묘사하는 것이 아니다. Walton, "Categories of Art"를 보라.

(c) 콘래드의 《비밀 요원》에서 벌록 부인이 대륙으로 가는 항해 도중에 자살한 것을 떠올려보자. "영국해협을 오가는 배에서 숙녀 승객 자살하다"라는 신문의 표제는 독자에게 그녀의 죽음에 대해 알려준다. 그러나 우리는 자살한 사람이 그녀라는 결론으로 어떻게 그렇게 무책임하게 비약할 수 있을까? 분명히 우리는 몇 가지 추가적인 정황 증거를 가지고 있다. 우리는 벌록 부인이 남편을 살해한 후 제정신이 아니며 교수형을 두려워하고 있다는 것을 알고 있다. 앞서 그녀는 템스강에 몸을 던지려고 생각했었다. 오시폰은 기차에서 그녀를 버렸으며, 그녀의 돈을 훔쳤다. 그러나 이 추가적인 증거 중 거의 어떤 것도 허구적으로 배에서 뛰어내린 사람이 벌록 부인이라는 사실을 확증하는 데 필요한 것은 아니다. 그리고 실제 상황이라면, 이러한 증거조차 확인이 필요할 것이다. 같은 날 밤에 영국해협을 건너면서 자살 충동을 느낀 또 다른 승객이 있었을 가능성도 쉽게 떠올릴 수 있다. 그러한 상황에서 신문이 그런 표제를 싣고 있었다면 뛰어내린 사람이 벌록 부인이었을지도 모른다는 것(또는 그녀였을 가능성이 높다는 것)은 기껏해야 의심스러운 정도이며, 이러한 반사실문이 상호 간에 믿어졌을 것임도 마찬가지이다. 그러나 허구적으로 자살한 사람이 그녀였다는 것에는 어떠한 의심의 여지도 없다.

(d) 슬리더가디(Slithergadee)

슬리더가디가 바다에서 기어 나왔네.
그가 다른 모든 이를 붙잡더라도, 나를 붙잡지는 못할 거야.
아니 너는 나를 붙잡지 못할 거야, 늙은 슬리더가디,
네가 다른 모든 이를 붙잡더라도, 나를 붙잡지는 못--[31)]

31) Silverstein, "Slithergadee."

슬리더가디는 자만에 빠진 화자를 붙잡아버렸으며, 우리는 그가 붙잡힌 것에 즐거워한다. 우리는 화자의 과시가 말 중간에 갑자기 멈춰버렸기 때문에 슬리더가디가 그를 붙잡았다는 것을 안다. 그렇지만 이 얼마나 말도 안 되게 경솔한 추론인가! 화자는 갑자기 중요한 약속이 기억났을 수도 있고 커피를 쏟았을 수도 있고 모기를 잡았을 수도 있고 딸꾹질을 했을 수도 있다. 서커스단에서 탈출한 호랑이가 공격했다는 것조차 '슬리더가디'라고 불리는 바다 괴물이 갑자기 없애버렸다는 것보다는 더 그럴듯하다. 실제 세계의 경우라면, 갑자기 멈춘 데 대한 **가장** 그럴듯한 설명은 화자가 말 중간에 끝나는 어떤 시를 읊고 있었다는 설명일 것이다!

(e) 판타지 문학의 독자는 화자나 다른 등장인물이 하는 말에 근거하여 가장 터무니없는 부조리조차 받아들인다. 《호빗》에서 다양한 등장인물들이 그것을 낀 사람은 다른 이들에게 보이지 않게 되는 반지에 대해 말할 때, 우리는 주저 없이 그들이 그런 반지가 있다고 진심으로 말하고 있다는 것이 허구적이라고 간주하며, 그것이 옳기도 하다.

(f) 성 세바스찬은 중세와 르네상스의 그림들에서 화살이 몸을 뚫고 나오는 모습으로 식별될 수 있다. 그러나 밝혀지지 않은 수천 명의 사람들 역시 유사한 방식으로 죽음을 맞았다. 우리는 어떻게 그림에 묘사된 희생자가 세바스찬이라고 추정할 수 있는가? 후광이 있을 때는 몇 명의 후보 — 예를 들면 커스터 장군(General Custer) — 를 제외할 수 있을 것이며, 배경과 의복의 세부 또한 그런 역할을 할 수 있을 것이다. 그러나 그런 암시들은 거의 필요하지 않다. 중세와 르네상스의 기독교 미술에서 그려진 사람이 허구적으로 성 세바스찬이라는 것을 한 점의 의심의 여지도 없이 확립하고자 할 때, 허구적으로 누군가가 화살로 관통 당했다는 사실 이상은 거의 필요하지 않다.

(g) 파노프스키(Panofsky)는 르네상스 도상학에 대한 잘 알려져 있는 연구 외에도 20세기 초반 무성영화에서의 "고정된 도상학"에 대해 이야기했는데, 그에 따르면 그것은 "관객에게 기본적인 사실과 등장인물들에 대한 정보를 주었다".

> 표준화된 외양으로 식별할 수 있는 행동과 특징들, 우리가 잘 기억하고 있는 요부와 정숙한 여인 ……, 가정적인 남자, 검은 콧수염과 지팡이로 특징지어지는 악당 등에 대한 전형들이 나타났다. 밤 장면들은 푸른색이나 녹색 필름에 인화되었다. 체크무늬의 테이블보는 단정적으로 "가난하지만 정직한" 환경을 의미했으며, 행복한 결혼이지만 곧 과거의 그림자로 인해 위험에 처하게 된다는 것은 젊은 아내가 남편에게 아침 커피를 따라주는 것으로 상징되었다. 첫 키스는 항상 숙녀가 상대방의 넥타이를 부드럽게 만지는 것으로 암시되었으며, 그녀가 왼발을 뒤로 들어 올리는 것이 변함없이 뒤따랐다.[32]

분명히 이렇게 많은 예가 단순히 RP와 MBP가 부적절함을 보여주기 위한 것만은 아니다. 그러나 이 원칙들이 수용되는 비평적 실제 중 많은 것들을 설명하지 못한 채 남겨둔다는 것은 분명하다. 이 원칙들은 단독으로든 함께이든, 함축의 역학에 대한 체계적이고 포괄적인 설명을 제공하는 데 가까이 가지도 못한다. 이 원칙들이 그러한 목표에 얼마나 미치지 못하는지, 그리고 어떻게 해서 거기에 미치지 못하는지, 이 원칙들이 설명하지 못하는 함축들이 얼마나 많고 얼마나 다양한지 아는 것도 중요하다. 함축들이 취하는 개별적인 형태 중 많은 것들은 그것들이 RP와 MBP의 운명에 미치는 영향과는 별개로 우리를 흥미롭게 할 것이다.

몇몇 예는 하나의 원칙 혹은 나머지 원칙의 변형된 형태를 암시하고 있다. 몇 개는 잘 알려진 신화나 전설에 편승한다. 누군가가 뿔 하나가 달린 말처럼 생긴 동물을 만난

32) Panofsky, "Style and Medium," p. 254.

다면 그것이 흰색의 유니콘일 것임은 서버의 사회에서 참도 아니고 상호 간에 믿어지지도 않지만, 그 사회 안에서 이것이 허구적이라고 주장할 수 있는 근거가 되는, 그 사회에서 상호 간에 인식되는 전설이 있다. 상호 간에 인식되는 전설이 실제나 상호적인 믿음을 대신하게 하는 어떤 원칙이 아마도 서버의 스케치에 들어 있는 함축의 근거일 것이다.

그러나 RP와 MBP를 직접적으로 본으로 삼은 원칙들이 과연 많은 함축들 안에서 신화와 전설이 하는 역할을 포착할 수 있는지는 의심스럽다. 마녀들이 있고 그들이 긴 코를 가지고 있으며 고깔모자를 쓴다는 것이 상호 간에 인식되는 어떤 전설 안에서 허구적이라 해도, 그런 모습을 가진 한 여인이 있다면 그녀는 마녀일 것임이 그 전설 안에서 허구적인지는 훨씬 불분명하다. 핼러윈 파티가 없다거나 마녀가 아닌 사람은 절대로 그런 치장을 하지 않는다거나 또는 심지어 진짜 마녀들이 가짜 마녀보다 많다는 것도 그 전설의 일부인가?

(c), (f) 및 (d)의 예는 예술가의 사회 안에서 믿어지거나 믿어졌던 것이므로 신화나 전설보다는 실제와 더 관계가 깊다. 그러나 그것들은 RP와도, MBP와도 일치하지 않는다. 영국해협을 오가는 배에서 누군가가 자살했다는 것을 알리는 신문의 표제와 자살 충동을 느낀 벌록 부인이라는 사람이 그 시간에 영국해협을 건너고 있었다는 사실은, 전혀 결정적인 증거가 아님에도 불구하고 자살한 사람이 그녀라는 것을 가리킨다. 어떤 사람이 화살 세례를 받고 죽었다는 정보는 그가 성 세바스찬이라는 추정을 하기에는 적어도 매우 빈약한 근거일 것이다. 말 중간에 갑자기 멈추는 것은 화자가 바다에서 나타난 괴물에게 붙잡혔다는 것을 털끝만큼만 더 그럴듯하게 만들 뿐이다. 이러한 증거 관계들, 또는 그것들이 증거 관계로서 상호 간에 믿어졌다는 사실은 그 함축들의 성공과 분명히 어떤 관계가 있다. 그러나 증거의 **설득력**은 거의 문제가 되지 않는 것 같다. 함축이 성사되도록 하는 것은 그것이 증거라는 사실, 아무리 대단찮은 증거라 하더라도 그것이 증거라는 사실의 두드러짐, 명백함이다. 어떤 사람이 슬리더가디에게 공격받지 않는다고 자랑하다가 갑자기 말을 멈춘다면 그가 그 괴물에게 잡혔다는 생각이 자연스럽게 떠오르며, 이는 그가 말을 멈춘 것이 그 일이 정말로 일어났다는 것을 받아

들이기에는 매우 부족한 근거라 해도 그렇다.

가장 미미한 증거 관계조차 적절하게 두드러지기만 하면 함축의 근거가 될 수 있다면, (실제적이든 믿어지는 것이든) 전혀 증거 관계가 없지만 어떤 다른 종류의 충분히 두드러지는 연결이나 관련성만 있는 함축도 있을 것이라고 기대할 수 있다. 물론, 그런 경우가 있다. 때때로 그 관련성은 어떤 주어진 재현 전통 안에서만 성립하며, 때로는 그 관련성이 재현들 자체에 의해 확립되기도 한다. 파노프스키가 묘사하는 무성영화의 도상학은 (대략 말해서) 어떤 명제들이 허구적이면 어떤 다른 명제들 역시 허구적이라는 결과를 불러오기 위해 그 장르에 특수한 관례들을 (적어도 부분적으로) 포함하고 있다. 경극에는 정교한 관례 집합이 있는데, 그것에 따르면 의상과 분장은 성격 유형들을 가리킨다. 예를 들어 흰 얼굴은 배신이나 교활함을 나타낸다. 파노프스키와 같은 논평자들이 지적한 다음이 아니고서는, 그러한 관례들은 보통 명시적으로 상술되거나 확립되어 있지 않다. 그러한 관례들은 전통과 함께 성장하며, 감상자들은 전통에 노출되면서 그것들을 배우게 된다. 어떤 관례들은 좀 더 "자연적인" 관계에 뿌리를 두고 있다. 몸에 꽂힌 화살들이 성 세바스찬의 몸으로 확인하게 해준다는 것은 르네상스의 한 관례이다. 그러한 함축이 성립하는 것은 성 세바스찬이 화살 세례를 맞고 죽었기 때문이거나 그렇게 믿어졌기 때문이라기보다는 그것이 바로 전통적으로 그가 묘사된 방식이기 때문이다. 그러나 그 관례는 틀림없이 주로 그가 죽었을 때의 상황에 대한 사실들(또는 상호적인 믿음들)의 결과로서 생겨난 것이다. 몇몇 프랑스 만화에서 중절모자를 쓰고 우산을 들고 있는 것으로 그려지는 사람은 영국인이라는 이해의 원천은 십중팔구 영국인을 중절모와 우산과 결부시키는 통념 또는 농담이거나, 그렇지 않으면 영국인은 일반적으로 중절모와 우산을 가지고 다닌다는 상호적인 믿음일 것이다.

어떤 함축들은 "관례적인" 것으로 간주하기 쉽지 않고 전례에 덜 명백히 의존하지만, 여전히 (실제적이든 믿어지는 것이든 전설에 의한 것이든) 증거 관계와 거의 또는 아무런 관련이 없는 것들이다. 은유의 경우와 마찬가지로, 우리는 어떤 혹은 다른 이유로 핵심을 알아차리지만 때때로 왜 그렇게 되는지 알지 못하기도 한다. 나는 초상화에서 다른 사람들보다 더 크게 그려진 사람들을 더 중요한 사람들로 간주해야 한다는 것을 이러한 장치가 관례적인 것이 되기 전에도 관객이 쉽게 이해했다고 생각한다.[33] 영화 관람객은 꿈, 과거의 장면, 미래의 장면을 가리키는 장치들 — 연기, 흐려진 초점, 컬러에서 흑백으로 바뀜, 앞선 사건이나 이후의 사건에 대한 등장인물들의 언급(영화《안나 카레니나》에서 기차역 장면 바로 전에 브론스키가 "나는 기차역에서 안나를 만나야겠어"라고 말할 때와 같이) — 을 다른 작품들의 특정 선례에 의존하지 않고서도 어떻게든 해독한다. 우리는 재현을 창조하는 사람들이 무슨 일에 매달려 있는지를, 즉 그들이 하는 일의 큰 부분은 명제들을 허구적으로 만드는 일임을 알고 있다. 한 예술가가 작품이 허구적 참들을 발생시키고 그 허구적 참들이 이런저런 방식으로 어떤 다른 명제들에 주목하도록 했다면, 그가 그렇게 하는 이유가 후자의 명제들 역시 허구적이 되도록 만들기 위한 것이라는 점은 종종 명백하다. 그러한 것이 예술가의 목적인 것으로 보일 때 대체로 그 두드러지는 명제가 허구적이 되고 또 그 명제에 주목을 환기시키는 허구적 참들이 그 명제의 허구성을 함축하는 효과를 낳게 되는 하나의 이해가 존재하는 것 같다.

우리는 앞서 재현이 예술가가 감상자들의 상상하기를 지시하는 수단으로서 이해될 때는 '실제의 원칙'보다 '상호 믿음 원칙'이 더 잘 들어맞는다는 것을 보았다. '상호 믿음 원칙'이 작용할 때, 감상자들은 허구적인 것, 즉 재현이 그들에게 상상하도록 명하는 것을 상상하는 데 더 쉽게 성공할 수 있으며, 또 그렇게 할 때 예술가가 그들이 상상하기를 의도했던 대로 상상할 가능성이 높다.

그러나 MBP만이 이러한 목적에 들어맞는 것은 결코 아니다. 그러한 목적은 다른 방식으로도 더 직접적으로, 그리고 똑같이 효과적으로 성취될 수 있다. 필요한 것은 단지 작품의 어떤 특징들이 어떤 허구적 참을 발생시키는가에 대해 (그 관련 특징들이 예술가에 의해 통제 가능하고 감상자에 의해 확인 가능하다고 했을 때) 예술가와 감상자

---

33) 아마도 한 사람이 그러한 것으로 묘사된 크기와 함께 그를 그리기 위해 사용된 캔버스 부분의 크기도 허구적으로 그가 얼마나 중요한 사람인지에 영향을 줄 것이다. 또한, 예술가는 어떤 사람을 크게 그리거나 그에게 캔버스의 많은 부분을 할당함으로써 그가 중요하다는 것을 허구적으로 만드는 동시에 그가 정말로 중요한 사람이라고 말하고 있는 것일 것이다.

간에 공유되는 명확한 이해뿐이다. 실제 세계에 대한 누군가의 믿음이 개입되어야 할 특별한 이유는 없다. 함축들에 관한 한, 그러그러한 것이 허구적일 때 이러이러한 것 역시 허구적이게 되는 간단한 관례 — 예를 들어 어떤 가족이 체크무늬의 식탁보 위에서 식사를 한다는 것이 허구적이면 그 가족은 "가난하지만 정직한" 환경에서 살고 있다는 것이 허구적이라는 1920년대 영화의 한 법칙 — 만으로도 충분하다. 만약 그러한 이해들이 명시적인 법칙 없이 성취될 수 있다면 그만큼 더 좋다. 함축하는 허구적 참과 함축되는 허구적 참 사이의 거의 어떤 두드러지는 관계라도 그러한 이해들의 기반이 될 수 있다. 그러그러한 것이 참이라면 이러이러한 것 역시 참이 되게 하는 하나의 뚜렷한 상호적 믿음은 그런 많은 관계들 중 하나일 뿐이다.

나는 어떤 함축의 원칙이 성공시킬 수 있는 또 하나의 중요한 목적을 언급한 바 있다. 그것은 믿는 체하기 게임에 대한 감상자들의 참여를 고무하고 더 풍부하게 하는 것이다. 우리는 RP가 이러한 목적에 특별히 더 잘 들어맞는다는 것을 보았지만, MBP도 이 점에 있어서 RP의 이점 중 많은 부분을 가질 수 있다. 그러나 함축들이 RP도, MBP도 아닌 원칙들에 기반을 두고 있는 한, 이 목적은 대부분 포기될 것이다.

로레타는 앤디의 반사회적 행동에 대한 허구적 참들을 근거로 하여 그가 타고난 신경질환을 앓고 있다는 것이 허구적이라고 판단한다. 이때, 그녀가 앤디의 반사회적 행동으로부터 그가 그러한 질환을 앓는다고 판단한다는 것은 그녀의 게임 안에서 허구적이다. 허구적으로 그의 행동(그리고 그것을 둘러싸고 있는 상황들)은 그녀가 그의 신경 체계에 결함이 있다고 믿을 이유가 된다. 로레타가 그 이야기를 해석하기 위해 RP를 사용한 것이 옳았고 또 그녀가 그 이야기 안에서 발견한 함축들이 옳다면, 그녀의 추론이 올바른 추론이라는 것, 앤디의 반사회적 행동이 정말로 신경질환의 훌륭한 증거라는 것은 허구적이다.

이 정도는 메이블에 대해서도 참이다. 메이블이 MBP를 사용하여 앤디의 행동과 상황들에 대한 허구적 참들이 허구적으로 그가 악령에 사로잡혔다는 것을 함축한다고 간주할 때, 그녀가 앤디의 반사회적 행동으로부터 그가 악령에 사로잡혔다고 판단한다는 것은 (비록 실제 세계에서는 그녀가 결코 그런 추론을 하지 않을 것이라 해도) 그녀의 게임 안에서 허구적이다. 즉, 허구적으로 전자는 그녀가 후자를 믿을 이유가 된다. 메이블이 MBP를 사용한 것이 옳았고 또 그녀가 그 이야기 안에서 발견한 함축들이 옳다면, 그녀의 추론이 올바른 추론이라는 것 — 앤디의 반사회적 행동이 정말로 그가 악령에 사로잡혔다는 훌륭한 증거라는 것 — 은 허구적이다.

그러나 로버트가 뒤러(Dürer)의 것으로 여겨지는 한 목판화를 조사하면서 그것이 한 남자의 시신을 뚫은 화살들을 묘사하고 있다는 것을 알아차리고 (RP와도, MBP와도 달리) 허구적으로 그 시신이 성 세바스찬의 시신이라고 추론했다면, 화살들이 로버트가 그 사람을 세바스찬이라고 식별한 근거의 중요한 부분이라는 것은 그의 게임 안에서 허구적이지 않으며 그 화살들이 그렇게 판단할 좋은 근거라는 것도 허구적이지 않다. 허구적으로 그 화살들은 그려진 사람이 세바스찬이라는 것을 가리킨다고 하기에는 가장 보잘것없는 근거를 제공할 뿐이다. 세바스찬이 화살 세례를 받고 죽은 역사적으로 유일한 사람(또는 역사적으로 유일한 성인)이었다는 것은 허구적이지 않다. 나는 로버트가 그 시신이 세바스찬의 것임을 안다는 것은 로버트의 게임 안에서 허구적**이라고** 주장하고자 한다. 그러나 허구적으로 그가 어떻게 그것을 확인했는지, 또는 그가 그렇게 판단한 근거는 무엇인지에 대해서는 아마도 답을 할 수 없을 것이다. 그의 게임 세계는 이 점에서 불완전하다. 무엇이 허구적인지에 대한 그의 실제 추론과 그가 그것이 허구적이라고 생각하는 이유는 그의 게임 밖에 있다. 단지 그의 결론만이 그 게임 안에서 무엇이 허구적인지에 영향을 끼친다.

이와 유사하게, 화자가 갑자기 말을 멈춘 것이 그 자체로 슬리더가디가 그를 붙잡았다는 것을 받아들일 합리적인 근거가 된다는 것이 "슬리더가디" 안에서 허구적인 것은 아니며, 또한 독자가 그렇게 받아들일 이유라는 것이 독자의 게임 안에서 허구적인 것도 아니다. 비록 그 괴물이 화자를 정말로 붙잡았고 독자는 그 사실을 (어떻게 해서든) 알고 있다는 것이 의문의 여지없이 허구적이지만 말이다.

체크무늬 식탁보의 경우는 덜 명확하다. 사람들이 체크무늬 식탁보 위에서 식사를 한다는 것이 허구적일 때마다 그들이 가난하지만 정직한 환경에서 살고 있다는 것 역시 허구적이라는 관례는, 허구적으로 체크무늬 식탁보를 사용하는 그 누구이든 그런 환경에서 살고 있다는 이해를 동반할 수도 있지만 반드시 그럴 필요는 없다. 체크무늬 식탁보와 정직한 가난 사이에 어떤 법칙적이거나 증거에 입각한 관련성이 있다는 것이 허구적일 필요는 없으며, 그러한 관련성이 없다는 것이 허구적일 수도 있다. 따라서 관객이 한 허구적 참을 다른 허구적 참으로부터 적법하게 추론할 때, 그가 식탁보를 통해 환경을 추론한다는 것은 허구적이 아닐 수 있다.

간접적인 발생의 역학은 매우 무질서한 것으로 드러났다. 내 생각에는 이 점에 대해 그 누구도 놀라지 않을 것 같다. 함축들은 어떤 단순하거나 체계적인 원칙이나 원칙 집합에 의해 지배받는 것이 아니라 복잡하고 변하기 쉽고 종종 서로 대립되는 이해, 전례, 지역적 관례, 두드러짐 등의 집합체에 의해 지배받는 것처럼 보인다. 서로 다른 요구에 부응하는 뚜렷이 다른 원칙들이 서로 다른 경우들에서 작동하며, 언제 어떤 원칙이 적용 가능한지를 결정하는 어떠한 일반적이거나 체계적인 메타 원칙이 있을 것 같지도 않다. 예술과 사회, 세계에 대한 경험과 지식은 비평가의 기량을 연마시켜줄 것이다. 그러나 결국 그는 스스로 더듬으며 나아가야 한다.

피카소의 〈해변을 달리는 두 여인〉(그림 4.1)에 대한 다음의 설명은 허구적 참들 — 이 경우에는 하나의 허구적 참 또는 한 작품 안에 있는 허구적 참들의 무리이지만 — 이 함축될 수 있는 다양한 장치들을 잘 보여주고 있다. 그러나 피카소의 목적은 그림 속 인물들이 움직이고 있다는(또는 빠르게 움직이고 있다는) 명제의 허구성을 확립하는 것뿐만 아니라 어떤 "움직임의 감각"을 전달하는 것이기도 하다. 그는 전자의 허구적 참을 많은 다양한 방식으로 여러 번 반복해서 확립함으로써 후자의 목적을 달성한다.

> 우리는 계산된 왜곡들의 조합이 서로 협력하여 효력을 발휘함으로써 두 인물이 앞으로 밀고 나아가는 힘이 억누를 수 없는 것이 된다는 것을 발견한다. 그 선두를 담당하는 것은 앞으로 뻗쳐져 여인들이 달려가는 방향을 가리키고 있는 크게 늘려진 팔이다. 바람에 날리는 머리카락과 옷자락들, 길게 늘어진 구름, 그리고 여인들이 가로질러 달리고 있는 해변과 하늘 사이의 텅 빈 수평선 등의 모든 세부들은 이것을 뒷받침한다. 그러나 가장 효과적인 특징은 앞을 가리키고 있는 손과 그보다

〈그림 4.1〉 파블로 피카소(Pablo Picasso), 〈해변을 달리는 두 여인(Women Running on the Beach)〉, 13$\frac{3}{8}$×16$\frac{3}{4}$인치, 합판에 오일(1922). 피카소 미술관. 1924년 발레 〈푸른 기차〉의 커튼으로 사용됨.

훨씬 작은 발 사이의 촉각적인 긴장이다. 그 발은 앞서 달리는 인물의 서두름에 거의 뒤에 남겨져 있는 것처럼 보인다. 사실상 우리는 강력한 믿는 체하기를 선사받는다. 그것은 너무 강한 속도감에 따라가지 못하는 듯 보이는 동반자가 앞선 인물을 돋보이게 해주는 역할을 하는 것과 같은, 조형적이면서도 심리적인 다양한 장치들에 의해 강화된다.[34]

34) Penrose, "In Praise of Illusion," p. 267.

4.4 직접적인 발생의 역학

직접적인 발생의 장치는 함축의 장치보다 더 질서가 있다고 할 수 있는가? 그렇게 생각하는 사람이 없도록 하기 위해, 즉 재현이 1차적인 허구적 참들을 확립하는 방식은 상대적으로 단순하고 예측 가능하며 1차적인 허구적 참들로부터 추론할 때만 문제가 복잡해진다고 생각하지 않도록 하기 위해 직접적인 발생의 몇 가지 예를 간단히 살펴보기로 하자. 짧게 둘러보는 것만으로도 이러한 목적을 달성하기에는 충분할 것이다. 그러나 우리는 이 사례들 중 몇 가지를 나중에 더 자세하게 살펴볼 기회를 가질 것이다. 다시 한번 말하지만, 다양한 종류의 사례들에서 허구적 참을 발생시키는 개별적인 수단들은 그 자체로서도 관심의 대상이 될 것이다.

언어적 재현에서와 회화적 재현에서의 직접적인 발생의 원칙들이 매우 다르다는 것은 명백하지만, 이 양상들 사이의 일관성을 찾고 싶을 것이다. 문학 작품은 허구적이 되는 것을 **말하는** 반면 회화적 재현은 그것을 **보여주는가**? 이러한 제안은 특별히 말하기와 보여주기라는 개념의 모호함을 이용하지 않더라도 쉽게 반박될 수 있다. 이 제안을 거부하는 과정에서, 내가 왜 §4.2에서 직접적으로 발생한 허구적 참을 작품이 **명시적으로** 만드는 허구적 참과 동일시하는 데 반대했는지 알게 될 것이다.

어떤 문학 작품이 그 허구성을 직접적으로 발생시키는 명제들이란 작품이 쓰인 언어만 주어진다면 단순히 그 작품 속의 단어들이 표현하는 명제들일 것이라고 생각하는 경향은 금세 무너지고 만다.[35] 특히 "믿을 수 없는" 화자가 이야기하는 작품들의 경우(포드(Ford)의 《훌륭한 병사》와 같은)에 가장 명백하게 알 수 있듯이 이 명제들 중 많은 것들은 허구적이지 않으며, 허구적인 경우라 하더라도 그 명제들의 허구성은 종종 1차적이라기보다는 함축된다. 많은 경우에 누군가(화자)가 텍스트의 말들을 발화하고 있다는 것이 허구적이며, 만약 그 화자가 "믿을 만한" 경우 이 사실은 그 말들이 표현하

35) 그것이 맞는 경우라도, 직접적인 발생의 원칙들이 그 명제들의 의미를 결정하는 의미론적 규칙보다 더 단순하거나 체계적이지는 않을 것이다. 또한, 텍스트의 글자 그대로의 의미뿐만 아니라 은유, 아이러니 등도 고려해야 한다는 것은 명백하다.

는 명제들의 허구성을 함축한다. 적어도 누군가가 문제의 그 말들을 발화한다는 것은 항상 허구적인가? 그리고 이것이 1차적인 허구적 참들의 핵심 집단을 구성하는가? 그렇지 않다. 때때로 누군가가 그 말들을 발화하지 않고 생각한다는 것만이 허구적인 경우도 있으며, 그 말들이 그의 환상이나 꿈, 또는 욕망 등을 표현한다는 것이 허구적인 경우도 있다. 아마도 때로 화자는 없고 그 허구성이 직접적으로 발생하는 명제들이란 단순히 텍스트(아마도 모종의 비축어적인 방식으로 받아들여지는)에 의해 표현되는 명제인 경우도 있을 것이다. 독자가 이러한 대안들 중 어떤 것이 맞는지 확신하지 못하는 경우도 그리 드물지 않다.

보통 그림이나 다른 묘사들에는 화자와 유사한 것이 없으며, 따라서 보통 우리는 신뢰할 수 없는 화자에 대해 걱정할 필요가 없다. 그림은 그 안에서 **보여주는** 모든 것들의 허구성을 직접적으로 발생시키는가? 만약 그림이 한 남자를 보여준다면 한 남자가 있다는 것이 1차적인 허구적 참이며, 그의 혈관에 피가 흐르고 있다거나 빈에 그의 형제가 있다는 것은 단지 함축되어 있는 것이라고 추정할 수 있는가? 그렇지 않다. 루소의 회화 〈꿈〉은 어떤 정글 장면 안에 있는 코끼리와 한 쌍의 호랑이, 그리고 뱀 부리는 사람을 보여주는데, 그 한가운데에는 꿈을 꾸는 사람이 잠들어 있다. 그러나 코끼리가 있다는 것이 아니라 단지 꿈을 꾸는 사람이 코끼리가 있다는 꿈을 꾼다는 것만이 허구적이다. 그리고 꿈을 꾸는 사람이 정글에서 자고 있다는 것도, 정글에서 자는 꿈을 꾼다는 것도 허구적이지 않다. 비록 그런 사태를 "보여주는" 것 같다 해도 말이다. 잉마르 베리만(Ingmar Bergman)의 〈늑대의 시간〉(그림 8.12)에 나오는 저녁식사 장면에서, 우리는 신경증에 걸린 예술가 보리의 눈을 통해 저녁 만찬을 본다. 식사를 하는 사람들의 얼굴은 괴물처럼 뒤틀려진 것으로 보이지만, 그들의 얼굴이 **정말로** 괴물처럼 뒤틀려 있다는 것이 아니라 이것이 보리에게 보이는 모습이라는 것만이 허구적이다. 〈라쇼몽〉에서 숲에서 일어난 사건에 대한 몇 개의 서로 충돌하는 묘사들이 보여주는 것은 다양한 목격자들의 증언에 따랐을 때 일어난 일이다. 그들의 증언이 모두 참일 수는 없다. (§8.7을 보라.)

한 그림이 "보여주는" 것이라는 개념은 교묘한 조작에 열려 있다. 뒤샹의 〈계단을 내려오는 누드〉는 한 여인의 연속된 상태를 보여주는 것이 아니라 계단 아래로 서로를 따라 내려오는 여러 명의 여인을 보여주는가? 살로메가 춤추는 모습과 요한의 참수, 그리고 살로메가 헤롯왕에게 요한의 머리를 바치는 모습 모두를 동일한 프레임 안에서 묘사하는 베노초 고촐리(Benozzo Gozzoli)의 〈살로메의 춤과 세례 요한의 참수〉는 이 사건들이 동시에 일어나고 있다는 것을 보여주는가? 우리는 그림이 보여주는 바가 허구적이라는(그리고 이 허구적 참들이 1차적이라는) 가설을 더 잘 수용하기 위해 이 질문들에 부정적으로 대답하기를 고집할 수도 있을 것이다. 그러나 그렇게 하는 것은 한 그림의 일차적 허구적 참을 확인하는 데서의 곤란함을 그 그림이 무엇을 "보여주는가"의 문제로 이전할 뿐이다. 여러 명의 여인이 있다는 것이 그 그림이 재현하는 바가 아니라는 대답 이외에, 즉 계단에는 한 사람의 여인만이 있다는 것이 허구적이라는 대답 이외에 〈계단을 내려오는 누드〉가 일련의 여인들을 "보여준다"는 것을 부정할 근거는 무엇인가? 그렇다면 그림이 보여주는 바에 호소하는 것이 어떻게 그 그림이 무엇을 허구적으로 만드는지를 결정하는 일을 도울 수 있겠는가?

이러한 부정적인 관찰에 응하여 우리가 어떻게 직접적인 발생이 이루어지는가를 알아보고자 할 때, 우리는 정말로 다양한 양상들과 마주하게 된다. 예술가들은 모든 가능한 방법과 그 이상을 사용한다. 어떤 기교들은 어느 정도 전통적이지만, 다른 것들은 놀라울 정도로 임시방편적이기도 하다. (아이들의 게임에서 틀에 박히지 않은 소도구들의 즉흥적인 사용을 떠올릴 수 있을 것이다.) 어떤 기교들 — 심지어 몇몇 임시방편적인 기교들 역시 — 은 무엇이 허구적인지에 대해 의심의 여지를 남기지 않는다. 그러나 다른 것들은 우리에게 영원히 추측하도록 만든다. 어떤 기교들을 이해하기 위해서는 그 장르에 대한 친숙성이나 외부 세계의 이런저런 측면들에 대한 친숙성이 필요하기도 하다. 예술가들은 어떤 허구적 참을 발생시킬 것인가를 선택하는 데 있어서만큼이나 허구적 참이 발생하도록 하는 방법을 고안해내는 데 있어서도 창의적이다.

중부 자바의 연극에는 두 명의 참가인이 마녀 랑다 앞에서 대나무 막대기들을 서로 교차시켜 들고 있는 동안은 (허구적으로) 마녀 랑다가 날고 있는 것이라는 관례가 있다. 많은 만화들에서 등장인물들의 입 밖으로 말해지지 않는 생각을 점선으로 된 말풍선 안에 넣는 것은 전통적인 기교이다. 《비탄의 탱고》에서 마누엘 푸익이 등장인물의 입 밖으로 말해지지 않는 생각을 가리키기 위해 이탤릭체를 사용한 것 역시 알아차리기 쉽지만, 내가 아는 한 그렇게 사용한 전례는 없었다. 만화나 무성영화의 자막에서 큰 글자는 때때로 등장인물이 크게 말한다는 것을 의미한다. 음악 소리들은 예를 들면 트럼펫 입구에서 나오는 음표들로 용이하게 묘사된다. 영화 음악과 오페라의 음악, 그리고 춤은 종종 허구적 참들이 발생하도록 하는 데 미묘하지만 효과적으로 기여하는데, 예를 들면 허구적으로 어떤 등장인물이 초조해하거나 자만심에 차 있거나 황홀해하고 있다는 것을 확립하는 데 도움을 준다.[36] 때때로 음악은 음악이 흐르고 있다는 것, 예를 들면 어떤 밴드가 연주하고 있다는 것을 허구적으로 만들기도 한다. 우리는 어떻게 그런 것인지 아닌지 결정하는가? 만약 어떤 영화에서 시각적으로 묘사된 장면에 연주하고 있는 것처럼 보이는 밴드가 포함되어 있다면, 그 사운드트랙은 아마도 음악이 들린다는 것을 허구적으로 만들 것이다. 만약 영화에서 시각적으로 묘사된 장면이 사막에서 보안관 무리가 강도를 추격하고 있는 장면이라면 그렇지 않을 것이다.[37] 상식이 우리의 안내자이다.

누군가는 영화배우의 개성이나 개인적 삶, 또는 그에 대한 대중의 이미지가 그 배우들이 연기하는 등장인물에 대해 무엇이 허구적인지에 영향을 준다고 주장할 수도 있다. 우리는 배우에 대한 인상을 그들이 연기하는 등장인물에 대입하는 경향이 있다. 이것은 RP나 MBP가 작용하고 있다는 것을 보여주는 한 예로 이해될 수 있다. 그러나 예를 들어 셰익스피어의 연극에서 배우에 대한 인상이 유사하게 작용하도록 허용하는 것

36) 이러한 허구적 참들은 등장인물의 행동과 상황에 대한 허구적 참의 도움을 받아야만 발생할 수 있을 것이다. 그러한 정도까지는 전자의 허구적 참들은 함축된 것이다. 그러나 음악의 기여에 관한 한 허구적 참의 발생은 직접적일 것이다. 즉, 음악이 그러한 허구적 참들의 발생에 기여하는 것은 아마도 어떤 다른 허구적 참들을 발생시킴으로써가 아닐 것이다. 우리는 이것을 "부분적 함축"이라고 부를 수 있다.
허구적 참을 발생시키는 것이 이러한 예술들에서 음악이 하는 유일한 기능은 아니며, 아마도 주된 기능도 아닐 것이다. 음악은 어떤 작품이나 장면의 "분위기를 조성"하며, 이는 단순히 허구적 참을 발생시키는 문제가 아니다. 때때로 음악은 다른 수단에 의해 발생한 허구적 참을 강조하거나 강화하기도 하며, 감상자들에게 나중에 허구적이 될 어떤 일에 대한 예감을 느끼게도 하는데, 그 예감은 맞을 수도, 맞지 않을 수도 있다.

37) 〈불타는 안장〉에서 처음에는 그저 영화의 배경음악으로 여겨졌던 음악은 우리가 사막에서 연주하고 있는 밴드를 갑자기 발견한 순간 허구적 세계로 포함된다.

은 명백히 부적절하다. 우리는 우리가 무대 밖에서의 로렌스 올리비에의 삶에 대해 안다고 생각하는 바를 햄릿에게 부여해서는 안 된다.

아벨 강스(Abel Gance)는 그의 영화 〈바퀴〉에서 기관차의 속도가 점차 빨라지는 것을 나타내기 위해 가속되는 몽타주를 사용하여 샷들이 번갈아 나오는 속도가 점점 빨라지도록 한다.[38] 그러나 이것은 **직접적인** 발생의 명확한 예는 아니다. 몽타주의 가속성은 차례로 발생하는 허구적 참들의 뚜렷한 불연속성의 빈도가 증가하는 데 있다. 따라서 허구적으로 기관차가 점점 속도를 낸다는 사실은 다른 허구적 참들에 의존한다. 그러나 그것은 단순히 어떤 다른 허구적 참들이 발생하는가에 의존하는 것이 아니라 그 허구적 참들이 발생하는 순서에 의존한다. 따라서 영화 이미지들의 순서는 다른 허구적 참들의 발생에 기여함으로써가 아니라 이 허구적 참의 발생에 직접적으로 기여한다. 어쨌든 여기서 우리는 허구적 참을 발생시키는 하나의 장치를 보게 되는데, 이것은 분명히 감상자에게는 충분히 명백하다 해도 허구적 참의 발생에 대한 어떤 일반적인 틀이나 원칙에도 딱 들어맞지 않는다.

더 단순한 많은 경우들에서도 어떤 허구적 참이 1차적인지 함축된 것인지 말하기는 쉽지 않다. 우리는 어떤 성인을 묘사한 그림에서 후광은 그의 머리 위에 빛의 고리가 감돌고 있다는 것을 허구적으로 만들며 이것이 허구적으로 그가 성인이라는 것을 함축한다고 생각할 수 있다. 그러나 다른 사고방식을 가진 관찰자들은 후광을 있는 그대로 받아들이지 않기를 선호할 수도 있다. 그들은 허구적으로 정말로 빛의 고리가 있다는 것을 거부하고 그 인물이 성인이라는 것이 캔버스 위의 흰색의 타원에 의해 더 직접적으로 확립된다고 이해한다. 그러나 그 타원이 성인임을 나타내게 되는 것은 오직 그 타원이 있는 그대로 받아들이는 사람들에게 빛의 고리를 묘사하는 것으로 간주될 수 있기 때문이라는 점에 주목하라.[39]

---

38) Bazin, *What Is Cinema?*, Ⅰ, 25를 보라.

39) 어떤 이는 이것을 내가 나중에 **장식적인** 재현이라고 부를 것의 한 예로 간주할 수도 있다. 성인의 머리 위에 빛의 고리가 있다는 것이 허구적임은 단지 허구적인 것일 수 있으며, 그것이 바로 그가 성인이라는 것이 허구적인 이유일 수 있다. (§7.6을 보라.)

만화에서 움직임을 나타내는 선들은 움직이는 대상 주위와 뒤에 있는 공기의 흐름을 묘사하고, 그럼으로써 허구적으로 그 대상이 움직이고 있다는 것을 함축하는가? 아니면 그 선들은 단지 그 대상이 움직이고 있다는 것만을 허구적으로 만드는가? 한 초인종 주위의 동심원들은 그 초인종이 울린다는 것을 허구적으로 만드는 데 사용될 수 있다. 그 동심원들은 초인종에서 나오는 음파들이 있다는 것을 허구적으로 만듦으로써 그렇게 하는가, 아니면 좀 더 직접적으로 그렇게 하는가? 어떤 예술가들은 표현적인 목적을 위해 인물의 모습을 왜곡하기도 한다. (이것은 더 나아간 허구적 참들의 발생을 포함할 수도 있지만 반드시 그럴 필요는 없다.) 우리는 허구적으로 그 사람의 몸이 그러그러한 방식으로 뒤틀려 있으며 이 허구적 참이 어떤 표현적 결과를 낳는다고 말할 수도 있고, 그렇지 않으면 단지 그 인물이 몸이 뒤틀렸다는 것이 허구적인 것**처럼** 그려졌다는 사실에 의해 그러한 표현적인 목적이 달성된다고 말할 수도 있다.[40]

일반적으로 아마도 1차적인 어떤 허구적 참이 있는 주된 이유가 다른 허구적 참들을 함축하는 데(또는 예를 들면 어떤 표현성을 달성하는 데) 있다는 점이 명백할 때, 그리고 다른 허구적 참들을 포함하는 허구적 참 자체가 이례적이거나 비현실적이거나 어떤 방식으로든 부적절할 때, 그 허구적 참은 소임을 다한 후 떨어져나가는 것으로 — 즉 거기에 의존하는 것처럼 보이는 허구적 참들이 단순히 보통의 방식으로 그것을 발생시켰을 장치로부터 나타난 것처럼 — 간주하는 것이 합리적이다.[41] 그러나 이것이 유일한

40) "미로(Miró)는 야만적인 폭력에 대한 매우 강력한 이미지들을 만들어냈으며, 그중 〈한 여인의 머리〉(1938)는 아마도 가장 극단적일 것이다. 이러한 효과를 얻기 위해 그는 색의 대조, 완전히 비논리적인 비율, 그리고 인간 형태에 대한 자의적인 왜곡을 사용했다. 그의 방식에 환영주의 같은 것은 없다. 그러나 우리는 그 원초적인 힘이 그토록 압도적이지 않았다면 웃어넘겼을 공포와 공격성, 악몽, 유치함과 그로테스크함을 가진 이미지를 선사받는다." (Penrose, "In Praise of Illusion," p. 270)

41) 운동을 나타내는 선들의 경우는 다른 것들과 약간 다르다. 허구적으로 움직이는 대상 주위에 공기의 흐름이 있다는 아이디어에는 이례적인 것이 없다. 사실상 그것은 어떤 경우에서든 허구적일 것인데, 허구적으로 그 대상이 공기로 가득 찬 환경 안에서 빨리 움직이고 있다는 사실에 의해 함축되기 때문이다. 그러나 만약 그 선들이 공기의 움직임을 직접적으로 묘사하는 것으로 이해된다면, 감상자가 그것을 본다는 것이 그 감상자의 게임 안에서 허구적임을 허용해야 한다는 압력이 있을 수 있다. 이를 피하는 한 가지 방법은, 그 선들이 그 대상이 움직이고 있다는 것을 허구적으로 만드는 이유가 그 선들이 공기의 움직임에 대한 허구적 참을 발생시키기 때문임을 부정하는 것이다. 그러나 그럼에도 그 선들이 그토록 자연스럽게 움직임을 묘사하는 데 사용될 수 있는 것은 우리가 어떻게 그 선들이 움직이는 공기를 묘사할 수도 있는지를 이해할 수 있기 때문이다.

선택지는 아니다. 우리는 다른 허구적 참들을 함축하는 이례적인 허구적 참을 받아들이지만 그것이 강조되지는 않는다고, 그것에 대해 깊이 생각하지는 않아야 한다고 선언할 수도 있다. 또는 어떤 경우에는 함축하는 허구적 참과 함축되는 허구적 참들이 서로 다른 허구적 세계에 속하는 것으로 간주할 수도 있다. 물론, 종종 이러한 대안들 중 선택하지 못할 때도 있다.

이 절에서의 관찰들로 미루어볼 때, 허구적 세계의 기초를 만드는 일에는 그 상부 구조를 세우는 것만큼이나 질서가 없다는 점이 드러날 것이다. 발생의 역학은 속속들이 질척거린다.

사실, 이제 상부 구조를 지탱할 어떤 핵심이 반드시 **있음에** 틀림없다는 믿음이 허구라는 것을 폭로할 때가 왔다. 한 작품이 발생시키는 다양한 허구적 참들은 상호 의존적이어서 다른 것들의 도움 없이는 그중 어떤 허구적 참도 발생할 수 없을 수도 있다. 1차적인 허구적 참이라는 것이 없을 수도 있다.[42] 그렇다면 그 모든 것들은 어떻게 시작되는가? 작품의 단어나 색 패턴들은 어떤 허구적 참들을 **암시하며**, 그중 몇몇은 이러한 임시적인 상태에서 그 임시성을 제거하기에 충분할 만큼 서로를 지지한다. 해석하는 사람은 확실한 조합을 얻어낼 때까지 임시적으로 받아들일 만한 허구적 참들 사이를 왔다 갔다 해야 한다.

4.5 어리석은 질문들

다음과 같은 몇 줄의 시를 쓸 수 있는 사람이라면 누구든 일류 시인의 자격이 될 것이다.

---

42) 여기서 나는 윌리엄 타스첵의 도움을 받았다.

그것이 하늘을 기쁘게 한다 해도
나를 고통으로 시험하는 것이, 그들이 내린다 해도
모든 종류의 상처와 수치를 나의 맨머리에,
입술까지도 가난에 잠기게 한다 해도,
나와 나의 마지막 희망마저 감금한다 해도;
나는 나의 영혼 속 어딘가에서 찾았을 것이다
한 방울의 인내를. 그러나 아아……[43]

무어인 장군이며 지식인이라고는 할 수 없는 오셀로가 즉석에서, 그리고 완전히 제정신이 아닌 상태에서 어떻게 이런 훌륭한 시를 내놓을 수 있었겠는가? 분명히 그는 거의 믿기 어려울 정도의 타고난 문학적 재능을 인정받아야 한다. 적어도 이것은 '실제의 원칙'이나 '상호 믿음 원칙'의 결과인 것처럼 보일 것이다. 또한 오셀로가 그처럼 고통스러운 상황에서 그렇게 거창한 장광설을 늘어놓는 것은 특히 말이 안 되지 않는가? 왜 그는 그렇게 젠체하며 자신의 문학적 기량을 과시하는가? 왜 다른 등장인물들은 그가 말하는 특이한 방식이나 그의 놀라운 문학적 재능에 주목하지 않는가?

레오나르도의 〈최후의 만찬〉에서 식사하고 있는 열세 명의 사람은 왜 모두 테이블의 같은 쪽에 일렬로 앉아 있는가? 물론, 그것은 그림을 감상하는 우리가 그들 모두의 얼굴을 볼 수 있도록 하기 위해서이다. 의심의 여지없이, 그것이 레오나르도가 그들을 그렇게 그린 이유, 그들이 그런 모습으로 앉아 있다는 것을 허구적으로 만든 이유이다. 그러나 **그들**이 그렇게 앉은 이유는 허구적으로 무엇인가? 그들이 우리에게나 레오나르도에게 협조하기를 원했다거나 초상화를 위해 자세를 잡고 있었다는 것은 허구적이지 않다. 우리는 그들이 테이블 밑에서 누군가가 발로 찰까 봐, 아니면 입 냄새 때문에 서로 마주 보고 앉기를 두려워했다고 짐작해야 하는가? 그렇지 않으면 그들이 테이블의 한쪽 편에 몰려 앉은 것에는 어떤 이상한 점도, 어떤 놀랍거나 주목할 만한 점도 없다는

43) Shakespeare, *Othello*, act 2, sc. 2.

것이 허구적인가? 허구적으로 공동 식사 자리에서는 그렇게 앉는 것이 풍습인가? 어떻게 그런 특이한 풍습이 생겼는가? 그것이 그들의 풍습은 아니고 식사하는 사람들은 보통 테이블의 양쪽에 앉는다는 것이 허구적이지만, 이 경우에는 그러한 규범을 따르지 않은 것이 주목할 일은 아니라는 것, 설명할 필요가 있는 일이 아니라는 것이 허구적일 수 있는가? 이 대안들 중 어떤 것도 그리 매력적이지는 않다.

윌리엄 루스(William Luce)의 연극 〈애머스트의 소녀(The Belle of Amherst)〉에서는 에밀리 디킨슨이 남과 어울리지 않는, 유별나게 수줍음을 많이 타는 사람이라는 것이 허구적이다.[44] 그러나 그녀는 연극 공연 내내 끊임없이 말을 하며 무대 위에 서 있다. 그녀는 대본에 등장하는 유일한 배역이다. 그 배역을 연기하는 여배우는 유별나게 수줍음을 많이 타고 내성적인 인물을 묘사하면서도 공연 내내 관객의 주의와 관심을 모아야 한다. 어떻게 디킨슨이 그녀가 하는 모든 말을 한다는 것이, 즉 줄리 해리스가 그녀의 역할을 하면서 실제로 하는 모든 말을 한다는 것이 허구적이면서도 그녀가 사교적이지 않다는 것이 허구적일 수 있는가? 그 모든 것이 그렇게 많은 말이 아니라는 것이 허구적인가? 디킨슨이 사교적이기도 하고 사교적이지 않기도 하다는 것이 허구적인가? 그녀가 수줍음이 많기도 하고 그렇지 않기도 하다는 것이?

이러한 질문들은 어리석은(silly) 질문들이다. 그 질문들은 무의미하고 부적절하고 제멋대로이다. 그러한 질문들을 밀고 나가거나 깊이 생각하는 것은 감상과 비평에 무관할 뿐 아니라 주의를 흐트러뜨리고 파괴적인 것이기도 하다. 그 질문들이 지적하는 역설, 변칙, 명백한 모순들은 인공적이고 인위적인 것이며 심각하게 받아들이지 말아야 할 것들로 보인다. 우리는 그것들을 심각하게 받아들이지 않는다. 보통 우리는 그런 것들을 알아차리지도 못한다.

우리가 심각하게 받아들이는 역설을 포함하고 있는 허구적 세계와 대조해보라. 호가스의 〈잘못된 원근법〉(그림 1.2), 에셔의 판화들, 플랜 오브라이언(Flann O'Brien)의 〈헤엄치는 두 마리 새〉(§5.3, 각주 18을 보라)는 모두 그것들이 가진 변칙성을 강조하

44) 이것은 허구적으로 디킨슨이 말하는 것으로 보아 명백하며, 우리가 그녀의 실제 삶에 대해 아는 것에 의해 강화된다.

며, 감상자들은 그것에 대해 즐거워한다. 어떻게 2층 창문 밖으로 몸을 내밀고 있는 사람이 먼 언덕 위에 있는 친구의 파이프에 불을 붙여줄 수 있는지, M. C. 에셔의 《폭포》에서 보이듯이 어떻게 물이 오르막길과 내리막길로 동시에 흐를 수 있는지, 어떻게 등장인물이 자신의 이야기를 쓴 작가의 아들을 낳을 수 있는지 묻는 것은 어리석은 일이 아니다. 이 질문들에는 적절한 대답이 없을 수도 있지만, 그것이 바로 그 작품들의 핵심이다. 그것을 무시하는 것은 핵심을 놓치는 것이다. 다른 작품들은 빼아픈, 방해가 되는 것이 정당한 역설을 포함하며, 그것은 미적 결함이 된다. 원근법에서의 실수는 괴로울 수 있으며,[45] 소설 속의 등장인물이 그의 성격("전지적" 화자에 의해 확립된 대로의)과 뚜렷한 이유 없이 상충되는 행동을 할 경우도 그럴 것이다. 그런 경우에 제기되는 질문은 완전히 적절하며, 전혀 어리석지 않다. 그것들은 그 작품을 어리석어 보이게 만들 것이다.

〈오셀로〉, 〈최후의 만찬〉 그리고 〈애머스트의 소녀〉는 과학 소설이나 형이상학적 공상 소설이 아니다. 그러나 그 작품들은 우리가 그것들로부터 찾아내려면 찾아낼 수 있는 이상한 점들 때문에 결함이 있는 것도 아니다. 어떻게 오셀로가 셰익스피어에게나 어울릴 만한 시구로 말할 수 있었는가는 관심의 초점이 되는 질문이라든지 우리의 흥미를 불러일으키고 우리를 매료시키는 수수께끼가 아니며, 작품의 흠이 되거나 감상자의 경험을 방해하는 요소도 아니다. 그것은 감상과 비평의 관점에서는 그저 시시한 문제일 뿐이다.

우리는 꿈을 꾸고 있는 동안에는 완벽하게 정상적이고 평범한 것처럼 보이지만 나중에 되새겨볼 때는 말이 되지 않는 것이 드러나는 꿈의 경우를 떠올려볼 수 있다. 조앤은 어떨 때는 아버지로 보이기도 하도 또 어떨 때는 자신의 상사로 보이기도 하는 (그리고 그녀의 아버지가 그녀의 상사가 아닌 것은 명백할 때) 한 남자를 반복해서 만나러 가는 꿈을 꾼다. 그녀의 꿈 안에서 그 남자는 누구**인가**? 아버지와 상사가 그녀의 꿈속에서 번갈아 나타나는 것인가? 그러나 그녀가 매번 만나러 가는 사람이 **같은** 사람이라는

45) 원근법에서의 실수들은 대안적 종류의 원근법과는 구분되어야 할 것이다. 비록 그 구분이 결코 명확하지는 않지만 말이다. 그리고 "실수들"은 그 심각성의 정도에 있어서 다양하다.

것이 그 꿈의 일부일 수 있다. 그 사람은 그 둘의 (양립 불가능할 수도 있는) 특징을 다 가졌지만 둘 중 누구와도 동일하지 않은 누군가인가? 그러나 조앤이 꾸는 꿈은 단지 아버지와 비슷한 누군가가 아닌 아버지를 만나러 가는 꿈이며 또 상사를 만나러 가는 꿈이다. 그녀가 만나러 가는 사람은 주기적으로 정체성을 바꾸는 (이 말이 무엇을 의미하든 간에) 사람인가? 아침식사 자리에서 꿈 이야기를 하는 것은 당혹스러울 것이다. 그러나 그 꿈 경험 자체는 그렇지 않았다. 그 역설은 꿈을 꾸는 동안에는 방해가 되지 않았다. 대낮의 밝은 빛 속에서는 그것이 얼마나 불가피하게 역설적인 것으로 보이든 간에 말이다. 아침식사 자리에서야 조앤은 무엇인가가 엉뚱했다고 생각하게 된다. 게다가, 아침식사 자리에서조차 조앤은 그 이상한 점이 꿈의 진정한 성격이나 그 꿈의 중요한 부분과는 거의 관련이 없다고, 그 이상한 점에 대해 생각하는 것은 꿈을 이해하는 데 방해가 될 뿐이라고 느낄 수도 있다.[46] 그 꿈을 역설에 몰두하는 목적으로 이용할 수도 있겠지만, 그렇게 하는 것은 그 꿈을 그 자체로 이해하기를 거부하는 것이다.

이런 꿈들은 전혀 드물지 않으며, 우리가 어리석은 질문들을 함으로써 그 안의 무의미한 역설을 드러낼 수 있는 재현들 역시 드물지 않다. 수많은 영어 소설 안에서는 프랑스의 택시 운전사건, 미얀마의 농부들이건, 로마의 군인들이건, 모든 사람들이 어디에서든 영어를 쓴다. 르네상스 회화들은 고대의 인물들이 르네상스 시대의 옷을 입고 르네상스의 배경 안에 있는 모습을 묘사하며, 현대 연극에서는 때때로 그 시대 의상 대신 청바지를 입기도 한다. 13세기가 배경인 발리의 아르자(Arja) 연극 속에서 사람들은 버스를 타기도 한다. 오페라의 등장인물들은 때때로 마지막 순간을 극심한 고통 속에서 자신들의 생명과 힘이 사그라지는 동안 노래를 부르며(모든 것들에 대한!) — 그것도 매우 아름답게 부르며 — 보내기도 한다. 관객 중 가장 무딘 사람조차, 그리고 가장 먼 관객석에서조차 훤히 들여다보이는 최소한의 변장도 다른 등장인물들을 속여 넘길

46) 조앤이 상사를 아버지와 연결시키는 것이 그 꿈의 중심적인 "의미"일 수 있으며, 그것은 그녀가 만나러 가는 남자의 정체성에 대해 질문함으로써 드러날 수 있다. 그러나 이것이 그 역설, 그 꿈 세계에 대해 논리적으로 정합적인 해석을 찾는 일의 어려움이 어떤 중요성을 가진다는 것을 의미하지는 않는다.

〈그림 4.2〉
피터 폴 루벤스(Peter Paul Rubens), 〈비너스의 화장(Toilette of Venus)〉, $48\frac{3}{4}\times38\frac{5}{8}$인치, 패널화(c. 1613-1615). 리히텐슈타인 박물관.

수 있다.[47] (그 등장인물들이 장님이거나 바보라는 것이 허구적인가?) 문학 작품들에서 화자 — 단지 "전지적" 화자만이 아닌 — 는 그들이 알 리 없는 사건들에 대해 이야기해 준다. ("그들은 언제까지나 행복하게 살았다"는 것을 누가 어떻게 알 수 있겠는가? 그리고 심지어 "전지적인" 화자라도 어떻게 이것을 과거형으로 이야기해줄 수 있겠는가?) 루벤스(Rubens)의 〈비너스의 화장〉(그림 4.2)에 나오는 거울은 광학 법칙에 따르면 비너스가 그 안에서 보아야 했을 것들을 우리에게 보여준다. 그러나 아마도 그것이 그녀

47) 《놀라운 진실》(Leo McCarey, 1937)에서 아이린 던은 캐리 그랜트의 여동생으로 변장한다. "그 파티의 다른 사람들은 …… 플롯의 필연성과 코미디 형식 덕분에 엉성한 변장을 한 그녀를 알아보지 못한다."(Braudy, *The World in a Frame*, p. 109)

가 그 안에서 보는 바라는 것이 허구적일 것이다. (§8.7을 보라.) 역설에 몰두하기로 한 사람에게서는 거의 어떤 작품도 안전하지 못하다. 약간의 뻔뻔함을 갖추고 자비를 보류한 장난스러운 비평가라면 가장 성실하고 평범하고 정직하게 "사실적인" 재현에 대해서조차 당황스러운 질문을 찾아낼 수 있다.

여기에는 수많은 다양한 경우가 존재한다. 어떤 어리석은 질문들은 다른 것들보다 더 어리석기도 하다. 인위적인 변칙들은 그 인위성과 역설성의 정도에서 다양하다. 어떤 경우 우리는 허구적 세계가 실제 세계와 놀라울 정도로 다르다는 것만 보고 넘어가기를 바랄 수도 있다. 그렇게 하는 데 있어 **역설적인** 것이란 아무것도 없으며, 가장 참일 리 없거나 심지어 참이 되기 불가능한 명제들이 허구적이라는 데도 역설적인 것은 없다. 미얀마의 농부들이 영어로 말한다는 것, 오이디푸스가 청바지를 입는다는 것, 13세기에 버스가 있었다는 것은 허구적이다. 따라서 이 허구 세계들은 실제 세계와 다르다. 그래서 무엇이 문제인가? 그러나 실제(또는 실제라고 상호 간에 믿어지는 것)는 허구적 세계에 영향력을 행사하며, 그 결과 허구 세계는 만약 우리가 허용한다면 허구적 참으로 인정된 것과 충돌할 수도 있다. 영어가 세계의 유일한 언어라는 것은 허구적인가? 우리는 마음 편하게 그렇다고 고집하기 어려울 텐데, 완전히 영어로 쓰인 소설 속에서조차 충분히 그럴 수 있듯이 외국인과 본토인이 서로의 말을 이해하지 못한다거나 무역업자와 외교관이 통역사를 동반하고 여행한다든가 하는 것이 허구적이라면 특히 더 그렇다. 그러나 만약 미얀마어가 미얀마의 언어라면, 어떻게 (허구적으로) 교육받지 못한 미얀마의 농부들이 영어를 배울 수 있겠는가? 어떻게 고대 그리스인이 청바지를 만드는 기술을 가질 수 있었겠는가? 그렇게 고르게 직조되고 똑같이 만들어진 옷들은 (정말로 뛰어난 솜씨와 집중력 덕분이 아니라면, 그리고 그렇다 해도 설명이 필요한 일이겠지만) 손으로 만들어질 수 없었을 것이다. 만약 그들이 그런 기술을 가지고 있었다면, 왜 여전히 전차를 타고 다니고 서로에게 창을 던지고 있었는가? 우리가 잘못된 질문을 계속해서 던진다면 허구적 세계와 실제 세계 사이의 차이로부터 긴장이 생겨날 것이다.

변칙들은 각각을 따로따로 두고 보면 정상적이고 평범한 방식으로, 즉 다른 맥락들 안에서는 흠 잡을 데 없을 만한 원칙들에 의해 발생한 것처럼 보이는 허구적 참들 사이의 부조화에서 생겨난다. 개별적으로는 흠 없는 허구적 참들이 결합하면 거북하게 역설적이게 된다. 그러한 부조화는 종종 예술가에 대한 서로 다른 요구에서 기인하는 것으로 보일 수 있다. 그는 다양한 목적들을 추구하고 있을 수 있고, 그의 작업에 가해지는 제약들이 서로를 방해할 수도 있다.

때때로 작품이 목표로 삼은 감상자들이 접근 가능한 허구적 세계를 만들어야 할 필요가 그 세계를 적정하게 "사실적인" 것으로, 적정하게 실제 세계와 유사하게 만들고자 하는 욕구와 충돌하기도 한다. 《두 도시 이야기》는 프랑스인인 등장인물들에게 영어로 말하도록 해서 영국 독자들이 이해할 수 있도록 했는데, 그렇게 할 필요가 없었더라면 디킨스는 프랑스인 등장인물들이 프랑스인이 보통 하는 것처럼 프랑스어를 말하도록 했을 것이다. 매체에 내재한 제약들은 때때로 그러한 제약이 없었더라면 바람직한 것이었을 허구적 참들의 조합을 발생시키기 어렵게 만들기도 한다. 레오나르도는 최후의 만찬에 참석한 열세 명 모두의 얼굴에 대한 허구적 참을 확립하기를 원했다. 아마도 그는 그들이 보통 방식으로 테이블을 둘러싸고 앉아 있다는 것이 허구적이기를 더 선호했겠지만, 전자를 위해 후자를 희생했다. 여기서의 문제가 허구적 세계에 대한 접근성의 문제는 아니지만, 이 예는 앞선 예와 같이 허구적 세계에 대한 감상자의 관계를 고려한다. 의심의 여지없이, 레오나르도의 선택은 감상자의 게임에서 감상자가 식사하고 있는 이들의 뒷모습보다는 앞모습을 본다는 것이 허구적이도록 만들고자 하는 욕구에 따른 것이었다. 그와 유사한 고려가 〈애머스트의 소녀〉와 루벤스의 광학적으로 이상한 거울의 경우에도 작용하고 있다. 에밀리 디킨슨이 그녀가 할 수 있는 한 많은 말을 하는 것은 관객을 위해서이다. 그것은 그녀에 대한 허구적 참들이 발생할 수 있도록 하기 위해서이며, 관객이 허구적으로 그녀에 대해 알 수 있도록 하기 위해서이다. 본질적으로 동일한 허구적 참들의 집합이 다른 방식으로도, 디킨슨이 그토록 말을 많이 하도록 하지 않고서도 발생할 수 있었을 것이다. 디킨슨 자신은 (허구적으로) 숨어 있는 동안 누군가가 그녀 대신 무대를 차지하고 관객에게 디킨슨의 생각과 행동들에 대한 자세한 설명을 해줄 수도 있다. 의심의 여지없이, 루스에게는 디킨슨이 그녀 자신의 이야기를 하도록 할 이유가 있었다. 한쪽을 선택해야 한다면, 그녀의 수줍은 성격과의 충돌은 피하기 어렵다. 오셀로의 두드러지게 정교한 언어는 그 희곡이 쓰인 스타일에 의해, 그리고 관객의 즐거움을 위해 뛰어난 시를 제공하고자 했던 셰익스피어의 바람에 의해 요청된 것이었으며, 이 경우 그것은 "사실주의"에 대한 고려보다 우선시되었다.[48)]

어떤 질문을 어리석다고 선언하는 것은 그 질문에 대답하는 것이 아니다. 그것은 아무리 정당하다 하더라도 질문에 대답하지 않는 데 대한 변명일 뿐이다. 아마도 우리의 어리석은 질문들은 작품과의 일반적인 상호작용 중에는 떠오르지 않겠지만, 감상과 비평에서 한 발 물러나 외부에서 관찰하고 있는 이론가들에게는 좋은 대상일 것이다. 어쨌든, 우리가 오셀로의 문학적 재능과 제자들의 특이한 좌석 배치, 그리고 에밀리 디킨슨의 수다에 대해 질문하기를 완고하게 고집한다고 가정해보자. 어리석든 아니든, 이 질문들에 대한 답은 무엇인가?

많은 질문들은 명확한 답을 가지고 있지 않다. 그리고 서로 다른 경우에 서로 다른 관찰자들에게 서로 다른 종류의 대답이 타당해 보일 것이다. 만약 그 질문들이 재현이라는 제도 내에서 크게 문제가 되지 않는다면, 그 제도 외부에서 대답을 발견하지 못하더라도 놀랍지 않을 것이다. 그러나 우리가 그 질문들에 대답하기를 고집한다면, 우리는 어떻게 대답해야 할까?

아마도 최선의 방법은 역설에 책임이 있는 허구적 참들을 인정하지 않음으로써 몇몇 역설들을 해소하는 방법일 것이다. 다른 때 같았으면 완벽하게 정상적으로 보일 방식으로 발생한 허구적 참들도 단지 그것들이 다른 허구적 참들과 충돌한다는 사실 때문에 발생이 저지될 수 있다. 오이디푸스 및 다른 고대 인물들이 현대의 의상을 입은 것으로 묘사될 때, 우리는 그 배우들이 입은 옷이 허구적으로 그 등장인물들이 입은 옷이라는 것을 거부하고 그럼으로써 어떻게 고대인이 청바지를 만들 수 있었는지에 대한

48) 여기에 예술가의 서로 다른 목적 간의 충돌이 있다. "〈크리스티나 여왕〉에서 유명한 마지막 장면의 클로즈업은 명백히 동시에 두 방향으로 부는 바람을 보여주는데, 한 방향의 바람은 배를 움직이도록 하고 다른 방향의 바람은 가르보의 머리카락을 가장 아름답게 날리도록 한다."(Halliwell, *The Filmgoer's Companion*, "Boo-Boos" 항목 중에서, p. 97) 나는 이러한 변칙은 감상자를 거슬리게 하고 또 그래야만 한다고 생각한다. 비록 그 점에 대해 과도하게 곱씹는 것은 불합리하다고 해도 말이다.

질문의 소지를 없앨 수 있다. 즉 우리는 간단히 배우들의 옷을 소도구로 간주하기를 거절해버릴 수 있다. 시카고 거리 갱단에 관한 연극에서 동일한 배우들이 입고 있는 동일한 옷은 의심할 여지없이 소도구로 사용되겠지만 말이다. 오이디푸스가 입은 것이 청바지가 아니라면, 사실 그가 **입은** 것은 무엇인가? 아마도 그의 옷에 대해서는 그리 상세한 허구적 참들이 발생하지 않았을 것이다. 아마도 그가 그의 문화와 신분에 적절한 옷을 입고 있다는 것이 허구적이라고 가정하는 것이 합리적이겠지만 말이다. 흑백으로 된 그림이 색에 관해서는 불완전한 것과 마찬가지로, 그 연극 공연의 세계는 아마도 이 점에 있어서 불완전할 것이다.

한 질문의 어리석음이 우리에게 다른 때였더라면 수용할 만한 허구적 참들의 발생이 저지되어야 한다는 확신을 준다 해도, 함축의 연쇄 중 어느 지점에서 저지해야 하는지가 불명확할 수 있다. 허구적으로 에밀리 디킨슨이 그녀가 실제로 말하는 모든 것들을 말한다고 한다면, 허구적으로 그녀가 그런 상황들에서 굉장히 많은 말을 한다는 것이, 즉 허구적으로 그녀가 보통 또는 종종 많은 말을 한다는 것이 함축되는 것으로 보일 것이고, 따라서 허구적으로 그녀는 다소 수다스러운 사람이며 전혀 수줍어하는 사람이 아니라는 것이 함축되는 것으로 보일 것이다. 다른 근거들을 볼 때 그녀가 **정말은** 수줍어하는 성격이라는 것이 허구적이라는 사실은 우리가 이러한 마지막 결론을 내리지 못하도록 막을 것이며, 그러한 일련의 추정들이 더 일찍 차단되었어야 한다는 것을 시사할 것이다. 그러나 그 선이 어디에 그어져야 하는지는 분명하지 않다.[49]

오셀로는 어떤가? 우리 대부분은 아마도 허구적으로 오셀로가 문학적으로 재능이

49) 이러한 저지는 §4.3에서 언급된 경우와는 상당히 다르다. 무성영화에서 허구적으로 누군가가 피아노 건반 위를 밟는다는 것은 허구적으로 피아노 소리가 난다는 것을 함축할 수 있다. 그러나 나중에 피아노의 내부를 보여주는 샷에 의해 그 피아노에 현이 없다는 허구적 참이 발생하면 그러한 함축은 저지될 것이다. 그러나 피아노 건반을 밟을 때 피아노 소리가 날 것처럼 보였다는 것은 여전히 허구적이며, 누군가가 피아노 소리가 났다고 가정했다면 그것은 정당할 것임이 허구적이었다. 그러나 오이디푸스를 연기하는 배우가 청바지를 입고 있을 때는 오이디푸스가 청바지를 입고 있는 것처럼 보인다는 것조차 허구적이지 않다. 이 경우에는 마치 배우의 청바지와 허구적으로 오이디푸스가 고대 그리스에 살고 있었다는 사실 사이의 충돌이 게임의 규칙을 바꾸어 그러한 함축이 발조차 들여놓지 못하도록 하는 것처럼 보인다. 우리는 피아노의 경우에는 저지된 함축에 대한 설명이 허구적 세계 내에 있지만, 오이디푸스의 경우에는 그 설명이 허구적 세계를 결정하는 원칙 안에서 발견되어야 한다고 말할 수 있을 것이다.

뛰어난 사람임을 허용하지 않는 편을, 심지어는 허구적으로 그가 전혀 그렇지 않다고 단언하는 편을 선호할 것이다. 그러나 이것은 단지 역설의 자리를 옮길 뿐이다. 오셀로는 특별한 문학적 재능이 없지만 제정신이 아닌 상태에서 즉흥적으로 뛰어난 시를 만들어낼 수 있다는 것이 허구적인가? 우리는 오셀로의 말, "그것이 하늘을 기쁘게 한다 해도 / 나를 고통으로 시험하는 것이" 등이 뛰어난 시라는 것이 명백히 참이라 해도 허구적으로 그 말이 뛰어난 시라는 것을 부정해야 하는가? 아니면 허구적으로 그 말들이 오셀로의 말임을 부정하는 데까지 가야 하는가? 아마도 그보다는 오셀로가 셰익스피어 연극의 배우가 내뱉는 말과 같은 의미의 말을, 명시되지 않았지만 그의 방식으로 한다는 것이 허구적일 것이다. 그렇다면 우리는 그와 유사하게 오페라에서 사람들이 노래를 한다는 것이 보통은 허구적이지 않지만 공연자들이 말을 노래로써 묘사한다고 해야 하는가? 영어 소설에서 미얀마의 농부들은 그들이 영어로 하는 것으로 되어 있는 말과 같은 의미의 미얀마어를 한다는 것이 허구적인가? 이러한 제안들에는, 특히 오페라와 영어 소설에 대해서는 타당한 점이 있다. 그러나 〈오셀로〉의 관객이 듣는, 배우의 입에서 나오는 특정한 굴절과 강조점을 가진 말들이 오셀로가 바로 그런 방식으로 하는 말이라고 상상해야 한다는 것을 거부하는 데는 어떤 긴장이 있을 수 있다.

하나의 대안적인 전략은, 거슬리는 허구적 참들을 허용하지 않기보다는 그러한 허구적 참들이 경시된다고 선언하는 것이다. (우리는 허구적 참들에 대한 강조에 있어서의 차이가 어떤 경우이든 인식되어야 한다는 것을 보았다.) 〈최후의 만찬〉에서 허구적으로 식사하는 사람들이 테이블의 한쪽 편에 줄지어 앉아 있다는 것은 쉽게 부정할 수 없다. 그러나 이러한 허구적 참은 중요하지 않으며, 깊이 생각하거나 심지어 특별히 주목할 필요조차 없는 것이다. 그 허구적 참이 그늘에 가려진다는 것은 그렇지 않았더라면 예상되었을 함축을 가지지 않음을 의미하는 것으로 간주될 수 있다. 아마도 우리는 식사하는 사람들이 특이하게 앉아 있다거나 그들의 문화에서는 그렇게 앉는 것이 관례적인 것이라거나 아니면 이 둘 중 어느 한쪽이 옳다는 것이 허구적이라고 추론하지 말아야 할 것이다. 또는 그러한 몇몇 함축된 허구적 참들을 허용하기는 하지만 그것들은 경시된다고 선언할 수도 있다. 어느 경우이든, 제자들이 테이블의 한쪽 편에 정렬해 앉아 있게 된 동기에 대해 질문하는 것은 부적절할 것이다.

때로는 서로 충돌하는 허구적 참들을 수용하고 심지어는 강조하면서도 그 허구적 참들의 결합(conjunction)이 허구적이라는 것을 허용하지 않음으로써 그 충돌을 완화시키는 것이 최선일 수도 있다. 월요일에 그녀의 아버지인(그리고 그녀의 상사는 아닌) 남자를 만나러 간다는 것, 화요일에 같은 사람을 만나러 간다는 것, 그리고 화요일에 만나러 가는 사람은 그녀의 상사라는 것은 조앤의 꿈에서 중요할 수 있다. 이 각각의 세 명제는 꿈속에서 허구적이며, 각각 상당한 중요성을 가진다. 그러나 그 사실이 그 명제들의 모순적인 결합이 허구적임을 강요하지는 않는다. 우리는 허구적으로 조앤이 월요일에 만나러 간 누군가와 같기도 하고 같지 않기도 한 남자를 화요일에 만나러 갔다는 것을 받아들일 필요가 없다. (그렇다고 우리가 참인 명제들의 결합은 참이라는 명제가 허구적임을 부정할 필요도 없다.)

우리가 이 예들을 어떻게 다루기로 선택할지에 대한 세부는 큰 문제가 아니다. 내가 다양한 가능성들을 언급한 주된 이유는 그럴듯한 선택지들이 가능하다는 것을 보여주기 위해서이다. 우리가 논의했던 것과 같은 변칙들을 피하거나 완화할 수 있는 합리적인 방식들이 존재한다. 만약 누군가가 어리석은 질문들을 전면에 내세움으로써 그러한 변칙들을 들추어내기를 고집한다면 말이다. 우리는 왜 그러한 변칙들이 역설의 느낌을 불러일으키지 않는지, 그리고 불러일으키지 않아야 하는지 설명할 수 있다. 그리고 우리는 어떻게 정상적으로 보이는 허구적 세계들이 그 안에 도사리고 있는 (표면적인) 역설에도 불구하고 그토록 정상적으로 보이는지, 왜 그러한 역설을 포함하는 작품들이 호가스의 〈잘못된 원근법〉 및 자진해서든 아니든 역설을 공공연히 드러내고 있는 다른 재현들과 그렇게 현저하게 다른지 이해할 수 있다.

나는 발생의 역학에 대한 초기의 관찰에 몇 가지 조언들을 덧붙였다. 한 가지는 자비의 원칙(principle of charity)이 작용하고 있다는 것이다. 허구적 참의 발생은 때때로 단지 혹은 주로 그것들이 문제를 일으키기 때문에, 즉 그것들이 허구적 세계를 거북할 정도로 역설적으로 만들 것이기 때문에 (그저 경시되는 것이 아니라면) 차단된다. 그러나 보통은 자비 이상의 것이 포함된다. 어떤 질문의 어리석음을 인식하는 것은, 그래서 그 질문을 불러일으키는 허구적 참들을 허용하지 않거나 경시해야 할 한 가지 이유를 인식하는 것은 예술가가 응해야 하는 다양한 요구들을 알아차리는 데 달려 있을 것이다. 변칙적인 허구적 참들을 허용하지 않기로 하는 결정은 그 허구적 참들을 발생시키는 것으로 보이는 특징들이 그 작품 안에 있어야 할 다른 이유들이 있다는 것이 명백할 때, 예를 들면 그 특징들이 허구적 세계가 관객에게 접근 가능하게 만들기 위해서나 감상자들의 믿는 체하기 게임을 강화하기 위해서 필요할 때 특히 타당성을 가진다. 〈애머스트의 소녀〉 공연에서 줄리 해리스가 그토록 끊임없이 말을 하는 것은 관객의 흥미를 유지시키고 에밀리 디킨슨에 대한 허구적 참들을 발생시키기 위해서이므로 우리는 그녀가 그렇게 하는 것이 디킨슨이 수다스럽다는 것을 허구적으로 만들기 위해서라고 가정할 필요가 없다. 이것은 예술가가 허구적으로 만들고자 의도한 것으로 보이는 바가 허구적인 바에 영향을 끼치는 한 예로서 이해될 수 있다. (§4.3을 보라.) 예술가가 어떤 주어진 허구적 참을 발생시키는 것으로 보이는 한 특징을 집어넣은 데 대한 또 다른 즉각적인 설명이 있다면, 그가 특별히 그 허구적 참을 발생시키려고 의도했으리라고는 생각되지 않을 것이다. 그리고 이 사실은 그 허구적 참이 발생한다고 인정하지 않을 수 있도록 할 것이다.

4.6 결론

발생의 기제는 고무줄과 종이 클립으로부터 고안되고 스케치 속에 그려진 유니콘에서 식초와 섞은 베이킹소다에 이르는 모든 것들에 의해 동력을 부여받는다. 때때로 그 메커니즘은 종종 가장 예기치 않은 수단에 의해서도 놀라울 정도로 "잘" 작동하며, 쉽게 인식할 수 있고 거의 논쟁할 여지가 없는 허구적 참들을 산출한다. 그것이 실패할 때, 예술가들은 즉석에서 조잡하거나 우아하거나 놀랍거나 기발한 해결책들을 고안해 내거나 그렇지 않으면 거기에서 나타나는 애매함을 환영하고 이런저런 방식으로 그 애매함을 활용한다. 허구적 참들을 간파하기 위해서는 훌륭한 식별력(nose), 즉 적절한 한계 내에서 자비의 도움을 받고 문제의 작품이 속한 매체, 장르, 그리고 재현 전통에 대한 친숙함과 바깥 세계에 대한 지식을 통해 형성된 상상력과 상식의 조화 — 물론 이 모든 것들과 작품 자체의 가장 미묘한 특징들에 대한 민감성이 결합되어야 하겠지만 — 만큼 좋은 것이 없다.

이것이 이 장에서 다루어진 비교적 단순한 예들만 살펴보더라도 나타날 수 있는 그림이다. 복잡한 재현들과 비평가들 사이의 씨름, 해석에 대한 개별적이고 고립된 질문들에 답하려는 비평가들의 시도뿐 아니라 전체 작품에 대한 정합적이고 설득력 있는 이해를 엮어내고자 하는 그들의 노력을 철저하게 검토하는 것은 발생의 예측 불가능한 변화들에 대한 인식을 더욱 깊어지게 할 뿐이다. 내가 그러한 검토를 떠맡고자 하는 것은 아니다. 그러나 우리는 이제까지 언급했던 어떤 것과도 다른 종류의 한 가지 고려사항 — 허구적 참의 발생과 중요한 관련이 있는 하나의 고려사항 — 에 주목해야 한다.

한 작품의 허구적 참에 대해 확신하는 것은 비평가가 하는 일의 일부일 뿐이겠지만 근본적인 일이다. 전반적인 주제, "의미", 교훈, 삶에 대해 작품이 우리에게 말해주는 것은 상당한 정도까지 작품이 발생시키는 허구적 참들에 달려 있다. (비록 다양한 허구적 참들에 부여되는 강조의 정도, 허구적 참들을 발생시키는 수단, 그리고 앞에서 말한 어떤 것으로도 환원되지 않는 양식적 측면들도 중요하다는 것을 잊지 말아야 하지만 말이다.) 그러나 때때로 그 반대 방향도 참일 때가 있다. 무엇이 허구적인가에 대한 결정은 그 작품에 대한 전체적인 평가로부터 나오는 반응에 민감해야 한다. 어떤 등장인물의 행동이나 동기에 대한 판단을 뒷받침하는 한 가지 방식은 그러한 판단이 다른 것들보다 전체로서의 작품에 대한 마르크스주의적 혹은 정신분석학적 "해석"에 더 잘 들어맞는다는 것, 그리고 그러한 해석이 독립적인 근거에서도 그럴듯하다는 것을 보이는 것이다. (비교: 과학자가 어떤 것을 자료로서 받아들이는가는 그가 다른 근거에서 타당하다고 생각한 이론이 어떤 것인가에 달려 있을 수 있다.) 이것 역시 무엇이 허구적인가를 결정하는 요인들의 혼합물 속에 포함된다.

발생의 기제가 작동하는 무질서한 방식에서 오는 결과를 받아들일 때가 왔다. 재현적 예술을 제외하고는, 두려워할 것은 아무것도 — 적어도 우리가 어쨌든 용납하지 못할 것은 아무것도 — 없다. 그러나 어떤 독자에게는 몇 가지 꺼림칙함이 있을 수 있으며, 그 꺼림칙함은 심지어 발생의 과정 안에는 어떤 방식으로든 우리가 발견한 것 이상의 규칙성이 있음에 **틀림없다는** 확신을 부추길 수도 있다. 어떤 이들은 허구적 참들의 발생을 지배하는 것과 같은 복잡하고 체계가 없어 보이는 "규칙"을 우리가 어떻게 배우고 적용해낼 수 있는지, 우리가 어떻게 무엇이 허구적이고 무엇이 허구적이지 않은지에 관해 조금이라도 확신을 가지고 말할 수 있는지 의심할 수도 있다. 어떤 이들은 허구적 참의 발생이 어떤 비교적 단순한 원칙 집합에 의존한다는 것이 증명될 수 없다면 허구적 참을 귀속시키는 것이 옳거나 그르다는 판단을 정당화할 수 없을 것이라고 걱정할 수도 있다. (해석들이 참이나 거짓일 수 있다는 데 회의적인 사람들은 우리가 관찰한 혼돈을 자신들의 입장을 확증해주는 것으로 간주할 것이다.) 마지막으로, 만약 서로 다른 허구적 참들이 그처럼 서로 다른 방식으로 발생한다면, 허구성은 "자연종"이 아니며 따라서 그 위에 무엇인가에 대한 이론을 세울 수 있는 적절한 기둥이 아닌 것으로, 즉 한 명제를 허구적이라고 부르는 것이 의미하는 바는 경우에 따라 달라질 수 있는 것으로 보일 수 있다.

특히 이 마지막 걱정은 우리를 오랫동안 지체시킬 필요가 없다. 허구성은 발생의 원칙에 의해 **정의되지** 않는다. 허구성은 상상하라는 지시에 있기 때문이다. 다양성은 그러한 지시가 확립되는 수단들에 있다. 비록 허구적 참들이 서로 매우 다른 방식들로 발생하지만, 그 결과는 상상되어야 하는 명제들이라는 점에서 모든 경우에 동일하다.

우리는 어떻게 그렇게 복잡한 규칙들을 터득할 수 있는가? 이에 대답하는 한 방식은 비트겐슈타인의 독자에게는 친숙할 것이다. 나는 다른 이들을 위해 그것을 간단하게 설명하기로 하겠다. 많은 개념이 규칙이나 공식의 도움 없이 적용된다는 것은 피할 수 없는 사실이다. 그렇지 않다면 언어란 불가능할 것이다. 우리는 어떤 것이 **달콤한 냄새가 나는지**, 혹은 **붉은지** 어떻게 결정하는가? 우리가 냄새를 맡거나 보면 단지 그렇거나 아닌 것 같을 뿐이다. 우리가 따라야 할 규칙 같은 것을 정말로 가지고 있는 경우(예를 들어 어떤 것이 **정사각형**이거나 **포유류**인지 결정하는 경우 같은)에도, 그 규칙은 그저 문제의 개념을 다른 개념들에 연결시킬 뿐이다. 결국 우리는 규칙 없이 적용시키는 개념에 도달하게 된다("내 이유들은 곧 바닥나고 말 것이다. 그러고 나면 나는 행동하게 될 것이다. 이유가 없는 채로").[50] 따라서 우리가 관련 원칙들을 안다고, 어떻게든 그 원칙들을 배웠다고 가정함으로써 허구성을 알아차리는 능력을 설명해야 할 필요는 없다.[51] 한 작품은 우리가 그 맥락(넓게 이해된) 안에서 경험할 때 단지 어떤 허구적 참들을 발생시키는 것으로 보일 뿐이다.[52] 원칙은 무엇이 허구적인지를 판단할 안내자라기보다는 우리가 내린 판단의 재구성에 더 가깝다.

우리가 종종 특정한 의식적인 고려들, 각각의 경우에 관련된 것으로 보이는 작품이나 그 작품의 전작들, 바깥 세계에 대한 사실들을 바탕으로 하여 판단을 내린다는 것은 사실이다. 그리고 우리는 어떻게 주어진 허구적 참이 발생하는지, 그리고 왜 그렇게 판단하는지에 대해 흔히 어떤 것들을 말할 수 있다. (이러한 점에서 허구성을 알아차리는 것은 색이나 냄새를 알아차리는 것과 다른 것처럼 보인다.) 그러나 이것이 개별적인 경우에 우리를 인도할 수 있는, 무엇이 어떻게 관련되는지 결정할 포괄적인 규칙을 우리가 배웠거나 어떻게든 획득했음에 틀림없다고(이 말이 단지 그러한 규칙에 따라 행동한다는 의미만이 아니라면) 가정할 이유는 되지 않는다.[53] 또한 허구적 참을 발생시키는 어떤 특정한 장치를 알아차리는 우리의 능력이 그 이전에 "동일"하거나 "유사한" 장치들을 접한 적이 있는지에 달려 있다고 가정할 필요도 없다. 우리가 알고 있는 것과 우리가 한 경험들을 기반으로, 우리는 새로운 경우들에서 단순히 허구적 참들을 식별 "해나갈" 뿐이다. ("만약 정당화를 다 소진했다면 기반에 도달한 것이며, 나는 삽을 엎

---

50) Wittgenstein, *Philosophical Investigations*, pt. Ⅰ, §211.

51) 우리가 관련 원칙들을 어떻게든 혹은 어떤 의미에서든 "안다"고 하더라도, 그 원칙들을 아무것도 모르는 상태에서 배웠다고 가정할 필요는 없다. 사람들은 어떤 발생의 원칙들을 받아들이는, 혹은 어떤 다른 경험을 했을 때 그러한 원칙들을 받아들이는 자연적이거나 타고난 성향을 가지고 있을 수도 있다.

52) 그러나 붉은 것에 대한 우리의 인상이 그럴 수 있는 것처럼, 허구적인 것에 대한 우리의 인상은 틀릴 수 있다. 우리가 실수가 일어났는지 결정할 즉각적인 공식을 가지고 있지는 않지만, 추가적인 경험이나 정보가 실수가 일어났다는 것을 알아차릴 수 있도록 해줄 것이다.

53) 이 점에 대해서는 Walton, "Linguistic Relativity"를 보라.

어놓는다. 그러고 나서 나는 말할 것이다. '이것은 그저 내가 하는 것이다'라고")[54]

그렇다면, 어떤 의미에서 무엇이 허구적인가에 대한 우리의 견해는 궁극적으로 정당화될 수 없다. 이것이 그런 견해가 맞거나 틀릴 수 있다는 것, 참이거나 거짓일 수 있다는 것을 부정할 근거가 되는가? 우리의 **어떤** 판단도 참이거나 거짓일 수 있다는 것을, 맞거나 틀릴 수 있다는 것을 부정할 준비가 되어 있는 경우에만 그렇다. 그리고 나는 그럴 준비가 되어 있지 않다. (나는 참과 거짓이 언어나 "개념 체계" 또는 무엇이든지에 "상대적"일 수 있다는 것은 허용한다. §2.7을 보라.)

이것은 큰 쟁점으로서 많은 논의를 불러일으켜왔으며 더 많은 논의를 필요로 한다.[55] 그러나 허구성을 판단하는 일에 대한 현재의 우려들은 좀 더 구체적인 하나의 비교 — 어떤 경우이든 의미심장한 — 에 의해 완화될 수 있다. 나는 은유를 만들고 해석하는 단순하고 체계적인 "규칙"이 있다고 진지하게 가정할 누군가가 있을지 의심스럽다. 은유는 가장 다양한 종류의 맥락적 특징들, 연상, 공유된 신화나 경험, 자연적 성향, 설명되지 않는 두드러짐, 심지어는 사용되는 언어의 비의미론적 속성인 단어의 소리들까지, 우연히 이용 가능한 어떤 재료든 간에, 도움이 되는 무엇이든지 간에 기회주의적으로 이용한다. (나는 "너와는 상관없는 일이야(It's none of your beeswax)"라는 말에서 "밀랍(beeswax)"이 단어의 유사성이 아니었다면 "일(business)"을 의미하게 되었을지 의심스럽다.) 때때로 우리는 어떻게 특정 은유가 작동하는지, 왜 우리 및 다른 사람들이 그것을 그렇게 해석하는지에 대해 무엇인가를 말할 수 있다. 때때로 은유들의 작동은 거의 완전히 불가사의하다. 어쨌든 우리가 은유를 이해하기 위한 포괄적 공식을 열거할 수 없다는 것은 명백하며, 은유가 기반을 두고 있는 원칙들이 엄청나게 복잡하고 맥락에 민감하며 끊임없이 변하고 있다는 것은 확실하다. 은유의 기제는 발생의 기제만큼이나 무질서하다.

그러나 은유는 **실제로** 작동한다. 물론 그것들은 몹시 애매하고, 좌절감을 느끼거나

54) Wittgenstein, *Philosophical Investigations*, pt. Ⅰ, §217.

55) 독자는 특히 Kripke, *Wittgenstein on Rules and Private Language*를 참조할 수 있을 것이다.

희열을 느낄 정도로 모호하며, 서로 충돌하는 방향들을 암시하기도 한다. 때때로 은유의 "의미"는 거의 완전히 열려 있으며, 이는 의도한 바일 것이고 바람직할 것이다. 그러나 우리는 많은 경우 은유들(또는 그 은유가 의미하는 것)을 충분히 잘 이해한다. 완전히 새로운 은유들까지도 포함하여, 은유는 의사소통을 하는 데 효과적이고 정말로 정확한 도구가 될 수 있다.

규칙 없이 작동하는 발생의 기제는 비평가들을 애먹인다. 그러나 그것은 이론가에게는 위협이 되지 않는다. 그것은 예술가에게는 흥미진진한 기회를 선사하며, 감상자에게는 매혹의 풍부한 원천이다.

그러나 재현적인 예술 작품의 감상에는 그 기제의 작동과 결과에 대해 관찰하고 숙고하는 일보다 훨씬 많은 문제가 관련된다.

II

재현의 감상

5. 퍼즐과 문제들
6. 참여
7. 심리적 참여

그림과 허구적 이야기들이 우리에게 즐거움을 주고 우리의 마음을 차지한다는 것을 당연하게 여기지 말고 놀라운 사실로 간주하라.

- 루트비히 비트겐슈타인, 《철학적 탐구》

나는 철도기사들이 더 많은 판타지를 듣고 자라났다면 그들이 흔히 하는 것보다 그 모든 풍부한 수단들을 가지고 더 잘 해내지 않았을까 하는 의문을 나의 무모한 마음으로부터 지워버릴 수 없다.

- J. R. R. 톨킨, 〈요정 이야기에 대하여〉

우리는 이제 재현이 무엇인지 알게 되었다. 이제는 재현이 무엇을 위한 것인지 물을 때이다. 허구라는 제도의 목적은 무엇인가? 왜 사람들은 수고스럽게 이야기를 만들어내고 서로에게 이야기해주는가? 왜 우리는 《안나 카레니나》와 〈그랑자트 섬의 일요일 오후〉와 《햄릿》을 "그저 허구"에 불과한 것이라고, 그리고 그 자체로는 실제 세계에서의 우리 삶과 무관한 것이라고 즉각 무시해버리지 않는가? 우리가 재현적인 예술 작품을 감상한다는 것은 사실 — 그것도 놀라운 사실 — 이다. 우리는 그것들이 그저 허구에 지나지 않는다는 것을 완벽히 의식하고 있을 때라도 그 작품들에 감동받고, 매혹되고, 황홀해 하고, 때로는 거의 홀리기도 한다. 왜 그런가? 그리고 우리의 감상 경험의 본성은 무엇인가?

우리는 이러한 질문들에 대한 하나의 포괄적인 대답이나 단순한 대답을 기대할 수 없다는 것을 안다. 서로 다른 작품들은 서로 다른 많은 방식으로 감상되며 서로 다른 많은 이유들로 평가받는다. 그럼에도 불구하고, 감상이라고 불릴 수 있는 다양한 경험들 중 많은 경우에 공통적인 중심적 감상 태도, 감상자가 하는 역할이 있으며, 그 이외의 대부분의 역할들은 그것의 변형으로 간주되거나 그러한 역할을 통해 가장 잘 이해될 수 있다. 이 역할을 설명하는 것이 제2부의 주된 임무이다. 그러나 그렇게 한다고 해도, 재현적인 예술 작품들의 호소력과 힘을 설명하는 작업은 시작하지도 못할 것이다. 아무리 상대적으로 단순한 작품들이라 해도 말이다. 예를 들어 나는 그러한 질문의 심리적 차원들을 논하지 않을 것이며 많은 철학적 문제들도 내버려둘 것이다. 그러나 나는 더 나아간 연구가 이루어질 수 있는 기반을 마련할 것이다.

독자들은 아이들이 믿는 체하기 게임을 하는 것과의 비교가 우리의 탐구에서 중요한 역할을 할 것이라는 점에 놀라지 않을 것이다. 기본적인 감상자의 역할은 한 마디로 말해 감상되는 작품이 소도구가 되는 믿는 체하기 게임에 **참여하는** 데 있다.

5.
퍼즐과 문제들

실제 세계와 허구적 세계 사이에는 어떤 관계가 있는가? 감상자는 허구의 등장인물들과 어떤 방식으로 상호작용하는가? 이 같은 식으로 질문하는 것은 오해의 소지가 있다. 만약 내가 주장하듯이 허구적 등장인물이라는 것이 존재하지 않는다면, 어떤 것도 그들과 어떤 관계를 맺거나 상호작용할 수 없다. 그러나 질문을 이런 형식으로 제기하는 것은 몇 가지 퍼즐을 불러일으킬 것이며, 그 퍼즐들의 자취는 결국 기본적인 감상 태도에 대한 설명으로 이어지고 또한 허구가 우리에게 미치는 중요성에 대한 설명을 제시해줄 것이다. 나는 당분간은 마치 허구적 등장인물들이 정말로 존재하고 평범한 속성들을 가지고 있는 것처럼, 마치 그들이 사람이고 키가 크거나 작거나, 부유하거나 가난하거나, 늙거나 젊거나, 남자이거나 여자이거나 등인 것처럼 뻔뻔하게 이야기하겠다.

실제 세계와 허구적 세계 사이에 어떤 연결이 성립할 수 있는지에 대한 우리의 전반성적 사고는 기이하게 분열적이다. 한편으로, 허구적 세계와 그 내용은 어떤 특이한 방식으로 실제 세계로부터 단절되거나 고립되어 있는 것처럼, 어떤 논리적 혹은 형이상학적 장애물에 의해 실제 세계로부터 분리되어 있는 것처럼 보인다. 사실상 그것이 바로 우리가 허구적 세계들을 다른 **세계들**이라고 부르는 이유다. 우리는 실제 세계의 우리 위치에서는 로빈슨 크루소를 섬에서 구출하거나 톰 소여의 장례식에서 슬퍼하는 그의 친척들에게 꽃을 보낼 수 없다. 아서 밀러(Arthur Miller)의 〈세일즈맨의 죽음〉 안의 윌리 로먼은 우리에게 자신의 문제를 말할 수 없으며, 우리가 그에게 조언을 할 수도 없다. 프랑켄슈타인은 불행히도 그의 세계 안에 속해 있는 어떤 등장인물이든 파괴하겠다고 위협할 수 있지만, 실제 세계에 있는 우리는 그에게서 완벽하게 안전하다.

다른 한편으로, 우리는 등장인물들과 **심리적으로** 접촉하고 있는 것처럼 느끼며, 때로는 그들과 매우 친밀한 것처럼 느끼기도 한다. 우리는 허구적 세계에 인식론적 접근성을 가지며 그 안에서 일어나는 일들에 대해 많은 것을 알고 있다. 종종 우리는 등장인물의 가장 사적인 생각과 느낌에까지 접근할 수 있다. 그리고 우리는 많은 점에서 실제 세계에 대해 우리가 알고 있는 바에 반응하는 것과 똑같은 방식으로 우리가 아는 바에 반응하는 것처럼 보인다. 우리는 톰 소여와 베키가 동굴 안에서 길을 잃었다는 것을 알고 그들을 걱정한다. 우리는 윌리 로먼의 역경에 대해 동정하며, 프랑켄슈타인을 무서워한다. 허구의 등장인물들은 실제 사람들에게 눈물을 흘리게 하고, 잠을 이루지 못하게 하고, 웃게 하고, 비명을 지르게 한다.

그렇다면 두 세계 사이의 장벽은 물리적으로는 불투명하지만 심리적으로는 투과할 수 있는 선택적인 장벽인가? 그 장벽은 어떤 이유에선지 감상자와 등장인물 사이의 물리적인 접촉은 차단하지만 심리적인 연결은 허용하는가? 이것은 그 상황에 대한 그리 편안한 그림은 아니다. 물리적 관계와 심리적 관계는 서로 너무 긴밀히 뒤얽혀 있기 때문에 그 사이의 장벽이 그런 식으로 선택적이기를 기대하기는 어렵다. 우리는 세계들 사이의 물리적 상호작용이 어떤 방식으로든 차단되어 있다는 개념과 심리적 상호작용은 그렇지 않다는 개념 모두를 더욱 주의 깊게 살펴보아야 한다. 아이들의 게임에서는 많은 경우 심지어 겉보기로라도 그러한 비대칭이 있는 것 같지 않다. 모니카는 인형을 가지고 놀면서 아기를 사랑하고 아기가 잘 있는지 염려할 수 있는 것과 마찬가지로 아기를 먹이고 흔들어 재울 수도 있다.

5.1 여주인공 구하기

연극 공연을 보고 있는 오지 마을 주민 헨리는 여주인공을 악당의 손아귀와 끔찍한 죽음으로부터 구하기 위해 무대 위로 뛰어오른다. 물론 헨리가 그 **여배우**를 구할 수 있다고 생각했다면 그는 잘못 판단한 것이다. 그녀는 위험하지 않다. 그러나 그녀가 연기하는 등장인물은 위험하며 정말로 구출을 필요로 한다. 헨리는 그가 그녀의 세계 안에 살고 있지 않다는 사실에도 불구하고 그녀를 도울 수 있는가?

만약 그 공연이 예정대로 진행되었다면 악당이 여주인공을 철로에 묶은 후 지나가는 기차가 그녀를 죽게 했을 것이라고 가정해보자. 이것은 다음과 같이 재현될 예정이었다. 무대 바닥에 평행하게 놓인 두께 2인치, 폭 4인치의 각목 2개는 철로를 재현한다. 악당을 연기하는 배우는 여주인공을 연기하는 여배우를 이 각목들 위에 놓고 그녀의 몸에 밧줄을 감는다. 커튼이 닫히고 기차가 지나간다는 것이 음향 효과로 암시된다. 헨리가 무대로 뛰어들어 음향 기사가 기차를 지나가게 하기 전에 여배우를 각목에서 떼어낸다면, 그는 여주인공을 구한 것이 아닌가? 또는 그가 너무 큰 소란을 일으켜 공연을 완전히 취소해야 할 수도 있다. 그렇게 한다면 공연자들은 여주인공의 죽음을 재현할 수 없게 된다. 그리고 허구 세계에서 일어나는 일이란 일어나고 있는 것으로 재현되는 것들이므로 헨리는 여주인공의 죽음을 막은 것처럼 보인다.

헨리가 연극에 대해 모르는 사람일 필요는 없다. 그가 위험에 처한 사람이 실제 세계의 여배우라고 생각하고 **그녀를** 구하려고 하는 것일 필요는 없다. 헨리가 자신이 보고 있는 것이 연극이라는 것, 그리고 단지 허구적인 여인이 위험에 처해 있을 뿐이라는 것을 완벽하게 잘 알고 있다고 가정해보자. 그러나 그가 비록 허구에서이지만 그렇게 무고하고 아름다운 처녀는 구출되어야 한다고 너무나 강하게 느낀 나머지 그녀를 돕기 위해 끼어든다고 가정해보자. 만약 그가 자신이 무엇을 하고 있는지 안다면, 그는 간단히 음향 장치의 플러그를 뽑음으로써 기차의 방향을 바꾸고 여주인공을 구할 수 있을 것이다.[1)]

1) 나는 헨리가 휘말리게 되는 연극 사건이 글로 쓰인 희곡의 한 공연이 아니라고 가정하고 있다. 즉 여러 사례(instance)를 가질 수 있는 하나의 연극(유형)의 한 사례가 아니라, 그 자리에서 완전히 즉흥적으로 공연되는 연

이 예의 원칙은 일반화될 수 있다. 허구 세계에서 무슨 일이 일어나는지를 결정하는 것은 실제 세계의 소설, 연극, 회화 등이므로 우리는 소설, 연극, 그리고 회화의 본성이 우리의 힘이 미치는 범위 내에 있는 정도까지는 허구 세계에 영향을 미칠 수 있다. 우리는 사악한 그림 속 남자를 죽일 수 있다. 단도가 아니라 물감 붓으로 — 그를 찌르는 단도와 그의 얼굴에 죽어가는 표정을 그림으로써 — 말이다. 화가, 작가, 그리고 다른 예술가들은 허구 세계에 관해서는 진정한 신이다.[2] 허구 세계의 실제 세계로부터의 물리적 고립은 사라진 것처럼 보인다.

이 모든 것에는 어떤 속임수가 있는 것 같다. 등장인물들을 곤경에서 구하는 것이 그렇게 쉽다면 왜 우리는 더 자주 그렇게 하지 않는가? 하나의 가능한 대답은 무대 위로 뛰어오르거나 다른 방식으로 공연에 훼방을 놓는 것은 **부적절하며** 극장의 관습에 대한 위반이라는 것이다. 그러나 작가, 극작가 또는 화가가 자신의 등장인물들을 구하는 것을 금지하는 관습은 없으며, 그들의 운명을 결정하는 것은 그의 특권이다. 그리고 어쨌든, 관습에 지나지 않는 것이 생명을 구하는 것을 단념시키도록 할 것인가?

아마도 허구 속의 생명이 실제 생명과 같은 방식으로 중요하지는 않을 것이다. 우리는 단지 허구적일 뿐인 고통에는 애석해하지 않으며, 그것을 막아야 할 의무를 느끼지 못한다. 그러나 이것은 우리가 허구적 등장인물들에게 실제로 갖고 있는 듯이 보이는 심리적 연결, 즉 우리가 때로 명백히 그들에 대해 상당히 마음을 쓴다는 사실과 위배된다. 우리는 톰과 베키가 동굴에서 겪는 곤경에 대해 걱정하고, 윌리 로먼을 동정하고, 남자주인공이 제때 도착해서 불운한 여주인공을 구하기를 간절히 바란다. 그리고 우리는 도울 수 있는 위치에 있음에도 돕지 않는 등장인물에 대해 도덕적 판단을 내릴 수도 있다. 우리 자신은 의자에 잠자코 붙어 앉아 있으면서도 말이다!

여주인공에 대한 우리의 걱정은 가짜이고 위선인가? 만약 우리가 여주인공을 학

극으로 가정하고 있다. 하나의 개별적인 공연을 방해하는 것은 그 연극 유형의 여주인공을 돕는 데는 아무런 소용이 없을 것이다. 한 연극 유형의 여주인공을 돕기 위해서는 텍스트를 변경해야 할 것이다.

2) 그러나 어떤 회화나 소설을 고치는 것은 허구 세계에서 일어나는 일에 영향을 주는 것이라기보다는 하나의 새로운 작품과 그에 따르는 하나의 새로운 허구 세계를 창조해내는 것이라고 주장할 수도 있다.

대하는 것 때문에 악당을 정말로 비난한다면, 악당이 그렇게 하도록 만든 작가를 더 비난해야 하지 않을까? 그러나 우리는 작가가 등장인물들에게 겪도록 한 불행에 슬퍼하면서도 작가를 칭찬하기만 할 수도 있다. 여주인공이 불운하기를 비밀스럽게 바라는 이유를 찾기란 어렵지 않다. 허구적인 고통을 보는 것은 흥분되고, 교훈적이고, 감정을 정화시킬(cathartic) 수 있다. 그리고 우리는 여주인공이 고통을 받지 않으면 그 작품이 재미없고, 감상적이고, 모든 사람이 언제까지나 행복하게 살았다는 식의 이야기가 될 것이라고 생각할 수도 있다. 우리는 비극들을 감상하고 찬양하며, 비록 그것이 여주인공에게는 재앙을 의미한다 하더라도 그 작품이 비극으로 끝나기를 바란다. (즐거움을 얻고자 하는 이기적 욕구가 황소에 대한 자연적인 동정심을 압도하는 어떤 투우 관객과 비교해보라.)

그러나 가치 있는 미적 경험에 대한 욕구가 고통을 겪고 있는 등장인물에 대한 걱정을 방해하는 데 대해 가장 가벼운 양심의 가책이라도 느껴본 적이 있는가? 우리가 여주인공을 위해 끼어들고 싶지만 우리의 이기적인 욕구가 그것을 이기기 때문에 행동하지 못하는 것처럼 보이지는 않는다. 우리는 끼어드는 것을 실행 가능한 대안으로 생각하지 않는다. 이는 엇갈리는 동기, 즉 충돌하는 이해관계나 욕구의 일반적인 사례가 아니다.

어떤 이들은 제1부에서 발전된 이론이 우리를 이러한 곤란에서 구해주기를 초조하게 기다릴 것이다. 그 이론은 실로 허구적 세계의 실제 세계로부터의 물리적인 고립에 대한 헨리의 도전을 다루는 하나의 쉬운 방법을 암시하며, 그것은 내가 지지하는 방법이기도 하다. 그러나 이 방법의 성공은 허구적 세계에 대한 우리의 심리적 참여에 관한 불편한 질문들을 전면에 드러낼 것이다.

비록 동일한 단어가 허구성과 참을 귀속시키는 데 공통으로 사용될 수 있다 하더라도, 우리는 허구성을 참과 주의 깊게 구분해야 한다. 헨리가 여주인공의 운명이 결정되기 직전에 공연을 망치며 무대로 뛰어올랐을 때 그가 여주인공을 구한 것인지에 대한 질문은 다음의 둘로 나뉠 수 있다. 그가 그녀를 구한다는 것이 참인가? 그가 그녀를 구한다는 것이 허구적인가? 두 질문에 대한 답은 모두 "아니오"다. 여주인공이 위험에 처해 있다거나 심지어는 그녀가 존재한다는 것조차 참은 아니며, 따라서 헨리가 그녀를 구한다는 것은 참이 될 수 없다. 또한 헨리가 존재한다는 것은 허구적이지 않으며, 그가 누군가를 구한다는 것은 말할 것도 없다. 이를테면 그가 음향 효과의 플러그를 뽑는 것이 그가 여주인공을 구한다는 것을 허구적으로 만들게 되는 어떤 이해도 없다.[3] **참인** 것은 헨리가 여주인공이 살아남는다는 것을 허구적으로 만들었다는 것이다. 그는 이러한 허구적 참이 발생하도록 일을 조정한다. 그러나 그렇게 하는 것은 실제로든 허구적으로든 여주인공을 **구하는** 것이 아니다. 누군가를 구하는 것은 그녀가 살아남는다는 것을 단지 허구적이 아니라 참으로 만드는 것이다. 헨리는 그것을 참으로 만들지 못하며, 그가 그렇게 한다는 것이 허구적이지도 않다.

다른 사례들도 유사한 방식으로 다루어질 수 있다. 화가나 작가는 악한 사람이 죽는다거나 모든 사람이 언제까지나 행복하게 살았다는 것이 허구적이 되도록 조정할 수 있다. 그러나 그가 그렇게 하면서 악한 사람을 죽이거나 모든 사람에게 영원한 축복을 내리는 것은 아니며, 그가 그렇게 한다는 것이 허구적이지도 않다.

이는 허구 세계가 실제 세계로부터 어떤 방식으로든 단절되어 있다는 우리의 원래 인상이 옳다는 것을 증명한다. 허구적 세계에서 일어나는 일 — 허구적으로 사실인 것 — 이 실제 세계에서 일어나는 일에 영향을 받을 수 있다는 것은 사실이다. 그러나 어떤 사람이 다른 사람을 구할 수 있는 것은 오직 그들이 동일한 세계에 살고 있는 경우뿐이다. **세계를 넘나들며** 구하는 것은 배제되며, 세계를 넘나들며 죽이는 것, 축하하는 것, 악수하는 것 등도 유사한 이유로 배제된다.

우리는 이러한 고립이 어떻게 기술되는가에 주의해야 한다. 헨리와 같은 어떤 실제 사람이 여주인공을 구하거나 악당을 무찌르거나 주인공을 축하하는 것은 허구적**일 수 있다**. 왜냐하면 우리가 보았듯이 실제 사람들이 허구적 세계에 존재할 수 있기 때문이다. 헨리가 그 연극의 관객일 뿐 아니라 등장인물이기도 하다고, 즉 배우 중 한 명이 그를 연기한다고 가정해보자. 그렇다면 헨리가 여주인공을 구한다는 것이 (물론 그를

---

3) 아마도 비공식적인 믿는 체하기 게임을 제외하고는 말이다. (§10.4를 보라.)

연기하는 배우가 무대 위에서 무엇을 하는지에 따라) 명백히 허구적일 것이다. 또는 헨리 자신이 그 연기를 할 수도 있다. 즉, 그가 그 자신의 역을 할 수도 있다. 그런 경우 그가 여주인공을 구한다는 것이 허구적인지의 여부는 배우로서의 자신의 역할 안에서 그가 무엇을 하는지에 달려 있을 것이다. 어떤 방식으로든, 헨리가 여주인공을 구하기 위해 영웅적으로 달려간다는 것은 허구적일 수 있다.

이것은 두 세계 사이의 장벽에 큰 틈을 만드는 것으로 보일 수도 있다. 그러나 겉보기는 기만적일 수 있다. 실제 사람들이 어쨌든 허구 속 여주인공을 구할 **수 있다**고 말하는 것으로 그 취지를 표현하는 것은 오해의 소지가 있다. 그 말은 실제 사람들이 허구적으로 여주인공을 구할 수 있는 사람들임을 의미하는 것으로 쉽게 간주될 수 있으며, 그것은 보통 참이 아니다. 모든 실제 사람은 그가 여주인공을 구한다는 것이 허구적**일 수 있는** 사람이다. 그러나 이것은 그가 무엇인가를 할 수 있다는 것이 허구적**임**을 의미하지는 않는다. 게다가 헨리가 여주인공을 구할 수 있고 구한다는 것이 허구적일 때라 해도, 그들 사이의 상호작용은 전적으로 허구적 세계 안에서만 일어난다. 헨리가 허구적 세계 안에 "존재하고" 그 세계 안에서 여주인공을 구하는 것 외에 실제 세계에 존재하기도 한다는 것은 우연이다. 그러나 그가 여주인공을 구하기 위해 실제 세계**로부터** 허구적 세계로 넘어가는 것은 아니다. 그는 그렇게 할 필요가 없는데, 왜냐하면 그는 허구적 세계에도 속하기 때문이다. 세계를 넘나들며 구하는 것, 세계 **사이의** 상호작용은 여전히 배제된다.

5.2 허구를 두려워하기

[비극의] 플롯은 …… 사건들이 펼쳐지는 것을 듣고 있는 사람이 일어난 일에 대해 공포에 떨고 연민을 느끼도록 구성되어야 한다.

- 아리스토텔레스, 《시학》

허구적 세계를 실제 세계로부터 물리적으로 분리시키는 골이 보이는 것만큼이나 메울 수 없는 것이라면, 두 세계를 가로지르는 심리적 상호작용, 즉 실제 사람들이 프랑켄슈타인을 두려워하고, 윌리 로먼을 동정하고, 슈퍼맨에게 감탄한다는 등의 명백한 사실을 설명하기 위한 여지를 마련하기 어려울 것이다. 우리는 허구에 어떤 심리적인 유대, 허구와의 친밀감을 느끼며, 그것은 우리가 보통 실제라고 간주하는 것들, 우리와 물리적으로 고립되어 있지 않은(또는 고립되어 있다고 생각되지 않는) 것들에게만 느끼는 것과 같은 종류의 것이다. 물리적 상호작용의 가능성을 허용하지 않으면서도 단지 허구에 지나지 않는 것이 우리 심리적 태도의 대상이 될 수 있다고 허용하는 것은 물리적인 것과 심리적인 것 사이의 정상적인 연결을 끊는다. 결코 행동이 따라 나오지 않는 동정이나 분노라는 것은 무엇인가? 그 대상에게 표현될 수 없고 논리적으로나 형이상학적으로 성취 불가능한 사랑이란 무엇인가? 아무리 로빈슨 크루소를 깊이 걱정하더라도 우리는 그를 섬에서 구출하고자 노력할 수조차 없다. 프랑켄슈타인에 대한 우리의 두려움은 우리가 무슨 일이 일어나든 살아남게 되어 있다면 특히 근거 없는 것이다. 심지어 그 괴물이 전 세계를 앗아간다 하더라도 말이다!

다시 한번 생각해보자. 우리는 등장인물들 및 단지 허구에 지나지 않는 것들에 대한 심리적 태도를 **정말로** 가지는가? 우리는 정말로 이야기에 "사로잡히며", 소설을 읽을 때나 연극이나 영화를 볼 때 종종 "감정적으로 연루"된다. 그러나 이러한 연루가 허구적 개체들에 대해 심리적 태도를 가지는 것으로 이루어져 있다고 이해하는 것은 신비를 용인하고 혼동을 자초하는 것이다.

여기에 가장 매력적인 종류의 사례가 하나 있다. 찰스는 끔찍한 녹색 점액질 괴물이 나오는 공포영화를 보고 있다. 그는 그 점액질 괴물이 땅 위로 천천히, 그러나 가차없이 흘러나오며 지나가는 길에 있는 모든 것을 파괴해버리는 동안 의자에 움츠리고 앉아 있다. 곧 번질거리는 머리 하나가 울퉁불퉁한 덩어리에서 생겨나고, 두 개의 반짝거리는 눈이 카메라에 고정된다. 그 괴물은 속도를 올리며 새로운 경로로 흘러 관객을 향해 곧장 다가온다. 찰스는 비명을 지르며 의자를 필사적으로 움켜쥔다. 나중에 그는 여전히 떨면서 그 점액질 괴물이 "무서웠다고" 고백한다.

그는 그것을 **정말로** 무서워했을까? 나는 그렇지 않다고 생각한다. 물론 찰스의 상태는 몇몇 명백한 측면에서 곧 일어날 실제 세계의 재난에 겁을 먹은 사람의 상태와 유사하다. 그의 근육은 긴장해 있고, 그는 의자를 움켜쥐고 있으며, 맥박은 빨라지고, 아드레날린이 분비된다. 이러한 생리-심리적 상태를 **유사 공포**(quasi-fear)라고 부르도록 하자. 그러나 그것만으로는 진정한 공포가 되지 못한다.

찰스 자신이 점액질 괴물을 "무서워한" 것으로 기술하고 다른 이들도 그렇게 한다는 사실은 아무것도 증명하지 못하며, 이는 그들이 정직하고자 하고 실제로 참을 표현하고 있다고 가정하더라도 마찬가지다. 우리는 이러한 기술이 말 그대로 받아들여져야 하는지 알아야 한다. 우리는 찰스가 "흉포한 점액질 괴물이 거리를 활보하고 있었어. 나는 그것이 다가오는 것을 봤어"라고 말할 때 그의 말을 말 그대로 받아들이지 않는다. 그가 "와, 진짜 무서웠어!"라고 덧붙인다 해서 우리가 왜 그래야 하는가? 찰스는 몸을 떨며 자신이 "정말로 겁에 질렸었다"고 극적으로 단언함으로써 자신의 두려움이 진짜라는 것을 우리에게 (진지하게든 아니든) 확신시키려고 노력할 수도 있다. 이는 그의 경험의 강렬함을 강조하지만, 그것이 문제는 아니다. 우리의 질문은 그의 경험이 얼마나 강렬하든 간에 그 점액질 괴물에 대한 공포의 경험이었는가의 여부다. 그것은 진정한 감정적 경험이었을 수도 있다. 우리가 살펴보게 되겠지만, 그는 심지어 진짜로 놀랐을 수도 있다. 그러나 그는 그 점액질 괴물을 두려워한 것은 아니다.

어떤 순진한 영화 관객이 이 영화를 실황 다큐멘터리로, 그와 우리 모두를 실제로 위협하고 있는 진짜 점액질 괴물을 보도하는 뉴스 속보로 간주할 수도 있다는 것을 (간신히) 상상해볼 수 있다. 그런 관객은 당연히 두려워할 것이다. 그러나 찰스는 순진하지 않다. 그는 그 점액질 괴물이 진짜가 아니며 자신이 전혀 위험에 처해 있지 않다는 것을 완벽하게 잘 알고 있다. 그렇다면 그가 어떻게 그것을 두려워할 수 있는가? 다음과 같이 단순하게 주장하는 것이 그리 틀린 것은 아닐 것이다. 무엇인가를 두려워하는 것은 부분적으로 자신이 그것 때문에 위험에 처했다고 생각하는 것이다. 찰스는 자신이 점액질 괴물로 인해 위험에 처했다고 생각하지 않는다. 따라서 그는 그것을 두려워하지

않는다.[4)]

두려움이 그 두려움의 대상이 위협을 가한다는 믿음이나 판단을 반드시 포함한다는 것은 감정에 대한 많은 표준적 이론들이 지지하는 자연스러운 가정이다.[5)] 그러나 그에 반대하는 견해들도 있으며, 그것은 진지하게 고려해볼 필요가 있다. 나는 두려워하는 것은 어쨌든 그러한 믿음을 가지는 것과 어떤 측면들에서 유사하며, 찰스의 상태는 점액질 괴물이 그를 위험에 처하게 한다고 믿는 상태와 적절하게 유사하지 않다고 주장할 것이다. 따라서 그는 그것을 두려워하는 것이 아니다.

그러나 무엇인가를 두려워하는 것은 부분적으로 자신이 그것으로 인해 위험에 처한다고 생각하는 것이라고 일시적으로 가정해보자. 그렇게 하더라도 반론은 있을 것이다. 찰스가 자신이 점액질 괴물 때문에 위험에 처해 있다고 **정말로** 생각하고, 그것이 사실이며 따라서 진정한 위협이라고 믿는 것일 수 있을까? 그가 그것이 순수하게 허구적이라는 것을 충분히 인식하고 있다 하더라도, 어떤 다른 방식으로는 혹은 어떤 다른 "수준"에서는 그 반대 또한 믿을 수도 있다. 이와 같은 경우에 우리는 "불신을 보류한다"거나, 어떤 사람의 "부분"은 그의 나머지 부분이 믿지 않는 와중에도 어떤 것을 믿는다거나, 아니면 우리가 어떤 것을 거짓이라고 알고 있음에도 자신이 받아들이고 있다는 것을 깨닫는다는 식으로 말하기도 한다.

한 가지 가능성은 찰스가 실제로 위험하다는 것을 **절반만** 믿고 따라서 최소한 절반은 두려워한다는 것이다.[6)] 어떤 것을 절반만 믿는 것은 그것이 참이라고 완전히 확신하지는 않지만 그것이 참이 아니라는 것 또한 확신하지 않는 것이다. 만약 어떤 아이가 자신의 집에 유령이 나온다는 말을 들었지만 그 말이 진담인지 농담인지 확신하지

---

4) 우리의 질문은 찰스가 자신을 위해 두려워하는가이다. 다른 누군가를 위해 두려워하는 것은 아마도 그 다른 사람이 위험에 처해 있다는 믿음을 포함할 것이다.

5) 어떤 설명들에 따르면 두려움은 부분적으로 위험하다는 믿음 또는 판단이다. 다른 설명들은 두려움을 그러한 믿음이 불러일으키거나 단순히 그러한 믿음에 동반되는 어떤 느낌이라고 간주한다. Farrell, "Recent Work on the Emotions"를 보라.

6) 모든 "무대에서 제시되는 것들은 일종의 일시적인 절반쯤의 믿음을 산출해내는 것이다."(Coleridge, *Selected Poetry and Prose*, p. 396)

못한다면, 아이는 유령이 나온다는 것을 절반만 믿을 수 있다. 그렇다면 그 아이는 집에 살고 있을지도, 살고 있지 않을지도 모르는 유령을 절반만 두려워할 것이다.

그러나 찰스는 자신이 실제 점액질 괴물과 함께 있는지의 여부에 대해 의심하고 있는 것이 **아니다**. 만약 그가 절반은 믿고 따라서 절반은 두려워했다면, 우리는 그가 정상적인 방식으로 두려움에 따르는 행동을 하고자 하는 **어떤** 경향을 가지기를 기대할 것이다. 정상적인 사람이라면, 그 점액질 괴물이 진짜인가에 대한 확신이 없는 믿음이나 단순한 의심만으로도 만약을 위해 경찰을 부르거나 가족에게 주의를 주는 것을 진지하게 고려할 것이다. 찰스는 그런 식의 어떤 행동도 생각해보지 않는다. 그는 그 점액질 괴물이 진짜인지 **불확실해**하지 않는다. 그는 그것이 진짜가 아니라는 것을 완벽히 확신하고 있다. 게다가 찰스가 드러내는 두려움의 징후들은 점액질 괴물이 진짜일지 모른다는 단순한 의심과 절반 정도의 두려움을 겪는 불쾌한 느낌의 징후들이 아니다. 그것은 중대하고 즉각적인 위험에 대한 확신과 순전한 공포의 징후들이다. 찰스의 심장은 거칠게 뛰고, 그는 숨을 헐떡이며 손마디가 하얗게 될 때까지 의자를 움켜쥔다. 이것은 자신이 안전하다는 것을 기본적으로 알고 있지만 잠깐씩 스치는 의심을 느끼는 사람의 행동이 아니다. 그런 행동이 어쨌든 두려움을 나타내는 것이라면, 그것은 격렬하고 압도적인 공포를 나타낸다. 타협하는 것, 즉 찰스가 자신이 위험에 처해 있다고 절반만 믿고 절반만 두려워한다고 말하는 것은 그가 보이는 반응의 강렬함을 제대로 다루지 못한다.

찰스가 자신이 위험에 처해 있다고 믿는다고 주장하는 사람은 그것이 망설이거나 약하거나 절반의 믿음이라고 주장하는 것이 아니라 특별한 종류의 믿음 — "지적인(intellectual)" 것에 반대되는 것으로서의 "본능적인(gut)" 느낌 — 이라고 주장할 수도 있다. 비행기 타는 것을 싫어하는 어떤 사람과 비교해보라. 어떤 의미에서 애런은 비행기가 (상대적으로) 안전하다는 것을 알고 있다. 그는 비행기가 안전하다고 진심으로 말하며, 그것을 증명할 통계도 인용할 수 있다. 그러나 그는 가능한 한 비행기를 타고 여행하는 것을 피한다. 그는 핑계를 생각해내는 데 능하다. 비행기를 타야 할 때면, 그는 신경질적이 되고 동요한다. 아마도 애런은 어떤 "본능적인" 수준에서는 비행기를 타는 것이 위험하다고 믿을 것이다. 비행기는 위험하지 않다는 자신의 "지적인" 견해에도 불구하고 말이다. 그리고 그는 정말로 비행기를 타는 것을 두려워할 것이다.

그러나 찰스는 다르다. 애런은 비행기가 위험하다고 생각하는 사람에 대해 우리가 예상할 만한 **고의적인** 행동들을 하거나, 적어도 그러한 행동들을 하려는 강한 경향을 가진다. 그는 실제로 비행기 여행을 하지 않겠다고 결정하지는 않는다 해도 그렇게 하려는 강한 경향성을 가지며, 일단 비행기에 타더라도 내리고 싶은 유혹과 싸워야 한다. 그러나 찰스는 극장을 떠나거나 경찰을 부르려는 경향조차 가지고 있지 않다. 그가 정말로 자신이 위험하다고 믿는지도 모른다는 유일한 징후들은 두근거리는 맥박, 땀에 젖은 손바닥, 위장의 불편함, 부지불식간에 나오는 비명 등 거의 자동적이고 비고의적인 반응들이다.[7] 이 점은 두 경우를 서로 다르게 취급하는 것을 정당화한다.

그 차이를 특징짓는 한 가지 방법은 다음과 같다. 고의적인 행동들에는 이유가 있다. 즉 그러한 행동들은 행위자가 원하는 바 때문에, 그리고 그가 자신이 원하는 바를 불러올 것이라고 생각하는 바 때문에 행동으로 옮겨진다. 그러한 행동들은 행위자의 믿음과 욕구에 비추어보았을 때 (그 믿음과 욕구들이 얼마나 비합리적이든 간에) 합리적이라고 추정된다. 따라서 우리는 그런 행동들을 이해하기 위해 믿음과 욕구를 상정한다. 또한 사람들은 자신들이 하고자 하는 경향을 가진 행동을 하는 데 대한 이유도 가지고 있지만, 다른 이유로 그 행동을 억제하기도 한다. 만약 애런이 비행기를 타는 것이 위험하다고 생각한다면, 그가 살기를 원한다고 가정할 때 그의 행위나 그러한 행위를 하려는 경향들은 합리적이다. 그렇지 않다면 그의 행동들은 합리적이지 않을 것이다. 따라서 우리는 그가 적어도 어떤 "본능적인" 수준에서는 비행기를 타는 것이 위험하다고 정말로 믿는다고 정당하게 추론한다. 그러나 우리는 찰스의 자동적인 반응을 같은 방식으로 이해할 필요가 없다. 우리는 땀이 나는 것, 맥박이 빨라지는 것, 부지불식간에 위가 조이는 것 등 우리가 **하지** 않는 것들에 대해서는 이유를 가지고 있지 않다. 따라서 이러한 반응들을 합리적으로 만들어줄 믿음(또는 욕구)을 찰스에게 귀속시킬 필요가

---

7) 찰스는 **고의로** 비명을 지를 수도 **있다**. 그러나 그가 그렇게 하는 한, 그가 점액질 괴물을 진지하게 받아들이는 것처럼 가장하고 있을 뿐이라는 것은 아마도 명백할 것이다.

없다. 따라서 우리는 애런의 고의적인 행동이나 경향으로부터 비행기의 위험성에 대한 그의 ("본능적인") 믿음을 정당하게 추론하면서도, 찰스의 자동적인 반응으로부터 그가 자신이 위험에 처해 있다고 생각한다고 추론하기를 거부할 수 있다.

영화를 보는 중 특별한 위기의 순간 — 예를 들면 점액질 괴물이 처음 찰스를 발견한 순간 — 에 찰스가 "현실을 잊고" **순간적으로** 점액질 괴물을 진짜로 착각하고 정말로 그것을 두려워할 수 있을까? 이러한 순간은 찰스가 무엇인가를 할 생각을 하기에는 너무 짧아서 그의 믿음과 두려움에 행동하고자 하는 정상적인 경향이 동반되지 않는 것도 놀랍지 않다(라고 주장할 수도 있다). 이러한 대응은 설득력이 없다. 우선, 찰스의 유사 공포 반응은 단지 순간적인 것이 아니다. 그는 영화를 보는 대부분의 시간 동안 심장이 튀어나올 만큼 놀라면서도 도망치거나 경찰을 부르려는 경향은 조금도 가지지 않을 수 있다. 비록 실제 두려움을 느끼는 순간이 중간중간에 있다는 것을 인정한다 하더라도, 이러한 장기적인 반응들과 그 반응들을 나중에 "두려움"으로 기술하는 찰스의 경향을 설명할 필요가 있다. 또한 순간적인 공포라는 생각이 얼마나 유혹적이든, 다른 심리적 상태들에 대한 유사한 설명들은 훨씬 설득력이 약하다. 우리가 누군가가 윌리 로먼을 "동정한다"거나 슈퍼맨에게 "감탄한다"고 말할 때, 그가 작품을 경험하는 중간에 허구에 지나지 않는 것을 대하고 있다는 것을 순간적으로 잊고 실제 동정이나 감탄을 느끼는 특별한 순간이 있다고 생각하는 것 같지는 않다. 그의 "현실 감각"은 작품을 경험하는 내내 굳건하고 건전하며, 찰스가 공포영화를 보는 동안 경험하는 특별한 위기의 순간과 같은 그 어떤 것에도 방해받지 않을 수 있다. 실제로 어떤 사람이 연극을 보거나 만화를 읽고 있지 않을 때라도 그가 윌리를 "동정한다"거나 슈퍼맨에 "감탄한다"고 말하는 것은 적절할 수 있다. 순간적 두려움 이론은 비록 그럴듯한 면이 있다 하더라도 우리가 허구에 대해 다른 심리적 태도들을 명백히 가지는 경우에는 도움이 되지 못한다.

두려움은 반드시 위험에 대한 판단을 포함하며 감정들 일반은 인지적 차원을 가지고 있다는 가정에 대한 반론들을 살펴보자. 찰스가 자신이 점액질 괴물에게 위협당한다고 간주하지 않고서도 그 괴물을 두려워하는 것이 가능한가?

어떤 이들에게는 찰스의 경우 및 그와 유사한 다른 경우들은 그 자체로 두려움 및 다른 감정들이 믿음으로부터 독립되어 있다는 것을 보여주는 것으로 생각되기도 하지만, 이러한 경우들을 다루는 것은 종종 괴로울 정도로 선결문제의 해결을 요구한다.[8] 찰스는 두려워**한다고**, 그리고 자신이 위험에 처해 있다고 생각하지 않는다고 가정된다. 따라서 두려움은 그러한 믿음을 필요로 하지 않는다. 그러고 나서 우리는 처음의 가정을 보호하기 위해 좀 더 약한 조건을 꾸며낸다. 즉, 두려움은 단지 위험을 상상하는 것이나 위험에 대한 생각이 생생하게 제시되는 것만을 요구한다고 말하는 것이다. (상상하기와 믿기 사이의 구분이 불분명하다는 사실은 혼란을 가중시킨다.)

의심의 여지없이, 이러한 선결문제 요구의 오류가 암묵적으로 기반을 두고 있는 곳은 찰스가 그 자신이 그렇다고 말하는 대로 점액질 괴물을 두려워하는 것으로 간주하는 것이 자연스럽거나 보통이거나 상식적이거나 전이론적으로(pretheoretically) 더욱 그럴듯한 입장이라는 가정, 그리고 그것이 기본적으로는 옳다는, 혹은 적어도 그 반대라고 생각할 실질적인 이유들이 없는 이상 선호되어야 한다는 가정이다. 이러한 가정은 정당화되지 못한다. 찰스가 자신의 심리적 상태에 대해 내린 평가를 재고하기란 당연히 망설여질 것이다. 그러나 그가 내린 평가의 본성은 결코 자명하지 않으며, 그 자체로 쟁점의 일부이다. 그가 점액질 괴물이 두려웠다고 증언할 때 그의 말을 말 그대로 고지식하게 받아들이는 것은 위험할 정도로 추정에 불과하다. 믿는 체하기 게임을 하는 아이들이 "지하실에 괴물이 있어!"라고 말한다는 사실이 그들이 지하실에 괴물이 있다고 믿는다는 것을 보여주지는 않는 것처럼, 찰스가 그렇게 말하는 것은 그가 자신이 두려워한다고 생각한다는 것을 입증하지 못한다. 지난 10년간 정말로 공포스러웠던 경험을 한 적이 있는지 묻는다면, 찰스는 당연히 점액질 괴물과 마주쳤던 순간을 들지는 않을 것이다. 또는 그것을 괄호를 치고 말하는 것처럼, 정말로 해당하지는 않는 것처럼 언급할 수도 있다. ("그런데 영화를 봤을 때만 말이야.") 최초의 직관은 한쪽으로만 치우쳐 있지 않으며, 어느 한쪽도 불균형적으로 증명의 짐을 지지는 않는다.

---

8) 나는 찰스의 "두려움"이나 안나 카레니나 때문에 "마음이 아프게" 되는 경험에 좁게 초점을 맞춘 최근의 (전부가 아닌) 일부 저술들을 염두에 두고 있다. 독자는 그중 많은 것들을 Hyslop, "Emotions and Fictional Characters"와 Morreall, "Enjoying Negative Emotions in Fiction"의 참고문헌을 통해 찾아볼 수 있을 것이다.

패트리샤 그린스펀(Patricia Greenspan)은 감정과 믿음이 연결되어 있다는 표준적인 견해들에 대한 좀 더 본질적인 재고에 착수해왔다.[9] 프랜시스가 광견병에 걸린 개에게 공격당한 적이 있다고 가정해보자. 정신적 외상으로 남은 이러한 경험의 결과로 그녀는 사랑스러운 늙은 개 파이도를 포함한 "모든 개 앞에서 두려움을 드러내며", "파이도가 광견병 예방주사를 맞았고 사실상 이가 없다는 것을 완전히 잘 알고 있음에도 불구하고" 그렇다. 그린스펀에 따르면 프랜시스는 애런이 비행기를 두려워하는 것과 마찬가지로 정말로 파이도를 두려워하며 할 수 있는 한 그 개를 피한다. 그러나 프랜시스에게 파이도가 위험하다는 믿음을 귀속시키는 것은 부적절하다. 일례로, 그녀는 친구들이나 사랑하는 이들이 그 개와 노는 것을 기꺼이 허용할 것이다. (그녀는 자신에게는 파이도가 위험하지만 다른 이들에게는 그렇지 않다고 판단하고 있는 것인가?)[10]

문제의 일부는 **믿음**(또는 **판단**)이라는 개념이 명료한 것과는 거리가 멀다는 점에 있다. 심지어 믿음은 하나의 자연종이 될 수 없을 수도, 즉 일상적인 개념을 아무리 정제하더라도 마음에 대한 정교한 이론에서 하나의 적법한 자리를 차지하지 못할 수도 있다. 만약 그렇다면, 감정이 믿음을 요구하느냐는 질문 자체가 부적절할 것이다.[11] 그러나 우리가 찰스의 상태를 진단하기 위해 이러한 더 큰 문제들을 해결할 필요는 없다. 프랜시스가 위험하다는 믿음 없이 두려워한다 해도, 그것이 찰스 역시 그렇다는 것을 보여주지는 않는다. 프랜시스는 두려움에 특징적인 고의적인 행동들을 보이지만, 찰스는 보다시피 그러한 행동을 보이지 않을 뿐 아니라 그렇게 하려는 경향을 조금도 가지고 있지 않다. 프랜시스는 "파이도와 불필요하게 마주칠 어떤 기회도 피하려고 하는 [그녀의] 즉각적인 충동에 굴복하며", "[파이도가] 접근하면, 두려움에 질려" 도망친다.[12] 두려움은 특징적인 방식으로 **동기를 부여하며**, 그 동기를 유발하는 힘이 그 안의

9) "Emotions as Evaluations". Kraut, "Feelings in Context"도 보라.

10) 아마도 애런 역시 자신이 위험하다고 생각하지는 않은 채 두려워하는 것이 아닐까?

11) 그린스펀은 감정이 그 대상에 대한 적절한 "평가" — "찬성하는 또는 반대하는 태도" — 를 요구한다고 주장한다("Emotions as Evaluations," p. 163). 아마도 찰스는 점액질 괴물을 두려워하는 것이 되기 위해 필요한 어떤 태도나 "평가"를 결여하고 있을 것이다. 그러나 이 개념들 역시 믿음의 개념만큼이나 불명료하다.

12) Ibid., pp. 164, 162. 크라우트(Kraut)는 감정이 믿음을 요구하지 않는다고 주장하지만, 역시 감정의 분석에서 행

인지적 요소들 때문이든 아니든 그렇다. 그것은 (비록 우리가 저항하더라도) 우리의 행동에 압력을 가한다. (스카이다이빙을 하는 사람과 등산가가 두려움 — 단지 위험만이 아니라 — 을 **즐긴다** 해도 그들은 위험을 피하고자 하는 **경향**은 가질 것이다.) 이 점을 부정하는 것, 동기가 부여되지 않은 찰스의 상태를 점액질 괴물을 두려워하는 상태로 간주하기를 주장하는 것은 두려움의 개념을 근본적으로 바꾸는 것이 될 것이다. 그것이 가지는 특징적인 동기유발력을 제거함으로써 무력화된 두려움은 두려움이라고 할 수 없다.

이 문제는 깊이 각인된 전이론적 두려움 개념에 대한 충실성의 문제만은 아니다. 인간 본성에 대한 우리 이해의 명쾌함이 위태로워지는 문제이다. 팝콘을 우적우적 씹어 먹다가 밀려오는 유사 공포 감각으로 그 행동이 중단되어버린 찰스가 경험하는 "두려움", 그리고 파이도에게서 도망치는 프랜시스나 결단 끝에 이를 악물고 비행기 여행을 겨우 해내는 애런이 경험하는 두려움은 서로 다른 종류의 동물들과 같다. 그것들을 유사하다고 보는 것은 근본적인 차이를 희생함으로써 피상적인 유사성을 강조하는 것이 된다. 채권자라면 황철광(fool's gold)으로 지급되는 것이라도 받는 편을 택할 수도 있다.[13] 우리는 진정한 두려움 및 진정한 감정들 일반을 믿음-욕구 복합체와 같은 것으로 봄으로써 더 잘 해낼 수 있을 것이다. (이 말이 감정은 "느낌"이 아니라는 것을 함축하지는 않는다.) 두려움이 부분적으로 자신이 위험에 처해 있다는 믿음에 있는 것이 아니라 하더라도, 그것은 그 동기를 부여하는 힘에서, 그리고 아마 다른 면들에서도 그러한 믿음(해를 입지 않으려는 욕구와 결합된)과 유사하다.

나의 주장은 찰스가 어떤 진정한 두려움도 경험하지 않는다는 것이 아니다. 그가 점액질 괴물을 두려워하는 것은 아니지만, 그 영화는 그에게 어떤 다른 것에 대한 두려

위에 어떤 역할을 허용하는 것으로 보인다("Feelings in Context," p. 645).

13) 라마르크(Lamarque)는 "How Can We Fear and Pity Fictions?"에서 찰스가 처한 것과 같은 상태가 어떤 면에서는 동기를 부여**할 수도 있다**고 지적한다. 어떤 관객은 스크린 위의 공포를 대면하기보다는 손으로 얼굴을 감싸거나 심지어는 극장에서 도망치기도 한다. 그러나 이러한 행동은 그 묘사에 대한 두려움이나 그것을 경험하는 데 대한 두려움, 또는 그저 그 경험이 불쾌할 것이라는 예상만으로도 쉽게 설명된다. 어쨌든, 관객이 "점액질 괴물을 두려워한다"고 말할 수 있을 때라도 그들이 이러한 방식으로 행동하지 않거나 그러한 행동을 하려는 어떠한 경향도 가지지 않는 때가 많다는 것은 명백하다.

움을 유도할 수 있다. 만약 찰스가 어린아이라면, 그는 영화에 나오는 점액질 괴물 자체는 진짜가 아니라는 것을 완전히 인식하고 있음에도 불구하고 실제 점액질 괴물이나 영화에 나온 것과 **유사한** 다른 괴상한 괴물들이 있지는 않을지 궁금해할 것이다. 그는 있을지도 모르는 이 실제 위험을 정말로 두려워할 수 있으며, 그 이후 여러 날 동안 그런 것들에 관한 악몽을 꿀 수도 있다. 또한 그는 그것들을 피하기 위한 수단을 강구할 수도 있다. 〈죠스〉는 수많은 사람들이 그런 상어가 진짜로 존재할지도 모른다고 생각하게 함으로써 상어를 두려워하도록 만들었으며, 바다에서 수영하는 것을 피하도록 만들었다. 그러나 이 점이 그들이 영화 속의 허구적인 상어들을 두려워했다는 것을 의미하지는 않는다. 만약 찰스가 심장질환을 가진 나이든 영화 관객이라면, 그는 영화 자체 혹은 그 영화를 관람하는 것을 두려워할 수도 있다. 아마도 그는 흥분이 심장마비를 유발할 수도 있다는 것을 알고 있으며, 그 영화가 점액질 괴물을 특히 공격적이거나 위협적인 것으로 묘사함으로써 흥분을 유발할까 봐 두려워한다. 이것은 실제 두려움이다. 그러나 그것은 점액질 괴물의 묘사에 대한 두려움이지 묘사되는 점액질 괴물에 대한 두려움이 아니다.

찰스가 점액질 괴물을 두려워하지 않는다는 데 기꺼이 동의하는 몇몇 논평자는 그의 경험을 어떤 다른 대상에 대한 실제 두려움의 경험으로 이해하고자 한다. 피터 라마르크(Peter Lamarque)는 찰스가 점액질 괴물에 대한 **생각**(또는 그 괴물에 대한 기술의 "의미")을 두려워하는 것으로 간주한다.[14] 그가 그 생각 또는 그것을 생각하는 경험을 두려워**할 수도 있다**는 것은 명백하다. 심장질환을 앓는 찰스는 그럴 것이다. 그러나 라마르크는 그런 특별한 상황을 염두에 두고 있는 것이 아니다. 그는 그 허구성을 완전히 인식하고 있는 보통의 감상자들이 가지는 "점액질 괴물에 대한 두려움"이라고 부르는 것 일반을 그러한 생각에 대한 두려움이라고 생각한다. 나는 이러한 제안에 어떤 이점이 있는지 모르겠다. 찰스가 점액질 괴물을 두려워한다는 것을 거부하는 이유들은 생

14) Ibid. 물론 그 생각은 두려움의 대상이 되지 못한다 하더라도 두려움의 **원인**이 될 수는 있다. Clark, "Fictional Entities"; Mannison, "On Being Moved by Fiction"; Novitz, "Fiction, Imagination, and Emotion"; Skulsky, "On Being Moved by Fiction" 역시 참조하라.

각에도 똑같이 적용된다. 그가 심장질환을 가지고 있을 때와 같은 특별한 상황들을 제외하고는 그는 그 생각을 위험하다고 간주하거나 그렇게 취급하지 않으며, 그 생각에서 도망치려고 하는 경향조차 경험하지 않는다. 게다가, 그의 경험은 무엇보다 전혀 생각에 대한 두려움처럼 느껴지지 않는다. 그의 경험을 그렇게 특징짓는 것은 그 경험의 현상적 특징에 위배된다. 그리고 찰스가 그처럼 불가피하게 그리고 부끄럼 없이 자신이 두려워했다고 기술하는 것은 그 **점액질 괴물**이지 생각이 아니다. 정말로 그렇든 아니든 간에, 원래의 직관은 그 점액질 괴물이 찰스의 두려움의 대상이라는 것이었다. 라마르크의 제안은 그 직관을 포기할 뿐 아니라, 우리가 그 직관을 거부하는 이유를 인정하는 데 **역시** 실패한다. §7.1에서 우리는 찰스의 경험이 보여주는 현상적 특징을 충분히 인정하는 동시에 그 경험을 기술하는 보통의 방식을 쉽게 수용할 수 있는 방식으로, 그러나 그가 점액질 괴물이든 무엇이든 (말 그대로) 두려워한다는 것을 반드시 인정하지 않아도 되는 방식으로 찰스의 경험을 이해하게 될 것이다.

만약 찰스에 대한 내 생각이 옳다면, 허구적 대상들을 향하는 것으로 추정되는 다른 심리적 태도들에 대한 회의주의 역시 유효하다. 우리는 허구 속 등장인물과 그들의 고통이나 공적들이 순전히 허구적이라는 것을 완전히 의식하고 있으면서도 말 그대로 윌리 로먼을 동정하거나 안나 카레니나 때문에 슬퍼하거나 슈퍼맨에게 감탄한다는 생각에 주의해야 한다. 동정은 동정의 대상이 실제로 불운을 겪는다는 믿음(또는 판단이나 태도)을, 그리고 감탄은 감탄 받는 대상이 감탄할 만하다는 믿음을 포함한다는 것은 타당해 보이지만, 정상적인 감상자는 윌리가 고통을 겪거나 슈퍼맨이 감탄할 만하다는 것이 실제로 사실이라고 생각하지 않는다. 아마도 이 감정들은 특히 그 동기를 유발하는 힘에 있어서 그러한 믿음(적절한 욕구와 함께)과 단지 **유사할** 뿐이라고 간주하는 것이 더 합리적일 것이다. 그러나 특히 윌리를 "동정하는" 관객은 문제의 동기를 유발하는 힘을 느끼지 않는 것처럼 보일 수 있다. 그는 윌리를 위로하거나 돕고자 하는 어떤 경향도 느끼지 않는다. 누군가를 위해 슬퍼하기 위해 그에 대해 무엇을 믿어야 하는지, 또는 슬픔에는 어떤 동기를 유발하는 힘이 본질적일 것인지는 동정의 경우보다 덜 분명하다. 그러나 동정과 감탄뿐 아니라 슬픔에는 최소한 그 대상이 존재한다는 인식이 필요한 것으로 보일 수 있다. 단지 이런 이유 때문에라도 감상자들이 정말로 윌리를 동정하거나 안나를 위해 슬퍼하거나 슈퍼맨에게 감탄한다고 할 수 없다고 주장할 수도 있다.[15]

점액질 괴물 영화와 마찬가지로, 〈세일즈맨의 죽음〉, 《안나 카레니나》, 그리고 슈퍼맨 만화는 감상자들에게 문제가 되는 **종류**의 진정한 감정들을 유발할 수도 있다. 《안나 카레니나》는 안나 같은 불행한 상황에 처한 실제 사람들에 대한 진정한 동정을 촉진하며, 이는 톨스토이의 소설에서 중요한 부분이다. 그러나 흔히 "안나에 대한 동정"으로 특징지어지는 그 경험을 단지 그녀와 "같은" 실제 사람들에 대한 동정(또는 유사한 상황에 처한 사람들에 대해 가정적으로 동정을 느끼려는 결심이나 경향)으로 간주하는 것은 그 문제를 제대로 다루지 못한다.[16] 우리가 **안나**를 위해 동정하고 슬퍼한다고 이야기하는 것은 우연이 아니다.

회의주의는 종착역이 아니다. 우리는 감상자들의 경험에 대한 긍정적인 설명, 즉 그들이 "윌리를 동정하고", "안나를 위해 슬퍼하고", "점액질 괴물을 두려워한다"는 등의 일상적인 주장을 말 그대로 받아들이는 것이 아닌 논리정연한 대안이 필요하다. 나는 §7.1에서 그러한 대안을 제시할 것이다. 그 대안이 성공적이라면 회의주의의 토대는 강화될 것이다. 그러나 감상자들의 말을 있는 그대로 받아들이는 것의 타당성이 당연한 것으로 간주되지 말아야 한다는 것은 이미 충분히 명백해졌다.

---

15) 사람들은 일어날**지도 모르는** 토네이도처럼 그 존재에 대해 의심스러워하는 것들도 **두려워하는** 것처럼 보인다. (가능한) '토네이도에 대한 두려움'이라고 불리는 것은 '토네이도가 일어날 것이라는 두려움'으로 간주하는 것이 더 나을 것 같다. 즉, 그것은 존재적(*de re*) 두려움이라기보다는 상상된 존재적(*de re*) 두려움 및 언어적(*de dicto*) 두려움으로 간주하는 편이 나을 것이다.

16) Charlton, "Feeling for the Fictitious"; Clark, "Fictional Entities"를 보라.

5.3 허구성 및 다른 지향적 속성들

나는 실제 세계보다는 만화 틀 속에 존재하고 싶다. 왜냐하면 행복할 가능성이 더 크기 때문이다.

- 우디 앨런

허구적 세계와 실제 세계가 연결된 방식 및 연결되지 않은 방식을 가려내는 데 있어서의 어려움은 내가 이제까지 이용해온 이론적 도구들이 부적절하다는 것을 보여준다. 나는 헨리가 여주인공을 구한다는 것 또는 찰스가 점액질 괴물을 두려워한다는 것이 허구적인가의 질문을 그것이 참인가의 질문으로부터 구분하면서 허구성이라는 개념을 도입했다. 그러나 나는 작품 세계 안에서의 허구성만을 고려했을 뿐, 믿는 체하기 게임 안에서의 허구성을 검토하지는 않았다. 또한 나는 제1장에서 발전시킨 허구성에 대한 설명을 이용하지 않아왔다. 지금까지 이 장에서 허구성은 단순히 명제들의 한 속성으로서, 믿어지거나 욕구되거나 희망되거나 부정되는 것과 유사한 것으로서 생각되어왔다.

허구성을 그러한 다른 지향적 속성들과 비교하는 것은 우리가 허구적 세계와 물리적으로 분리되어 있다고 느끼는 것과 잘 부합한다. 우리는 존재한다고 믿거나 희망하거나 말하거나 부정하지만 실은 존재하지 않는 무엇인가에게 입을 맞추거나 그것을 차버리거나 구할 수 없다. 마찬가지로 우리는 단지 허구적으로만 존재하는 무엇인가와도 이 중 어떤 방식으로든 상호작용할 수 없다. 이러한 비교는 또한 우리가 단지 허구적이라고 알고 있는 등장인물들을 두려워하거나 부러워하거나 걱정하지 않는다는 나의 주장을 지지한다. 만약 어떤 암살자가 나를 쫓아온다고 누군가가 믿지만 그런 일은 전혀 사실이 아니라는 것을 내가 확실히 알고 있다면, 우리는 그 존재한다고 믿어지는 암살자를 내가 두려워할지도 모른다고 추측하지는 않을 것이다. 나는 있었으면 하고 소원하던 부자 삼촌을 그가 단지 내가 소원하는 존재일 뿐이라는 것을 알면서도 부러워할 수는 없다. 만약 에베레스트산 정상에 급성 맹장염을 앓는 누군가가 있다는 것이 단언되거나 부정되지만 그런 사람이 거기에 없다는 것을 내가 알고 있다면, 나는 이 실재하지 않는 사람에 대해 걱정하거나 안타까워하지 않을 것이며 그렇게 할 수도 없다.

그러나 허구성을 믿어지거나 욕구되거나 주장되는 것과 비교하는 것은 세계들 간의 물리적 관계와 심리적 관계 사이에 성립하는 것처럼 보이는 당황스러운 차이를 드러내는 데 완전히 실패하는데, 그것은 비록 환영적일지는 모르나 단지 허구적이라고 알고 있는 것들이 우리의 심리적 태도들의 대상이라는 **인상**을 받는다는 점이다. 존재한다고 주장되지만 존재한다고 우리가 믿지 않는 맹장염에 걸린 등산가를 동정할 수도 있다는 생각에는 왜 끌리지조차 않는가? 우리는 왜 그러한 사람이 존재한다는 주장에 대해 생각할 때 적어도 동정과 매우 유사한 상태라도 경험하거나 우리 자신이 "연민"을 느끼고 있다고 기술하지 않는가? (아마도 때때로 — 우리가 그 주장이 참이라고 어느 정도 생생하게 **상상할** 때 — 는 그렇게 할 것이다. 이는 우리를 다시 허구성으로 되돌아가게 한다.)

허구성에 다른 지향적 속성들과 대조되는 어떤 특별한 것이 있다는 것은 명백하다. §1.5와 §3.8에서 했던 관찰, 즉 우리가 그렇지 않음을 알고 있음에도 허구성을 참의 일종으로 생각하려는 강한 경향성을 가진다는 사실은 그 점을 단적으로 보여준다. 우리는 단지 허구적으로만 존재하는 것을 어떻게든 실재하는 것처럼, 그리고 단지 허구적으로만 일어나는 일을 어떻게든 실제로 일어나는 일인 것처럼 간주한다. 반면, 우리는 존재하거나 일어난다고 믿어지거나 욕구되거나 말해지기만 하는 것에 대해서는 쉽게 그런 것으로 받아들인다.

우리가 허구에 대해 느끼는 심리적 유대는 이러한 성향의 한 극적 징후이다. 그러나 다른 것들도 있다. 그중 하나는 "허구적 세계"라는 것에 대해 이야기하는 단순한 경향이다. 허구가 우리 세계와 **다른** 세계에 속한다는 관념은 분명히 허구가 우리와 "떨어져 있다는" 개념을 반영하기는 한다. 그러나 허구가 얼마나 실제 세계와 멀리 떨어져 있든 간에 우리는 왜 허구를 어쨌든 "세계"에 속하는 것처럼 — 마치 허구가 실제 세계 어**딘가**에 어떤 장소(또는 장소들)를 차지하고 있는 것처럼 — 생각하는 것일까? 허구적 세계라는 개념에 대해서는 대부분의 다른 지향적 조작어에 상응하는 적절한 조작어가 없다는 사실이 중요하다. 만약 어떤 소설이 누군가가 자기 자신의 장례식에 참석한다는 것을 허구적으로 만든다면, 우리는 그것을 "그 소설의 세계 안에서" 누군가가 그 자신의 장례식에 참석**한다고** 말함으로써 표현할 가능성이 크다. 그러나 만약 존스가 자신이 천재라고 주장한다면, 우리는 그가 "그의 주장(들)의 세계 안에서" 천재**라고** 말하지는 않을 것이다. 그리고 우리는 누군가의 소망, 믿음, 또는 부정(denial)의 "세계 안에서" 무엇인가가 그러하다는 식으로는 거의 말하지 않는다. 그러하다고 주장되거나 믿어지거나 욕구되는 것들과 달리, 허구적으로 그러한 것은 자연스럽게 어떤 특별한 영역, 어떤 "세계" 안에서 그러한 것으로 생각된다.[17] "허구적 세계" — 실제 세계와는 다르지만 그럼에도 불구하고 세계인 — 라는 통상적 관념은 (단순한) 허구가 실제인지 아닌지에 대한 우리의 혼란을 은폐하려는 하나의 장치이다.

허구적 세계에 대한 우리의 관념과 허구적 세계를 실제 세계의 일부로 생각하고자 하는 우리의 경향은 레이디 맥베스가 어떻게 몇 명인지 모를 자식들을 가질 수 있는지, 또는 그녀가 얼마나 많은 자식을 가졌는지 아는 것이 어떻게 완전히 불가능할 수 있는지에 대한 걱정들을 불러일으키는 원인이 된다. 무엇이 말해지거나 믿어지거나 소망되는지에 대한 이와 유사한 수수께끼들을 심각하게 받아들이는 것은 상상하기 어렵다. 우리는 어떤 이가 몇 명의 자식을 가지고 있는지 전혀 모르는 채 그녀가 자식을 가지고 있다고 생각할 수 있다. 정확히 몇 명의 자식인지를 바라지 않고서도 자식을 가지기를 바랄 수 있다. 여기에는 어떤 수수께끼도 없다. 믿음, 욕구 등의 "세계"(라고 말해보자)의 불완전성은 관심조차 받지 않는다. 레이디 맥베스에게 두 명의 자식이 있다는 것이, 또는 세 명, 또는 그 이상, 또는 그보다 적은 수의 자식이 있다는 것이 허구적이지 않고서도 레이디 맥베스에게 자식이 있다는 것이 허구적임이 왜 수수께끼가 되는가? 왜냐하면 우리가 허구성을 일종의 참으로 간주하기 때문이다. 어떤 이에게 자식이 있다는 것이 **참**이라면, 그녀의 자식 수가 어떤 특정한 수라는 것은 참이어야 한다.

---

17) 어떤 철학자들은 믿음 세계, 지각 세계 등의 관념을 들여오는 것이 편리하다고 생각하기도 했다. 그러나 이 세계들은 아무리 전문적인 목적에 유용하다 하더라도 허구적 세계가 하는 것과 같은 방식으로 상상력을 사로잡지 못한다. 이 사실은 설명될 필요가 있다.

종종 우리는 무엇인가가 참인 "세계"가 허구적 세계라는 것을 명시적으로 언급조차 하지 않는다. 우리는 허구적인 것이 마치 "실제 세계 안에서" 참인 것처럼, 그것이 실제로 참인 것처럼 이야기한다. "데포(Defoe)의 소설 세계 안에서, 로빈슨 크루소는 난파선에서 살아남았다"라거나 "그 소설 안에서, 크루소는 난파선에서 살아남았다"라고 말하는 대신, 우리는 **그저** "로빈슨 크루소는 난파선에서 살아남았다"라고 말하곤 한다. "그 소설 안에서"라든지 다른 구어적 허구 조작어(operator)들은 오해의 위험이 없으면 흔히 그리고 쉽게 생략된다.

우리가 다른 지향적 조작어들에 대해서는 그와 유사한 방식을 거의 택하지 않는다는 점만 아니었다면, 이러한 관행은 대화 속도를 위한 하나의 지름길에 불과한 것으로서 무시되었을 것이다. "~라는 것이 믿어진다", "~라는 것이 소망된다", "존스는 ~라는 것을 소망한다"와 같은 구절들은 함축되는 것으로 간주되는 경우가 드물다. 존스의 소망에 대해 이야기하고 있다는 것이 분명하게 이해될 때조차, 존스가 황금으로 된 산이 지평선 위로 나타나기를 소망한다는 것을 말하기 위해 "황금으로 된 산이 지평선 위로 나타날 것이다"라고만 말하는 것은 기껏해야 특이한 경우로 취급될 것이다. 때때로 "~라고 믿어진다" 또는 "그가 ~라고 말한다" 등이 생략되는 경우가 있지만, 그것은 상당히 특별한 경우 — 허구성이 포함된다고 할 수 있는 경우 — 에 한정된다. (§6.3을 보라.) 나는 "스미스가 은행을 털었다는 것은 부정된다" 또는 "스미스가 은행을 털었다는 것이 존스에 의해 부정된다"를 축약해서 "스미스가 은행을 털었다"라고 말할 수 있는 일반적인 상황이 있을 것 같지 않다.

허구 조작어와 다른 조작어들을 이처럼 다르게 취급하는 관행의 중요성에 대해 어떤 의심이 있다 하더라도, 그러한 의심은 그러한 관행과 관련되지만 훨씬 눈에 띄는 독일어의 특성에 비추어본다면 사라지고 말 것이다. 독일어에서 어떤 문장 혹은 구절 *p*는 보통 화자가 그 문장의 참을 지지하는 경우에는 직설법으로, 그렇지 않을 때는 가정법으로 표현된다. 즉 *p*는 그것이 단순히 단언되거나 "나는 *p*라는 것을 안다", "나는 *p*를 주장한다", 그리고 "그는 *p*라는 것을 안다"와 같은 문맥에서 나타날 때는 직설법이며, "나는 *p*를 소망한다", "나는 *p*가 의심스럽다", "*p*라고 믿어진다", "그는 *p*라고 말한다" 등의 문맥에서는 가정법이다. 그러나 허구적 문장들은 두드러지게 예외적이다. "그 이야기 안에서 p이다"와 같은 문맥에서는 화자가 p가 참이라는 것을 지지하지 않더라도 직설법이 사용된다("In der Geschichte hat Robinson Crusoe einen Schiffbruch überlebt"). "In der Geschichte"가 생략되었지만 함축되는 것으로 이해되는 경우에도 역시 직설법이 사용된다("Robinson Crusoe hat einen Schiffbruch überlebt"). 명백히 직설법 허구 문장들은 가정법적 형태를 생략한 것으로는 간주될 수 없는데, 그것은 직설법 문장들이 더 짧지 않기 때문만이 아니라 그 문장들을 가정법으로 표현하는 것은 틀린 것이기 때문이다.

우리가 ("그 이야기 안에서, 톰 소여는 동굴에서 길을 잃었다"라고 말하는 대신) "톰 소여는 동굴에서 길을 잃었다"라고 말하거나 직설법을 사용한 그에 상응하는 독일어 문장을 말할 때, 우리는 "톰 소여"라는 이름을 가진 실제로 존재하는 사람을 가리키며 그 사람에 대해 그가 (정말로) 동굴에서 길을 잃었다고 말할 때 이야기하는 것과 똑같이 이야기한다.

물론 이론가들이 구어적 표현이 허구적 개체들을 다루는 방식으로 허구적 개체들을 다루어야 하는 것은 아니다. 그러나 우리는 구어적 표현 속에 반영되는, 허구가 우리와 실재를 공유하는 것처럼 생각하려 하는 이상하게도 끈질긴 경향을 설명해야 한다. 그리고 우리가 허구에 대해 느끼는 친밀함과 허구적 세계가 실제 세계로부터 명백히 물리적으로 분리되어 있다는 사실은 어떻게든 조화가 되어야 한다. 어떤 면에서 허구적임이 믿어지거나 욕구되거나 참이라고 주장되는 것과 유사하다는 의견은 이 두 사항 모두에서 부적절하다. 그러한 의견은 수수께끼를 가중시킬 뿐이다.

허구와 실재라는 개념은 재담들의 풍부한 원천이며, 그중 많은 것은 우리가 살펴보고 있는 허구성에 대한 모순적인 듯 보이는 태도에서 기인한다. 허구 속에서 살고 싶다는 우디 앨런의 말도 그중 하나다.[18] 이 농담은 허구성과 참 개념의 고의적인 융합을

18) 플랜 오브라이언(Flann O'Brien)의 《헤엄치는 두 마리 새(*At Swim-Two-Birds*)》에서는 한 작가가 어떤 소설을 위한 등장인물들을 창조해내는데, 그 작가는 그중 너무나 황홀하게 아름다운 한 여인을 그만 강간하고 만다. 그녀는 그의 아이를 임신하고 아들을 낳는데, 그는 "반-가공적인(quasi-illusory) 종류의" 인간이다. 작가의 독재적인

이용한다. 이것을 "나는 실제 삶보다는 누군가의 욕구(믿음, 부정)의 세계 안에서 살고 싶다. …… 왜냐하면 행복할 가능성이 더 크기 때문이다"로 바꾼다면, 농담은 실패하고 말 것이다. 참임을 욕구됨이나 믿어짐, 또는 부정됨과 고의적으로 융합시키는 것은 그저 말이 되지 않을 뿐이다.

이제 제1부의 더 많은 결과들을 가지고 와서 더욱 발전시킬 때가 왔다. 우리는 하나의 명제는 감상자들이 그것을 상상해야 한다는 지시가 있는 경우에 한해 한 작품의 세계 안에서 허구적임을 살펴보았다. 이것은 감상자로서 우리를 (다른 사람들의) 믿음과 소망, 그리고 주장의 경우와는 다른 방식으로 참여하게 한다. **우리는** 윌리 로먼이 직장을 잃었다든가 슈퍼맨이 높은 빌딩에서 사람들을 구조한다는 등을 상상해야 한다. 그러한 상상하기들은 우리의 믿는 체하기 게임, 즉 작품 세계와 구분되는 그 자체의 허구적 세계를 가진 게임의 일부이다. 그리고 이러한 상상하기들은 우리 자신에 대한 상상하기에 포함된다. 우리가 윌리 로먼이 직장을 잃는 것을 상상할 때, 우리는 그 사실을 아는 것 또한 상상한다. 감상자들을 단순히 작품 세계의 구경꾼, 즉 작품 세계에서 허구적인 것들의 바깥에서 관찰하는 이들이라고만 생각하는 것은 잘못이다. 그런 생각은 재현이 소도구가 되는 게임 안에 우리가 **참여**한다는 사실을 무시한다. 이러한 참여의 본성을 면밀히 살펴보는 것은 우리가 처한 곤경에서 탈출하는 데 큰 도움이 될 것이다.

통제에 분개한 사생아 아들(아버지의 문학적 재능을 물려받은)은 다른 등장인물들의 도움을 받아 작가가 체포되어 고문 받고 다양한 죄목으로 기소되어 재판을 받는 이야기를 씀으로써 형세를 역전시켜 작가에게 보복한다.

6. 참여

무대 위의 [배우는] 관중 앞에서 다른 사람이 되는 놀이를 하며, 관중은 그를 그 다른 사람으로 간주하는 놀이를 한다.

- 호르헤 루이스 보르헤스, 〈모든 것과 아무것도 아닌 것(Everything and Nothing)〉

6.1 아이들의 게임에서의 참여

믿는 체하기 게임의 참여자들은 단순한 구경꾼들과는 구분되어야 한다. 게임에 참여하기 위한 최소한의 조건은 자신이 그 게임 안에서 허구적인 명제들을 상상하도록 강요받는 것으로 간주하는 것이다. 참여자들은 발생의 규칙 또는 원칙이 스스로에게 적용된다고 간주한다. 외부에서 게임을 관찰하는 구경꾼들은 자신이 게임의 규칙에 복종해야 한다고 생각하지 않는다. 그들에게는 한 명제의 허구성이 그것을 상상해야 하는 이유로 간주되지 않는다. (그러나 그들은 그 게임에 큰 흥미를 가지고 있을 수 있다. 그들은 그 게임과 소도구들을 철저히 연구하여 무엇이 허구적인지, 어떤 허구적 참이 다른 허구적 참을 함축하는지, 어떤 발생의 규칙들이 작동하는지 등을 알아내고, 다양한 방식으로 그 게임을 분석하고 설명하며 그 의의를 평가할 수도 있다.)

아이들이 그들의 게임 안에서 하는 역할은 보통 이러한 참여의 최소한의 조건을 충족시키는 것을 훨씬 넘어선다. 전형적으로 그들은 스스로 소도구이며, 재귀적 소도구이다. 즉, 그들은 자신에 대한 허구적 참들을 발생시킨다. 이 사실은 아이들의 게임에서 대단히 중요한 특징이며, 우리가 재현적인 예술 작품들과 사람들이 그것들로 하는 게임에 대해 생각할 때 유념해야 할 부분이다.

아이들은 거의 언제나 그들이 하는 믿는 체하기 게임의 등장인물이다. 즉, 그들이 참여하는 상상하기는 부분적으로 그들 자신에 대한 상상하기이다. 인형놀이나 소꿉놀이를 하고 있는 아이에게는 자신이 아기를 목욕시키거나 침대를 정리하거나 스파게티를 요리한다는 것이 허구적이다. 카우보이와 인디언 게임에서는 참여하는 아이들의 일부는 카우보이이고 나머지는 인디언이라는 것이 허구적이며, 그들 모두가 말을 타고 다니며 여러 가지 영웅적 행위를 한다는 것이 허구적이다. 한 아이가 실제로 올라타기에는 너무 작은 장난감 트럭을 바닥을 가로질러 밀고 갈 때도, 필시 그가 그것을 운전하고 있다는 것이 허구적일 것이다.

참여자들에 대한 그러한 허구적 참들은 전형적으로 참가자들 자신에 의해 발생한다. 크리스가 허구적으로 아기를 목욕시키는 것이 되는 것은 그가 실제로 한 인형을 플라스틱 빵 상자 안에 넣었기 때문이다. 아이들이 허구적으로 서부의 황야에서 말을 타는 것이 되는 것은 그들이 집 주위에서 "말을 타는 것처럼 달리고" 있다는 사실 덕분이다. 참여자들은 대상일 뿐만 아니라 소도구이기도 하다.

그들은 이러한 점에서 자신이 곰이라는 것을 허구적으로 만드는 나무 그루터기와 유사하다. 사실 나무 그루터기나 인형 또는 다른 그런 재귀적 소도구 근처에 있다는 것만으로도 참가자들은 그와 유사하게 기능할 가능성이 높다. 소도구들, 특히 재귀적 소도구들은 자신과 같은 종류를 재생산해내는 강한 경향성을 가진다. 그레고리와 에릭이 하나의 나무 그루터기를 "곰"이라고 선언한다면, 그들이 그 주변의 사물들 또한 소도구로 이해하는 것은 자연스러울 뿐만 아니라 사실상 거의 불가피하다. 만약 그 나무 그루터기의 존재가 그것이 곰이라는 것을 허구적으로 만든다면, 우리는 거의 자동적으로 그것이 가진 다양한 속성이 그것이 어떤 특정한 종류의 곰이라는 것 — 뒷다리로 서거나 웅크리고 앉아 있는 크거나 사나운 곰 — 을 허구적으로 만든다고 간주한다. 이 점은 비관계적 속성뿐 아니라 관계적 속성에도 적용된다. 그 나무 그루터기가 언덕 위에 있다는 사실은 그 곰이 언덕 위에 있다는 것을 허구적으로 만든다. 만약 그 나무 그루터기가 덩굴옻나무에 둘러싸여 있다면, 필시 그 곰이 덩굴옻나무 밭의 한가운데에 있다는 것이 허구적일 것이다. 이러한 관계적 사실들은 나무 그루터기에 관해 사실인 것만큼이나 언덕과 덩굴옻나무에 대해서도 사실이다. 언덕과 덩굴옻나무는 허구적 참들을 발생시킨다. 즉, 그것들은 소도구이다. 언덕은 그 위에 나무 그루터기가 있음으로써 곰이 언덕 위에 있다는 것을 허구적으로 만든다. 이러한 방식으로 소도구는 소도구들을 낳는다.

이러한 방식으로 탄생한 소도구들은 거의 항상 재귀적이다. 실제 언덕에 관해, 곰이 **그 언덕** 위에 있다는 것이 허구적이다. 허구적으로 곰이 날뛰고 있는 곳은 실제 덩굴옻나무 밭이다. 그 나무 그루터기 주변의 나머지 많은 것들도 이와 유사하게 게임 안에 포섭된다. 머리 위에서 날고 있는 매나 비행기들, 하늘의 구름, 심지어는 그 나무 그루터기에 잠깐 앉았다가 서둘러("혼비백산하여") 달아나버리는 다람쥐조차 말이다. 물론, 제한은 있다. 나무 그루터기 안에 사는 흰개미들이나 근처의 고층건물과 고속도로는 무시될 것이다. 허구적으로 곰 안에 흰개미가 살고 있다거나 그 곰이 도시에서 서식하고 있다는 것을 허용한다면 게임에 너무 지장을 주게 될 것이다.

사람들 역시, 심지어는 단순한 구경꾼조차 게임에 끌어들여져 재귀적 소도구에 이름을 올린다. 만약 그 나무 그루터기가 그레고리에게서 10야드 거리에 있다면, 그레고리에 관한 이 사실은 그 곰이 그의 전방 10야드 거리에 있다는 것을 허구적으로 만든다. 위험하게 곰 가까이 지나가던 사람이 그레고리가 아닌 그의 엄마라고 해도 마찬가지 방식이 될 것이다.

참여자들을 나무 그루터기와 나무 그루터기가 끌어들이는 언덕이나 덩굴옻나무 등의 다른 재귀적 소도구들과 비교하는 것은 어느 정도까지는 괜찮다. 그러나 이러한 비교는 참여자들이 그들의 게임 안에서 하는 역할에 대한 많은 중요한 점을 무시한다. 에릭과 그레고리가 나무 그루터기와 관련하여 하는 행위들은 그들이 곰과 관련하여 행위들(종종 같지만 반드시 그렇지는 않은)을 한다는 것을 허구적으로 만든다는 명백한 사실이 있다. 만약 에릭이 갑자기 그 나무 그루터기와 마주친다면, 허구적으로 그는 갑자기 곰과 마주친 것이다. 그의 다른 행위들은 그가 나무 사이로 곰을 발견한다는 것이나 그가 곰에게 먹이를 준다는 것, 또는 곰의 등 뒤에 올라탄다는 것 등을 허구적으로 만들 수 있다. 그는 "조심해!"라고 소리치고 그럼으로써 허구적으로 그레고리에게 위험하다고 경고할 수도 있다.

참여자는 또한 관심의 1차적 초점이 된다는 점에서 나무 그루터기나 그로부터 발생한 많은 소도구들과 다르다. 에릭과 그레고리의 게임 안에서 사용되는 나무 그루터기와 덩굴옻나무 밭이 바로 그 나무 그루터기와 덩굴옻나무 밭이라는 것은 특별히 중요하지 않다. 다른 것들(비슷한 속성들을 가진) 역시 그것들만큼 잘 사용될 수 있을 것이다. 그러나 재귀적 소도구가 그레고리와 에릭이라는 것은 중요하다. 특히 그레고리와 에릭에게는 말이다. 재귀적 소도구들은 어떤 믿는 체하기 게임 안에서 단순히 도구가 될 수도 있고, 또는 그 자체로 관심의 대상이 될 수도 있다. 참여자들은 후자의 범주에 속한다. 나는 자기 해명이야말로 믿는 체하기 게임 및 다른 상상적 활동들의 핵심적인 기능이라는 것을 시사했다. 참여자들의 재귀적 소도구로서의 역할은 이러한 점에서 믿는 체하기 게임의 효과와 큰 관련을 가진다. 자신에 대한 상상하기는 자신에 대한 이해에 기여한다고 할 수 있다. 거기에 참여자들에 대한 허구적 참들의 가치가 있으며, 참여자들이 스스로에 대해 상상하라는 지시를 받는 것의 가치가 있다. 그러나 앞으로 살펴보겠지만 그러한 허구적 참들이 참여자들 자신에 의해 발생한다는 것, 참여자들이 소도구라는 것 역시 중요하다.

참여자들은 어떤 면에서 나무 그루터기나 언덕, 덩굴옻나무 밭보다는 연극 행사에서 스스로를 연기하는 배우들에 더 잘 비유될 수 있다. 하나의 믿는 체하기 게임은 레이건의 역할을 레이건 자신이 하는, 로널드 레이건에 관한 연극이나 영화에 비교된다. 레이건은 거기에 있음으로써, 그리고 그의 행위들에 의해 자신에 대한 허구적 참들을 발생시키는 재귀적 재현이다. 의심의 여지없이 그는 관심의 초점이 되기도 할 것이다.

그러나 이러한 비교 역시 몹시 제한적이다. 무대 위의 배우는 관객을 위해 연기하지만, 믿는 체하기 게임을 하는 아이들은 보통 그렇지 않다. 구경꾼이 있다 하더라도 그들은 무시된다. 아이들은 구경거리를 무대에 올리는 것이 아니기 때문이다. 아이들은 그들 자신을 위해, 놀기 위해 그 게임을 한다. 레이건에 대한 평범한 연극의 핵심은 누가 연기를 하든 상관없이 관객을 즐겁게 하거나 교화하거나 계몽하는 것이다. 에릭과 그레고리가 하는 게임의 핵심은 그들 자신을 즐겁게 하거나 교화하는 것, 또는 그들 자신에게 통찰 — 부분적으로는 그들 스스로에 대한 통찰인 — 을 제공하는 것이다. 에릭과 그레고리는 관심의 대상일 뿐 아니라 이해관계의 당사자들이기도 하다.

레이건이 지칭되고 따라서 재현의 대상이 되도록 하는 수단은 에릭과 그레고리가 그렇게 되는 수단과 매우 다르다. 레이건이 연기하는 등장인물은 그의 이름을 가지고, 그 연극은 실질적으로 그에게 상응하며(그 등장인물은 할리우드의 영화배우였으며 미국의 제40대 대통령이 되었다는 것이 허구적일 것이다), 작가는 대본에 설명적 각주를 넣었을 것이다. 이러한 것들은 다른 경우였다면 바로 배우가 그 자신이 아닌 실제 인물을 연기한다는 것을 확립하는 종류의 상황들이다. 우리의 예에서는 그 상황들이 가리키는 인물이 우연히 그 배우 자신이었을 뿐이다. 레이건이 배우라는 사실은 그가 재현의 대상이 된다는 것과는 거의 아무런 관계도 없다. 그의 역할을 맡은 대역 배우라도 레이건 자신이 한 만큼이나 레이건을 잘 연기할 수 있을 것이다. 그러나 그레고리가 믿는 체하기 게임의 대상이 되는 것은 그가 그 게임을 하는 사람이기 때문이다. 만약 샘이 그 게임에서 그를 대신한다면, 그레고리가 아닌 샘이 숲속에서 곰과 마주친다는 것이 허구적일 것이다. 그레고리가 자신의 게임 안에서 하는 재현하기의 역할이 그를 재현의 대상이 되도록 만들어주는 것이기 때문에 우리는 레이건에 대한 연극의 경우에서와는 달리 대상과 소도구의 동일성을 알아차리지 못할 수 없다.

따라서 믿는 체하기 게임의 참여자들은 하나의 깔끔한 포장 안에 밀접하게 결합되어 있는 소도구, 대상, 상상하는 자 세 가지 모두이다. 그들은 상상하기 — 그들 자신이 지시를 한다는 사실에 의해 그들 자신에 대한 상상하기가 되는 — 를 지시하며, 그들이 지시를 하는 대상은 그들 자신이다.

참여자는 자신에 대해 상상해야 할 뿐 아니라, §1.4에서 설명된 의미에서 1인칭적 방식으로 그렇게 해야 한다. 에릭은 그저 그가 그 자신이라고 알고 있는 누군가에 대해 그 사람이 곰과 마주치고 그 자리에 버티고 있거나 도망가거나 등을 한다고 상상하는 것이 아니다. 그는 곰과 **마주친다고**, 그리고 버티고 서 있거나 도망간다고 상상한다. 그리고 그는 이것을 **안으로부터** 상상한다. (그가 "상상적으로 곰과 마주친다"고 말할 수도 있겠다.) 일반적으로, 참여는 무엇인가를 안으로부터 **행위하고 경험한다고** 상상하는 것을 포함한다. 즉 아기를 목욕시킨다고, 말을 탄다고, 트럭을 운전한다고 상상하는 것이다.

그러나 이것조차 참여자의 경험을 완전히 포착하지는 못한다. 그것은 그의 상상하기의 내용 안에 그의 실제 행위의 역할을 빠뜨리고 있다. 그가 우연히 나무 그루터기와 마주치는 것, 그가 인형을 상자에 집어넣는 것, 그가 막대기를 타고 "말을 달리는 것" 등은 그 자체로 게임 안에서 재귀적 소도구이며 그의 상상하기의 대상이다. 그는 그가 나무 그루터기를 발견하는 것에 대해 **그것이** 곰을 발견하는 것이라고 상상하고, 그가 인형을 상자에 집어넣는 것에 대해 그렇게 하면서 아기를 목욕시키고 있다고 상상한다.

한 대역 배우가 레이건 역을 맡아 대통령으로서 연설하는 연기를 하는 것을 레이건이 관객석에서 본다고 해보자. 레이건은 레이건이 연설한다고 상상하며, 아마도 자신이 상상하고 있는 그 사람이 바로 자기 자신이라는 것을 알고 있다. 게다가 그는 그 배우의 연기에 대해 그것이 자신의 — 레이건의 — 연설이라고 상상한다. 그러나 이 자기-상상하기는 1인칭적 방식으로 행해진 것이 아니다. 그는 아마도 **연설한다고 상상하고** 있지는 않을 것이며, 분명히 연설을 한다고 안으로부터 상상하고 있지 않을 것이다. 물론 그는 연극 때문에 몽상에 잠겨 그렇게 상상할 수도 있다. 그러나 이 상상하기는 비록 안으로부터 상상하기라 하더라도 그 배우의 행위에 대해 **그것이** 자신이 연설을 하는 것이라고 상상하는 것은 아닐 것이다. 믿는 체하기 게임의 참여자들은 재귀적 소도구인 동시에 상상하는 자이기 때문에 실제 재현하는 행위에 대해 그것이 바로 그들이 어떤 일들을 하는 행위라고 상상하며 또한 그것을 안으로부터 상상한다.

6.2 참여자로서의 감상자

우리는 경찰과 도둑, 카우보이와 인디언, 인형, 그리고 진흙파이 놀이에 참여하는 아이들과 마찬가지로 회화와 영화의 관람객, 연극의 관객, 소설과 이야기의 독자들이 그러한 작품들이 소도구가 되는 게임에 참여하기를 기대해야 한다. 분명히 차이들 — 중요한 차이들 — 은 있다. 그러나 그러한 차이들이 근본적인 유사성을 가리도록 하지는 말아야 한다. 재현적인 예술 작품의 감상은 1차적으로 참여의 문제이다.

그러나 우리가 재현에 관심을 가지는 것은 참여자로서만은 아니다. 예술 비평가와 역사가들은 그들이 감상자이기도 한 경우가 아닌 한 참여자라기보다는 구경꾼에 더 가까울 것이다. 그리고 앞으로 살펴보겠지만, 감상하는 것이 항상 참여를 포함하는 것도 아니다. 나의 제안은 감상의 1차적이거나 핵심적인 경우가 참여를 포함한다는 것이고, 참여를 포함하지 않는 감상의 경우에도 참여를 통해 대부분 이해되어야 한다는 것이다.

재현들이 믿는 체하기 게임에서 소도구로 사용되는 기능을 가진다는 나의 앞선 결론을 고려해볼 때, 감상자들이 표준적으로 믿는 체하기의 "규칙"에 자신이 따라야 하는 것으로, 작품이 지시하는 대로 상상해야 하는 것으로 간주한다는 최소한의 의미에서 참여한다는 것은 논쟁의 여지가 거의 없다. 그러나 그만큼 명백하지는 않으나 상당히 중요한 문제인 것은 관람객과 독자가 이러한 게임들에서 재귀적 소도구라는 점, 그들이 자기 자신에 대한 허구적 참들을 발생시킨다는 점이다. 그들의 행위들 중 많은 것들은 아이들의 게임에서 참여자들이 하는 행위와 마찬가지로 재귀적 소도구이기도 하다. 그리고 아이들의 게임에서의 참여자들의 경우와 마찬가지로 감상자들이 자기 자신에 대해 상상해야 하고 실제로 상상하는 방식은 1인칭적 방식이다. 즉 그들은 무엇인가를 한다고, 그리고 어떤 경험을 겪는다고 안으로부터 상상한다.

감상을 이러한 방식으로 간주하는 것의 근거는 차차 제시될 것이다. 이 절에서 나는 그 근거를 지지하는 몇 가지 예비적 고찰을 한다. 그러나 가장 강력한 증거는 직접적인 논증에 있는 것이 아니라 그것이 재현에 대한 체계적이고 만족스러운 전체적 그림에 기여하는 바, 그리고 골칫거리를 해명하고 역설을 해소하고 수수께끼를 이해하도록 하는 그것의 능력에 있을 것이다.

§1.4에서 나는 무엇인가를 상상하는 것(우리가 관심을 가지고 있는 의미에서)이 (우리 자신이) 그것을 믿거나 안다고 상상하는 것을 아마도 필연적으로 포함하고 있는 것 같다고 말했다. 따라서 허구적인 것을 상상한다는 최소한의 의미에서 한 게임에 참여하고 있는 감상자는 자신에 대한 상상하기에도 참여하게 될 것이다. 감상자가 *p*가 허구적이라는 것을 인식하고 *p* 자체뿐 아니라 *p*를 믿거나 안다고 상상할 때, 그가 *p*를 믿는다는 것 혹은 안다는 것이 허구적임은 놀라운 일이 아니다. 이 허구적 참은 감상자가 *p*가 허구적이라고 인식하는 것에 의해(또는 어쩌면 그가 인식할 때 그의 상상하기에 의해) 발생하는 것으로 이해될 수 있다. 따라서 감상자는 그의 게임 안에서 재귀적 소도구이다.

그러나 재귀적 소도구로서의 감상자의 역할은 이것을 훨씬 넘어선다. 비록 서로 다른 종류의 작품마다 서로 다른 방식으로이기는 하지만 말이다.《걸리버 여행기》는 그 자체에 대해 그것이 어떤 배의 의사인 레무엘 걸리버의 항해일지라는 것을 허구적으로 만든다. 그것을 읽을 때, 우리가 그러한 항해일지를 읽는다는 것이 허구적이라고 이해해야 한다는 것은 거의 불가피하다. 따라서 그 소설은 그 자체로 재귀적 재현이면서, 에릭과 그레고리의 나무 그루터기가 하는 것과 유사한 방식으로 사람들을 믿는 체하기 게임 안으로 끌어들인다.

빌렘 반 데 벨데(Willem Van der Velde)의 풍경화 〈스헤베닝언 해변〉(그림 6.1)을 통상적인 방식으로 바라보고 있는 관람객은 그 자신에 대해 그가 말이 끄는 수레가 한 대 서 있는 어떤 해변으로 접근하는 한 무리의 범선들을 보고 있다는 것을 허구적으로 만든다. 그 그림은《걸리버 여행기》처럼 **재귀적** 소도구는 아니지만, 역시 감상자를 게임 안으로 끌어들인다. 이 주장을 지지하는 다음과 같은 짧은 고찰을 살펴보자. 그 관람객 — 그를 스티븐이라고 해보자 — 은 그 그림을 살펴보면서 "나는 몇 척의 범선을 본다"라고 충분히 말할 수 있으며, 그것은 그가 "앞바다에 몇 척의 범선이 있다"라고 말하는 것과 같은 의미에서이다. 만약, 그리고 그럴 가능성이 높은데, 후자가 "~라는 것은 허구적이다"와 같은 어떤 말이 암묵적으로 앞에 있는 것으로 이해되어야 한다면, 아마

〈그림 6.1〉 빌렘 반 데 벨데(Willem Van der Velde), 〈스헤베닝언 해변(The Shore at Scheveningen)〉, 내셔널 갤러리, 런던.

도 전자 역시 유사하게, 즉 허구적으로 그가 몇 척의 범선을 본다는 단언으로서 이해되어야 할 것이다. 이 말들 중 어느 쪽 말을 하든 스티븐은 참을 표현하고 있는 것으로 보일 것이다. 따라서 앞바다에 몇 척의 범선이 있다는 것뿐 아니라 스티븐이 그 범선들을 본다는 것 또한 허구적인 것으로 보인다. 그가 그 그림을 보는 것은 그 자신에 대해 그가 범선들을 본다는 것을 허구적으로 만든다.[1)]

물론 스티븐은 범선들처럼 그 그림의 허구적 세계에 속하지 않으며, 《걸리버 여행기》의 독자는 나폴레옹이 《전쟁과 평화》 안의 한 등장인물인 것과 같은 식으로 그 소설

1) 우리는 나중에 "나는 몇 척의 범선을 본다"가 "내가 몇 척의 범선을 본다는 것은 허구적이다"를 줄인 말로서 가장 잘 이해되는 것은 아닐 수도 있음을 알게 될 것이다. 그러나 그 근거들은 허구적으로 화자가 몇 척의 범선을 본다는 아이디어를 강화할 것이다.

속의 등장인물이 아니다. 우리는 작품 세계와 게임 세계 사이의 구분, 즉 소설, 그림, 그리고 연극의 세계와 그 작품들이 소도구가 되는 믿는 체하기 게임의 세계 사이의 구분을 상기할 필요가 있다. 감상자들은 후자의 세계에만 속한다.《걸리버 여행기》의 독자가 어떤 배에 탄 의사의 항해일지를 읽는다는 것은《걸리버 여행기》자체 안에서가 아니라 독자가《걸리버 여행기》로 하는 게임 안에서 허구적이며, 〈스헤베닝언 해변〉의 관람객이 앞바다의 배들을 본다는 것은 그 그림으로 하는 그 관람객의 게임 안에서 허구적이다. 감상자의 게임 세계는 그 게임의 모든 소도구에 의해 발생한 허구적 참들, 즉 작품뿐 아니라 감상자 및 감상자와 작품 사이의 관계에 의해 발생한 허구적 참들을 포함한다. 작품 세계는 그 작품에 의해서만 발생한 허구적 참들만을 포함한다. 앞바다에 배들이 있다는 것, 해변에 말이 끄는 수레가 한 대 있고 파도 안에서 헤엄치고 있는 개 한 마리가 있다는 것은 〈스헤베닝언 해변〉에 대해 허구적이다. 스티븐이 그 그림을 감상할 때는 이 모든 것에 더해 그가 앞바다의 배들과 파도 속의 개 한 마리를 **본다는** 것이 그의 게임 안에서 허구적이다. 그의 게임 세계는 작품 세계의 한 확장판이다.

한 세계가 다른 세계 안에 포함되어 있는, 서로 구분되는 허구적 세계들이 있다는 데는 이상한 것이 없다. 소설의 삽화들이나 연극의 공연들은 감상자들과 마찬가지로 하나의 허구적 세계에 더해져 더 큰 허구적 세계를 형성한다. 도스토옙스키의《죄와 벌》에 삽화로 들어가 있는 라스콜리니코프 그림은 텍스트와 결합하여 그가 어떤 늙은 여인을 죽이고 그 소설에 묘사된 대로의 행위들을 한다는 것이 허구적일 뿐 아니라 그 그림이 묘사하는 대로의 외양을 가지고 있다는 것 또한 허구적인 한 세계를 확립한다.

감상자들이 그들의 믿는 체하기 게임 안에서 재귀적 소도구가 된다는 것을 입증하기 위해서는 무엇을 보여주어야 하는가? 어떤 믿는 체하기의 원칙들이 적용되고 있다는 것, 예를 들어 어떤 사람이《걸리버 여행기》를 읽는 것은 그가 어떤 배에 탄 의사의 항해일지를 읽고 있다는 것을 허구적으로 만든다는 원칙, 그리고 〈스헤베닝언 해변〉을 보면서 스티븐이 자신이 배들을 본다는 것을 허구적으로 만든다는 원칙이 적용되고 있다는 것이다. 어떤 원칙들이 적용되느냐의 문제는 참여자들이 어떤 원칙들이 적용되고 있다고 인식하거나 수용하거나 간주하느냐의 문제다. 그러한 인식이나 수용은 앞에서 살펴보았듯이 암묵적일 수 있다. 즉, 원칙들은 말해지거나 성문화될 필요가 없다. 약정("나무 그루터기가 곰이라고 하자")에 의해 시작된 게임들은 생각 없이, 자동적으로 적용되고 있다고 가정되는 원칙들(예를 들면 더 큰 나무 그루터기는 더 큰 곰으로 "간주되는")을 포함한다. 그러나 최초의 약정조차 반드시 있어야 하는 것은 아니다. 아이들이 인형놀이를 할 때마다 "이것을 아기라고 하자"라고 이야기하고 시작하지는 않는다. 《걸리버 여행기》의 독자와 〈스헤베닝언 해변〉의 관람객은 약정을 하면서 그들의 게임을 시작하지 않으며, 관련된 믿는 체하기의 원칙들에 대한 그들의 이해는 거의 완전히 암묵적이다.

또한, 믿는 체하기 게임들이 반드시 사회적 사건일 필요는 없다는 점을 상기해보자. 감상자들의 게임은 보통 오히려 개인적이다. 비록 소도구로 사용되는 작품이 공적으로 인정되고 많은 이들에 의해 감상된다 하더라도 각각의 감상자는 대개 그것으로 그 자신의 게임을 한다. 여기에는 예외가 있지만, 현재 중요한 것은 단순히 믿는 체하기 게임이 개인적일 수 있다는 점이다. 즉, 믿는 체하기 게임은 오직 한 사람만이 하거나 심지어는 오직 한 사람만이 인식할 수도 있다. 따라서 나의 제안은 감상자 자신 이외의 어느 누구도 관련된 믿는 체하기의 원칙들을 인식하도록 요구하지 않는다.

그렇다면 증명되어야 하는 것은 예를 들어 《걸리버 여행기》의 독자가 적어도 암묵적으로 자신이 그 소설을 읽는 것이 그가 어떤 배를 탄 의사의 항해일지를 읽는다는 것을 허구적으로 만들게 되는 하나의 원칙, 그에 따르면 그가 실제로 그 책을 읽는다면 자신이 그러한 항해일지를 읽고 있다고 상상해야 한다는 원칙을 인식하거나 받아들인다는 점이다. 우리는 스티븐이 〈스헤베닝언 해변〉을 관찰한다면 자신이 배들과 해변의 말 수레 등을 보고 있다고 상상해야 한다는 하나의 원칙을 받아들인다는 것을 입증해야 한다. 나는 《걸리버 여행기》보다 그림이 더 큰 의심들을 불러일으킬 것이라고 생각하며, 따라서 이제 거기에 집중해보기로 하겠다.

스티븐은 반 데 벨데의 해변 풍경을 볼 때 자신이 앞바다의 배들을 본다고 말할 뿐 아니라 "나는 수레에 타고 있는 남자의 표정에서 즐거워하는 기미가 보인다고 생각하지만, 명확하게 보기에는 너무 멀리 떨어져 있어", "일곱 번째와 여덟 번째 배는 수평선에서 겨우 보여", 그리고 "봐, 파도 속에서 헤엄치는 개도 있어" 등의 언급들을 할 수도 있다. 스티븐이 자신이 해변, 바다 위의 배들 등을 보고 있다고 생각하고 상상한다는 것은 부정할 수 없어 보인다. 그리고 그가 이러한 상상하기가 그 그림을 보는 그의 경험에 의해 요청되고 지시되는 것으로 이해하고 있다고 가정할 충분한 이유가 있다. 그의 상상 행위는 의도적이거나 반성적인 것이라기보다는 그 그림에 대한 지각에 의해 거의 자동적으로 촉발된다. 그는 그 그림을 볼 때 단순히 자신이 배들을 보고 있다고 생각하는 경향을 가질 뿐 그렇게 하려고 결심하는 것이 아니다. 이것은 바로 그가 믿는 체하기의 원칙을 암묵적으로 인식하고 있다는 것을 보여주는 종류의 경향성이다. 만약 처음에는 한 작은 나무 그루터기, 그리고 다음에는 큰 나무 그루터기와 마주친 한 아이가 — 그리고 그것들은 그의 게임 안에서 "곰"인데 — 자동적으로 자신이 처음에는 작은 곰, 그리고 그다음에는 더 큰 곰과 마주쳤다고 상상하는 경향을 가진다면, 아마도 그가 암묵적으로 "허구적 곰들"의 크기를 그에 상응하는 나무 그루터기의 크기와 연관시키는 하나의 원칙을 인식하고 있다고 간주하는 것이 합리적일 것이다. 그림을 볼 때 자신이 배들을 보고 있다고 상상하는 스티븐의 경향은 그림을 보는 것이 그가 배들을 본다는 것을 허구적으로 만들게 되는 하나의 원칙을 그가 수용하고 있다고 볼 수 있는 근거이다.

또 다른 종류의 근거는 사람들이 그림을 볼 때 하는 다른 말들, 즉 지시어를 포함하는 말들에서 이끌어낼 수 있다. 스티븐은 캔버스 위의 배를 묘사한 부분을 가리키며 "저것은 배야"라고 말한다. 그림, 영화, 또는 연극을 보고 있는 사람은 적절한 몸짓을 곁들여가며 "저 아이는 괴로워 보여", "이것은 왕의 갑옷이야", "누군가가 저기 그늘에 숨어 있어"라고 말할 수 있다. 관람객이 믿는 체하기 게임에서의 재귀적 소도구라고, 즉 그가 그러한 게임에 언어적으로 참여한다고 가정하지 않고서 그런 언급들이 어떻게 이해될 수 있는지는 알기 어렵다. (이러한 논증의 경우, 앞선 논증과 달리 문학적 재현들에 유사하게 적용될 수 있는 분명한 사례가 없다.)

스티븐의 "저것은 배야"라는 말을 생각해보자. 이것은 분명히 〈스헤베닝언 해변〉의 관람객이 하기에 완벽히 적절한 말이다. 그가 올바른 방향을 가리키고 있다고 가정한다면 말이다. 스티븐이 캔버스의 동일한 지점을 가리키면서 "저것은 배가 아니야"라고 말했다면 틀릴 수도 있다. 이러한 적절성 여부에 대한 가장 명백한 설명은 스티븐이 참인 무엇인가를 단언하고 있다는 설명일 것이다. 그가 단언하고 있다고 잠시 가정해 보자. 그가 단언하고 있는 것은 어떤 참인가? 대답을 찾아보기 전에, 우리는 배에 대한 소설을 읽고 있는 독자가 그와 유사한 언급을 하는 것은 적절하지 않다는 점에 주목해야 한다. 《모비 딕》의 독자가 그와 유사한 견지에서 "그것은 옛날 양식으로 만들어진 다소 작은 배였으며, 주변에는 유행이 지난 갈퀴발이 달려 있었다. 오랜 세월 네 대양에서 태풍과 잔잔한 바다를 거치며 비바람에 얼룩진 그 배의 선체는 이집트와 시베리아 전장 모두에서 싸워본 프랑스 척탄병의 얼굴처럼 검었다. 그 배의 고색창연한 노는 수염이라도 달린 것처럼 보였다. 그 배의 돛대는……"[2]과 같은 구절이나 그 일부를 가리키며 "저것은 배야"라고 말하지는 않을 것이다.

스티븐의 말이 의미하는 바는 무엇인가? 분명히 그는 실제 배를 가리키는 것이 아니다. 그의 말은 그보다 덜 단도직입적으로 해석해야 한다. 우리는 "~라는 것은 허구적이다" 또는 좀 더 구어적으로는 "~라는 것은 그림 속에서 참이다"가 암묵적으로 그의 말 앞에 있다고 간주해야 하는가? 스티븐은 자신의 말이 표현하는 명제가 허구적이라고 주장하고 있는가?

그러나 그 명제란 무슨 명제인가? 그의 말은 어떤 특정한 사물에 대한, 그가 "저것"이라고 말함으로써 가리키는 무엇인가에 대한 명제를 표현하는 것처럼 보인다. 그는 그 사물에 대해 허구적으로 그것이 배라고 단언한다고 제안할 수도 있다. 그러나 그것이 무슨 사물인가? 그것은 그 그림인가, 그의 손가락이 가리키는 그림의 부분인가? 그는 **그것이** 배라는 것이 허구적이라고 주장하고 있는가? 만약 그렇다면, 그의 주장은 틀렸다. 캔버스의 어떤 부분도 허구적으로 배인 것이 아니다. 앞서 살펴보았듯이, 그림은 보통 그 자신을 재현하지 않는다. 위의 제안은 스티븐이 참을 표현하고 있다는 우리의 가정과 충돌한다.

그 지시어는 "그림 속의 배들" 중 하나라는 허구적인 개체(그런 것이 있다고 가정

2) Melville, *Moby Dick*, chap. 16("The Ship").

한다면)를 지시하는가? 캔버스 위의 관련된 자국들을 가리키는 것은 우리가 염두에 두고 있는 것이 어떤 허구적 사물인지 가리키는 하나의 편리한 방법일 수 있다. 스티븐은 그 사물이 허구적으로 배라고 말하고 있거나 아니면 그것이 정말로 배라고 말하고 있거나 둘 중 하나인가? 그러나 그렇다면 《모비 딕》의 텍스트를 가리키며 "저것은 배야" 라고 말하는 것은 왜 적절하지 않은가? 허구적으로(또는 실제로) 배인 "그림 속의 대상"이라는 것이 있다면, 그것과 마찬가지인 "소설 속의 대상"도 있다. 왜 독자는 텍스트의 적절한 부분을 가리킴으로써 그 허구적 대상을 골라내고 허구적으로(또는 실제로) 그것이 배라고 단언하면 안 되는가?

"저것"의 지시 대상이 될 수 있는 다른 합리적인 후보는 없는 것 같다. 만약 스티븐이 어떤 명제에 허구성을 부여하고 있는 것이라면, 그 명제는 그의 지시어에 의해 선택된 무엇인가에 대한 명제일 수는 없다. 그는 단지 어떤 배가 존재한다는 것이 허구적이라고 주장하는 것인가? 그러나 그렇다면 그는 왜 지시어를 사용했는가? (어쨌든 이 제안은 §3.8부터 분명해진 이유로 인해 부적절하다.)

아마도 스티븐은 그 어떤 것에도 허구성을 부여하고 있는 것이 아닐 것이다. "그것"이 그림이나 그 그림의 일부를 지시하며 스티븐은 그것이 배-**재현**이라고 주장하는 것일 수 있을까? "저것은 배야"는 "저것은 배-재현이야"를 줄인 말일까? 이렇게 보는 것은 다시금 왜 독자의 경우 《모비 딕》을 가리키며 "저것은 배야"라고 말하지 않는지 알 수 없게 만든다. 《모비 딕》 역시 배-재현이며, 우리가 그것을 가리키면서 지시할 수 있는 대상이다. 물론 그림과 소설은 서로 다른 종류의 재현이기는 하다. "저것은 배야" 라는 말은 "저것은 배의 **그림**(배-그림)이야"를 의미한다고 생각할 수도 있다. 그러나 그렇다면 우리는 왜 때때로 "배의 그림"을 "배"로 축약하는 반면 "배에 대한 소설"은 그렇게 축약하지 않는지 설명해야 한다.

이제 좀 더 급진적인 제안을 할 때가 되었다. 아마도 스티븐은 무엇인가를 지시하는 것도 아니고 무엇인가에 허구성을 부여하는 것도 아닐 것이다. 심지어 그가 참인 무엇인가, 또는 그 어떤 것이라도 단언하고 있다고 가정한 것조차 너무 성급했던 것일 수 있다. 스티븐은 단지 무엇인가를 지시하는 것처럼 **가장하고** 있다고, 그리고 그것이 배라고 주장하는 것처럼 가장하고 있다고 가정한다면, 상황이 분명히 이해될 수 있다. 이렇게 하는 것은 스티븐의 지시어가 실제로 무엇인가를 골라내야 한다거나 심지어는 그가 지시하는 것처럼 가장하고 있는 무엇인가가 있어야 한다는 가정에서 우리를 해방시킨다. 그는 단지 자신이 지시하고 배라고 부르는 무엇인가가 있는 것처럼 **가장하는** 것일 뿐이다. 그러나 그가 "저것"이라는 말을 사용하는 것은 쉽게 설명된다. 가장하기를 하면서, 우리는 우리가 하고 있는 것처럼 가장하는 행위를 똑같이 한다. 지시하는 것처럼 가장하면서, 우리는 지시하기에서 보통 사용되는 말과 동작들 — 예를 들면 지시어와 가리키기 — 을 자연스럽게 사용한다.

우리는 또한 스티븐이 단언하는 참 — 혹은 이 경우 거짓이지만 — 이나 심지어는 그가 단언하는 것처럼 가장하는 명제 — 참이든 거짓이든 — 조차 발견해야 한다는 부담에서도 벗어난다. "저것은 배다"는 명제를 표현하지 않으며, 스티븐은 단지 그 말이 명제를 표현하는 것처럼 가장하는 것일 뿐이다.

물론 스티븐은 그렇게 하면서 그 누구도 속이려고 하는 것이 아니다. 여기에서 사용되는 "가장하기"의 의미는 믿는 체하기로써 설명되어야 한다. 스티븐은 "저것은 배다"라고 말하면서 자신이 무엇인가를 지시하고 그것이 배라고 주장하고 있다는 것을 허구적으로 만든다. 그것은 스티븐에 대한 허구적 참이며, 그가 그 그림으로 하는 게임에 속하는 허구적 참이다. 그는 그 게임의 재귀적 소도구이다. 지금 이야기하는 의미에서의 가장하기는 믿는 체하기 게임에 언어적으로 참여하기를 뜻한다.

우리는 스티븐의 말이 적절한 데 비해 캔버스의 동일한 부분을 가리키며 "저것은 배가 **아니야**"라고 말하는 것은 부적절하다는 것을 이해해야 한다. 스티븐이 참인 무엇인가를 말하고 있다는 아이디어를 임시적으로 받아들인 것은 이것을 설명하기 위함이었다. 그러나 그것은 스티븐이 참을 표현한다는 것이 **허구적**이라는 사실로 설명될 수 있으며, "저것은 배가 아니야"는 허구적으로 거짓을 표현하는 것이 된다. 허구적으로 참을 말하기 위해 그렇게 하는 것은 일반적으로 적절하다. 물론 스티븐의 말에 "맞아"라고 대답할 수도 있고, 그가 "저것은 배가 아니야"라고 말한다면 "그렇지 않아"라고 대답할 수도 있다. 그러나 그런 대답들은 그 자체로 가장하기 행위일 것이다. 즉, 스티븐이 참을 말했다거나 거짓을 말했다고 선언한다는 것은 허구적일 것이다.

스티븐이 무엇인가를 단언하는 것처럼 가장할 뿐 아니라 정말로 무엇인가를 단언하고 있을 수도 있으며, 그가 정말로 단언하는 바가 참일 수도 있다. §10.3에서 우리는 그가 정말로 단언할 수 있는 것이 무엇인지 생각해볼 것이다. 이 질문에 대답하는 것은 앞서 생각했던 것보다 훨씬 쉬운 일이 될 것이다. 우리는 이제 스티븐의 단언이 그가 "저것"이라는 말로 지시하는 무엇인가에 대한 것이라고 생각해야 할 이유가 없다는 것을 알게 되었다. 스티븐이 가장하기를 한다는 것은 그가 지시어를 사용하는 이유를 이미 충분히 설명해준다.

《모비 딕》의 독자가 텍스트의 어떤 부분들을 가리키며 "저것은 배야"라고 말하는 것은 왜 부적절한가? 그것은 소설로 하는 게임은 그림으로 하는 게임과 다른 종류의 게임이기 때문이다. 소설의 독자가 배를 본다거나 그의 눈앞에 배가 있다는 것은 그에 대해 허구적이지 않다. (아마도 그 대신 그가 어떤 배에 대한 이야기를 듣는다는 것이 허구적일 것이다.) 따라서 텍스트를 가리키는 것은 배를 가리킨다는 것을 허구적으로 만들지 않는다.

6.3 발화적 참여

아이들의 게임에 언어적 참여가 널리 퍼져 있다는 데는 부정의 여지가 없다. 은행을 터는 것처럼 가장하는 한 아이가 "손들어!" 하고 말한다. 그는 도망가다가 다른 아이가 "멈춰라, 도둑!" 하고 외치는 순간 저지당하고 허구적으로 차에 실려 감옥으로 이송된다. "조심해! 네 뒤의 수풀 속에 곰 한 마리가 있어"라고 에릭이 소리치면서 허구적으로 수전에게 위험한 곰에 대해 경고한다.

우리는 재현적인 예술 작품으로 하는 게임에서도 감상자들이 언어적으로 참여하기를 기대해야 한다. 스티븐이 "저것은 배야"라고 말함으로써 배를 가리키는 것처럼 가장하는 것보다 더 자연스러운 것은 없으며, 누군가가 "앞바다에 배가 몇 척 있어"라거나 "걸리버는 릴리풋인에게 잡혔어", 또는 "이반은 스메르디아코프에게 화가 났어"라고 말하며 사건에 대해 이야기하거나 사태를 보고하는 것이 때때로 허구적이라고 해서 놀라서는 안 된다. 우리는 제10장에서 이러한 방식의 참여는 우리가 추측하는 것 이상으로 자주 일어나며, 우리가 실제로 언어적으로 참여하고 있지 않을 때라도 언어적 참여의 가능성은 재현 작품에 관한 많은 담론의 근저에 있다는 사실을 알게 될 것이다. 지금은 그러한 담론이 언어적 참여를 구성하는 한, 그리고 그러한 발화가 가장하기인 한 (아무리 그것이 "진지하기도" 할지라도) §5.3에서 언급된 수수께끼 중 하나는 사라진다는 데 주목하자.

우리는 우리가 말하고자 하는 바가 단지 〈스헤베닝언 해변〉의 세계 안에서나 《걸리버 여행기》 안에서 그렇다는 것일 때 왜 그렇게 자주 그저 "앞바다에 배가 몇 척 있다"라거나 "어떤 이상한 나라에 키가 6인치인 사람들이 살고 있었다"라고만 말하는가? 우리는 자신이 말하는 것을 진지하게 단언하는 것처럼 가장하는 것일 수도 있다. 앞바다에 정말로 몇 척의 배가 있다고 주장하는 것처럼 가장하는 사람이 "**그림의 세계 안에** 앞바다에 배들이 있다"라고 말할 것이라고 예상하기는 어려울 것이다. 또한 가장하는 사람은 자신이 하고 있는 것처럼 가장하는 행동을 모방하며, 그들이 단지 그러는 것처럼 가장할 뿐이라는 사실을 노골적으로 드러내기를 피하는 경향이 있다. "앞바다에 배들이 있다"라는 말은 우리가 어떤 사람이 허구적으로 앞바다에 있는 배들에 대해 언급하는 믿는 체하기 게임을 하고 있다면 말할 것이라고 기대하는 바로 그 말이다. 만약 어떤 독일 사람이 "Robinson Crusoe hat einen Schiffbruch überlebt"라고 말하면서 로빈슨 크루소라는 사람이 난파 사고에서 살아남았다고 단언하는 것처럼 가장하고 있다면, 그는 자연스럽게 직설법(indicative mood), 즉 단언법을 사용한다. 그는 자신이 실제로 그렇게 단언할 때 하는 것처럼 말한다.

그러나 재현적인 예술 작품에 관한 모든 담론이 (부분적으로라도) 가장하기인 것은 아니다. 분명히 학문적 논평이나 난해한 분석에 관한 건조한 강의를 하고 있는 비평가는 보통 믿는 체하기를 하고 있지 않다. 그러나 그럴 때조차 허구 조작어(fictionality operators)는 보통 생략된다. "저것은 배다"는 화자가 실제 배를 가리키는 것처럼 가장하는 것으로 쉽게 간주할 수 없는 가장 냉정한 비평을 할 때라도 충분히 사용될 수 있는 말이다. 이것은 재현에 관한 비평적 담론을 할 때 화자가 실제로 믿는 체하기에 참여하고 있지 않을 때라도 믿는 체하기가 어쨌든 그 배경에 자리하고 있다는 하나의 암시로서 받아들여져야 할 것이다. 어쨌든 비평가가 분석하고 논평하는 대상은 그 기능이 믿는 체하기 게임에서 소도구로 사용되는 것이기 때문이다. 우리는 §10.2에서 어떻게 그렇게 되는지를 살펴볼 것이다.

허구 조작어가 때때로 암묵적으로 생략되는 유일한 조작어는 아니다. 대부분의 다른 조작어들보다 더 흔하게 생략되기는 하지만 말이다.

> 이키 섬에서는 …… 현재 어부들이 돌고래들을 해마다 죽이고 있다. …… 그 지역의 어획량은 줄어들고 있고, 따라서 어부들은 자신들의 운을 저주하며 돌고래들을 비난한다. 그 지역에서 물고기들이 남획된다는 사실이나 공장에서 버린 오염 물질들이 번식지를 파괴했다는 사실, 또는 인간의 탐욕의 결과로 전 세계적으로 어획량이 줄어들었다는 사실은 문제가 아니다. 이키 섬에서는, 세계 어디서나와 마찬가지로, 돌고래들이 비난받아야 할 대상이고 따라서 죽임을 당한다.[3]

분명히 우리는 저자가 돌고래들이 비난받을 대상이라거나, 남획이나 오염이 문제가 아니라고 주장하고 있다고 이해해서는 안 된다. 저자는 어부들이 그것을 주장하거나 믿고 있다고(또는 그런 것처럼 행동하고 있다고) 말하고 있다. 그러나 "그들은 ~라고 믿는다(주장한다)"라는 어구의 생략은 단순한 축약이 아니다. 만약 그런 어구가 삽입된다면 위의 단락은 그 강렬한 아이러니를 잃어버린다. ("그들은 믿기를[주장하기를], 그 지역에서 물고기들이 남획된다는 사실이나 공장에서 버린 오염 물질들이 번식지를 파괴했다는 사실은 문제가 아니라는 것이다. …… 그들은 돌고래들이 비난받아야

---

3) 미국 그린피스(Greenpeace)를 위한 기금 모금 편지, "Susan Fountain, 그린피스의 남녀를 위해"라고 서명되어 있다. (날짜는 적혀 있지 않음.)

할 대상이라고 생각하며[말하며], 따라서 돌고래들은 죽임을 당한다.") 원래 글의 저자는 어부들의 믿음이나 단언을 묘사하기 위해 단지 경제적인 말의 형태를 사용하고 있는 것만은 아니다. 그녀는 어부들이 가지고 있다고 추정되는 생각을 찬성하는 것처럼 가장함으로써 (물론 과장과 함께) 어부들의 믿음을 묘사하고 있는 것이다.

이 예는 아이러니(어쨌든 아이러니의 한 종류)를 가장하기로 보는 하나의 일반적인 설명을 암시한다. 반어적으로(ironically) 말하는 것은 반대하는 사람들을 모방하거나 흉내 내는 것, 그들이 단언하거나 단언할 것 같은 말을 허구적으로 단언하는 것이다. 반어는 비꼬는 것이다. 우리는 어떤 주장을 하는 것이 얼마나 불합리하고 우스운지를 증명하기 위해 그런 주장을 하는 것이 과연 어떤 것인지를 보여준다.[4]

> 이걸 정부(govment)라고 해! 흥, 그 꼴이 어떤지 잠깐만 보란 말이다. 남의 자식을 — 친자식을 빼앗아가려는 법률이 있단 말이야 …… 암, 그렇지, 훌륭한 정부이지, 훌륭하고말고.[5]

팹은 정부를 진지하게 정부, 그것도 훌륭한 정부라고 말하는 사람들을 모방하고 흉내 내고 조롱하고 있다. 비록 그들이 누군지를 밝히고 있지는 않지만 말이다.

가르시아 마르케스의 소설《순박한 에렌디라와 무정한 할머니의 불가사의하고 슬픈 이야기》에서, 에렌디라는 폭군적인 할머니가 가두어놓은 천막에서 한밤중에 도망쳐 나온다. 그러나

> [그녀는] 천막 밖으로 나와서 채 다섯 발자국을 떼기도 전에 자전거 짐받이에 자신의 장비를 묶어 싣고 있는 사진사를 만났다. 그는 공범자의 미소를 지음으로써 그녀를 안심시켰다.

---

4) 클라크(Clark)와 게리그(Gerrig)는 "Pretense Theory of Irony"에서 이러한 노선을 따라 아이러니를 설명할 것을 제안한다.

5) Twain,《허클베리 핀》중에서 팹(Pap)이 하는 말, Chap. 6, p. 49.

"나는 아무것도 몰라." 사진사가 말했다. "나는 아무것도 보지 못했고, 음악 비용은 절대로 내지 않을 거야."[6)]

사진사는 에렌디라의 탈출을 보지 못했다거나 알지 못한다고 진지하게 주장하는 대신, 나중에 할머니에게 뭐라고 말할 것인지 암시하고 보여주고 있다. 그는 할머니에게 그렇게 말할 것임을 에렌디라에게 확신시키기 위해 그가 하려는 단언을 모방하고 있는 것으로, 즉 그 탈출을 목격하지 못했다고 주장하는 것처럼 가장하는(또는 주장하는 것처럼 가장하는 것처럼 가장하는?) 것으로 이해될 수 있다. 그래서 "나는 ~라고 그녀에게 말할 거야"가 생략된 것이다.

우리는 단순히 "벌컨은 질량 M을 가지고 있었다"라고 말함으로써 "벌컨"이라는 행성이 존재한다고 가정하는 사람들이 벌컨이 질량 M을 가진다고 믿었다는 것을 가리킬 수도 있다. 여기에도 역시 모방을 하고 있다는 한두 개의 암시가 있을 것이다.

"존스는 ~라고 바란다"라거나 "~가 의심된다"와 같은 어구들이 생략되었으나 그렇게 이해되고 있다고 말할 수 있는 경우들을 찾기는 쉽지 않다. 우리는 존스가 하늘에서 금이 쏟아지기를 바란다는 것을 단언하기 위한 한 방법으로서 "하늘에서 금이 쏟아질 것이다"라고 말하지는 않는다. 이것은 화자가 모방할, 그 문장의 실제 혹은 계획된 진지한 발화가 없기 때문일 것이다. 우리가 말하고자 하는 바는 하늘에서 금이 쏟아질 것이라고 단언하는 것처럼 가장해서 존스가 실제로 단언하거나 단언할 것을 보여줌으로써 자연스럽게 전달될 수 있는 것이 아니다.

몇 가지 조작어를 생략하려는 경향이 화자가 자신이 말하는 것을 진지하게 단언하는 것처럼 가장한다는 사실로 종종 설명되기는 하지만, 그러한 가장하기는 조작어가 있는 경우에도 일어날 수 있다. 이는 어떤 말을 보고하는 경우에 나타난다. 직접 인용("그는 '……'라고 말했다")의 경우, 인용하는 사람은 그 자신이 그 말을 발화함으로써 인용되는 사람이 무슨 말을 했는지 전달한다. 그러나 그는 또한 인용되는 사람의 말

6) "Innocent Erendira," pp. 40-41.

과 그 사람이 표현한 태도를 사용해서 그 주장을 자신이 하거나 그 태도를 자신이 표현하는 것처럼 가장함으로써 그 사람이 무엇을 (진지하게) 주장했는지 보여주고 증명할 수도 있다. 이러한 사실은 인용하는 사람이 인용되는 사람의 목소리 톤이나 억양, 강세를 모방하거나 흉내 낼 때 분명해질 것이다. 어떤 사람을 간접적으로 인용할 때("그는 ……라고 말했다") 우리는 인용되는 사람이 사용한 바로 그 말을 사용하지는 않는다. 그러나 우리가 어떤 생각에 찬성한다는 것은 허구적일 수 있으며, 그것을 통해 그 인용된 사람이 그 자신의 말을 사용하면서 그 생각에 찬성한다는 것을 가리킬 수도 있다. 그러한 참여는 문장 전체에 해당하지 않을 수도 있으며, 심지어 한 단어나 하나의 어구에만 적용될 수도 있다. "톰은 대통령 X, '금세기 가장 위대한 대통령'이 러쉬모어산에 그의 얼굴을 새겨야 한다고 주장했다"라고 말하면서, 우리는 X를 금세기 가장 위대한 대통령으로 칭찬하는 것처럼 가장함으로써 인용된 사람이 그렇게 말한다는 것을 보여줄 수 있다. 인용부호라든지 명백하게 과장된 빈정거리는 목소리 톤은 화자가 가장하기를 하고 있다는 사실을 분명히 해주는 동시에, 또한 그가 **단지** 그런 것처럼 가장하고 있을 뿐이라는 것을 폭로하기도 한다. (§11.1을 보라.)

"그는 ~라고 말했다"와 "그는 말했다" 역시 폭로하기 위한 가장하기가 있을 때는 폭로의 장치가 된다. 그러나 때때로 가장하기가 이런 방식의 폭로하기가 아닐 때도 있다. 우리는 다른 어떤 사람이 단언하거나 믿는 것을 가리키는 한 방식으로서, 아마도 진지하게 단언하는 것처럼 가장하면서 그저 "벌컨은 질량 M을 가지고 있다"라거나 "X는 금세기 가장 위대한 대통령이었다"라고 말하기도 한다.

이 마지막 경우들에서, 우리가 언어적으로 참여하는 믿는 체하기 게임은 재현적인 예술 작품이나 허구 작품과 아무런 관련이 없는 것들이다. 그러한 예들은 믿는 체하기에 참여하는 우리의 경향이 널리 퍼져 있다는 것을 보여주며, 내가 제11장에서 존재 주장들 — 그중 많은 것들은 재현적인 예술 작품들과 전혀 상관이 없는 — 에 대해 제안하고자 하는 설명을 암시하기도 한다. 그러나 감상자들이 회화, 소설, 연극, 그리고 영화로 하는 게임에 참여하는 방식, 그리고 참여하지 않는 방식에 대해 말해야 할 것이 더 있다.

6.4 참여에 대한 제한

이제까지 우리는 재현적인 예술 작품의 독자와 감상자들이 아이들의 믿는 체하기 게임과 유사한 활동에 참여하고 있다고 이야기해왔다. 몇몇은 여전히 이러한 유비에 불편해할 것이다. 안락의자에 소설책을 한 권 들고 앉아 있거나 그림 앞에 움직이지 않고 서 있는 어른이 아이들이 인형놀이를 하거나 막대기를 타고 집 주위를 뛰어다니는 식으로 게임에 참여하고 있다고는 생각하기 어려워 보인다. 감상자는 수동적이고, 사색적이고, "거리를 두고" 있는 것처럼 보이는 반면, 아이들은 능동적이고, 신체적으로 참여하며, 몰두하고 있는 것처럼 보인다.

우리는 감상자들이 믿는 체하기 게임에 참여할 뿐만 아니라 그들이 속하지 않은 허구적 세계, 그들이 감상하는 작품의 세계를 관찰하기도 한다는 것을 앞서 살펴보았다. 아이들은 보통 그들의 게임 세계에만 관심이 있다. 인형이나 막대기 같은 소도구들이 그 자체의 세계 — 작품 세계와 유사한 — 를 가지고 있다 하더라도, 그것들은 종종 그리 흥미롭지 않다.

그러나 이러한 사실 이외에도 아이들의 참여와 감상자들의 참여의 본성과 정도에는 중요한 차이들이 있다. 감상자들의 참여는 아이들의 참여에 비해 제한되어 있다. 우리는 이러한 제한들에 대해 주의 깊게 살펴볼 필요가 있다. 이는 그러한 제한이 그 자체로 중요하기 때문이기도 하지만, 그러한 제한이 감상과 아이들의 게임 사이의 기본적인 유비가 정당하다는 사실을 보기 어렵게 하는 경향에 대항하기 위해서이기도 하다. 그 차이를 정도의 차이로 보는 것이 중요하다.

로렌이 인형놀이를 할 때, 로렌이 아기를 목욕시키거나 아기에게 음식을 먹이거나 옷을 입힌다는 것은 허구적이다. 그러나 그 누구도 루벤스의 〈헬렌 푸르망과 그녀의 아이들〉을 보는 동안 허구적으로 아이를 목욕시키거나 아이에게 음식을 먹이거나 옷을 입히지 않는다. 인형놀이에서 아기를 안거나 데리고 다니거나 칭찬하거나 꾸짖거나 한다는 것, 혹은 로렌이 쇼핑하러 간 동안 아기가 집에 남겨져 있다거나 소파 밑에서 발견된다는 것 등은 로렌이나 다른 아이들이 인형을 가지고 실제로 하는 일에 따라 허구적일 수 있다. 그러나 일반적으로 관람객이 그림을 가지고 하는 행동은 그가 그러한 방식으로 아이를 다룬다는 것을 허구적으로 만들지 않을 것이다. 로렌은 친구 집으로 인형을 가져감으로써 허구적으로 아기를 그곳에 데려가는 것이다. 그러나 앙투안 그로(Antoine Gros)의 〈아일라우에서의 나폴레옹〉을 루브르에서 메트로폴리탄 미술관으로 옮기는 것은 허구적으로 나폴레옹과 그의 군대(배경에 보이는 건물과 들판은 말할 것도 없이)를 대서양을 건너 옮기는 것으로 여겨지지 않을 것이다. 그 그림이 어디 있든지 간에 그 그림으로 하는 정상적인 게임에서라면 나폴레옹은 아일라우에 있다는 것이 허구적이다. 회화의 관객이 하는 게임은 아이들의 게임과 비교해볼 때 두 가지 방식으로 제한되어 있다. 첫째, 관객이 허구적으로 한다고 할 수 있는 행위의 종류가 더 적다. 둘째, 관객이 실제로 하는 행위 중 게임에 기여하는 것으로, 즉 허구적 참을 발생시키는 것으로 쉽게 해석할 수 있는 행위의 수가 더 적다. 연극, 시, 소설, 그리고 다른 작품들의 감상자가 하는 게임 역시 비록 매 경우마다 그 세부는 다르겠지만 이와 유사한 방식으로 제한되어 있다.

어떤 제한들은 소도구의 특성에 기인하기도 한다. 인형의 팔을 들어 올리는 것은 자연스럽게 허구적으로 아기의 팔을 들어 올리는 것으로 이해된다. 그러나 루벤스의 그림은 그와 유사하게 붙잡을 수 있는 "팔"이 없다. 다른 제한들은 좀 더 관례적이다. 아마도 관객이 무대 위로 뛰어올라가서는 안 된다는 것, 그리고 만약 그렇게 한다 해도 그가 허구적으로 누군가를 구한다거나 허구적으로 무엇인가를 하는 것으로 이해되어서는 안 된다는 것은 전통적인 연극의 관례일 것이다. 우리는 그림 앞에서 어떤 톤의 목소리로 이야기하는 것을 허구적으로 아기에게 이야기하는 것으로 간주하거나 캔버스의 어떤 지점에 입을 맞추는 것이 허구적으로 아기에게 입을 맞추는 것이 되는 발생의 원칙이 있다는 것이 어떤 것인지 쉽게 이해할 수 있다. 그러나 이러한 종류의 게임에서 소도구로 사용되는 것은 루벤스의 그림과 같은 작품들의 기능이 아니다. (그러나 종교적 도상들로 하는 게임에서는 그러한 참여를 기대할 수도 있다.)

아이들의 게임 역시 제한 — 비록 보통은 덜 광범위하지만 — 이 있을 수 있다. 에릭이 나무 그루터기 곰 놀이를 하면서 곰이 집으로 쫓아온다거나 냄비를 탕 하고 내려침으로써 곰을 쫓아버렸다는 것이 허구적이 되도록 만드는 것은 쉽지 않다. 나무 그루터기는 협력할 수 없기 때문이다. (물론 그가 소도구를 버려두고 단순히 그러한 사태를 상상할 수는 있을 것이다.) 로렌은 허구적으로 아이가 걸음마를 하는 동안 그 아이를 붙잡아줄 수 있지만, 기계로 된 인형 없이는 아이가 혼자 걸음마를 하고 있다는 것을 허구적으로 만들기가 쉽지 않을 것이다.

감상자들의 게임에 대한 제한이 있다고 해서 그 게임이 무한히 풍부하고 다양할 수 없는 것은 아니다. 베르메르(Johannes Vermeer)의 〈열린 창문 옆에서 편지를 읽고 있는 소녀〉(그림 8.8)를 보고 있는 관람객의 참여는 그가 허구적으로 편지를 읽는 소녀를 관찰하고 있다는 것을 훨씬 넘어선다. 그가 창문에 비친 그녀의 모습을 알아차린다는 것, 또는 알아차리지 못한다는 것이 허구적일 수도 있다. 앞쪽에 있는 과일을 지나치며 흘끗 본다는 것, 또는 그것을 열심히 살펴본다는 것이 허구적일 수도 있다. 그가 그것들을 식별하거나 세어본다는 것이 허구적일 수도 있고, 편지 내용에 대한 실마리를 찾기 위해 소녀의 얼굴에 떠오른 표정을 관찰한다는 것이 허구적일 수도 있다. 그는 허구적으로 창문 위에 걸려 있는 커튼이나 구석에 있는 의자의 장식을 가리킬 수도 있다. 그가 자신이 아는 것에 대해 언급하거나 편지에 뭐라고 쓰여 있는지, 또 그 과일이 어디에서 재배되었는지에 관해 누군가와 토론한다는 것이 허구적일 수도 있다. 《걸리버 여행기》의 독자에게는 어떤 배의 의사가 쓴 이상한 나라들에서의 일련의 모험에 대한 항해일지를 읽는다는 것뿐만 아니라, 그것을 빠르게 혹은 느리게, 열중하거나 혹은 무관심하게, 세부를 건너뛰거나 혹은 암기해가며 읽는다는 것 역시 허구적이다. 양쪽의 경우 모두에서 심리적 참여도 일어날 것이다. 즉 감상자가 자신이 보거나 읽은 것에 대해 사고나 감정, 이런저런 의견이나 태도를 가지고 있다는 것이 허구적일 것이다.

우리는 보통의 방식으로 〈편지를 읽고 있는 소녀〉나 《걸리버 여행기》를 감상하는 행위와 인형놀이를 하거나 그와 유사한 믿는 체하기 게임을 하고 있는 아이들의 행위 사이의 날카로운 대조를 목격했다. 그러나 예술 작품의 감상 행위에 부과된 제한들의 일부를 가지고 있지만 전부를 가지고 있지는 않은, 많은 중간적 경우가 존재한다. 그중 어떤 것은 표준적이고 확립되어 있고 전통적인 종류의 게임들인 반면, 다른 것들은 즉

흥적이고 임시적이다. 이러한 중간적 경우들에 대해 살펴보는 것, 그리고 감상자의 게임에서 참여에 대한 제한이 쉽게 완화될 수 있다는 사실을 살펴보는 것은 그 차이를 정도의 차이로 간주하는 데 힘을 실어준다.

조각(sculpture)은 종종 그림으로 하는 게임보다 몇 가지 면에서 덜 제한적인 게임들을 허용한다. 초상화 뒤로 걸어가는 것은 우리가 어떤 사람 뒤로 걸어간다는 것을 허구적으로 만들지 않을 것이다. 그러나 미켈란젤로의 〈다비드〉 뒤로 (돌아서) 걸어갈 때는 아마도 우리가 어떤 사람 뒤로 걸어간다는 것이 허구적일 것이다. 어떤 사람의 조각 — 또는 심지어 그림이라도 — 을 쓰다듬는 것은 쉽게 허구적으로 어떤 사람을 쓰다듬는 것으로 이해될 수 있다. 비록 관례가 이러한 이해를 승인하지 않고 퉁명스러운 미술관 경호원들이 그러한 행동을 못하게 막더라도 말이다. 초상화를 향해 화살을 던지거나 핀으로 찌르는 행동을 허구적으로 그려진 사람을 공격하는 것으로 간주하지 않기란 거의 불가능하다. (사랑하는 사람의 초상화를 핀으로 찌르기란 쉽지 않다.) 1968년 시카고의 페이건(Feigen) 미술관에서 열린 리처드 J. 데일리(Richard J. Daley)[*역주: 미국의 정치가. 시카고 시장으로 여섯 차례 당선되어 1955년부터 1976년까지 21년 동안 재임했다.] 전시는 제임스 로젠퀴스트(James Rosenquist)의 〈갈가리 찢어진 이미지〉를 포함하고 있었는데, 그것은 분홍색과 흰색으로 데일리를 그린 합성수지 재질의 초상화로서 세로로 잘라져 여러 개의 띠로 되어 있었다. 관객은 그림 속으로 주먹을 찔러넣었으며, 물론 그것은 허구적으로 데일리를 가격하는 것이었다. 아이들은 때때로 그림을 인형이나 테디 베어처럼 다루는데, 예를 들면 그림 호랑이에게 먹이를 주거나 침대에서 함께 자거나 또는 소방차 그림 위에 앉아서 소방차를 타고 있는 것처럼 놀기도 한다. 이러한 예들은 그림으로 하는 비관례적인 게임이지만, 쉽게 이해된다.

이러한 예 중 몇몇은 재현으로 하는 일반적인 게임들을 변형시킨 버전들이다. 그러한 예들은 어떤 종류의 공공연한 신체적 참여를 더했다는 것 말고는 정상적인 게임과 유사하다. 정상적인 게임들 자체가 인형놀이나 다른 아이들의 게임에서 일어나는 종류의 참여를 어느 정도 포함하고 있지 않다면 이러한 변형들의 자연스러움을 설명하기가 어려울 것이다. 만약 관람객이 그림 앞에 서 있다는 바로 그 사실에 의해 그가 데

일리 앞에 서 있다는 것이 이미 허구적이게 되는 것이 아니라면, 즉 그가 믿는 체하기 게임에 이미 참여하고 있는 것이 아니라면 〈갈가리 찢어진 이미지〉 안에 주먹을 집어넣는 것이 허구적으로 데일리를 가격하는 것이라는 사실이 어떻게 그렇게 명백할 수 있겠는가? 정상적인 방식으로 재현을 감상하는 행위들은 아이들의 믿는 체하기 게임을 잘라 줄인 변형으로 가장 잘 이해될 수 있다.

왜 우리는 그러한 제한들을 받아들이는가? 우리는 그림을 보거나 소설을 읽는 대신 땅바닥에 앉아 인형놀이를 할 수도 있다. 감상자들의 게임에 대한 제한이 불이익이라거나 좀 더 광범위한 참여를 허용하는 게임을 하는 것이 항상 혹은 심지어 일반적으로라도 더 낫다고 가정해서는 안 된다. 제한에는 이점이 있다.

일반적으로 감상자들의 게임은 아이들의 게임보다 덜 신체적이지만, 좀 더 반성적이고 관조적이다. 신체적 참여에 대한 제한은 심리적 참여로 강조점을 옮겨놓는다. 해리(헨리의 좀 더 세련된 형)가 고난에 처한 처녀를 보호하기 위해 무대 위로 뛰어올라가지 못하도록 막는 관례는 그가 그녀의 곤경에 대해 좀 더 깊게 숙고할 수 있게 해준다. 그는 연극에 끼어들기 위해 자신의 숙고를 중단하지 않으며, (허구적으로) 끼어들어야 하는지에 대한 걱정이 그를 방해하지도 않는다. 그 게임은 그가 끼어드는 것이 허구적일 수 없는 게임이므로 그의 사고와 감정에 대한 더 풍부한 허구적 참들의 집합을 포함할 가능성이 크다. 그는 또한 자신이 허구적으로 생각하고 느끼는 것에 관해 실제로 숙고할 충분한 기회를 가진다.

감상자들의 참여에 대한 제한이 가지는 두 번째 이점은 예술가가 감상자들의 게임에 기여하는 바를 확장시킬 수 있다는 점이다. 감상자들의 게임에서 허구적인 것들의 많은 부분은 감상되는 작품과 그것을 만든 예술가에 의해 결정된다. 그러나 예술가의 역할은 참여와 충돌할 수 있다. 만약 예술가가 어떤 방식으로 쓰거나 그림으로써 감상자들의 게임 안에서 살인자로 고소된 사람이 자신의 재판이 진행되는 동안 판사 앞에서 꼿꼿하게 도전적으로 서 있다는 것을 허구적으로 만들고자 한다면, 그 게임은 감상자 자신이 피고인을 괴롭혀 자백하게 하거나 도망가도록 도와주거나 법정에서 소란을 피우는 것이 허구적이 되도록 만들 수 있는 게임이 되면 안 될 것이다. 예술가들은 우리의 게임에 값진 기여를 한다. 우리는 그들의 경험과 지혜, 통찰력으로부터 얻는 것이 있다. 그러나 우리는 그에 상응하는 참여의 제한을 받아들여야 한다.

그렇게 할 때에만 이점이 있는 것은 아니다. 예술가나 소도구 제작자가 아닌 참여자들 자신이 주된 허구적 참을 결정하는 게임을 하는 것은 스스로 탐험하거나 실험하는 것과 같다. 어떤 면에서는, 또 어떤 상황에서는 이런 것이 현명한 스승에게 의지하는 것보다 나을 수 있다.

때때로 참여에 제한을 가하는 것이 바람직함을 인정하는 것은 실제로 일어나는 참여의 역할을 약화시키는 것이 아니다. 중요한 것은 이를테면 허구적으로 살인자로 고소된 어떤 사람이 자신의 재판에서 어떤 방식으로 행동했다는 단순한 사실 — 예술가가 책임이 있는 허구적 참 — 이 아니라, 허구적으로 감상자가 피고인이 그런 식으로 행동하는 것을 보거나 안다는 것, 그리고 그의 그러한 행동에 대해 이런저런 종류의 사고나 느낌을 가진다는 사실이다. 이러한 허구적 참들은 감상자와 예술가의 협력에 의해, 즉 감상자가 예술가의 작품이 소도구가 되는 게임에 참여함으로써 발생한다.

감상자의 참여에 대한 한 가지 흔한 제한이 아직 언급되지 않았다. 그 제한이 파괴되거나 중지되거나 또는 단지 결여될 경우, 그것은 내가 "관객에게 말 걸기(aside to the audience)"라 부르는 것이 된다.

6.5 관객에게 말 걸기

〈그랑자트〉의 관람객이 공원을 산책하는 사람들을 본다는 것은 허구적이다. 그러나 그 사람들이 관람객을 본다는 것은 허구적이지 않다. 입센의 〈헤다 게블러〉 공연을 보는 관객은 헤다가 말하는 것을 허구적으로 듣지만, 그녀가 관객에게 말을 건다거나 관객을 향해 말한다는 것은 허구적이 아니다. 우리가 재현 작품들로 하는 게임에서 등장인물들이 우리를 알아차리거나 우리에게 반응한다거나 또는 우리가 그들과 눈빛을 교환하거나 그들과 대화한다는 것은 일반적으로 허구적이지 않다.

그러나 예외는 있다. "당신이 늙은 닥터 고든의 바일 마그네시아를 먹어봤는지 모르겠네요? 그것은 간에 문제가 있을 때 마법처럼 즉시 편안하게 해주고 몸 안에 온기를 주지요."[7] P. G. 우드하우스의 《자네 말이 얼마나 옳은지, 지브스》의 화자는 이렇게 독자에게 말을 건다. 만약 밸서자(Balthasar)를 연기하는 배우가 다음과 같은 대사를 하면서 관객을 바라본다면, 밸서자가 관객에게 말을 건다는 것이 허구적이다.

> 로미오: 그래야 내게 호의를 보여주는 것이 된다. 그것을 받아둬라. 잘 살도록 해라. 그리고 잘 가거라, 이 녀석아.
>
> 밸서자[방백]: 저렇게 말씀하시더라도 이 근방에 몸을 숨겨야지. 도련님의 안색이 걱정스럽고 그분의 의도도 심상치 않아.[8]

카라바조의 바쿠스는 관람객에게 술을 권하고 있다. 최초의 서부극인 〈대열차 강도〉(그림 6.2)는 한 강도가 카메라를 향해 권총을 겨누고 발사하는 샷으로 끝난다. 영화와 연극에서는 등장인물이 갑자기 관객에게 몸을 돌려 조언을 구하거나 동정을 호소하는 경우가 있다.[9] 제1차 세계대전 당시 신병 모집 포스터에는 "샘 아저씨가 당신을 필요로 한다!"라는 문구가 쓰여 있다. 이런 경우들을 (그 어구의 일상적인 적용을 다소 변경하는 것이겠지만) "관객에게 말 걸기(asides to the audience)"(또는 간단하게 "말 걸기")[10]라고 부르자.

말 걸기인지 여부를 판단하기가 항상 쉽지만은 않다. 문학 작품 안에 2인칭 대명사가 있거나 "독자들이여"라는 말이 나온다고 해서 그것이 말 걸기를 가리킨다고 확신할

---

7) Wodehouse, *How Right You Are, Jeeves*, p. 85.

8) Shakespeare, *Romeo and Juliet*, act 5, sc. 3.

9) 예를 들면 〈Tom Jones〉(Tony Richardson, 1963)와 〈The Magic Flute〉(Ingmar Bergman, 1976).

10) 밸서자가 하늘을 응시하며 대사를 말할 때처럼, 방백(asides, 말 걸기)이라고 불리지만 관객에게 말 걸기가 아닌 경우들도 있다. 그러나 그것은 지금 우리에게 문제가 되지 않는다.

〈그림 6.2〉
에드윈 S. 포터(Edwin S. Porter), 〈대열차 강도(The Great Train Robbery)〉, 스틸(1903). 현대 미술관(Museum of Modern Art) 영화 스틸 아카이브, 뉴욕.

수는 없다. (그것이 꼭 필요한 것도 아니다. 《로미오와 줄리엣》의 예를 보라.) 작가는 **실제로** 독자에게 말할 수도 있다. 아풀레이우스는 《황금 당나귀》에서 "이 밀레토스 이야기에서, 독자들이여, 나는 여러 이야기들을 한데 엮어 즐겁게 속삭이는 내러티브로 당신의 귀를 간질이겠다. 당신이 나일강의 갈대로 만든 섬세한 펜으로 쓰여 있는 이 이집트 종이를 훑어보기를 거부하지만 않는다면"[11]이라고 말하고 있고, 새커리는 《허영의 시장》[12]에서 독자에게 말하고 있는 것처럼 보인다. 그루초 막스(Groucho Marx)는 《동물 크래커즈》 중간에 멈추고는 (대략) "글쎄, 농담들이 다 재미있을 수는 없어. 당신은 어쩌다가 한 번 정도만 기대해야 할 거야"라고 말하기도 한다. 독자에게 실제로 말할 때라 해도, "당신"이 본문 중에 나타난다는 사실이 반드시 독자에게 말한다는 것이 허구적임을 가리키지는 않는다.

그러나 이와 같은 예들에서 우리는 그 말들을 허구적 이야기꾼에게 귀속시킬 수도

11) Apuleius, *The Golden Ass*, p. 31.

12) §7.6에서 인용된 구절을 보라.

있다. 우리는 《허영의 시장》의 독자가 하는 게임 안에서 이야기꾼이 독자에게 말을 걸고 자신의 끔찍한 악행과 복잡한 범죄에 대한 이야기를 한다는 것이 허구적이라고 이해할 수도 있다. 이것이 결국 말 걸기의 예가 된다.[13)]

서한체 소설에서 2인칭 대명사는 소설의 실제 독자가 아니라 그 편지를 받는 등장인물을 "지칭(refer)"할 가능성이 크다. 그렇다면 소설의 독자에게 말을 건다는 것은 허구적이지 않을 것이다. 그러나 아마도 《로드 짐》의 독자는 자신이 말로가 그의 이야기를 들려주고 있는 친구 중의 한 명이라고 상상해야 할 것이다.

존 바스는 다음의 단락에서 특별히 흥미로운 한 예를 보여준다.

> 독자들이여! 당신, 집요하고, 욕할 수도 없는, 활자 지향적인 녀석들이여, 이 괴물 같은 허구 안에서 내가 말을 걸고 있는 사람은 바로 당신이다. 아니면 누구겠는가. 그렇다면 당신은 이제까지 내 이야기를 읽었는가? 이렇게나 많이? 무슨 불명예스러운 동기로? 어떻게 당신은 영화도 보러 가지 않고, TV도 보지 않고, 벽을 노려보지도 않고, 친구와 테니스를 치지도 않고, 마음에 두고 있는 사람을 유혹하지도 않고, 그저 내가 사랑의 유혹에 대해 이야기하는 것을 듣고 있는가? 어떤 것도 당신을 물리게 하거나 포화시키거나 싫증나게 할 수 없는가? 당신의 수치심은 어디로 갔는가?[14)]

바스의 이야기의 실제 독자는 당연히 이러한 장광설의 표적이 자신이라고 느낄 것이다. 그에게 말 걸고 있는 것이 "허구 안에서"라면, 이는 아마도 그에게 말을 건다는 것이 허구적임을 의미할 것이며, 따라서 말 걸기의 예가 된다. (허구적으로 화자가 자신이 허구 안에서 말하고 있음을 인식하고 있다는 역설은 감수해야만 할 것이다.)

그러나 이 단락은 인용구 내에서 일어나는 것으로서 이해되어야 한다. 왜냐하면

---

13) §9.6을 보라. 물론 독자에게 말을 건다는 것이 허구적인 동시에 참일 수도 있다. 그리고 허구적으로 독자에게 말을 거는 사람이 실제 작가일 수도 있다.

14) "Life Story," p. 123.

바스는 이어서 "이 웅변적인 또는 적어도 대답 없는 질문 세례를 해대고 난 후, 그리고 그럼에도 그 자신이 역시 또 다른 문장을 말하는 중이라는 것을 알고 나서, 그는 다음과 같이 결론 내렸다. ……"[15]라고 말하고 있기 때문이다. 따라서 《인생 이야기》로 하는 나의 게임 안에서 "독자들이여! 당신, 집요하고, 욕할 수도 없는, 활자 지향적인 녀석들이여"라는 말이 나를 향하고 있는 것이 아니라 이야기의 일부라는 것이 분명히 허구적이다. 말 걸기가 있다는 것은 단지 허구적이다. 독자가 하는 게임 안에서 화자가 독자에게 말을 건다는 것이 허구적인 그런 이야기가 있다는 것이 《인생 이야기》-허구적이다.

그러나 다른 가능성들도 있다. (직관적으로 말하자면) 이야기 안에서 이야기 안으로부터 말을 거는 대상은 바스 이야기의 실제 독자인 당신 또는 나라는 것이 맞을 것이다. 이것이 무엇을 의미할지는 두 가지 가능성이 있다. (a) 《인생 이야기》로 하는 나의 게임 안에서 내가 이야기에서 인용된 문단을 읽고 또 그렇게 하면서 그 안에서 허구적으로 화자가 나에게 말을 거는 게임을 하고 있다는 것은 허구적이다. 말 걸기가 있다는 것이 단지 허구적이기는 하지만, **나에게** 향한 말 걸기가 있다는 것이 허구적이다. (b) "독자들이여! 당신, 집요하고, 욕할 수도 없는, ……"을 읽으면서 나는 실제로 게임을 하고 있기는 하지만, 전체로서의 이야기로 하는 게임과는 구분되는, 나에게 화자가 말을 거는 것이 허구적인 게임을 하고 있다. 따라서 그 단락은 따로 떼어두고 보면 나에게 향한 말 걸기를 실제로 포함한다. 그러나 이 단락이 그 말 걸기와 함께 어떤 이야기 안에서 일어나며 **그** 이야기를 읽는 사람 누구에게나 향해 있다는 것이 《인생 이야기》-허구적이다.

우리는 시각예술의 감상자에 대한 말 걸기를 구분해내는 데는 그와 동일한 어려움을 겪지 않는다. 어떤 그림의 관람객이 바쿠스나 강도가 그를 알아보거나 술을 권하거나 권총을 겨눈다는 것이 허구적인 경우와 화가가 실제로 그렇게 하는 경우를 혼동하는 것은 상상하기 어렵다. 그러나 여기에는 다른 어려움들이 있다. 우리는 곧 그 하나를 만나게 될 것이다. 그러나 우선 상대적으로 덜 문제시되는 경우들에 초점을 맞추어보자.

---

15) Ibid., p. 124.

말 걸기는 단수적(singular)일 수도 있고 복수적(plural)일 수도 있다. 〈대열차 강도〉의 관객이 하는 게임 안에서는 한 강도가 관객 한 사람에게만 총을 겨눈다는 것이 허구적이다. 그러나 밸서자는 전체로서의 관객에게 말한다는 것이 옳을 것이다. 우리는 〈로미오와 줄리엣〉의 관객이 밸서자가 관객 모두에게 집합적으로 말을 거는 것이 허구적인 하나의 공동의 믿는 체하기 게임에 참여하고 있는 것으로 생각할 수 있다. 그러나 보통은 영화의 개별적인 각각의 관객이 그 자신의 사적인 게임에 참여하고 있는 것으로 이해하는 것이 최선이다. (극장 안의 어둠이 이를 부추기기도 한다.) 〈대열차 강도〉의 각 관객이 하는 게임 안에서 권총이 똑바로 그를 향해 있다는 것은 허구적이지만, 권총이 동시에 모든 관객을 향해 있다는 것은 어느 게임에서도 허구적이지 않다. 이 점은 영화와 연극의 한 가지 중요한 차이를 강조한다. 그것은 무대 위의 배우는 각각의 관객에게 동시에 총을 겨누거나 눈을 맞출 수 없지만, 영화 속의 배우는 그렇게 할 수 있다는 점이다.

믿는 체하기 게임이 개인적인 경우라도 말 걸기는 복수적일 수 있다. 도스토옙스키의 지하 생활자가 "그리고 이제, 결국, 여러분, 아무것도 하지 않는 편이 제일 낫습니다"[16]라고 말할 때, 그가 《지하 생활자의 수기》의 모든 실제 독자에게 집합적으로 말을 걸고 있다는 것은 어떤 정상적인 게임에서도 허구적이지 않다. 그보다는 각 개별 독자의 게임 안에서 지하 생활자가 그 독자가 속해 있는 한 그룹의 사람들에게 말을 걸고 있다는 것이 허구적이다.

말 걸기는 드물지 않지만, 많은 문맥에서 특별하다. 우리는 바쿠스가 술을 권하는 것에 깜짝 놀란다. 영화를 보러 갔을 때 스크린으로부터 알아챔을 당하는 것은 비록 즐겁기는 하지만 당황스러운 일이다. 많은 말 걸기에는 놀랍고 인상적인 측면이 있다. 그것은 허구에 대한 우리의 관계에서 중요한 전환을 나타낸다.

어떤 사람들은 말 걸기가 "감상자를 허구 안으로 데려온다"고, 즉 보통은 우리가 포함되지 않는 허구 세계에 우리 자신이 갑자기 포함되어 있다고 느끼게 된다고 말하

16) *Notes from the Underground*, p. 120.

기도 한다. 말 걸기는 실제로 감상자들을 그들의 게임 세계 안에 포함시키기는 한다. 독자나 관객이 알아차려지거나 말을 거는 대상이 되거나 술을 권유받거나 위협받는다는 것은 허구적이다. 그러나 감상자들은 그런 장치의 도움이 없더라도 어쨌든 그들의 게임 세계에 속해 있다. 말 걸기의 자연스러움 — 비록 우리가 놀란다고 할지라도, 허구적으로 누군가가 우리를 알아차리거나 우리에게 말을 건다는 것을 신속하게 이해할 수 있다는 것 — 은 이러한 주장을 뒷받침한다. 누군가가 어떤 방향에서 바라보고 있다거나 2인칭 대명사를 사용한다는 것이 허구적일 때, 우리가 이미 거기에 있다는 것이 허구적이지 않다면 그가 우리를 알아차리거나 우리에게 말을 건다는 것이 허구적임을 우리가 왜 그렇게 빨리 이해하겠는가?

그러나 우리가 어쨌든 우리의 게임 세계에 정말로 속해 있다면, 말 걸기가 왜 그렇게 특별하고 주목할 만한 것인가? 그 대답의 일부는 실제 생활에서도 누군가가 우리를 알아차리거나 말을 걸어온다는 것이 우리의 사회적 상황에서 중요한 변화를 나타낸다는 단순한 사실에 있다. (교실에서 갑자기 이름이 불린 학생을 생각해보거나 강연자가 위쪽 방청석에서 한 사람을 지적하여 특별히 그에게 말을 거는 상황을 생각해보라.) 우리는 이전과는 다른 방식으로 포함되고 있다고 느낀다. 말 걸기는 이와 유사한 방식으로 감상자가 포함된다는 것을 허구적으로 만든다. 이러한 변화는 중요할지 모르나 감상자가 그 이전에는 속하지 않았던 허구적 세계 안으로 갑자기 끌려들어오는 변화인 것은 아니다.

그러나 많은 말 걸기의 특별한 날카로움은 부분적으로 말 걸기에 대한 제한에 의해 설명되어야 한다. 많은 맥락에서 말 걸기는 고의로 회피된다. 때때로 그것은 어느 정도 명시적으로 금지되기도 한다. 따라서 예를 들어 흔히 초보 영화배우에게 카메라를 바라보지 말라고 지시하는 것이다. 마이클 프리드는 디드로가 연극과 회화에서의 (관객에 대한) 대부분의 말 걸기를 조악한 취미라고 비판했으며 장 바티스트 시메옹 샤르댕이나 장 바티스트 그뢰즈 같은 화가들을 그들이 그린 인물이 다른 모든 것을 잊은 채 자신이 하고 있는 일들에 열중함으로써 관찰자의 존재를 알아차리기를 두드러지게 거부하고 있다는 점에서 높이 사고 있었다고 기록하고 있다.[17] 물론 말 걸기는 그것이 예상 밖이거나 금지되어 있을 때 특별히 두드러진다. 그러한 놀라움은 때때로 다른 관례들을 위반했을 때 수반되는 놀라움과 다르지 않다. 예를 들어 흑백의 스케치 안에 작은 색 조각이 있을 때의 놀라움이 그렇다.

(디드로는 등장인물들이 관찰자를 알아차리지 못할 때라도 관찰자가 등장인물들과 함께 하나의 허구적 세계에 속해 있다고 생각한 듯하다. 수잔나와 장로들을 그린 그림에서 장로들의 시선으로부터 몸을 숨기기 위해 "베일로 몸을 감싸고 있는" 수잔나가 "관람객의 눈앞에 완전히 자신을" 드러내 보이는 것에 대해 왜 아무도 거슬려하지 않는가를 설명하면서, 디드로는 "그것은 **보이는** 여인과 자신을 드러내는 여인의 차이이다"라고 말한다.[18] 프리드가 주목하듯이, 비록 그뢰즈의 〈죽은 새에 대해 슬퍼하고 있는 소녀〉에서의 소녀는 "완전히 극도의 슬픔에 몰두해 있고 다른 모든 것을 잊고 있지만", 디드로는 "곧 우리는 우리가 이 아이와 대화를 나누고 그녀를 달래고 있다는 것을 알아차리게 된다"라고 말하며 다양한 경우에 자신이 그녀에게 "자, 자, 아가야, 나한테 얘기해 보거라"라고 말한 것을 기억하고 있다고 쓰고 있다.)[19]

모든 말 걸기가 똑같이 특별하거나 똑같이 불편한 것은 아니다. 초상화의 인물들은 눈썹을 치켜 올리지 않고도 "관객을 바라볼" 수 있다. 한스 홀바인의 회화 〈대사들〉에 그려진 신사들이 우리 쪽을 바라보고 있는 것 같다는 사실에는 특별히 주목할 만한 점이 없다. 가장 명백한 설명은 초상화, 또는 어떤 종류의 초상화에서는 말 걸기에 대한 제한이 없다는 것이다. 심지어 말 걸기는 어느 정도 의무적일 수도 있다.[20] 따라서 허구적으로 대사들이 우리를 바라보고 있다는 사실은 놀랍지 않다. 그러나 〈대사들〉은

---

17) Fried, *Absorption and Theatricality*. "[주연 배우들은] 조심스럽고 계산된 발걸음으로 도착한다. 그들은 갈채를 유도하고 연극에서 벗어난다. 그들은 관객에게 말을 건다. 그들은 관객에게 이야기를 하고, 따분하고 부자연스러워진다."(Diderot, *Discourse*, Fried, p. 95의 인용 및 번역)

18) Fried, *Absorption and Theatricality*, p. 97의 인용 및 번역. 강조는 저자.

19) Fried, *Absorption and Theatricality*, pp. 58-59.

20) "다른 어떤 장르의 관례보다 더 노골적으로, 그리고 말하자면 무조건적으로 초상화의 관례들은 대상, 그 모델을 공공의 시선에 드러내기를 요구한다. 다른 말로 하자면, 초상화에 그려진 기본적인 행위는 그 모델이 관찰당하기 위해 그 자신 혹은 그녀 자신을 제시하는 행위다."(Ibid., p. 109)

말 걸기를 전혀 포함하고 있지 않은 것으로 이해될 수도 있다. 어떤 종류의 초상화에서는 모델에게 "똑바로 앞을 바라보도록", 말하자면 관객이 서 있게 될 지점에 초점을 맞추도록 하는 것이 기대될 수 있다. 그리고 그렇게 기대되기 때문에 모델이 관객을 알아차린다는 것이 허구적이라고 이해되지 않을 수 있다. 그는 (말하자면) 관객을 찾아냈기 때문이 아니라 그저 그것이 그러한 종류의 초상화가 그려지는 방식이기 때문에 그가 보고 있는 방향을 바라보고 있는 것이다. (나는 〈대사들〉 같은 작품들에 대한 이 두 가지 해석 중 어느 쪽이 옳은지에 대해 분명한 대답이 있을 것이라고 생각하지 않는다.)

말 걸기는 감상자의 게임 세계 안에서 감상자와 작품 속 등장인물 사이의 상호작용의 순간을 만들어낸다. 그러나 그것은 단지 순간적이다. 상호작용은 여전히 엄격하게 제한되어 있다. 감상자가 등장인물과 장황한 대화를 계속한다거나, 그와 등장인물이 서로 눈을 맞추거나 한두 번의 시선 이상을 교환한다는 것이 허구적인 경우는 드물다.[21] 이러한 제한에는 명백하게 현실적인 이유가 있다. 예술가가 자신의 작품을 만들 때, 자신의 등장인물들이 허구적으로 무엇을 말하고 행동할지는 그가 최종적으로 결정한다. 그러나 서로 다른 감상자들은 그 작품 앞에서 서로 다르게 행동할 것이다. 허구적으로 감상자들이 무슨 말을 하고 어떤 행동을 하는지, 그들이 무엇에 어떻게 주의를 기울이기를 선택하는지, 그들이 뭐라고 중얼거리는지는 엄청나게 다를 것이고, 어떤 이들은 예술가가 예상하지 못한 방식으로 행동할 것이다. 따라서 예술가는 자신의 등장인물의 반응을 허구적으로 감상자가 말하거나 행동하는 바에 맞출 수 없다. 즉, 예술가는 개별적인 감상자가 작품으로 할 게임에 작품을 맞출 수 없다.[22] 만약 모차르트의 오페라를

---

21) 이탈로 칼비노(Italo Calvino)의 〈어느 겨울밤 한 여행자가(If on a Winter's Night a Traveler)〉는 길고 장황한 말 걸기이다. 독자의 게임 안에서는 그가 읽는 동안 끊임없이 소설 안에서 그에게 말을 건다는 것이 허구적이다. 그러나 그럼에도 **상호작용**은 거의 없다. 독자와 화자가 서로에게 많은 반응을 한다든지 함께 대화를 나눈다는 것이 허구적인 경우는 드물다. 독자가 말을 하고 화자가 대답한다는 것이 허구적인 경우라 할지라도, 허구적으로 독자가 무슨 말을 하는지를 결정하는 것은 텍스트의 단어들이지 독자가 실제로 말하는 바는 아니다. 칼비노가 "'나는 모든 것이 정확하고, 구체적이고, 명확한 세계로 즉시 나를 데려다주는 소설을 더 좋아해. ……'라고 그녀가 덧붙인다. 동의하는가? 그렇다면 그렇게 말하라. '아, 맞아, 그런 종류의 책은 정말로 읽을 가치가 있지'"(p. 30)라고 말할 때, 그는 자신의 말을 독자에게 하도록 시키고 있는 것이다. 아이들의 게임과 대조해보라. 그레고리가 허구적으로 "곰을 조심해!"라고 말하게 되는 것은 그가 실제로 그렇게 말하기 때문이다.

22) 즉흥 연극에서는 그렇게 될 수도 있다. 즉흥 공연과 관객의 참여가 종종 함께 간다는 것은 우연이 아니다. 컴퓨

영화화한 베리만의 작품에서 허구적으로 파파게노가 감상자에게 동정을 호소한다면, 감상자가 기꺼이 응한다는 것이 허구적일 수도 있고 경멸하며 거절해버린다거나 무시한다는 것이 허구적일 수도 있다. 예술가(모차르트든 베리만이든)는 이제 파파게노가 어떻게 하도록 해야 하는가? 파파게노가 감사의 눈물을 터뜨린다는 것이 허구적이 되도록 만들어야 하는가, 아니면 관람객을 경멸한다는 것이 허구적이 되도록 만들어야 하는가? 부적절한 반응이 나올 위험을 감수하기보다는 (또는 예술가가 등장인물이 부적절하게 반응한다는 것이 허구적이 되기를 선호한다면 적절한 반응이 나올 위험을 감수하는 것이 되겠지만) 상호작용이 차단되는 편이 낫다.

말 걸기 이후에 상호작용을 차단시키는 것은 어색할 수 있다. 깔끔하게 차단시키기 위해 주의하지 않는다면 말 걸기가 언제 끝나는지 불분명할 것이다. 예를 들어 우리는 파파게노가 그의 요청에 대한 우리의 모든 반응을 고의로 무시한다는 것이 허구적인지, 아니면 단지 그가 우리의 반응을 알아차린다는 것이 허구적이지 않을 뿐인지 확신하지 못할 수도 있다. 상호작용이 아예 없는 편이, 애초에 관객이 알아차려진다거나 관객에게 말을 건다는 것이 허구적이도록 허용하지 않는 편이 더 낫고 더 간단해 보인다. 그래서 말 걸기에 대한 제한이 있는 것이다.

이러한 제한 및 참여에 대한 규제 일반의 한 가지 효과는 감상자에게 그의 게임 세계에 대한 일종의 객관적이고 "거리를 둔" 시각을 부여한다는 것이다. 허구적으로 다른 사람들이 감상자에 대해 어떻게 생각하는지, 그들이 그에게 어떻게 반응하는지 또는 반응할지, 그에게 무엇이 요구될지에 대한 질문들은 배경으로 물러나며, 사건에 영향을 주기 위해 그가 어떻게 허구적으로 노력해야 할지에 대한 질문들 역시 배경으로 물러난다. 보통 그러한 제한에는 게임 세계 안에서 그가 차지하는 위치의 몇몇 측면에 관한 비결정성이 동반된다. 〈그랑자트〉에서 산책하는 사람들이 왜 나를 알아차리지 못하는가에 대해서는 말할 것이 별로 없다. (그들이 나를 알아차리지 못한다는 것이 허구적이라고 가정할 때 — 그저 그들이 나를 알아차린다는 것이 허구적이지 않을 뿐임이 아

터로 만들어지는 쌍방향 소설도 있다.

니라 — 말이다.) 그들이 고의로 나를 무시한다거나 방심하고 있어서 나를 보지 못한다는 것은 허구적이 아니다. 우리는 허구적으로 그들이 다른 것들에 너무 정신이 팔려서 나를 알아차리지 못한다거나 위의 설명 중 어느 것도 맞지 않다고 편안하게 단언할 수 없을 것이다. 그런 대답 중 어떤 것은 다른 것들보다 덜 인위적일 수도 있다.[23] 그렇다고 하더라도 그러한 질문은 부적절하고 어리석다. 감상자는 왜 허구적으로 누구도 자신에게 주의를 기울이지 않는지에 대해 묻지 않는다. 그리고 감상자가 왜 아무도 자신에게 주의를 기울이지 않는지 궁금해한다거나 자신에 대한 설명을 생각해내기 위해 노력한다는 것은 허구적이지 않다.

해리가 불행한 여주인공을 도우러 가는 것을 관례가 금하기 때문에(그가 여주인공을 돕는다는 것이 허구적이게 되는 것을 막기 때문에) 그가 그렇게 하지 않는 이유가 허구적으로 무엇인지를 물을 필요가 없다. 또한 나는 끼어든다는 생각이 그저 그에게 떠오르지 않았다는 것도 허구적이지 않다고 생각한다. (어쨌든, 그가 그녀의 곤경에 대해 지독하게 걱정하고 있고 그녀를 깊이 동정하고 있다는 것은 허구적이다.) 그가 끼어들어야 하는지, 또는 어떻게 끼어들어야 하는지, 또 그가 끼어들거나 끼어들지 않는다면 사람들이 그에 대해 어떻게 생각할지에 대한 질문의 여지는 거의 없다. 그가 여주인공을 돕지 않은 것에 대해 나중에 자신을 책망하거나 자신이 행동하지 않은 것에 대해 변명하거나 죄책감을 느끼거나 정당화한다는 것은 허구적이지 않을 것이다. (해리는 실제 삶에서 유사한 곤란에 처한 여인을 도와야 할지에 대해 숙고해볼지도 모른다. 그러나 이것은 다른 문제다.)

따라서 감상자는 등장인물들이 관련된 허구적 참이나 그들이 처해 있는 곤경, 그들이 무슨 생각을 하고 무엇을 느끼는지에 집중하도록 고무받을 수 있다. 감상자가 등

---

23) 그러한 질문 모두가 비결정성 안에서 해소되지는 않는다. 피테르 브뤼헬(Pieter Brueghel)의 〈장님의 우화〉에 나오는 남자들은 왜 감상자를 알아차리지 못하는가? 그것은 명백히 그들이 장님이기 때문이다. 〈한 소녀〉로 하는 감상자의 게임 안에서는 소녀가 자신의 슬픔에 빠져 있어서 감상자를 보지 못한다는 것이 허구적일 것이다. (그러나 그 남자들이 장님이 아니었거나 그 소녀가 슬픔에 빠져 있지 않았더라면 감상자를 **알아차렸을** 것임은 아마도 허구적이지 않을 것이며, 그 점에 대해서는 그런 상황이라도 감상자를 알아차리지 못했을 것임도 허구적이지 않을 것이다.)

장인물들에 대해 허구적으로 무엇을 생각하고 느끼는지 또한 중요하지만, 그것은 등장인물들이 감상자에게 어떻게 영향을 주는지 그리고 줄 것인지로부터 어느 정도까지는 분리된 상태에서이다. (점액질 괴물과 마주치는 찰스의 경우는 말 걸기를 포함하고 있지만, 이러한 점에서 이례적인 경우다.) 이는 감상자에게 등장인물에 대한 일종의 감정이입(empathy)을 허용하는데, 그것은 좀 더 순수하게 등장인물들의 관점에서, 즉 감상자 자신의 개인적 관심사에 상대적으로 덜 오염된 시각에서 사물을 보는 능력이다.

이러한 관점의 "객관성"은 의심의 여지없이 몇몇이 가지고 있는 인상, 즉 감상자가 일반적으로 허구 세계에 전혀 속하지 않으며 외부에서 단지 관찰할 뿐이라는 — 어쨌든 말 걸기가 없는 상황에서는 — 인상에 기여한다. 이러한 인상은 잘못되었다. 그러나 게임 세계 안에서 감상자가 하는 역할에 대한 제한이나 거기에서 종종 연유하는 비결정성에 비추어볼 때, 감상자는 일반적으로 자신의 게임 세계 안에서 다소 "불완전(sketchy)"하거나 "유령 같은" 존재가 되는 것으로 생각할 수 있다. 말 걸기는 이러한 "객관성"을 잠깐 동안 어지럽히고 비결정성을 감소시킨다. 말 걸기는 감상자가 이전에는 속하지 않았던, 혹은 그렇지 않았으면 속하지 않았을 어떤 허구 세계에 그를 끌어들이는 것이 아니다. 그러나 말 걸기는 감상자에게 그의 게임 세계 안에서 아주 조금 더 풍부한 존재감을 부여해주는 것이 사실이다.

6.6 보이지 않는 것을 보기

또 다른 반론이 참을성 없이 대기하고 있다. 이제 그 반론을 무대 위에 불러올 시간이다.[24)]

---

24) 찰스 카렐리스(Charles Karelis) 및 다른 이들이 나와 대화하는 중에 이러한 반론을 제기했다. Wolterstorff, *Works and Worlds*, p. 325와 카렐리스의 "The Las Meninas Literature" 역시 참고하라. 여기서의 쟁점은 버클리의 주장과 명백히 연관되어 있는데, 그것은 "어떤 마음으로부터도 독립적이고 지각되지 않은 채 그 자체로 존재하는" 나무

미켈란젤로가 그린 시스틴 성당 천장화의 천지창조 패널에서는, 그리고 그 그림에 대한 감상자의 믿는 체하기 게임에서는 신이 지구와 행성들을 창조했다는 것과 이 중대한 사건들을 목격할 다른 아무도 없다는 것(어떤 인간도 없다는 것)이 허구적이다. 그렇다면, 감상자의 게임에서 그가 그 사건들을 목격한다는 것이 어떻게 허구적일 수 있는가? 천지창조가 아무에게도 관찰되지 않으면서 동시에 그에게 관찰된다는 것이 허구적인가? 이 그림은 모순적인 허구적 참들을 명백히 발생시키는 작품들 — 에셔의 〈폭포〉, 호가스의 〈잘못된 원근법〉, 시간여행에 관한 이야기, 원을 사각으로 그리기(circle squaring) — 과는 완전히 다른 것처럼 보인다. (비록 후자의 경우들에서는 감상자의 게임 세계에서뿐만 아니라 작품 세계에서도 모순적인 것들이 허구적이지만 말이다.) 천지창조 패널은 어떤 의미의 역설도 일으키지 않는다.

옷을 입거나 벗거나 목욕하거나 사랑을 나누고 있는 사람들을 묘사하는 그림이나 영화를 볼 때, 우리가 이 행위들을 본다는 것이 허구적인가? 종종 그 묘사되는 사람은 완전히 예의바르고 정숙하고 심지어는 부끄러움이 많은, 자신을 그런 상황에서 절대로 관찰당하도록 내버려두지 않을 사람임이 함축되기도 한다. 그녀가 자신을 그렇게 보도록 허락한다는 것 또한 허구적일 수 있는가? 왜 그녀는 우리가 있다는 사실에 반응하지 않는가? 왜 그녀는 당황하지 않는가? 그녀는 엿보는 우리의 눈을 정말로 알아차리지 못할 수 있는가? 그녀는 장님인가? 분명히 우리가 열쇠 구멍이나 벽에 나 있는 편리한 구멍이나 투명 거울로 엿본다는 것은 허구적이지 않다. 우리는 기침으로 우리 존재가 들킬까 봐 걱정해야 하는가? 우리는 자신이 엿보고 있다는 사실에 부끄러워해야 하는 것이 아닌가?

실내 장면이 무대화되거나 영화화될 때, 관객의 시점은 많은 경우 그 방 안에 있기에는 너무 멀리 떨어져 있다. 관객이 벽을 통해 본다는 것이 허구적인가? 벽이 투명하다는 것이 허구적인가? 벽("네 번째 벽")이 없다는 것이 허구적인가?

를 상상할 수는 없는데 그 이유는 우리가 만약 그러한 것을 상상한다면 그 나무는 마음으로부터 독립적이지 않게 되기 때문이라는 주장이다(*Three Dialogues*, pp. 163-164). 윌리엄스(Williams)의 "Imagination and the Self"와 피코크(Peacocke)의 "Imagination, Experience, and Possibility"를 보라.

몇몇 문학 작품에서는 끔찍한 사건이 일어났으나 그것에 대해 말해줄 아무도 살아 있지 않다는 것이 허구적이다. 그러나 허구적으로 독자에게 이 사건들에 대해 이야기해주는 화자가 있을 것이다. 어떻게 이런 일이 있을 수 있는가?

서한체 소설을 읽을 때, 우리가 한 등장인물이 다른 등장인물에게 쓴 편지를 읽는다는 것이 허구적이다. 때때로 그 편지는 매우 개인적이고 사적인 것이다. 그 편지가 받자마자 태워져서 그 편지를 보낸 사람과 받은 사람 말고는 아무도 보지 못한다는 것이 허구적일 수도 있다. 그렇다면 **우리가** 그것을 읽는다는 것이 어떻게 허구적일 수 있는가?

우리가 그런 것들을 허용한다면 당황스러운 점들은 쌓여만 갈 것이다. 그러나 우리는 그렇게 할 필요가 없다. 독자들의 기시감(déja vu)은 적절한 반응을 시사하고 있다. 우리를 당황시킬 것이라고 예상되는 질문들은 다양한 정도에서 §4.5에서 검토해본 질문들처럼 **어리석다**.[25] 그것들은 완전히는 아니더라도 대부분 감상이나 비평과 무관하다. 그러한 질문들에 대해 마음 졸이거나 농담이 아닌 방식으로 그러한 문제들을 제기하는 것조차 부적절할 것이다. 다른 많은 어리석은 질문들과 마찬가지로, 그러한 질문들은 허구 세계에 대한 감상자의 접근성에 대한 요구로부터 제기된다. 천지창조를 묘사하는 데 회화적인 양식이 선택된 것은 감상자에게 허구적으로 그것을 관찰하는 경험을 주기 위해서다. ("이제 나는 그 모습이 어떠했는지를 깨닫게 되었다.") 그에 대한 대가는 — 만약 그것이 대가라면 — 허구적으로 천지창조가 관찰되지 않는다는 사실과의 명목상(nominal) 충돌뿐이며, 그것은 무시되어야 할 충돌이다.

이 충돌이 어떻게 다루어져야 하건 간에 그러한 충돌이 있다는 사실, (어리석은) 질문들이 제기될 수 있다는 사실만으로는 감상자가 믿는 체하기 게임에 어떻게 참여하는가에 대한 나의 주장에 도전을 제기하지 못한다. 미켈란젤로의 천장화 같은 경우들에서 나타나는 겉보기 역설들은 §4.5에서 익히 보아왔듯이 우리가 감상자의 그러한 참여에 대해 인식하지 못했더라도 어쨌든 함께 가져가야 할 종류의 역설들이다. 우리가

---

25) 아마도 완전히 어리석은 질문은 아닐지도 모른다. 시스틴 성당의 천장화를 보는 감상자는 애써 어떤 역설의 느낌을 불러일으킬 수도 있다. 누드화의 감상자는 때때로 **정말로** 어느 정도의 당황스러움을 느끼기도 한다. 어떤 영화제작자들은 카메라가 벽이나 다른 불투명한 장애물들을 침해하지 않아야 한다고 주장한다.

그러한 참여를 인식했다고 해서 더 나빠질 것은 없다.

어리석은 질문들을 단순히 묻기만 하는 것이 아니라 정당하게 다룬다면 그것은 하나의 도전이 될 것인가? 그 질문들에 대답하는 몇 가지 가능한 방법 — 만약 누군가가 대답해야 한다고 고집한다면 — 이 §4.5에 명백하게 나타나 있다. 우리는 어떤 거슬리는 허구적 참들은 경시된다고 선언하거나 또는 전혀 발생하지 않는 것으로 간주함으로써 겉보기 역설들을 완화시킬 수 있을 것이다. 물론, 선택할 수 있는 한 가지 방식은 우리의 게임 안에서 우리가 천지창조를 목격한다거나 목욕하고 있는 여인을 본다거나 사적인 편지를 읽는다는 것이 허구적임을 부정하는 것이다. 그러나 완벽하게 합리적인 다른 선택지들도 있으며, 그것으로 반론을 잠재우기에는 충분하다.[26] 나는 우리가 천지창조를 본다는 것이 허구적이며 또한 누구도 그것을 보지 못한다는 것 역시 허구적이지만 이 명제들의 결합은 허구적이지 않다는 아이디어를 지지하는 편이다. 즉, 천지창조를 목격한 사람이 있기도 하고 없기도 하다는 것은 허구적이지 않다. 어떤 이들은 문제가 되는 허구적 참들 중 어느 쪽을 경시하기를 선호할 수도 있다. 그림은 본질적으로 시각적 믿는 체하기 게임에서 사용되는 소도구이다. 시스틴 천장화를 보는 사람이 허구적으로 천지창조를 관찰한다는 것은 천지창조가 회화적으로 재현되었다는 사실로부터 거의 자동으로 따라나온다.[27] 이것이 허구적으로 우리가 천지창조를 관찰한다는 것을 당연하게 받아들이는 하나의 이유, 그러한 허구적 참은 경시될 뿐이라고 간주하는 하나의 이유일 것이다. 그 허구적 참이 이런저런 방식으로 이용되거나 강조되는 것이 아니라면 말이다.[28]

반론에 대한 나의 대답도 그 이상은 아니다. 내가 이 절에서 그림은 우리가 허구적

---

26) 목욕하는 여인의 그림을 보는 관찰자가 (허구적인) 당황스러움을 다소 느낄 수 있다는 점은 적어도 그가 그녀를 본다는 것이 허구적임을, 그러한 허구적 참이 차단된다고 선언하는 것은 역설을 완화할 최선의 방법이 아니라는 것을 암시해준다. 목욕하는 여인을 묘사하는 소설의 독자는 약간의 당황스러움이라도 느낄 것 같지 않다. 왜냐하면 그가 그녀를 본다는 것이 허구적이지 않기 때문이다.

27) 물론 관찰자는 적어도 "게임을 하고" 있어야 한다.

28) 허구적으로 관찰자가 천지창조를 보고 있다는 사실과 허구적으로 천지창조가 관찰되지 않는다는 사실을 서로 다른 허구적 세계들에 할당하는 식의 합리적인 해결방안들이 있을 수도 있다. 또는 그 프레스코화를 관련된 측면에 있어서 "장식적인" 재현으로 간주할 수도 있을 것인데, 그 의미는 §7.6에서 소개할 것이다.

으로 사물을 지각하는 게임에서 사용되는 소도구라는 것이나 감상자는 일반적으로 믿는 체하기 게임에 참여한다는 것을 증명한 것은 분명히 아니다. 이 주장들에 대한 나의 옹호는 이 연구 전체를 포괄한다. 여기서 나는 단지 다른 근거들을 통해 그러한 주장들을 받아들이는 사람이 있다 하더라도 위와 같은 반론에 대해 얼마나 걱정할 필요가 없는지를 보여주었을 뿐이다.

7.
심리적 참여

우리는 이제까지 감상자들이 재현적인 예술 작품들로 하는 게임에 참여하는 방식들을 겨우 수박 겉핥기식으로만 다루었을 뿐이다. 비록 §6.4에서 지적한 제한들이 있기는 하지만, 앞서 살펴보았듯이 이 참여는 거의 항상 신체적 참여를 포함한다. 우리는 허구적으로 배를 보고, 항해일지를 읽고, 목격자의 보고를 듣고, 때로는 우리가 보거나 읽거나 들은 것에 대해 논하기도 한다. 그러나 우리의 참여에는 중요한 심리적 차원도 존재한다. 보거나 읽거나 이야기하는 행위들은 그 자체로 부분적으로 심리적이다. 〈스헤베닝언 해변〉을 감상하거나《걸리버 여행기》를 읽을 때, 우리의 눈이 어떤 방향 — 배나 사람이나 항해일지의 페이지들 쪽으로 — 을 향해 있다는 것만이 아니라 우리가 사물들을 알아차린다는 것, 우리가 무엇인가를 발견하고 믿음을 얻게 된다는 것 역시 허구적이다. 종종 우리가 어떤 종류의 사물들을 찾아본다거나 우리가 보거나 읽은 것 때문에 놀란다거나 안심한다거나 흥분한다거나 지루해한다는 것이 허구적이기도 하다. 언어적 참여는 단지 허구적으로 어떤 말들을 내뱉는 것의 문제만은 아니다. 허구적으로 사람들에게 이런저런 것들을 말할 때, 우리는 그들이 우리가 하는 말을 믿거나 적어도 이해하기를 기대한다. 보통은 우리의 다양한 언어적 · 시각적 행위들이 그와 유사한 실제 행위들에 수반되는 것과 같은 종류의 의도, 기대, 욕구, 희망, 그리고 믿음을 포함한다는 것이 허구적이다.

아이들의 믿는 체하기 게임이 감상자들의 게임보다 보통은 더 신체적이지만, 아이들의 믿는 체하기 게임 역시 의미심장한 심리적 차원을 가진다는 것은 분명하다. 허구적으로 크리스는 자신의 아기를 재우면서 아기가 잠들기를 바란다. 처음으로 버팔로 사냥을 떠나는 인디언인 댄이 흥분과 두려움이 섞인 감정을 느낀다는 것은 허구적이다.

그러나 감상자들의 게임에서는 심리적 참여가 신체적 참여를 앞지르고 능가하는 경향이 있다. 이는 허구적 등장인물들과 우리의 관계에서의 외견상의 불균형, 즉 우리가 그들과 심리적으로는 가깝지만 신체적으로는 분리된 것처럼 보인다는 사실을 설명해준다. 실제로는 그런 가까움은 전혀 없다. 우리가 윌리 로먼을 동정한다든가 이아고를 혐오한다는 것은 참이 아니라 단지 허구적일 뿐이다. 그러나 우리가 윌리를 도우러 간다거나 이아고에게 호통을 친다든가 하는 것 — 또는 심지어 그렇게 하려고 시도한다는 것조차 — 은 허구적이지조차 않다. (크리스가 인형놀이를 할 때는 아기에 대한 그의 신체적 접근과 심리적 접근 사이에 그러한 명백한 불균형이 존재하지 않는다.) 정상적인 방식으로 동정이나 분노 같은 감정에 따라 행위를 할 가능성이 없음에도 감상자들의 게임에 그러한 감정들이 존재한다는 것은 이상하지 않은가? 그러나 실제로 그러한 감정들은 존재하지 않는다. 감상자가 윌리를 돕거나 이아고를 해칠 **수 없다는** 것이 감상자에 대해 허구적이지는 않다. 그가 그렇게 할 수 있다는 것이 허구적일 수도 있다. 핵심은 단지 그가 그렇게 **한다는** 것이 허구적일 수는 없다는 것이다.

감상자들이 그들의 게임 안에서 하는 심리적 역할을 인식하는 것은 허구의 본질과 허구가 우리 삶에서 가지는 중요성을 이해하는 데 중요한 기여를 할 것이다. 감상자들의 심리적 역할은 "이야기에 사로잡히는" 경험의 핵심에 자리한다. 그것은 감상자들이 허구 작품에 몰입해 있을 때 현실과의 접촉이 끊기게 된다고 가정하지 않고서도 이른바 불신의 보류(suspension of disbelief)라고 잘못 불리어온 현상을 설명할 수 있도록 해줄 것이다. 그것은 허구에 대한 주된 미학적 질문, 즉 우리가 왜 소설과 이야기 및 다른 그러한 작품들을 **단지 허구**일 뿐인 것으로, 따라서 진지한 관심을 기울일 가치가 없는 것으로 일축해버리지 않는가 하는 질문을 해결하는 데 기여할 것이다.

7.1 허구적으로 두려워하기

나는 동물원에 있는 큰 독사 앞의 두꺼운 유리판에 내 얼굴을 가까이 가져다 댔다. 그 뱀이 나에게 달려들더라도 놀라 물러서지 않을 것이라는 굳은 결심을 하고 말이다. 그러나 그 뱀이 나를 가격하자마자 나의 결심은 허사가 되고 말았으며, 나는 놀라운 속도로 뒤로 1, 2야드 뛰어 물러섰다. 나의 의지와 이성은 결코 경험한 적 없었던 위험에 대한 상상 앞에서 무력했다.

- 찰스 다윈

이제 찰스를 다시 방문해야 할 때가 왔다. 녹색 점액질 괴물이 스크린에서 돌진해 오는 동안 유사 공포로 떨고 있는 상태로 극장에 두고 나온 그 찰스 말이다. 우리는 그가 실제로 위험에 처해 있는 것이 아님을 안다. 그 역시 이것을 알고 있으며, 실제로는 (어쨌든 그 점액질 괴물을) 두려워하고 있지 않다. 그러나 그의 상태는 주목할 필요가 있다. 그가 하고 있는 경험의 본성은 무엇인가? 우리는 그것을 그 점액질 괴물에 대한 두려움이라고 묘사하는 것이 왜 그와 다른 이들에게 그토록 자연스럽게, 그토록 거의 당연하게 여겨지는지를 설명할 수 있는 방식으로 그 경험을 설명해야 한다. 우리의 설명은 그의 경험과 실제 두려움의 경험 사이에 분명히 성립하는 중요한 관련성을 제대로 다루어야 한다.

그 대답의 주요 요소는 예견할 수 있다. 찰스는 그의 믿는 체하기 게임에 심리적으로 참여하고 있다. 그가 그 점액질 괴물을 두려워한다는 것은 참이 아니라 허구적이다. 따라서 당연히 그는 자신이 그 괴물을 두려워한다고 말한다. 그가 그렇게 말하는 것 자체가 그의 게임에 대한 참여 — 언어적 참여 — 를 구성한다. 그가 두려워한다는 것은 허구적이며, 그가 그렇게 말한다는 것도 허구적이다.

찰스는 아버지와 믿는 체하기 게임을 하고 있는 아이 티미와 여러 면에서 닮았다. 아버지는 티미에게 교묘하게 접근하여 결정적인 순간에 그를 "맹렬히" 공격하는 사나운 괴물인 것처럼 가장한다. 티미는 비명을 지르며 옆방으로 도망친다. 그 비명은 어느 정도 자동적이며 도망치는 것 역시 그렇다.[1] 그러나 티미는 달려가면서도 얼굴에 즐거운 미소를 띠고 있으며, 그 놀이를 더 하기 위해 주저하지 않고 다시 돌아온다. 그는 아버지가 단지 놀이를 하고 있다는 것, 그것이 전부 그저 게임이라는 것, 그리고 그를 쫓는 사나운 괴물이 있다는 것은 단지 허구적일 뿐임을 완벽히 인지하고 있다. 그는 정말로 두려워하는 것이 아니다. 그러나 그가 두려워한다는 것은 허구적이다. 허구적으로 괴물이 공격을 한다. 허구적으로 티미는 심각한 위험에 처해 있으며 자신도 그것을 알고 있다. 그리고 그가 비명을 지르며 달아날 때, 그가 무서워한다는 것은 허구적이다. 이와 유사하게, 점액질 괴물이 머리를 들어 올리고 카메라를 발견하고 서서히 다가오기 시작할 때, 찰스가 위협받는다는 것은 그의 게임 안에서 허구적이다. 그리고 그 결과로 찰스가 숨이 막히고 의자를 움켜쥘 때, 허구적으로 그는 두려워한다.

무엇이 찰스가 두려워한다는 것을 허구적으로 만드는가? 찰스 자신에 대한 사실들이다. 그는 자신의 게임 안에서 하나의 대상이면서 일종의 배우이기도 하다. 그는 그 자신에 대한 허구적 참들을 발생시키는 재귀적 소도구다. 이러한 점에서 찰스는 (그리고 티미 역시) 평범한 연극 행사들에서 자기 자신을 연기하는 배우들과 같다. 마치 어떤 무대 공연에서 로널드 레이건을 연기하는 로널드 레이건처럼 말이다.

그러나 결정적인 차이들이 있다. 찰스는 그 자신을 자신**으로서** 재현하지만, 레이건은 그렇지 않다. 이 점은 찰스는 그가 재현하는 사람이 자신이라는 것을 알지 못할 수 없는 반면 레이건은 그가 동명이인인 다른 누군가의 역할을 연기하고 있다고 생각할 수도 있다는 사실에서 뒤따라 나온다. 극장 안에서 떨고 있는 사람이 **찰스**라는 사실은 점액질 괴물을 두려워하는 사람이 **그**라는 것을 허구적으로 만든다. 그러나 레이건이 흉내 내고 있는 사람을 레이건으로 만드는 것은 레이건의 정체성이 아니다. (§3.6을 보라.)

또 다른 차이점은 허구적 참들을 발생시키는 것이 찰스와 레이건의 무엇인가와 관련된다. 찰스에 대한 허구적 참들은 부분적으로 그가 생각하고 느끼는 바에 의해, 그의

---

1) 만약 비명과 도망이 고의적이라면, 그것은 자기의식적인 가장하기(pretense)일 가능성이 크다. 만약 그것들이 고의적이지만 자기의식적인 가장하기가 아니라면, 아마도 그는 **정말로** 두려워하는 것일 것이다.

실제 심적 상태에 의해 발생한다. 그가 두려워한다는 것을 허구적으로 만드는 것은 부분적으로 그가 유사 공포를 경험한다는 사실, 그가 자신의 심장이 뛰고 근육이 긴장되는 등을 느낀다는 사실이다. 그가 만약 그러한 어떤 상태에 있지 않았다면 그를 두려워한다고 묘사하는 것은 적절하지 않을 것이다. 그러나 레이건을 연기하는 레이건의 경우에는 그렇지 않다. 보통의 무대 배우들은 스스로를 연기하든 그렇지 않든 간에 그들의 연기, 그들의 행동에 의해 허구적 참을 발생시킨다. 묘사되는 등장인물이 두려워한다는 것이 허구적인가의 여부는 그 배우가 실제로 생각하고 느끼는 바와는 상관없이 단순히 그가 무슨 말을 하고 어떤 행동을 하는가와 그가 얼굴을 어떻게 찡그리는가에 달려 있다. 그의 실제 감정 상태가 두려움의 상태와 유사한 어떤 것인가의 여부는 문제가 되지 않는다. 어떤 배우는 자신이 특정 마음 상태를 가지는 것이 그 요구되는 방식으로 연기하는 것을 더 쉽게 만든다는 것을 알게 될 수도 있다. 그럼에도 허구적 참들을 발생시키는 데 책임이 있는 것은 그의 마음 상태가 아니라 그가 어떻게 연기하는가이다. 만약 레이건이 두려워한다는 것이 허구적이라면, 그것은 그의 실제 감정 상태와는 상관없이 무대 위 그의 행동 때문에 그렇게 되는 것이다.

이것이 바로 (전통적인) 연극에 대한 우리의 관례가 작동하는 방식이며, 그 관례가 이런 방식으로 작동하는 것은 전적으로 합리적이기도 하다. 연극 공연은 관객을 위해 행해진다. 배우가 연기하는 동안 관객이 그의 개인적인 생각이나 느낌에 대해 명확히 알기를 기대할 수는 없다. 그러기 위해서는 그 배우의 무대 밖에서의 성격에 대해 잘 알고 있어야 하며, 그의 기분에 영향을 미쳤을 수도 있는 최근의 사건들(감독이나 아내와의 언쟁, 가족의 죽음)을 계산에 넣어야 할 것이다. 만약 허구적 참들이 배우의 사적인 생각이나 느낌들에 의존한다면, 관객이 허구적 세계 안에서 무슨 일이 일어나고 있는지 확신하기가 어렵고 불합리할 정도로 힘들 것이다. 무대 위의 배우들이 발생시키는 허구적 참들이 객석에서 볼 수 있는 것에 의해서만 발생하는 것으로 이해된다는 것은 놀랍지 않다. 연기는 가장을 포함하며, 배우들은 관객에게 자신의 실제 심적 상태를 숨기기 위해 노력한다.

찰스는 관객을 위해 연기하고 있는 것이 아니다. 자기 자신에 대해 무엇이 허구적으로 참인지를 다른 누군가에게 알리는 것이 그의 일은 아니다. 아마도 그를 제외하고는 그 누구도 그가 두려워한다는 것이 허구적인지 아닌지에 대해 그리 신경 쓰지 않을 것이다. 따라서 그의 실제 마음 상태가 그 자신에 대한 허구적 참들을 발생시키는 데 어떤 역할을 하지 못할 이유는 없다.

괴물 게임에서 티미가 두려워한다는 것을 허구적으로 만드는 것이 무엇인지는 덜 분명하다. 그는 관객을 위해 연기하고 있는 것일 수도 있다. 즉, 그는 누군가 — 구경꾼 아니면 그저 그의 아버지 — 에게 허구적으로 자신이 두려워한다는 것을 **보여주고** 있는 것일 수 있다. 만약 그렇다면, 아마도 그는 무대 위의 배우와 유사할 것이다. 그렇다면 허구적으로 그가 두려워한다는 사실의 원인은 관찰 가능한 그의 행동일 것이다. 그러나 의심의 여지는 있다. 티미는 배우가 그러하듯이 마치 두려워하는 것처럼 행동하지만, 찰스와 마찬가지로 유사 공포 감각들을 경험하기도 한다. 그리고 아마도 그를 보는 관객은 극장의 관객이 배우들의 심적 상태에 접근하는 것보다 그의 심적 상태에 더 확실히 접근할 수 있을 것이다. 관객은 그를 잘 알고 있을 것이고, 티미는 아마도 배우들이 하는 것만큼 열심히 혹은 능숙하게 자신의 실제 심적 상태를 숨기기 위해 노력하지 않을 것이다. 티미가 허구적으로 괴물이 자신을 뒤쫓고 있다는 것을 깨달은 결과로 유사 공포를 겪고 있다는 것은 관객에게 지극히 명백할 것이다. 따라서 티미의 심적 상태가 허구적 참들을 발생시키는 데 일조하고 있다고 간주하는 것은 불합리하지 않다.

만약 티미가 관객에 대한 고려 없이 혼자 즐기기 위해서만 게임에 참여하고 있는 것이라면 이 상황에 대한 좀 더 명확한 설명이 가능하다. 그런 경우 적어도 티미 자신은 자신의 허구적 공포가 (단지) 그의 행동보다는 심적 상태에 의존하고 있다는 것을 거의 확실히 이해하고 있다. (그와 동시에 관찰자들이 그의 허구적 공포가 그의 행동 때문만이라고 이해하는 것도 가능하다. 아이와 관찰자들이 서로 다른 발생의 원칙을 인식하고 있을 수 있다.) 티미가 비명을 지르거나 도망가거나 또는 다른 어떤 특별히 공공연한 방식으로 자신의 "공포"를 드러내거나 하지 않는, 감정을 잘 드러내지 않는 성격의 아이라고 해보자. 그는 그 게임에 수동적으로 참여한다. 그럼에도 그는 허구적으로 괴물이 공격할 때 유사 공포를 분명히 경험하며, (비록 그가 위험이 존재하지 않고 자신의

"공포"가 진짜가 아니라는 것을 완전히 잘 알고 있음에도) 여전히 두려워하고 있는 것으로 자신을 묘사할 것이다. 분명히 이 경우 자신이 두려워한다고 말할 때 그가 표현하는 허구적 참을 발생시키는 것은 (부분적으로) 그의 유사 공포이다.

나의 제안은 이 감정을 잘 드러내지 않는 아이를 모델로 하여 찰스를 이해하자는 것이다. 물론 찰스는 자신의 "공포"를 어떤 관찰 가능한 방식으로 드러낼 수도 있다. 그러나 그의 관찰 가능한 행동은 허구적으로 그가 두려워한다는 것을 다른 누군가에게 보여주기 위해 의도된 것이 아니다. 그것은 다른 사람들이 알아차리지 못할 가능성이 크며, 찰스 자신조차 자각하지 못할 수도 있다. 그 누구도, 특히 찰스는 결코 그의 관찰 가능한 행동이 허구적으로 그가 두려워한다는 사실을 발생시킨다고 간주하지 않는다.

찰스의 유사 공포는 허구적으로 그가 두려워하는 것이 **점액질 괴물**이라는 사실에 (어쨌든 단독으로는) 책임이 있지 않으며, 허구적으로 그가 화나거나 흥분하거나 단지 당황한 것이라기보다는 두려워한다는 사실에조차 책임이 있지 않다. 그렇다면 무엇이 그러한 것들에 책임이 있는가? 그 세부는 아마도 우리가 실제 공포가 무엇에 있다고 간주하는지에 달려 있을 것이다. 그러나 허구적으로 점액질 괴물이 그에게 다가오고 있다는 찰스의 깨달음이 핵심적일 가능성이 크다.

공포에 대한 익숙하고 그리 받아들이기 어렵지 않은, 이것과 거의 유사한 설명들을 상기해보라. 예를 들어 토네이도를 (정말로) 두려워한다는 것은 토네이도에 의해 위협받고 있다는 것을 알거나 믿은 결과로 어떤 현상적인 경험(유사 공포)을 하는 것이다. 그 상태를 분노나 흥분이 아닌 **공포**의 상태로 만드는 것은 우리가 위험에 처해 있다는 믿음이며, 토네이도를 그 상태의 대상으로 만드는 것은 우리가 위험하다고 간주하는 것이 토네이도라는 사실이다.

만약 이것이 공포의 핵심이라면 찰스에 대해 어떻게 말할지는 충분히 명백하다. 그는 허구적으로 점액질 괴물이 자신을 위협한다는 것을 깨달은 결과로 유사 공포를 경험하고 있는 것이다. 이는 그의 유사 공포가 그 점액질 괴물이 위험을 야기한다는 믿음에 의해 발생했다는 것을 허구적으로 만들며, 따라서 그가 그 점액질 괴물을 두려워

한다는 것을 허구적으로 만든다.[2)]

공포에는 위험에 처해 있다는 믿음이 **필요하지** 않을 수도 있다. §5.2에서 나는 프랜시스가 불쌍한 늙은 개 파이도를 위험하다고 판단하지 않음에도 두려워한다는 제안을 호의적으로 다루었다. 만약 그렇다면, 앞서 대략적으로 소개한 공포에 대한 설명은 **정의**로 적절하지 못할 것이다. 그러나 공포의 많은 사례들은 여전히 부분적으로 위험에 대한 믿음에 있을 것이다. 토네이도가 우리를 위협하고 있다고 믿지 않고서도 토네이도를 두려워하는 것이 가능하다 할지라도, 토네이도가 우리를 위협하고 있다는 믿음이 유발하는 유사 공포는 토네이도에 대한 공포를 구성할 것이다. 우리가 이해한 대로라면, 찰스가 점액질 괴물이 위험을 야기한다고 믿는다는 것은 허구적이다. 따라서 허구적으로 그가 그 점액질 괴물에 대해 가지는 공포는 불쌍한 늙은 파이도에 대한 프랜시스의 공포와 같지 않다. 그러므로 우리는 허구적으로 점액질 괴물이 자신을 위협한다는 것을 깨달은 결과로 찰스가 유사 두려움을 느낀다는 사실이 허구적으로 그가 그 점액질 괴물을 두려워한다는 참을 발생시키는 것이라고 여전히 말할 수 있지만, 이 허구적 참은 다른 방식들로도 발생**할 수 있었을** 것이라는 점을 허용할 수 있다.

(나는 공포 일반을 적어도 그 동기부여적인 힘에 있어서는 어떤 믿음-욕구 복합체의 상태와 유사한 상태로 간주하기를 제안했다. 이는 자신이 위험에 처해 있다고 믿는 경우들뿐 아니라 그렇게 믿지 않는 경우들 역시 포함한다. 허구적으로 찰스가 자신이

---

2) 유사 공포의 어떤 측면들은 때때로 허구적으로 우리가 위험에 처해 있다는 믿음에 의해서가 아니라 자극에 의해 직접 유발되기도 한다. 스크린 위에 무시무시한 형태가 갑자기 나타나는 것은 무엇이 허구적인지에 대해 그것이 발생시킬 수 있는 어떤 믿음과도 상관없이 우리를 놀라게 한다. 그렇다 하더라도, 만약 우리가 두려워한다는 것이 허구적이라면 허구적으로 우리가 위험에 처해 있다는 깨달음이 필시 그렇게 만드는 데 어떤 역할을 할 것이다. 많은 경우에서 유사 공포가 부분적으로 혹은 전적으로 허구적으로 우리가 위험에 처해 있다는 깨달음에 의해 발생한다는 것은 명백하다. 이미지 자체에 대해서는 놀라거나 충격을 받을 것이 하나도 없을 수 있다. 그러나 허구적으로 우리 자신이 믿을 수 없을 정도의 위험에 처해 있다는 것을 점점 깨닫게 됨에 따라 척추의 따끔거림이 점점 심해질 수 있다.
허구적으로 우리가 위험에 처해 있다는 것을 깨닫는 것이 왜 유사 공포를 낳는가? 왜 우리가 실제로 위험에 처해 있는 것이 아니라는 것을 알고 있음에도 불구하고 그것이 실제 공포의 상태와 유사한 상태를 불러일으키는가? 그에 대한 대답이 우리 목적에 중요하지는 않지만, 아마도 다윈 식의 어떤 설명이 가능할 것이다. 믿는 체하기 게임에 심리적으로 참여하는 것은 우리에게 매우 큰 가치가 있다. 아마도 그것은 생존에 도움이 될 것이다. 따라서 유사 감정들이 믿는 체하기 게임에 대한 심리적 참여를 풍부하게 해줄 수 있는 상황일 때 우리가 쉽게 그러한 유사 감정들을 느끼게 되는 종류의 유기체라는 사실에는 진화적 압력이 책임이 있을 것이다.

점액질 괴물에게 위협받고 있다고 믿으며 해를 입고 싶지 않다는 정상적인 욕구를 가진다는 사실은 허구적으로 그의 행동이 그와 관련된 동기부여적 압력을 받는다는 것, 즉 허구적으로 그가 그 점액질 괴물에게서 도망가려고 하는 경향을 가진다는 것을 함축한다. 비록 그가 실제로 그렇게 하려고 하는 것은 아니더라도 말이다.)

공포의 본성에 대한 우리의 이해와 찰스의 경우 및 다른 경우들에서 그가 두려워한다는 것을 허구적으로 만드는 것이 무엇인지에 대한 우리의 설명에는 더 다듬어야 할 부분이 많이 있다. 타협할 수 없다고 여겨지는 부분은 찰스가 정말로 허구적으로 점액질 괴물을 두려워한다는 것이다. 그가 우선적으로 하나의 믿는 체하기 게임, 즉 점액질 괴물이 자신에게 달려드는 것을 본다는 것이 허구적인 게임에 참여하고 있다고 한다면, 그가 흠칫 놀랄 때 공포에 질려 그렇게 한다는 것이 허구적임을 부인한다는 것은 거의 생각할 수도 없다. 그가 흠칫 놀라는 것은 고의적인 것이 아니다. 그러나 그는 그 이야기에 노골적으로 동조하는 척하면서 고의로 비명을 지르거나 "이크! 그게 이쪽으로 와!" 하고 외칠 수도 있다. 그가 그토록 쉽게 그러한 고의적인 참여에 빠져들 수 있다는 것은 그 비명이나 외침이 갑자기 새로운 게임을 시작하는 것이 아니라 이미 진행되고 있는 게임에서 자연스럽게 이어지는 것으로 간주되어야 함을 시사한다.[3]

우리는 찰스의 게임 안에서 그가 점액질 괴물을 두려워한다는 것이 허구적임을 인식하는 데서 그쳐서는 안 된다. 이 허구적 참은 다른 허구적 참들에 둘러싸여 있는데, 그 다른 허구적 참들은 그 모든 허구적 참이 발생하는 방식 및 찰스가 허구적인 것들을 상상하는 방식과 합해져서 그가 점액질 괴물을 두려워한다는 허구적 참에, 그리고 그의 게임 안에서의 찰스의 심리적 역할 일반에 어떤 놀라운 사실성의 느낌을 부여한다.

---

3) 우리는 또한 §6.2에서 사용된 것과 같은 논증을 가져올 수도 있다. 찰스가 자신이 점액질 괴물을 두려워한다고 **상상한다**는 것은 그가 자신의 경험을 기꺼이 "공포"의 경험으로 묘사한다는 사실 — 그가 숨을 돌릴 여유만 있다면 — 에 의해 강하게 함축된다. 이러한 상상하기는 그가 자신의 유사 공포 감각을 자각함으로써 거의 자동으로 촉발된다. 자신의 심장이 뛰고 근육이 긴장되는 등을 느낄 때, 그는 간단히 자신이 점액질 괴물을 두려워하는 것으로 생각하려는 경향을 가지는 것이다. 이것은 어떤 믿는 체하기 원칙, 즉 그의 경험이 그가 점액질 괴물을 두려워한다는 것을 허구적으로 만드는 원칙에 대해 그가 암묵적으로 인식하고 있음을 시사하는 바로 그런 종류의 경향이다. 그의 게임 안에서 그가 그 괴물을 두려워한다는 것이 허구적임을 입증하기 위해서는 그가 그러한 원칙을 받아들인다는 것만 보이면 된다.

그저 찰스가 두려워한다는 것이 아니라 그의 공포 경험이 어떤 특정한 방식으로 어떤 특정한 성격을 가지고 어떤 경과로 진행된다는 것이 허구적이다. 이러한 좀 더 구체적인 허구적 참들은 주로 그의 유사 공포 감각의 성격과 경과에 의존한다. 만약 그의 공포가 압도적이라는 것이, 또는 단지 순간적이라는 것이 허구적이라면, 그것은 그의 유사 공포 감각이 압도적이거나 단지 순간적이기 때문에 그런 것이다. 허구적으로 그의 공포는 그의 유사 공포 느낌의 변화에 따라 더 혹은 덜 강렬해지거나 거의 참을 수 없을 정도가 되거나 마침내 가라앉는다.

점액질 괴물에 대한 찰스의 공포에 관한 허구적 참들을 발생시키는 것은 그의 실제 심적 상태, 즉 (아마도) 무엇이 허구적인지에 대한 그의 믿음과 그의 유사 공포 감각이므로 그가 이러한 허구적 참들을 알게 되는 것은 자신의 실제 심적 상태에 주의를 기울임으로써이다. 그가 허구적으로 자신이 두려워한다는 것을 깨닫는 것은 자신이 정말로 두려워한다는 것을 깨닫는 것이 그런 것과 똑같이 주로 내성(introspection)에 기반을 두고 있다. 그는 실제 공포의 경과를 따라가는 것과 마찬가지로 자신의 내부를 들여다봄으로써 자신의 "허구적 공포"가 강해지고 약해지는 것을 따라간다. (그가 관련된 믿는 체하기의 원칙을 터득하고 있다고 가정할 때) 오류란 불가능해 보인다. 찰스는 자신의 공포에 대한 허구적 참들에 어떤 "특권적인 접근성"을 누리고 있다. 우리의 실제 공포에 대한 사실들에 우리가 그러하듯이 말이다.

찰스가 점액질 괴물에 대한 자신의 공포에 관한 허구적 참들에 접근하는 방식의 사실적 성격은 또 다른 부류의 그와 연관된 허구적 참들도 들여온다. 자신의 실제 심적 상태에 주의를 기울이는 행위 혹은 경험 — 찰스가 자신의 공포에 대한 허구적 참들을 확신하게 하는 — 은 필연적으로 그가 그러한 주목을 통해 점액질 괴물에 대한 자신의 공포에 관한 사실들을 확신한다는 것을 허구적이게 만드는 것으로 이해된다. 또한 만약 그가 자신의 유사 공포 경험에 신경증적으로 주의를 기울인다면, 그가 자신의 공포 경험에 신경증적으로 주의를 기울인다는 것이 허구적일 것이다. 그가 자신의 유사 공포를 거의 알아차리지 못한다면, 그가 자신의 공포를 거의 알아차리지 못한다는 것이 허구적일 것이다. 다른 것들도 그와 같을 것이다.

게다가, 찰스의 실제 유사 공포 느낌에 대해 그것 자체가 실제 공포의 느낌이라는 것이 허구적이며, 그가 자신의 유사 공포에 주목하는 것은 그 자체로 허구적으로 공포 경험에 주목하는 것이다. 소도구로 사용되는 실제 경험의 요소들은 그의 상상하기의 대상들이기도 하며, 그것들은 일반적으로 대상들이 그러한 방식으로 그의 상상하기의 생생함을 강화한다. (§3.5를 보라.) 우리는 찰스가 자신의 "허구적 공포"를 실제로 경험한다는 말의 의미를 알 수 있다. 이 말은 찰스가 경험하는 특별한 종류의 공포 — 허구적 공포 — 가 있다는 것을 의미하는 것으로 간주되어서는 안 된다. 그러나 그는 실제로 어떤 것, 즉 허구적으로 공포의 경험인 것을 경험한다.

마지막으로, 그리고 이 점은 다른 점들과 긴밀히 연관되어 있기도 한데, 찰스는 그저 자신이 두려워한다는 **것**을 상상하는 것이 아니다. 그는 두려워**한다고** 상상하며, 또한 이것을 **안으로부터** 상상한다. 그의 게임의 성격과 실제 경험을 고려해볼 때, 이러한 방식의 상상하기는 명령되는 것이다.

자신의 게임에 대한 찰스의 심리적 참여가 놀라울 정도로 사실적인 성격을 가짐을 인정하는 최선의 방법은 다른 종류의 경우와 대조해보는 것이다. 줄리 해리스가 에밀리 디킨슨을 연기하는 윌리엄 루스(William Luce)의 연극 〈애머스트의 소녀〉를 상기해 보라. 디킨슨 자신이 — 타임머신이나 우연한 환생의 도움으로 — 객석에 있다고 가정해보자. 무대 위에서 일어나는 다양한 사건은 그녀의 심적 상태에 대한 허구적 참들을 발생시킨다.[4] 예를 들면, 그녀가 다른 사람들과 접촉하거나 다른 사람들 앞에 노출되는 것을 싫어하며 사람들과 어울리는 상황들에서 심각한 불안을 경험한다는 것이 허구적이다. 그러나 관객으로서의 에밀리 디킨슨은 이러한 허구적 참들에 특별한 친숙함을 가지고 있지 않다. 다른 모든 관객과 마찬가지로 그녀는 허구적으로 그녀 자신이 어떻게 느끼는지를 결정하기 위해 무대 위에서 줄리가 말하고 행동하는 바를 관찰해야 한

4) 나는 지금 무대 위에서 일어나는 일에 의해 발생하는 허구적 참들, 즉 공연의 세계에 속하는 허구적 참들에만 관심이 있다. 관객으로서의 능력에 있어서 디킨슨은 찰스와 유사하다. 그녀의 실제 심적 상태는 그녀 자신에 대한 허구적 참들, 즉 줄리 해리스가 발생시키는 것들과 일관적일 수도, 그렇지 않을 수도 있는 허구적 참들을 발생시킨다. 디킨슨은 이상하게 애매한 위치에 있지만, 그리 드문 일은 아니다. 그것은 우리가 자신을 "밖에서" 관찰하는 꿈을 꾸는 것과 매우 유사하다.

다. 다른 관객과 마찬가지로 그녀는 잘못 알 수도 있다. 그것은 마치 그녀가 또 다른 사람을 보고 있는 것과 같다. 비록 그 사람, 묘사되는 그 인물은 그녀 자신이지만 말이다.

디킨슨이 내성적으로 그녀의 불안해하는 느낌을 인식한다는 것은 허구적인가? 아마도 그럴 것이다. 그러나 이 허구적 참은 매우 우회적이고 비현실적이라고 할 수 있는 방식으로 발생한다. 그것은 그녀 쪽에서의 실제 내성에 의해 발생하지 않는다. 그것은 허구적으로 그녀가 그러한 감정들을 경험한다는, 객석의 그녀 자리에서의 비-내성적인 깨달음에 의해 발생하는 것도 아니다. 오히려 그것은 무대 위에서 일어나는 일들에 의해 그녀가 그렇게 느끼고 그녀의 불안을 특정한 방식으로 표현한다는 것이 허구적이 된다는 사실에 의해 함축된다. (여기서 누구든 그렇게 느끼고 그것을 그렇게 표현한 사람이라면 내성적으로 자신의 불안을 알고 있을 것이라는 '실제의 원칙'이 작동한다.) 디킨슨은 해리스의 연기를 통해, 그리고 그것이 발생시키는 허구적 참을 통해 허구적으로 그녀, 즉 디킨슨이 자신의 대인공포증의 느낌을 내성적으로 알고 있다고 추론해야 한다. 그것은 어떤 사람이 그 자신이 내성적 지식을 가지고 있다는 것을 아는 방식은 아니다. 그것은 누군가 다른 사람에 대해 그가 내성적 지식을 가진다는 것을 결정하는 것과 훨씬 더 유사하다.

게다가, 허구적으로 **그것**이 디킨슨의 불안이라고 할 만한 것이 없다. 분명히 그녀의 실제 감정들 중에는 말이다. 또한 허구적으로 그것이 내성적 인식의 행위이거나 경험이라고 할 수 있는, 디킨슨이 실제로 하거나 경험하는 것 역시 없다. 그녀는 그녀의 "허구적 불안"을 실제로 경험하지 않는다. 그리고 그녀가 불안을 느낀다고 상상하는 것은 안으로부터 상상하는 것이 아니다. (적어도 그 공연으로 하는 그녀의 게임의 일부로서는 아니다. 그녀의 마음은 이리저리 떠돌 수 있다. 그 공연이 그녀가 그것을 정말로 안으로부터 상상하는 어떤 별개의 공상을 촉발시킬지도 모른다. 그러나 무대 위의 — 해리스의 — 행동이 그녀의 불안을 표현한다는 그녀의 상상하기는 안으로부터의 상상하기가 아니다.)

이 상황은 설사 디킨슨이 줄리 해리스의 주인공 역할을 대신하더라도 별 차이가 없다. 그녀는 여전히 그녀가 사람들과 어울리는 어떤 상황에서 심각한 불안을 경험한다는 것이 (그 공연 안에서, 그리고 공인된 게임들 안에서) 허구적인지 아닌지를 그녀의 외적 행동을 통해, 관객이 관찰할 수 있는 것을 통해 판단해야 하며, 그녀가 관객에게 어떻게 보이는지에 대해 쉽게 잘못 판단할 수 있다. 그녀는 여전히 자기 자신을 "밖에서", 또 다른 사람의 관점에서 바라보고 있는 것처럼 보인다.

찰스의 상황은 극적으로 다르다. 그것은 찰스가 또 다른 사람, 자기 자신의 어떤 허구 버전을 마주하고 있는 상황라기보다는 마치 그 자신이 실제로 점액질 괴물을 두려워하는 상황인 것처럼 보인다. 그의 공포에 대한 허구적 참들, 특히 허구적으로 그것이 **그의** 공포라는 사실은 그에게 놀랄 만큼 생생하게 나타난다. 찰스는 그 자신이 점액질 괴물과 밀접히 연루된 것으로, 그 자신이 그의 게임의 허구 세계의 부분인 것으로 느낀다.

찰스의 경험은 자신의 게임에 심리적으로 참여하는 감상자들이 전형적으로 하는 경험이다. 우리는 허구적 세계가 실제 세계가 아님을 완벽하게 잘 알고 있음에도 불구하고 어떻게 허구적 세계가 우리에게 실제 세계만큼 거의 "진짜인" 것처럼 여겨질 수 있는지 알게 되기 시작했다. 우리는 소설이나 연극이나 영화에 감정적으로 "몰두해" 있을 때 어떤 일이 일어나는지, "이야기에 사로잡히는" 것이 어떤 것인지 이해하기 시작했다.

이제 찰스가 겪는 경험의 성격에 대한 상당히 명확하고 뚜렷한 그림을 가지게 되었으므로 우리는 그가 점액질 괴물을 두려워하는 것이 아니라는 우리의 주장을 새로운 자신감을 가지고 재확인할 수 있다. 그가 그 괴물을 두려워한다는 것이 허구적이라는 사실이 그가 실제로 그럴 가능성을 자동으로 배제하지는 않는다. 허구성과 참이 양립 불가능하지는 않기 때문이다. 그러나 대략적으로 내가 제안한 그런 방식으로 발생한 그 허구적 참은 그의 공포를 실제인 것으로 간주함으로써 설명될 수도 있는 현상학적 · 언어적 자료들을 선점한다. 점액질 괴물이 그를 위협한다는 믿음이나 도망가려는 경향이 없다는 점을 무시하고서라도, 그 공포를 실제인 것으로 간주하는 것은 별 이득이 없다. 이 점은 찰스가 점액질 괴물을 두려워한다는 것이 허구적이라고 간주하는 이유가 그가 실제로 그 괴물을 두려워한다는 것을 부정하는 데 달려 있는 것은 아니라는 사실로 강화된다. 우리는 그러한 부정의 결과로 남겨진 간극을 겨우 채워나가는 것이 아니다. 그 간극을 채우는 것은 어쨌든 우리가 이미 수중에 가지고 있는 어떤 것이다.

우리는 비극이 공포와 연민을 불러일으킨다고 천명한 아리스토텔레스가 틀렸다고 선언해야 하는가? 우리가 그의 말을 말 그대로 해석해야 한다고 고지식하게 고집하지만 않는다면 그러지 않아도 된다. 그 말은 "세상에, 정말 무서웠어!"라는 찰스의 외침을 이해하는 것과 그리 떨어져 있지 않은 태도에서 더 잘 이해될 수 있다.

7.2 심리적으로 참여하기

찰스와 점액질 괴물의 경우는 믿는 체하기 게임에서 감상자들이 하는 중요한 심리적 역할의 한 예에 불과하다. 나는 우리가 실제로 윌리 로먼을 동정하거나 안나 카레니나를 위해 슬퍼하거나 또는 슈퍼맨을 동경하는 것이 아니며 이아고를 경멸하거나 동굴에서 길을 잃은 톰 소여와 베키를 걱정하는 것도 아니라고 제안했다. 그러나 우리가 그렇게 한다는 것은 허구적이다. 찰스가 점액질 괴물을 두려워한다는 것이 허구적인 것처럼 우리가 소설, 연극, 영화 그리고 회화를 감상할 때 연민, 분노, 의분 등을 느낀다는 것은 허구적이다. 그리고 이 허구적 참들은 유사한 방식으로 — 부분적으로 우리의 실제 마음 상태에 의해 — 발생한다.

점액질 괴물 영화는 내가 앞서 '관객에게 말 걸기'라고 부른 것을 포함하고 있다는 점에서 다소 특별하다. 즉, 허구적으로 그 점액질 괴물은 찰스를 발견하고 그를 쫓는다. 따라서 자연히 그가 두려워한다는 것은 허구적이다. 앞서 살펴보았듯이, 어떤 종류의 작품들에서는 감상자들이 이런 식으로 허구에 "끌려들어가는" 경우, 즉 누군가가 감상자들을 알아차리거나 그들에게 말을 걸거나 그들을 위협한다는 것이 허구적인 경우가 흔치 않다. 말 걸기가 없는 작품들에 대한 감상자들의 반응을 말 걸기가 있는 작품들에 대한 감상자들의 반응과 근본적으로 다른 방식으로 다룰 필요는 없지만, 관객이 허구적으로 가지는 개별 심리적 태도들은 다를 확률이 크다. 허구적으로 그는 스스로를 위해서가 아니라 다른 누군가를 위해 두려워할 것이다. 히치콕의 〈사이코〉에서 샤워 장면을 보는 관객은 아마도 허구적으로 자신이 위험에 처해 있다고 간주하거나 스스로를 위해 두려워하지는 않을 것이다.[5] 허구적으로 그는 다른 누군가(자넷 리가 연기한 인물)에게 닥친 위험을 알고 있으며, 그의 비명은 허구적으로 그녀를 위한 공포에서 나온 것이다.[6]

우리는 누군가를 그가 우리를 알아차리지 못하는 와중에도 존경하거나 혐오하거나 불쌍히 여기거나 걱정할 수 있으며, 감상자가 그런 감정을 느낀다는 것은 말 걸기 같은 것이 없어도 쉽게 허구적이 될 수 있다. 이는 때때로 말 걸기가 있다는 것을 부정하는 것은 아니다. 만약 누군가가 나를 애원하듯이 또는 경멸하듯이 바라본다는 것이 허구적이라면, 그것은 내가 허구적으로 그녀를 동정하거나 싫어할 가능성을 더 크게 만들 것이다. 그러나 전자의 경우가 아니라도 후자가 허구적일 수는 있다.

무엇이 어떤 감상자에 대해 누군가를 동정하거나 싫어하거나 존경하거나 걱정한다는 것을 허구적으로 만드는가? 이 허구적 참들은 어떻게 발생하는가? 그 대답의 세부들은 이러한 종류의 실제 감정들을 무엇이 구성하고 있다고 생각하는지에 달려 있을 것이지만, 찰스에 대한 우리의 논의가 몇몇 가능성을 암시한다. 이 감정들 — 예를 들면 우리가 '유사 동정' 또는 '유사 혐오'라고 부르는 것들 — 에 전형적으로 나타나는 심적 상태의 몇몇 특징이 어떤 역할을 할 가능성이 크다. 어떤 경우들에는 허구적으로 우리가 누군가를 동정하거나 혐오하거나 존경한다는 사실이 아마도 우리가 그 사람에 대한 어떤 적절한 허구적 참을 알게 된 결과로 그러한 유사 감정을 경험한다는 사실에 의해 발생할 것이다. 아마도 (실제) 동정의 몇몇 경우들은 동정받는 사람이 불행한 일을 겪고 있다는 믿음에 의해 생겨난 유사 동정에 있을 것이다. 안나 카레니나가 불행을 겪고

5) 그러나 이 절 후반에 나오는 등장인물과 동일시하기에 대한 논의를 보라.

6) 그러나 감상자가 허구적으로 스스로를 위해 두려워하기 위해 말 걸기가 반드시 필요한 것은 아니다. 실제로 두려움을 느끼기 위해 누군가가 우리를 알아차려야 할 필요는 없으며, 누군가가 우리를 알아차린다는 것이 허구적이지 않고서도 우리가 위험에 처해 있다는 것이 허구적일 수 있다.

있다는 것이 허구적임을 깨닫고 나면, 우리가 그녀의 고통을 알고 있다는 것이 허구적이고, 우리는 그 결과로 유사 동정을 경험한다. 아마도 이것이 대략적으로 우리가 그녀를 동정한다는 것이 허구적이 되는 방식일 것이다. (누군가가 고통을 겪는다고 판단하지 않고서도 그를 동정하는 것이 가능하다면, 허구적으로 그렇게 하는 것도 가능할 것이다.) 우리가 이아고를 혐오하거나 슈퍼맨에게 감탄하거나 또는 톰과 베키에 대해 걱정한다는 허구적 참은 몇몇 경우들에서는 허구적으로 이아고가 데스데모나에 대해 오셀로를 속였다거나 허구적으로 슈퍼맨이 거의 어떤 일이든 할 수 있다거나 또는 허구적으로 톰과 베키가 동굴에서 길을 잃었다는 것을 깨달은 결과인 유사 혐오, 유사 감탄, 또는 유사 걱정에 의해 발생할 수 있다.

유사 동정이란 무엇인가? 유사 걱정, 유사 감탄이란 무엇인가? 찰스의 "공포"의 경우로 유추해본다면 그것은 실제 감정에 특징적인 감각의 집합체 또는 다른 현상학적 경험들임에 틀림없는데, 그 경험들은 예를 들면 "안나를 동정"하거나 "슈퍼맨에 감탄"하는 감상자가 실제 사람들에 대해 실제로 동정하거나 감탄하는 이들과 공유하는 경험들이다. 공포 — 어쨌든 강한 공포 — 에 특징적인 감각들을 열거하는 것은 어렵지 않다. 그러나 다른 유사 감정들의 경우에는 그보다 알기 어렵다. 유사 감탄은 특히 딱 꼬집어내기 어려워 보일 것이다. 누군가에게 감탄한다는 것은 어떤 **느낌**인가?

우리가 유사 감탄에 특별히 특유한 무엇인가를 찾을 필요는 없다. 허구적으로 누군가에게 감탄하는 것과 허구적으로 다른 감정을 가지는 것은 그 유사 감정의 특징 이외의 무엇인가에 의해 구분될 수도 있다. (예를 들면 그 원인에 의해서일 수도 있다. 즉 아마도 우리가 허구적이라고 믿는 것, 따라서 우리가 믿는다는 것이 허구적인 바에 의해서일 수 있다.)

그러나 감탄은 어떤 특별히 주목할 만한 현상적 경험을 항상 포함하지는 않는 것처럼 보일 수 있다. 어떤 벅찬 느낌, 또는 숨이 멎을 것 같은 느낌이 있을 수도 있다. 그러나 반드시 그런 것은 아니다. 동정은 때때로 눈물과 우는 감각을 포함하지만, 항상 그런 것은 아니다. 사실 이 감정들이 항상 현재 떠오르는(occurrent) 감정들인 것도 아니다. 우리가 누군가에 대해 생각조차 하고 있지 않더라도 우리가 그를 동정하거나 그에게 감탄한다는 것이 참일 수 있다. 아마도 그 감정들은 무의식적일 수도 있다. 그 점에 대해서라면, 공포가 항상 명확한 현상학적 요소들을 가지는지조차 분명하지 않다. 따라서 유사 공포를 구성하는 것이 무엇인지를 말하는 것이 항상 쉽지는 않다.

여기에는 문제가 있다. 그러나 그것은 허구 작품의 감상에 대한 내 설명의 문제라기보다는 감정에 대한 이론들의 문제다. 감탄과 동정이란 무엇인가? 누군가가 감탄할 만하다거나 그가 불행한 일을 겪는다는 믿음은 그에게 감탄하거나 그를 동정하기에 (필요하든 그렇지 않든 간에) **충분하지** 않다. 우리는 그러한 믿음들을 가지더라도 그 감정들을 경험하지 않을 수 있다.[7] 아마도 그 감정들은 어떤 방식으로 느끼는 경향이나 어떤 자극에 어떤 방식으로 반응하는 경향 — 우리가 인식할 수도 그렇지 않을 수도 있는 — 만을 포함하거나, 내성으로 알 수 없는 느낌들을 포함하거나, 아니면 어떤 생리학적 상태를 포함할 것이다. 감정이 되기 위해 적절한 믿음(믿음이 포함되는 감정의 경우)과 결합하는 것이 무엇이든, 나는 그러한 어떤 상태나 조건, 또는 감상자가 그러한 상태나 조건에 처해 있다는 것을 허구적으로 만든다고 자연스럽게 간주되는 상태나 조건이 우리가 누군가에게 감탄하거나 누군가를 동정한다는 것을 허구적으로 만들도록 도와준다고 제안한다. 그것을 '유사 감탄'이나 '유사 동정'이라고 부를 수 있지만, 그것이 어떤 현상적 경험임에 틀림없다고 주장하지는 않을 것이다. 유사 감정에 대한 우리의 개념을 어떤 합리적인 감정 이론에도 충분히 맞출 수 있을 정도로 유연하게 유지하도록 하자.

나는 우리의 실제 심적 삶과 믿는 체하기 게임 세계에서 우리가 영위하는 심적 삶 사이의 분리를 강조해왔다. 그러나 구분되기는 하지만 그것들 사이에는 본질적인 겹침이 있다. 우리는 안나 카레니나를 위해 슬퍼하거나 이아고를 혐오하거나 점액질 괴물을 두려워한다는 것이 허구적일 때라도 실제로 그렇게 하는 것은 아니다. 그러나 허구적으로 우리가 생각하고 느끼는 다른 많은 방식들은 우리가 실제로 그렇게 하는 방식

7) 관련 믿음이 충분조건이 되는 경우를 "감탄"과 "동정"의 변형된 의미로 인정할 수도 있다. 그러한 변형된 의미에서는 우리가 그러한 믿음을 가진다는 것이 허구적이기만 하다면 우리가 누군가에게 감탄하거나 누군가를 동정한다는 것이 허구적일 것이다. 유사 감정은 필요하지 않다.

이기도 하다. 순수하게 허구적인 대상들에게 향하는 것이 아닌 생각과 느낌의 경우 그러한 겹침에는 제한이 없다.

실제 인물인 에밀리 디킨슨은 실제 동정의 대상이 될 수 있다. 우리는 실제로 폭군 이반에게 혐오를 느끼거나 줄리어스 시저에게 공감할 수 있다. 그들이 허구 속 등장인물일 때라도 실제 인물들에게 그렇게 느낀다는 것 또한 허구적일 수 있다. 실제로 나폴레옹을 존경하는 사람이 《전쟁과 평화》를 읽으면서 허구적으로도 그를 존경할 수 있을 것이다. 대상들에게 향하는 것이 아닌 것처럼 보이는 **기분**(moods)의 경우, 이와 유사한 일치는 가능할 뿐 아니라 실제로 흔하기도 하다. 우리가 진지하거나 흥분하거나 기쁘거나 우울하거나 관조적인 기분일 때 우리가 그런 기분이라는 것이 허구적이기도 할 수 있다.

우리의 실제 느낌과 허구적으로 느끼는 바는 일치할 뿐만 아니라 종종 몇 가지 중요한 면에서 서로 긴밀히 연관되는 경향이 있다. 《전쟁과 평화》를 읽는 어떤 독자가 허구적으로 나폴레옹을 존경하는 이유들은 실제 세계에서 가져온 것일 수 있다. 그는 함축에 대한 '실제의 원칙'이나 '상호 믿음 원칙'을 통해, 비록 소설이 언급하고 있지 않더라도 나폴레옹의 실제 업적들에 대해 그가 알고 있거나 믿고 있는 것들을 허구적이라고 간주할 것이다. 또한 그가 그러한 업적들 때문에 실제로 나폴레옹을 존경한다는 사실은 그가 나폴레옹을 존경한다는 것이 허구적일 가능성을 크게, 아마도 거의 불가피하게 만들 것이다. 예이젠시테인의 《폭군 이반》은 감상자가 허구적으로 이반에게 혐오를 느끼게 하는 데 더해 감상자에게 실제 혐오를 불러일으킬 수 있다. 감상자가 그 영화가 역사적 사실에 대해 정확하다고 간주할 경우 감상자에게 이반의 실제 잔인성을 알려줌으로써든 아니면 이미 알고 있는 역사적 사실을 생생한 방식으로 보여줌으로써든 말이다. 동일한 유사 혐오(긴장, 역겨움)는 이중의 임무를 수행할 수 있는데, 허구적으로 우리가 혐오를 느낀다는 사실을 발생시키는 데 기여할 뿐 아니라 부분적으로 우리의 실제 혐오를 구성하기도 한다. 《폭군 이반》을 보고 있는 감상자가 허구적으로 이반의 희생자 때문에 슬퍼할 때 그의 뺨에 흘러내리는 눈물은 진짜 슬픔의 눈물이기도 할 것이다. (그 눈물은 인과적으로 중층결정된(overdetermined) 것일 수 있다. 즉, 감상자가 희생자들에 대해 알고 있는 것과 그가 그 희생자들에 대한 허구적 참들에 대해 알게 된 것에 의해 각각 독립적으로 인과된 것일 수 있다.)

어떤 사람의 실제 기분이 단순히 허구적 세계로 이어진다고, 즉 우리가 기분이 언짢거나 관조적이라는 것이 허구적임은 단순히 우리가 기분이 언짢거나 관조적이기 때문이라고 추정할 수도 있겠다. 그러나 나는 감상자의 작품에 대한 경험이 그의 기분의 중요한 원인임에 틀림없다고 말하는 편이 나을 것 같다. (실제) 집안싸움 때문에 기분이 언짢은 것은 작품으로 하는 믿는 체하기 게임에 속하는 것으로 간주되지 말아야 한다. 그러나 작품이 감상자를 정말로 들뜨거나 우울한 기분이 되도록 할 수 있으며, 그럼으로써 그가 그렇게 느낀다는 것을 허구적으로 만들 수 있다는 것은 명백하다. 또한 나는 감상자가 실제로는 긴장하고 기분이 언짢음에도 불구하고 그가 느긋하고 즐겁다는 것이 허구적일 수 있는지 의심스럽다.[8] (만약 그의 언짢음이 허구적 세계에서 배제된다면, 허구적으로 그의 기분이 어떤지는 정확히 가늠하기 어려울 것이다.)

우리는 감상자들이 허구적으로 경험할 수 있는 느낌, 태도, 정서, 그리고 격정의 다양함과 미묘함, 그리고 복잡성의 견본조차 모두 살펴보지 못했다. 어떤 소설의 독자가 자신이 경멸하는 누군가에게 이해하기 어려운 매력을 느끼고 거기에 저항하기 위해 분투한다는 것이 허구적일 수도 있다. 어떤 감상자가 왜 그런지는 깨닫지 못하지만 어떤 상황에 대해 모호하게 불편하게 느낀다거나, 누군가에 대한 그의 분노가 존경과 섞여 있거나 또는 그의 동정이 분노와 섞여 있다거나, 무엇인가에 대한 자신의 반감이 얼마나 깊고 고집스러운지에 대해 놀란다든가, 자신이 어떤 비극적 사건에 이상하게도 무감각하다는 것을 발견하고 자신의 무관심에 대해 죄책감을 느낀다는 등이 허구적일 수도 있다. 그러나 어떤 한계는 있는 것처럼 보인다. 보통 우리는 감상자들이 허구적으로 당황스러움이나 수치나 질투나 자부심을 느끼리라고는, 또는 독자가 매정한 말에 상처를 입거나 어떤 호의에 감사한다거나 어떤 모욕 때문에 기분이 상한다는 것이 허구적이 되리라고는 기대하지 않는다. 이것은 감상자들이 자신들의 게임 안에서 하는 역할

---

8) 이러한 허구적 참이 (칼비노의 《어느 겨울밤 한 여행자가》와 같은 소설 안의) "친애하는 독자여, 당신은 긴장이 풀리고 즐겁다"와 같은 구절에 의해 발생한 것이 아니라면 말이다.

에 대한 제한들 때문에 그렇다. (§6.3을 보라.) 그런 제한들 때문에 감상자가 어떤 당황스러운 상황에 처한다거나 수치를 느낄지도 모르는 어떤 일을 한다거나 누군가가 그에게 호의를 베푼다거나 모욕한다는 것은 허구적이 되기 어렵다.[9] 관객 참여적 연극이나 특별히 공들인 말 걸기가 있는 작품들에서는 그러한 제한이 적으며, 아이들의 게임에서는 훨씬 더 적다. 그러나 참여에 대한 일반적인 제한들이 유보되지 않을 때라도, 믿는 체하기 게임 세계 안에서 우리가 영위하는 심적 삶은 많은 측면에서 거의 실제 심적 삶만큼이나 풍부하고 다양하고 미묘하다.

재현이 소도구로 사용되는 게임에 참여하는 것은 실제로 재현을 마주하고 있는 동안만은 아니다. 어떤 감상자의 게임 — 특히 그 심리적 측면들 — 은 종종 감상자가 책을 덮거나 극장이나 미술관을 떠난 후에도 오래 지속된다. 공포영화를 본 찰스의 예는 이 점에서 오해를 불러올 수 있다. 허구적으로 찰스가 점액질 괴물을 두려워하는 것은 실제로 그 영화를 보고 있는 동안만이다. 그 이유는 점액질 괴물이 그를 위협한다는 것이 그때에만 허구적이기 때문이다. 그러나 많은 경우, 특히 우리의 심리적 참여가 말 걸기 같은 어떤 직접성에 의존하지 않는 경우, 어떤 작품을 읽거나 보는 것은 오래 지속되고 확장되고 심리적으로 풍부한 믿는 체하기 게임의 시작에 불과하다. 우리는 소설을 다 읽은 후에도 안나 카레니나의 삶에서 일어난 사건들에 대해 여러 날 동안, 심지어는 여러 해 동안 곰곰이 생각할 수 있다. 우리는 루오가 그린 얼굴에 대해 곱씹어볼 수도 있다. 보쉬의 괴물들은 한 번 보기만 하면 오랫동안 계속 떠오를 것이다. 어떤 짧은 시는 이해하기 위해 여러 달이 걸릴 수도 있다. 그러한 명상들은 부분적으로 심리적 참여의 지속으로 이루어진다. 《안나 카레니나》의 독자는 허구적으로 계속해서 안나의 상황에 대해 생각하고 동정을 느낀다. 종종 우리의 느낌이나 태도가 반성함에 따라 변한다는 것이 허구적이다. 어떤 등장인물에 대한 감상자의 이해가 깊어진다는 것, 슬픔이 분노가 되고 결국 수용으로 바뀐다는 것, 격렬한 분노가 동정에 근접하는 어떤 것으로 차츰 변형된다는 것, 저류에 흐르는 어떤 모호한 불편한 느낌으로 시작했던 것이 하나의

---

9) 감상자가 비록 자신의 공공연한 행위 때문은 아니더라도 어떤 것을 말하거나 생각한 것 때문에 수치나 죄책감을 느낀다는 것, 또는 그가 다른 누군가를 위해 당황한다는 것이 허구적일 수는 있을 것이다.

지배적인 불안이 된다는 것이 허구적일 수도 있다. 우리가 위대하다고 간주하는 많은 작품이 이러한 종류의 복잡하고 지속적인 믿는 체하기 게임을 촉발하게 하는 능력을 가지고 있다.

예술 작품에 대한 감정 반응 중에서 내가 언급하지 않은 한 가지 중요한 측면은 어떤 등장인물과 "동일시하는" 경험이다. 〈리어왕〉의 관객이 고네릴과 리건의 배신에 대해 실망과 환멸을 느끼는 리어와 동일시한다는 것은 어떤 것인가? 그러한 동일시는 감상자가 배신당했다고 느낀다는 것이 허구적이라는 데 있지 않다. 고네릴과 리건이 감상자를 배신했다는 것은 (어쨌든 공인된 게임 안에서는) 허구적이지 않기 때문이다. 그러한 동일시가 감상자가 그들에게 배신당했다고 실제로 느끼는 데 있는 것은 더더욱 아니다. 나는 공인된 게임의 일부는 아니지만 공인된 게임과 함께 일어나는 상상하기에 관객이 참여하는 것이라고 제안한다. 그는 자신이 리어의 입장에 있다고, 자신의 딸들에게 속임을 당하고 극심한 배신의 고통을 느낀다고 상상한다. (그가 자신을 리어라고 상상하는지, 그리고 고네릴과 리건에게 속았다고 상상하는지 아니면 그저 리어와 같은 상황에 처했다고 상상하는지는 우리가 결정할 필요가 없는 질문이다. §1.4를 보라.) 이러한 부수적인 상상하기는 어느 정도 잠재의식적일 수 있다. 아마도 그러한 상상하기는 현재 떠오르는 상상하기가 아닐 것이다. 그러나 그러한 상상하기는 작품에 대한 우리의 경험과 그 작품에 대한 이후의 성찰에서 중요한 한 부분이다. 물론 우리는 허구적인 등장인물들뿐 아니라 실제 사람들과 동일시하기도 한다. 허구적인 등장인물과의 동일시 역시 우리 자신이 동일시되는 그 사람의 입장에 처해 있다고 상상하는 것을 포함한다는 제안은 그리 놀랍지 않다.

찰스가 점액질 괴물을 두려워한다는 것을 부정하는 나의 주장은 결코 재현적인 예술 작품의 감상을 감정이 결여된 경험으로 개념화하는 것으로 이끌지 않는다. 허구적으로 점액질 괴물을 두려워하거나 안나 카레니나를 위해 슬퍼하는 경험은 비록 우리의 감정이 점액질 괴물에 대한 공포나 안나에 대한 슬픔이 아닐지라도 그 자체로 하나의 감정적인 경험으로서 간주될 수 있다. 그리고 많은 작품이 복잡하고 다양한 방식으로 우리의 실제 감정을 이용한다는 것은 앞서의 논의에서 분명히 드러났다. 이 사실에 관해서는 §7.5에서 더 말할 것이 있을 것이다. 그러나 심리적 믿는 체하기 게임과 실제 심적 삶 사이를 명확히 구분하기를 요구하는 다른 문제들을 우선 살펴보기로 하자.

7.3 비극의 역설

그것은 잘 짜인 비극의 관객이 그 자체로는 불쾌하고 불편한 슬픔, 공포, 불안, 그리고 다른 감정들을 통해 얻는 설명할 수 없는 즐거움인 것처럼 보인다.

- 데이비드 흄, 〈비극에 관하여〉

이처럼 데이비드 흄은 우리가 '고전적인 비극의 역설'이라고 부를법한 것을 표현하고 있다. 어떻게 감상자들은 비극 작품을 감상할 때 고통스러운 경험이 예상된다는 사실을 알고 있으면서도 그러한 고통스러운 경험을 열렬히 추구하고 또 실제로 그러한 경험을 즐길 수 있는가? 우리는 이제 비극이 관객에게 실제 슬픔과 공포를 불러일으키지 않는다는 것을 — 어쨌든 그러한 감정을 불러일으킨다고 생각할 수 있는 대부분의 경우에서 그러지 않는다는 것을 — 안다. (불안은 좀 다른 문제다.) 그러나 이것이 역설을 해소하지는 않는다. 이제 살펴보겠지만, 그 역설이 상당히 과대평가된다는 것은 사실이다. 그러나 지금 말한 이유 때문은 아니다.

비극에서 얻는 즐거움(만약 그것이 적절한 말이라면)이 종종 우리가 슬픔이나 공포를 느낀다는 것이 허구적이라는 데 의존한다는 것은 참이다. 많은 경우 우리는 우리가 허구적으로 느끼는 바를 실제로 느끼는 것을 즐기지 않을 것이다. 물론 때때로 감상자들은 **허구적으로** 슬픔이나 공포를 느끼는 경험조차 불쾌하게 여기기도 한다. 사람들은 때때로 그런 경험을 피하며, 〈사이코〉를 보기를 거부한다든가 지나치게 눈물을 짜내는 영화 또는 심지어 정말로 감동적인 비극 걸작보다는 가벼운 패러디 영화를 선택하기도 한다. 여기에 특별히 이상한 점은 없다. 우리는 단순히 **허구적으로** 슬픔이나 공포를 느끼는 경험은 흄이 실제 슬픔과 공포가 그렇다고 간주한 것처럼 "그 [자체로] 불쾌하고 불편"하지도 않고 반드시 즐겁지만도 않다고 결론내릴 수 있을 것이다. 우리는 그 경험을 때로는 좋아하고 때로는 좋아하지 않는다.

그러나 역설은 남아 있다. 어떤 재현들은 **실제** 슬픔과 두려움 — 그 재현들이 우리에게 상기시키는 실제 사람들에 대한 슬픔, 우리가 실제로 직면할지도 모른다고 생각하는 공포에 대한 두려움 — , 또는 대상이 딱히 없는 불안한 기분을 불러일으키며, 우리가 때로는 이러한 경험들을 추구하고 즐기는 것처럼 보일 수도 있다. 게다가 흄이 지적했듯이, 사람들은 실제 고통과 공포에 대한 비허구적인 이야기들, 그들이 참으로 받아들이는 이야기들에서 명백히 즐거움을 느끼기도 한다. 흄은 키케로의 "베레스에 의해 자행된 시칠리아 지휘관 학살에 대한 비참한 묘사"를 언급한다. 또한 "여기에서의 슬픔은 허구에 의해 완화되지 [않는다]. 왜냐하면 관객은 모든 상황이 실제라는 것을 확신했기 때문이다"[10]라고 지적한다. 믿는 체하기의 개념은 진정한 부정적 감정의 경험을 즐기는 것을 설명하는 데는 도움이 되지 않는다.

우리는 인간 심리에 대한 좀 더 복잡한 상을 가지고 있으므로 이런 경우들은 틀림없이 흄에게 그랬던 것보다는 우리에게 훨씬 덜 역설적으로 여겨질 것이다. 어떤 사람에게 엇갈리고 서로 충돌하는 느낌이나 태도들(반드시 그렇지는 않을 테지만 아마도 의식의 서로 다른 층위에 있는)을 귀속시키는 것은 쉽게 받아들여진다. 우리는 어떤 사람이 자신을 역겹게 하는 것에 매혹된다는 생각, 죄에 대한 속죄로서 고통을 즐긴다는 생각, 자기기만, 피학증(masochism) 등의 아이디어에 거의 놀라지 않는다. 간단한(너무 간단한) 해결책은 감상자들이 어떤 고통스러운 경험이 가져다주는 이득 — 그들 자신과 자신의 상황 등에 대한 깊은 자각 — 을 인식하고 있으며, 이 이득을 위해 그 경험을 견딘다고 말하는 것일 것이다. 마치 피마자기름을 마시는 것처럼 말이다. 흄이 '즐거움'이라고 부르는 것은 아마도 이러한 이득을 얻었다는 것을 알게 되는 만족감일지도 모른다. 물론 해결이 이처럼 쉽지는 않다. 그러나 해결책을 제시하기 위한 너무 많은 복잡

---

10) Hume, "Of Tragedy," p. 224.

한 심리학적 분석이 있는 것처럼 보일 것이다.

대상을 향하는 감정들에 관한 한, 이 퍼즐은 하나의 간단하지만 핵심적인 혼동을 인식하고 나면 대부분 사라진다. "[그 자체]로는 불쾌한" 하나의 감정으로서의 슬픔에 대한 흄의 성격화는 의문의 여지가 매우 많다. 명백히 불쾌한 것, 우리가 유감스럽게 생각하는 것은 우리가 슬퍼하는 **대상인** 것들 — 기회를 놓침, 친구의 죽음 — 일 뿐 슬픔 자체의 느낌이나 경험이 아니다. 슬퍼하는 것이 적절한 상황이 있다는 것은 달갑지 않은 일이다. 그러나 그러한 상황이 주어지면, 슬픔은 **정말로** 적절하며, 우리는 당연히 슬픔을 받아들일 것이다. 우리는 슬픔을 경험하기를 **원할** 수 있고, 우리가 그것을 경험한다는 사실에서 어떤 즐거움이나 만족감을 발견할 수도 있다. 슬퍼하는 것은 일반적으로 유감스러워한다는 사실에 대해 유감스러워하는 것이 아니며, **유감스러워한다는 사실**에 대해 즐거워하는 것과 완전히 일관적일 수 있다.

그렇다면 학살에 대한 키케로의 묘사를 듣고 눈물 흘리기를 원하거나 희생자를 위해 슬퍼하는 데서 즐거움이나 위안을 얻는 데는 어떤 역설도 없다. 감상자가 안나 카레니나나 윌리 로먼에 대해 기꺼이 그리고 즐겁게 정말로 슬픔을 느꼈더라도, 그래서 비록 그들이 정말로 슬픔을 느끼는 것은 아니라는 나의 주장이 틀렸다 하더라도, 우리가 역설을 가지게 되는 것은 아니다. 안나가 겪는 운명에 대한 가장 깊은 애석함이라 하더라도 그것과 그 소설을 읽고자 하는 열망과 즐김 사이에는 어떤 긴장도 없을 것이다. 그 소설을 회피하거나 그 소설을 즐기기를 거부한다고 해서 안나를 돕지는 못한다. 그녀가 그러한 고통을 겪는다는 것이 주어지면, 그녀의 역경에 주의를 기울이고 그녀를 위해 슬퍼하는 것은 어울리고 적절하며 우리가 할 수 있는 최소한의 일로 여겨질 것이다. 그렇게 하면서 우리는 눈물을 흘리는 와중에 만족감을 느낄 수 있을 것이다.

물론 실제 슬픔은 허구적으로 슬픔을 느끼는 경험과 마찬가지로 고통스럽거나 불쾌**할 수 있으며**, 때때로 우리는 정말로 그것을 피하기도 한다. 때때로 우리는 장례식에 불참하거나 나쁜 소식일 것 같아 두려운 것을 피하기도 한다. 그러나 그 반대가 때때로 참이라고 해서, 즉 우리가 때때로 실제 비애를 느끼는 경험을 추구하고 즐긴다고 해서 비애나 슬픔이라는 개념에 비추어보았을 때 놀라울 것은 아무것도 없다. 따라서 감상자가 비애를 느낀다는 것이 단지 허구적이라는 사실에서 아무런 도움을 받지 못하더라도 흄이 말하는 역설의 많은 부분은 사라진다. (부정적인 기분을 즐기는 것을 설명하기 위해서는 여전히 어떤 복잡한 심리학적 분석이 필요할 것이다.)

슬픔 자체를 경험하는 것의 즐거움이라 가정되었던 것이 아니라 슬픔의 대상을 향한 감상자의 태도로 눈을 돌려볼 때, 우리는 하나의 좀 더 강력한 퍼즐, §5.1에서 예견된 하나의 퍼즐을 만나게 된다. 그것은 충분히 쉽게 해결될 수 있지만, 오직 감상자들이 믿는 체하기 게임에 심리적으로 참여한다는 가정하에서만 그렇다.

아서는 비극은 감상하지만, 해피엔딩은 식상하고 지루하다고 생각한다. 그는 어떤 연극을 보면서 그 연극이 비극적으로 끝나기를 바란다. 그는 "여주인공이 잔인한 운명을 겪기를 바라"는데, 왜냐하면 그녀가 그렇게 되어야만 그 연극이 볼 만한 가치가 있었던 것으로 판명될 것이라 생각하기 때문이다.[11] 그러나 동시에 그는 이야기에 사로잡혀 "여주인공을 동정"하고 "그녀의 역경에 공감"한다. 그는 "그녀가 피할 수 있기를 바란다". 사실 "동정"의 감정과 "여주인공이 살아남기를 바라는 욕구"는 그의 연극 감상의 중요한 부분을 구성한다. 실제로 그가 감상할 때 그랬다면 말이다. 우리는 아서가 상반되는 관심사들 사이에서 **분열되고** 있다고, 즉 여주인공이 살아남기를 원하는 동시에 그녀가 살아남지 않기를 원한다고 말해야 하는가? 이것은 참인 것처럼 들리지 않는다.

진정으로 충돌하는 욕구의 경우와 대조해보라. 투우나 이웃집의 부부싸움을 보면서 우리는 비밀스럽게(든 아니든) 혈투가 벌어지기를 바라며 흥미진진한 파멸적 결말을 보게 되기를 기대할 수도 있다. 이러한 욕구가 희생양 또는 희생자들에 대한 진정한 동정과 그들이 고통을 겪지 않기를 바라는 욕구를 반드시 배제하는 것은 아니다. 그러나 그 둘 사이에는 어떤 긴장이 있을 것이며, 서로를 제한하고 약화시킬 것이다. 또한 동정은 최악의 사태를 바라는 마음을 죄책감으로 물들일 가능성이 크다. 아서는 이와

11) "어떤 사람들 — 그리고 나도 그중 하나인데 — 은 행복한 결말을 싫어한다. 우리는 속았다고 느낀다. 불행이 더 흔하다. 파멸은 막을 수 없다. 웅크리고 있는 마을의 몇 피트 위에서 진행이 멈춘 산사태는 부자연스러울 뿐 아니라 비윤리적이기도 하다."(Nabokov, *Pnin*, pp. 25-26)

같지 않다. 그의 "충돌하는 욕구들"은 양쪽 모두 진심일 것이다. 그는 조금도 거리낌 없이 그 작품이 여주인공에게 재앙으로 끝나기를 바랄 수 있고, 또한 그와 똑같은 전심전력으로 "그녀가 그런 부당한 운명을 피하기를 원할" 수 있다. 그는 양쪽 "욕구들" 모두를 완전히 의식하고 있으면서도 그것들 사이에 특별한 충돌을 느끼지 않을 수 있다. 그는 "여주인공이 아프기를 바라는" 데 대해 일말의 양심의 가책도 경험할 필요가 없다. 그의 가장 진심 어린 "그녀에 대한 동정"에도 불구하고 말이다.

물론, 해답은 아서가 실제로 여주인공을 동정하거나 그녀가 무사하기를 원하는 것이 아니라는 것이다. 즉, 그가 그렇게 한다는 것은 단지 허구적이다. 그가 실제로 원하는 것은 그녀가 잔인한 최후를 맞이한다는 것이 허구적이 되는 것이다. 그는 충돌하는 욕구들을 가지고 있지 않다. 또한 그가 충돌하는 욕구들을 가진다는 것이 허구적이지도 않다.

7.4 서스펜스와 놀람

나는 아마도 [〈웨스트사이드 스토리〉를] 한 5천 번은 보았을 것이다. 그리고 항상 끝에 가서 눈물을 흘리곤 한다.

- 레너드 번스타인

나는 추리영화(whodunit) 테크닉을 사용한 적이 없다. 왜냐하면 그것은 전적으로 속임수에만 관심이 있으며, 속임수는 서스펜스를 분산시키고 초점을 흐리기 때문이다. 관객이 살인자가 누구인지 처음부터 알고 있는 연극이나 영화에서도 거의 견디기 힘들 정도의 긴장을 쌓아올리는 것이 가능하다. …… 나는 관객에게 모든 사실을 가능한 한 일찍 알려주는 것이 좋다고 생각한다.

- 알프레드 히치콕

무엇이 허구적인지를 아는 것과 무엇이 참인지를 허구적으로 아는 것

감상자들이 다양한 것들을 알거나 알지 못한다는 것, 어떤 믿음, 기대, 의심, 예감을 가진다는 것이 허구적일 수 있다. 그들이 추측한다는 것이 허구적일 수도 있으며 그들이 모르거나 확신하지 못한다는 것, 또는 그들이 믿거나 추정하거나 추측한 것이 나중에 참이나 거짓으로 밝혀진다는 것이 허구적일 수도 있다. 감상자들이 드러난 사실에 대해 놀라거나 놀라지 않는다는 것이 허구적일 수도 있다. 종종 허구적으로 우리가 알거나 믿는 것은 우리가 실제로 허구적이라고 알거나 믿는 것과 같다. 찰스가 초록색 점액질 괴물이 도망쳤다는 것을 알게 된다는 것이 허구적이 되는 것은 그가 초록색 점액질 괴물이 도망쳤다는 것이 허구적임을 알게 되는 때다. 그리고 그가 그 점액질 괴물이 허구적으로 무슨 일을 벌일지 모른다는 것이나 그 괴물이 허구적으로 하는 일에 놀란다는 것은 그가 그 점액질 괴물의 행동에 대해 모르거나 놀란다는 것을 허구적으로 만든다. 그러나 우리가 허구적이라고 알고 있는 것과 허구적으로 우리가 아는 것은 때때로 분리되기도 한다. 이 사실은 중요한 결과를 낳는다.

이 사실이 해결할 수 있는 한 가지 문제는 작품들이 어떻게 그처럼 계속 읽힐 수 있는지, 즉 어떻게 그렇게 흔히 작품들이 여러 번 읽히거나 관람되고도 그 유효성을 잃지 않고 살아남을 수 있는지의 문제다.[12] 이런저런 종류의 서스펜스는 대부분의 작품에 대한 경험에서 하나의 결정적인 요소다. 《잭과 콩나무》의 잭은 잡히지 않고 거인의 물건을 훔치는 데 성공할 수 있을까? 톰과 베키는 동굴에서 나오는 길을 찾을 수 있을까? 햄릿은 아버지가 살해당한 데 대한 복수를 언젠가는 할 수 있을까? 오셀로는 데스데모나의 손수건을 발견하면 어떻게 반응할까? 3월 15일에 줄리어스 시저에게 어떤 일이 닥치는 것일까? 고도는 올 것인가?

어떤 일이 벌어질 것인지 우리가 이미 알고 있다면 어떻게 서스펜스가 있겠는가? 전에 그 소설을 읽었고 톰과 베키가 동굴을 탈출할 길을 발견할 것임을 완벽히 잘 알고

12) 데이비드 루이스(David Lewis)가 내 이론과 이 문제 사이의 관련성에 대해 지적했다.

있는 독자가 왜 그들의 역경에 대해 걱정하고 심지어는 흥미를 느끼는가? 우리가 플롯의 관련 특징들에 완전히 익숙해질 정도로 어떤 작품을 충분히 많이 경험하고 나면 그 작품은 서스펜스를 불러일으키는 능력을 잃어버린다고, 그리고 그 작품을 다시 읽거나 보게 되면 처음 경험할 때의 흥분이 사라질 것이라고 추측할 수도 있다. 많은 경우 이러한 일은 일어나지 않는다. 어떤 작품들은 노출되고 나면 정말로 재빨리 빛을 잃어가기도 한다. 어떤 미스터리 소설들의 흥미로운 점은 대부분 그 소설들이 독자에게 제기하는 퍼즐에 있다. 우리는 연속된 실마리를 통해 "누가 그 일을 했는지" 알아내기 위해 노력한다. 답을 알아내고 나면, 풀어야 할 퍼즐은 없어지고 그 이야기를 다시 읽는 것은 의미가 없다. 물론 어떤 작품이든 익숙해지는 것은 어떤 측면들에서 그 작품에 대한 우리의 경험을 바꾼다. 그러나 많은 작품들의 힘은 놀라울 정도로 영속적이고 그 작품들이 가진 효력의 본성은 놀라울 정도로 불변한다. 특히 서스펜스는 우리가 작품에 얼마나 익숙하든 거의 상관없이 그 작품에 대한 반응의 결정적인 요소로 남아 있을 수 있다. 우리는《톰 소여의 모험》을 다시 읽으면서 결과에 대해 알고 있음에도 불구하고 그 소설을 처음 읽는 사람이 그럴 것과 똑같이 톰과 베키에 대해 몹시 "걱정할" 수도 있다. 로렌은《잭과 콩나무》를 단어 하나하나를 외울 정도로 셀 수도 없이 들었지만, 거인이 잭을 발견하고 쫓아올 때 그녀가 그 이야기를 처음 들었을 때와 똑같은 흥분과 똑같은 흥미진진한 서스펜스를 느낄 수 있다. 아이들이 종종 익숙한 이야기에 지루해하기는커녕 똑같은 이야기를 계속 반복해서 들려달라고 조르는 일이 흔하다는 것은 주목할 만한 일이다. 성인 구비문학의 몇몇 경우들 — 고대 그리스 연극, 자바섬의 와양 쿨릿 — 은 표준적이고 잘 알려진 플롯들의 상대적으로 고정된 레퍼토리를 가지지만, 그럼에도 불구하고 관객에게 여전히 생생하고 흥미롭다.

익숙한 이야기를 말하는 방식이 상당히 흥미로운 것일 수도 있다. 우리는 신선한 방식으로 읽거나 공연하는 것, 오래된 플롯을 새로운 방식으로 보여주는 것을 가치 있게 여길 수 있다. 그러나 이러한 관찰은 퍼즐을 해결하는 데 별 도움이 되지 않는다. 감상자들은 보통 이야기가 제시되는 방식만이 아니라 그 이야기 자체에 관심이 있다. 어떤 이야기를 혁신적인 방식으로 보여주는 것이 능숙하지만 놀랍지는 않은 방식으로 보여주는 것보다 항상, 또는 일반적으로라도 더 강한 힘을 가지지는 않는다. 감상자는 (어느 정도는 그렇다 해도) 단지 억양의 새로운 뉘앙스나 단어 선택, 무대 설치, 심지어는 줄거리에서의 새로운 진전 같은 것만 찾지는 않는다. 감상자는 보통 플롯의 중심 특징들에 관심이 있고 거기에 몰두한다. 그것들이 무엇인지 이미 알고 있더라도 말이다. 로렌은 잭이 겪고 있는 역경에 대해 긴장을 느낀다. 결과가 어떻게 될지 알고 있음에도 불구하고, 그것이 그녀의 관심의 초점이다. 그녀의 경험은 서스펜스의 경험이며, 그것은 책을 읽어주는 사람이 이야기 속 단어들을 어떻게 발음할지나 그 이야기를 해줄 때 어떤 단어들을 사용할 것인지에 대한 서스펜스가 아니다.

이 중 어떤 것도 현재 이론에 비추어본다면 놀랍지 않다. 로렌은 허구적으로 잭이 거인에게서 도망칠 것임을 알고 있음에도 불구하고, 《잭과 콩나무》를 또다시 들을 때는 그것을 알지 못한다는 것이 허구적이다. 잭이 도망치는 것을 묘사하는 구절을 읽을 때까지는 말이다. 허구적으로 그녀는 잭의 운명에 대해 정말로 걱정하며, 사건들이 펼쳐지는 것에 집중하며 따라간다. 이야기를 읽거나 듣는 동안은 로렌이 잭과 거인에 대해 처음으로 알게 된다는 것이 그녀의 게임 안에서 허구적이다. (아마도 로렌이 신뢰하는 누군가가 그녀에게 한 소년과 거인 사이의 대결에 대한 진지하고 믿을 만한 보고를 해준다는 것이 허구적일 것이다.) 그녀의 경험 속 흥분과 서스펜스에 책임이 있는 것은 허구적으로 그녀가 그 결과에 대해 모른다는 사실이지 실제로 그녀가 모른다는 사실이 아니다. 이 경우 그녀가 실제로 허구적이라고 알고 있는 것은 무엇이 그녀가 참으로 알고 있다는 것이 허구적인지에 영향을 주지 않는다. 그 이야기를 듣는 것의 핵심은 잭과 거인의 대결에 대한 허구적 참을 발견하는 것이 아니라 어떤 종류의 믿는 체하기 게임에 참여하는 것이다. 우리가 이야기를 듣고 나서는 항상 잊어버리는 것이 아니라면, 그 이야기를 들을 때마다 잭과 거인이 허구적으로 무엇을 하는지 알게 될 수는 없다. 그러나 우리는 매번 하나의 게임에 참여할 수 있으며, 그것이 바로 감상자들이 하는 일이다. 《잭과 콩나무》를 듣는 것의 가치는 허구적으로 우리가 잭이 직면하는 위험을 두려워하며 깨닫게 되고, 거인이 과연 깨어날 것인지를 숨죽이며 기다리고, 거인이 깼을 때 갑작스러운 공포를 느끼고, 그리고 마지막으로 잭이 어떻게 콩나무를 찍어 쓰러뜨려서 거인을 물리치는지를 감탄하고 안도하며 알게 되는 경험을 하는 데 있다.

왜 똑같은 게임을 반복해서 하는가? 우선, 똑같이 읽는다 하더라도 게임은 매번 정확히 똑같지 않을 수 있다. 어떤 때는 로렌이 위기 상황에 압도되어 잭에 대한 걱정 때문에 얼어붙었다가 잭이 마침내 거인을 이겼을 때 감정적으로 탈진한다는 것이 허구적일 수 있다. 다른 때는 그녀가 잭이 안전할지에 대해 그리 심각하게 걱정하지 않으며, 그녀의 지배적인 감정은 잭의 영웅적 행위에 대한 감탄과 모험의 스릴, 그리고 마지막 결과에 대한 흥분감이라는 것이 허구적일 수 있다. 그러나 읽을 때마다 게임이 대부분 유사하다 하더라도, 일이 어떻게 될지를 허구적으로는 모른다는 것의 긴장과 흥분은 매번 존재할 것이다.

작품을 다시 경험하는 이유에 대한 퍼즐, 왜 반복되는 노출이 작품의 힘을 잃게 하지 않는가에 대한 질문은 (명백히) 재현적인 예술들뿐 아니라 음악에도 적용된다. 사실상 이 문제는 음악에서 특히 중요한 문제다. 반복해서 감상하고자 하는 우리의 참을성, 나아가 열정은 종종 연극, 영화 그리고 문학(시를 제외한)에서보다 음악에서 더 크다. 아이들뿐 아니라 어른들도 같은 음악 작품, 심지어 같은 녹음을 반복해서 들으며, 그렇게 하면서 종종 즐거움은 **증가한다**. 우리는 어떤 사람이 어떤 영화를 전에 보았기 때문에 다시 보지 않기로 결심하는 것을 쉽게 이해한다. 그러나 "나는 이미 그것을 들었어"라는 것은 헨델의 오라토리오나 브람스의 교향곡 연주를 듣기를 포기하는 이유로는 이상할 것이다.

레너드 메이어(Leonard Meyer)의 《음악에서의 감정과 의미》의 핵심 주장은 "정서적 반응이나 느껴진 감정은 음악적 자극 상황에 의해 활성화된 어떤 기대 — 반응하고자 하는 경향 — 가 일시적으로 억제되거나 영원히 차단될 때 환기된다"는 것이다.[13] 그는 음악의 감상은 대부분 그 음악이 어떻게 진행될지에 대한 기대가 좌절되는 것으로부터 나온다고 주장한다. 거짓마침(deceptive cadence)의 경우, 청자는 으뜸음이 제5음을 따를 것이라고 기대하지만 그렇지 않을 때 "정서적 반응"을 경험한다. 이것은 그 작

13) *Emotion and Meaning in Music*, p. 31.

품을 처음 듣는 청자의 경험에 대한 묘사로는 정확할지 모르지만, 그 작품을 잘 알고 있는 청자, 전에 그 곡을 여러 번 들었으며 이를테면 그 곡을 기억해서 연주하거나 써내려갈 수 있을 정도로 잘 알고 있는 청자에게도 그럴 수 있는가? 그런 청자에 대해서는 으뜸음이 제5음을 뒤따르기를 기대하고 있다고 할 수 없을 것이다. 그는 그 마침이 "거짓"이라는 것을 이미 완전히 알고 있기 때문이다. 그러나 그는 그 마침의 "속임수"를 처음 듣는 청자만큼이나, 혹은 그보다 더 완전히 감상할 수 있다. 그것은 그에게 "놀랍게 들릴" 수 있다.[14)]

나의 설명은 예상되었을 것이다. 청자가 실제로 무엇을 기대하는지와 상관없이 그가 으뜸음을 기대한다는 것은 **허구적**이며, 청자가 제6음이든 무엇이든 으뜸음이 아닌 음을 들었을 때 놀란다는 것은 허구적이다. (이는 그 음악을 하나의 믿는 체하기 게임의 소도구, 따라서 우리의 의미에서 재현적인 것으로 만들며, 이 방식은 비구상적인 회화가 종종 그렇게 되는 것과 같은 방식이다. §1.8을 보라.)

나는 재현을 **다시** 경험하는 문제, 왜 작품이 반복해서 노출되더라도 진부해지지 않는가의 문제에 초점을 맞추었다. 그러나 핵심은 이것보다 큰 어떤 것이다. 감상자가 어떤 이야기를 **처음** 듣거나 읽기 전에 이미 그 이야기가 어떻게 끝날지 알고 있다 하더라도 이 지식이 서스펜스를 해치지 않을 수 있다. 감상자는 다른 사람에게 듣거나 리뷰를 보았을 수도 있으며, 그 작품이 비극이나 동화로 홍보되었고 그가 그런 종류의 작품이 어떻게 끝나는지 알고 있을 수도 있고, 그 작품의 작가가 주인공을 항상 파경에 이르게 하는 작가일 수도 있고, 읽기 전에 마지막 장을 훔쳐보았을 수도 있다. 이런 방식으로 플롯에 대해 미리 알게 된 지식은 보통 우리가 무엇을 안다는 것이 허구적인지에 영향을 주지 않으며, 따라서 우리가 마음 졸이거나 놀란다는 것이 허구적이게 되는 것을 막지 않는다.

여기까지는 좋다. 그러나 감상자가 하는 경험의 인식론적 측면들 — 허구적으로 그들이 경험하는 서스펜스와 놀람뿐 아니라 허구적으로 그들이 알거나 믿거나 의심하

14) 메이어는 이 반론을 "On Rehearing Music," pp. 42-53에서 다룬다.

거나 추측하는 것, 그리고 이런 것들이 그들의 실제 지식, 믿음, 의심, 추측, 서스펜스, 놀람과 어떻게 관련되어 있는지 — 은 지금까지 살펴본 예들에서 명백하게 드러난 것보다 훨씬 더 복잡하고 흥미로울 수 있다.

로렌 및 다른 감상자들은 허구적으로는 그들이 모르는 무엇인가가 허구적임을 안다. 때때로 그 반대가 참이기도 하다.

우리는 코난 도일의 《빈 집의 모험》의 첫 단락에서 "사람들은 경찰 조사에서 드러난 그 범죄의 세부사항들을 이미 알고 있었다"[15]라는 대목을 읽는다. 따라서 아마도 왓슨이 묘사하려고 하는 바의 많은 부분을 독자가 이미 알고 있다는 것이 허구적일 것이다. 허구적으로 독자는 로널드 어데어를 살해한 것은 모런 대령이었다는 것을 처음부터 알고 있지만, 그 이야기의 마지막 페이지를 읽을 때까지는 (비록 자신이 살인자의 정체를 이미 알고 있다는 것이 허구적임을 처음부터 알았다고 해도) 자신이 살인자가 모런 대령이었음을 알고 있었다는 것이 허구적임을 알지 못할 것이며, 그때까지는 허구적으로 누가 살인자인지에 대해 (실제로) 마음을 졸이고 있을 것이다. "우리 조상의 위업을 다시 들어보아라"라고 시작하는 이야기는 그 이후에 나오는 이야기가 문제의 사건들을 **다시** 이야기하는 것임을 허구적으로 만들며, 독자가 그 일들에 대해 그전에 들은 적이 있다는 것을 그의 게임 안에서 허구적으로 만든다. 이것은 두 번째, 또는 일흔 번째는 물론이거니와 그 작품을 **처음** 읽을 때도 허구적이다. 즉, 독자가 조상들의 위업에 대해 이미 알고 있는 지식이 있다는 것은 그 이야기를 처음으로 읽는 독자에 대해서도 허구적이다. 비록 그가 허구적으로 자신이 알고 있는 위업들이 무엇인지 알지 못하더라도 말이다. 그 이야기를 다시 읽을 때, 우리는 서스펜스나 놀람을 실제로 경험하지 않을 뿐 아니라 우리가 그런 경험을 한다는 것이 허구적이지도 않다. (그러나 감상자가 놀라거나 마음을 졸인다는 것이 **허구적임이 허구적일** 수는 있다. 즉 그가 이미 알고 있는 모험들에 대해 다시 듣는 것이지만, 허구적으로 그가 그 모험들에 대해 처음으로 알게 되는 게임을 한다는 것이 그의 게임 안에서 허구적일 수 있다.)

---

15) "The Adventure of the Empty House," p. 483.

방금 든 것과 같은 이야기들은 특이한 예들이다. 대부분의 경우에는 허구적으로 화자(서술자)가 그가 말하는 바에 대해 알고 있는 것이 없는 청중에게 말하고 있다고, 즉 그가 그들에게 새로운 정보를 주고 있다고 이해되어야 한다. (실제로도 무엇인가를 말하는 행위 자체가 그것이 듣는 사람들에게 새로운 사실임을 종종 함축한다. 따라서 허구적으로 무엇인가가 말해진다는 사실이 많은 경우 듣고 있는 사람들이 그것을 이미 알고 있지는 않다는 것을 허구적으로 만들어야 한다는 것은 놀랍지 않다. 때때로 후자의 허구적 참은 좀 더 명시적으로 시사되기도 하는데, 이를테면 허구적으로 화자가 자신이 이야기하는 사건들에 대해 청중이 놀라기를 기대한다는 것을 말하거나 또는 그가 말하는 방식으로 보여줄 때가 있다.)

영화나 연극을 보는 관객에게는 (그전에 얼마나 많이 보았든 상관없이) 그 플롯의 사건들을 처음으로 보고 있다는 것이 보통은 허구적이다. 〈오셀로〉를 보는 관객이 이전에 보았던 똑같은 특정 사건들 — 데스데모나가 손수건을 떨어뜨리는 것, 오셀로의 절규 — 을 다시 보고 있다는 것은 허구적일 수 없다. 만약 초반 장면들이 진행되는 동안 관객이 오셀로가 데스데모나를 죽일 것임을 안다는 것이 허구적이라면, 오셀로가 그렇게 하는 것을 이미 본 것이 아닌 다른 어떤 방식으로 관객이 그것을 알게 된다는 것이 허구적이다.

많은 정지 그림들 — 풍경화나 또는 진행되고 있는 사건들의 짧은 순간보다는 변하지 않는 상태들을 묘사하는 그림들 — 의 경향은 반대이다. 우리는 세잔의 〈생 빅투아르산〉을 두 번째로 혹은 일흔 번째로 보고 있는 사람에 대해 허구적으로 그가 전에 본 적이 있는 산을 다시 보고 있는 것으로 쉽게 간주할 수 있다. 그가 처음 그 그림을 볼 때 그가 허구적으로 그 산을 처음 보고 있는 것으로 간주하는 것도 똑같이 정당하다. 최근 든 예들 중에서 유일하게, 여기서는 허구적으로 우리가 무엇인가를 경험하는 것이 *n*번째인지의 여부가 우리가 그 작품을 *n*번째로 경험하고 있는지의 여부에 달려 있다는 것이 타당해 보인다.

나는 우리가 허구적이라고 알고 있는 것과 우리가 안다는 것이 허구적인 것의 독립성을 강조해왔다. 그러나 그것들은 물론 일치할 수 있다. 때로는 어떤 이야기가 어떻게 진행될지에 대한 우리의 지식이 우리가 등장인물의 운명을 미리 알고 있다는 것을 허구적으로 만들지만 때로는 그렇지 않다. 그런지 아닌지는 대부분 그 이야기에 대한 우리의 정보가 획득되는 방식에, 즉 우리가 그 정보를 그렇게 얻게 되는 것이 허구적으로 우리가 사건이 일어나기 전에 알게 되는 것으로 합리적으로 간주되는지의 여부에 달려 있다.

리뷰를 읽거나 또는 그 이야기가 비극으로 알려졌다는 사실로 인해 이야기의 결말을 알게 될 때 우리가 믿는 체하기 게임에 참여하고 있는 것은 아닐 것이다. 독자가 그 작품을 전에 경험한 적이 있다 해도, 또는 마지막 장을 미리 훔쳐보았다 해도, 그는 아마도 나중에 그 작품을 다시 혹은 완전히 경험할 때 하는 게임을 한 것은 아닐 것이다. 따라서 우리는 독자가 그 작품을 읽은 적이 있으면 나중의 게임에서 그가 등장인물의 운명을 안다는 것이 허구적이게 된다는 것을 마음 편히 부정할 수 있으며, 또한 마지막 장을 미리 읽었다면 그가 그들의 운명이 어떻게 될지를 안다는 것이 허구적이게 된다는 것 역시 마음 편히 부정할 수 있다.

그러나 좀 더 흥미로운 경우들은 우리의 사전 지식이 작품 내적인 증거에 주로 기반을 두고 있으며 우리가 그 작품을 보통의 방식으로 경험하면서 획득되는 경우들이다. 이야기꾼은 히치콕의 조언에 따라 앞의 장이나 장면들에 암시하는 단서들을 심어놓고 고의로 결말을 누설할 수도 있다. 감상자들은 결과에 대해, 즉 이후의 장들에서 무엇이 허구적이게 될지에 대해 미리 알고 있는 것으로 가정되고, 이 지식은 공인된 믿는 체하기 게임에 참여하는 동안 획득되는 것일 수 있다. 그렇다 하더라도, 허구적으로 감상자가 나중에 묘사될 모험들에 대한 사전 지식을 가지는 것으로 간주하는 것은 때때로 어색하다.

〈선셋 대로〉(빌리 와일더, 1950)는 주인공의 시신이 수영장에 떠 있는 것을 보여주는 플래시 포워드[*역주: 미래의 한 장면을 삽입하는 것]와 함께 시작되고, 그런 다음에 그 첫 장면과 연관시켜 이야기를 전개해나간다. 관객의 경험은 그러한 진행에 불법적인 것은 없다는 점을 제외하고는 소설의 마지막 장을 먼저 본 독자의 경험과 유사하며, 그 사전 정보는 관객이 공인된 게임에 참여하는 동안에 획득된다.[16] 그레고리는 《오즈로 가는 길》 안의 도로시, 털북숭이 남자, 그리고 그들의 친구들이 스쿠들러(Scoodler)들에 의해 수프로 만들어지는 것을 피할 수 있으리라는 것을 결코 의심하지 않았는데, 왜냐하면 그들이 스쿠들러들의 수중에 들어가게 되는 장의 제목이 "수프 주전자 탈출하기"이기 때문이다.[17] 《빨간 망토》의 첫 부분의 양식적 징표는 에릭에게 그것이 예외 없이 행복하게 끝나는 종류의 동화라는 것을 명백히 알려주고, 따라서 빨간 망토가 늑대의 사악한 음모에서 살아남을 수 있을 것임을 그가 자신 있게 예측할 수 있게 한다.

이런 경우들에서 감상자들이 허구적으로 결말에 대한 사전 지식을 가지고 있는 것으로 간주하기는 어렵다. 그 중요한 한 가지 이유는 (그 자체로 결정적인 이유는 아니지만) 허구적으로 **어떻게** 감상자가 일이 어떻게 될지를 알게 되는가라는 질문에 적절한 답이 없을 것 같다는 점이다. 수전이 〈선셋 대로〉를 볼 때, 그녀가 그의 삶의 다양한 사건을 목격하는 동안 그가 어떤 종말을 맞을지 알고 있고 그것은 **그녀가 이미 주인공의 시신이 수영장에 엎드린 채 떠 있는 것을 보았기 때문**이라는 것은 허구적인가? 그녀가 (또는 그 등장인물이) 타임머신을 타고 이동했다는 것이 허구적인가? (영화의 시작 시점에서는 그녀가 주인공의 시신을 본다는 것이 허구적이고, 그 뒤에는 그녀가 그가 살아있는 것을 본다는 것이 허구적이다. 하지만 이것이 그녀가 그가 죽은 것을 본 후에 그가 살아있는 것을 본다는 것을 허구적으로 만들 필요는 없으며, 그녀가 그가 죽기 전에 그의 죽음에 대해 알게 된다는 것을 허구적으로 만들 필요도 없다.) 어떻게 에릭이 허구적으로 빨간 망토가 탈출하리라고 예측할 수 있었겠는가? 그가 빨간 망토가 동화의 주인공이라는 사실에서 이를 추론했다는 것은 분명히 허구적이지 않다. 허구적으로 그녀는 동화 속 등장인물이 아니기 때문이다. 물론 감상자가 그것을 어떻게 알아냈는가는

16) 때때로 우리는 영화에서 나중의 사건을 그것을 이해하지는 못한 채 미리 보기도 하다. 이런 장면은 어떤 것도 발설하지 않음에도 호기심을 불러일으키고 추측을 유발할 수 있다. 그 동일한 장면이 우리가 이해할 수 있는 맥락에서 다시 나타날 때, 그것은 당연하고 불가피하고 일어날 수밖에 없는 것처럼 보인다. 우리는 실제로는 그렇지 않음에도 **마치** 그 일이 일어나리라는 것을 처음부터 알고 있었던 것처럼 느낀다. (우리가 그 일이 일어나리라는 것을 알았다는 것은 허구적이지 않으며, 우리는 그 일이 일어난다는 것이 허구적이게 될 것임을 알지도 못했다.)

17) Baum, *Road to Oz*, chap. 9.

비결정적이더라도 그가 무엇인가를 알고 있다는 것이 허구적일 수는 있다. 그러나 이 비결정성은 비결정적이지 않을 때보다 그가 안다는 것을 허구적으로 간주하는 것을 덜 자연스럽게 만든다.

에릭이 이야기의 결말을 다른 방법으로 예측한다고 가정해보자. 그는 이야기 초반에 묘사된 늑대의 사악한 태도와 빨간 망토의 용기, 그리고 사냥꾼의 배려심과 능력에 깊은 인상을 받는다. 그러고 나서 그는 이 관찰을 근거로 하여 허구적으로 그 늑대가 사악한 음모를 꾸미겠지만 좌절될 것이라고 판단한다. 이 경우에 우리는 늑대가 빨간 망토의 목숨을 노리지만 그녀가 피할 것이라고 에릭이 예측한다는 것이 허구적임을 허용하는 데 아무런 거리낌도 느낄 필요가 없다. 이 경우 우리는 허구적으로 에릭이 어떻게 그것을 알게 되었는지를 쉽게 말할 수 있다. 즉 그가 늑대의 사악한 태도와 빨간 망토의 용기, 그리고 사냥꾼의 배려심과 능력을 기반으로 하여 결말을 예측한다는 것이 허구적이다. (이 경우 이야기의 결말에 대한 에릭의 지식은 그가 무슨 일이 발생할지를 안다는 허구적 참을 지지하므로 그의 경험의 긴장감 넘치는 흥분을 감소시키는 경향이 있을 수도 있다. 그가 실제로 예측을 하고 나면, 그가 결말에 대해 확신하지 못한다는 것은 허구적이지조차 않고, 나중에 그 결말이 그를 놀라게 한다는 것도 허구적이지 않다.) 《모비 딕》의 독자는 시작하자마자 허구적으로 이쉬마엘이 살아남아 그가 목격한 재난에 대해 말할 수 있었음을 알게 된다. 그리고 독자가 이쉬마엘이 살아남았다는 것을 안다는 것은 그 독자에 대해 허구적이다. 허구적으로 그는 어떻게 이 사실을 알게 되었는가? 이쉬마엘 자신에게서 그 재난에 대해 들었기 때문이다.

만약 에릭이 허구적으로 빨간 망토에게 무슨 일이 일어날 것인지 예측하는 근거가 뒤섞인 것이라면, 즉 만약 그가 부분적으로는 등장인물들의 의도, 성격 그리고 능력에 대한 허구적 참을 근거로 하여 판단하고 또 부분적으로는 그 이야기가 예외 없이 행복한 결말을 맞는 종류의 이야기라는 사실을 근거로 하여 판단한다면, 우리는 어떻게 말해야 하는가? 이 경우 그가 빨간 망토의 운명이 어떻게 될지 안다는 것은 허구적인가? 우리도 에릭 자신도 말할 수 없을 것이다. 진실이라는 것은 존재하지 않을 것이며, 신조차 알 수 없을 것이다.

정지 예술에서의 서스펜스와 놀람

"서스펜스"와 "놀람"이라는 개념은 문학, 연극, 영화, 그리고 음악 같은 "시간" 예술에 가장 분명하게 적용된다. 그러나 "정지" 예술에도 이와 평행한 경우들이 있다. 회화와 스틸 사진의 감상은 때때로 허구적으로 또는 실제로 놀라거나 서스펜스를 느끼는 흥분을 포함한다.

그림들은 딜레마, 곤경, 그리고 어려움을 묘사할 수 있으며, 감상자는 그 해결에 대해 궁금해하거나 걱정할 수 있다. 바다에서 허우적거리는 한 젊은이가 상어에게 위협받는 동안 보트에 타고 있는 사람들이 그를 구조하려고 노력한다는 것은 존 코플리의 그림 《왓슨과 상어》(1778)에서 허구적이다. 그들은 성공할 것인가? 그는 도망칠 수 있을 것인가? 허구적으로 우리는 그가 해내기를 바랄 엄두도 내지 못하면서 그의 곤경을 걱정하고 두려워하며 관찰한다. 물론 우리의 "서스펜스"는 무엇이 허구적인지에 대한 어떤 진정한 불확실성도 포함하고 있지 않다. 이 경우 그 이유는 우리가 이미 알고 있기 때문이 아니라 우리가 그 이상 알 수 있는 것이 없음을 알고 있기 때문이다. 전체 그림이 분명히 우리 앞에 있으며 기다릴 다음 장면은 없다. (그리고 우리는 아직 알아차리지 못한 그 그림의 세부가 그 결과를 알려주는 일도 없을 것임을 합리적으로 확신할 수 있다.) 그 소년이 구조될 것임도, 그러지 못할 것임도 허구적이지 않으며, 우리는 그 사실을 알고 있다. 허구적으로는 감상자가 마음을 졸이지만 실제로는 그렇지 않은 상황은 이제 익숙하다. 이 예에서 새로운 점은 우리가 일이 어떻게 될지를 (안도하면서든 놀라면서든 당황하면서든 어쨌든) 알게 된다는 것이 결코 허구적이지 않을 것이라는 점이다. 이 그림은 이러한 점에서 결말을 알려주지 않고 독자를 기다리도록 내버려두고 끝나는 소설과 유사하다. 그러나 그런 소설을 처음 읽는 독자는 끝나는 부분을 읽을 때까지는 자신이 결말을 알게 된다는 것이 허구적이지 않을 것임을 깨닫지 못할 것이다. 이 그림의 감상자는 그 사실을 처음부터 알고 있다.

때때로 회화의 감상자에게는 영화와 소설의 감상자에게와 마찬가지로 정말로 놀라는 일이 닥치기도 한다. 우리는 어떤 허구적 참이 발생하는지를 보고, 예를 들면 허구적으로 방 하나를 완전히 채우고 있는 거대한 사과가 있다는 것(르네 마그리트, 〈청취실〉), 또는 허구적으로 어떤 믿을 수 없을 정도로 다양한 괴물들이 있다는 것(보쉬)을 보고 놀랄 수 있다. 우리가 귀족들의 이상화된 묘사를 기대하는 장르에 속하는 그림들이 농부와 일상적인 삶의 평범한 세부들에 대한 허구적 참들을 발생시킴으로써 우리를 놀라게 할 수도 있다. 1950년대 영화를 보는 현대 관객은 그 시대의 의복 스타일과 자동차를 보고, 즉 사람들이 입는 옷과 그들이 모는 차에 대해 무엇이 허구적인지를 보고 놀랄 수 있다.

이러한 놀람들은 작품을 처음 접하는 순간 일어나지만, 다른 경우에는 나중에서야 일어나기도 한다. 그림은 소설, 영화, 연극과 마찬가지로 일정한 시간 동안 경험되며, 감상자가 발견하는 것들 — 예상치 못한 것들을 포함하여 — 은 먼저 나타날 수도 있고 나중에 나타날 수도 있다. 어떤 그림의 숨겨진, 그러나 놀라운 특징이 처음에는 알아차려지지 못할 수도 있다. 한 커플이 공원에서 걷고 있는 평온한 장면인 것처럼 보이는 그림을 주의 깊게 살펴보다가 놀랍게도 관목 숲에 숨겨진 권총을 발견할 수도 있다. 서스펜스(무엇이 허구적인가에 대한 **실제** 서스펜스)는 감상자가 어떤 놀라운 일이 머지않아 닥칠 것임을 그 일이 일어나기 전에 알아챌 때 생겨날 것이다.[18] 이런 종류의 놀라움들은 어느 정도는 몰라도 무기한 반복될 수는 없다. 마그리트의 방을 채우는 사과나 보쉬의 괴물들은 그것들에 익숙해지고 나면 더 이상 우리를 놀라게 하지 않는다. 평범한 풍경처럼 보이는 장면 안의 덤불 속에 권총이 있다는 것을 우리가 이미 알고 있다면, 그것을 발견한다고 해서 놀라지 않을 것이다.

우리가 실제로 놀라지는 않더라도 놀란다는 것이 반복해서 허구적이기는 한가? 의심할 바 없이 몇몇 경우에서는 그렇다. 그러나 다른 경우들에는 그렇지 않을 수도 있다. 우리는 한 가지 의문스러운 종류의 경우를 예상한 바 있다. 〈청취실〉을 보고 있는 한 노련한 감상자에 대해 허구적으로 그가 전에 여러 번 본 적이 있는, 방을 가득 채우는

18) 프리드는 토머스 에이킨스의 회화 〈그로스 박사의 임상강의〉의 어떤 특징들은 즉시 보이지 않으며, 어느 정도의 시간 동안 관찰한 후에야 알아차릴 수 있다는 사실의 중요성을 강조한다(*Realism, Writing, Disfiguration*, pp. 10-11, 59-61).

하나의 사과를 관찰하고 있다고 간주하는 것은 불합리하지 않다. 만약 그렇게 간주한다면, 우리는 그가 자신이 보고 있는 것에 대해 놀라지 **않는다는** 것이 허구적이라고 간주하는 것이 최선일 것이다. 비록 그가 그 장면에 대해 여전히 감탄한다는 것은 허구적이겠지만 말이다. 그의 게임에 대한 이러한 해석은 그가 (실제로) 놀라지 않는다면(그럴 가능성이 크겠지만), 그가 어떤 유사 놀람도 느끼지 않는다면 거의 불가피할 것이다.

감상자가 무엇이 허구적인가에 대해 정말로 놀랄 때라도, 그가 놀란다는 것이 허구적이지 않을 수도 있다. (이 점은 "시간" 예술과 "정지" 예술 모두에 해당한다.) 농부들, 닭들, 개들, 그리고 더러운 얼굴을 한 아이들은 우리 세계의 평범하고 놀라울 것 없는 특징들이다. 그들은 허구적 세계에서도 똑같이 평범하고 놀라울 것 없는 거주자들일 가능성이 크다. 그들이 완전히 평범하다는 것은 허구적일 가능성이 크다. 이 점은 보통 그런 평범함을 피하는 종류의 작품들에서처럼 그들에 대해 **묘사한다는 사실**이 놀라울 때조차 마찬가지일 것이다. 물론 사람들은 때때로 놀랍지 않은 것에 대해 놀라기도 하며, 어떤 그림을 처음 본 감상자가 닭들과 지저분한 아이들이 묘사된 것을 보고 놀랄 때 완벽하게 평범하고 놀라울 것 없는 닭과 아이들이 그를 놀라게 한다는 것이 허구적**일 수도** 있다. 그러나 이러한 가정은 감상자가 닭과 아이들이 놀랍지 않다는 것이 허구적임을 즉시 깨닫는다면 부자연스러울 것이다. 왜냐하면 그 사실은 그가 그 그림에서 허구적인 바에 대해 계속해서 놀란다고 하더라도 허구적으로 그가 그것들이 놀랍지 않다는 것을 즉시 깨닫는다는 것을 강하게 암시하기 때문이다. 따라서 허구적인 바에 대한 감상자의 실제 놀람은 그의 믿는 체하기 게임에서 분리될 것이다. 이것이 실제 놀람이 미학적으로 중요하지 않다거나 관계없다는 것을 의미하지는 않는다. 예술가는 충격을 주기를 의도했을 것이며, 그가 성공했다는 사실은 그 작품을 흥미롭게 만드는 결정적인 한 부분일 것이다. 그러나 충격을 주는 부분은 정확히 말하면 허구적으로든 실제로든 놀랍지 않은 것들에 대해 묘사했다는 사실, 즉 보통은 그런 것들이 묘사되지 않는 종류의 작품에서 그것들이 묘사되었다는 사실이다. 충격을 주는 부분은 그 작품의 "사실주의" — 이 많이 오용되는 표현의 한 가지 의미에서 — 이다.

분명히 허구적 세계는 무엇이 놀라운가와 무엇이 기대될 수 있는가의 측면에서 실제 세계와 항상 일치하지는 않는다. 요정, 마귀, 사람들이 동물로 변하는 것, 이 모든 것들이 실제 세계에서는 놀라운 것이겠지만 동화 속에서 허구적으로는 완벽히 평범하다. 그런 것들에 대한 묘사가 이런 작품들에서 자주 등장한다는 사실은 아마도 여기서 어떤 역할을 할 것이다. 그것은 우리가 그런 일들이 흔하다는 것이 허구적이라고 간주하도록 부추길 수 있으며, 또한 (부분적으로는 유사 놀람을 경험할 가능성을 줄임으로써) 우리가 그런 것들에 놀란다는 것이 허구적이라고 간주하는 경향을 감소시킬 것이다.[19] 많은 누드화에서는 나체가 평범하고 놀랄 일이 아니라는 것이 허구적이며(또는 적어도 그것이 놀랍다는 것이 허구적이지 않으며), 보통은 나체를 보고 놀란다는 것이 감상자들의 게임 안에서 허구적이지 않다. (옷을 입지 않은 한 여인이 완전히 갖추어 입은 남자들과 동석하고 있는 모습을 묘사한 마네의 〈풀밭 위의 점심식사〉는 잘 알려진 예외다.) 내 생각에 이것은 우리가 보통은 실제 사람들이 나체인 것을 보기를 예상하지 않지만 나체인 사람들을 묘사한 그림이나 조각은 흔하다는 사실에서 부분적으로 기인하기도 하는 것 같다.

그러나 다른 고려사항들도 관련이 있다. 어떤 작품들은 실제 세계에서는 환상적이거나 믿을 수 없는 사물이나 사건들을 사실적인 방식으로 묘사함으로써 그것들이 완벽하게 평범하다는 것을 허구적으로 만든다고 할 수 있다. 작품 안에서의 등장인물들의 반응은 종종 효과적이다. 마그리트의 〈여행의 추억〉 안에서, 그리고 감상자들의 게임 안에서 바닥에서 쉬고 있는 사자에 대해 그 어떤 특이한 점도 없다는 것은 그럴싸하게 허구적인데, 왜냐하면 사자 옆에 서 있는 남자가 전혀 신경도 쓰지 않고 있다는 것이 허구적이기 때문이다. 레오나르도의 〈동방박사의 경배〉에 나오는 군중의 얼굴에 분명히 나타나 있는 경이로움은 허구적으로 그 아기의 탄생이 특별하다는 것을 확신하게 해준다.

---

19) 우리는 마음 한 구석에 우리가 들어온 수많은 동화들이 속하는 하나의 큰 허구적 세계에 대한 관념을 가지고 있을 수도 있다. 이러한 포괄적인 동화의 세계 안에서 어떤 사람이 동물로 변한다는 것이 허구적인 다른 많은 경우를 우리가 알고 있기 때문에 우리는 그런 일이 또다시 일어난다는 것이 놀랍지 않고 우리를 놀라게 하지도 않는다는 것을 쉽게 허구적이라고 간주한다. 그렇다면 이 커다란 허구적 세계에 대한 우리의 배경 관념은 각 개별적인 동화의 세계와 우리가 그 동화를 가지고 하는 게임의 세계 안에서 우리가 무엇을 허구적이라고 간주하는지에 영향을 줄 것이다.

재현적인 예술 작품에 대한 감상자들의 반응의 복잡함은 이미 압도적인 것처럼 보일 것이다. 그들이 보여주는 반응의 인식론적인 국면들 — 지식, 서스펜스 그리고 놀람과 관련 있는 — 만을 고려하더라도 말이다. 비평가들은 종종 "우리(독자)가 아는 것"과 "등장인물들이 아는 것" 사이의 관계에 흥미가 있다. 때로는 우리가 등장인물들이 알지 못하는 것을 알기도 하고, 때로는 그들이 우리가 알지 못하는 것을 알기도 하며, 때로는 우리가 그들의 지식과 무지를 공유하기도 한다.[20] 상황을 이런 식으로 기술하는 것은 매우 과하게 단순화시킨 것이다. "독자가 아는 것"이라는 말의 의미는 독자가 자신들의 믿는 체하기 게임 안에서 참가자로서 "아는" 것과 하나의 허구적 세계(작품 세계 또는 그들의 게임 세계)에 대한 관찰자로서 아는 것 사이에서, 즉 그들이 안다는 것이 허구적인 것과 그들이 허구적이라고 알고 있는 것 사이에서 애매하다는 것을 우리는 이제 알고 있다. 비평가는 이것들을 서로 비교하는 것에 더해서 (허구적으로) 한 등장인물이 아는 것과 이 둘 모두를 비교하기를 원할 것이다. 비평가는 또한 감상자의 실제 지식, 무지, 서스펜스 그리고 놀람이 어느 정도까지 그의 믿는 체하기 게임에 통합되는지, 그리고 어느 정도까지 독립적인지, 그런 것들이 허구적 참을 발생시키는 데 있어서 하는 역할과 하지 않는 역할들, 그리고 그것들에 대해 무엇이 허구적이거나 무엇이 허구적이지 않은지에 대해서도 살펴보고 싶을 것이다. 우리의 실제 인식론적인 상태가 우리의 허구적인 인식론적 상태에 영향을 주지 않더라도 그 둘 사이의 대비, 즉 그것들이 상응하는 측면과 상응하지 않는 측면들, 그리고 그 대비가 시간이 감에 따라 어떻게 변하는지는 중요할 수 있다.[21]

그러나 이것은 시작일 뿐이다. 우리는 감상자들이 허구적으로 자신들이 아는 것이 무엇인지를 알 수도, 모를 수도 있다는 것을 보았다. 허구적으로든 실제로든 특이하거나 놀라운 것과 실제로든 허구적으로든 감상자를 놀라게 하는 것 사이에는 차이가 있으며, 또한 이런 것들에 대해 우리가 아는 것과 그것들 간의 관계 사이에도 차이가 있

20) 예를 들면 Chatman, *Story and Discourse*, pp. 60-61을 보라. (내가 "서스펜스"와 "놀람"을 채트먼이 사용하는 의미로 사용하고 있지 않다는 것은 분명하다.)

21) Genette, *Narrative Discourse*를 보라.

다. 내포된 허구적 참의 가능성, 즉 감상자가 어떤 주어진 인식론적 상태에 있다는 것이 허구적임이 허구적일 가능성도 있다. 이 모든 것의 꼭대기에는 무엇이 참이고 무엇이 허구적인가에 대한 몇 가지 종류의 모호함, 애매함, 불분명함, 비결정성, 결정 불가능성의 가능성이 있다. 우리가 경험하는 동안 이 다양한 차원을 따라 일어나는 변화들은 말할 것도 없이 말이다. 그러한 가능성들이 가진 다양함과 미묘함 및 복잡함은 재현적인 예술 작품에 대한 감상자들의 반응이 지닌, 분석하기 전에도 명백한 복잡함, 미묘함 그리고 다양함에 걸맞게 놀라울 정도이다.

7.5 참여의 의의

왜 우리는 안나 카레니나와 엠마 보바리에 대해 걱정하는가? 왜 우리는 단지 허구적임을 알고 있는 사람들과 사건들에 관심을 가지는가? 사실 우리는 걱정하지 않는다. 안나의 운명이 우리에게 중요하다는 것, 우리가 로빈슨 크루소의 모험에 매혹되고 폴 버니언의 업적들에 감탄한다는 것은 단지 허구적이다. 그러나 우리는 (조금 다른 방식이기는 하지만) 허구적으로 걱정하는 경험에 대해 정말로 신경을 쓰고, 우리가 엠마나 로빈슨 크루소의 운명을 지켜본다거나 폴 버니언의 공적들에 감탄한다는 것이 허구적인 게임들에 흥미를 가진다. 왜인가? 허구적으로 걱정하는 데서 무엇을 얻을 수 있는가? 그 안에 우리를 위한 것이 무엇이 있는가? 이 질문은 우리가 왜 지금과 같이 재현적인 예술 작품들을 가치 있게 여기는지를 이해하는 데 있어서 핵심적인 질문이다.

우리는 이미 비극 작품들, 즉 "부정적인" 반갑지 않은 감정들을 불러일으키는 것처럼 보이는 작품들이 우리에게 가지는 호소력에 수반되는 특별한 당혹감을 마주하고 그것을 부분적으로 해소한 바 있다. 그러나 비극이든 아니든 재현들 일반에 흥미를 가지는 긍정적인 이유는 무엇인가? 그것들의 역할은 믿는 체하기 게임, 즉 우리가 참여하는 게임 안에서 소도구로 사용되는 것이다. 그러나 그런 게임들이 존재하는 이유는 무엇인가? 우리는 왜 참여하는가? "긍정적인" 감정들, 우리가 분명히 경험하고 싶어할 만한 감정들이 관련될 때라도 그런 감정들을 **허구적으로** 경험하는 것에, 허구적으로 슬퍼지거나 괴로워하는 것은 말할 것도 없이 허구적으로 기뻐하거나 허구적으로 행복하거나 만족하는 것에 무슨 이점이 있는가? 참여의 의의는 무엇인가?

독자들이 여기서 완전한 답에 근접하는 어떤 것을 발견하지는 못할 것이다. 그러나 다수의 장래성 있는 제안들을 고려해볼 수는 있다. 일반적으로 상상적 행위들에 참여하는 것의 의의는 무엇인가? 꿈, 백일몽, 그리고 아이들의 믿는 체하기 게임에서 얻는 이득에 대해서는 많은 통속적 설명과 몇몇 진지한 연구가 있다.[22] 그런 활동들이 익숙하지 않은 역할들을 시험해볼 기회를 제공해주고 그럼으로써 실제로 그런 역할을 하는 사람들을 이해하고 그들과 공감하고 우리 스스로 그런 역할을 맡기 위해 필요한 역량을 발전시키도록 도와준다는 것, 또 위험하거나 사회적으로 수용될 수 없는 감정들을 표출할 수 있는 안전한 배출구를 제공하거나 바람직하지 못한 감정으로부터 우리를 정화시켜주거나 억압되거나 또는 분명하지 않았던 감정들을 인지하고 받아들이도록 도와준다는 것, 갈등을 해결하고 우리 자신과 우리가 처한 상황의 불편하거나 불쾌한 면들에 대해 인정하도록 도와준다는 것, 우리가 실제로 마주칠법한 종류의 상황들에 대처할 수 있도록 연습하게 해준다는 것 등이 다양하게 제안되어왔다. 다른 상상적 활동들의 이점이 정확히 무엇이든, 믿는 체하기 게임에서 소설이나 회화를 소도구로 사용하는 감상자 역시 유사한 이점들을 누리리라고 예상할 수 있다.

(우리가 얻는 이득은 우리가 재현적인 작품들을 가치 있게 여기고 거기에 관심을 기울이는 **이유**가 될 수도, 아닐 수도 있다. 의식적인 현상적 수준에서는 그 작품을 경험하는 것이 흥미진진하거나 재미있거나 감동적이거나 자극이 되거나 즐겁다는 생각 이상의 분명한 생각은 떠오르지 않을지도 모른다. 우리는 통찰력이나 지혜를 얻는다는 것을 항상 명시적으로 의식하고 있지는 않다. 인간이 실제로 통찰력을 주는 경험들을

22) 예를 들면 Singer, *Child's World of Make-Believe*; Bettelheim, *Uses of Enchantment*; Sheikh and Shaffer, *Potential of Fantasy and the Imagination*; Rubin et al., *Socialization, Personality, and Social Development*; 그리고 물론 프로이트(Freud)를 보라.

왜 흥미롭고 즐겁다고 느끼는지에 대해서는 진화론적인 설명이 있을 것이다.)

나는 이처럼 다양한 제안들을 분류하거나 발전시키거나 또는 평가하려고 노력하지는 않을 것이다. 의심할 바 없이, 많은 매우 다양한 가치가 다양한 종류의 소도구를 가지고(또는 가지지 않고) 하는 다양한 종류의 게임에 다양한 방식으로 참여하는 데서 얻어질 것이다. 그러나 상상하는 이가 자신의 허구적 세계 안에서 차지하는 위치, 상상하는 이의 재귀적 소도구로서의 역할, 자기 자신에 대한 상상하기가 많은 다양한 경우에서 중심적일 것이라는 점에 주목할 필요가 있다. 아이들의 믿는 체하기 게임 안에서 그들이 사실상 항상 등장인물이 된다는 것, 그리고 (내 생각에) 우리가 부분적으로라도 우리 자신에 관한 꿈이 아닌 꿈은 거의 꾸지 않는다는 것은 분명히 우연이 아니다. 어떤 꿈이나 공상, 또는 믿는 체하기 게임 안에서 허구적으로 어떤 상황에 맞닥뜨리고, 어떤 활동에 참여하고, 어떤 감정을 가지거나 표현하는 경험은 우리가 처한 상황에 대한 통찰력이나 다른 이들에 대한 공감, 또는 어떤 경험을 겪는다는 것이 어떤 것인지에 대한 깨달음 등을 얻을 수 있는 수단이다.

이 점은 다른 종류의 상상을 하는 이들만큼이나 재현적인 예술 작품을 감상하는 이들에게도 해당한다. 우리의 게임 세계 안에 우리 자신이 포함된다는 사실은 재현이 우리에게 가지는 중요성의 많은 부분을 이해하게 해주는 열쇠다. 소설을 읽거나 그림을 감상하는 것이 단지 허구적 세계 바깥에 서서 유리에 코를 박고 들여다보는 것에 불과하다면, 즉 무엇이 허구적인지를 아는 것일 뿐 허구적으로 무엇인가를 아는 것이 아니라면, 소설과 그림에 대한 우리의 흥미는 사실상 이해하기 어려울 것이다. 우리는 멀리서 바라보는 허구적 세계에 대한 어떤 병리학적 호기심에 대한 설명을 예상할 수는 있겠지만, 그것이 어떻게 재현의 중요성을, 깊이 감동을 주고 때로는 우리의 삶까지도 바꾸는 재현의 힘을 설명할 수 있을지는 알기 어렵다.

우리는 단지 바깥에서 허구적 세계를 관찰하는 것이 아니다. 우리는 안나 카레니나와 엠마 보바리와 로빈슨 크루소와 다른 이들과 함께 그들의 기쁨과 슬픔을 공유하면서, 그들에게 기뻐하고 동정하면서, 그들을 존경하고 증오하면서 그 안에서 (작품의 세계가 아닌 우리 자신의 게임 세계 안에서) 사는 것이다. 이 세계들이 단지 허구적이라는 것은, 그리고 우리가 그렇다는 사실을 잘 알고 있다는 것은 참이다. 그러나 **안에서 보면** 그것들은 현실인 것처럼 보이며 — 허구적으로 참인 것은, 허구적으로는 **실제로** 참이다 — 내가 §7.1과 §7.2에서 설명한 놀라울 정도로 사실적인 방식으로 우리가 그 안에 존재하게 된다는 사실은 우리에게 등장인물 및 그 안의 다른 내용들에 대한 어떤 친밀감을 부여해준다. 재현이 주는 매혹과 우리에게 끼치는 영향력의 상당 부분의 기저가 되는 것은 바로 이러한 경험이다.

우리는 남아 있는 작업을 과소평가해서는 안 될 것이다. 그것은 참여의 경험이 우리의 삶에 기여하는 구체적인 방식들을 설명하는 일이다. 그러나 우리의 믿는 체하기 이론은 그 설명에 상당한 기여를 했다. 비록 상상적 활동들 일반에서 얻는 이점들에 대한 여러 가지 생각과 직관들(그리고 그것들을 뒷받침하고 있는 제한된 연구)을 재현적인 예술의 가치에 관한 질문에 이용하고, 또 재현적인 작품들을 다루는 데 있어서 다른 상상적 활동들과 유사한 점 및 다른 점을 강조함으로써 그러한 생각과 직관들의 적용을 촉진시켜왔지만 말이다. 우리가 허구에 관심을 가진다는 사실 자체는 더 이상 놀라운 일이 아니다. 우리는 도대체 왜 사람들이 소설이나 그림이 묘사하는 사람들과 사건들이 단지 허구적임에도 불구하고《안나 카레니나》를 읽거나 세잔의 〈카드놀이를 하는 사람들〉을 감상하는 수고를 하는지 놀라서 머리를 흔들며 질문할 필요가 없다. 재현이 소도구로서 하는 역할과 감상자들이 믿는 체하기 게임에 참여한다는 사실을 깨닫는 것은 수수께끼를 완화시키고 재현의 가치에 대한 더 완전한 설명을 어디서 찾아야 할지를 알려준다.

그러나 우리의 관찰은 또 다른 면에서도 불완전하다. 참여가 핵심적이기는 하지만 그것이 전부는 아니다. 감상자의 관점은 이중적이다. 그는 허구적 세계 안에 살 뿐만 아니라 허구적 세계를 관찰하기도 한다. 그는 허구적으로 등장인물과 그들의 상황에 대해 알게 되고 그에 반응할 뿐 아니라 무엇이 허구적인지를 발견하기도 한다. 이러한 관점 역시 감상에서 중요한 위치를 차지하며, 때때로 그것이 지배적일 때도 있다. 참여 — 참여라는 개념 혹은 사고 — 는 여전히 근본적이다. 그러나 상황은 지금까지 보여준 것보다 더 복잡하다.

7.6 참여 없는 감상

당신은 이탈로 칼비노의 새로운 소설, 《어느 겨울밤 한 여행자가》를 막 읽기 시작하려는 참이다. 긴장을 풀라. 집중하라. 다른 모든 생각은 쫓아버려라. 당신 주위의 세계가 희미해지도록 하라.

- 이탈로 칼비노, 《어느 겨울밤 한 여행자가》

우리는 감상자들이 믿는 체하기 게임에 참여하는 주목할 만한 차원들을 살펴보며, 감상자들이 상상하라는 지시를 인식하고 따를 뿐 아니라 그들 자신이 재귀적 소도구가 되어 그들의 행동과 생각과 감정에 의해 자신에 대한 허구적 참들을 발생시키며 그에 따라 상상한다는 것을 보았다. 감상자들은 그렇게 허구적 세계에 몰두하게 된다. 그들은 그러한 가장하기에 의해 넋을 잃고 이야기에 사로잡힌다.

그러나 그러한 몰두가 똑같이 모든 감상의 일부가 되는 것은 아니다. 때때로 감상자들은 거의 참여하지 않기도 한다. 어떤 재현들은 적극적으로 참여를, 특히 이야기에 사로잡히는 경험을 구성하는 심리적 참여를 방해한다. 넓게 보자면 그처럼 이야기에 사로잡히는 경험은 아마도 많은 "낭만적인" 예술의 목적이겠지만, 다른 종류의 작품들은 그것을 감상적인 과잉이라고 회피하며 고의로 감상자를 허구 세계로부터 "거리를 두게" 한다. 어떤 재현들은 때때로 허구적인 것에 대한 상상하기조차 방해하기도 한다. 그렇게 하면서 그러한 재현들은 재귀적 소도구로서의 감상자의 역할을 효과적으로 무효화시킨다. 어떤 명제를 상상하지 않는다면 그것을 알거나 믿는다는 것이 허구적이지 않을 것이기 때문이다. 그리고 만약 그 명제를 최소한의 생생함만을 가지고 상상한다면, 허구적으로 그것이 참이라는 사실 때문에 걱정하거나 화나거나 안심하거나 놀라거나 기쁨에 넘치는 경험을 하지 못할 것이다.

그러나 참여 없는 감상도 감상이다. 허구적 세계에 대한 우리의 개입을 제한하는 작품들 중에는 인정받는 걸작들도 포함되며, 그러한 작품들은 그 나름의 방식으로 대단히 도발적이고, 매혹적이고, 만족스러울 수 있다. 그런 경우에 감상은 관람 스포츠 같은 것이 된다. 우리의 태도는 믿는 체하기 게임의 참여자보다는 구경꾼의 태도에 더 가깝다. 비록 우리가 "관찰하는" 것은 누군가가 정말로 게임을 하고 있는 모습이 아니라 누군가가 할 수도 있는 종류의 게임이지만 말이다. 우리는 뒤로 물러서서 소도구를 조사하고, 그것이 고무할 수 있는 게임과 그 게임 안에서 그것이 할 역할에 대해 숙고한다. 우리는 한 작품이 어떤 종류의 게임에서 사용되기에 적합하다는 데 경탄할 수도 있고, 그것이 발생시키는 허구적 참들의 결합에 매혹될 수도 있으며(이것은 작품 세계에 대한 흥미를 낳는다), 허구적 참들을 발생시키는 방식을 고안해내는 작가의 솜씨와 교묘함에 감탄할 수도 있고, 참여를 억제하는 장치들을 즐길 수도 있다. 그러나 그런 "거리를 둔" 감상에서도 그 작품이 어떤 믿는 체하기 게임 안에서 소도구로 사용된다는 생각은 우리의 경험에서 중심적이다. 일반적으로 감상은 단순히 참여와 동일시될 수 없으며, "이야기에 사로잡히는" 경험을 구성하는 종류의 참여와는 더더욱 동일시될 수 없다. 그러나 감상되는 작품의 재현적인 측면들에 관한 한 참여라는 개념은 근본적이다. 참여를 포함하지 않는 감상 역시 참여를 통해 이해되어야 한다.

작품들이 때때로 참여를 방해하는 한 가지 명백한 방법은 그 작품의 허구성을 두드러지게 선언하거나 보여주며 그것이 가장하기임을 폭로하는 것이다. 칼비노의 《어느 겨울밤 한 여행자가》는 특히 노골적으로 그렇게 하고 있다.[23] 새커리 역시 《허영의 시장》에서 그렇게 한다. "그렇다면 나는 내 '치인절한 친구들(kyind friends)'에게 끔찍한 악행과 복잡한 — 그러나 내가 믿기로는 굉장히 재미있는 — 범죄에 대한 이야기 하나를 할 것이라고 경고한다. 내 악당들은 물탄 우유 같은 악당들이 아니라고 약속한다. …… 그리고 우리의 등장인물들을 제시할 때쯤 나는 …… 그들을 소개할 수 있도록, 그리고 때때로 연단에서 내려가 그들에 대해 이야기할 수 있도록 허락을 요청할 것이다."[24] "옛날 옛날에"라는 구절조차 사실상 그다음에 나오는 것이 공상적인 이야기라는 것을 공표하는 것이다.

---

23) p. 3; 이 절의 첫 부분에 인용된 구절을 보라.

24) pp. 78-79. §6.5에 인용된 바스의 《인생 이야기》의 구절도 보라.

나는 §1.1에서 한 명제가 거짓임을 명시적으로 상기시키는 것은 우리가 그 명제를 상상할 때의 생생함을 감소시키는 경향이 있다고 말했다. 우리가 어떤 이야기를 읽을 때 만약 그 이야기가 그것이 단지 이야기라는 사실, 그것이 실제 사건에 대한 보고라기보다는 믿는 체하기 게임에서 소도구로 사용되도록 의도되었다는 사실, 거기서 말하는 것이 참이 아니라는 사실에 주목하도록 강요한다면 (그리고 그러는 동안에는) 우리는 실제 사건에 대한 참인 이야기를 듣고 있다고 그리 생생하게 상상하지 못할 것이다. 분명히 《어느 겨울밤 한 여행자가》와 《허영의 시장》이 단지 허구라는 사실은 독자에게 새로운 소식이 아닐 테지만, 그것을 강조하는 것, 독자에게 그 사실에 대해 숙고하도록 강요하는 것은 그렇지 않다고 상상하는 것을 저지한다. 어떤 대상들뿐 아니라 그 대상들을 그리는 것까지 묘사하는 솔 스타인버그의 작품들(그림 3.2)은 그 대상들이 단지 그려진 것이라는 사실에 주목하도록 하고, 또 그 정도만큼은 감상자가 자신이 실제 사물들을 보고 있다고 상상하는 것을 방해한다.

그것과 유사한 효과가 단순히 작품 자체에, 허구적 참을 발생시키는 작품의 역할과는 별개로 그 물리적 속성들에 주의를 집중하도록 함으로써, 또는 그 작품이 만들어진 과정에 주의를 집중하도록 함으로써 성취될 수 있다. 회화에서 고의적인 붓질 자국이나 캔버스의 비워둔 공간 등은 우리가 보는 것이 단지 물감이 칠해진 캔버스 조각일 뿐임을 생생하게 상기시켜주며, 우리가 그것을 믿는 체하기 게임에서 소도구로 사용하기보다는 물리적인 회화 자체를 조사하도록, 그래서 "환영을 파괴하도록" 부추긴다.[25] 브라크와 피카소의 입체주의 기법들은 때때로 참여를 저지하는 효과를 가지며, 앤디 워홀의 〈모나리자〉(1963) 안에서 모나리자가 반복되어 나타나는 것 역시 그렇다. 문학 작품들은 때때로 자기 자신을 지시하거나(심지어는 그 작품들이 단지 허구라는 것을 우리에게 상기시키지도 않은 채), 다음과 같이 하고 있는 이야기로부터 주의를 분산시키는 방식으로 이야기를 하는 것 자체에 대해 논하기도 한다. "우리는 천천히 이야기할 것이며, 내가 쓰고 있는 것 안에서 일어나는 일은 이미 일어나고 있다. …… 그리

25) 예를 들면 존 마린(John Marin)의 회화들이 그렇다. Rose, *American Art since 1900*, p. 52를 보라.

고 내가 문장 구조를 올바르게 끝내려고 한다면 '만약' 다음에는 무슨 말을 써야 할까? 그러나 만약 내가 질문을 하기 시작한다면, 나는 어떤 것도 말하지 못할 것이다."[26] 이야기를 하는 것 자체가 논의의 주제가 아닐 때라도, 불필요하게 화려하거나 두운을 맞추거나 또는 다른 방식으로 자기의식적인 언어는 자체의 생명을 가지고 묘사되는 것들을 희생시키며 그 자체에 주의를 불러모은다. 다음의 경우처럼 거의 무의미에 가까운 운율 때문에 어떤 종류의 게임이 적절한지, 어떤 허구적 참들이 발생하는지가 불분명해질 때는 더욱 그렇다. "파리에 바람이 부는 일은 드물며, 지금처럼 가까이에서 소용돌이치며 오래된 베니스식 나무 블라인드를 펄럭이게 만들어 그 뒤에 있는 놀란 부인들이 요 몇 년간 날씨가 얼마나 믿지 못할 것이었는지에 대해 갖가지로 언급할 정도로 부는 일은 더더욱 드물다. 그러나 바람과 고양이들의 친구를 타고(riding the wind and friend of the cats) 해도 나와 있었고, 따라서 내가 산책하는 것을 막을 것은 아무것도 없었다."[27]

참여는 방해받거나 제한되었을 때도 중요할 수 있다. 피카소의 〈황소 머리〉(그림 7.1)의 자전거 시트와 핸들은 불가피하게 그 자체에, 그리고 그것들이 (청동으로 된) 자전거 부속들이라는 사실에 주목을 집중시키며, 그것들의 재현적인 기능으로부터 감상자의 주의를 분산시키고 아마도 허구적으로 황소를 보는 참여적 경험을 방해할 것이다. 어느 정도까지 시트와 핸들은 황소와 경쟁한다. 그러나 이 작품에서 놀라운 점은 이 익숙한 형태들이 얼마나 소도구로 잘 사용될 수 있는가이며, 감상자가 이 작품을 감상하는 것은 그것들을 그렇게 사용함으로써다. 분명히 우리는 심각할 정도로 허구적 세계에 빠져들지는 않을 것이며, 허구적으로 맹렬한 돌격을 두려워하거나 허구적으로 황소의 용맹함에 감탄하거나 허구적으로 경기장에서 그 황소에게 다가올 운명을 안타깝게 생각하는 경험을 명목상의 정도 이상으로 하지는 않을 것이다. 우리의 초점은 게임을 하는 경험보다는 그 작품으로 게임을 할 수 있다는 사실에 더 맞추어져 있다. 그러나

26) Cortázar, "Blow-Up," p. 102.

27) Ibid., p. 102. 베케트의 글쓰기 역시 이런 식의 경향을 가진다.

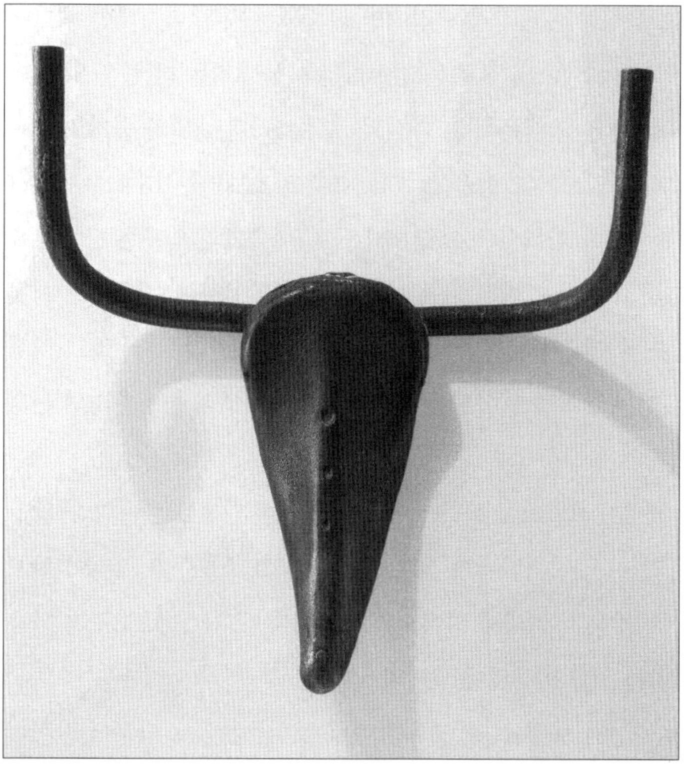

〈그림 7.1〉
파블로 피카소(Pablo Picasso),
〈황소 머리(Bull's Head)〉,
$16\frac{1}{2} \times 16\frac{1}{8} \times 5\frac{7}{8}$인치, 브론즈(1943).

그 게임을 맛보지 않는다면, 적어도 황소를 허구적으로 알아보는 정도까지만이라도 참여하지 않는다면, 우리는 자전거 부속들이 소도구로서의 용도에 얼마나 놀라울 정도로 잘 들어맞는지 깨닫지 못할 것이다.

반 고흐의 〈별이 빛나는 밤〉에서 두드러지는 붓 자국은 붓 자국 자체와 그 붓 자국이 캔버스에 물감이 칠해진 과정을 기록하고 있는 데 주의를 불러모으며 아마도 감상자가 그의 게임에 참여하는 것을 방해할 것이다. 그러나 그 소도구는 매혹적 — 〈황소 머리〉보다 더 — 이며, 감상자는 아마도 이 작품을 더 광범위하게 소도구로서 사용할 것이다. 우리는 허구적 세계에 빠져들 만큼 충분히 붓 자국을 무시할 수 있다. 그러나 우리의 관심 일부는 여전히 그 붓 자국들이 서로 협력하여 하나의 그럴듯한 소도구를 만들어내는 방식을 감상하는 데 있으며, 이것은 물감에 대한 주목과 게임에 대한 참여 두 가지 모두를 요구한다. 계속해서 참여에만 전념하는 것, 즉 우리가 허구적으로 우리 자신이 그 안에 있다고 상상하는 시각적 환경에만 집중하는 것은 이를테면 베르메르의 〈창가에서 편지를 읽는 여인〉(그림 8.8)을 감상하는 이들에게는 더 쉬운 일이다. 베르메르는 "사실주의"에 대한 관심 때문에 그 자신의 그림 그리는 행위를 숨기고 회화의 물리적 속성들이 드러나지 않도록 그림을 그렸다. 프랭크 스텔라는 16세기 이탈리아에서는 "실제를 투사하는 것이 회화의 목표였으며 …… 예술가의 임무는 스스로를 성공적으로 지우는 것, 그의 개성과 솜씨 모두를 지우는 것을 달성하는 것이었다. 이것 — 그림으로 채워지고 창조된 행위가 실제인 것처럼 보이도록 하는 것, 그리고 그 행위의 창조자와 활동이 멀리 있는 것처럼 보이도록 하는 것 — 이 회화적 환영주의의 본성임은 명백해 보인다."[28]

그러나 베르메르와 16세기 이탈리아 회화의 경우에도 참여가 전부는 아니다. 감상자는 불가피하게 잠시 동안 자신의 게임에서 뒤로 물러서서 그 소도구가 그것이 하고 있는 역할에 얼마나 잘 들어맞는지에 대해 경이로워할 것이다. 그가 그 소도구가 사용하는 특정한 수단을 알아차리든 그렇지 않든 말이다.

그림 7.2에서와 같이 구상적 형태들(꽃, 조개껍질, 나뭇잎, 덩굴)로 이루어진 장식적 패턴들은 믿는 체하기 게임에 대한 진지한 참여를 불러일으키기에는 디자인으로서 너무 강렬할 수 있다.[29] 명목상의 참여는 쉽지만 그 게임에 빠져들기는 어려울 것이다. (인간의 형태를 묘사한 것을 장식적으로 사용하는 것은 참여를 억제하기 더 어렵다. 그 묘사가 두드러지게 3차원적일 경우에는 더 그렇다. 그림 7.3을 보라.) 다시금 우리는 부분적으로 그 작품의 물리적 속성들과 믿는 체하기에서 그것이 할 수 있는 역할 사이의 관계에 관심을 가진다. 그러나 우리는 독립적으로 알아차릴 수 있거나 두드러지는 표시들이 소도구로서 사용되기에 적합한지보다는 소도구로 사용될 수 있는 형태들이 결합하여 매혹적이고 시각적으로 흥미로운 패턴을 만들어내는 방식에 더 감탄한다. 우리는 그 묘사들을 그것으로 의미심장한 형태들이 만들어질 수 있는 재료로서 간주할 뿐

28) Stella, *Working Space*, p. 40.

29) 데이비드 힐스(David Hills)가 이런 종류의 예를 제안했다.

〈그림 7.2〉
이탈리아 직물 디자인(15세기 말 또는 16세기 초). 리처드 글레이저(Richard Glazier), 《역사적인 텍스타일 패브릭(Historic Textile Fabrics)》.

그 반대로 간주하는 것이 아니다. 그럼에도 불구하고 명목상의 참여는 두 기능이 동시에 발생하는 것을 감상하는 데 필수적인 것으로 간주될 것이다.

교통표지판으로 사용되는 도상(icon)의 경우에는 명목상의 참여조차 중요하지 않다. 그림 7.4의 세계에 참여하기 위해 허구적으로 그 (그림의) 보행자들의 옷이나 태도나 걸음걸이를 관찰하거나 그들의 눈을 들여다보거나 그들의 사회적 신분에 대해 곰곰이 생각해보는 등을 하기 위해 가던 길을 멈추는 사람은 없다. 허구적 세계에 빠져드는 것은 불가능하다. 운전자는 단순히 메시지를 이해하고 그 조언을 받아들인다. 그럼에도

〈그림 7.3〉
마스터 오브 더 다이(Master of the Die), 그로테스크(16세기 초). 판화 및 드로잉 미술관, 베를린.

그것이 메시지를 전달하는 것으로 쉽게 이해되는 것은 그 도상이 명백히 어떤 종류의 게임 — 그 안에서 관찰자가 허구적으로 길을 건너는 사람들을 보는 — 에서 소도구로 사용될 수 있기 때문이다. 우리는 그것을 소도구로 사용하고자 하는 유혹을 느끼지 않는다 하더라도 그것을 하나의 실행 가능한 소도구로서 인식한다. (철학에서 사용되는 많은 예들은 추가적인 목적을 가진 허구들이라고 할 수 있으며, 그 목적은 종종 독자가 허구에 거의 혹은 전혀 참여하지 않더라도 성취될 수 있다.)

이 마지막의 예들이 상상하기를 명령하기는 하는가? 어떤 작품이 상상하기를(좀

〈그림 7.4〉
학교 건널목 표지판

더 친밀한 형태의 참여는 말할 것도 없이) 좌절시키는 정도까지는, 또는 누군가의 상상하기와는 별개인 명백한 목적들을 완수하는 정도까지는 그것은 상상하기를 명령하는 기능, 믿는 체하기 게임에서 소도구로 사용되는 기능을 하지 않는 것처럼, 따라서 우리의 의미에서의 재현의 자격을 가지지 못하는 것처럼 보일 것이다. 우리는 상상하기를 지시하는 기능을 가지는 것과 그러한 기능을 결여하는 것 사이의 뚜렷한 구분을 기대할 수는 없다. 기능이라는 개념, 그리고 최소한의 생생함으로 무엇인가를 상상하는 것과 무엇인가가 단지 떠오르는 것 사이의 경계는 모두 불명확하다. 그러나 작품 안에 내장된 어떤 정도의 방해 요소는 분명히 이 기능과 양립 가능하다. 만약 "*p*라는 것을 상상해보라(물론 그것은 참이 아니다)"라고 말한다면, 삽입된 주의사항은 상상하기의 생생함을 감소시킬 수 있겠지만 상상하라는 요구를 무효화하지는 않는다. "러시아인들이 오고 있는 것처럼 가장하자. 그렇지만 그건 단지 가장하기라는 것을 명심해야 해"는 정말로 가장하기에 참여하자는 하나의 제안이다. 그럼에도 불구하고, 어떤 겉보기 재현들은 그 안에서 허구적인 것처럼 보이는 명제들을 상상하라는 어떤 진지한 지시도 하지 않을 수 있다.

의자는 그 위에 누군가가 앉도록 하는 기능을 가진 어떤 것이다. 체스 세트는 그 정의상 체스 경기에서 사용되는 것이다. 그러나 그러한 정상적인 기능을 결여하고 있는 **장식적인**(decorative) 또는 **장식용의**(ornamental) "의자"와 "체스 세트"들이 있다. 그것들은 평범한 의자나 체스 세트의 형태 비슷한 것을 하고 있지만, 아마도 앉은 사람을 지지하기에는 너무 약하거나 너무 불편하거나 너무 작거나 또는 손상이나 분실을 감수하기에는 너무 고가여서 그렇게 사용되도록 의도되거나 기대되지 않는다. 그것들은 오직 감상용이다. 우리는 그것들을 "의자" 또는 "체스 세트"라고 인용부호 안에 넣어서만 지칭한다. 그것들은 실제로 그러한 것들이 아니다. 그럼에도 우리는 그것들을 진짜 의자와 체스 세트가 하는 기능의 관점에서 생각한다. 유리 상자 안에 있는 장식용 "의자"를 보는 우리의 경험은 그것이 앉는 곳으로 사용되는 것이 아니라는 사실을 알고 있음에도 불구하고 그것이 그렇게 사용된다는 생각에 영향을 받는다. 우리는 그것이 불편해 보이면 초조해지고 그것이 편안해 보이면 느긋해진다.

이와 유사하게 비기능적인 "재현들", 즉 단지 "장식적"이거나 "장식용"인 재현들이 있다. 그 구조가 부서지기 쉽다는 점이 어떤 "의자"를 앉는 곳으로 사용되기에 부적합하도록 하는 것과 마찬가지로, 어떤 이야기 속에서 그것의 허구성을 지칭하는 것은 어느 정도까지는 그것이 소도구로서 사용되기에 부적합하도록 만들 수 있다. 그러나 그러한 지칭은 그 소설을 소도구로서 사용하는 관점에서 생각하기를 허용하며 심지어는 요구한다. 그림 7.2의 꽃병과 식물 묘사는 아마도 최소한으로, 그리고 간헐적으로만 믿는 체하기 게임에서 소도구로 사용되지만, 더 완전하고 정교한 게임의 가능성을 상기시킬 수 있다. 그 위에 앉는다는 개념이 장식용 의자에 대한 이해에 근본적인 것처럼, 믿는 체하기의 개념은 "장식적인" 재현이 진짜 재현이 아니라 할지라도 그것에 대한 우리의 이해에 근본적인 것으로 남아 있다. (교통표지판의 도상들은 일종의 특별한 경우다. 소도구로서 사용되는 기능은 그 표지판의 지시를 이해하기 위해 필요한 한에 있어서 그것들의 기능이다. 우리는 그것들이 믿는 체하기에서 사용된다는 생각을 바탕으로 그것들에 대해 관조적으로 감상하지는 않는다.)

장식용 의자에 대한 우리의 경험은 그것이 앉는 곳으로 사용된다는 생각에 어떤 방식으로 영향을 받는가? 우리는 그것이 그렇게 사용된다고 **상상하거나** 혹은 적어도 그것의 기능이 앉는 곳으로 사용되는 기능이라고 상상할 가능성이 크다. 또한 그 장식용 의자는 실제로 **그러한** 상상하기를 지시하는 기능, 즉 우리가 그 의자의 기능이 그 위에 앉도록 하는 것이라고 상상해야 하는 믿는 체하기 게임에서 소도구로 사용되는 기능을 가지고 있을 것이다. 그 장식용 의자는 그것이 진짜 의자라는 것을 허구적으로 만들 것이다. 그렇다면 그것은 자신을 의자로서 재현하는 하나의 재귀적 재현일 것이다.

부분적으로, 혹은 전체적으로 장식적인 재현들 역시 그와 유사하게 자기 자신을 재현으로서 재현한다고 이해될 수 있다. 그것들의 기능은, 만약 그것이 특별히 사람들이나 요정이나 꽃이나 또는 그것들이 재현하고 있는 것처럼 보이는 그 무엇이든에 대한 상상하기를 지시하는 것이 아니라면, 아마도 그러한 상상하기를 지시하는 것이 그것들의 기능이라고 상상하기를 지시하는 것일 것이다. 허구적으로 감상자들은 그 작품을 사람의 재현이나 꽃의 재현이라고 간주하고 그것을 그렇게 사용하는 것이 어떤 것일지에 대해 숙고할 수도 있다. 즉, 그들은 그렇게 하는 것을 상상할 수 있다. 실제로는 꽃을 보고 있거나 사람에 대해 배우고 있는 것이 아니라는 점을 상기시키는 것들은 이 상상하기에는 끼어들지 않으며, 매체나 재료에 대한 주목 역시 끼어들지 않는다. 감상자들은 그 대상에 대해 그것이 실제로 구성된 그 재료 — 캔버스 위의 물감, 종이 위의 글자 — 로 구성되어 있다고, 그리고 그것의 역할이 요정이나 꽃이나 사람들에 대한 허구적 참들을 발생시키는 것이라고 상상한다.

이러한 재귀성은 우리의 예들 중 몇몇에서 명백히 나타난다. 《허영의 시장》은 부분적으로 그 자신에 대한 것이며, 작가가 그것이 "끔찍한 악행과 복잡한 범죄"에 대한 이야기가 될 것이라고 선언하는 이야기로서 자신을 재현한다. 그림 3.2는 그것을 구성하는 선들이 이젤 앞에 앉아 있는 한 남자를 지금 막 그린 것으로 묘사하는데, 그 묘사된 남자는 그 선들을 그린 바로 그 남자라는 비틀기가 내포되어 있다. 다른 경우들은 그처럼 명백하지 않다. 요정과 개구리와 공주에 대한 동화의 풍자는 자신을 요정과 개구리와 공주에 대한 동화인 것으로 재현한다고 이해될 수 있다. 우리(어른들)는 요정의 나라에 특별히 마음을 빼기지 않을지도 모르지만, 그런 척하거나 상상하거나 또는 적어도 그래야 한다고 상상할 수는 있다. 《어느 겨울밤 한 여행자가》에서 "긴장을 풀라. 집중하라. 다른 모든 생각은 쫓아버려라. 당신 주위의 세계가 희미해지도록 하라"라는 부분을 읽을 때, 우리는 우리가 《어느 겨울밤 한 여행자가》의 허구적 세계에 빠져들어야 한다고 상상해야 한다. 비록 칼비노가 그 작품이 자신의 새로운 소설임을, 그리고 우리 주위에 실제 세계가 있다는 것을 일깨워주면서 우리가 그 세계에 빠져드는 것을 억제하고 있지만 말이다. 우리는 장식적인 꽃이나 포도덩굴 디자인을 보면서 허구적으로 꽃이나 포도덩굴을 보는 것 이상의 참여를 상상하지 않을 수도 있지만, 적어도 그런 최소한의 게임 안에서 사용되는 것이 그 디자인의 기능이라고 상상할 것이다. 이러한 상상하기를 지시하는 한, 그 디자인은 자신을 하나의 재현으로서 재현한다.

재귀적 재현들은 물론 재현이다. 따라서 비록 장식용 의자는 진짜 의자가 아닐지라도 장식적 재현들은 진짜 재현들이다. 그것들의 장식성은 그것들이 무엇에 대한 재현인지를 바꿀 뿐이다.

장식적 재현은 재현에 대한 재현 일반이 그렇듯이 우리에게 다른 허구적 세계가 내포된 허구적 세계를 제시한다. (§3.6을 보라.) 《허영의 시장》은 아멜리아 세들리와 베키 샤프가 다양한 악한들과 만나고 교류하는 하나의 세계를 설정하는 소설(《허영의 시장》)이 있는 하나의 세계를 설정한다. 그들이 그렇게 하는 것이 허구적임은 허구적이다.

다른 허구적 세계 안에 허구적 세계를 내포하는 것은 그 세계가 우리와 어떤 감정적 "거리"를 두게 한다. 벨라스케스의 회화 〈라스 메니나스〉에서 화가의 작업실 벽에 걸린 초상화에서 "우리를 보고 있는" 부부는 출입구에 서 있는 남자보다 덜 끈질기게 우리를 바라보며 우리의 주의를 덜 끌어들인다. 그려진 프레임이 그들을 우리와 분리시키기 때문이다. 주인공이 나쁜 꿈에서 깨어나는 것으로 끝나는 이야기를 생각해보라. 독자는 (꿈속에서) 괴물이 그를 쫓고 있었다는 것이 실제가 아니라 허구적이라는 것만이 (이야기 속에서) 허구적임을 깨닫고는 (허구적인) 안도의 한숨을 내쉰다.[30]

---

30) 보르헤스의 《틀뢴, 우크바르, 오르비스 테르티우스》는 그 반대 종류의 한 사례다. 처음에는 틀뢴의 세계가 다른 허구적 세계에 깊이 내포되어 있는 것처럼 보이지만, 이야기가 진행될수록 점점 덜 그렇게 된다. 혹은 그런 것으로 밝혀진다.

이것은 이상해 보일 수 있다. p라는 것이 허구적임이 단지 허구적이라는 사실이 p가 실제로 허구적이었다면 그랬을 때보다 p를 덜 참인 것으로 만들지는 않는다. 어떤 이야기 세계 안의 어떤 꿈의 세계가 그 이야기 세계보다 덜 진짜인 것은 아니다.[31] 이야기 세계 속에서 일어나는 일에 관심을 가지는 만큼 이야기 속 꿈의 세계에서 일어나는 일에 관심을 가져서는 왜 안 되는가?

그 대답은 물론 만약 p가 허구적이라면 우리는 그것이 참이라고 상상하는 반면, p가 허구적임이 단지 허구적이라면 p가 참인 것으로 상상되어야 한다는 것만을 상상한다는 것이다. 우리의 참여는 1차적 믿는 체하기 게임에 대한 참여다. 우리는 거기에 참여하면서 우리가 참여할 수 있는 또 다른 게임이 있다는 것을 상상할 수 있으며, 심지어 또 다른 게임에 참여하는 것을 상상할 수도 있다. 그러나 상상된 참여는 실제 참여가 아니며, 상상된 참여는 — 참여해야 할 게임이 있다는 것만을 상상하는 것은 말할 것도 없이 — 허구적 세계에 대한 참여를 구성하지 않는다. 우리는 내포된 허구적 세계로부터 떨어져 서서 그것을 그 프레임을 통해 관찰한다.

그러나 문제가 항상 이처럼 간단하지만은 않다. 나는 작품들이 어떤 상상하기를 막거나 방해하는 경우 그러한 다양한 작품들을 장식적인 재현으로, 그러한 상상하기를 허구적으로 지시하는 작품들로 이해하기를 제안했다. 그러나 상상하기의 금지는 보통 부분적이며 방해는 일시적이다. 우리는 반 고흐의 〈별이 빛나는 밤〉을 감상할 때 우리 자신이 물 위에 비친 빛을 보고 있다고 **정말로** 상상하며, 《허영의 시장》을 읽을 때는 아멜리아 세들리와 베키 샤프의 삶에 대해 읽고 있다고 정말로 상상한다. 그 작품이 우리의 참여를 제한하고 때때로 우리를 현실로 되돌려놓는다 하더라도, 우리는 이들 허구적 세계에 상당한 정도로 빠져든다.

우리는 단순히 프레임을 형성하고 있는 1차적 허구적 세계를 잊어버리거나 무시하고 내포된 허구적 세계가 마치 1차적 세계인 것처럼, 그것이 그 작품의 세계인 것처럼 생각하는가? 우리는 그 작품이 단지 허구적으로만 사용되어야 하는 방식임에도 불

---

31) 둘 다 진짜가 아니라면 말이다. 그러나 이야기의 내용이 사실이 아니라 해도 이야기 속 꿈의 내용은 사실일 수 있다.

법적으로 그 작품을 그러한 방식으로 소도구로서 사용하는가? 물론 그렇지 않다. 분명히 우리는 그러한 게임들에 참여**해야 한다**. 《허영의 시장》의 독자는 베키 샤프가 로든 크롤리와 결혼한다고 상상하도록 지시된다는 것만을 상상하는 것이 아니라 베키 샤프가 로든 크롤리와 결혼한다고 상상해야 한다. 반 고흐의 〈별이 빛나는 밤〉은 물 위에 비치는 모습이 있다고 상상해야 한다는 것만을 상상하도록 지시하는 것이 아니라 그렇게 비치는 모습이 **있다는** 것을 상상하도록 지시한다. 후자의 상상하기에 참여하는 것은 그 작품을 잘못 이해하거나 잘못 지각하는 것이 아니다. 그것은 단지 허구적으로가 아니라 정말로 물 위에 비친 빛의 묘사다.

양쪽을 다 받아들여보자. 허구적인 것이 참도 될 수 있다. 《허영의 시장》이 베키 샤프에 대한 소설임은 허구적인 만큼 참이기도 하다. 그 소설은 베키가 로든 크롤리와 결혼한다는 것뿐 아니라 그 소설이 베키가 그렇게 한다는 것을 허구적으로 만든다는 것 역시 허구적으로 만든다. 그러나 우리는 그 두 가지 허구적 참이 동일한 허구적 세계에 속하는 것을 허용하고 싶지는 않을 것이다. 그러니까 두 개의 서로 구분되는 작품 세계, 즉 베키가 살고 있는 세계와 《허영의 시장》이 베키가 살고 있는 허구적 세계를 만들어내는 세계를 인정해보자. 그 소설로 해야 하는 두 개의 구분되는 게임이 있다. 독자는 그 두 게임을 번갈아 가면서 한다. (아마도 어느 정도까지 그는 그 두 게임을 동시에 하기도 할 것이다.) 한쪽 게임 세계 안에서는 그가 베키와 그녀의 결혼, 스타인 경과 그녀의 불륜에 대해 알게 되고 동정이나 역겨움, 또는 감탄 등으로 반응한다는 것이 허구적이다. 다른 쪽 게임 세계 안에서는 독자가 첫 번째 종류의 게임 안에서 사용될 소도구를 조사하고 감상한다는 것이 허구적이다. 그는 번갈아 가면서 베키의 세계에 살거나 바깥에서 그것을 관찰한다. 《허영의 시장》은 장식적이기도 하고 기능적이기도 한 의자, 앉는 곳으로 사용된다는 생각을 가지고 바라보는 것이기도 한 동시에 실제로 앉는 곳으로 사용되기도 하는 의자와 유사하다.

《허영의 시장》의 경우 강조점은 베키가 실재하는 작품 세계와 그에 상응하는 믿는 체하기 게임에 놓인다. 그러나 양쪽 세계와 양쪽 게임 모두 중요하며, 독자는 그것들 사이의 관계를 음미한다. 그림 3.2에서 스타인버그의 조크는 그 그림의 두 기능을 고의로 혼동하는 데, 즉 두 허구적 세계를 고의로 결합하는 데 있다. 그 세계들 중 한쪽에는 한 남자가 있고 다른 쪽에는 한 남자를 그린 그림만이 있다. 그러나 감상자는 자신이 그림을 보면서 남자를 본다는 것을 상상해야 한다.

이러한 작품들은 번갈아 나타나는 두 개의 작품 세계를 가지는 것으로 간주되어야 한다는 나의 제안은 그 점이 훨씬 더 명백하게 드러나는 한 경우를 고려해봄으로써 분명해질 수 있다. 그림 7.5는 리처드 닉슨을 묘사하며 또 마그네틱 녹음테이프와 릴을 배열한 것을 묘사하기도 하지만, 그 둘을 함께 묘사하지는 않는다. 한 작품 세계에서는 닉슨이 다소 음침하게 앞을 바라보고 있다는 것이 허구적이며, 또 다른 작품 세계에서는

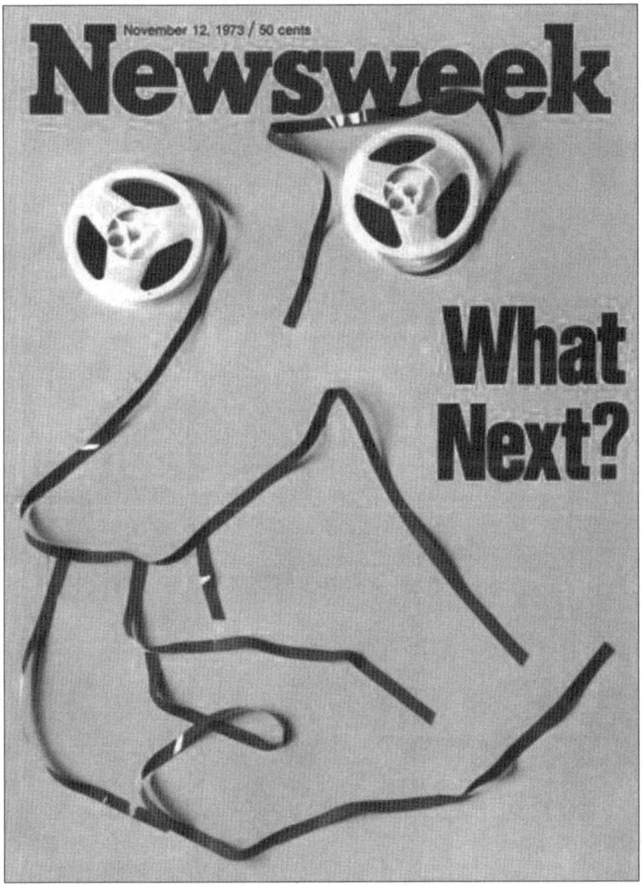

〈그림 7.5〉
〈뉴스위크(Newsweek)〉 표지, 1973년 11월 12일. 로버트 V. 엥글(Robert V. Engle).

테이프와 릴이 닉슨의 초상화를 구성하는 방식으로 배치되어 있다는 것이 허구적이다. 감상자는 두 개의 구분되는 게임에 번갈아 가며 참여하며, 이 게임들은 서로에게 끼어들어 서로를 방해하는 경향이 있다. 물론, 그것들의 병치가 바로 이 작품의 핵심이다.

장식성은 얼마나 광범위한가? 장식성은 부분적일 수도 있고 또 심지어 동일한 측면에서조차 진정한 재현성과 공존할 수 있으므로(하나의 장식적인 p-재현은 실제 p-재현일 수 있다) 우리는 장식성의 흔적들이 널리 퍼져 있을 것이라고 예상할 수 있다. 나는 실제로 그렇다고 믿는다. 비록 그 흔적들을 추적하기 위해서는 상당한 정도의 예민함과 민감성이 필요할 것이며, 보통 그렇듯이 많은 경계선상의 경우들이 있겠지만 말이다. 우리는 재현이 의미심장하게 "양식화된" 곳이라면 어디든지 장식성을 의심해 보아야 한다. 나는 다른 글에서 많은 작품에서 그것이 어떻게 만들어진 것처럼 보이는지가 얼마나 중요한지를 고찰해본 적이 있다.[32] (반 고흐의 〈별이 빛나는 밤〉은 명백한 하나의 예다.) 그러한 많은 경우, 그렇게 보이는 바가 허구적이라고 간주하는 것이 합리적일 것이다.[33] 어떤 작품에 대해서는 그것이 어떤 방식으로 혹은 어떤 의도로 혹은 어떤 종류의 사람에 의해 생산되거나 창조되었다는 것이 허구적일 것이다. 이것이 허구적인 세계는 또 다른 세계와 나란히 존재할 수 있다. 만약 그 작품이 어떤 특정한 방식으로 창조된 **재현**인 것처럼 보인다면, 만약 그 작품이 그렇다는 것이 허구적이라면, 그것은 장식적인 재현, 재현의 재현일 것이다. 그 작품의 겉으로 드러나는 세계의 내용은 그 작품의 다른 작품 세계 안에 내포된 한 세계의 내용이기도 할 것이다.

장식성의 목적은 무엇인가? 나의 이전 제안에 따르면 (비록 개략적이긴 했지만) 재현의 흥미로움은 믿는 체하기 게임에 대한 감상자의 참여에 상당히 의존하는 것이었다. 우리는 이제 참여를 억제하는 작품들, 감상을 하나의 관람 스포츠로 만드는 경향이

32) Walton, "Points of View"와 "Style".

33) 적어도 감상자들이 겉으로 보이는 모습을 알아차릴 수 있을 때는 그렇다. 그렇다 하더라도, 우리가 겉으로 드러나는 것을 허구적이라고 부르기를 원하지 않는 경우도 있을 수 있다. 비록 무엇이 그러한 경우들을 구분하는지 그리 분명하지 않다 해도 말이다.

있는 작품들을 고찰하고 있다. 물론, 장식성에 대한 나의 이해에 따르면 참여가 억제된 게임은 감상자가 참여할 수도 있는 또 다른 게임에 내포되어 있다. 그러나 프레임을 형성하고 있는 게임 세계는 종종 매우 빈약하고 작품 자체 및 그 함축에 의한 예술가와 그의 창조적 행위 이상을 거의 포함하고 있지 않으며 최소한의 참여만을 요청한다. 재현이 장식적인 정도만큼, 우리가 초점을 맞추는 "주된" 등장인물 및 사건들은 감상자들이 밖에서 관찰할 뿐 들어가지 못하는 내부의 게임 세계에서 살아갈 가능성이 크다. 감상자에 대해 허구적인 바는 그들이 등장인물들이 살고 죽으며, 사랑하고 미워하며, 성공하고 실패한다는 것이 허구적이라는 것만을 관찰한다는 것이다. 프레임을 형성하는 허구가 우리와 등장인물들 사이에 끼워 넣는 "감정적 거리"는 그들에 대한 우리의 흥미를 설명하는 것을 더 복잡하게 만든다.

앞서 살펴보았던 것처럼, 등장인물들은 다른 세계 안에 내포된 세계만큼이나 일차적 작품 세계 안에도 있을 수 있다. 한쪽 믿는 체하기 게임은 프레임을 형성하고 있는 허구를 우회하여 감상자에게 등장인물들과 허구적으로 상호작용하고 그들에게 반응할 기회를 줄 수도 있다. 그러나 프레임은 도대체 왜 있는 것인가? 왜 감상자의 참여를 희석시키려고 하는가? 예술가들은 왜 참여를 억제하거나 방해하려고 하는가?

어떤 비평가들과 감상자들은 사실 특별히 장식성을 좀 더 노골적으로 드러내는 것을 마음에 들어 하지 않으며, 그런 것은 기껏해야 조크에나 적당한 하찮은 장난일 뿐 미적 심오함이나 위대함에 도움이 되지는 않는 것으로 간주한다. 전통주의자들은 최근의 일부 예술이 내부로 파고들어 스스로를 주제로 삼고 재현이라는 것을 그 자신의 중심 문제로 다루며 그들이 생각하기에 사소한 것들이나 인위적인 것들을 위해 인간 존재라든지 인간이 처한 상황이라는 큰 주제들을 무시하는 경향에 대해 한탄한다. 그러나 다른 이들은 지나치게 강한 참여에 대한 요구를 값싼 감상성이라 생각하며 거부하고 장식성으로 인해 감상성이 경감되는 것을 환영한다. 가장 적극적으로 참여를 촉진하고 감상자를 가장 효과적으로 허구 세계에 몰입하도록 하는 많은 작품들은 비록 유혹적일지는 몰라도 결코 심오하거나 위대하지는 않다(연속극? 사진적 극사실주의 회화?). 우리는 장식성의 요소들이 잘 알려진 걸작들 안에도 자주 존재하는 것 같다는 것을 보았다. 그것은 어떤 장식성이 마련해주는 "거리"가 우리 삶과의 덜 직접적이지만 좀 더 의미심장한 연결에 기여하기 때문일 것이다.

이 논쟁에서 어느 한쪽 편을 들 필요는 없으며(의심의 여지없이 양쪽 모두에는 어느 정도의 진실이 존재한다), 나는 그 전선들을 정확하게 그리려고 시도하지 않을 것이다. 그러나 장식성 — 참여의 억제, 참여를 희생시키며 하는 관찰 — 안에는 어떤 설명될 필요가 있는 가치들이 정말로 있는 것처럼 보인다. 그 가치들이 그것이 대체하는 가치들보다 더 중요하게 여겨지건 덜 중요하게 여겨지건 말이다. 우리는 물론 소도구를 고안하고 게임을 설계하는 데 있어서의 예술가의 영리함에 감탄할 수도 있지만, 장식성의 가치는 그보다 더 깊은 곳에 있다. 몇 가지 추측을 제안해보겠다.

만약 실제 참여가 우리에게 중요한 이득 — 우리의 사고를 명료히 하고 우리의 사회적 지위에 대한 우리의 감정을 이해하는 데 도움을 주거나 하는 것들 — 을 가져다준다면 우리는 사람들이 참여를 촉진시키는 수단과 우리가 할 수도 있는 참여의 종류에 관심을 가질 것이라고 예상할 수 있다. 이러한 관심은 단지 이론적인 것일 수도 있다. 우리는 그러한 이득들이 중요하다고 했을 때 단순히 그것들이 어떻게 작동되는지 이해하기를 원할 수도 있을 것이다. 그러나 그 관심에는 실제적 측면도 있을 수 있다. 우리는 예술가의 자극이라는 도움 없이 스스로 그와 유사한 통찰력(이든 무엇이든)을 얻는 기술들을 발견하거나 발전시킬 수도 있다. 믿는 체하기 게임과 참여를 자극하는 기법들을 관찰하는 것은 우리가 실제로 참여하고 있는 동안에는, 우리가 이야기에 사로잡혀 있는 동안에는 어려울 것이다. 장식성은 좀 더 "객관적인" 관점으로 물러나도록 해줄 수 있다.

참여자가 감정적으로 몰입해 있을 때 그의 경험의 강렬함은 그 경험 자체와 그것이 주는 자극을 "객관적으로" 관찰하는 것을 막을 수 있다. 허구적으로 지독한 악한을 혐오하는 경험, 또는 허구적으로 사랑스러운 주인공을 위해 슬퍼하는 경험은 너무나 압도적이어서 우리는 허구적으로 감정을 느낀다는 것이 어떤 것인지, 그리고 왜 그렇게 느끼는지에 대해 주목하지 못하거나 많은 것을 알아차리지 못할 수도 있다. 물론 단순히 그러한 경험을 하는 데도 이점이 있을 수 있다. 그러나 분명히 그러한 경험들에 대해, 또는 우리가 만약 참여한다면 허구적으로 무슨 생각을 하거나 무엇을 느낄지에 대해 성찰하는 것은 가치 있을 수 있다. 그러한 성찰은 가능한 또는 실제의 허구적 경험과 실제의 혹은 가능한 현실적 경험 사이의 연관성을 더 쉽게 볼 수 있도록 해줄 것이다. 그러므로 비록 일시적일지라도 어떤 재현 작품의 "주문을 깨는" 것은 바람직할 수 있다. (많은 작품이 참여와 관찰 사이를 오가는 것을 부추기는 것은 놀라운 일이 아니다.) 이러한 성찰은 들리는 것만큼 그렇게 반드시 이지적이지만은 않다. 그것은 우리의 가능한 참여에 대해 생각하는 데 있다기보다는 그것을 **상상하는** 데 — 허구적으로 슬퍼하는 등의 경험을 하는 것을 **상상하는** 데, 자신이 슬퍼하는 상상을 한다고 **상상하는** 데 있을 것이다.

장식성의 목적, 참여를 억제하는 것의 목적에 대한 이러한 두 가지 추측 모두 여전히 참여라는 개념을 중심으로 삼고 있다. 비록 참여 자체는 아니라 할지라도 참여에 대한 감상자들의 사고나 상상하기는 그들의 경험에서 근본적인 것으로, 그리고 감상되는 작품이 가지는 가치에서 결정적인 것으로 남아 있다.

III

양상과 방식들

재현들 사이에는 막대한 차이가 있다. 우리는 앞선 장들에서 그러한 차이들 중 일부를 살펴볼 기회가 있었지만, 이제까지 우리의 초점은 유사성들, 즉 회화, 소설, 이야기, 연극, 영화, 그리고 조각들이 공유하고 있는 점들이었다. 유사성에 대한 강조는 재현의 개별적인 다양한 양상들의 특수성으로부터 재현성의 본질을 분리해내기 위해 필요했다. 그러나 우리는 이제 재현 일반에 대한 이론의 맥락 내에서 그 차이들을 체계적으로 다루어야 할 시점에 도달했다. 이제 주된 몇몇 종류의 재현들의 특성이 무엇인지 살펴보도록 하자.

한 가지 차이가 다른 것들보다 두드러진다. 그것은 거칠게 "회화적인" 재현과 "언어적인" 재현, 혹은 "묘사하는" 재현과 "기술하는" 재현, 혹은 "보여주는" 재현과 "말해주는" 재현 사이의 차이로서 성격화되는 차이이다. 이러한 표현들은 생각보다 덜 명확하며, 그 표현들이 일반적으로 이해되는 식으로는 우리 이론이 인지하고자 하는 어떤 구분이든 그 근사치밖에 표현하지 못한다. 제8장에서 나는 그림 이상의 것들, 그리고 **시각적** 재현 이상의 것들 — 심지어 몇몇 언어적 재현까지도 — 을 포괄하는 **묘사**(depiction)의 개념을 전개한다. 제9장에서는 몇 가지 종류의 언어적 재현을 다룰 것인데, 아마 그 중에서도 내가 **서술되는**(narrated) 재현이라고 부르는 것이 가장 두드러질 것이다. 그러나 서술되는 재현은 비허구 작품 — 우리의 의미에서는 재현조차 아닌 — 들뿐만 아니라 재현에 속하는 일부 문학 작품들까지도 배제한다. 그리고 서술되는 재현은 일부 묘사를 포함한다. 묘사와 서술을 구분하는 차이만큼이나 묘사들, 그리고 서술들 사이에서도 우리가 인지하고 탐구해야 할 중요한 차이들이 있다. 그리고 이 두 범주가 모든 재현들을 총망라하는 것도 아니다. 어떤 재현들은 둘 중 어디에도 속하지 않는다. 우리는 어떤 재현이 다른 재현들보다 더 **사실적**(realistic)이라고 칭해질 수 있는 다양한 의미들, 그리고 **시점**(points of view)이라고 불리는 것에 있어서의 차이들에 특별한 주의를 기울일 것이다.

재현 일반에 대한 우리의 설명은 개별 종류의 재현의 특징을 어디서 찾아야 할지를 알려준다. 재현들이 믿는 체하기 게임에서 소도구로 사용되는 기능을 가진다는 것을 알게 되면, 우리는 다양한 종류의 작품들이 그 안에서 사용되도록 정해져 있는 게임들의 본성과 그 작품들이 거기서 하는 역할에 대해 조사할 수 있다. 우리가 살펴볼 대부분의 차이들은 이러한 용어들로 설명될 수 있다.

8. 회화적 재현

어떤 면에서 나는 어떤 사람의 얼굴을 향해 서 있을 때처럼 어떤 그림 속 얼굴을 향해 서 있다. 나는 그 표정을 관찰할 수 있고 사람의 얼굴 표정에 반응할 때처럼 그것에 반응할 수 있다. 어린아이는 그림 속 남자나 그림 속 동물에게 말을 걸 수 있으며, 그것들을 마치 인형을 다루는 것처럼 다룰 수 있다.

- 루트비히 비트겐슈타인, 《철학적 탐구》

8.1 묘사의 정의

우리는 그림이 몇 가지 중요한 측면에서 **시각적인** 게임에서의 소도구라는 것을 이미 관찰했다. 마인데르트 호베마(Meindert Hobbema)의 〈붉은 지붕의 물방앗간〉(그림 8.1)의 관찰자는 그가 붉은 지붕의 물방앗간을 본다는 것이 허구적인 게임을 한다. 게임의 한 참여자로서 그는 이와 같다는 것을 상상한다. 그리고 이러한 자기 상상하기는 1인칭 방식으로 행해진다. 즉 그는 물방앗간을 본다고(seeing a mill) 상상하는 것이지

〈그림 8.1〉 마인데르트 호베마(Meindert Hobbema), 〈붉은 지붕의 물방앗간(The Water Mill with the Great Red Roof)〉, 81.3×110cm, 캔버스에 오일(c. 1670). 시카고 미술관.

그저 그가 물방앗간을 본다는 것(that he sees one)을 상상하는 것이 아니며, 또한 그것을 안으로부터 상상한다. 게다가 그가 그 그림을 보는 실제 행위가 바로 그가 물방앗간을 본다는 것을 허구적으로 만든다. 그리고 이 행위는 허구적으로 그것 자체가 그가 물방앗간을 보는 행위가 되는 그러한 것이다. 즉, 그는 자신이 보는 행위에 대해 그것의 대상이 물레방아라고 상상한다. 우리는 이 같은 것들을 종합해서, 관찰자는 캔버스를 보면서 상상적으로 물방앗간을 본다고 말할 수 있다. "묘사(depiction)"가 된다는 것은 이러한 종류의 시각적 게임에서 소도구로 사용되는 기능을 가지는 것이라고 잠정적으로 말해보자.

관찰자는 왜 그의 실제로 보는 행위에 대해 **그것이** 물방앗간을 보는 한 경우라고 상상해야 하는가? 그림을 보면서 단순히 물방앗간을 본다고 상상한다는 것은 왜 불충분한가? 왜냐하면 그렇게 말한다면 다음과 같은 경우처럼 묘사를 기술(description)과 구분할 수 없게 되기 때문이다.

> 베어 스왐프 언덕에 서 있는 화재 감시탑에서 바라보면 …… 시계(view)는 보통 대략 12마일 정도까지를 포괄한다. 북쪽으로는 삼림지가 지평선까지 닿아 있다. 나무들은 주로 참나무와 소나무이며, 소나무가 더 우세하다. 때때로 길고, 검고, 삐죽삐죽한 모양의 대서양 편백나무 입목들이 서 있는데, 너무 높고 촘촘해서 언덕마루에 하늘을 배경으로 펼쳐져 있는 것처럼 보인다. …… 동쪽도 광경은 비슷하다. …… 남쪽의 광경은 잠깐씩 두 번 끊어지는데 ― 호수에 의해, 그리고 크랜베리 소택지에 의해 ― 그것만 제외하면 그쪽 역시 숲이 지평선을 이루고 있다. 서쪽에는 소나무, 참나무 그리고 편백나무 숲이 계속해서 이어지며, 서쪽 지평선은 또 다른 언덕 ― 애플파이 언덕 ― 의 정상과 또 다른 화재 감시탑의 윤곽을 포함하고 있다. …… 누구든 잠시 훑어보기만 한다면 수백 평방마일의 황무지를 볼 수 있다.[1)]

이 구절을 읽는 독자가 화재 감시탑에서 보이는 장면을 본다고, 즉 참나무와 소나무, 삐죽삐죽한 편백나무 입목들, 광활한 황무지 등을 본다고 상상해야 하며, 그것을 안으로부터 상상해야 한다는 것은 그럴듯하다. 그러나 독자는 **그가 이 텍스트의 단어들을 보는 것**이 소나무 황야를 보는 것이라고 상상하지는 않는다. 그의 실제 시각적 활동은 단지 상상하기를 위한 계기일 뿐이다. 독자의 시각적 활동은 그의 상상하기를 촉발시키고 지시하지만 상상하기의 대상은 아니다. 이 점이 텍스트가 묘사의 자격을 가지지 못하게 한다. (그 안에서 사용되는 것이 그 그림의 기능인 종류의 게임 안에서) 그림을 보는 것은 그것이 불러일으키는 상상하기의 내용의 일부이다. 우리는 호베마의 캔버스를 관찰하면서 우리의 관찰이 물방앗간에 대한 관찰이라고 상상한다.

그러나 그림을 볼 때 우리의 상상하기와 지각적 경험은 이것보다 훨씬 더 긴밀히 연관되어 있다. 우리는 먼저 호베마의 그림을 지각하고 나서 그것과 분리된 행위로서

---

1) McPhee, *The Pine Barrens*, pp. 3-4.

그 지각이 물방앗간에 대한 지각이라고 상상하는 것이 아니다. 그 지각의 현상적 특징은 그 지각을 대상으로 삼는 상상하기에서 분리할 수 없다. 많은 종류의 인지적 상태 — 믿음, 사고, 기대, 태도, 욕구 — 가 우리의 지각 경험 안에 포함된다는 것, "순수한 눈", 즉 우리가 그것을 어떻게 생각하고 어떻게 해석하고 그것으로 무엇을 하는지와 분리 가능한 자료를 산출하는 순수하게 수용적인 능력이란 없다는 것은 이제 평범한 말이 되었다.[2] 나는 그저 사고가 우리의 경험에 인과적 영향력을 끼친다고 말하는 것이 아니라 경험이 사고를 **포함한다**는 것을 말하고 있다. 상상하기 또한 다른 종류의 사고와 마찬가지로 시각 경험 속에 들어온다. 그리고 우리가 그림을 볼 때 요청되는 상상하기는 그 그림을 바라보는 경험에 영향을 미친다. 보기와 상상하기는 분리 불가능하게 서로 결합하여 하나의 단일한 복합적이고 현상학적인 전체로 통합된다. 또한 내가 아직 제시할 준비가 되어 있지 않은 이유들 때문에 보기와 상상하기는 그 그림이 그림으로서의 자격을 가지기 위해서는 반드시 그렇게 통합되어야 한다.[3] 그림에 대한 지각에 특유하고 적절한 것은 바로 이 복합적인 경험, 때때로 "그 그림을 물방앗간으로서 보기" 또는 "그림 안에서 물방앗간을 보기"라고 이름 붙여지는 그러한 경험이다.

소설은 왜 **시각적** 예술의 자격을 가지지 못하는가? 소설의 독자도 회화와 조각을 감상하는 이들이 그러한 것과 마찬가지로 어쨌든 눈을 사용한다. 물론 누군가가 소설을 읽어주거나 암송해줄 수도 있다. 그렇다면 우리는 귀를 사용하는 것이 된다. 따라서 소설은 선택적으로 청각적이거나 시각적인 예술 — 어쨌든 지각적인 예술인 — 이지 않을까? 답은 바로 다음과 같다. 소설은 적절한 종류의 지각적 게임에서의 소도구

2) 곰브리치가 이렇게 주장했다는 것은 잘 알려져 있다. 스트로슨은 "상상력은 지각 자체의 불가피한 한 구성요소다"라는 칸트의 주장을 지지하면서, 지각이 개념이나 사고로 "물들어 있고, 채워져 있고, 생명이 불어넣어지고, 빛이 비추어지며", 사고는 "지각 안에서 살아있다"고 주장한다("Imagination and Perception," pp. 40, 41, 46). 비트겐슈타인은 "~로서 보기"를 논하면서 보기와 생각하기의 "결합물"에 대해 이야기하며, "우리에게 어떤 국면이 반짝 떠오를 때 그것은 절반은 시각 경험이고 절반은 사고인 것처럼 보인다"라고 말한다(*Philosophical Investigations*, p. 97). 또한 Steinberg, "The Eye Is Part of the Mind"를 보라.

3) 미리 논해보자면, 보기와 상상하기가 통합되지 않았다면 우리의 시각적 게임은 충분히 풍부하고 생생하지 않았을 것이다. 실제 물방앗간을 볼 때, 우리가 물방앗간을 보고 있다는 사고는 그것을 보는 경험에서 분리 불가능하다. 만약 물방앗간을 보고 있다는 사고, 물방앗간을 보고 있다고 상상하기가 캔버스에 대한 지각의 일부가 아니라면, 우리는 캔버스에 대한 지각이 물방앗간을 보는 경험이라고 생생하게 상상하지 못할 것이다.

가 아니다. 《보바리 부인》을 읽을 때 우리가 보는 것이 엠마라는 것은 허구적이지 않다. 우리가 그녀의 외모를 묘사하는 구절을 보고 있을 때라 해도 말이다. 독자가 엠마를 본다고 상상할 수 있을지는 몰라도 그는 자신의 실제 지각적 행위가 그녀를 지각하는 것이라고 상상하지 않으며, 그의 실제 시각 경험이 엠마가 바로 그가 보고 있는 대상이라는 사고에 의해 침투되지도 않는다. 따라서 묘사는 언어적 재현과 다르며 또한 기술(description) 일반과 다르다.[4]

묘사가 된다는 것은 앞에서 말한 방식으로 시각적 믿는 체하기 게임에서 소도구로서 사용되는 기능을 가진다는 것이다. 그러나 우리는 그 게임들이 시각적으로 충분히 **풍부하고 생생해야** 한다는 것을 덧붙여야 한다. 그 게임들은 그 작품에 대한 시각적 행위들을 실제로 수행함으로써 매우 다양한 시각적 행위들을 허구적으로 수행한다는 것을 수용하는 정도만큼 풍부하다. 호베마의 그림을 감상하는 사람들에 대해서는 그 그림을 실제로 어떻게 보고 있는가에 따라 그가 현관 앞의 여인을 알아차린다거나 또는 그가 그녀를 못 보고 지나친다거나 그가 나무 속에서 다람쥐를 찾는다거나 나무에 벌레 구멍이 있는지 살펴본다거나 멀리서 들판을 가볍게 주시한다거나 주의 깊게 그 들판을 응시한다는 것 등이 허구적일 것이다. 한 게임의 (시각적) **생생함**은 참여자가 자신이 허구적으로 수행하는 시각적 행위들을 수행한다고 상상할 때의 생생함에 있다. 막대 그림, 도상적인 교통표지판 같은 것들은 최소한의 풍부함과 생생함만을 가진 시각적 게임에 이용될 뿐이다. 이는 그러한 것들이 그림인지의 문제, 우리가 그것들의 대상을 그것들 "안에서 보는지" 아닌지의 문제에 대해 볼하임이 표현한 망설임을 설명해준다.[5] 우리가 그저 그것들이 경계선상의 경우라고 선언하는 것으로 만족할 필요는 없다. 우리는 그것들로 하는 시각적 게임이 미켈란젤로나 베르메르(그리고 심지어는 브라크)의 작품들로 하는 게임과는 대조적으로 희석되고 덜 생생한 그 특정한 측면들이 무엇인지 구체적으로 말할 수 있다. (§8.3을 보라.)

---

4) 묘사에 대한 믿는 체하기 이론이 지각자의 시각 경험에 충분한 무게를 부여하지 못한다는 인상은 오해다. Schier, *Deeper into Pictures*, p. 24; Wollheim, *Painting as an Art*, p. 361, n. 21; Peacocke, "Depiction," pp. 391-392를 보라.

5) *Painting as an Art*, p. 60.

조각과 연극 공연들도 시각적 게임에서의 소도구들이지만, 우리가 허구적으로 수행하는 시각적 행위들의 범위는 다소 다르다. 다른 종류의 재현들은 시각이 아닌 감각들을 포함하는 게임들과 관련된다. 우리가 하이든의 현악 4중주, 작품번호 32(《새》)를 들을 때는 우리가 새들이 짹짹거리는 소리를 듣는다는 것이 허구적이다. 곰 인형을 만지는 것은 허구적으로 곰을 만지는 것으로 간주된다. 연극이나 영화의 관객은 허구적으로 보는 것만큼 허구적으로 듣기도 한다. "묘사"에 대한 우리의 이해를 회화가 시각적인 방식과 마찬가지로 청각적이거나 촉각적이거나 또는 다른 식으로 지각적인 재현들을 포함하는 것으로 넓혀보자. 그렇다면 **묘사**는 그것의 기능이 충분히 풍부하고 생생한 지각적 믿는 체하기 게임에서 소도구로 사용되는 것인 재현이다.

장식적인 재현, 즉 그것들이 지각적 게임에서 소도구로 사용되어야 한다는 것이 허구적인 작품들이 있을 수도 있다. (§7.6을 보라.) 나는 흔히 그림이라고 불리는 것 중에 **순수하게** 장식적인 것이 있는지 — 즉, 실제로 지각적인 게임에서 사용되는 기능 역시 가지고 있지 않은 것이 있는지 — 의심스럽다. 비록 부분적인 장식성이라 해도 그 게임의 풍부함과 생생함을 약화시키기는 하겠지만 말이다. 어쨌든 어떤 순수하게 장식적인 묘사는 내가 말한 의미에서는 묘사로서의 정당한 자격을 가지지 못할 것이다. 비록 그렇다 하더라도 그것은 진정한 묘사성의 본질인 그러한 개념을 바탕으로 이해될 것이며, 틀림없이 그것이 단지 허구적으로만 가지는 기능의 징후가 되는 많은 특징을 공유할 것이다.[6)]

한 작품의 묘사 **내용**은 우리가 그 그림을 볼 때 (적절한 시각적 게임들에서) 허구적으로 보는 것이 무엇인지 또는 어떤 종류의 사물들인지의 문제이다. 브뢰헬의 〈농부의 결혼식〉을 보며 허구적으로 우리는 잔치를 즐기는 농부들을 본다. (그 그림에 대한 우리의 관찰은 허구적으로 어떤 잔치에 대한 관찰이다.) 따라서 그것은 농부들이 – 잔치하는 – 그림(a peasants-feasting-picture)이라는 의미에서 잔치를 하는 농부들의 그림이다. (§3.1을 보라.) 한 작품이 어떤 개별 실제 대상을 묘사하는 것은 공인된 게임들 안

6) 보이지 않는 것을 보기(seeing-the-unseen)라는 문제를 제기하는 묘사들은 부분적으로 장식적인 것으로 간주될 수 있을 것이다. §6.6을 보라.

에서 그 대상이 바로 관찰자가 보는 대상임이 허구적일 때다.

어떤 실제 대상을 묘사하는 것은 재현하기의 한 종류다. 그러나 묘사에 의한 재현하기가 모두 묘사하기인 것은 아니다. 그림은 그것이 재현하는 모든 것에 대한 **그림**이 아니다. 무엇인가를 재현한다는 것은 그것에 대한 허구적 참들을 발생시키는 것이다. (§3.1을 보라.) 안토니 반 다이크의 〈그리말디 후작부인〉은 그 후작부인의 그림이다. 그러나 그것은 그녀의 발에 대한 그림은 아니다. 비록 그 그림이 그녀의 발을 재현하고는 있지만 말이다. 그 그림은 그녀가 그 발들을 딛고 서 있다는 것을, 그 발들이 그녀의 긴 옷자락에 완전히 가려져 있다는 것 등을 허구적으로 만든다. 빠진 것은 우리가 허구적으로 그녀의 발을 **본다는** 것이다. (우리의 게임 안에서는 그녀의 발이 가려져 있기 때문에 우리가 그 발들을 볼 **수 없다**는 것이 허구적이다.) 한 재현의 대상은 그 재현이 그 자체로 어떤 허구적 참들을 발생시키는가에 의해 결정된다. 그 재현하기가 묘사하기인가의 여부는 그것이 어떤 종류의 게임을 공인하는가에 달려 있다. 그것이 재현하는 바는 작품 세계에서 읽어낼 수 있지만, 그것이 재현하는 바를 묘사하는가의 여부는 공인된 게임의 세계들, 그 세계들이 작품 세계로부터 물려받은 것 이상의 게임 세계의 특징들에 주목해야만 알 수 있다.[7)]

기술과 묘사를 구별하는 나의 방식은 통상적인 방식들에서 상당히 벗어난다. 종종 묘사는 어떤 식으로든 "자연적"인 반면 기술은 "관례적"이거나 "자의적"이라고 말하곤 한다. 이러한 관찰에는 일말의 진실이 있지만, 그 진실을 밝혀내려는 대부분의 시도는 심각하게 현상을 왜곡한다. 묘사의 자연성에 대한 전통적인 설명들은 그림과 그 그림이 그리는 것 사이의 닮음에 대해 이야기한다. 그중 몇몇은 심지어 우리가 환영을 본다

---

7) 노비츠는 "~의 그림"이라는 말은 절대로 지시 관계를 표현하지 않는다고 주장한다. 예를 들어 〈롯의 아내〉라는 제목이 붙은 소금기둥 그림은 롯의 아내에 대한 **그림**이 아니라 그녀를 지시하는 데 사용되는 소금기둥 그림일 뿐이라는 것이다(*Pictures and Their Use*, pp. 5-6, 18). 이 제안에서 잘못된 점이 무엇인지는 이제 분명하다. 그림들은 물론 그것들이 (지시적으로) 그리지 않은 것들, 심지어는 재현하지 않은 것들을 지시하는 데 사용될 수 있다. 그런 경우들은 〈롯의 아내〉와는 구분되어야 하는데, 왜냐하면 〈롯의 아내〉의 경우 지시하기는 **회화적**이기 때문이다. 그 그림은 우리가 그림을 볼 때 롯의 아내를 (소금기둥의 형태로) 본다는 것이 허구적인 방식으로 그녀를 제시한다. 〈롯의 아내〉는 이런 의미에서 그녀에 대한 그림, 한 사람에 대한 그림이다. 비록 그것이 하나의 사람-그림(a person-picture)이라는 의미에서 "한 사람에 대한 그림"은 아니지만 말이다. (노비츠는 **묘사적**이라는 것이 무엇인지가 지시로써 설명될 수 없다고 주장한 데서는 옳았다.)

고 가정하기도 한다. 개를 그린 그림은 개처럼 보이지만, "개"라는 단어가 개를 의미하는 것은 오직 영어라는 언어에 그러한 결과를 가져오도록 하는 규칙이나 동의나 관례가 우연히 존재하기 때문이라고 설명되곤 한다. 단지 그렇게 하도록 사용되거나 이해된다는 이유 때문에 지시를 하게 되는 **상징**(symbol)과 속성들을 공유함으로써 그 지칭 대상을 골라내는 **도상적**(iconic) 기호들 사이를 구분하는 찰스 퍼스의 구분은 널리, 그리고 너무 자주 무비판적으로 받아들여진다.[8]

닮음 이론들은 명백하고 이제는 익숙한 문제점들에 직면한다.[9] 호베마의 〈물방앗간〉은 그것 자체 — 물감이 칠해진 펼쳐진 캔버스 — 인 것처럼 보일 뿐 전혀 붉은 지붕의 물방앗간처럼 보이지 않는다. 존의 초상화는 존을 닮은 것만큼이나, 혹은 그보다 더 많이 존의 쌍둥이 형을 닮을 수도 있지만, 그것은 존을 묘사하는 것이지 그의 형을 묘사하는 것이 아니다. 존 자신도 그의 형을 매우 닮았으며, 초상화가 그를 닮은 것만큼 그도 초상화를 닮았다. 그러나 존은 그의 형도, 초상화도 묘사하지 않는다. 어떤 소설에 대한 소설은 대부분의 그림이 그 대상을 닮은 정도보다 더 많이 그 대상을 닮았다. 그러나 그 사실이 그것을 어떤 소설에 대한 그림으로 만들지는 않는다.

많은 이들이 기술에서뿐만 아니라 묘사에서도 "관례성"이라 불릴 만한 요소들에 주목했다. 우리는 확립되어 있는 회화 양식들의 다양성, 즉 어떤 개나 사람이나 건물을 그럴듯하게 그리는 많은 **서로 다른** 방식들에 깊은 인상을 받지 않을 수 없다. 몇몇은 단지 "관례"의 차이가 있을 뿐이라고, 즉 많은 서로 다른 회화적 "언어들"이 있으며 그것들 사이에서 어떤 것을 선택하는가는 상당한 정도까지 자의적이라고 주장해왔다. 만약 그렇다면, 어떻게 해서 묘사가 관례적이기보다는 "자연적"이라는 이유로 기술과 구분되며, 또 그림은 단어들이 그러지 않는 방식으로 닮음에 의존한다는 관념은 어떻게 되는가? 넬슨 굿맨은 그림들은 그것들이 들어 있는 상징체계의 어떤 구문론적 속성들 — 그가 "조밀성"과 "상대적 충만성"이라고 부르는 것 — 에 의해 그림이 되며, 유사성과

---

8) Peirce, *Collected Papers*, vol. 2.

9) 특히 굿맨은 (《예술의 언어들》에서) 그러한 문제점들을 상세하게 설명했다. 곰브리치가 (《예술과 환영》에서) 탄약을 제공하기는 했지만, 그는 굿맨의 급진적인 관례주의에 반대한다.

자연성은 그림이 되는 것과 아무런 관련이 없다고 주장한다.[10)]

묘사 일반을 기술과 구분하는 것에 더해, 우리는 그것들 사이의 중요한 차이, 특히 **사실주의**에서의 차이를 설명해야 한다. "사실주의"는 많은 것을 의미할 수 있지만, 닮음 이론가들은 적어도 하나의 핵심을 말할 수 있다. 비록 그것이 사실주의의 한 가지 종류만을 설명하는 거친 방법이기는 하지만 말이다. 그들은 유사성에는 정도의 차이가 있으며, 어떤 그림들은 다른 것들보다 묘사 대상과 더 유사해 보인다고 지적한다. 사실주의적인 그림이란 그 그림이 묘사하는 것과 **매우 많이** 유사해 보이는 그림 또는 특별히 설득력 있는 환영을 제시하는 그림이다. 더 많이 유사할수록 사실주의는 더 커진다.

관례주의 이론가들은 닮음 이론가들처럼 사실주의를 설명할 직접적인 방법을 가지고 있지 않다. 만약 우리가 회화 양식들을 "언어들"로 간주하고 어떤 그림들은 다른 그림들보다 더 "맞거나" 더 "자연적"이라는 생각에 저항한다면, 만약 우리가 르네상스 원근법 회화들과 인상주의와 입체주의 사이의 차이를 영어와 터키어와 스와힐리어 사이의 차이와 동일시한다면, 우리가 어디서 사실주의의 여지를 찾을 수 있을지 불분명하다. 개를 개라고 부르는 것은 개를 hund[독일어]라든지 perro[스페인어]라고 부르는 것보다 개를 지시하는 더 사실주의적이거나 덜 사실주의적인 방법이 아니다. 만약 입체주의가 단순히 하나의 관례 체계 — 예를 들면 베르메르가 사용하는 언어와 다른 한 언어 — 에 지나지 않는다면, 베르메르가 사물을 묘사하는 방식이 어떻게 입체주의 그림보다 더 사실주의적일 수 있겠는가?

굿맨은 위축되지 않는다. 그는 그림 자체에는 사실주의라는 것이 없으며 어떤 회화 양식이 다른 양식들보다 본질적으로 더 사실주의적이지도 않다고 주장한다. 우리가 사실주의라고 부르는 바는 단지 습관화(habituation)의 문제, 우리가 어떤 주어진 상징 체계의 관례들에 얼마나 익숙해지게 되었는가의 문제이다. 사실주의적이라고 판단되는 그림들은 단지 우리가 능숙하게 "읽도록" 배워온 체계에 속하는 그림들일 뿐이다.[11)]

---

10) *Languages of Art*, chap. 1과 pp. 225-232. 파노프스키의 글(《원근법》)에서는 서로 다른 원근법 체계는 단지 서로 다른 관례들에 불과하다는 관념이 암시되고 있다. Podro, *Critical Historians*, pp. 186-189를 보라.

11) *Languages of Art*, pp. 34-39.

굿맨의 주장을 받아들이기란 어렵다. 전이론적 직관과 상식이 닮음의 편을 든다는 사실은 그 자체로서는 크게 중요하지 않다. 직관은 바뀔 수 있고, 상식은 상식이 아니게 될 수도 있다. 그러나 우리는 거부당한 이론의 매력을 새로운 관점에서 평가할 필요가 있다. 굿맨은 닮음 이론의 기저를 이루는 동기들에 대해서는 어떤 통찰도 제공하지 않고 있다. 만약 닮음 이론들이 굿맨이 주장하는 것처럼 거의 진실을 담고 있지 않다면, 왜 닮음 이론들이 종종 방어조차 필요하지 않을 정도로 자명해 보였는가? 왜 닮음 이론들이 명백한 어려움이 있음에도 불구하고 살아남아 있는가? 어떻게 상식이 그렇게 끔찍하게 빗나갈 수 있겠는가? 그 마력은 그것에 대해 이해하지 않고서는 깨질 수 없다. 닮음 이론들이 기반을 두고 있는 직관들이 신비로운 것으로 남아 있는 한, 닮음 이론들은 그 효력을 계속 유지할 것이다. 힘으로 닮음 이론들을 억누르려는 정면 공격은 완전히 설득력을 가지지 못할 것이며, 그 분야를 완전히 해명되지 못한 채 남겨두게 될 것이다. 우리는 그러한 공격이 성공적인 것으로 보이는 이유가 그 표적이 흐릿해졌기 때문은 아닌지, 우리가 올바른 특별한 종류의 유사성을 정확하게 지적할 수만 있다면 반론들이 사라지는 것은 아닌지 항상 의심하게 될 것이다.

그림을 그 그림이 묘사하는 것**으로서** 보기에 대해 이야기하는 것은 "유사성"의 올바른 의미에 대해 시사하는 바가 있을 수 있다. 어쨌든 묘사에 대한 "~로서 보기(seeing-as)" 설명은 닮음 이론들이 가지는 직관적 설득력의 많은 부분을 공유하며, 닮음 이론들이 가진 많은 문제를 피할 수 있는 것처럼 보인다. 어떤 초상화가 그 대상과 명백한 방식으로 너무 다르게 보인다는 사실 때문에 우리가 그 그림을 사람으로서 보지 못하는 것은 아니다. 우리는 그 사람을 그의 초상화로서 보는 것도 아니고 그 초상화를 그의 쌍둥이 형으로서 보는 것도 아니다. 적어도 우리는 그렇게 하기로 되어 있지 않다. 마찬가지로 우리는 《전쟁과 평화》를 소설로서 보거나 호베마의 〈물방앗간〉을 그림으로서 보지도 않는다.

어쨌든 우리가 그림을 그것이 묘사하는 대상으로서 본다는 의미에서는 그렇게 하지 않는다. "~로서 보기"는 "닮음"처럼 우리가 길을 잃도록 하지는 않을지 몰라도, 마찬가지로 우리를 그리 멀리 데려가주지 못한다. "~로서 보기" 역시 해명이 필요하다. 묘사의 본성에 대한 문제는 실제로 관련된 종류의 "~로서 보기"의 본성에 대한 문제와 **같다고** 말하는 것도 그리 틀리지는 않을 것이다.[12)]

볼하임이 용어를 바꾼 것, 즉 "~로서 보기"를 "안에서 보기(seeing-in)"로 대체한 것은 환영할 일이다.[13)] (우리는 어떤 의미에서는 그림을 그림"으로서" 보지만, 대부분의 그림 "안에서" 그림을 보지는 않는다.) 그러나 볼하임은 안에서 보기가 어떤 것인지에 대해 완전히 설명하지 않는다. (그것을 설명한다고 주장하지도 않는다.) "~로서 보기"가 "우리의 감각에 제시된 어떤 대상에 대한 시각적 흥미 또는 호기심의 한 형태"인 반면, 안에서 보기는 "어떤 특별한 종류의 시각적 경험을 계발하는 것이며, 그러한 경험은 그 발전을 위해 환경 속의 어떤 대상들에 주의를 기울인다."[14)] 그 특별한 시각적 경험이란 무엇인가? 어떤 사람이 어떤 디자인 안에서 개를 볼 때, 그는 무엇을 하고 있는 것인가? 그는 시각적 믿는 체하기 게임에 참여하고 있다. 그의 경험에서 특별한 것은 그 경험이 그의 보기가 어떤 개에 대한 보기라는 사고, 즉 상상하기에 의해 (그리고 그것이 어떤 그림에 대한 경험이라는 깨달음에 의해서도) 침투된다는 사실이다. 디자인과 환경 속의 다른 대상들이 이러한 종류의 경험을 발전시키는 방식이란 이러한 상상하기가 지시되는 시각적 게임들 안에서 소도구로서(그리고 촉발자로서) 사용되는 것이다.

볼하임은 그가 안에서 보기 경험의 "이중성(twofoldness)"이라고 부르는 것을 강조하는데, 그것은 우리가 캔버스와 그림의 재현적인 내용에 똑같이 주목한다는 사실을 말한다. 그리고 그는 이것들이 분리할 수 있는 두 개의 경험이 아니라 동일한 경험의 구분 가능한 국면들이라고 주장한다.[15)] 안에서 보기가 내가 제안한 대로 이해된다면, 이 두 가지 모두 쉽게 설명될 수 있다. 이중성은 단순히 우리가 그림을 시각적 게임에서 소

12) Hermerén(*Representation and Meaning*)과 Wolterstorff(*Works and Worlds*)가 "재현적인 보기"를 구성하는 종류의 "~로서 보기"를 다른 종류들과 구분하는 방법에 대해 제안하고 있다.

13) *Art and Its Objects*, §§11-14, pp. 205-226.

14) Ibid., pp. 222, 223.

15) *Painting as an Art*, pp. 46-47.

도구로 사용한다는 사실에 있다. 즉 우리는 물방앗간을 본다고 상상하며, 우리가 그렇게 하는 것은 우리가 캔버스의 관련 특징들을 알아차리기 때문이다. 이것들이 하나의 단일한 경험의 분리 불가능한 국면들이라는 말은 내가 앞서 주장한 보기와 상상하기의 상호 교차침투로 설명될 수 있다. 우리는 (마치《보바리 부인》에서 엠마의 외모에 대한 기술을 읽고 그녀를 본다고 상상할 수 있는 것처럼) 단순히 캔버스를 실제로 본 결과로 어떤 물방앗간을 본다고 상상하는 것이 아니라, 우리가 캔버스를 보는 것이 어떤 물방앗간을 보는 것이라고 상상하며, 이러한 상상하기는 그 캔버스에 대한 우리의 시각 경험의 필수적인 한 부분이다.16)

묘사의 "관례성"에 대한 질문은 그 말이 그렇게 자주 불러일으킨 분노에도 불구하고 대체로 우리의 주의를 딴 데로 돌리는 것(a red herring)에 불과하다. §1.4에서 우리는 믿는 체하기의 원칙들이 약정에 의해 확립되고 참여자들이 그것을 명시적으로 유념하는 드문 경우를 제외하고는 그 원칙들을 일반적으로 자의적이거나 관례적이라고 말하는 것이 얼마나 오해를 불러일으킬 수 있는지를 보았다. 게다가 만약 관례성이라는 것이 어떤 그림이 무엇에 대한 그림인지를 관찰자가 자신 앞에 있는 색과 형태들을 기반으로 하여 명확하게 계산해내야 한다는 것을 함축하는 것으로 이해된다면, 관례성은 묘사성과 양립 불가능하다. 이것은 적절하게 시각적인 믿는 체하기 게임에 대한 참여를 막을 것이다. (§8.2를 보라.) 그러나 묘사가 본질적으로 "관례적"인가에 대한 논쟁에서 흔히 논란이 되는 쟁점 중 많은 것들은 이 문제와 관계가 없다. 우리는 그림과 그 내용을 연결하는 원칙들이 문화, 전통, 또는 양식에 따라 얼마나 많이 혹은 얼마나 적게 달라지는지, 그 원칙들이 어떤 의미에서 다를 수 있었는지 혹은 없었는지, 그 원칙들을 바꾸는 것이 얼마나 쉬운지 혹은 어려운지, 그 원칙들은 배우는 것인지 — 무의식적인

---

16) 샤이어는 묘사에 대한 안에서 보기 이론에 다음과 같이 반대한다. 그는 어떤 벽에서 잔상을 보는 것과 같은 방식으로 나의 할아버지의 이미지를 어떤 돌 위에 투사하는 것은 할아버지를 돌 안에서 보는 것으로 간주될 수 있지만, 그 점이 그 돌을 할아버지의 묘사로 만들지는 않는다고 주장한다. 그 돌 위에 룬(rune) 문자로 새겨진 지시가 그러한 투사를 요구한다 하더라도 말이다(*Deeper into Pictures*, p. 17). 그에 대한 대답은 그림을 실제로 보는 것이 재현의 **대상**, 따라서 지각자의 상상하기의 대상이 되어야지 그저 하나의 소도구나 촉발자에 그쳐서는 안 된다는 요구 조건에 있다. 지각자는 할아버지를 본다고 상상하지만, 그 돌을 보는 것이 할아버지를 보는 것이라고 상상하지는 않는다. 제대로 설명된다면, 안에서 보기 설명은 살아남을 수 있다.

흡수에 의해서든 명시적인 교육에 의해서든 다른 방식으로든 — 아니면 타고나는 것인지에 대해 걱정할 필요가 없다. 그 원칙들은 볼하임이 그림 지각 능력이 그러하다고 생각하듯이 생물학적인 근거를 가지는 것일까, 아니면 굿맨이 주장하듯이 문화적인 인공물일까? 나는 그 원칙들이 어느 정도 양쪽 측면을 모두 가진다고 확신한다. 그 비율은 중요하지 않다. 침팬지가 그림을 이해한다거나 이해하도록 훈련받을 수 있다는 증거, 또는 어떤 고립된 부족의 원주민이 특별한 암시 없이는 그림을 이해하지 못한다는 증거는 요점을 벗어난 것이다. 묘사에서 중요한 것은 그 원칙들이 어떻게 사용되는가 — 그 원칙들이 적절히 시각적인 믿는 체하기 게임 안에서 사용되는가 — 이지 그 원칙들 또는 그 원칙들을 그렇게 사용하는 능력이 어떻게 획득되는가 또는 누가 그 능력을 가지고 있거나 가지고 있지 않은가가 아니다.

어떤 이들은 관례성이 묘사의 지각적 성격을 위태롭게 만든다고 생각한다.[17] 그러나 그렇지 않다. 관례가 어떤 묘사가 무엇에 대한 묘사인지를 명확하게 계산해내는 데 사용되어야 한다고 추정하지 않는다면 말이다. 적절하게 내면화된다면, 믿는 체하기의 원칙들은 우리의 지각적 경험을 채우는 상상하기를 인도한다. 즉, 우리는 그 원칙들에 따라 묘사를 **지각한다**. 따라서 이 "관례들" — 만약 그렇게 부르기를 원한다면 — 은 지각적 믿는 체하기 게임에 참여하는 경험을 방해한다기보다는 촉진시키며, 지각적 믿는 체하기 게임이야말로 묘사의 지각적 성격이 존재하는 곳이다. 굿맨의 관례주의적 이론이 묘사를 충분히 지각적으로 만드는 데 실패하는 것은 그의 이론이 관례를 상정하기 때문이 아니다. 그 이론의 잘못은 어떤 구문론적 기준을 만족시키는 관례들의 존재가 회화성의 조건으로서 **충분하다는** 주장에 있다. 그러한 관례들이 적절히 시각적인 믿는 체하기 게임 안에 통합될 수 있는 한, 그 관례들은 회화성과 양립 불가능하지 않다. 앞으로 살펴보게 되겠지만, 사실상 그 관례들은 회화성에 이바지한다.

---

17) "월튼의 견해는 그림의 외양과 우리가 본다고 믿는 체하게 되는 것 사이에 어떤 관례적인 연결이 있다고 간주하며, 따라서 우리가 그림의 외양을 이해하기 위한 어떤 특별한 종류의 지각적 능력을 가져야 한다고 요구하지 않는다."(Wollheim, *Painting as an Art*, p. 361, n. 21) (나는 어떤 단서를 두지 않고서는 그 연결이 "관례적"이라고 간주하지 않는다.)

"~로서 보기"와 "안에서 보기"에 대해 말하는 것이 적절한 방향을 가리키는 한 가지 측면은 관찰자의 시각적 행위에 대해 강조한다는 점에 있다. 묘사에서의 닮음의 역할에 대한 전통적인 논쟁들은 그림과 그 그림이 묘사하는 사물들 사이의 유사성에 관심을 가진다. 그러나 우리는 조금 다른 곳에서 유사성을 찾는 것이 더 나을 것이다. 그것은 바로 그림을 **보는 것**과 사물을 **보는 것** 사이의 유사성, 지각되는 사물들 사이의 유사성이 아니라 지각 행위들 사이의 유사성이다. 그림을 살펴봄으로써 "그림의 세계"를 조사하는 과정은 실제 세계를 봄으로써 실제 세계를 조사하는 과정과 중요한 측면들에서 유사하다. 느슨하게 말하자면, 남자 그림과 산 그림에 대한 시각적 검토는 실제 남자와 실제 산에 대한 시각적 검토와 유사하다. 여기서 우리가 발견하는 닮음이 묘사의 핵심은 아니지만, 그림과 사물들 사이의 닮음보다는 묘사의 핵심에 가까이 있다.

그림에 대한 시각적 조사와 그 그림들이 묘사하는 종류의 사물들에 대한 시각적 조사 사이의 어떤 유비들은 그림에 대한 시각적 조사가 허구적으로 그 사물들에 대한 조사가 되는 지각적 게임들에 긴밀히 연관되어 있다. 이 연관 관계를 검토해보는 것은 내가 제안한 묘사에 대한 설명을 명확히 하는 데 크게 기여할 것이다. 또한 그것은 닮음 이론들이 근거를 두고 있는 직관들을 제대로 평가하고, 닮음 이론들이 정확히 어떤 부분에서 잘못되었는지를 알도록 도와줄 것이다.

그러나 우리는 또한 굿맨의 조밀성 및 충만성 조건에는 전이론적 직관이 허용하는 것 이상이 있다는 것을 발견하게 될 것이다. 사실, 다양한 이론가들이 개진해온 묘사의 본성에 대한 놀랍도록 다양한 제안 중 많은 것들이 우리의 이론으로 수렴되는 것을 보게 될 것이다. 묘사가 가진 본질의 일부 혹은 전부를 구성하는 것으로 간주된 특징들은 문제가 되는 하나의 특징, 즉 풍부하고 생생한 지각적 믿는 체하기 게임에서 소도구로 사용되는 기능을 가진다는 특징의 징후들임이 밝혀질 것이다.

우리는 하나의 반론을 살펴봄으로써 이 문제에 접근할 것이다. 그 반론은 사람들은 주어진 소도구로 자신이 좋아하는 어떤 믿는 체하기 게임이든 할 수 있다는 제안이다. 그저 언어적 텍스트를 가지고 적절히 시각적인 게임을 하도록 선택할 수는 없는가? 예를 들어 《보바리 부인》에서 엠마에 대한 기술을 읽는 것이 허구적으로 그녀를 자세히 살펴보는 것이라는 등으로 간주된다고 규정할 수 없는가? 그러나 분명히 이것이 그 소설을 그림으로 변형시키지는 않을 것이다. 그 소설이 그러한 게임에서 사용되는 기능을 가지는 것으로 이해된다 하더라도 말이다.[18] 관련 원칙들이 내면화되어 우리가 사물을 해석해내지 않고서도 자동적으로 시각적 게임에 참여한다 하더라도, 그 소설이 그림이 되지는 않을 것 같다.

이 반론에 대한 대답은 우리는 주어진 소도구로 우리가 좋아하는 어떤 게임이라도 자유롭게 할 수 있지는 **않다는** 것이다. 위에서 제안한 방식으로 텍스트를 소도구로 사용하는 시각적 게임을 하는 것은 최소한 어색할 것이며, 어떤 의미심장한 풍부함과 생생함을 가진 시각적 게임을 위해 그것을 사용하는 것은 불가능에 가까울 것이다. 어떤 것들은 다른 것들보다 어떤 종류의 게임들에서 소도구로 사용되기에 더 적합하다. 나무는 해적선의 훌륭한 돛대가 된다. 그러나 터널이나 수박은 형편없는 돛대가 될 것이다. 터널 속을 기어가거나 수박을 먹는 것이 허구적으로 돛대를 타고 올라가는 것이 되는 해적놀이는 전혀 풍부하거나 생생하지 못할 것이다. (무엇이 허구적으로 돛대에 매달려 바람에 흔들리는 것으로 간주되거나 허구적으로 떨어지지 않기 위해 돛대의 기둥을 붙잡는 것으로 간주되거나 또는 허구적으로 상선들을 찾아 수평선을 살피는 것으로 간주될 것인가?) 플로베르의 텍스트는 그것을 다양한 방식으로 시각적으로 검토하는 것이 허구적으로 보바리 부인을 시각적으로 검토하는 것이 되는 게임에는 매우 부적합하다. (만약 우리가 그것으로 어떻게든 적절한 시각적 게임을 해낸다면 그 텍스트에 대한 우리의 경험은 실제 그것에 대한 경험과 근본적으로 달라질 것이고, 그렇다면 우리는 그것을 묘사로 간주하는 데 어떤 거리낌도 가질 필요가 없을 것이다.)

일반적으로, 우리가 그림이라고 부르는 것들은 시각적 게임에서 언어적 기술들보다는 훨씬 더 나은 소도구가 된다.[19] 이것은 그림을 보는 방식이 언어적 기술을 보는 방식과 달리 사물을 보는 방식과 유사하기 때문이다. 이러한 유사성은 그림에 대한 다양

---

18) 샤이어가 이와 유사한 반론을 제기한다(*Deeper into Pictures*, p. 23).

19) 나는 §9.1에서 이 말에 단서를 달 것이다.

한 시각적 검토가 그림에 묘사된 종류의 사물들에 대한 검토라고 상상하는 것을, 그리고 생생하게 상상하는 것을 용이하게 만든다. 따라서 이러한 상상하기가 지시되어야 한다는 것, 그리고 그림이 그러한 지시를 하는 기능을 가져야 한다는 것은 자연스럽다.

문제의 이러한 유사성은 모든 종류의 그림에 동등하게 성립하지 않는다. 이런 차이들 때문에 다양한 종류의 물감이 칠해진 캔버스들이 소도구가 되는 시각적 게임들은 풍부함과 생생함 및 다른 중요한 측면들에서 서로 달라진다. 이 점은 우리가 더 혹은 덜 "사실적인" — 이 터무니없이 파악하기 어려운 용어의 어떤 의미에서는 — 그림들 사이를 구분할 수 있게 해줄 것이다. 이것은 또한 사실주의의 차이로 쉽게 치부될 수 없는 회화 양식 간의 차이를 해명하는 데도 도움을 줄 것이다.

8.2 그림 보기와 사물 보기

그림을 보는 것은 어떤 면에서 사물을 보는 것과 유사한가? 나는 그림을 보는 사람들과 사물을 관찰하는 사람들이 누리는 시각적 감각이나 현상적 경험을 비교할 생각은 없다. (이러한 비교가 그림의 시각적 특징과 사물의 시각적 특징 사이의 비교와 어떻게 분리될 수 있을지는 분명하지 않다. 양자 모두 **그림이 어떻게 생겼는지**와 **사물이 어떻게 생겼는지**를 비교하는 것으로 귀결될 것이다.) 내가 관심을 가지는 유사성은 무엇이 허구적인지 확인하기 위해 그림을 조사하는 과정과 무엇이 참인지 확인하기 위해 실제 세계를 조사하는 과정 사이에, 즉 그림 세계에 대한 시각적 탐색과 실제 세계에 대한 시각적 탐색 사이에 성립한다.

피터는 호베마의 〈물방앗간〉을 보고 있는 관객이다. 밀드레드는 그 그림이 묘사하는 종류의 실제 장면 — 붉은 지붕의 물방앗간이 한 무리의 커다란 나무들 근처에 있고 연못에는 오리들이 있고 배경에는 농부들이 있는 — 을 그 그림의 시점에 해당하는 위치에서, 즉 물방앗간에서 약 200야드 하류에 있는 왼쪽 강둑에서 관찰한다. 피터가 허구적으로 붉은 지붕의 물방앗간이 한 무리의 커다란 나무들 근처에 있다는 것 등을 확신하는 과정은 밀드레드가 실제로 붉은 지붕의 물방앗간이 한 무리의 커다란 나무들 근처에 있다는 것 등을 알아내는 과정과 중요한 측면들에서 상응한다.

몇몇 유사점들은 명백하다. 양쪽의 탐색 모두 시각적이다. 즉, 피터와 밀드레드는 모두 자신들의 눈을 사용한다. 그리고 그 두 탐색 모두 그에 상응하는 종류의 정보 — 한쪽 경우에는 그림 세계의 시각적 특징들에 대한 정보, 그리고 다른 쪽 경우에는 실제 세계의 시각적 특징들에 대한 정보 — 를 낳는다. 피터는 물방앗간의 지붕이 붉은색이라는 것, 나무들의 크기와 대략적인 수, 농부와 오리 등이 있다는 것을 그림 세계 안에서 발견한다. 밀드레드는 실제 세계의 그와 유사한 특징들을 알아차린다. (더 정확하게 말하자면, 피터는 명제들의 **허구성**을 확신하며 밀드레드는 그 명제들이 **참**임을 확신한다.) 그 둘 모두 그 (허구적이든 실제이든) 농부들이 결혼한 상태인지의 여부라든지 와인에 대한 그들의 취향이라든지 그들의 형제자매들의 이름을 알 수 없을 것이다.

두 관찰자가 정보를 획득하는 순서에도 상응관계가 있다. 그 그림을 재빨리 훑어본다면 허구적으로 물방앗간의 지붕이 붉은색이고 한 농부가 밝은 들판을 배경으로 윤곽이 드러나 보이는 긴 농기구를 옮기고 있다는 것을 알게 될 것이다. 더 자세히 들여다본다면 그 농기구는 괭이이며 한 여인이 어두운 현관에 가려져 있다는 것을 알게 될 것이다. 아마도 피터는 그 그림을 면밀하게 오랫동안 세밀히 조사한 뒤에야 물방앗간의 나무에 있는 옹이들이라든지 여인의 미묘한 표정, 또는 그녀의 손에 나 있는 사마귀를 발견할 수 있을 것이다. 이 순서는 "사실적"이다. 밀드레드는 농부의 연장이 괭이라는 것을 알아차리기 전에 붉은 지붕을 알아차릴 가능성이 크며, 그것들을 알아차리고 난 이후에야 나무에 있는 옹이나 여인의 손에 있는 사마귀를 분간해낼 것이다.

이미 우리는 그림의 감상자가 허구적으로 붉은 지붕의 물방앗간, 현관 그늘에 숨어 있는 여인, 나무에 옹이들이 있다는 것을 알아차릴 때 자신이 실제 물방앗간을 보고 있으며 그것이 붉은색의 지붕을 가지고 있다는 것, 현관에 한 여인이 있다는 것 등을 관찰하고 있다고 상상하는 것이 왜 그토록 자연스러운지 알게 되기 시작했다.

이제까지의 유사성들은 얼마나 특유한가? 로버트는 붉은 지붕의 물방앗간에 대한 한 이야기를 읽는다. 그는 물론 그 허구적 물방앗간에 대해 알기 위해 자신의 눈을 사용한다. 그러나 그가 그 물방앗간에 대해 얻는 정보 중 많은 것들은 비시각적일 가능성이 크다. 그 이야기는 그에게 그 여인이 하를렘(Haarlem)에서 태어났고 세 명의 아이가 있으며, 그녀의 아이들 중 하나는 집 안에서 잠들어 있다는 것, 그녀가 곡물의 가격에 대해 생각하고 있다는 것을 알려줄 것이다. 그리고 그 이야기는 물방앗간의 지붕 색이나 그것을 둘러싸고 있는 나무들에 대해 언급하지 않을 수도 있다. 그 이야기가 장면의 시각적 특징들에 집중한다 하더라도, 그 정보는 어색한 순서로 제시될 수 있다. 로버트는 처음에 여인의 손에 나 있는 사마귀에 대해 알게 되고 나서 한참 뒤에야 물방앗간의 두드러진 붉은색 지붕에 대해 알게 될 수도 있다. 그가 자신이 책을 읽는 일이 묘사된 종류의 장면을 시각적으로 조사하는 일이라고 상상하는 것은 터널 속을 기어가는 것이 해적선의 돛대를 타고 올라가는 것이라고 상상하는 것만큼이나 어색할 것이다.

그러나 어떤 장면에 대한 시각적 정보만을 제공하며 그 정보를 어떤 관찰자가 그 장면을 실제로 보게 될 순서대로 제시하는 어떤 이야기를 생각해보라. 어떤 작가는 "있는 그대로 쓸" 수도 있다. 그는 한 물방앗간 앞에 앉아서 물방앗간을 관찰하는 동안 본 것들을 단순히 타이프라이터에 기록할 수도 있다. 알랭 로브그리예를 떠올려보자.

> 이제 그 기둥 — 지붕의 남서쪽 모서리를 떠받치고 있는 기둥 — 의 그림자는 베란다의 상응하는 모서리를 동등한 두 부분으로 나눈다. 이 베란다는 집의 세 면을 둘러싸고 있는 넓고 지붕이 있는 복도이다. 그 측면들의 너비가 중앙의 너비와 동일하므로 기둥에 의해 드리워진 그림자의 선은 그 집의 모서리를 향해 정확하게 뻗어 있다. 그러나 그 그림자는 거기서 멈추는데, 왜냐하면 베란다 판석들까지만 해가 들어오는데 해는 아직 하늘 높이 떠 있기 때문이다. 그 집의 나무 벽들 — 즉, 정면과 서쪽 박공벽 — 은 지붕(본가와 테라스가 공유하는)이 여전히 태양으로부터 가려주고 있다. 따라서 지금 이 순간 지붕의 바깥쪽 끄트머리의 그림자는 테라스가 형성하는 직각 및 그 집 모서리의 두 개의 수직 표면들과 정확히 일치한다.

이제 한 ……가 중앙 복도 쪽으로 열리는 내부 문을 통해 침실 안으로 들어왔다.[20]

이 구절을 읽음으로써 이 소설의 세계를 탐색하는 것은 베란다로 둘러싸인 실제 어떤 집을 시각적으로 관찰하는 것과 지금까지 언급한 측면들에서 매우 유사할 것이다.

그러나 그림을 보는 것과 세계를 보는 것 사이의 다른 상응들은 언어적 매체에서 복제하기가 더 어렵다. 그중 몇몇은 왜 우리가 지금과 같은 순서대로 발견하는가와 관련이 있다. 그 이유는 그림 속 붉은 지붕이 나무의 옹이보다 더 두드러지고 시각적으로 더 눈에 띄며 따라서 그것이 처음 인지될 가능성이 크다는 것 때문이다. 이 점은 실제 장면에 대해서도 마찬가지일 것이다. 그러나 어떤 이야기를 읽으면서 우리가 허구적으로 한 물방앗간의 지붕이 붉은색이라는 것을 나무의 옹이에 대한 허구적 참들을 알기 전에 알게 된다면, 그 이유는 그 이야기의 문장들이 나타나는 순서 때문이지 붉은 지붕이 책의 페이지에서 솟아나와 그것을 우리에게 주목하도록 강요하기 때문은 아니다. 나무옹이를 발견하는 것이 붉은 지붕을 발견하는 것보다 텍스트를 더 면밀히 조사하기를 요구하지는 않는다. 우리는 그저 문장들이 배열된 순서대로 읽을 뿐이다. 또한 그림의 감상자는 실제 장면을 보고 있는 사람과 마찬가지로 그가 무엇을 언제 볼지에 대해 어느 정도 선택할 수 있다. 만약 로버트가 이야기를 보통의 방식으로 처음부터 끝까지 읽는다면, 그는 그와 유사한 결정을 할 수 없다. 작가가 독자의 발견 순서를 결정해주기 때문이다.

우리는 호베마의 그림을 보고 그 캔버스 안의 두드러지는 붉은 부분에 매혹되고 그것으로부터 허구적으로 그 물방앗간의 지붕이 붉은색이라는 것을 알게 된 감상자가 어떻게 이 경험을 (실제) 물방앗간의 붉은 지붕에 매혹되는 경험이라고 상상하게 되는지를 쉽게 이해할 수 있다. 어떤 이야기를 순서대로 읽어나가는 것에 대해 **그것**이 물방앗간의 붉은 지붕에 매혹되는 경험이라고 상상하는 것은 훨씬 덜 자연스러울 것이다. 캔버스에서 나무 속의 다람쥐들을 묘사하는 자국들을 찬찬히 찾아보는 것은 작가가 선

20) Robbe-Grillet, *Jealousy*, p. 39.

택한 순서대로 어떤 텍스트 안의 문장들을 정독하는 것보다 더 쉽게 (실제) 다람쥐들을 찬찬히 찾아보는 것으로 상상된다. 비록 우리가 그 텍스트의 문장들을 통해 허구적으로 나무 속에 다람쥐들이 있다는 것을 알게 된다 하더라도 말이다. 우리의 믿는 체하기 게임이 후자의 종류와 같은 상상하기를 요구하는 게임이 아니라는 것은 놀랍지 않다.

우리가 (실제 세계의) 환경을 시각적으로 탐색하는 일은 끝이 없다고 할 수 있다. 더 자세하게 또는 더 주의 깊게 살펴봄으로써 더 알 수 있는 것들이 항상 있는 것처럼 보인다. 마찬가지로, 우리는 호베마의 그림 안에서 나뭇결에 대한 세부들, 농부들의 얼굴에 나타난 표정, 건물과 그 앞에 있는 연못의 정확한 크기 등의 허구적 참들을 거의 무한하게 발견해나갈 수 있다. 그러나 어떤 기술을 정독함으로써 어떤 허구적 참들을 알게 되는가에는 (비록 우리가 알게 된 것들에 대해 항상 계속해서 숙고하고 음미한다 할지라도) 분명한 한계가 있다. 우리는 어떤 소설 읽기를 **끝낼** 수 있지만, 그림을 조사하는 일이나 실제 세계를 시각적으로 탐색하는 일을 완수한다는 것은 있을 수 없다. 우리는 우리가 그림 앞에서 그러는 것처럼 어떤 텍스트를 **응시하기** 위해 멈추지 않는다. 우리는 그저 각각의 문장을 읽고 그다음 문장, 또 그다음 문장을 끝에 이르기까지 읽어나갈 뿐이다.

이 점은 처음 여겨지는 것만큼 그렇게 명백하지는 않다. 우리가 어떤 그림을 얼마나 자세히 볼 수 있는가와 식별력에는 한계가 있다. 그 한계는 돋보기와 현미경을 사용함으로써 이론상으로는 아마도 무한히 연장될 수 있을 것이다. 그러나 그림 안의 "정보"는 종종 시력 보조 장치를 들여오기 전에 이미 사라져버린다. 이미지는 페인트 얼룩이나 검은 점들로 흩어져버리며, 더 가깝게 들여다본다고 해서 허구적 세계에 관해 무엇인가가 더 드러나지는 않을 것이라는 점은 분명해진다.[21] (이런 일은 다른 종류의 그림들에서보다 몇몇 종류의 그림들 — 태피스트리, 모자이크 — 에서 더 빨리 일어난다.) 거의 정보가 사라져버리는 것을 보는 그 순간 우리가 더 이상 그 그림을 그것이 묘사하는 바로서 보지 못한다는 것은 중요하다. 우리는 더 이상 그 그림 안에서 물방앗간이나

21) 많은 경우에 우리는 한계가 다가오는 것을 보기 전에 자국들을 볼 수 있다. 그러나 그 반대일 확률은 낮다.

과일 바구니나 사람을 볼 수 없다. 문제의 묘사들에 흔히 사용되는 방식으로 그림을 조사하는 한, 우리는 그 그림이 발생시키는 허구적 참들을 모두 발견해낼 수 없다. 호베마의 그림에 대한 어떤 정상적인 조사도 그 그림에서 이끌어낼 수 있는 모든 허구적 참을 드러낼 수는 없다. 항상 더 발견해낼 것이 있기 때문이다. 정상적인 방식으로 그림을 보는 것은 이러한 점에서 실제 세계를 보는 것과 유사하다.

그림을 "읽는" 일에 끝이 없다는 사실은 **~로서 보기**나 **안에서 보기** 경험이 순간적으로 일어나는 일이 아니라 지속적인 상태라는 사실과 관련된다. 우리는 그림 안의 물방앗간을 짧게 혹은 길게 지속되는 시간 동안 계속 지켜본다. 그러나 기술과 관련해서는 그와 비교될 만한 지속적인 상태가 없는 것처럼 보인다. 우리가 코끼리를 의미하는 "코끼리"라는 단어의 글자를 30초 동안, 또는 5분 동안 바라보는가? 우리가 30초 또는 5분이라는 시간 내내 이 단어 사례가 그러한 의미를 가지고 있다고 간주한다는 것은 참일 수 있지만, 그렇게 하는 것은 하나의 **지각적** 상태가 아니며 그 단어 표기를 그 시간 내내 보기를 요구하는 것도 아니다. 우리는 그 단어를 지각적으로 인식하고 그 의미를 파악하기는 하지만, 비록 그 인식과 파악이 간신히 이루어진다 하더라도 그 일(혹은 그 두 가지 일)은 순간적으로 일어나는 일이지 지속적인 상태가 아니다. 내가 말하고자 하는 요점은 어떤 그림을 한 남자로서 보는 상태가 끊임없이 새로운 허구적 참들을 발견하는 상태라는 것이 아니다. 오히려 그러한 상태를 유지시키는 것은 새로운 발견을 할 끊임없는 **가능성**이다.

굿맨은 그림에 대한 조사가 끝이 없음을 강조하며, 그것을 그림이 필연적으로 "조밀한" 상징체계에 속한다는 자신의 주장과 연결시킨다. ("하나의 도식은 만약 그것이 무한한 수의 캐릭터들을 제공하고 그 캐릭터들이 각 두 개의 캐릭터 사이에 항상 세 번째 캐릭터가 있도록 배열된다면 구문론적으로 조밀하다."[22] 따라서 하나의 표식이 어떤 캐릭터에 속하는지에 대한 우리의 판단을 더 세밀하게 만들, 그 이상의 더 정확한 평가들이 항상 존재할 것이다.) 회화의 체계가 반드시 조밀할 필요는 없다. 예를 들어 어

22) *Languages of Art*, p. 136.

떤 모자이크 체계는 조밀하지 않지만 회화적일 수 있다. 그러나 회화적 체계들은 적어도 어떤 지점까지는 실제로 조밀한 경향이 있으며, 그 지점은 그림이 예상된 방식으로 조사될 때 종종 식별의 한계 너머에 있다. 그리고 이 사실은 회화에 대한 탐색이 끝이 없다는 데 기여한다. 중요한 것은 우리가 이제 회화 체계들이 왜 그처럼 조밀한지 알 수 있다는 점이다. 조밀성은 그림 세계에 대한 시각적 탐색과 실제 세계에 대한 시각적 탐색 사이의 중요한 유사성에, 따라서 전자가 후자인 것처럼 상상하기 쉬움에 기여한다.

그림의 세계를 조사하는 것과 실제 세계를 시각적으로 조사하는 것 사이의 또 다른 중요한 유사성은 무엇이 확인하기 쉽고 무엇이 어려운지, 그리고 지각자가 어떤 실수를 하기 쉬운지와 관련된다. 이러한 점들에서도 이 양자에 대한 조사는 언어적 재현의 세계에 대한 독자의 탐색과 날카롭게 대조된다.

어떤 나무를 보면서 그 높이를 추정할 때, 우리는 큰 실수보다는 작은 실수를 할 가능성이 크다. 85피트 높이의 나무에 대해 35피트 높이밖에 되지 않는 나무로 착각하기보다는 85.0001피트 높이의 나무로 착각하기가 더 쉽다. 이러한 점은 실제 나무에 대해서만이 아니라 그림의 나무에 대해서도 적용된다. 즉 호베마의 그림 속 나무들의 높이를 추정할 때, 우리는 큰 실수보다는 작은 실수를 할 가능성이 크다.

이야기 속 나무들에 대해서는 그 반대가 종종 참이다. 숫자 3과 8은 서로 쉽게 혼동된다. 부주의한 독자는 85피트 높이의 (허구적인) 나무를 35피트라고 쉽게 간주해버릴 것이다. 이러한 큰 실수는 많은 더 작은 실수보다 일어날 가능성이 훨씬 더 크다. 그 독자는 그 이야기 속 나무가 85피트 높이가 아닌 85.0001피트라고 추정할 가능성이 별로 없는데, 왜냐하면 "85"와 "85.0001"은 쉽게 구분할 수 있기 때문이다.

어떤 이야기 속에서 "house(집)"라는 단어를 "horse(말)"나 "hearse(영구차)"로, "cat(고양이)"을 "cot(간이침대)"으로, "madam(부인)"을 "madman(미치광이)"으로, "intellectuality(지성)"를 "ineffectuality(무효)"로, "taxis(택시)"를 "taxes(세금)"로 착각하기는 상대적으로 쉽다. 그러나 우리가 실제 세계를 보면서 조사할 때나 그림 세계를 조사할 때, 집은 영구차나 말보다는 헛간이나 장작 두는 곳으로 쉽게 착각되고 고양이는

간이침대보다는 강아지와 구분하기가 더 어렵다.[23)]

지각자들이 하기 쉬운 착각들은 사물들 자체 사이의 유사성과 상응한다. 지각적으로 구별하기 어려운 사물들은 실제로 어떤 측면에서 유사한 사물들이다. 85피트 높이의 나무는 35피트 높이의 나무보다 85.0001피트 높이의 나무와 더 많이 닮았다. 집은 말이나 영구차보다는 헛간과 장작 두는 곳과 더 비슷하다. 사실상, 유사성의 정도가 혼동 가능성을 설명한다. 85피트 높이의 나무와 85.0001피트 높이의 나무가 구분하기 어려운 것은 그것들이 유사하기 **때문이다**. 따라서 우리가 실제 세계를 바라볼 때, 구별의 어려움과 사물들 사이의 유사성 간에는 실질적인 연관성이 있다. **이러한** 의미에서 우리는 사물을 그것들이 실제로 그러한 방식대로 지각한다고 할 수 있는 것이다.

(어떤 이들은 그 연관성이 구별의 어려움과 닮음이라고 **우리가 생각하는바** 사이의 연관성이라고 말하는 것을 더 선호할 것이다. 어떤 이들은 사물들 자체에는 유사성이라는 것이 없으며, 유사성이란 **단지** 우리가 생각하는 방식 또는 우리의 개념적 틀과 관련된 문제라고 주장한다. 때때로 우리는 우리가 대하는 사물들을 다른 때라면 지각적이라고 여겨질 방식으로 조사했을 때 쉽게 혼동된다는 바로 그 이유로 유사하다고 간주한다. 만약 우리의 개념적 틀에 상대적인 유사성이 존재하는 유일한 종류의 유사성이라면, 우리의 구별 능력에 대한 사실들이 유사성을 **만들어낸다고** 할 수도 있을 것이다. 그러나 우리는 여전히 유사성이 사물들을 지각적으로 구별하기 어렵게 만든다는 것을 받아들일 수 있다. 우리에게 유사성으로 간주되는 것, 우리의 개념적 틀에 상대적으로 존재하는 닮음의 측면들은 우리의 일상적인 지각 양상에서 어떤 구별이 하기 쉽고 어떤 구별이 하기 어려운지에 의해 부분적으로 결정된다. 어떤 사물들이 이러한 측면들에서 유사하다는 사실이 그것들을 구별하는 일의 어려움을 설명한다.)[24)]

회화적 재현은 이러한 연관성을 광범위하게 보존한다. 그러나 기술(description)은

---

23) 내가 그림의 나무와 이야기의 나무에 대한 착각이라고 부르는 것은 물론 허구적 참들에 대한 착각이다. 만약 두 명제 중 어떤 것이 참인지에 대해 착각하기가 쉽다면, 그중 어떤 것이 그림 안에서 허구적인지에 대해 착각하기도 종종 쉬울 것이다. 그러나 그중 어떤 것이 이야기 안에서 허구적인지에 대해 착각할 가능성은 훨씬 적다.

24) Walton, "Transparent Pictures," §8을 보라.

실제 유사성 관계(또는 우리가 유사성 관계라고 생각하는바)를 뒤섞어놓는다. 집은 말이나 영구차와 그리 닮지 않았다. 이야기를 읽으며 "house(집)"를 "horse(말)"와 구분하는 일의 어려움은 집과 말 사이의 유사성과는 아무런 관련이 없다. 그러한 어려움은 그것들을 기술하기 위해 사용되는 **단어** 사이의 유사성 때문이다. 따라서 우리는 단어들이 회화적 재현은 그러지 않는 방식으로 우리와 우리가 읽는 내용 사이에 끼어들어 우리가 대상을 보는 것을 막는다고 생각한다. 따라서 단어들은 우리가 그 단어들을 읽을 때 우리 자신이 대상들을 본다고 상상하는 것을 어색하게 만든다.

우리는 이제 리처드 볼하임이 언급한 몇 가지 가능한 재현 체계들을 이해할 도구를 가지게 되었다. "우리는 색이 반전된 풍경화, 즉 나무, 강, 바위 등 모든 대상이 원래 색의 보색으로 묘사된 풍경화를 상상할 수 있을 것이다. 또는 그 장면을 다양한 부분으로 조각내어 이 부분들을 어떤 공식에 따라 원래 풍경의 모습과는 무관하게 완전히 다시 배열한 훨씬 급진적인 재구성을 할 수도 있지 않겠는가?" 그는 이러한 회화들은 묘사적이지 않을 것이라고 말하는데, "왜냐하면 우리가 그 그림으로부터 그것이 묘사하고 있다고 주장되는 바를 알 수 있게 되는 것은 오직 어떤 추론을 통해, 혹은 어떤 '유도(derivation)'의 결과로서이기 때문이다. 그림 안에서 그것이 묘사하고 있다고 주장되는 바를 보는 문제란 더 이상 없다. 우리는 이제 보아야 할 그림을 가지는 것이 아니라 풀어야 할 퍼즐을 가지게 된다."[25]

만약 어떤 재현을 "읽는 것"이 위에서 기술된 종류의 추론적 과정이라면, 즉 우선 그 재현의 관련 특징들을 확인하고 나서 그다음에 공식에 따라 어떤 허구적 참들이 발생하는지를 알아내야 한다면, 우리는 그 재현 안에 무엇이 재현되어 있는지 보지 못한다는 데 동의할 수 있다. 호베마의 물방앗간 경치의 감상자는 보통은 그저 보고 나서 허구적으로 나무숲 가까이에 붉은 지붕의 물방앗간이 있다는 것을 안다. 만약 우리가 이것을 거의 자동적으로 할 수 없다면, 그 캔버스는 우리에게 그림이 아닐 것이다. 내가

25) "On Drawing an Object," p. 25.

덧붙이고 싶은 것은, 그 이유가 공식의 도움으로 캔버스 위의 2차원적 물감 무늬의 특징으로부터 허구적으로 (예를 들어) 붉은 지붕의 물방앗간이 있다는 것을 알아내는 과정을 실제 장면을 관찰하고 붉은 지붕의 물방앗간이 있다는 것을 알아차리는 경우라고 생생하게 상상하는 것이 거의 불가능하기 때문이라는 것이다. 왜냐하면 붉은 지붕의 물방앗간이 있다는 것을 알아차리는 것은 그와 비슷한 어떤 계산도 포함하지 않기 때문이다. 우리는 그저 보고 안다.

볼하임이 말하는 색이 반전된 재현, 그리고 체계적으로 뒤섞인 재현은 어떤가? 그것들이 그림이 되기는 **불가능**한가? 나는 충분히 연습만 한다면 우리가 이 체계들에 익숙해지고 그 안의 재현들을 "읽는" 데 능숙해질 수 있을 것이며, 따라서 어떤 허구적 참들이 발생하는지 계산해낼 필요 없이 그저 보고 알 수 있을지도 모른다고 생각한다. 그럴 수 있다면, 볼하임은 분명히 그 재현들을 기꺼이 그림들이라고 부를 것이다. 그러나 나는 회의적이다. 재현을 자동적으로 읽는 능력만으로는 그 재현들이 그림이 되게 하기에 분명 충분하지 못하다. 왜냐하면 우리는 어쨌든 글자들도 자동적으로 읽기 때문이다.

어떤 정상적인 체계에 속하는 그림의 부분들이 다음의 도식에 따라 재배열된 어떤 '뒤섞인 체계'를 생각해보자.

정상적 체계(Normal)

1	2	3
4	5	6

뒤섞인 체계(Scrambled)

6	4	2
5	3	1

그림 8.2b(직사각형들이 없는)는 정상적인 그림인 그림 8.2a의 뒤섞인 버전이다. 각각의 체계 안에서 이해된다면, 그것들은 동일한 허구적 참들을 발생시킨다. 즉, "그림의 세계"는 두 경우 모두에서 동일하다. 각각은 그 장면의 중심에 있는 한 나무와 거기서 멀리 오른쪽 위에 있는 한 마녀를 묘사한다. 이 "뒤섞인 체계"는 우리에게 낯설기 때

〈그림 8.2a〉
정상적인 그림,
마녀가 오른쪽에
있을 때.

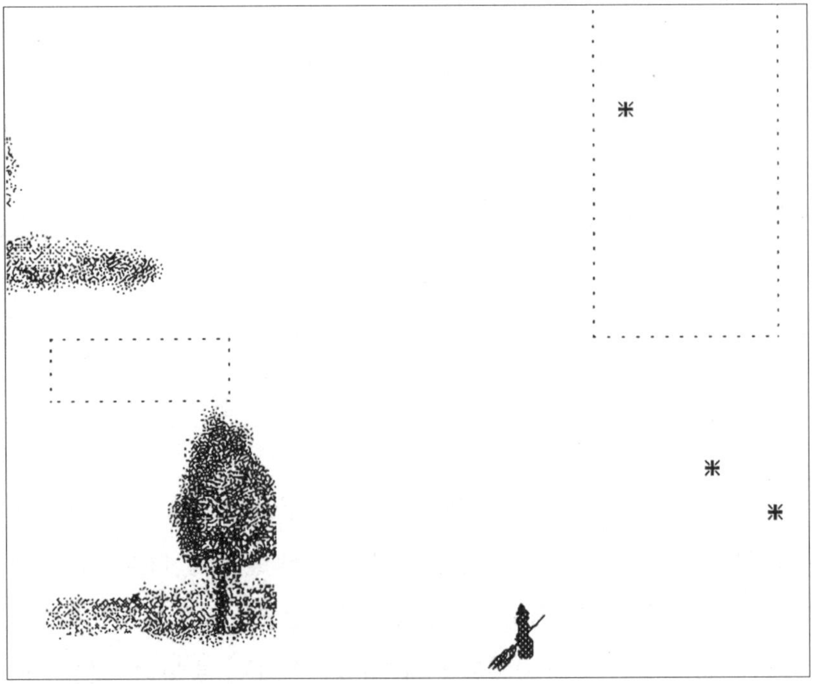

〈그림 8.2b〉
뒤섞인 그림,
마녀가 오른쪽에
있을 때.

〈그림 8.3a〉
정상적인 그림,
마녀가 왼쪽에
있을 때.

〈그림 8.3b〉
뒤섞인 그림,
마녀가 왼쪽에
있을 때.

문에 우리는 그림 8.2b 안에 어떤 상황이 담겨 있는지 알아내기 위해 약간의 계산을 해야 한다. 우리는 8.2a를 훨씬 손쉽게 이해한다.

그러나 우리가 오랜 경험 후에 그 두 가지 종류 모두의 그림들을 자동적으로 "읽는" 능력을 발전시키게 되었다고 가정해보자. 그렇더라도 그것들을 탐색하는 과정들 사이에는 중요한 차이가 있을 것이다. 그림의 부분들을 뒤섞어놓는 것은 그 두 체계에 동등하게 능숙한 관찰자들에게 있어서도 다양한 허구적 참들을 얼마나 쉽게, 또는 어렵게 확인하는지를 철저하게 바꿀 것이다. 뒤섞어놓은 그림을 읽는 데 숙련된 어떤 관찰자는 아마도 8.2b 안의 마녀가 그 장면의 중앙 근처 나무 위쪽에 있는 것이 아니라 양쪽 끝 중 한 곳 멀리에 있다는 것을 한눈에 알 수 있을 것이다. (만약 그 마녀가 중앙에 있었다면 그림 표면에서 마녀는 두 개의 직사각형 영역 중 한 곳에 그려졌을 것이나, 명백히 그렇지 않기 때문이다.) 그러나 비록 숙련된 감상자라 할지라도 그 마녀가 왼쪽 끝이나 오른쪽 끝 중 어느 쪽에 있는지, 즉 그 마녀가 오고 있는지 가고 있는지를 알기는 그리 쉽지 않다. 8.2b에서 그 마녀는 오른쪽에 있다. 8.3b에서는 그 마녀가 왼쪽에 있다. 이 두 그림은 금방 구별되기 어렵다.

이 두 그림의 뒤섞지 않은 버전들인 8.2a와 8.3a를 대조해보자. 그림 8.3a에서 마녀는 왼쪽 멀리에서 접근해오고 있다. 그림 8.2a는 다른 장난을 치러 가는 길인 마녀를 오른쪽 끝에 보여주고 있다. 어떤 쪽이 어떤 그림인지 쉽게 알 수 있다.

'뒤섞인 체계'에 철저하게 능숙한 감상자라 할지라도 뒤섞어놓은 그림의 세계를 조사하는 것보다는 이것들처럼 평범한 그림의 세계를 조사하는 것이 분명히 실제 세계를 보는 것과 더 유사하다. 실생활에서 우리가 무엇인가가 오른쪽 멀리에 있거나 왼쪽 멀리에 있는 것 중 하나라는 것은 재빨리 알아차리지만 더 자세히 들여다보지 않으면 어느 쪽인지 알 수 없는 경우가 언제 있겠는가? 우리의 시각적 믿는 체하기 게임에서 그러한 결과는 가혹할 것이다.

내가 뒤섞어놓은 그림들은 그림이 아니라고 말하는 것은 아니다. 그것들을 보는 것은 다른 많은 측면에서 실제 세계를 보는 것과 유사하며, 그것들은 상당히 풍부하고 생생한 믿는 체하기 게임 안에서 소도구로 기능하는 것이 사실이다. 분명히 그 그림의 여섯 조각 각각은 그림의 자격이 있다. 그럼에도 불구하고 그것들과 뒤섞지 않은 사촌들 사이의 차이는 상당하다.

'뒤섞인 체계'는 뒤섞어놓지 않은 체계와 마찬가지로 굿맨이 말하는 (구문론적으로 그리고 의미론적으로) "조밀한" 것으로 간주될 자격이 충분하다는 점에 주목하라.[26] 굿맨의 이론은 그것들 사이를 구분할 수 없다. 그러나 '뒤섞인 체계'는 켄트 바흐(Kent Bach)가 "지속적인 상호관계"라고, 그리고 엘리엇 소버(Elliott Sober)가 "명쾌함(perspicuity)"이라고 부르는 측면에서 보통의 체계와 다르다.[27] 대략적으로 말해서, 그림의 배열은 보통 체계의 경우 묘사된 종류의 장면의 배열과 상응하지만 뒤섞어놓은 체계의 경우는 상응하지 않는다.

볼하임의 '뒤섞인 체계'는 그저 하나의 이론적 시도에 지나지 않는 것이 아니다. 다양한 부류의 예술가들, 가장 두드러지게는 입체주의 예술가들이 작품 안에서 뒤섞인 것으로 나타나게 되는 실험들을 시도해왔다.[28] 비록 그들의 뒤섞기가 기반을 두고 있는 원칙들은 일반적으로 우리의 인위적인 예에서 사용된 원칙들보다는 매우 비체계적이고 훨씬 더 복잡하지만 말이다. 종종 감상자들은 조각들이 배열된 체계를 그림 자체로부터 추측해야 한다. 파울 시트로엥(Paul Citroën)의 사진 〈메트로폴리스〉(1923)(그림 8.4)를 보라. 영화에서의 플래시백과 플래시포워드는 유사한 결과를 낳는다. 우리는 이제 예를 들면 입체주의를 다른 것들과 그저 **다른** 하나의 체계, 우리가 익숙해져야만 하는 다른 관례를 가진 체계라고 간주하는 것이 얼마나 심각한 실수인지 더 분명히 알게 되었다. 우리가 그 체계에 익숙해지는지와 상관없이, 그 체계는 작품들이 소도구로서 기능하는 시각적 게임의 본성에 본질적으로 영향을 미친다. 내가 기술한 차이는 입체주의에 대한 흔한 성격화, 즉 그전의 양식들보다 더 지적이지만 덜 시각적인 회화 양식

---

26) 그리고 뒤섞인 체계는 그렇지 않은 체계와 똑같이 "충만"하다. Goodman, *Languages of Art*, p. 230을 보라.

27) Bach, "Part of What a Picture Is," 그리고 Sober, *Simplicity*.

28) "[피카소는] 여기[〈아비뇽의 처녀들〉]에서 입체주의의 근본 원리가 된 장치인 동시에 뒤쪽과 앞쪽을 볼 수 있게 해주는 방식으로 분할되고 재조합된 여성의 형태를 제시하고 있다."(Penrose, "In Praise of Illusion," pp. 248–249)

이라는 성격화를 지지한다.[29)]

〈그림 8.4〉
파울 시트로엥(Paul Citroën), 〈메트로폴리스(Metropolis)〉(1923), 사진.

29) "[입체주의는] 시각(sight)으로 본 실재가 아니라 통찰력(insight)으로 본 실재에서 빌려온 요소들로 새로운 구조를 그리는 예술이다."(Apollinaire, *Cubist Painters*, p. 17)

8.3 묘사의 양식

회화적 묘사는 감상자들이 그것으로 해야 하는 믿는 체하기 게임 때문에 다른 종류의 재현들과 달라진다. 우리는 조금 전에 회화적 묘사들 사이에도 이런 종류의 차이가 생기는 한 가지 경우를 보았다. 다른 많은 경우들도 있다. 회화의 양식이 가진 많은 특징들의 중요성은 그 특징들이 감상자의 게임에 미치는 효과에 있다. 어떤 회화적 묘사로 하는 게임이 다른 어떤 회화적 묘사들로 하는 게임보다 더 풍부하거나 지각적으로 더 생생한 것으로 간주될 수 있을 때, 우리는 (어떤 종류의) "사실주의"에 있어서의 차이를 이야기할 것이다. 그래서 입체주의의 뒤섞음은 어떤 측면에서 사실주의를 감소시킨다. 게임들 간의 몇몇 중요한 차이점은 손쉽게 그런 식으로 간주될 수 없다. 몇 가지 예를 살펴보자.

엉성한 양식과 관념화된 형태들

그림 8.5는 소위 '엉성한 양식'이라고 부를 만한 묘사 양식으로 그려져 있다. 그림 속 컴퓨터의 외피가 비틀어져 있고, 오른쪽 면이 윗면과 연결되어 있지 않고, 키보드의 절반은 없다고 말하는 것은 너무 엄격하고 세련되지 못할 것이다. 이 스케치의 선들이 정확한 건축 도면과는 달리 똑바르지 않고 서로 연결되어 있지 않으며 키보드가 일부만 묘사되어 있는 것은 사실이다. 그러나 어쨌든 이 그림은 '엉성한 양식'이며, '엉성한 양식'에서 선들은 엉성할 것으로 **예상된다**. 그 선들의 엉성함은 허구 세계에 포함되는 것으로 해석되지 않으며, 묘사된 내용과는 상관없이 그 양식의 불가피한 요소로 받아들여진다. 우리는 묘사의 엉성함에도 불구하고 허구적으로 그 컴퓨터가 완벽히 온전하고 정상적인 컴퓨터라는 것을 합리적으로 받아들일 수 있다. 분명히 애플 컴퓨터 회사와 그 회사의 광고대행사는 그 스케치가 그렇게 이해되기를 기대한다. (자비의 원칙이 작동하고 있거나, 또는 그림을 그린 사람이 무엇이 허구적이 되도록 명백히 의도했

〈그림 8.5〉
매킨토시(Macintosh) 사용설명서 표지,
애플 컴퓨터.

는지가 무엇이 허구적인가에 영향을 준다고 이해될 것이다.)

그렇다면 이 스케치는 동일한 대상을 신중하게 정확하고 상세히 그린 그림과 어떻게 다른가? 주로 그 그림들이 관련되는 시각적 믿는 체하기 게임에서 다르다. 양쪽 모두의 경우에서 감상자는 허구적으로 부서지지 않고 손상되지 않은 매킨토시 컴퓨터를 본다. 그러나 '엉성한 양식'의 스케치를 보는 감상자가 할 만한 그 어떤 것도 그 컴퓨터의 양쪽 측면이 정확히 얼마나 멀쩡한지 보기 위해 주의 깊게 들여다보는 것으로는 쉽게 상상되지 못한다. 그는 허구적으로 그 컴퓨터가 손상되었는지 면밀히 살피지 않을 것이다.[30] 그 그림이 '엉성한 양식'으로 그려졌다는 것을 알고 나면, 우리는 그 그림의 선들을 더 조사하는 것이 그 컴퓨터의 세부적인 생김새에 대한 허구적 참들을 드러내지는 않을 것임을 깨닫게 된다. 그 컴퓨터의 상태가 정상적임은 거의 자동적으로 허구적일 것이다. 그러나 더 정확한 그림을 보는 사람은 당연히 그 컴퓨터의 생김새에 대한 더

30) 그가 그 컴퓨터가 손상되었는지 면밀히 살펴볼 수 없다는 것이 허구적이지는 않다. 아마도 그가 그럴 수 있다는 것이 허구적일 것이다. 그러나 그가 그렇게 한다는 것이 허구적일 수는 없다.

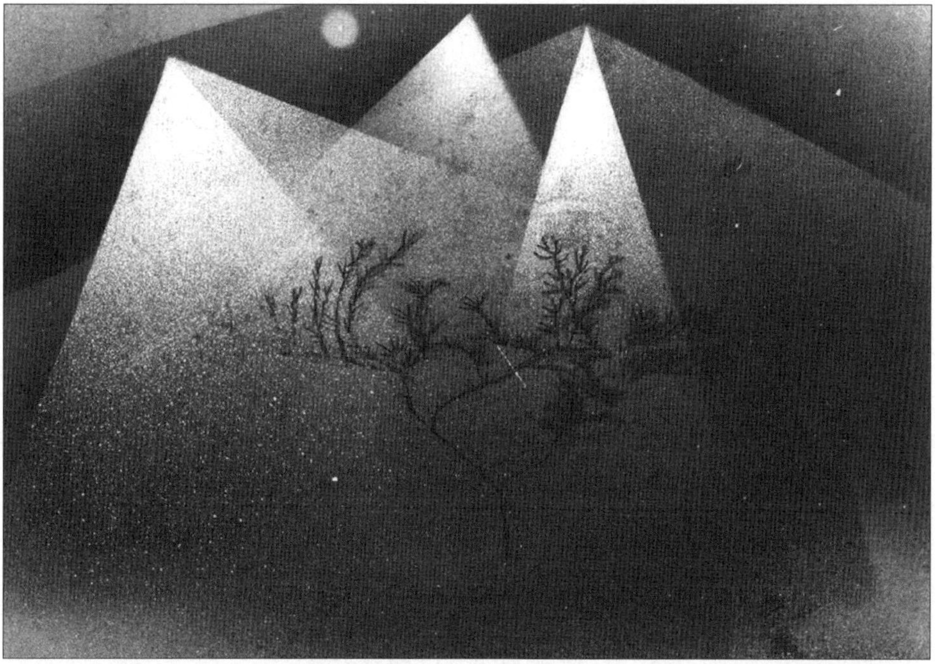

〈그림 8.6〉 파울 클레(Paul Klee), 〈겨울의 산(Mountains in Winter)〉, 11×$14\frac{3}{8}$인치, 판지에 수채물감과 붓(1925). 베른 미술관.

자세한 조사에 허구적으로 참여하게 될 것이다. 따라서 더 정확한 그림은 우리가 '엉성한 양식'으로 그려진 스케치로 할 만한 시각적 게임보다 어떤 측면들에서 더 풍부한 시각적 게임을 허용한다.

(우리의 현재 관심사와는 큰 관련이 없으나 이 예들 사이의 더 중요한 차이점은 '엉성한 양식'의 스케치는 인간적인 온기와 컴퓨터에 대한 친화성을 암시하고 있으나 더 정확한 그림은 그러한 것들이 결여될 수 있다는 점이다. 이 점은 허구적으로 이 그림이 지나치게 꼼꼼한 사람 — 기계 — 이 아닌 실수할 수도 있고 감정이 있는 인간에 의해 그려졌다는, 이 스케치로 할 수 있는 대안적 게임을 통해 이해될 수 있다. §7.6을 보라.)

파울 클레의 〈겨울의 산〉(그림 8.6)은 반대의 경우다. 여기서 선들은 직선이지만 실제 산은 그렇지 않다. 우리는 모든 자존심 있는 산들이 그렇듯이 허구적으로 그 산들도 당연히 거칠고 들쑥날쑥하다고 합리적으로 간주할 수 있지만, 허구적으로 그 산들이 그렇다는 것을 보기 위해 들여다보거나 그 특정한 들쑥날쑥한 정도를 허구적으로 조사하거나 하지는 않을 것이다.

입체주의나 다른 작품들에서의 관념화된 형태들에 대해서도 유사한 관찰을 할 수 있다. 어떤 그림이 어떤 사람의 머리를 묘사하기 위해 각진 형태들을 사용한다면 그 사람이 각진 머리를 가지고 있다는 것이 허구적인가? 무엇이 그려져 있는지와 상관없이, 그 각진 형태가 단순히 그 양식의 한 특징인 것으로 생각된다면 그렇지 않을 것이다. 피카소의 〈다니엘-헨리 칸바일러의 초상〉(그림 8.7)은 칸바일러를 기이하게 형태가 일그러진 사람으로 묘사하지 않는다. 그러나 우리의 시각적 믿는 체하기 게임은 어떤 면

〈그림 8.7〉
파블로 피카소(Pablo Picasso),
〈다니엘-헨리 칸바일러의 초상(Portrait of Daniel-Henry Kahnweiler)〉,
100.6×72.8cm, 캔버스에 오일(1910), 시카고 미술관.

들에서 심각하게 제한된다. 허구적으로 그의 부드러운 눈썹 곡선을 애정을 담아 바라본다거나 허구적으로 그의 공격적이고 튀어나온 턱에 살짝 겁을 먹는다거나 하는 일은 없을 것이다.

빛

어떤 그림들은 그림자와 빛의 반사를 명백하게, 그리고 매우 세밀하게 표현하면서 대상의 표면에 비치는 빛의 움직임을 매우 명시적으로 묘사한다. 베르메르의 작품들이 그러하며, 많은 사진들 역시 그렇다. 다른 그림들은 대상의 형태, 위치, 색 그리고 질감에 집중하는 반면 빛이 그런 것들에서 어떻게 반사되는지에 대해서는 주의를 기울이지 않는다. 이런 그림들은 윤곽선 그림 및 다양한 고대, "원시", 그리고 20세기 작품들을 포함한다. 베르메르의 〈열린 창문 옆에서 편지를 읽고 있는 소녀〉(그림 8.8)는 첫 번째 종류의 한 예로 사용될 수 있을 것이다. 두 번째 종류는 마티스의 〈붉은 방〉(그림 8.9)을 예로 들 수 있는데, 단색의 균질한 색을 가진 테이블보와 벽은 캔버스의 단색의 균질한 부분들로 묘사되며 그림자, 테이블보의 서로 다른 부분들에 비치는 서로 다른 입사각 등은 무시된다.

이러한 차이는 정확히 무엇을 의미하는가? 우리는 베르메르의 작품은 마티스의 작품에는 없는 어떤 종류의 "정보"를 포함하고 있다고 말해야 할까? 아마도 그럴 것이다. 그러나 이 그림들은 처음에 보이는 것보다는 이 점에서 그리 다르지 않다. 베르메르의 작품이 빛의 움직임에 대한 허구적 참들을 발생시키는 반면 마티스의 작품은 그렇지 않다고 말하는 것은 공정하지 않을 것이다. 마티스의 작품에서 주된 빛이 왼쪽에 있는 큰 창문을 통해 들어온다는 것은 분명하다. (그 창문은 열려 있으며 그 장면은 낮 장면이기 때문에 우리는 그 창문이 주된 광원이라고 생각해야 한다.) 따라서 우리는 예를 들면 (허구적으로) 꽃병이 테이블 위에 창문 반대편 방향으로 그림자를 드리우고 있다고 합리적으로 추론할 수 있다. 이것은 창문 등에 대한 허구적 참들에 의해 함축된다.

〈그림 8.8〉
얀 베르메르(Jan Vermeer), 〈열린 창문 옆에서 편지를 읽고 있는 소녀(Girl Reading Letter by Open Window)〉, 캔버스에 오일(c. 1658). 드레스덴 국립 미술관.

마티스가 베르메르가 그랬을법하듯이 그림자를 묘사하기 위해 더 어두운 색 면을 사용하지 않았다는 사실은 이 그림이 그려진 양식의 한 특징으로 이해되어야지 묘사된 장면에 그림자가 없다는 것을 가리키는 것으로 이해되어서는 안 된다.[31]

31) 이러한 이해에는 의심의 여지가 있다. 그러나 많은 평범한 선 그림들은 명백히 이러한 식으로 해석되어야 하며, 그러한 그림들이 나의 주장을 예시하기 위해 사용될 수 있다. 많은 선 그림들에서는 그 그림이 명시적으로 그림자와 반사를 묘사하지 않더라도 그림자와 반사가 있다는 것이 허구적이다.
나는 마티스의 작품에 명시적으로 묘사되는 그림자와 반사가 없다는 사실의 미적 중요성을 의심하지 않는다. 이러한 양식상의 특징은 그 그림의 표현적 성격에 많은 기여를 한다. 그러나 이러한 기여를 설명하기 위해 그림자가 없다는 것이 허구적이라는 추정도, 그림자가 있다는 것이 허구적이지 않다는 추정도 필요하지 않다. 그것은 그 작품 세계 안에서 무엇이 허구적인지 또는 무엇이 허구적이지 않은지에서 도출되기보다는 내가 곧 설명

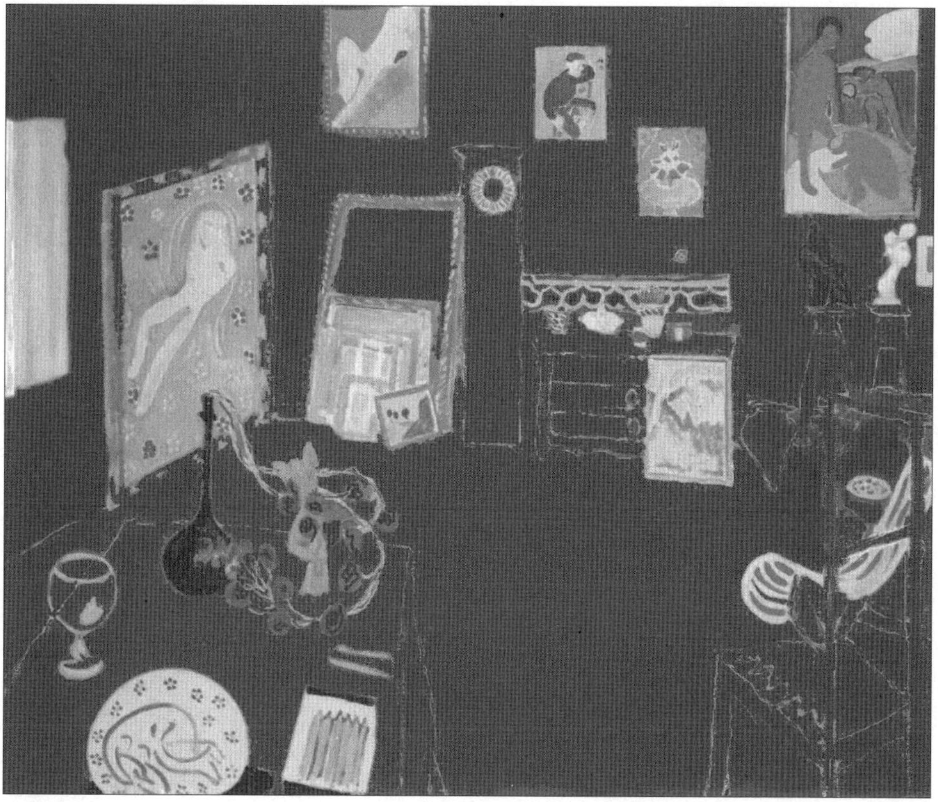

〈그림 8.9〉 앙리 마티스(Henri Matisse), 〈붉은 방(The Red Studio)〉, 71$\frac{1}{4}$인치×7피트2$\frac{1}{4}$인치, 캔버스에 오일(1911). 현대 미술관, 뉴욕.

그렇다면 〈붉은 방〉은 빛의 움직임에 대한 허구적 참들을 발생시키는 것이 된다. 물론 이 그림은 〈편지를 읽고 있는 소녀〉에서 우리가 발견하는 것들과 같은 세밀하고 구체적인 허구적 참들을 발생시키지는 않는다. 마티스의 작품보다는 베르메르의 작품 안에 빛과 그림자에 대한 **더 많은** 정보가 있다. 그러나 그 그림들 사이의 더 중요한 차이는 어떤 허구적 참들이 발생하는지가 아니라 그 허구적 참들이 발생하는 방식과 그것이 우리의 시각적 믿는 체하기 게임에 미치는 효과와 관련된다.

마티스의 작품에서는 그림자와 빛의 반사에 대한 허구적 참들이 창문의 위치, 꽃

할 관객의 믿는 체하기 게임의 잘라냄(truncation)에서 도출되는 것으로 이해될 수 있다.

병이 놓인 자리와 꽃병의 형태 등에 대한 허구적 참들에 의해 함축되지만, 베르메르의 작품은 그림자와 빛의 반사에 대한 허구적 참들을 더 직접적으로 발생시킨다. 그러나 대상의 위치와 형태에 대한 허구적 참들은 어떤 경우에는 베르메르의 작품보다 마티스의 작품에 의해 더 직접적으로 발생한다. 베르메르는 커튼의 주름과 표면의 질감을 가리키기 위해 반사와 그림자를 사용한다. 허구적으로 커튼이 그러그러한 방식으로 늘어져 있다는 사실은 허구적으로 빛이 그 커튼의 다양한 부분에서 특정한 방식으로 반사된다는 사실에 의해 함축된다. 간단히 말해서, 허구적 참들 사이에서의 의존성 관계는 이 두 경우에서 반대 방향으로 가게 된다. 마티스의 작품에서는 빛의 움직임에 대한 허구적 참들이 3차원적 대상에 대한 허구적 참들에 의존한다. 베르메르의 작품에서는 3차원적 대상에 대한 허구적 참들이 상당한 정도까지 빛의 움직임에 대한 허구적 참들에 의존한다.[32)]

감상자들이 두 종류의 허구적 참들을 어떻게 발견하는가에서도 이에 상응하는 차이가 있다. 빛의 움직임에 대한 허구적 참들은 베르메르의 작품을 보는 감상자들이 대상의 공간적 배치에 대한 허구적 참들을 확신하도록 해준다. 그러나 마티스의 작품의 감상자는 다른 것들 — 가장 명백하게는 대상의 가장자리를 가리키는 그림 속의 선들 — 을 바탕으로 해서 그러한 판단을 해야 한다. 베르메르의 세계에 대한 우리의 접근은 지각자들의 실제 세계에 대한 접근과 더 잘 상응한다. 실제 세계에서 반사와 그림자는 3차원적 대상들의 공간적 속성에 대한 우리의 판단과 깊은 관련이 있다.

베르메르의 작품을 관찰할 때 허구적으로 우리가 커튼에 드리워지는 빛과 그림자의 패턴을 지각함으로써 커튼의 생김새를 지각한다는 것은 쉽게 이해된다. 그러나 이것이 결정적인 것은 아니다. 우리는 마티스의 작품으로 하는 게임에서도 대상의 모습에 대한 우리의 지각이 빛과 그림자에 대한 우리의 지각에 의존하고 있다는 것이 허구

32) 어떤 작품이 세계가 존재하는 방식과 가장 잘 상응하는 것으로 생각되는지는 우리의 형이상학 이론에 의존할 것이다. 현상론자(phenomenalist)는 베르메르를 선택할 것이며, 유물론자(materialist)는 마티스를 선택할 것이다. 나의 현재 관심사는 그림이 세계가 존재하는 방식 또는 세계가 존재한다고 생각되는 방식과 어떻게 관련되는가가 아니라 그림이 우리가 세계를 지각하는 방식과 어떻게 관련되는가이다.

적이라고 합리적으로 인정할 수 있다. (이 허구적 참은 §4.2에서 논의된 '실제의 원칙'과 같은 어떤 것으로부터 도출된다.)

이 두 그림 사이에 실제로 성립하는 차이는 관찰자가 3차원적 대상에 대한 허구적 참들을 지각하는 근저에 있는 지각적 단서들을 탐색할 때 가장 극적으로 드러난다. 〈편지를 읽고 있는 소녀〉의 감상자는 자신이 재현된 종류의 대상들에 대한 자신의 판단의 근거를 살피고 있다고 필연적으로 상상하게 된다. 허구적으로 그는 어떤 빛의 반사와 그림자들이 중요한 단서들임을 알아차린다. 그러나 유사한 감상을 시작하는 〈붉은 방〉의 감상자는 곧 믿는 체하기 게임에서 나오게 된다. 그림자와 빛의 반사가 그에게 단서로 사용된다는 것은 허구적이겠지만, 그가 하는 어떤 것도 이 단서들을 탐색하고 발견하는 것으로 자연스럽게 상상되지 않는다. 그가 3차원적 대상에 대한 허구적 참들을 인지하는 근저에 있는 **실제** 단서들을 조사하는 것은 그렇게 상상될 수 없는데, 왜냐하면 이 단서들은 빛과 그림자에 대한 허구적 참들을 포함하고 있지 않기 때문이다. 따라서 마티스의 작품으로 하는 시각적 게임은 베르메르의 작품으로 하는 시각적 게임이 희석되지 않는 방식으로 희석된다.

실제 생활에서 우리는 종종 그림자와 빛의 반사에 주의를 기울이지 않는다. 우리는 3차원적 대상들의 공간적 배열에 집중하며, 이 문제들에 대한 우리의 판단이 근거하고 있는 단서들을 인지조차 하지 않는다. 베르메르의 작품을 감상하면서도 우리는 3차원적 대상들에 대한 허구적 참들을 지각하는 데 단서가 되는 빛의 움직임에 대한 허구적 참들을 인지하지 못할 수 있다. 그렇다면, 우리의 경험은 마티스의 회화를 감상하는 감상자의 경험과 다르지 않은 것인가? 양쪽 경우 모두에서 우리는 그저 보는 것만으로 허구적으로 대상들이 어떤 방식으로 배열되어 있는지 알고, 따라서 허구적으로 대상들을 보고 그것들이 어떻게 배열되어 있는지 알게 된다. 우리가 알게 되는 과정의 역학은 경험의 일부가 아닌 것으로 여겨질 것이다. 그러나 나는 우리가 빛과 그림자의 묘사에 주의를 기울이지 않는다 하더라도 3차원적 대상에 대한 지각의 근저에 있는 단서들을 허구적으로 조사할 가능성에 대한 어떤 희미한 깨달음이 베르메르의 작품에 대한 우리의 경험에 자리하여 그 경험을 의미심장하게 물들이고 있다고 생각한다. 이 깨달음 —

시각적 믿는 체하기 게임의 잠재적 풍부함에 대한 깨달음 — 은 자신의 보기를 실제 세계에 대한 관찰이라고 상상하는 감상자의 상상하기를 매우 생생하게 만드는 중요한 한 부분이다.

번역들

대부분의 회화적 묘사는 이런저런 종류의 이른바 **번역**을 포함한다. 그림은 3차원적 대상들의 배치를 2차원적 표면에 묘사한다. 연필 스케치와 대부분의 조각들은 다양한 색상이 담긴 장면을 단색으로 표현한다. 움직임은 정지된 매체를 통해 묘사된다. 길게 펼쳐진 장면들은 작은 캔버스나 무대로 축소된다. 조각상은 은퇴한 영웅들을 실제보다 크게 확대한다. 영화나 연극에서처럼 움직임을 묘사하기 위해 움직임이 사용될 때, 시간은 축소되거나 늘어난다. 음악적 묘사는 자연적 소리들을 온음계(diatonic) 음들로 축소시킨다.

그러한 번역들은 불가피하게 감상자들의 지각적 게임을 어느 정도 희석시키는 결과로 나타난다. 연필 스케치를 감상하는 감상자의 관찰이 색에 대한 관찰이라는 것은 허구적이지 않다. (그러나 색에 대한 허구적 참들은 적어도 간접적으로 발생할 수 있다. 허구적으로 어떤 사물이 붉은색이라는 것은 허구적으로 그것이 정지표지판이라는 사실에 의해 함축될 것이다. 그리고 감상자가 색을 관찰한다는 것은 허구적일 것이다.) 외젠 들라크루아(Eugène Delacroix)의 〈동방의 사자 사냥〉을 감상하는 사람이 어떤 사자와 어떤 사냥꾼들이 살아남는지 보려고 기다린다는 것도, 기다리지 않는다는 것도 허구적이지 않을 것이다. 영화에서의 슬로 모션과 패스트 모션의 사용은 모두 정상적인 움직임에서는 명백했을 허구적 참들을 추적하기 어렵게 만듦으로써 묘사된 사건의 (다른 국면들을 드러내는 반면) 어떤 국면들을 가린다. 패스트 모션에서는 사물들이 너무 빠르게 지나가므로 세부를 놓치게 된다. 슬로 모션에서는 세부가 전체적인 움직임의 패턴을 파악하기 어렵게 만든다. 양쪽 모두의 경우 허구적으로 사건이 일어나는 실제 속도는 판단하기 어려울 것이다. 무엇이 허구적인지를 추적하는 데 있어서의 이러한 어려움들은 물론 우리가 이러한 혹은 저러한 참을 추적한다는 것이 허구적이지 않다는 것으로 번역된다.

회화에서 프레임의 끝에서 끝까지, 전경에서 후경까지 모든 것을 똑같이 명료하고 분명하게 그려야 하는지에 대한 오랜 논쟁은 예술가의 선택이 감상자의 시각적 게임에 미치는 영향의 관점에서 이해될 수 있다.[33] 이러한 관행에 반대하는 이들은 그것이 우리가 실제로 세계를 보는 방식과 어긋난다고 주장한다. 우리의 시각장 안에서 중심적인 초점이 되는 영역 안에 있는 사물들만이, 그리고 우리로부터의 거리가 우리 눈의 초점 거리에 상응하는 사물들만이 명료하다는 것이다. 우리 시각장의 주변부, 그리고 우리가 전경에 초점을 맞출 때의 후경 또는 우리가 후경에 초점을 맞출 때의 전경은 흐릿하다.

안드레아 만테냐(Andrea Mantegna)의 〈목동들의 경배〉(그림 8.10)를 보는 감상자는 허구적으로 멀리 후경에 있는 길에 연속적인 S자 커브가 있다는 것, 그리고 또한 허구적으로 전경에 있는 마리아가 푸른 망토를 입고 있다는 것을 볼 것이고, 허구적으로 왼쪽 멀리에 있는 요셉이 샌들을 신고 있는 반면 오른쪽 멀리에 있는 목동 중 한 명은 맨발이라는 것을 알아차릴 것이며, 이 모든 것을 그의 초점이나 시선의 방향을 바꾸지 않고 볼 수 있을 것이다. 실제 장면에 대한 이에 상응하는 정보를 이와 상응하는 시점에서 관찰하여 얻기 위해서는 초점을 바꾸어가며 한쪽 끝에서 다른 쪽 끝으로 보아야 할 것이다. 이것은 관찰자의 시각적 게임에 어떤 작용을 하는가? 나는 우리가 허구적으로 관찰자가 이 모든 정보를 움직이거나 눈의 초점을 바꾸지 않고 얻게 된다고 말하기를 원하지는 않을 것 같다. 만약 그렇게 한다면, 허구적으로 관찰자가 어떻게 이러한 시각적 위업을 달성할 수 있는가의 질문에 대답하기가 어려울 것이다. 만약 우리가 허구적으로 관찰자의 시각 능력이 정상적이고 평범하다고 가정한다면, 허구적으로 초점 다시

---

33) "많은 실험 후에, 나는 (생리학적 관점에서) **사진에서** 자연에 가장 가까운 진실은 그림의 배경을 구조를 파괴하지 않을 정도만큼 초점 밖으로 보내버림으로써 획득될 수 있다는 것을 발견했다."(P. H. Emerson, 1893, Nancy Newhall, *P. H. Emerson*, p. 99에서 인용.) 또한 Gombrich, "Standard of Truth"; Herman von Helmholtz에 대한 Gombrich의 인용; 그리고 Snyder, "Picturing Vision," pp. 502, 516을 보라.

〈그림 8.10〉 안드레아 만테냐(Andrea Mantegna), 〈목동들의 경배(The Adoration of the Shepherds)〉, $15\frac{3}{4}\times21\frac{7}{8}$인치, 나무에 템페라(1450-1460). 메트로폴리탄 미술관.

맞추기나 시선 방향 돌리기가 되는 실제 초점 다시 맞추기나 시선 방향 돌리기가 없을 것이다.

또한, 아마도 그림 안에서 어떤 것이 전경에 있는지 후경에 있는지에 대해서도 상대적으로 실수하기 쉬울 것이다. 우리는 천사들 중 한 명의 머리카락 다발을 멀리 있는 강 위의 섬으로 착각할 수도 있다. 실제 세계에 대한 그와 같은 실수는 일어나기 어려운데, 그것은 관찰자로부터 서로 다른 거리에 있는 대상들의 선명함에 있어서의 차이 때문이다. (호가스는 〈잘못된 원근법〉(그림 1.2)에서 이 점을 활용한다.) 이 점은 관찰자의 게임의 풍부함, 그리고/또는 생생함을 감소시킨다.

후경(또는 반대로 전경)과 가장자리들이 불명료하게 그려진 회화적 묘사는 더 사실적일 것인가? (앙투안 와토(Antoine Watteau)의 〈키테라 섬의 순례〉는 충분히 큰 렌즈 구경으로 찍은 사진처럼 좁은 피사계 심도(depth of field)를 가진다. 가장자리를 불명료하게 그리는 것은 회화에서 그리 흔하지 않으며 사진에서도 성취하기가 더 어렵다.) 그러한 묘사들은 그 자체의 한계를 지닌다. 실제 장면을 보는 관찰자는 자신의 초점을 바꾸고 다른 방향들을 볼 수 있다. 처음 볼 때 불명료한 곳에는 그다음 번에 초점을 맞출 수 있다. 그러나 선택적으로 불명료하게 그려진 그림을 조사하는 그 어떤 방식도 처음에 불명료했던 곳에 허구적으로 주목하는 것으로 쉽게 간주되지 않는다. 물론 감상자는 그 그림의 어떤 부분에라도 주목할 수 있지만, 불명료하게 그려진 이미지들은 불명료한 채로 남아 있다. 그 이미지들을 더 자세히 들여다보면 캔버스 위의 물감의 세부까지 드러나겠지만, 묘사된 것들에 대한 허구적 참이라고 할 만한 것은 거의 드러나지 않을 것이다. 따라서 더 자세히 들여다보는 것이 우리가 그 세계 안에서 어떤 대상들에 초점을 맞춤으로써 그것들을 더 명확하게 본다는 것을 허구적으로 만들 것 같지는 않다. 〈순례〉를 조사하는 것은 우리의 시선과 주의가 수시로 변하는 어떤 장면에 대한 더 정상적인 조사보다는 어떤 장면을 다소 부자연스러운 고정된 시선으로 주의의 초점을 변화시키지 않으며 바라보는 것과 더 유사하다. 게다가 이 고정된 시선은 감상자에게 강요된다. 즉, 그것은 그가 선택할 수 있는 선택지가 아니다. 자비를 베풀어, 허구적으로 와토 작품의 감상자가 그 장면을 정상적인 방식으로 관찰한다는 것을 자동적으로 허용할 수도 있다. 그러나 구체적인 것들에 대해서는, 즉 허구적으로 그 감상자가 무엇을 언제, 얼마나 오래 보는가에 대해서는 말할 수 있는 것이 거의 없을 것이다.

여기서의 선택 — 만테냐와 같은 균질적인 명료함과 선택적인 불명료함 사이에서의 — 은 길게 펼쳐진 3차원적 장면을 작은 2차원적 표면으로 "번역하는 것"에 의해 강요된다. (〈경배〉는 $15\frac{3}{4}$인치×$21\frac{7}{8}$인치밖에 되지 않는다.) 우리는 커다란 캔버스나 스크린을 사용하여 우리 시각장의 중심과 주변부 사이의 자연적인 차이를 활용함으로써 어느 정도는 양쪽 모두의 효과를 얻을 수 있다. 묘사가 전체적으로 동등하게 선명하다 하더라도 어느 한순간에는 그 그림의 어떤 특징들은 초점에 들어오는 반면 다른 특징들은 그렇지 않을 것이며, 어떤 것들이 초점에 들어오는가는 우리가 눈을 움직임에 따라 바뀌게 된다. 따라서 그 그림에 대한 우리 주목의 변화에 대해, 그것이 그 장면에 대한 주목의 변화라는 것이 자연스럽게 허구적이게 된다. 그리고 허구적으로 우리는 무엇을 볼지 **선택할** 수 있다. (화가나 영화제작자는 여전히 다양한 장치를 사용해 감상자들의 주목을 효과적으로 통제할 수 있지만, 그것은 감상자가 그의 통제에 따를 경우에만 그렇다.)

비록 이러한 다양한 종류의 번역들이 어떤 종류의 사실주의를 감소시키는 것을 의미하기는 하지만, 그러한 번역들이 그 작품이 그렇게 번역되지 않았을 때보다 단지(tout court) 덜 사실주의적 — 그것이 무엇을 의미하든 — 이라거나 또는 덜 흥미롭거나 덜 아름답거나 덜 가치 있다는 것을 함축하지는 않는다. 사실, 그러한 번역들이 성취되는 방식의 우아함은 많은 재현적인 작품이 가지는 아름다움의 중요한 한 부분이다.

8.4 사실주의

사실주의는 절망적으로 엉켜 있는 수많은 머리가 달린 괴물이다. 우리는 이제 그 혼란으로부터 몇 가닥을 분리해낼 수 있다.

어떤 종류의 사실주의들은 작품 세계와 실제 세계 사이의 상응에 있다. 작품의 세계가 실제 세계와 더 "유사할"수록 그 작품은 더 사실주의적이라고 불릴 것이다. 이러한 기준은 간단하지도, 뜻이 분명하지도 않다. 우리는 작품 안에서 허구적인 것 중 얼마나 많은 것이 참이기도 한지 묻거나, 아니면 참인 것 중 얼마나 많은 것이 허구적인지를 물을 수 있다. 보스턴항을 정확하지만 간략하게 선으로 그린 그림은 첫 번째 기준에서는 높은 점수를 받을 것이다. 자세하지만 작은 일부가 조작된 사진은 두 번째 기준에서 승자가 될 것이다. 우리는 허구적인 것이 참이거나 허구적인 **종류**의 명제들이 참이 되는 것이 이런저런 의미에서 얼마나 **가능성이 큰지** 아니면 **가능성이 작은지**, 허구적 세계가 가능한 것들의 영역으로부터 얼마나 멀리 있는지 물을 것이다. 다양한 개별적인 유사성과 차이점에 얼마나 무게를 둘 것인지에 대한 결정도 내려야 할 것이다.

어떤 종류의 상응이 사실주의를 구성하는 것으로 간주되든 간에, 작품 속의 공상적 요소들 — 끼고 있는 사람의 모습이 보이지 않게 되는 반지, 시간여행 기계, 사람들이 동물로 변하는 것, 키가 6인치인 사람들이 살고 있는 사회 등 — 은 아마도 그러한 상응을 감소하게 할 것이다. 그러나 심지어 가장 공상적인 작품들도 다른 종류의 뛰어난 "사실주의"를 성취할 수 있다는 것은 분명하다. 톨킨의 〈반지의 제왕〉 3부작이 그렇다. 〈반지의 제왕〉의 세계와 실제 세계 사이의 차이들 — 어쨌든 그중 많은 것들 — 은 사실주의를 저해하는 것으로 여겨지지도 않는다. 이 작품은 그러한 차이들에도 불구하고 그 차이를 극복하는 유사성들 덕분에 겨우 사실주의적이 되는 것이 아니다. 그보다 이 작품은 실제 세계와 매우 다른, 공상적인 세계를 뛰어나게 사실주의적인 방식으로 보여준다. 찰스가 극장에서 맞닥뜨리게 되는 종류의 점액질 괴물들이 실제 세계에서는 들어본 적 없는 것들이라는 사실은 그 영화의 "무서운" 사실주의를 전혀 경감시키지 않는다. 공상과학영화들은 다큐멘터리영화만큼이나 사실주의적일 수 있다. 그리고 실제 세계의 사건들을 가장 정확하고 상세하게 묘사한 작품도 동떨어지고, "설득력이 없고", 따라서 비사실주의적일 수 있다. 모든 사실주의가 상응의 문제는 아니다.

우리는 지금 다른 종류의 사실주의 개념을 다루고 있다. 그것은 감상자들의 믿는 체하기 게임의 풍부함과 생생함에 있는 사실주의이다. 우리의 현재 관심은 지각적 게임과 관련된다. 그러나 우리는 더 일반적으로 주어진 종류의 재현으로 할 수 있는 어떤 종류의 게임이든 그 풍부함과 생생함에 대해 말할 수 있다. 물론 작품 세계와 실제 세계 사이의 상응이 감상자들이 하는 게임의 풍부함과 생생함에 영향을 줄 수 있다. 그러나 그 게임들의 성격은 어떤 허구적 참들이 발생하는가에만 의존하는 것이 아니라 허구적 참들이 발생하는 방식에도 상당한 정도로 의존한다. 다시금 우리는 한 작품의 중요한 속성들은 그 허구적 세계에 속하는 것이 아니라 감상자들이 그것으로 하는 게임에 속한다는 것을 알게 된다.

믿는 체하기 게임의 풍부함과 생생함을 가늠하는 것과는 별도로, 우리는 **게임** 세계가 실제 세계와 상응하거나 상응하지 않는 방식을 고려해볼 수 있다. 우리는 감상자들이 무엇을 어떻게 지각하는지에 대해 허구적인 것과 실제로 우리가 무엇을 어떻게 지각하는지를 비교할 수 있다. 게임 세계들은 작품 세계만큼이나 공상적일 수 있다. 종종 게임 세계는 관련된 작품 세계로부터 공상적인 것들을 물려받는다. 내가 불을 내뿜는 용의 그림을 볼 때는 내가 불을 내뿜는 용을 본다는 것이 허구적이다. 그것은 내가 절대 실제로 본 적이 없고 보리라고 기대하지도 않는 어떤 것이다. 그러나 만약 그런 짐승이 있다면 그것이 눈에 보인다고 해서 놀랍지는 않을 것이다. 허구적으로 그런 짐승이 있다는 것이 주어지면, 즉 그런 짐승이 그림 세계 안에 포함되고 따라서 나의 게임 세계 안에 포함된다는 것이 주어지면, 허구적으로 내가 그 짐승을 본다는 것은 공상적이지 않다.

그러나 게임 세계는 그것 자체의 공상적 요소들을 가질 수 있다. 그림들은 때때로 완벽하게 평범하지만 실제 세계에서는 볼 수 없는, 혹은 쉽게 볼 수 없거나 볼 가능성이 없는 것들을 보여준다. 동면하고 있는 곰, 유전자, DNA 분자, 전류, 자궁 내의 태아, 너무 멀거나 어두워서 그것이 가지는 효과로 추정할 수밖에 없는 별 같은 것들이 여기에 해당한다. 어떤 그림들은 사물의 거의 혹은 전혀 볼 수 없는 면들을 드러내는 방식으로 그 사물을 묘사하기도 한다. 예를 들면 달리는 말의 순간적인 네 발굽의 위치, 폭포의 물방울이 튀는 모습을 사진으로 찍은 듯 포착한 그림에서 각각의 물방울, 바로 위에서 내려다본 실내의 장면, 성난 하마의 입 사이로 본 장면 등이다. 따라서 때로는 관찰자들이 자신들의 게임 안에서 실생활에서는 볼 수 없거나 보지 않는 것들을 본다는 것이 허구적이다. 작품 세계가 완벽하게 평범하더라도 그들의 지각적 게임의 세계는 공상적이다. 허구적으로 그들은 분자, 동면하고 있는 곰, 하마의 편도선을 본다. 허구적으로 그들은 달리고 있는 말의 네 발굽 모두가 동시에 공중에 떠 있는 것을 관찰한다.

(**사진**은 우리가 다른 식으로는 볼 수 없는 것들 — 예를 들면 달리고 있는 말의 순간적인 네 발굽의 위치 — 을 **실제로** 보게 해줄 수 있다. 그러나 우리가 사진을 보면서 그러한 것을 본다는 것은 **허구적**이기도 하다. 우리가 그것을 실제로 본다는 사실이 우리가 허구적으로 그렇게 한다는 것을 조금이라도 덜 공상적이도록 만들지는 않는다. 왜냐하면 우리가 그것을 사진의 도움을 받아 실제로 보기는 하지만, 우리가 그것을 맨

눈으로 본다는 것은 허구적이며 그것은 여전히 불가능하기 때문이다.)[34)]

공상적인 허구 일반이 그러하듯이, 우리의 게임 세계에는 상당한 비결정성이 있을 수 있으며 따라서 어리석은 질문들이 생겨날 수 있다. 허구적으로 어떻게 우리가 바이러스와 전자를 볼 수 있게 되는가? 우리 시력이 놀라울 정도로 예리해지는가? 우리가 (허구적으로) 현미경이나 안개상자[*역주: 고속 원자나 원자적 미립자가 지나간 자취를 보는 장치]를 통해 보고 있는 것인가? (아마도 아닐 것이다.) 우리가 어떻게 실내 장면 위의 천장에 붙어 있게 되었는가? 답이 없을 때는 비결정성이 나타나게 된다. 놀라울 정도로 예리한 시력 덕분에 우리가 보게 되었다는 것이 허구적이지도 않고 그렇지 않다는 것이 허구적이지도 않을 수 있다. 그러한 비결정성은 지각적 게임이 어느 정도 약화되는 데 기여한다. 이 경우 허구적으로 우리가 수행하는 시각적 행위가 더 적을 것이다. 우리가 놀라울 정도로 예리한 시력으로 본다는 것이 허구적이지도 않고 우리가 보통의 시력으로 본다는 것이 허구적이지도 않기 때문이다. 그럼에도 그 게임은 상당한 정도의 풍부함과 생생함을 가질 수 있다.

어떤 그림의 관찰자들이 허구적으로 원자보다 작은 입자들이나 화난 하마의 편도선을 본다는 사실이 그 게임 세계가 그러한 점에서 공상적이라는 근거에서, 즉 실제 세계와 상응하는 데 실패했다는 근거에서 "사실주의"를 저해하는 것으로 간주된다 하더라도, 이 사실은 다른 방식으로는 "사실주의"에 기여하는 것으로 간주될 수도 있다. 왜냐하면 아마도 우리가 전자나 하마의 편도선을 봄으로써 그것들에 대해 알게 된다는 것, 특별한 방식으로 그것들을 이해하게 된다는 것이 허구적일 것이기 때문이다. 허구적으로 우리는 정보를 얻거나 현미경이 실제로 그것을 통해 볼 수 있게 되는 것들에 대해 우리가 가지도록 해주는 종류의 통찰력을 가지게 된다. (그 묘사가 정확하다고 생각할 이유가 있을 때, 우리는 그 그림에 대한 경험에서 실제로 그러한 통찰력을 얻을 수 있을 것이다.) 또한 나는 우리가 입자나 편도선과의, 정보나 지식의 획득으로 환원되지 않는 일종의 "지각적 접촉"을 즐긴다는 것이 허구적이라고 주장하고자 한다. 허구적으

34) 나는 이러한 점들을 "Transparent Pictures"에서 설명하고 옹호했다.

로 우리는 그것들을 **실제로 본다**! 비록 허구적으로 그 장면이 너무 간단하거나 흐릿해서 의미 있는 지식을 산출할 수 없다 해도 말이다. 전자나 화난 하마의 편도선과 그렇게 지각적으로 접촉하는 일이 실생활에서는 불가능하다 하더라도, 이것 역시 "사실주의"에 기여하는 한 요소이다.[35]

묘사에서의 "사실주의"에 관한 이러한 관찰들은 매우 불완전하다. 나는 "사진의" 사실주의의 가장 중요한 측면에 대해서는 거의 언급하지도 못했는데, 그것은 어떤 사물의 사진을 보는 것은 말 그대로, 실제로 그 사물 자체를 보는 것이라는 사실이다.[36] 사실주의의 뒤엉킴 속에는 내가 언급하지 않은 다른 중요한 가닥들도 있다.

8.5 교차 양상적(Cross-Modal) 묘사

돌출되고 움직임이 없는 턱에서 한 목소리가 새어나왔다 — 그것을 묘사하려고 시도하는 것조차 미친 짓이 될 …… 그것과 유사한 어떤 소리도 인간의 귀에 울려 본 적이 없을 것이다 …… [그 억양은] 나에게 젤리나 아교같이 끈적거리는 물질들이 촉감에 주는 것과 같은 그런 인상(내 말이 이해되기란 불가능하다고 생각하지만)을 주었다.

- 에드거 앨런 포, 〈발드마 사건에 관한 사실들(Facts in the Case of M. Valdemar)〉

공상은 한계가 있다. 우리는 제4장에서 작품 세계들과 실제 세계(또는 실제 세계가 그러하다고 우리가 상호적으로 믿는바)와의 불일치가 최소화되도록 해석하려는 경

35) Walton, "Transparent Pictures"를 보라.

36) 사진으로 하는 믿는 체하기 게임은 우리의 실제 지각을 보조하는, 기본적이고 특유한 사진의 기능에 덧붙여지는 것이다. 예를 들어, 영화를 볼 때 우리가 사진을 통해 실제로 보는 것과 우리가 허구적으로 보는 것 사이의 변증법은 매혹적이고도 중요하다. 같은 글을 보라.

향에 주목했다. 그와 유사한 고려가 게임 세계에도 영향을 미친다. 교차 양상적 묘사, 즉 한 감각 양상에서 다른 감각 양상으로의 "번역"은 보통 너무 공상적이어서 받아들이기 어려운 세계를 게임에 포함시키는 것처럼 보일 것이다. 물론 그림들 — 어떤 측면에서 묘사적인 재현들 — 은 보이지 않는 현상들을 나타낼(그에 대한 허구적 참을 발생시킬) 수 있다. 질문은 이렇게 나타낸 것이 묘사(depiction)이냐 하는 것이다. 〈뉴욕의 선창(The Docks Of New York)〉에서 새들이 갑자기 날아오르는 모습으로 총소리를 간접적으로 재현한 것은 분명히 묘사가 아니다. 날아오르는 새들의 이미지를 보는 것은 허구적으로 총소리를 지각하는 것이 아니다. 만화에서 소리나 열의 발산 패턴 또는 냄새를 중심이 같은 여러 개의 원호라든지 그 출처 — 징이나 캠프파이어 또는 쓰레기 더미 — 에서 나오는 물결 모양의 선들로 나타내는 것은 어떤가? 그 그림을 볼 때 우리가 소리나 냄새나 열을 본다는 것은 아마도 허구적이지 않을 것이다. 또한 우리가 그 그림을 보는 것이 허구적으로 그러한 비시각적인 현상들을 보는 것이 되지도 않는다.

유전자와 멀리 있는 별들은 다르다. 그것들은 (보통) 보이지 않고, 특히 맨눈에는 보이지 않지만 우리는 그것들을 보는 경험이 어떤 것일지, 심지어는 맨눈으로 보는 경험이 어떤 것일지 잘 알고 있으며, 그것이 아마도 우리가 허구적으로 하는 경험일 것이다. 나는 우리가 원자보다 작은 입자들이나 전류를 본다는 것이 어떤 것일지 이해하는 것 같은 느낌을 가진다고 생각한다. 비록 그 느낌이 그것들에 대한 잘못된 개념을 포함하고 있다 하더라도 말이다. 그러나 우리는 소리나 냄새를 보는 것이 어떤 것일지에 대해서는 가장 막연한 관념이라도 가지고 있지 않으며, 그것을 이해하는 것을 쉽게 상상할 수도 없다.[37] 따라서 우리가 그것들을 본다는 것이 허구적일 것 같지 않다.

그림을 볼 때 우리가 소리를 듣는다거나 냄새를 맡는다거나 열을 느낀다는 것이 허구적인가? 그럴 수도 있다. 그러나 우리가 그림에 대한 우리의 지각, 우리가 그것을 보는 것에 대해 그것이 듣기나 냄새 맡기나 느끼기의 한 예라고 상상해야 한다는 것은 전혀 말이 안 된다. (그리고 만약 그렇게 한다면, 그 그림을 빛이 더 잘 비치는 곳에 두거

37) 소리나 냄새를 음파나 유출물과 동일시하는 물리주의자가 옳은 것이 아니라면 말이다. 비록 그들이 옳다 하더라도, 우리는 그것들을 소리나 냄새로 보는 것이 어떤 것일지 이해하지 못한다.

나 눈을 가늘게 모아 뜨고 보는 것이 허구적으로 우리의 듣기, 냄새 맡기, 열 느끼기를 더 나아지게 하겠는가?) 그것은 수박을 먹는 것이 허구적으로는 해적선의 돛대를 타고 올라가는 한 예가 된다고 하는 것이나 마찬가지일 것이다. 따라서 아마도 그 만화는 그것이 재현하는 소리나 냄새를 묘사하는 것이 아닐 것이다.

왜 기상도, 도표 그리고 그래프들이 수월하게 그림으로 분류되지 못하는 경우가 많은 것일까? 그 주된 이유는 그것들에 포함된 정보가 너무 자주 비시각적이고 심지어는 비지각적이기 때문이다. 예를 들면, 기상도를 시각적으로 검토하는 것은 허구적으로 기온과 고기압을 지각하는(보는? 느끼는?) 것이 되어야 할 것이다. 또한, 선그래프를 조사하는 것은 허구적으로 지난 10년간 GNP 대비 국가 부채의 백분율 증가 정도를 지각하는 것이 되어야 할 것이다. 어떤 그래프가 시각적 현상들에 대한 정보를 제공할 때라 하더라도, 묘사의 자격을 갖출 만큼 충분히 풍부하고 생생한 시각적 게임을 허용할 것 같지는 않다. 다양한 부지에서 자라는 나무의 수를 가리키는 어떤 막대그래프를 생각해보라. (이것은 부분적으로 굿맨이 결정적이라고 간주하는 **충만성**(repleteness)이 결여된 결과이다.[38] 이것의 결여가 결정적이지는 않지만, 이제 우리는 그것이 어떤 면에서 중요한지 알게 된다.) 또한, 예를 들어 그래프는 보통 시각적 게임에서 소도구로 사용되는 기능을 가진 것으로 간주되지 않는다는 사실, 자주 실제로 그러하듯이 비시각적인 정보를 나타내기 위해 사용된다는 사실은 비록 한 개별적인 그래프가 시각적 게임에서 소도구로 사용될 수 있다 하더라도 그것이 그렇게 이해되기 어렵게 만들 것이다. 그 반대 방향을 가리키는 일종의 관례 같은 것이 있다.

굿맨은 교차 양상적 묘사를 한 치의 망설임도 없이 수용한다.[39] 청각적 또는 후각적 지시체와 연결되는 시각적 상징들의 한 도식(scheme)은 충분히 조밀(dense)하거나 또는 거의 묘사만큼 조밀할 수 있고, 묘사만큼이나 충만할 수 있다. 이러한 주장은 굿맨의 설명에 반대하게 만드는데, 왜냐하면 교차 양상적 묘사는 분명히 기껏해야 어

38) *Languages of Art*, pp. 228-230. 하나의 도식(scheme)은 그것이 가진 특징들 중 "구성요소"의 수가 많을수록, "우연적인 것으로 무시"되는 특징들의 수가 적을수록 다른 도식보다 더 "충만"하다.

39) Ibid., p. 231.

색할 뿐이며 그리 흔하지 않기 때문이다. 이러한 사실은 설명이 필요하다. (**비묘사적**(nondepictive) 수단에 의한 교차 양상적 재현은 흔하고 완벽히 자연스럽다.) 닮음 이론가들은 이러한 점에 있어서는 더 나은 것처럼 보인다. 그들은 묘사가 그것이 묘사하고 있는 대상처럼 보여야(또는 들리거나 느껴져야) 한다는 조건이 그림이 비시각적 현상들을 묘사할 가능성을 배제한다고 말할 수 있다.[40]

아마도 지각 양상들의 교차가 아닌 몇몇 "번역" 역시 이와 유사하게 다루어져야 할 것이다. 시간적 특징들은 때때로 공간적으로 재현되며, 정지된 그림에서 움직임은 움직이는 물체의 연속적인 위치의 윤곽으로 그려지기도 한다.[41] (그림에서 이미지들의 공간적 관계를 알아차림으로써) 허구적 사건들이 발생하는 시간적 순서를 확인하는 행위가 허구적으로 그 사건들의 시간적 순서를 관찰하는 행위라고 말하는 데 저항감을 느끼는 한, 우리는 그 그림이 **이** 점에 있어서는 묘사적이지 않다고 결론내릴 것이다.

8.6 음악적 묘사들

내가 든 예들은 어쩌면 다소 위험할 정도로 시각예술에 제한되어 있었다. 나는 묘사를 **지각적** 믿는 체하기 게임이라는 것으로 넓게 정의했으며, 모든 묘사가 시각적이지는 않다는 점을 지적했다. 그러나 우리는 비시각적 예술에서의 묘사가 시각적 예술에서의 묘사와 단순히 유사하리라고 가정해서는 안 된다. 음악적 묘사는 어떠한가?

재현은 회화에서보다 음악에서 훨씬 드물고 훨씬 덜 중요한 것처럼 보인다. 회화에서는 재현적임이 표준이다. "비대상적"·"비구상적" 회화는 정당화를 필요로 하며,

40) 노비츠(Novitz)가 실제로 이렇게 말한다(*Pictures and Their Use*, p. 12).

41) 또 다른 예는 Snyder and Allen, "Photography, Vision, and Representation," pp. 157-159에서 논의된 사진 판정용 사진이다.

적법성을 인정받기 위해 투쟁해야 했다.[42] 음악에는 그 반대가 적용되는 것처럼 보인다. 표제음악(program music)은 종종 "순수한" 또는 "절대적인" 음악에 비해 명백하게 열등한 것으로 간주된다. 표제음악과 비구상적 회화는 각각 다른 방식으로이기는 하지만 모두 특이한 것들이다.

물론 음악에서의 재현은 노골적인 표제음악에만 한정되지 않는다. 비록 음악에서의 재현이 얼마나 만연해 있는지는 말하기 쉽지 않지만 말이다. 베토벤의 〈전원〉 교향곡 같은 많은 압도적으로 절대적인 음악에도 명백하고 미묘한 재현적 요소들이 있다. 말이나 그림과 결합된 음악은 그 자체로는 재현적이지 않다 하더라도 종종 허구적 참들의 발생에 어떤 기여를 한다. 영화에서 어떤 순간 배경음악이 갑자기 밝아짐으로써 한 등장인물이 갑자기 무엇인가를 깨닫게 된다는 것이 허구적이게 될 수 있다. 바로크 시대 성악의 음화(tone painting)[*역주: 표제음악에서 가사나 이야기를 음악적으로 묘사하는 일]도 있는데, 거기서 기악 파트는 텍스트의 의미를 강화하거나 설명(illustrate)한다. 음악의 표현성이 때때로 재현의 한 종으로서 이해되어야 하는 것으로 드러날 수도 있다. 그리고 마음만 먹는다면, 우리는 음악의 거의 어떤 악절에서라도 재현성을 발견하거나 재현성을 부과할 수 있다. 그러나 우선 논쟁의 여지가 없는 예들부터 살펴보기로 하자.

음악이 재현적일 때, 그것은 **묘사적**인가? 음악과 회화는 문학과는 달리 "지각적" — 하나는 시각적이고 다른 하나는 청각적이지만 — 예술이라는 점에서 유사한 것처럼 보인다. 따라서 음악의 재현 양상이 회화의 재현 양상처럼 지각적이고 묘사적일 것이라고 기대할 수도 있다. 나는 회화가 시각예술인 반면 소설은 그렇지 않은 이유가 회화는 시각적 믿는 체하기 게임에서의 소도구인 반면 소설은 그렇지 않다는 점이라고 제안했다. 만약 음악이 지각적 예술이라면 음악 작품들 역시 어쨌든 음악이 소도구라면 지각적 게임에서의, 즉 청각적 게임에서의 소도구가 아닐까? 그러나 그에 대한 대답은 종종 부정적이다.

어떤 음악은 정말로 묘사한다. 베토벤의 〈장엄 미사〉의 한 악절에서 청자는 허구

42) 그러나 많은 "비구상적" 회화는 우리의 의미에서 재현적이다. §1.8을 보라.

적으로 십자가에 못이 박히는 소리를 듣는다. 바흐의 칸타타 〈하늘은 웃고 땅은 환호하도다〉에서 트럼펫 악절을 듣는 것은 허구적으로 웃음을 듣는 것이다. 꽝 하고 울리는 대포 소리, 사나운 폭풍우, 알프스 뿔피리 소리, 질주하는 말들의 발굽 소리, 물이 흐르는 소리, 윙윙거리는 파리 소리, 한숨 소리, 흐느끼는 소리, 교회의 종소리, 증기기관차 소리, 그리고 물론 짹짹거리는 새 소리를 묘사하는 음악들도 있다.

재현적 음악은 보통 그것이 청각적 현상들을 재현할 때 묘사적이다. 그러나 그것이 재현하는 바가 청각적이지 않은 경우도 그만큼이나, 나아가 더 많이 있는 것 같다. 요한 쿠나우(Johann Kuhnau)의 오르간을 위한 〈성서 소나타〉 중 한 곡에서 갑자기 올라가는 음계는 다윗이 골리앗에게 돌을 던지는 것을 재현한다. 14세기 이탈리아의 캇차(caccias)는 사냥에서의 추적을 묘사하기 위해 선율적 모방을 사용한다. 그러한 교차 양상적 재현은 (그 음악이 재현적인 한) 음악에서 흔할 뿐 아니라 때로는 재현되는 바가 인내와 고통(불협화음에 의해), 복종(모방에 의해), 도착과 회귀, 투쟁, 인간관계의 조화 등 시각적이지도, 달리 지각적이지도 않다. 스트라우스의 음시(tone poem)들, 비발디의 〈사계〉, 엘가의 〈수수께끼 변주곡〉에서의 인물 묘사, 그리고 아마도 스콧 조플린(Scott Joplin)의 〈월스트리트 래그(Wall Street Rag)〉를 생각해보라. 가장 유치하고 시시하고 음악적이지 않은 것 같은 음악적 재현은 소리를 재현하고 묘사하는 음악적 재현들인 것처럼 보인다.[43] 좀 더 "추상적인" 재현들 — 도착, 갈등, 느낌의 재현들 — 은 종종 음악적 구조 속에 더 밀접하게 통합되고 음악적 순수주의자들에게 덜 거슬리는 것처럼 보인다. (그러나 그런 것들이 재현의 자격을 가지는지는 덜 명백할 수 있다.)

음악에서의 교차 양상적 재현은 회화에서의 교차 양상적 재현과 마찬가지로 묘사일 가능성이 별로 없으며, 비지각적인 사물이나 사건들의 재현은 분명히 묘사가 아니다. 청자가 누군가가 천국으로 올라가는 것을 듣거나 다른 방식으로 지각한다는 것은 허구적이지 않으며, 그렇지 않으면 적어도 그가 음악에서 음들이 점점 높아지는 악절을 듣는 것이 그러한 지각임이 허구적이지는 않다. 그리고 분명히 청자는 누군가의 인

43) 하이든은 〈사계〉에 나오는 개구리의 울음소리에 대해 "이 [프랑스식 쓰레기는] 한 친구가 그에게 강요한 것이라고 말하며" 사과했다고 전해진다. Tovey, "Programme Music," p. 171을 보라.

내나 복종, 목적지 도착을 허구적으로 지각하지 않는다. 따라서 음악에서의 묘사는 음악이 재현적일 때로 한정한다 하더라도 그림에서보다 훨씬 덜 중요하고 훨씬 덜 중심적인 것처럼 보일 수 있다. 우리가 음악과 회화 사이에서 주목했던 겉보기의 유사성은 부분적으로 환상일 뿐이다. 회화가 시각적인 예술인 데 비하면, 음악은 덜 지각적이고 덜 청각적인 예술이다.

그러나 이러한 겉보기의 유사성 중 일부를 되찾는 방식으로 음악을 이해하는 한 가지 길이 있으며, 그것은 음악이 보통 재현적(representational)이라고 간주되는 것보다 훨씬 더 자주 음악을 묘사적인(depictive) 것으로 간주하도록 고무할 것이다. 나는 다른 글에서 많은 "표현적" 음악의 경우 청자가 외부의 것들을 본다거나 듣는다거나 또는 다른 방식으로 지각한다는 것이 허구적인 것이 아니라, 청자가 (자기 자신의) 느낌이나 감정, 감각, 정서, 기분 등을 경험하거나 의식한다는 것이 허구적일 것이라고 제안한 바 있다.[44] 청자는 흥분, 격정, 열정, 절망, 갈등, 충만함의 느낌과 분투의 느낌, 결단의 느낌, 안녕의 느낌, 전율의 느낌, 평온함의 느낌을 경험하는 것을 상상한다. 또한 나는 청자가 청각적 감각(소리의 지각이 아니라)을 실제로 의식하는 것이 허구적으로는 그러한 느낌을 의식하는 것일 수 있다고 제안한다. 외부 대상들을 허구적으로 지각하는 것 대신, 우리는 허구적으로 내성(introspection)이나 자기인식(self-awareness)을 하는 것이다. 만약 내가 옳다면, 이는 바흐의 〈푸가의 기법〉처럼 음악적 순수주의에 충실한 작품에 대해서도 참일 것이다. 또한 내성이 "외적인" 감각과 어느 정도로 유사하든 그 정도까지는 "묘사"에 대한 우리의 이해가 그것을 포함하도록 확장시키는 것이 합당할 것이다.

(그림을 보고 있는 사람 역시 허구적으로 어떤 느낌들을 의식하고 있을 수 있다. 그러나 그가 시각적 감각들을 경험하는 것이 허구적으로 자신의 느낌들을 경험하는 것이 되지는 않는다. 나에게는 청각적 감각이 시각적 감각보다 이러한 역할에 어떻게든 더 적합하다고 여겨지는데, 아마도 그것은 내성을 하는 것이 어떤 면에서 보기보다는

44) Walton, "What Is Abstract About the Art of Music?"

듣기와 더 유사하기 때문일 것이다.)

("순수한") 음악과 회화 사이에는 또 다른 중요한 차이점이 있다. 회화의 경우, 우리는 작품의 세계와 감상자의 믿는 체하기 게임의 세계 양쪽 모두를 인식한다. 한 그림은 그림 세계의 허구적 참들을 발생시키고, 그것은 관찰자의 활동 및 경험들과 결합하여 그의 게임 세계에 대한 허구적 참들을 발생시킨다. 만약 음악을 들을 때 우리가 허구적으로 어떤 느낌이나 감각들을 경험하는 게임에 참여한다면, 게임 세계도 있을 것이다. 그러나 우리가 작품 세계 역시 인정해야 하는지는 분명하지 않다. 음악에 의해서만 발생하는 허구적 참이 누군가가 그것을 듣는 것에서 분리될 수 있는가?

어떤 집을 그린 그림을 관찰할 때, 우리가 어떤 집을 본다는 것이 우리의 게임 안에서 허구적이다. 허구적으로 그 집은 집이라는 것이 그렇듯이 우리가 그것을 보는 것과는 무관하게 존재하며, 역시 누군가가 그것을 보는 것과는 독립적으로 존재하는 그 그림 자체가 그 집이 존재한다는 것을 허구적으로 만든다는 것이 자연스럽다. 그 그림에 의해서만 발생하는 이 허구적 참 및 다른 허구적 참들은 그 그림의 세계의 내용을 구성한다. 그러나 어떤 청자가 허구적으로 안녕의 느낌이나 심한 고통을 경험할 때는 그 음악 혼자서 만들어내는 허구적 참은 없을 것이다. 그 청자의 느낌이 어떤 개별적이고 독립적으로 존재하는 대상이나 상황, 또는 사건에 대한 느낌이라는 것이 허구적일 필요는 없다. 아마도 때로는 허구적으로 어떤 종류의 느낌이 느껴진다는 사실이 그 대상이 되는 어떤 사물이 허구적으로 존재한다는 것을 함축하기도 할 것이다. 그러나 그 느낌이 그 음악 자체에 의해 허구적으로 존재하게 되는 어떤 것을 대상으로 한다는 것이 허구적일 필요는 없다. 우리가 듣기 전까지는 어떤 허구성도 — 청자의 믿는 체하기 게임과 독립적으로는 어떤 허구성도 — 없을 것이다. 게임 세계는 회화에서와는 달리 음악에서 최고의 중요성을 가진다. 음악은 우리의 의미에서는 여전히 재현적인 것이 될 수 있다. 음악의 기능은 청자의 게임에서 소도구로 사용되는 것이기 때문이다. 그러나 많은 음악은 이 중요한 점에 있어서 회화나 다른 범례적으로 재현적인 예술들과 다르다. (다른 이유들로 작품 세계를 결여하고 있는 것으로 간주될 수 있는 임시방편적 소도구들이 재현성을 가지지 않는 것으로 여겨질 수 있다는 것을 떠올려보라. §1.7을 보라.)

이러한 제안들이 옳은 한, 우리는 음악 감상이 회화와 문학의 감상보다 더 개인적이고 사적인 경험이라는 인상을 설명할 수 있다. 음악을 듣는 것은 따라서 꿈을 꾸는 것과 더 유사하다. 음악을 들을 때 우리의 상상적 활동은 대부분 혼자 하는 것이다. 당신과 내가 어떤 콘서트에 함께 참가하더라도, 우리는 어떤 그림을 함께 보거나 같은 소설을 읽을 때와는 달리 허구적으로 어떤 것에 대해 알아차리거나 알게 된 후 나중에 그에 대한 우리의 태도, 반응, 대응을 비교하는 일이 없을 것이다. 음악을 들을 때 서로에게 허구적으로 무엇을 느끼는지 설명(그것을 말로 나타낼 수만 있다면)할 수도 있다. 이것은 아침식사 자리에서 우리의 꿈에 대해 이야기하는 것과 유사하다. 그리고 우리가 느끼는 바에 대한 기록들을 비교한다는 것이 허구적일 수도 있다. 그러나 우리는 공통으로 관찰된 그러그러한 사건이나 상황, 또는 사람에 대해 우리가 느끼는 바를 허구적으로 비교할 수 없다. 우리는 그 음악을 소도구로 사용하는 하나의 믿는 체하기 게임에 다른 청자들과 함께 언어적으로 참여하고 있는 것이라기보다는 그 음악에 대해 (그것이 비통한지 평온한지 허풍스러운지, 또는 우리가 그것에 어떻게 반응하는지) 이야기하는 것으로 끝나게 된다.

음악은 묘사적일 때라도 또 다른 방식으로 회화와 다르다. 그 방식은 사물이 묘사되는 "시점"과 관련이 있다.

8.7 (묘사에서의) 시점

우리는 토마스가 차를 몰고 하이드 파크를 통과하는 것을 앞에서 언뜻 보는데, 카메라는 차를 향해 다가간다. 이것이 빈틈없지만 숨어 있는 눈, 절대 그것을 시선에서 놓치지 않으려고 결심한, 그 자취를 바짝 쫓아가는 눈에 그 차가 보이는 방식이다.

- 미켈란젤로 안토니오니의 〈욕망(Blow-Up)〉을 위한 각본

묘사가 어떤 시점에서 사물을 묘사한다는 것은 무엇인가? 하나의 의미는 명백하다. 시점은 묘사를 관찰할 때 우리가 허구적으로 지각하게 되는 관점을 의미한다. 허구적으로 우리는 호베마의 붉은 지붕의 물방앗간을 몇백 야드 하류 쪽에 있는 왼쪽 강둑 위의 한 지점에서 바라본다. 어떤 묘사의 시점이란 감상자들의 (공인된) 게임들 안에서 허구적인 이러한 종류의 명제들의 함수다. (우리는 또한 허구적으로 우리가 보고 있는 것을 볼 때의 조명이나 다른 상황들에 대한 명제들을 포함시킬 수도 있다.)

묘사는 반드시 이런 의미에서 한 시점으로부터 관찰되는가? 그렇지 않다. 어떤 단독으로 서 있는 조각을 관찰할 때, 우리가 어떤 각도와 거리에서 바라본다는 것은 허구적이다. 그러나 그 묘사 자체는 이 허구적 시점을 결정하지 않는다. 그 시점은 관객이 그 조각과 관련해서 어디에 서 있게 되는지에 달려 있으며, 그가 움직임에 따라 변하게 된다. 따라서 그 작품은 어떤 특정한 시점도 가지고 있지 않다. 우리는 그것이 시점을 가지지 않는다고 말하거나 복수의 시점, 무한히 많은 시점들을 가진다고 할 수도 있다.

어떤 그림들은 복수의 시점을 가진다고 이야기된다. 우리가 피카소의 〈아비뇽의 처녀들〉(그림 8.11)의 한 부분에 주목한다면, 우리가 정면에서 한 여인의 얼굴을 보고 있다는 것이 허구적일 것이다. 그러나 다른 부분에 주목한다면, 우리가 그 여인의 얼굴을 측면에서 본다는 것이 허구적일 것이다. 그러나 가능성들은 한정되어 있다. 그 그림은 단독으로 서 있는 조각보다는 우리가 어떤 시점에서 본다는 것이 허구적인지를 결정하는 데 더 많은 기여를 한다. 그러나 단지 그 그림의 부분들에만 차례로 주목하는 관객은 많은 것을 놓칠 터인데, 왜냐하면 전체의 모습이 중요하기 때문이다. 그렇기 때문에 이런 종류의 그림들을 각각 특정한 시점을 가진 서로 분리된 묘사들의 콜라주로 간주하는 것은 잘못일 것이다. (또한 콜라주의 요소들 사이에는 어떤 분명한 경계도 없을 것이며, 몇몇 요소는 서로 겹칠 것이다. 예를 들면 〈아비뇽의 처녀들〉에서 한 눈의 묘사는 정면 모습과 측면 모습에 의해 공유된다.)

전체를 볼 때 우리가 그 여인을 정면에서 본다는 것이 허구적이며 그와 동시에 그 여인을 측면에서 본다는 것도 허구적이라고 주장할 수 있지만 그녀를 동시에 양쪽 각도에서 바라본다는 것은 분명히 허구적이지 않을 것이다. 또는 우리가 그녀를 본다는

〈그림 8.11〉
파블로 피카소(Pablo Picasso), 〈아비뇽의 처녀들(Les Demoiselles d'Avignon)〉, 8피트×7피트8인치, 캔버스에 오일(1907). 현대 미술관, 뉴욕.

것은 허구적이지만, 서로 다른 시점이 서로를 상쇄시키므로 우리가 정면에서 그녀를 본다는 것도, 측면에서 그녀를 본다는 것도 허구적이지 않다고 주장할 수도 있다. (이는 제4장에서 우리가 익숙해진 것과 같은 종류의 선택일 텐데, 말하자면 우리의 시점에 대한 허구적 참을 경시되는 것으로 간주하는 것과 그러한 허구적 참이 없는 것으로 간주하는 것 사이의 선택이다.) 이러한 대안을 선택할 때, 그 그림은 그중 한 부분을 주변으로부터 고립시켜본다면 그 여인을 정면에서 묘사하는 것이지만 또 다른 부분을 유사하게 고립시켜본다면 그녀를 측면에서 묘사하는 것이라는 의미에서만 복수의 시점을 가진다.

어떤 경우이든, 우리의 시각적 게임에서 허구적으로 우리가 어떤 시점에서 바라보는가와 관련한 비결정성의 가능성은 고려될 필요가 있다. 이러한 종류의 비결정성을 보여주는 명백한 예들이 있다. 동그라미로 머리를 나타내지만 얼굴이나 다른 특징들을 묘사하지 않는 어떤 막대 그림(stick figure)을 볼 때, 우리가 그 사람을 앞에서 보고 있다는 것이 허구적인지 뒤에서 보고 있다는 것이 허구적인지의 질문에 대해서는 어떤 대답도 할 수 없을 것이다. 그러나 우리가 대략적으로 수평 위치에서 보고 있다는 것, 즉 그 또는 그녀를 바로 위에서나 바로 밑에서 보고 있지 않다는 허구적이며, 따라서 이 묘사는 완전히 시점을 결여하고 있지는 않다. 종종 시점의 각도는 매우 명확할지라도 우리가 정확하게 얼마만큼의 거리에서 본다는 것이 허구적인지 말하기가 불가능한 경우들이 있다. 나는 원칙적으로 감상자들의 (공인된) 게임에서 우리가 허구적으로 어떤 각도와 거리에서 보고 있는지가 완전히 비결정적이지 못할 이유는 없다고 생각한다. 묘사는 아마도 완전히 시점을 결여할 수도 있을 것이다. 어떤 복잡한 입체주의 작품들이 거의 그런 식으로 만들어지는 것이 그리 불가능하지는 않으며, (곧 살펴보게 되겠지만) 어떤 음악적 묘사들은 그렇게 될 가능성이 크다. (이와 유사하게, 나는 모든 시각화(visualization)에 반드시 어떤 시점이 있다고 가정해야 할 이유는 없다고 생각한다. 우리의 상상의 세계 안에서 우리가 허구적으로 보고 있는 어떤 시점 없이 본다는 것이 허구적일 수 있다.)[45]

특정 경우들에 대한 좀 더 미묘한 문제들은 아마도 예술사가와 비평가들의 몫으로 남겨두는 편이 가장 좋을 것 같다. 복수 시점을 가진다는 것은 어느 사이엔가 시점이 없다는 것으로 변해버린다. 아마도 전문가들은 이집트 및 다른 고대의 묘사들에 대해, 르네상스 이전의 작품들, 어린아이들의 그림과 "원시" 그림들에 대해 어떤 의견들을 가지고 있을 것이다. 우리가 어떻게 말할지는 때때로 정말로 중요하다. 다양한 종류의 묘사에 감상자들이 반응하는 방식들에 있어서의 미묘한 강조와 차이들은 우리가 바라보는 시점 및 다른 측면들에서 무엇이 허구적인지 또는 허구적이지 않은지에 따라 명료화되고 설명될 것이다.

음악적 묘사는 특히 시점에 있어 약하다. 소리가 묘사될 때, 허구적으로 우리가 어떤 각도와 거리에서 듣는가에 대해서는 보통 허구적인 바가 거의 없다. 의심할 바 없이,

45) cf. Williams, "Imagination and the Self," p. 34.

그 이유는 실제로도 듣는 것이 보는 것보다 각도와 거리에 대해 전형적으로 덜 명확한 정보를 주기 때문이다. 어떤 청자가 개울물이 졸졸 흐르는 소리를 듣는다는 것이 허구적이라고 할 때, 그가 그것을 상류에서 또는 하류에서 듣는다는 것이 허구적인가? 또는 옆에서, 위에서, 가까이에서, 또는 멀리서 듣는다는 것이 허구적인가?

시점이라는 개념은 자기인식의 경우에는 적용조차 되지 않을 것이다. 우리가 우리 자신의 느낌이나 감각을 "관찰"할 수 있는 서로 다른 시점들이 있는가? (다른 시점에서 그것들을 "관찰하는 것"은 다른 느낌이나 감각을 "관찰하는 것"과 어떻게 다른가?) 만약 음악을 들을 때 우리가 우리의 느낌이나 감각을 내성적으로 의식하고 있다는 것이 허구적이라면, 허구적으로 우리의 시점이 무엇인지 묻는 것은 말도 되지 않을 것이다. 그러나 우리는 우리가 어떤 느낌이나 감각들을 3인칭 시점보다는 1인칭 시점에서 의식하고 있다는 것이 허구적이라고, 즉 허구적으로 우리는 그것들을 다른 사람들 안에서 발견하기보다는 우리 자신 안에서 관찰한다고 말할 수 있다.

그러나 이런 종류의 시점은 몇몇 음악적 묘사 — 또는 어쨌든 음악적 재현 — 에는 없을 수 있다. 음악의 어떤 악절은 투쟁, 도착, 갈등, 성취를 재현하는 것으로 합리적으로 이해될 수 있다. 예를 들면 청자는 어떤 투쟁이 일어난다고 상상할 수 있다. 비록 그 투쟁의 많은 세부 — 누가 무엇에 대해 왜 투쟁하고 있는지, 그 투쟁이 물리적 투쟁인지, 아니면 예를 들어 사업적이거나 정치적인 경쟁인지, 아니면 누군가의 마음 안에서 일어나는 투쟁인지 — 등은 미해결 상태로 남겠지만 말이다. 심지어 청자 자신이 그 상상의 투쟁 속에서 한 참가자인지조차 불분명할 수 있다. 그는 **자신이** 투쟁하고 있다고 상상하는가, 아니면 그저 다른 이들이 그렇게 하고 있다고 상상하는가? 나로서는 대답하기가 불가능하다. 비록 어떤 악절이 정말로 어떤 투쟁을 묘사한다는 것, 그리고 나의 경험이 그러한 상상을 포함한다는 것이 나에게 상당히 명확하게 여겨질 때라도 말이다. 나는 **누군가가** 투쟁하는 것을 상상하지만, 나 자신이 투쟁하는 것을 상상하거나 다른 이들이 투쟁하는 것을 상상하지는 않는다.[46] 따라서 어떤 투쟁(또는 도착, 또는 성

46) 또 다른 가능성은 내가 투쟁하고 있다는 것을 상상하기는 하지만 1인칭 방식으로 상상하는 것은 아니거나 또는 안으로부터 상상하는 것은 아닐 경우다. 비록 내가 그것이 누구의 투쟁인지, 나의 투쟁인지 아니면 누군가 다른

공)은 음악에서 1인칭도, 3인칭도 아닌 시점에서 재현될 수 있다.

그러한 재현도 묘사인가? 청자는 어떤 투쟁을 **지각한다고**(내성적인 자기의식이 지각의 한 종류로 간주된다고 인정할 때) 상상해야 하는가? 지각의 양상은 비결정적일 수 있다. 예를 들어 우리가 투쟁(우리 자신의)을 지각하는 것이 내성, 운동감각적(kinesthetic) 감각, 그리고 시각의 결합에 의해서라는 것이 허구적일 필요도 없고, 그 투쟁(다른 이들의)이 일어나는 것을 단순히 보고/보거나 듣는다는 것이 허구적일 필요도 없다. 그러나 우리가 어떤 방식으로든 그 투쟁을 지각한다는 것은 여전히 허구적일 수 있다. 우리는 그것이 **여기서 지금** 일어난다는 느낌을 가지며, 그것은 그 투쟁에 대한 우리의 접근이 이를테면 소문에 의한 것이 아니라 지각적임을 암시한다. 나는 또한 우리가 우리의 청각적 감각을 어떤 투쟁에 대한 감각 인상이라고 상상해야 한다는 것도 받아들이기 어렵지 않다고 생각한다. 비록 우리의 상상하기가 그 감각 인상의 양상에 대해 비결정적이라 해도 말이다. 따라서 아마도 그 투쟁은 묘사되는 것일 것이다. 만약 그렇다면, 우리는 시점이라는 것을 완전히 결여하고 있는 묘사의 예를 가지게 된다.[47]

어떤 작품들은 사물을 어떤 특정한 각도와 거리에서만 묘사하는 것이 아니라 어떤 특정한 사람 또는 어떤 특정한 종류의 사람의 시점에서 묘사하기도 한다. 영화에는 이른바 주관적 샷들이 많이 있는데, 그것은 어떤 등장인물이 무엇을 보는지, 그리고 사물이 그에게 어떻게 보이는지를 나타낸다. 프리츠 랑(Fritz Lang)의 〈단 한 번뿐인 삶〉의 마지막 샷은 에디의 죽기 전 마지막 시각 경험을 보여준다. 동일한 영화에서 그보다 앞선 한 샷은 분명히 개구리의 시점에서 본 샷이다.[48] 반 고흐(Vicent van Gogh)의 〈목초와 나비〉는 나비의 시점에서 본 모습이다. 베리만의 〈늑대의 시간〉(그림 8.12)에서 저녁식사 장면은 몹시 불안정한 예술가 보리에게 보이는 대로, 기괴하게 배치되고 위협적인 모습으로 저녁식사를 하는 이들을 묘사한다. 프란체스코 파르미지아니노(Francesco Parmigianino)의 〈볼록거울 속의 자화상〉은 거울에 비친 자신의 모습을 보는 화가의 시

이의 투쟁인지 상상하지 않더라도, 나는 안으로부터 그것에 대해 의식하고 있다고 상상할 수 있다.

47) Walton, "What Is Abstract About the Art of Music?"을 보라.

48) Wilson, *Narration in Light*, p. 31을 보라.

〈그림 8.12〉
잉마르 베리만(Ingmar Bergman), 〈늑대의 시간(Hour of the Wolf)〉, 스틸(1968). 저녁식사 손님들. 현대 미술관 영화 스틸 아카이브, 뉴욕.

각을 보여준다.

영화에서 흔한 기법은 처음에 무엇인가를 보는 등장인물을 보여주고 나서 그가 보고 있는 것을 보여주는 것인데, 이때 두 번째 샷은 허구적으로 그 등장인물에게 사물이 어떻게 보이는지를 묘사하는 것으로 이해된다. (예를 들어 그가 알아차리는 것이 무엇인지는 초점이 맞춰지는 것이 무엇인지에 의해 암시될 수 있다.) 이 두 샷은 사실상 때때로 정지 그림에서도 결합된다. 만화에서 지각자인 등장인물이 보고 있는 바는 그 등장인물의 묘사에 덧붙여진 말풍선 속에 묘사된다. 그러나 말풍선이 꼭 필요한 것은 아니다. 루소의 〈꿈〉에서 우리는 동일한 프레임 안에서 꿈을 꾸는 사람과 그의 꿈 이미지를 본다. (그의 꿈 이미지는 침상에 누워 있는 그 자신은 포함하지 않는 것으로 가정된다.) 우리는 뭉크의 회화 〈비명〉(그림 8.13)을 앞쪽에 있는 여인에게 사물이 어떻게 보이는지를 묘사하는 것으로 이해할 수 있다. 그러나 〈목초와 나비〉에서 지각자인 나비는 암시되어 있지만 보이지는 않는다. 파르미지아니노의 〈자화상〉에 제시된 모습은 부분적으로 지각자 자신에 대한 것이며, 따라서 그는 그의 시각과 함께 묘사된다.

사물을 에디의 시점 또는 나비의 시점에서 묘사하는 것이 우리의 게임 안에서 에

〈그림 8.13〉
에드바르트 뭉크(Edvard Munch), 〈비명(The Scream)〉, 36×29인치(1893). 오슬로 국립미술관.

디나 나비가 그것들을 지각할 때 우리가 에디이거나 또는 나비라는 것이 허구적임을 포함하는가? 그 묘사를 감상하는 이는 자신이 에디라고, 또는 파르미지아니노라고, 또는 개구리라고, 또는 나비라고 상상하는가? 나는 잘 모르겠다.[49] 이 질문은 내가 어떤 친구

49) 새로운 것은 극도의 조심스러움이다
둥근 반사 표면의 불완전 의욕(velleities)을 묘사하는 데 있어
(그것은 첫 번째 거울 초상화이다),
당신이 잠시 동안 속을 수 있도록
당신이 그 모습이
당신의 것이 아님을 깨닫기 전에. 그러고 나면 당신은 마치
호프만의 등장인물 중 하나인 것처럼 느낀다.
자신의 상을 빼앗겨버린, 내 전체가
다른 방에 있는 화가의 엄밀한 타인성에 의해
대체된 것처럼 보인다는 것을 제외하고는.

에게 공감(empathize)할 때 나 자신이 그라고 상상하는가 아니면 단지 그가 한다고 생각되는 경험을 한다거나 그가 가진다고 생각하는 느낌을 가진다고 상상하는가 하는 질문과 가까운 사촌 격이다. (§1.4, §7.2를 보라.) 시점 샷들은 후자의 방식으로 만들어질 수도 있다. 관객은 자신이 에디이거나 개구리라고 상상하는 대신, 어떤 종류의 지각적 경험, 즉 에디나 개구리가 경험하고 있다는 것이 허구적이라고 간주되는 경험을 한다고 상상할 수 있을 것이다. 조금 다른 종류의 예가 이러한 가능성을 보여줄 것이다.

구로사와 아키라의 영화 〈라쇼몽〉은 등장인물들이 **보는** 대로가 아니라 등장인물들이 **진술하는** 대로 사건들을 보여준다. 초점은 아내와 숲속에서 여행하는 한 사무라이가 산적과 마주치는 사건에 맞추어져 있는데, 관련된 이들은 나중에 심리 조사에서 그 사건에 대해 이야기한다. 각각의 경우에 목격자는 자신의 증언을 시작하며, 우리는 그 사건을 그 또는 그녀가 일어났다고 주장하는 대로 보게 된다.[50] 설명들은 서로 다르며, 따라서 우리는 (말하자면) 동일한 사건에 대한 몇 개의 서로 양립 불가능한 버전들을 본다. 산적의 버전에서는 그가 그 사무라이를 죽였다. 아내의 버전에서는 그녀가 그를 죽였다. 아마도 그들 중 적어도 한 명은 거짓말을 하고 있을 것이다. 그들 중 한 명 혹은 두 명 모두의 증언은 그 혹은 그녀가 본 것과 일치하지 않는다. 따라서 증언을 보여주는(illustrating) 장면을 보면서 우리는 〈단 한 번뿐인 삶〉을 보며 그러하듯이 "등장인물의 눈을 통해 보지" 않는다. 우리의 시각은 그 등장인물의 것이 아니다. 따라서 허구적으로 관객이 그 등장인물이라고 가정하거나 관객에게 그가 그 등장인물이라고 상상하기를 기대할 이유는 없다. 관객이 정말로 하는 것은 허구적으로 등장인물들이 심리에서 어떻게 증언했는가를 알게 되는 것이다.

우리는 관객이 허구적으로 본다는 것까지 허용할 수 있는가? 만약 아내가 사무라

우리는 일하고 있는 그를 놀라게 했으나,
그렇지 않다, 그가 우리를 놀라게 했다
그의 작업으로.
John Ashbery, "Self-Portrait in a Convex Mirror," p. 74.

50) 이 영화의 구조는 실제로는 이보다 더 복잡하지만, 이렇게 단순화하는 것이 내 주장의 요점을 더 쉽게 보여줄 것이다.

이를 죽였다는 것이 허구적이지 않다면, 내가 그녀가 그렇게 하는 것을 본다는 것이 어떻게 허구적이 될 수 있겠는가?

그 영화의 다양한 시퀀스들을 영화 전체와 서로로부터 분리해보자. 우리는 각 목격자의 증언을 보여주는 시퀀스는 그 자신의 분리된 허구적 세계를 가지고 있으며 영화의 나머지 부분과 결합하여 그 영화의 세계를 확립한다고 생각할 수 있다. 관객은 각 시퀀스들로 서로 분리된 믿는 체하기 게임을 하며, 그 게임들은 그가 전체 영화로 하는 게임과는 별개이다. 아내의 증언을 보여주는 시퀀스에서는 그녀가 **정말로** 남편을 죽인다는 것이 허구적이며, 그 시퀀스로 하는 나의 게임에서는 내가 그녀가 그렇게 하는 것을 본다는 것이 허구적이다. 산적의 증언을 보여주는 시퀀스는 내가 **그가** 그런 일을 하는 것을 본다는 것이 허구적인 게임에서의 소도구이다. 그러나 전체로서의 그 영화 안에서는 누가 사무라이를 죽였는가에 대한 그 어떤 결정적인 명제도 허구적이지 않으며, 영화 전체로 하는 나의 게임에서 내가 누가 그렇게 하는지 본다는 것은 허구적이지 않다. (이 점은 그렇지 않았을 경우보다 전체 영화를 어느 정도 덜 묘사적으로 만드는데, 비록 그 부분들은 완전히 묘사적이라 하더라도 그렇다.)

그러나 전체는 부분들에 의존하고 있다. 주어진 한 시퀀스에서 일어나는 일은 전체 세계 안에서는 문제의 그 증인이 일어났다고 주장하는 바이다. (이것은 하나의 허구적 참이 다른 허구적 참에 함축되는 하나의 예이지만, 함축되는 허구적 참과 함축하는 허구적 참은 서로 다른 세계에 속한다.) 그리고 그 시퀀스로 하는 나의 게임 안에서 허구적으로 내가 보는 것은 그 영화 전체로 하는 나의 게임 안에서 허구적으로 그 증인이 일어났다고 증언하는 바를 내가 듣는 것이다. 이것이야말로 내가 그 시퀀스를 그 증언의 **보여주기**(illustration)라고 설명할 때 의미하는 바이다. 그것은 그의 증언에 따를 때 무슨 일이 일어났는가를 우리에게 **보여준다**.

이러한 해석은 이 영화를 보는 경험과 잘 부합한다. 관객은 개별적인 시퀀스들의 극적 사건에 사로잡혀 어느 정도는 그 프레임이 되는 법정에서 진행되는 일들을 잊어버린 채 (이를테면) 아내가 자신의 남편을 찌르는 장면을 생생하게 상상한다. 컷 이후의 법정 장면이 그를 영화 전체의 세계로 급히 되돌아오게 할 때까지는 말이다. 영화 전체의 세계에서 관객은 그저 아내가 자신이 남편을 죽였다고 증언했다는 것만을 상상한다. (우리는 입체주의 회화의 공간적 부분들에 따로따로, 똑같은 정도로 초점을 맞추지 않는다. 이것이 내가 입체주의 회화를 콜라주로 간주하는 것을 보류하는 한 가지 이유다.)

〈단 한 번뿐인 삶〉에서의 샷들과 같은 평범한 시점 샷에 대해 이와 유사하게 이해하는 것도 비록 덜 불가피할지는 몰라도 가능하기는 하다. 우리는 그 영화의 마지막 샷을 영화 전체의 세계에서 에디가 어떤 식으로 사물을 보는지를 보여주는, 하나의 분리된 순간적 게임에서의 소도구로 간주할 수 있다. 그 게임 안에서는 우리가 그렇게 본다는 것이 허구적이며, 영화 전체의 세계 안에서, 그리고 영화 전체로 하는 우리의 게임 안에서는 에디가 그렇게 본다는 것이 허구적이다. 우리는 어떤 세계 안에서든 관객이 에디라는 것이 허구적이라고 간주할 필요가 없으며, 또한 관객이 그 자신이 에디라고 상상한다고 가정해야 하는 것도 아니다.

루벤스의 〈비너스의 단장〉(그림 4.2)을 상기해보자. 그것은 비너스가 거울 속에서 보는 것이 그 거울 속에 비치는 모습을 보여주는 것이지 관객의 시점에서 거울 속에 무엇이 보일지를 보여주는 것이 아니다. 거울에 대한 묘사는 그림 전체의 세계에서 허구적으로 비너스가 그 거울 안에서 무엇을 보는지를 보여주는 하나의 분리된 묘사로서 간주될 수 있다.

〈목초와 나비〉는 관련된 공간적 또는 시간적 부분들로 쉽게 나뉠 수 없지만, 우리는 그 그림을 관람자가 그런 식으로 본다는 것을 허구적으로 만드는 하나의 묘사적 국면을 가지는 것으로 간주할 수 있으며, 이 국면은 두 번째 단계에서 허구적으로 또 다른 나비에게 사물이 어떻게 보일지를 보여주는 것으로 이해된다고 간주할 수 있다.

어떤 묘사가 한 등장인물의 지각적 시점에서 사물을 묘사하는 다양한 경우에서 감상자가 그 지각하는 등장인물과 자신이 동일하다고 상상하는지 아닌지에 대해 어떻게 말하는 것을 더 선호하든 간에, 중요한 것은 그가 그 등장인물의 시점을 공유한다는 사실이다. 감상자는 그 묘사의 부분 혹은 전체를 소도구로 사용하는 시각적 믿는 체하기 게임에 참여하며, 그가 그 등장인물의 눈을 통해서건 자신의 눈을 통해서건 간에 허구적으로 그 등장인물이 보는 방식으로 본다는 것이 허구적이다. 그는 그런 식으로 본다고 상상한다.

그러한 참여는 이러한 묘사들을 경험하는 데 필수적이다. 이것은 다른 이가 느낀다고 생각되는 식으로 내가 느낀다고 상상하는 것이 — 비록 내가 그라고 상상하거나 그렇게 느끼지는 않는다 하더라도 — 공감의 경험에서 필수적인 것과 마찬가지이다. 사실 우리는 관객이 그 등장인물의 지각적 경험에 "공감"한다고 간주할 수 있으며, 예를 들면 보리에 대한 이러한 "지각적 공감"은 그의 불안정한 정신 상태와의 "공감"에 기여할 수 있다.

그림 8.14는 에스키모 롤[*역주: 카누가 전복했을 때 카누를 탄 채로 수중에서 노를 조작하여 180° 또는 360° 회전하여 부상하는 기술]을 어떻게 하는지, 뒤집힌 슬랄롬(slalom) (닫힌) 카누를 어떻게 똑바로 세우는지를 보여준다. 스케치는 그림 속 카누 선수가 허구적으로 어떻게 보는

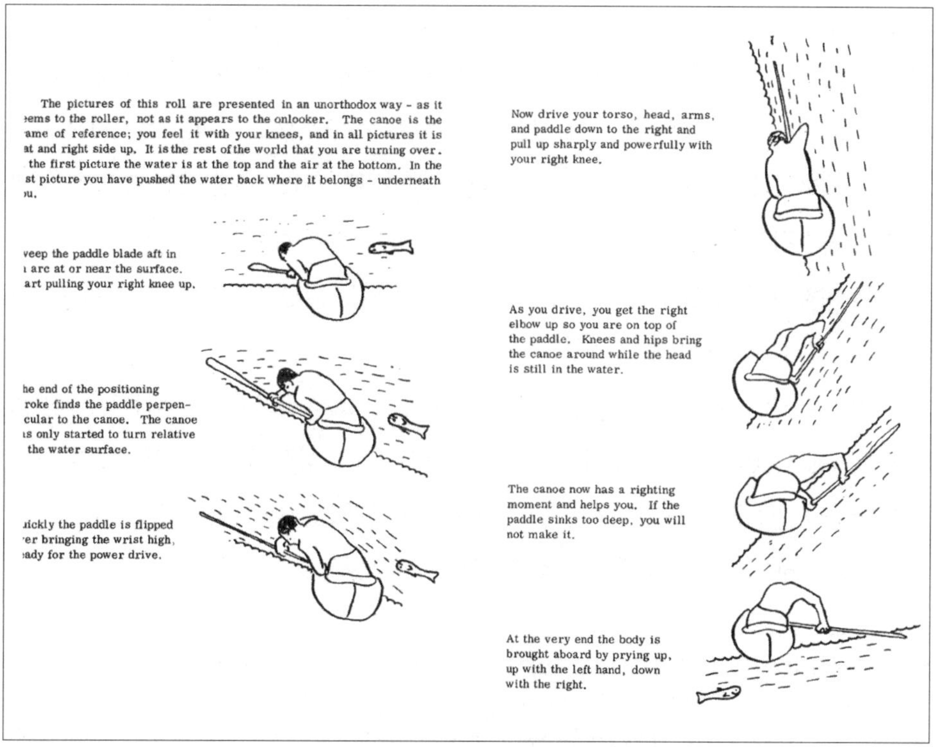

〈그림 8.14〉 에스키모 롤(Eskimo roll) 도해, 로버트 E. 맥네어(Robert E. McNair), 《카누의 기본(*Basic River Canoeing*)》 제3판(American Camping Association, 1972).

지를 (물론 그 자신의 등에 대한 묘사는 제외하고) 보여주는 것으로 간주될 수 있다. 그러나 이 경우 핵심은 그림 속 카누 선수에 대한 "공감"이나 이해를 특별히 촉진하는 것이라기보다는 그렇게 카누를 조종하는 것이 어떤 것일지에 대한 느낌을 가지게 함으로써 우리가 그것을 스스로 할 수 있도록 하는 것이다. 중요한 것은 우리가 어떤 경험을 한다고 상상한다는 것이다.[51] 허구적으로 우리가 경험하는 바가 그 카누 선수가 경험한다는 것이 허구적인 바임은 부수적이다. 비록 이 점을 깨닫는 것이 우리가 그 경험을 한다고 상상하는 데 기여할 수는 있겠지만 말이다.

관찰자의 시각적 믿는 체하기 게임은 결정적이다. 내가 **나 자신이** 회전한다고 상상하는 것, 허구적으로 **나의** 시각장 안에서 세계와 수평선이 **나에** 상대적으로 돈다는 것은 결정적이다. 그것이 바로 나에게 에스키모 롤을 하는 것이 어떤 것인지에 대한 생생한 감각을 주는 것이다. 만약 그 스케치가 모두 똑바로 된 것이었다면, 물이 아래에 있고 하늘이 위에 있도록 그려졌다면 그 효과는 완전히 달랐을 것이고 그만큼 교육적이지 못했을 것이다. **그림**의 세계에서 허구적인 바는 분명히 그 경우에도 같을 것이다. 차이는 관찰자의 믿는 체하기 게임에 있을 것이다. 즉, 허구적으로 우리는 에스키모 롤을 하는 사람의 시각적 경험보다는 누군가 다른 사람이 에스키모 롤을 하는 것을 보는 관객의 시각적 경험을 하게 될 것이다.[52] 이는 이렇게 단순한 예에서까지 관찰자의 시각적 믿는 체하기 게임 안에서 묘사가 소도구로 사용되는 역할을 깨닫는 것의 필요성을 극적으로 확인하게 해준다.

그림을 "~로서 보기(seeing as)"나 "안에서 보기(seeing in)"로 간주하는 이들은 이러한 차이를 쉽게 간과할 수 있다. 그 차이는 우리가 그 그림을 무엇으로서 보는가나 그 그림 안에서 무엇을 보는가에 있는 것이 아니라 우리가 그림을 보는 방식 — 우리의 시각적 믿는 체하기 게임을 통해 설명될 수 있는 — 에 있다.

---

51) 물론 우리의 상상된 경험은 단지 시각적이기만 한 것이 아니라 운동감각적이고 촉각적이기도 하다. 허구적으로 이러한 비시각적인 방식으로 경험하는 것은 부분적으로는 허구적으로 어떤 방식으로 보는 것의 한 결과이다.

52) "에스키모 롤은 교육자에게나 학생에게나 똑같이 하나의 도전이다 …… 관찰자는 보트에 탄 사람이 회전하는 것을 보는 반면 보트에 탄 사람은 세계가 그의 주위로 회전하는 것을 보고 느끼기 때문에 이해의 문제가 발생한다. 관찰하는 것에서 실제로 하는 것으로의 전환은 매우 혼란스럽다."(McNair, *Basic River Canoeing*, p. 89.)

8.8 결론

묘사를 지각적 믿는 체하기 게임으로써 이해하는 것은 많은 면에서 — 사실주의, 시점, 그리고 묘사 양식의 다른 측면들을 설명하는 데 있어서뿐 아니라 묘사를 기술로부터 구분하는 데 있어서도 — 결실이 있는 것으로 드러났다. 그것은 회화적 재현에서 특별히 시각적인 측면이 무엇인지를 이해할 수 있게 해준다. 그것은 묘사와 기술 사이의(투박하게 말하자면 "보여주기"와 "말하기" 사이의) 대조는 근본적인 것이며 어떤 재현이 묘사적인지 아닌지가 그 재현에 대한 의미심장한 사실이라는 전이론적(pre-theoretical) 인상을 뒷받침해준다. 그 의미심장함은 지각이 우리 삶에서 차지하는 중요성과 우리가 실제로 지각하는 것과 지각하지 않는 것이 중요하게 되는 방식들을 반영한다.

묘사에 대한 이러한 설명은 또한 우리가 경쟁 이론들을 이해하는 데도 도움을 준다. 우리는 "조밀성", "충만성", 그리고 "연속적 상관관계"가 (그림 세계에 대한 조사의 끝없음을 강화하거나 허구적 세계와 실제 세계에 대해 무엇이 지각적으로 확신하기 쉽거나 어려운지에 있어서의 상응을 확보함으로써) 우리의 시각적 게임의 풍부함과 생생함에 어떻게 기여하는지를 보았다. 이런저런 이론가들에 의해 묘사성(또는 회화성)을 전적으로 혹은 부분적으로 구성한다고 주장된 재현이나 재현 체계, 또는 그에 대한 우리의 반응의 다양한 다른 특징들에 대해서도 똑같이 말할 수 있다. 어떤 저자는 회화성을 "함께 보이는(co-visible)" 속성들 — 어떤 주어진 시간에 주어진 지점에서 볼 수 있는 속성들 — 의 재현, 그리고 묘사가 색상 값들을 재현하는 수단이 되는 특징들(밝기 관계를 포함한)이 형태를 재현하는 데도 사용된다는 (추정된) 사실에 둔다.[53] 또 다른 저자는 그림이 우리가 실제로 지각하는 데 사용하는 재인(recognition) 능력을 사용하게 한다는 사실, 즉 그림을 해석하는 우리의 능력이 그 그림이 묘사하는 종류의 사물을 재인하는 우리의 능력에 의존한다는 사실과 "자연적 생성성(natural generativity)" — 거

53) Karelis, "The Las Meninas Literature".

칠게 말해, 일단 어떤 회화 체계에 속하는 몇 개의 그림을 충분히 해석할 수 있을 만큼 그 체계에 통달하고 나면 새로운 어휘를 배우는 것과 같은 학습을 하지 않고도 무수히 많은 다른 그림들을 이해할 수 있게 되는 우리의 능력 ― 을 선택한다.[54)]

이러한 각각의 특징들은 그것이 존재할 때, 그리고 그것이 존재하는 한, 시각적 믿는 체하기 게임을 불러일으키는 그림 보기와 사물 보기 사이의 유비에 기여한다. 만약 어떤 재현이 함께 보이는 속성들을 묘사한다면, 그 재현을 보면서 우리가 어떤 속성들을 동시에 보게 될 때의 속성들은 바로 우리가 세계를 볼 때 동시에 지각하는 속성들이다. 실제로 우리가 색과 밝기의 변화를 지각함으로써 형태를 시각적으로 추적하는 것과 마찬가지로 우리가 형태에 대한 묘사를 확신하게 되는 것은 색과 밝기 값에 대한 묘사를 봄으로써이며, 이는 두 번째 특징 덕분이다. 우리의 지각적 능력은 (당연히!) 우리가 실제 세계를 지각할 때 사용되며, 마찬가지로 우리의 지각적 능력은 우리가 그림을 해석할 때도 사용된다고 주장된다. (이것은 실제 사물을 재인하는 능력이 어떻게 사물에 대한 그림을 봄으로써 획득될 수 있는지를 설명해준다.) "자연적 생성성"은 특별한 훈련 없이 새로운 사물을 쉽게 지각할 수 있는 우리의 능력과 연결된다.[55)]

우리는 해독이나 추론 없이 이해되는 재현의 수용력 ― 볼하임이 묘사에 대한 (비록 정의의 일부는 아닐지라도) 필요조건이라고 간주한 ― 이 어떻게 시각적 믿는 체하기 게임을 촉진시키는지 보았다. 굿맨이 사실주의의 시금석이라고 말하는 하나의 회화 체계에 대한 능통성은 의심의 여지없이 동일한 방식으로 그러한 게임을 촉진시킨다.

심지어는 닮음 ― 묘사가 (때때로) 묘사 대상과 유사해 보이는 개개의 구별 가능한 측면들 ― 조차 설명에 포함된다. 초록색 나뭇잎을 묘사하기 위해 초록색 물감이 보통 사용되는 것은 (비록 묘사하는 초록색의 색조와 묘사되는 초록색의 색조는 다소 다를 수 있다 하더라도) 우연이 아니다. 만약 우리가 나뭇잎을 재현하는 데 있어 허구적으로 그 나뭇잎들이 초록색이라는 사실을 알아차리는 것이 허구적으로 그것들이 초록색

54) Schier, *Deeper into Pictures*, pp. 43-56.

55) 독자는 이러한 관찰에 대해 더 확인하기 위해 "자연적 생성성"에 대한 샤이어의 설명을 참고할 수 있다. 여기서 내가 간단히 말한 것들로 샤이어나 카렐리스의 제안을 충분히 평가했다고는 할 수 없다.

임을 보는 것이 되는 방식으로 재현하고자 한다면, 우리가 명백히 해야 할 일은 나뭇잎들의 초록색을 재현하기 위해 초록색을 사용하는 일이다.

묘사의 특징이라고 간주되는 것들의 이와 같은 다양성은 그 각각의 입장에서 보았을 때는 당황스러운 현상이다. 제안된 정의들은 유사한 직관을 포착하기 위한 시도라는 인상을 주지 못한다. 그리고 그 정의들 중 어떤 것도 **전체적인** 유사성이라는, 잘 정의되기 힘든 개념에 대한 호소가 가지는 것과 같은 직관적 설득력을 가지지 못한다. 조밀성, 연속적 상관관계, 자연적 생성성 등은 우리가 보통 그림이라고 부르는 것들과 관련되는 경향이 분명히 있다. 그러나 그것들은 심지어 전이론적으로 보아서도 지엽적이고 징후적인 것에 불과하며 묘사의 본질로부터 불만족스러울 정도로 먼 것으로 여겨질 가능성이 높다. 그러한 개념들을 사용하여 정의하는 것은 그 정의가 그 집단의 외연의 경계를 정하는 데 있어 얼마나 성공하든 간에 우리가 어떤 이론으로부터 기대하는 통찰력을 제공하지 못한다. 우리는 그렇게 정의된 회화성에 있어 무엇이 중요한 것인지, 묘사와 기술 사이의 대조가 어쨌든 근본적인 대조인 것인지, 어떤 묘사를 사실주의적으로 만드는 요소가 그것을 애초에 묘사로 만드는 요소와 어떤 것이든 관계가 있는지, 묘사에 대한 그러한 설명이 회화 양식과 관련된 중요한 차원들을 밝혀내는 데 도움을 줄 것인지, 그리고 몇몇 경우에서는 그림에서 특별히 시각적인 측면이란 무엇이며 묘사에서 특별히 지각적인 측면이란 무엇인지에 대해 다양한 예들에서 다양한 정도로 궁금한 채로 남겨지게 된다.

이제 우리는 이러한 이질적인 것들로 이루어진 집단이 하나의 공통적인 목적 안에서 통합되는 것을 보게 된다. 위에서 언급한 특징들 중 어떤 것도 회화성의 핵심이 아니지만, 그중 어떤 것도 회화성에 단지 우연적으로만 관련되어 있지는 않다. 지각적 게임에 끼치는 그 특징들의 영향력은 그러한 특징이 있고 없음이 어떻게 중요할 수 있는지, 그리고 그 특징들이 회화 양식들 간의 차이에 어떻게 관련되는지를 암시한다. 묘사에 대한 우리의 믿는 체하기 설명은 그 특징들 각각을 위한 자리를 마련해주고 묘사를 거기에 데려다준다. 이 설명이 자랑할 수 있는 다양한 다른 이점들 외에도, 우리는 다음과 같은 이점을 덧붙일 수 있다. 그것은 표면적으로 보아서는 통찰력을 거의 제공해주지 못하는 불확실한 동기를 가진 많은 임시방편적 제안들이 마구 뒤섞인 덩어리로 보이는 것이 이 설명에 비추어보았을 때 이해되기 시작한다는 점이다.

독자는 내가 비허구적 묘사를 위한 공간을 남겨놓지 않았다는 것을 알아차릴 것이다. 그림은 그 정의상 허구(작품일 경우에는 허구 **작품**)이다. 물론 그림들은 믿는 체하기에서의 역할을 수행하는 것 외에도 자주 교육을 위해 사용되기도 하고, 정보를 전달하는 데 사용되기도 하고, 기록을 남기는 데 사용되기도 한다. 그러나 그러한 역할을 가지는 것, 시각적이든 아니든 믿는 체하기 게임에서 소도구로 사용되는 역할을 하는 것은 제2장에서 설명한 의미에서 허구가 되는 것이다.

단어들은 다르다. 단어들은 종종 믿는 체하기에 호소하지 않고서도 가르치거나 정보를 준다. 어떤 언어적 텍스트들은 허구이고 어떤 것들은 허구가 아니다. 따라서 **기술**(description)과 **묘사**(depiction)는 — [같은 음절로 시작하는] 두운처럼 보임에도 불구하고 — 평행한 개념이 아니다. 하나는 허구의 한 종이고, 다른 하나는 그 범주를 가로지른다. 나는 "기술"("단어", "언어적 상징")은 의미론적, 그리고/또는 구문론적 용어들에 의해 정의되어야 할 것이라고 생각한다. 그러나 묘사는 화용론적 개념이며, 이는 의미론적 내용을 가진 사물이 사용되는 용도의 문제이다.

이 화용론적 범주를 인정하고 사물에 대한 우리의 고찰에 있어 하나의 중심적 위치를 그것에 부여할 충분한 이유가 있다. 시각적 게임에서 그림을 사용하는 것은 어떤 면에서는 그림이 의미론적 내용을 가지는 것보다 더 우선한다. 우리가 그림들이 어떤 "정보"를 가지고 있는지, 어떤 명제를 골라내는지 확인하는 것은 거의 항상 믿는 체하기 게임에서 그 그림들을 사용함으로써이다. 우리가 어떤 그림이 사슴을 묘사하고 있다는 것을, 사슴 한 마리가 초원을 가로질러 달리고 있다거나 시냇가에서 풀을 뜯어 먹고 있다는 명제를 골라내고 허구적으로 만든다는 것을 알아차리는 것은 우리가 우리 자신이 "그 그림을 사슴으로서 보고 있는" 것을, 또는 "그 그림 안에서 사슴을 보고 있는" 것을, 즉 사슴을 본다고 상상하고 있는 것을 발견할 때이다. 믿는 체하기에 참여하지 않은 채 그저 그림 표면의 색과 형태에 주목함으로써, 그리고 규칙과 원칙들에 호소함으로써 그림을 "읽어내는 것"은 가장 완곡하게 말하더라도 어려운 일이다. 특히 우리가 읽어야 할 그 명제들이 구체적이고 미묘할 때는(사슴 한 마리가 약간 경계하는 표정으로 올려다본다는 명제라든지 잔물결이 시냇물 표면에서 반짝거리는 빛을 흐트러뜨린다는 명제처럼) 더욱 그렇다. 이는 그림들이 정보를 전달하기 위해, 가르치거나 알려주거나 상기시키기 위해 사용될 때, 이러한 기타 목적들에 사용되는 것은 믿는 체하기에서 그것들이 하는 역할을 통해서라는 것을 의미한다. 우리가 어떤 그림이 무엇을 말하는지 이해하기 위해서는 그것을 시각적 게임에서 사용해야 한다.

이러한 인식론적 특징은 좀 더 중요한 실질적 특징의 단지 하나의 징후일 뿐이다. 어떤 그림이 사슴 한 마리가 있다는 명제를 골라낸다고 말할 수 있는 것은 십중팔구 그것이 (적절하게 민감한 관찰자에 의해) 허구적으로 사슴을 보는 게임에서 소도구로 쉽게 또는 자연스럽게 사용된다는 사실에 의해서이다. 관련된 발생의 원칙은 아마도 그것이 무엇인가로 쉽게 "보일 수 있는" 바가 그것이 무엇의 그림인지, 그 그림이 무엇을 허구적으로 만드는지와 밀접한 관련이 있도록 하는 종류일 것이다. 그 그림의 의미론적 내용, 그것이 골라내는 명제들은 단순히 말해 그 그림이 허구적으로 만드는 명제들이다. 어떤 그림을 믿는 체하기에서 사용하는 것은 그 그림의 "정보"를 추출해내는 단지 편리한 수단에 불과한 것이 아니라 근본적이고 1차적인 수단이다. 우리가 이러한 방식으로 결정짓는 바가 결정적일 가능성이 높다. 반면 언어의 의미론적 내용은 좀 더 직접적으로 접근 가능하며 언어가 믿는 체하기에서 가질 수 있는 용법들로부터 독립적이다.

9.
언어적 재현

언어는 믿는 체하기에서 사용되기에 매우 적합하다. 언어에는 내장된 의미론적 구문론적 속성들이 딸려 있어 광범위한 명제들을 가리키기 위해 무수한 방식으로 결합될 수 있다. 비록 언어의 본래적인 혹은 1차적인 목적은 일상적인 의사소통에서 단언이나 질문, 혹은 요청의 수단이나 사고의 매개로서 사용되는 것이겠지만, 언어는 상상하기를 지시하는 데 손쉽게 이용될 수 있다. 우리는 다른 이들이 어떤 주어진 명제를 상상하도록 요청하기 위해 그 명제를 상술하는 언어를 사용할 수 있다. 만약 어떤 단어들의 모음, 즉 어떤 말로 되어 있거나 글로 쓰여 있는 텍스트가 그 자체로 그러한 지시들을 하는 것으로 간주된다면, 그것은 소도구이다. 그리고 소도구가 되는 것이 그것의 기능이라면, 그것은 우리의 의미에서의 재현이다. 몇몇 문학 작품들은 정확히 이러한 방식으로, 단순히 그 안의 문장들이 상술하는 명제들의 상상하기를 명령하는 것으로서 간주될 수 있을 것이다. 그러나 대부분의 문학 작품들은 믿는 체하기에서 더 복잡한 역할을 수행한다.

9.1 언어적 묘사

나는 앞선 장들에서 언어는 **지각적** 믿는 체하기 게임에는 잘 사용되지 못한다고, 즉 묘사로서 손쉽게 기능하지 못한다고 언급했다. 이 말은 더 해명할 필요가 있다. 단어들은 단어들을 쉽게 묘사할 수 있다. 데이비드 길모어 블라이드(David Filmore Blythe)의 회화 〈우체국〉 안의 "일반 배달"이라는 글자들은 우체국 창문에 새겨져 있는 바로 그 글자들을 묘사한다. 캔버스 위의 그 글자들을 관찰하는 것은 허구적으로 우체국 창문에 새겨진 그 글자들을 보는 것이다. 배우가 내뱉는 말들은 묘사적이다. 로렌스 올리비에 경이 무대 위에서 발음하는 단어들을 들으면서, 연극 관람객은 허구적으로 햄릿이 말하는 것을 듣는다. 이 경우들에서 말이나 글자들은 **재귀적**(reflexive) 묘사들이다. 즉 그것들은 스스로를 묘사한다. 단어들이 나무나 집 같은 것들의 그림 형태가 되도록 면 위에 배열된 "구상시(concrete poem)"는 묘사이지만 보통 재귀적 묘사는 아니다.

언어의 의미론적 속성들은 이러한 묘사적 역할에 필수적이지 않다. 의미 없는 소리나 형태로서 간주되는 단어들도 동일한 것을 묘사할 수 있다. 구상시에서 단어들의 의미는 그 시가 나무나 집을 묘사하는 데 기여하지 않는다. 그러나 의미론적 속성들은 거의 언제나 개입된다. 허구적으로 우체국 벽 위의 글자들은 "일반 배달"을 **의미한다**. 올리비에가 발화하는 말들의 의미는 허구적으로 햄릿의 말이 의미하는 바이다.

〈우체국〉 안의 글자들이나 올리비에의 발화처럼 풍부하게 묘사적인 소설들은 거의 없지만, 많은 소설들은 적어도 개략적인 지각적 게임에서의 소도구가 된다. 《걸리버 여행기》를 읽는 것은 허구적으로 어떤 배의 항해일지를 읽는 것이다. 새뮤얼 리처드슨의 《파멜라》 같은 서간체 소설에서 편지들을 재현한 것이라든지 《트리스트럼 섄디》가 자서전을 재현한 것, 그리고 다른 문학 작품들에서 잡지, 일기, 노트들을 재현한 것은 묘사에 근접한다. 그러나 이 작품들이 사용되는 게임들은 단지 최소한으로만 지각적이다. 읽는 것이 허구적으로 독자가 수행하는 거의 유일한 지각적 행위이기 때문이다. 우리가 《걸리버 여행기》의 인쇄된 텍스트를 조사한다 해도, 우리가 그 항해일지의 필적을 조사한다거나 그것이 무슨 글자인지 알아보는 것을 넘어서서 글자들의 구성 형태를 관찰한다는 것은 허구적이지 않을 것이다. 《트리스트럼》에서 인쇄상의 특이한 점들이나 비어 있거나 검게 칠해진 페이지들은 독자가 그것으로 하는 게임에 지각성을 약간 더 더해준다. 만약 어떤 서간체 소설의 한 부가 필기체로 된 서명을 포함하고 있다면, 그것은 완전한 의미에서의 서명-그림일 것이다. 그러나 **글로 쓰인** 텍스트가 **말해진** 단어들을 재현할 때(이전에 말해진 것을 글로 인용한 것이 아니라), 묘사는 거의 완전히 떨어져나간다. 우리는 교차 양상적 묘사라는 것이 얼마나 승산이 없는지 보았다. 몇몇 경우들에는 독자가 말해진 단어들을 듣는다는 것이 허구적일 수도 있다. 심지어는 화자가 독자에게 말을 건다는 것이 허구적일 수도 있다. 그러나 독자가 실제로 그 텍스트를 지각하는 것, 그가 그것을 읽는 것이 허구적으로 그 단어들을 말하는 것을 듣는 것이 되지는 않을 것이다.

《걸리버 여행기》는 1차적으로 걸리버와 그의 다양한 모험들(실제 세계의 풍자의 대상은 말할 것도 없거니와)에 대한 것이지 항해일지에 대한 것이 아니다. 의미를 가진 단어들의 재현은 그 단어들이 기술하는 종류의 사물들을 재현하기 위한 하나의 방책이다. 그러나 **이** 재현하기는 전혀 묘사하기가 아니다. 우리가 소설을 읽으면서 걸리버를 본다거나 그의 모험들을 구경한다는 것은 허구적이지 않다. 언어가 지각적 게임에 적합하지 못하다는 우리의 관찰이 참이라는 것을 여기서 알 수 있다. 문학 작품의 의미론적 특성들이 그 작품이 허구적으로 만드는 명제들을 상술함으로써 그 작품이 재현하는 바를 결정하는 한, 문학 작품의 재현하기는 묘사가 되기 어렵다. 단어들은 묘사하기 어려운 것들을 기술한다(단어들이 우연히 단어들을 기술하는 것이 아니라면 말이다).

단어들을 포함하고 있는 게임들이 때로는 중요한 방식으로 지각적이고 또 때로는 거의 지각적이지 않다는 사실은 단어들이 믿는 체하기에서 사용되는 방식이 한없이 다양하다는 것을 보여준다. 언어적 재현들은 그것들이 언어를 이용한다는 사실을 제외하면 어떤 공통점으로도 묶이지 않는다. 그러나 한 종류의 언어적 재현, 즉 **서술**(narration)은 특히 핵심적이며, 나는 그것이 많은 다른 것들의 역사적인 원형이라고 추측한다. 여기서 "서사학(narratology)"에 대한 완전한 연구에 착수할 수는 없다. 그러나 우리는 재현에 대한 우리의 일반적인 그림이 기여할 수 있는 몇 가지 결정적인 지점들에 주목할 수 있다.

9.2 서술하기

당신이 《톰 소여의 모험》이라는 제목의 책을 읽은 적이 없다면, 당신은 나에 대해 알지 못할 것이다. 그렇지만 그것은 문제가 되지 않는다. 그 책은 마크 트웨인 씨가 쓴 책이고, 그는 대부분 진실을 말했다. 그가 과장한 것들이 있기는 하지만, 대개 그는 진실을 말했다. 그것은 아무것도 아니다. 나는 한두 번쯤 거짓말을 해보지 않은 사람을 본 적이 없다.

– 마크 트웨인, 《허클베리 핀》

단어들이 단어들을 재현할 때는 그것들을 의미를 가진 것으로서뿐만 아니라 일상적인 방식으로 사용되는 것으로서 재현할 것이 기대된다. 언어적 재현을 구성하는 단어들에 대해서는(그렇지 않은 개별 사례가 있다 해도 그 단어 유형은), 누군가가 그 단어들을 사용해서 사건에 대한 보고를 하거나 태도를 표현한다는 것이나 친구에게 편지를 쓰거나 일기를 쓰면서 그 단어들을 적어내려 간다는 것, 또는 그 단어들을 말하면서 그가 주장하거나 탄원하거나 격찬하거나 혼잣말을 한다는 것이 종종 허구적이다. 허구적으로 어떤 등장인물이 말하거나 쓰는 단어들로 구성된 재현들은 **서술되는**(narrated) 재현들이며, 허구적으로 그 단어들을 말하거나 쓰는 등장인물은 **화자**(narrator)이다.[1]

허구적으로 어떤 화자가 또 다른 등장인물의 말을 직접적으로 (그리고 정확하게)

1) 어떤 작품에 대해, 그저 허구적으로 그 작품 안의 단어들을 말하거나 쓰는 누군가가 있다고 해서 그 작품이 화자를 가지는 작품이 되는 것은 아니다. 비공식적으로 말하자면, 그 단어들은 허구적으로 어떤 **특정** 등장인물이 하는 말임에 틀림없다. 독자는 누군가가 그 단어들을 말하거나 쓴다는 것만을 상상하는 것이 아니라 누군가가 그 단어들을 말하거나 쓴다고, 또는 누군가가 그 단어들을 말했거나 썼다고 상상해야 한다.

인용할 때, 그 텍스트의 그 단어들(단어 유형들)에 대해, 인용하고 있는 등장인물뿐만 아니라 인용되는 등장인물 또한 그 단어들을 사용한다는(또는 사용했다는) 것이 허구적이다. 내 예상에 우리는 인용된 등장인물도 화자로 간주하기는 피하고 싶을 것 같다. 어쨌든, 인용된 등장인물이 텍스트에 가지는 관계와 인용하는 등장인물이 텍스트에 대해 가지는 관계 사이의 차이는 중요하다. 우리의 게임 안에서는 우리가 전자의 말이 아닌 후자의 말을 읽거나 듣는다는 것이 허구적일 가능성이 크다.

화자는 흔히 (실제) 작가와는 구분된다. 비평가나 이론가들이 이 구분을 고집할 때에는 보통 화자의 속성들이 작가에게는 부여되지 않는다는 것을 의미하는 것이다. 예를 들어 만약 화자가 어떤 종류의 활동을 못마땅해한다는 것이 허구적이라 해도, 우리는 작가가 실제로 그러하다고 가정하지는 말아야 한다. 요점은 충분히 이해되나, 이런 식으로 표현하는 것은 혼동의 여지가 있다. 실제 작가는 그의 작품의 화자일 수 있다. 즉 **작가**에 대해, 그가 텍스트의 단어들을 말하거나 쓴다는 것이 허구적일 수 있다.[2] 그러나 단순히 화자(=작가)가 허구적으로 그러그러한 특성들을 가졌다는 사실로부터 작가가 실제로 그러한 특성들을 가졌다고 추론하는 것은 여전히 부조리하다. (작가가 화자가 아니라 해도, 그 둘은 무한히 많은 속성들을 "공유할" 수 있다. 화자는 작가의 대변자로서 작가가 그의 입을 빌려 말하는 것일 수 있다.)

어떤 서술되는 작품의 **유일한** 화자라는 것이 있어야 할 필요는 없다. 서로 다른 화자들이 재빨리 연속해서 서로를 대체할 수도 있다. 대부분의 (쓰였거나 공연되는) 연극에서는 텍스트의 모든 각각의 행마다 새로운 화자가 있다. 우리의 의미에서는 말하고 있는 등장인물들 각각은 그들 각각에 부여된 행들의 화자이다. 대화를 재현하면서 "그가 말했다" 같은 말을 생략하는 소설들은(그리고 아마도 생략하지 않는 몇몇 소설들도) 그와 유사하게 이해될 수 있다.

---

2) 비톨트 곰브로비치(Witold Gombrowicz)는 아마도 그의 작품 〈포르노그라피아(Pornografia)〉의 화자일 것이다. "그리고 이제 갑자기 내 앞에 내가 돌이킬 수 없이 끝나버렸다고 생각한 봄의 따뜻한 전원생활의 가능성이 나타났다 …… 나는 그 이상 바라는 것이 없었다. 나는 이 고통을 겪을 만큼 겪었다. 나, 한 폴란드 작가인 나, 곰브로비치는 마치 물고기가 미끼를 쫓는 것처럼 이 환상을 좇아왔다."(p. 41)

- 여보세요……

- 나 패니야!

- 여보세요? 누구세요?

- 나야, 패니! 네네 부인 옆에 있어?[3)]

이 구절에는 번갈아가며 말하는 두 명의 화자가 있다. 이 텍스트의 단어들에 대해서는, 대화하는 두 명의 사람을 인용하는 누군가가 그것을 말하고 있다는 것이 허구적이 아니라 대화하는 이들이 그것을 말하고 있다는 것이 허구적이다. 어떤 이들은 화자를 그 화자를 포함하고 있는 작품을 **통합하는** 특징으로 간주하기도 한다. 화자는 이러한 목적에 사용될 수 있지만, 분명히 항상 그런 것은 아니다.

어떤 서술된 단어들에 대해 누군가가 그 단어들을 말하거나 썼다는 것이 허구적이라면, 독자들의 게임에서는 그들이 그 화자가 말하는 것을 듣거나 그가 쓴 단어들을 읽는다는 것이 허구적일 것이다. 허구적으로 우리는 화자가 모험에 대해 이야기하는 것을 듣거나, 또는 허구적으로 우리는 그의 편지나 항해일지나 일기나 자서전을 읽는다. 때로는 화자가 우리에게 말을 건다는 것이 허구적이기도 하다. (§6.5를 보라.) 때로는 우리가 그가 다른 누군가에게 이야기하거나 혼잣말하는 것을 엿듣거나 다른 이들을 위해 그가 쓴 글을 읽는다는 것이 허구적이다. 우리가 어떻게 허구적으로 그가 하는 말을 읽거나 들을 수 있게 되었는지는 종종 비결정적이며, 그것에 대해 질문하는 것은 어리석은 질문을 하는 것이 될 것이다. 우리는 허구적으로 화자가 (실제) 독자나 청자가 아닌 누군가에게 말하는 경우들을 영화에서의 시점 샷처럼 다룰 수 있을 것이다. (§8.7을 보라.) 내가 마누엘 푸익의 〈비탄의 탱고〉에서 넬리다 페르난데즈 데 마사가 에체파레 부인에게 보낸 1947년 5월 12일의 편지를 묘사하는 구절(p. 10)을 읽을 때, 나는 이 구절로 하는 하나의 게임, 허구적으로 내가 편지를 받는 사람인 게임에 일시적으로 참여하고 있는 것으로 이해될 수 있다. 나는 이것이 내가 에체파레 부인인 것으로 상

3) Puig, *Heartbreak Tango*, p. 131.

상하는 것을 포함하는지에 대한 질문은 열린 채로 두겠다. 어쨌든, 허구적으로 내가 관련되는 방식은 전체로서의 작품과 **그 작품**으로 하는 나의 게임에서 에체파레 부인이 허구적으로 관련되는 방식일 것이다. 나는 허구적으로 (그 구절로 하는 나의 게임에서) 내가 어떻게 관련되는지 알아차림으로써 허구적으로 그녀가 어떻게 관련되는지 알게 된다. 내가 허구적으로 다른 이에게 하는 것으로 되어 있는 담화를 엿듣거나 "엿보는(overreading)" 것으로 이해되는 것이 그럴듯할 때, 예를 들면 내가 다락방에서 화자의 오래된 편지를 발견했을지도 모른다는 것이 허구적일 때는 (내가 거기서 그것을 발견했다는 것이 허구적이 아니라 해도) 이렇게 이해하는 것이 적절하지 않을 수도 있다. 이런 식의 이해는 편지를 받는 사람이 즉시 그것을 없애버렸다는 것이 허구적이거나 화자가 상대와 사적으로 대화했다는 것이 허구적일 때 더 그럴듯하다. 어쨌든, 독자나 청자가 서술을 읽거나 듣는 등장인물에 "이입하는(empathize)" 한, 나는 독자나 청자가 자신이 서술을 읽거나 듣는 등장인물인 것으로 상상하거나 아니면 적어도 허구적으로 그 등장인물이 그 서술을 읽거나 듣게 되는 방식으로 읽거나 듣게 된다고 상상한다고 가정하겠다.

화자들은 종종 우리가 "이야기의 사건들"에 접근하도록 **매개한다**고 이야기되곤 한다. 그 사건들은 화자를 통해 우리에게 **간접적으로** 제시된다. 이는 자주 사실이지만, 몇 개의 서로 다른 방식들이 구분되어야 한다. (a) 걸리버의 모험에 대한 허구적 참들은 그가 항해일지에 쓴 것에 대한 허구적 참들에 의해 함축된다. 즉, 이 허구적 참들은 간접적으로 발생한다. (b) 독자는 후자의 허구적 참들을 기반으로 하여 전자의 허구적 참들을 알아낸다. 그리고 (c) 독자가 항해일지를 읽음으로써 걸리버의 모험들에 대해 알게 된다는 것이 허구적이다.

우리는 묘사에서는 보통 이와 동일한 간접성을 발견하지 못한다. 묘사된 대상들에 대한 허구적 참들이 사물들의 외양에 대한 허구적 참들에 의해 함축됨으로써 간접적으로 발생할 수 있다는 것은 참이다. (아마도 항상 그러할 것이다.) 우리는 후자의 허구적 참을 기반으로 하여 전자의 허구적 참을 알게 될 것이다(우리가 후자를 특별히 주목하지 않는다 해도). 그리고 우리가 참인 것처럼 보이는 것으로부터 참인 것을 판단한다는 것이 허구적일 것이다. 그러나 이 함축된 허구적 참으로 가는 경로는 일반적으로 화자의 의식과 같은 또 다른 (허구적) 의식을 통하지 않는다. 사물들이 어떠한가에 대한 허구적 참들을 함축하고 있는 것은 사물들이 **우리에게** 어떻게 보이는가에 대한 우리 게임 세계 내의 허구적 참들이다. 그리고 우리가 사물들이 어떻게 보이는가를 바탕으로 그것들이 어떠한가를 판단해야 한다고 해도, 허구적으로 우리는 스스로 사물들을 본다. 〈늑대의 시간〉과 〈라쇼몽〉은 예외들이다. (전체의 세계 안에서) 허구적으로 사물들이 어떠한가는 (부분적으로) 허구적으로 그것들이 보리에게 어떻게 보이는가에 의존하거나 허구적으로 다양한 목격자들에 의해 그것들이 어떻게 기술되는가에 의존한다. (우리가 허구적으로 사물들이 어떠한지를 사물들이 보리에게 어떻게 보이는가나 목격자들에 의해 어떻게 기술되는가를 바탕으로 판단하는지는 그리 명확하지 않다.) 그렇다 하더라도, **그 특정한 장면이나 일련의 장면들로 하는** 우리의 게임에서는 우리가 스스로 사물들을 본다는 것이 허구적이다. 그리고 그 장면이나 일련의 장면들에서 허구적으로 사물들이 어떠한가는 허구적으로 그 사물들이 우리에게 어떻게 보이는가에 달려 있다.

서술된 재현들에서 화자의 **전지함**(omniscience)이나 **소멸**(effacement)이라고 불리는 특징은 이러한 효과를 약화시키고 보통 묘사에서 그럴 수 있는 것에 가까운 방식으로 이야기의 사건들에 "직접적으로" 접근하도록 해줄 수 있다. (물론 그러한 특징들이 독자의 게임을 **지각적으로** 만들지는 못한다.) 그러나 우리는 화자가 내가 말한 모든 방식으로도, 심지어는 그중 어떤 방식으로도 항상 매개하는 것만은 아니라는 것을 곧 보게 될 것이다.

화자는 다양한 형태와 정도로 등장한다. 익숙한 문학 작품들과 그 작품들에 대한 비평가들의 말을 대충 훑어보는 것만으로도 그 다양성은 명백하다. 그러나 화자를 기술하는 데 흔히 사용되는 개념적 도구들 중 몇몇은 다소 조잡하고 어떤 서술적 배열들의 중요한 특징들을 잘못 이해하거나 무시하는 데 일조해왔다. 나는 특히 화자의 "신뢰성"이나 "믿을 만함"에 대한 논의들, 즉 화자가 자신이 하는 이야기나 자신이 관련되는 사건들과 가지는 관계 및 그들이 독자에 대해 가지는 관계에 대한 논의들을 염두에 두고 있다. 많은 경우들에서 필요한 것은 허구적인 것과 참인 것 사이의 구분에 대해 더 민감해지는 것과 다양한 허구적 참들이 어떤 허구적 세계에 속하는지에 대해 더 주의를 기울이는 것이다.

9.3 두 종류의 신뢰성

어떤 화자들은 다른 화자들보다 더 "믿을 만"하거나 "신뢰할 만"하다고 여겨진다. 이렇게 말하면서 우리는 두 가지의 서로 매우 다른 것들 중 하나를 염두에 두고 있는 것일 수 있다. 하나는 화자에 대해 어떤 명제들이 허구적인가의 문제이다.[4] 때로는 화자가 매우 신뢰할 만하다는 것, 즉 그가 지적이고 민감하며 정직하고 아는 것이 많다는 것이 허구적이다. 때로는 그가 모른다거나 혼동하고 있다거나 속이고 있다거나 자기기만적이거나 편견을 가지고 있거나 신경증에 걸렸다는 것이 허구적이다. 토마스 만(Thomas Mann)의 〈베니스에서의 죽음〉에서는 화자가 "현명하고 합리적인 심리학자"라는 것이 (아마도) 허구적이다.[5] 나보코프의 〈창백한 불꽃〉에서는 찰스 킨보트가 존 셰이드가 그에게 보이는 관심에 대해 스스로를 속인다는 것이 허구적이다.

화자에 대한 허구적 참들은 종종 그들이 하는 말에 대한 허구적 참들에 의해 대부분 또는 전적으로 함축된다. 〈창백한 불꽃〉은 허구적으로 킨보트가 편집한 존 셰이드의 시만을 포함하고 있으며, 서문과 주석, 그리고 색인(그 목록 중 가장 긴 표제어는 단연코 "찰스 킨보트"이며 그 아래에 있는 하나의 부속 표제어는 "그의 겸손"인)이 달려 있다. 우리는 특히 끝없이 이어지는 주석에서 킨보트가 말하는 것과 그가 말하는 방식을 기반으로 해서 허구적으로 그가 자기 자신을 속였다고 판단한다. 또 다른 화자는 다음과 같이 자신의 신뢰성을 파괴한다.

---

4) 상기할 것: 순수하게 허구적인 등장인물들에 대한 명제는 없으며, 따라서 그러한 허구적인 명제들도 없다. 나는 이 점에 있어 나 스스로 가장하기에 참여하고 있는데, 그 방식에 대해서는 제10장에서 설명할 것이다.

5) Cohn, *Transparent Minds*, p. 26.

내가 잊어버린 많은 것들, 말하지 못하는 많은 것들, 말할 수 없는 많은 것들, 말로 할 수 없는 본성을 가진 많은 것들이 있기 때문이다!

그래서 나는 재구성한다
나는 지어낸다 (약간)
나는 왜곡한다
나는 흉내 낸다
나는 감춘다
나는 암시한다
나는 과장한다[6]

화자가 하는 말에 대한 허구적 참들로부터 우리가 하는 추론들은 종종 우리가 실제로 할 만한 추론들을 반영한다. (함축에 대한 실제의 원칙 그리고/또는 상호 믿음의 원칙이 두드러지게 관련된다.) 화자가 허구적으로 얼마나 믿을 만한가는 흔히 그가 말하는 방식이 실제 보고자의 신뢰성을 얼마나 향상시킬 수 있는가에 근접한다. 그러나 실제 세계에서 우리는 보통 우리 판단의 근거로 삼을 만한 더 넓은 범위의 정보를 가지고 있다. 한 작품 전체가 한 명의 화자가 하는 말로 이루어져 있을 때는 그가 말하거나 쓰는 것이 우리가 근거로 삼을 수 있는 **전부**이다. 우리는 그의 성격에 관해 배경 조사를 하거나 그가 우리에게 말하는 것에 대해 독립적으로 확인할 수 없다. (우리가 그렇게 할 수 있다는 것이 허구적일 수도 있지만, 우리가 그렇게 한다는 것이 허구적일 수는 없다.)

화자의 믿을 만함에 대한 허구적 참들은 어떤 다른 허구적 참들이 함축되는지에 자주 영향을 끼친다. 만약 화자가 정직하고 지적이고 아는 것이 많다는 것이 허구적이라면, 그 사실과 함께 허구적으로 그가 그러그러한 것을 단언한다는 사실은 허구적으

6) Federman, *Take It or Leave It*, p. 87.

로 그러그러한 것이 사실임을 함축할 가능성이 높다. 만약 허구적으로 그가 혼동하고 있거나 모르고 있거나 거짓말쟁이라면, 그러한 함축들은 성사되지 못할 것이다. 우리는 심지어 부분적으로는 그가 그러그러하다고 말한다는 것이 허구적이라는 것 **때문에** 허구적으로 그것이 사실이 아니라고 결론내릴 수도 있다. 포드 매독스 포드(Ford Madox Ford)의 〈선량한 병사〉를 비롯한 "믿을 수 없는" 화자를 가진 작품의 표준적인 사례들은 이러한 점을 보여준다. 따라서 화자가 믿을 만하다는 것이 허구적이라는 의미에서 "믿을 만한" 화자들은 종종 두 번째 의미, 즉 허구적으로 그들이 말하는 것은 허구적으로 그것이 참임을 믿을 만하게 가리킨다는 의미에서도 "믿을 만"하다.

그러나 이 두 종류의 "믿을 만함"이 항상 함께 가지는 않는다. 때때로 화자의 성격에 대한 허구적 참들은 고려하지 않은 채 허구적으로 화자가 사실이라고 주장하는 것은 무엇이든지(혹은 거의 무엇이든지) 허구적인 것으로 받아들이라고 우리에게 지시하는 (아마도 "관례적인") 함축의 원칙이 있다. 내 생각에는 이것이 대략적으로 이른바 전지적 화자를 가진 대부분의 작품들이 가장 잘 이해될 수 있는 방식인 것 같다. 이러한 칭호는 오해의 소지가 있는데, 왜냐하면 보통 화자가 전지적이라는 것 또는 그가 완벽히 정직하다거나 신과 같은 존재라거나 텔레파시를 쓸 수 있다거나 투시력을 가지고 있다거나 육체를 가지고 있지 않다거나 초자연적인 존재라는 것은 허구적이지 않기 때문이다.[7] 심지어 그가 전지적이지 **않다는** 것이 허구적일 수도 있다. 그가 틀릴 수도 있다는 특정 암시가 있거나,[8] 아니면 단순히 허구적으로 그가 보통의 결점, 부도덕함, 단점, 한계를 가진 평범한 인간이라는 것이 (허구적으로 등장인물들의 혈관에는 피가 흐르고 있다는 것이 그렇게 자주 가정되는 것과 같이) 가정될 수도 있다. 그렇지 않으면,

7) 작품 세계 안에서나 공인된 믿는 체하기 게임 안에서는 그러한 것이 허구적이지 않다. 그러나 쉽게 구상해낼 수 있는 **비공식적인** 게임 안에서는 그러한 것이 허구적일 수도 있다. §10.4를 보라.

8) "그는, 의심의 여지없이, 눈가와 입가에 주름과 잔주름이 가득한 늙은 남자였다"는 허구적으로 "베니스에서의 죽음"의 화자에게는 모든 점이 의심의 여지가 없는 것은 아니라는 것을 암시한다. 구체적으로 어떤 점이 불확실한지가 그 후에 암시된다. "그들은 그가 늙었다는 것을, 그가 그들이 입고 있는 옷을 입거나 그들 중 한 명인 척할 권리가 없다는 것을 볼 수 없는가? 그러나 그들은 그에게 익숙해진 것처럼 보였다. 그들은 그가 그들 사이에 있는 것을 묵인하고, 그의 농담에 똑같이 응수하고 그가 장난스럽게 그들의 옆구리를 찌르는 것도 받아주었다. 어떻게 그럴 수 있는가?"(Mann, "Death in Venice," p. 17.)

허구적으로 그가 얼마나 알고 있는지가 비결정적일 수도 있다. 그러나 그가 알고 있는 바와 그의 정직성에 대해 무엇이 허구적이고 무엇이 허구적이지 않은지와는 상관없이, 그가 말한다고 묘사되는 무엇이든지 참이라고, 즉 만약 허구적으로 그가 *p*라고 말한다면 *p*가 허구적이라는 것 자체는 자동적으로 함축된다고 이해될 수도 있다. 나는 만약 그가 *p*라고 말한다는 것이 허구적이라면, 그가 *p*라는 것을 **안다**는 것과 (우리의 게임 안에서) 우리가 그의 말을 곧이곧대로 받아들인다는 것이 허구적일 것이라고 생각한다. 그러나 "그가 그것을 어떻게 알아냈는가?", "우리가 왜 그를 믿어야 하는가?", "그가 어떻게 누군가의 비밀스러운 생각을 그 사람 자신보다 더 잘 알 수 있는가?"와 같은 질문들은 어리석다. 그러한 질문을 해서는 안 되며, 만약 그러한 질문을 한다 해도 "왜냐하면 (허구적으로) 그는 전지적이기 때문이다"라고 대답할 수는 없다.[9)]

이러한 처리 방식의 이점은 명백하다. 이렇게 하는 것은 작가가 기술되는 등장인물과 사건들에 대한 허구적 참들 — 그들의 가장 내밀한 생각과 느낌에 대한 허구적 참들도 포함하여 — 을 깔끔하고 산뜻하게 확립하고 독자에게 그것들에 대한 확실한 접근을 할 수 있게 해준다. 그는 단지 그의 "전지적인" 화자가 그를 대신해서 그가 허구적으로 만들고자 하는 것들을 표현하는 말들을 하도록 하면 된다. 틀릴 수 있는 인간 보고자의 증언을 처리하는 일, 몇몇 경우들에서는 그의 증언만을 기반으로 하여 그의 성격을 판단하고 무엇을 받아들이고 무엇을 받아들이지 않을지 결정하는 일의 불확실성은 무시된다. 그러나 허구적으로 화자는 틀릴 수 있는 인간**이거나**, 적어도 그가 그렇지 않다는 것이 허구적이지는 않다. 이야기의 "사실주의"는 특이한 초자연적인 힘을 가진 등장인물이 있다고 해서 방해받지는 않는다. 허구적으로 화자가 자신이 하는 일 — 많은 경우 실제 세계의 인간 보고자는 알 수 없는 것들 — 을 알고 있고 말한다는 사실만으로도 "사실적이지 않을" 수 있다는 것은 참이다. 그러나 실제 세계와의 이러한 차이점은 국부적인 것으로 간주되거나 거의 무시될 수 있다. 만약 화자가 실수할 수 있는 인간이

9) "신뢰성"의 이 두 가지 개념 사이의 애매함에 대한 전형적인 예는 "전지적임"에 대한 웨인 부스의 정의이다. "[엄밀하게 자연스러운 수단에 의해서는, 또는 실제적인 시각이나 추론에 제한되어서는 알 수 없는 것들을 아는] 완전한 특권이야말로 우리가 보통 전지적임이라고 부르는 것이다."(*Rhetoric of Fiction*, p. 160)

라는 것이 허구적이라면, 우리는 (허구적으로) 그에게 공감하거나 우리가 다른 인간 등장인물에게 하는 것과 같은 다양한 방식으로 그에게 반응할 것이다. 그러나 허구적으로 화자가 자신이 하는 일에 대해 알고 있고 말한다는 것이 허구적으로 그가 초자연적인 능력을 가지고 있다는 것을 함축하는 것으로 간주되는 정도까지는, 공감이나 이해하기가 덜 용이할 것이다. 별스럽게 초자연적인 존재에게 공감하기란 어렵다.

그러나 허구 세계에서의 공상적인 요소들은 그것들이 국부적인 것으로 간주된다 하더라도 중요하다. 허구적으로 화자가 말하는 것은 자동으로 그 자체로 허구적이게 된다는 협정은, 그것이 그런 효과를 낳는 어떤 "관례" 덕분이든 아니면 화자가 전지적이라는(그리고 완전히 정직하다는) 것이 허구적이기 때문이든, §8.4에서 언급된 하나 혹은 그 이상의 의미에서의 "사실주의"를 상당히 희생하는 대가로 얻어진다. 허구 세계와 실제 세계 또는 인접한 가능 세계들 사이에는, 그것들 사이에 어떤 **충돌**(누군가가 실제 세계에서는 어느 누구도 알 수 없는 문제들에 대해 권위를 가지고 말한다는 것이 허구적인 경우에 존재하는 것 같은)도 없는 경우라 하더라도, 비결정성으로 인한 상응의 실패가 있을 수 있다. 화자가 전지적이라는 것이 허구적이지 않다면 그가 명시적으로 말하는 것 이상으로 그가 알고 있는 정도에 대해, 그리고 허구적으로 그가 어떻게 그것을 알게 되었으며 왜 그의 말을 믿어야만 하는지에 대해 비결정성이 있을 것이다. 작품 세계에서의 비결정성은 다른 경우와 마찬가지로 이 경우에도 우리의 믿는 체하기 게임을 방해하는 결과를 낳는다. 독자가 화자가 어떻게 그가 아는 바를 알게 되었는지에 대해, 또는 그의 말을 받아들여야 하는지 그리고 왜 그래야 하는지에 대해 곰곰이 생각한다는 것, 독자가 처음에는 화자의 주장들에 대해 의심하다가 결국은 이런저런 이유로 받아들이기로 결정한다는 것 등이 허구적일 것 같지는 않다. 화자가 전지적이라는 것이 허구적이지 않다면, 왜 허구적으로 우리가 그를 믿어야 하는가라는 질문에 대한 답은 아마도 없을 것이다. 그가 전지적이기(그리고 정직하기) 때문에 우리가 그를 믿는다는 것이 허구적이라 해도, 우리가 그를 그렇게 간주하는 그러그러한 이유가 있다는 것은 허구적이지 않을 것이다.

그러나 사실주의에 있어서의 이러한 희생들 — 허구 세계와 실제 세계 사이의 불일치 및 우리의 믿는 체하기 게임에 대한 방해도 포함하여 — 은 또 다른 종류의 사실주의를 획득한다. 그러한 희생은 화자가 기술하는 등장인물과 사건들에 대한 풍부한 일련의 허구적 참들이 용이하게 발생하도록 하며, 이는 그 등장인물과 사건들에 대해 허구적으로 우리가 아는 바에 대해 풍부한 게임을 낳는다. 비록 우리가 그것을 어떻게 알게 되었는지에 대해서는 아니라 해도 말이다. 허구적으로 우리는 생각해볼 것들을 많이 가지게 된다. 다양한 방향에서의 함축들을 추적하면서 무엇이 허구적인지를 자세히 살펴볼 때는 우리가 화자가 기술하는 사건들에 관해 곰곰이 생각하고 추측하고 다양한 방식으로 고려해본다는 것이 허구적이다.

이러한 교환(trade-off)은 우리가 일반적으로 또는 절대로 실제로는 볼 수 없는 사물들, 즉 유전자, DNA 분자, 화난 하마의 편도선 등을 묘사하는 그림과 관련해서 논의했던 그것과 매우 유사하다. (§8.4를 보라.) 허구적으로 우리가 유전자나 DNA 분자를 본다는 것은 우리의 게임 세계 안에 있는 하나의 공상적인 요소이며, 실제 세계에서 참이거나 그럴듯한 것으로부터의 뚜렷한 이탈이다. 그리고 허구적으로 우리가 어떻게 그러한 것들을 볼 수 있게 되었는가는 대부분 비결정적이다. 우리의 게임 세계는 따라서 약화된다. 그러나 우리는 **정말로** 허구적으로 그것들을 본다. 그것들의 물리적 속성들에 대한 상세한 허구적 참들의 풍부한 무리가 발생하며, 우리가 이 허구적 참들을 알게 될 때는 우리가 (어떤 방식으로든) 그것들에 대한 매우 상세한 지식을 획득했다는 것이 허구적이다. 이와 마찬가지로, "전지적"이고 완벽히 "믿을 만한" 화자를 가진 소설 — 그가 그렇다는 것이 허구적이든 아니면 무엇이 허구적인지에 대한 함축들이 마치 그런 것처럼 받아들여지든 — 은 화자가 기술하는 등장인물들의 가장 내밀한 속성들에 대한 허구적 참들까지도 발생시킬 수 있다. 독자의 게임 안에서는, 그가 어떻게 그러한 속성들에 대한 지식을 얻게 되었는지에 대한 허구적 참들이 얼마나 공상적이든 간에, 그리고 그가 얻게 된 정보의 출처에 대해 허구적인 것이 얼마나 적든 간에, 그가 그러한 속성들에 대해 안다는 것이 허구적이다. 기술된 등장인물들에 대한 이러한 내밀한 지식 — 허구적으로 독자가 알고 있는 것이 되는 — 은 화자에게까지는 아니라 하더라도 그

등장인물들에 대한 "공감"을 촉진시킬 수 있다.[10]

우리는 이와 유사한 이점을 얻기 위한 유사한 희생들을 반복해서 보아왔다. 우리는 에밀리 디킨슨의 (이를테면) 수다, 프랑스인의 입에서 나오는 영어, 〈비너스의 화장〉의 광학적 변칙성, 투명한 네 번째 벽(연극과 영화에서의), 천지창조의 관찰자, 부끄럼 많은 처녀들이 옷을 갈아입는 방 안을 훔쳐보는 낯선 이의 눈길 등 모든 것을 등장인물이나 사건들에 대한 상세한 허구적 참들의 발생을 용이하게 하기 위해, 그리고 우리가 그것들에 접근할 수 있게 하기 위해 참아낸다. (§4.5와 6.6을 보라.)

허구적으로 화자가 말하는 것이 그 자체로 허구적이게 되는 것이 자동적이라면 왜 굳이 화자의 존재를 인식해야 하는가? 누군가가 말하거나 쓴다는 것이 허구적이라는 가정 없이 관례에 의해 작품의 문장들이 표현하는 어떤 것이든지 허구적이게 된다고만 말하는 것은 왜 안 되는가? 만약 그렇게 된다면 우리가 이야기의 사건들을 들어서 알게 된다는 것도 허구적이지 않게 될 것이다. 그러나 우리가 듣는 것이 마음속에 품고 있는 내밀한 비밀이라면, 이것 또한 어쨌든 "사실적인" 작품에 대한 인위적인 침해라고 여겨질 수 있다. 허구적으로 우리가 어떻게 알게 되었는가를 **완전히** 비결정적이도록 내버려두면 왜 안 되는가? 나는 이러한 선택지를 §9.5에서 고려해볼 것이다.

9.4 비언어적 서술하기

때로는 텍스트의 단어들(또는 그중 일부)을 등장인물이 말하거나 쓴다는 것이 아니라 그것이 그가 **생각하는** 바라는 것이 허구적이다. 어떤 구절들이나 심지어 어떤 작품 전체는 "내적인 독백"으로서 가장 잘 이해될 수 있다. 마누엘 푸익은 그가 쓴 말들(중의 일부)에 대해 어떤 등장인물이 단지 생각하기만 한다는 것이 허구적이게 만드는

10) "허구의 가장 사실적인, 가장 '솔직한' 등장인물들은 우리가 가장 친밀히 알고 있는 인물, 우리가 실제 삶에서 사람들을 알 수 있는 방식이 아닌 바로 그런 방식으로 알고 있는 인물들이다."(Cohn, *Transparent Minds*, p. 5)

두 가지 비관례적인 장치를 사용한다. 패니가 어둠 속에서 판초와 함께 있을 때 하는 지배적인 생각을 다음과 같이 나타내는 것이 한 경우다: 안주인이 나를 봤을 리 없어, 나는 친구에게도 말하지 않을 거야, 나는 은행에서 온 사람들과 춤추지 않았어, 사모님 저는 학생들과 춤추지 않았어요, 나는 당신이 절대로 춤추지 말라고 한 종류의 사람들과는 춤추지 않았어요.[11] 푸익의 또 다른 장치는 허구적으로 등장인물이 생각만 하고 입 밖에 내지 않는 말들에 이탤릭체를 사용하는 것이다.

- 들어가도 될까요? *그녀는 내 속을 뒤틀리게 해*
- 네, 어서 들어오세요. 당신을 기다리고 있었어요. *여기는 재빨리 모든 준비를 끝냈지*
- 화초들을 가꾸는 방법을 아시는군요, 그렇죠? *그렇지만 집은 볼품없어*
- 바예호스(Vallejos)를 떠난다면 남겨두고 가기가 유일하게 애석할 것들이죠. …… *그러니까 부서진 바닥 타일은 그만 바라봐! 끝내주게 차려입었군, 비싼 모직 코트며 비싼 펠트 모자*[12]

때로는 텍스트의 단어들에 대해 등장인물이 그것들을 생각한다는 것조차 허구적이지 않고 단지 그가 되돌아보거나 충분히 명확히 떠올려보거나 또는 생각할 기회가 있었다면 그렇게 생각할 것임만이 허구적인 경우가 있다. 〈선셋 대로〉의 시작 부분에서 우리는 한 등장인물의 얼굴이 수영장에 잠겨 있는 동안 그의 몸을 관찰하면서 그의 목소리를 듣는다. 그 말들은 그가 말하는 것은 고사하고 그가 생각한다는 것이 허구적이기도 어려운 것들이다. 아마도 그가 죽어서도 말할 수 있다면 그렇게 말했을 것이라는 것 따위가 허구적일 것이다. 때로는 어떤 텍스트가 필시 한 등장인물의 공상이나 꿈, 욕망 등을 표현하지만 그가 절대로 사용할 것 같지 않은 말들로 표현한다는 것이 허구적

11) *Heartbreak Tango*, p. 86.

12) Ibid., pp. 164-165.

인 경우도 있다.

우리가 서술하기의 개념을 작품의 단어들이 등장인물이 말하거나 쓰는 말이라는 것이 허구적인 경우들에 제한하는지 아니면 단어들이 허구적으로 이런저런 방식으로 "귀속되는" 어떤 인물이든 화자로 간주하는지는 큰 문제가 되지 않는다. 그러나 우리는 후자의 정의가 가진 불명확성뿐 아니라 그 정의가 포함한다고 간주될 수 있는 경우들 사이의 중요한 차이점들에 대해서도 인식해야 한다. 만약 화자가 텍스트의 단어들을 생각하기만 한다는 것이 허구적이라면, 독자는 중요한 지점들에서 게임으로부터 배제된다. 독자가 화자가 그렇게 생각한다는 것을 (어떻게든) 안다는 것이 필시 허구적이라 해도, 그가 화자가 하는 말을 읽거나 듣는다는 것은 허구적이지 않게 될 것이다. 따라서 그 게임은 말하거나 글을 쓰는 화자를 포함하는 작품들로 하는 게임들이 종종 가지는 최소한의 지각성마저 잃게 된다.

그러나 이러한 차이를 감소시키는, 많은 작품들을 이해할 수 있는 하나의 대안적인 방식이 있다. 우리는 작품의 한 부분이나 측면이 독자적으로 고려된다면 허구적으로 등장인물이 말하거나 쓴다는 것이 허구적인 하나의 세계를 구성할 수 있지만, **전체로서의** 그 작품의 세계에서는 그가 그것들을 생각한다는(만약 생각한다면) 것만이 허구적인 경우를 허용할 수 있다. 따라서 〈선셋 대로〉에서 보이스오버로 나오는 말은 전체로서의 작품 세계 안에서 길리스가 죽어서도 말할 수 있다면 말했을 것들을 들려준다. 즉, 그것은 2차적인 세계에서 그가 그렇게 말한다는 것을 허구적으로 만듦으로써 이것을 묘사하는 것이다. 그렇다면 관객은 길리스가 말하는 것을 듣는다는 것이 허구적인 하나의 게임, 즉 그 안에서 보이스오버로 나오는 설명이 독자적으로 고려될 때 하나의 소도구가 되며 관객이 전체로서의 그 영화로 하는 게임과는 구분되는 하나의 게임을 하는 것이다. 이러한 대안은 우리가 〈라쇼몽〉을 이해하는 방식과 평행을 이룬다. (§8.7을 보라.)

9.5 부재한 화자와 지워진 화자

모든 문학 작품이 화자를 가지고 있는지 또는 얼마나 많은 작품이 화자를 가지고 있는지의 문제에 대해 지나치게 고민하는 것은 득이 되지 않는다. 그러나 이 문제에 대해 어떤 이야기를 할 수 있는지 고려해보는 것은 유용할 것이다.

분명히 언어로 구성된 재현들에서 화자가 불가피한 것은 아니다. 한 언어적 텍스트를 그 안의 단어들을 누군가가 말했거나 썼다는 것 또는 그 단어들이 어떤 방식으로든 누군가에게 귀속된다는 것을 허구적으로 만들지 않고 단순히 그 단어들이 표현하는 명제들을 허구적으로 만드는 것으로 이해하는 것은 전적으로 가능하다. (우리는 이 선택을 한 텍스트 앞에 암묵적으로 "다음과 같은 것을 상상하자"라는 말이 있다고 이해할지, 아니면 "누군가가 다음과 같이 말한다고[쓴다고, 생각한다고] 상상하자"라는 말이 있다고 이해할지 중에서 선택하는 것으로 생각할 수 있다.) 우리는 어떤 작품들에서는 화자가 얼마나 매우 "빈약한지(thin)", 화자 같은 것이 있다 하더라도 그에 관해 말할 수 있는 바가 얼마나 적은지 보았다. 이러한 예는 화자를 인정하는 데 대한 반론이 될 수 있다. 또한 화자들이 자신들이 기술하는 사건들을 알았을 수 없거나 또는 보고할 수 없다는 것이 명백한 난처한 경우들도 있다. 그 사건들이 누구도 알 수 없는 종류의 사건이거나, 그 사건이 일어날 때 아무도 없었다거나, 화자가 그 사건이 일어났을 때 또는 그 사건이 일어났다고 보고하는 것으로 예상되는 때에 죽어 있었다거나 하는 등의 이유로 말이다. 우리는 "전지적 화자"의 경우, 화자가 어떤 종류의 사람인가에 대한 고려는 상관이 없다는 것을 보았다. 허구적으로 그가 말하는 것은 여하튼 그 자체로 자동으로 허구적이게 된다. 이 중 어떤 것도 화자가 있다는 것을 부정하도록 **강요하지는** 않는다. 유사한 퍼즐들을 다루는 익숙한 방식들이 있다. 우리는 비결정성을 받아들이고 어리석은 질문들을 계속하기를 거부할 수 있다. 또는 우리는 화자가 "지워졌다고" 선언할 수도 있는데, 이는 (그가 지워 없어졌다는 것이 허구적이라는 의미가 **아니라**) 화자에 대한 허구적 참들이 경시된다는 것, 그리고 아마도 화자에 대한 허구적 참들이 거의 없다는 것을 의미한다. 그러나 우리는 많은 경우에서 화자가 있다고 고집하는 것이 무슨 의미가 있는지 의아해할 수 있다.

모든 혹은 거의 모든 문학 작품에서 화자를 인정해야 한다는 데 우호적인 다양한 고려사항이 제시되었다. 나는 그중 두 가지를 우리 이론의 견지에서 공식화하여 간략히 설명할 것이며, 익숙하지 않을 수도 있는 세 번째 고려사항에 대해서도 설명하기로 하겠다. 첫째, 우리는 평서문들이 사건에 대해 보고하거나 사람들과 상황들을 기술하기 위해 사용되는 데 너무 익숙해져 있어서 문학 작품을 경험할 때는 거의 불가피하게 그 안의 문장들을 누군가가 그런 식으로 사용하고 있거나 사용했다고 상상하게 된다. 그리고 이러한 거의 피할 수 없는 상상하기가 지시된다고 간주하는 것은 부담스럽지 않다. (이 말이 언어의 그러한 사용이 어떤 의미에서든 근본적이거나 기본적이거나 필수적이라는 주장일 필요는 없다. 그러한 사용이 널리 퍼져 있다는 사실 자체가 그러한 상상하기에 참여하는 우리의 성향을 설명할 수 있다.)

많은 혹은 대부분의 문학 작품 속의 단어들은 이야기의 사건들에 관한 느낌이나 태도, 의향이나 인상 등에 대한 암시를 포함하고 있으며, 그러한 것들은 화자에게 귀속되는 것으로 가장 잘 이해될 수 있다. 비록 대부분의 측면에서 화자가 먼 배경 속에 남아 있다 해도, 그리고 (많은 "전지적 화자"의 경우 그러하듯이) 그의 태도 등이 (허구적으로) 그가 말하는 것이 참인지 여부를 결정하는 것과는 무관하다 해도 말이다. 그가 반어적이거나 즐겁게, 또는 확신을 가지거나 안도하며, 경멸적이거나 동정적이거나 조소적이거나 연민에 차거나 체념적이거나 절망적인 어조로, 머뭇거리며 혹은 간절히 사건들을 기술한다는 것이 허구적일 수 있다. 이러한 태도들은 예를 들면 "다행히도", "이상하게도", "슬프게도", "명백히" 등의 부사를 통해 명시적으로 표현될 수도 있지만, 좀 더 미묘한 방식으로 드러날 수도 있다.

우리는 이러한 태도들을 화자에게 귀속시켜야 하는가? 대신 그 태도들이 그 문학 작품의 실제 작가에게 속한다고 할 수는 없는가? 많은 경우 그럴 수 없다. 작가는 이야기의 등장인물과 상황들에 대해 (실제로) 어떤 태도를 가지지 않는다(어쨌든 그 인물과 상황이 **단지** 허구적이고 작가가 그것을 알 경우에는 어떤 태도를 가질 수 없다).[13] 월터스토프는 작가가 자신이 문제의 그 태도를 가지고 있다는 것을 "그의 말에 함축하고 있거나, 함축하고 있는 것으로 스스로를 드러냈을" 수 있다고 주장한다. 월터스토프는 그런 식으로 스스로를 드러내는 것은 "가장하는(pretend)" 것, "그 자신을 허구화하는" 것, "페르소나(persona)를 입는" 것이라고 말한다.[14] 그러나 분명히 이 말이 의미하는 것은 작가가 등장인물과 상황들을 어떤 방식으로 간주하고 그것을 텍스트의 세계 속에 표현한다는 것이 허구적이라는 것이다. 이는 작가를 화자로 만든다.

몇몇 경우들에서 화자의 존재가 그리 명료하지 않음에도 화자를 인정하는 세 번째 이유는 다음과 같다. 때때로 "실제 삶"에서, 관련되는 모든 이들이 말해지는 바가 참이라는 것을 완전히 깨닫고 있거나 표현된 태도를 공유하고 있다 하더라도 어떤 것들이 말해지거나 어떤 태도들이 표현된다는 것이 우리에게 중요할 수 있다. 우리는 말하거나 표현하는 것 자체로부터 어떤 만족감을 얻는다. (이것은 장례식이나 다른 의례 및 의식들의 중요한 한 기능이다.) 따라서 우리는 우리가 어떤 것들이 허구적임을 알게 되는 것, 그리고/또는 그것들이 참임을 우리가 허구적으로 알게 되거나 알고 있다는 것과는 완전히 별도로, 그것들이 말해진다는 것이 허구적이라는 것, 그리고 우리가 그것들이 말해지는 것을 듣는다는 것이 우리 게임 안에서 허구적이라는 것이 때때로 중요하다고 예상할 수 있다. 텍스트의 단어들이 표현되는 명제들이 참이거나 태도들이 적절하다는 것을 허구적으로 만든다는 것만을 가정하는 것으로는 충분하지 않다.

우리는 어떤 결론을 내려야 하는가? 나는 화자를 인정하는 문제에 있어서는 상대적으로 개방적(liberal)이기를, 보통은 화자가 없다고 말하기보다는 지워졌다고 말하기를 선호한다.[15] 화자가 없다고 가정한다고 해서 잃을 것이 거의 또는 전혀 없는 문학 작품들도 있다. 그러나 광범위한 경우들에서 화자를 인정하는 것은, 비록 그중 몇몇 경우에서는 그것이 비평이나 감상에 있어서 거의 아무런 중요성을 가지지 않는다 해도, 화

---

13) 작가가 실제로 등장인물과 상황에 관한 **허구적 참**에 대해 어떤 태도를 가지고 그것을 텍스트의 단어들로 표현할 수도 있지만, 이는 우리가 앞으로 보게 되겠지만 전혀 다른 문제이며 또한 설명이 필요한 많은 텍스트의 특징들을 설명하지 못한다.

14) *Works and Worlds*, p. 178.

15) 이것은 채트먼(Chatman)이 *Story and Discourse*에서 제안한 것과 대략적으로 유사하다.

자가 있는 작품과 화자가 없는 작품 사이에 인위적으로 급격한 단절을 상정하는 일 없이 화자의 개입에 대한 가장 미묘한 암시에까지도 민감하게 해주고, 서로 다른 작품들에서 화자들이 가지는 두드러짐의 정도(와 종류)에 있어서의 무한히 미세한 차이를 인식하도록 해준다.

그러나 그렇기는 해도, 우리는 화자를 인정하는 것이 뚜렷한 긴장을 유발하는 특별한 경우들에 대해 언급해야 한다.[16] 다음의 단어들은 어떤 지역 축제를 기술하는 한 사람의 말로 쉽게 간주되지 않는다.

지역 축제, 일요일, 4월 26일, 1937년, 스패니시 메도(Spanish Meadow)에서: 그 경과와 대단원

시작 시간: 오후 6:30

티켓 가격: 신사는 1페소, 숙녀는 20센트

'로스 아모니코스(Los Armónicos)'라 불리는 악단이 연주하는 첫 번째 춤: 탱고 〈돈 후안(Don Juan)〉

저녁 시간 동안 가장 감탄 받은 숙녀: 라켈 로드리게즈(Raquel Rodríguez)

지배적인 향수: 스패니시 메도를 감싸고 있는 유칼립투스나무의 잎에서 뿜어져 나오는 향기……

패니의 생활에 침입할 의도로 축제에 참여한 신사: 판초(Pancho)로도 알려진, 프란시스코 카탈리노 파에즈(Francisco Catalino Páez)……

판초의 의도를 실현시키도록 도와준 기압계 상황: 쾌적하게 시원한 기온 화씨 61도, 그리고 초승달.

앞에서 말한 의도를 용이하게 해준 기회 상황: 사나워 보이는 길 잃은 개가 다가와 패니를 놀라게 했고 판초에게는 명백한 용기를 보여주도록 함, 그것이 패니에게

16) 어쨌든 보고하는 화자 말이다. §9.6을 보라.

든든함이라는 따뜻한 느낌을 일깨워줌.[17]

화자들 — 완벽히 받아들일 만한 화자들 — 은 때때로 실제 사람들이 말하지 않는 방식으로 — 예를 들면 약강 5보격(iambic pentameter)[*역주: 약한 음절과 강한 음절이 번갈아 다섯 번 이어지는 율격]으로 — 말하기도 한다. 그러나 약강 5보격으로 되어 있는 어떤 구절은 실제 세계에서 말해질법한 것의 변형이나 각색으로, 그리고 관례적인 종류의 변형으로 인식될 수 있다. 우리는 그것을 일상적인 발화를 특정한 문학 장르에 들어맞도록 꾸민 것으로 간주할 수 있다.[18] 지금 인용한 구절은 이런 방식으로 간주하기도 더 어렵다.

중요한 것은 (지워진) 화자가 있는 문학 작품들과 화자가 없는 문학 작품들 사이 어니에 선을 그을지, 또는 그린 신을 긋기는 할 것인지의 여부를 결정하는 일이 아니다. 그러나 우리는 다양한 작품에서 발견되는 미묘한 차이들에 민감할 필요가 있다. 우리는 어떤 허구 작가가 우리 앞에 던지는 것에라도 적절한, 즉시 이용 가능한 개념적 도구들을 가지고 있을 필요가 있다.

나는 이제까지 오직 **보고하는** 화자들에 대해서만 고려해왔다. 때로는 우리가 보고하는 화자를 인식할 필요가 없거나 인식하지 말아야 할 때라 해도, **이야기를 해주는**(storytelling) 화자를 인식하는 것이 합리적이거나 강제적일 수 있다. 아마도 방금 인용한 구절 같은 경우라 해도 말이다.

9.6 이야기를 해주는 화자

어떤 화자가 허구적으로 한 문학 작품의 텍스트를 구성하는 단어들을 말하거나 쓸

17) Puig, *Heartbreak Tango*, pp. 83-85.

18) 우리는 밴필드(Banfield)가 *Unspeakable Sentences*에서 주장한, 화자가 말하는 것으로 볼 수 없는 문학 작품의 문장들에 대해서도 유사하게 간주할 수 있을 것이다.

때, 우리는 그가 그것들로 허구적으로 무엇을 하는지 질문할 필요가 있다. 흔히 그가 실제 사건들에 대해 보고하거나 실제 사람들이나 상황들을 묘사한다는 것이 허구적이다. 그러나 화자가 어떤 이야기를 하거나 소설을 쓰거나 긴 이야기를 지어내기 위해 텍스트의 단어들을 사용한다는 것이 허구적일 수도 있다. **보고하는** 화자가 있는가 하면, **이야기를 해주는** 화자도 있다. 어떤 경우들에서는 화자가 비허구적인 이야기를 말하거나 쓴다는 것이 허구적이지만, 다른 경우들에서는 그가 하나의 허구를 지어낸다는 것이 허구적이기도 하다. 허구적으로 어떤 화자들은 실제 사물과 사건들에 대해 이야기하거나 이야기하려고 하지만, 다른 화자들은 이야기를 꾸며낸다.[19)]

보고하는 화자와 이야기를 해주는 화자 사이의 차이는 화자들이 어떤 이야기의 "사건(action)"에, 그들이 이야기하는 등장인물과 상황과 사건들에 어떤 방식으로 관여하고 있는지 고찰하는 데 있어 결정적이다. 첫 번째로 할 질문은 말하는 행위와 화자가 말하는 사건이 동일한 허구적 세계에 속하는지의 여부이다. 화자가 이야기하는 사건들이 실제 사건이라는 것이 허구적일 때 그것들은 동일한 세계에 속한다. 로빈슨 크루소가 난파당했으며 그의 섬에서 그런 식으로 살았다는 것, 그리고 그가 이 모험들에 대해 이야기한다는 것은 모두《로빈슨 크루소》의 세계에서(그리고 독자의 게임 세계에서도) 허구적이다. 이 경우 및 이와 유사한 경우들에서 우리는 화자와 그가 기술하는 사건들이 함께 속하는 세계 안에서 화자가 그 사건들에 대해 가지는 관계에 대한 익숙한 일련의 질문을 할 수 있다. 화자가 그 사건들에 참여했다는 것이 허구적인가, 아니면 단지 그 사건들을 관찰했다는 것이 허구적인가? 허구적으로 그는 그 사건들에서 중심적 역할을 담당했는가, 아니면 그저 단역이었는가? 그가 직접 그 사건들을 목격했다는 것이 허구적인가, 아니면 소문이나 어떤 다른 방식으로 알게 되었다는 것이 허구적인가? (또는 허구적으로 그가 그 사건들에 대해 어떻게 알게 되었는지가 비결정적인가?) 그가 사건들이 발생할 때나 그 직후 하나하나 차례대로 설명해준다는 것이 허구적인가, 아니면 자신의 기억에서 사건들을 되살려낸다는 것이 허구적인가? 그가 사건들을 정직하고 정확

19) 이러한 몇 가지 구분들이 일치하지 않는다는 것은 제3장을 볼 때 분명하다. 어떤 화자가 보고하는 화자임과 동시에 이야기를 해주는 화자가 되는 것도 가능하다.

하게 보고한다는 것이 허구적인가, 아니면 그가 사건들을 자신의 목적에 적합하도록 왜곡한다는 것이 허구적인가?

보고하는 화자는 그가 기술하는 사건들에서 멀리 떨어져 있을 수 있다. 허구적으로 그가 그 사건들과 아무런 관련이 없다는 의미에서든, 아니면 그저 그가 그 사건들과 어떤 관련을 가질 수 있었는지(또는 심지어 그가 그 사건들에 대해 어떻게 알았는지)에 대한 어떤 의미심장한 허구적 참도 없다는 의미에서든 말이다. 그 작품은 이 점에 있어서 비결정적일 수 있다. 특히 후자의 경우, 그 사건이 화자가 그 사건을 보고하는 세계와는 다른 "세계"에서 일어난다는 비공식적인 의미가 있을 수도 있다. 그러나 그가 실제로 일어난 사건들을 보고하고 있다는 것이 허구적인 한, 다른 것들이 허구적이든 허구적이지 않든 그와 그 사건들은 (우리의 의미에서) 동일한 허구적 세계에 속한다.

그러나 만약 화자가 텍스트의 단어들을 말하거나 쓰면서 긴 이야기를 지어내거나 이야기를 하거나 소설을 쓰고 있다는 것이 허구적이라면, 그리고 그가 자신이 말하는 사건들을 꾸며냈다는 것이 허구적이라면, 그의 서술과 그 사건들은 서로 다른 세계에 속한다. 작품의 세계는 오직 말하기만을 포함하며, 사건들은 작품 세계 안에 내포된 세계에서 일어난다. 작품 세계 안에서는 그가 그 사건들이 발생한다는 것이 (단지) 허구적인 하나의 허구를 만들어낸다는 것이 허구적이다. 허구적으로 화자가 어떻게 그 사건들에 대해 알게 되었는지, 또는 그가 그 사건들에 참여했는지의 여부, 그리고 어떤 방식으로 참여했는지에 대한 질문은 떠오르지도 않을 것인데, 왜냐하면 그 사건들이 실제로 일어난 것이 아님이 허구적이기 때문이다.[20] 물어야 할 질문들은 (허구 세계 안에서의) 그와 사건들의 관련성에 대한 질문이 아니라 허구적으로 그가 어떻게 그 사건들에 대한 **허구적 참들**에 관련되어 있는가에 대한 전혀 다른 질문들이다.

§3.6에서 나는 스스로를 재현으로서 재현하는 작품들에 관해 논의한 바 있다.《허영의 시장》의 세계가 베키 샤프가 로든 크롤리와 결혼한다는 것이 허구적인 하나의 재현을 구성한다는 것은 허구적이다. 또한 그 글을 쓴 작가가 허구적으로 베키가 크롤리

20) 그러나 그의 이야기 세계 안에서 그가 그 사건들에 참여했거나 관찰했다는 것이 허구적임이 작품 세계 안에서 허구적일 수도 있다.

와 결혼하는 한 이야기를 했다는 것 역시 허구적이다. 즉,《허영의 시장》은 이야기를 해주는 화자를 가진다. 명시적으로 화자가 허구 작품을 만들어내는 것으로 (어쨌든 때때로) 묘사하는 작품들은 드물지 않다(《톰 존스》, 바스의 《인생 이야기》). 그러나 이 점을 전혀 명시적으로 드러내지 않는 많은 작품도 어느 정도 타당성을 가지고 이와 유사하게 이해될 수 있다.

문학 작품에서 나타나는 소위 **내포된 작가**, 그리고 내가 **겉보기 작가**라고 이름붙인 이들[21]은 종종 이야기를 해주는 화자로서 이해될 수 있다. 우리는 어떤 이야기나 소설을 읽으면서 어떤 종류의 사람이 그것을 썼는지에 대한, 또는 그것을 쓰는 작가의 목적이나 그 글이 쓰인 방식에 대한 어떤 인상을 받을 수 있다. 그것은 인종주의적 태도를 가진 누군가의 작품으로 보일 수도 있고, 둔감하거나 놀라거나 신경증에 걸린 누군가의 작품으로 보일 수도 있다. 그것은 우스운 이야기를 하려고 썼거나 사회주의의 대의를 주창하기 위해 쓴 것으로 보일 수도 있다. 또는 빠르게, 또는 공들여, 또는 부주의하게 쓴 것으로 보일 수도 있다. 이러한 인상은 어떤 종류의 사람이 실제로 그 소설을 쓰거나 이야기를 했는지, 또는 그가 어떻게 또는 왜 그렇게 했는지를 알려주는 것일 수 있다. 그러나 우리는 종종 그 인상이 실제와 상응하는가에 상관없이 인상 그 자체에 관심을 보이며 그것에 몰두하기도 한다. 어떤 이야기가 우스운 이야기로 의도된 것처럼 **보인다**는 사실은 그 이야기가 실제로 어떻게 의도되었는가와는 완전히 별개로 그 이야기에 대한 중요한 사실일 수 있다. 그것은 그렇게 보임으로써 즐거운 기대의 분위기를 만들어낼 수 있다. 또는 그것이 유머를 너무 예상 가능하게 만들거나 청자의 기대를 높여놓음으로써 유머를 망칠 수도 있다. 때로는 무표정한 얼굴로, 우스운 이야기를 하려는 것이 아닌 것처럼 보이는 방식으로(청자들이 다 알고 있다 하더라도) 우스운 이야기를 하는 것이 가장 우스울 때도 있다. 대담하거나 강박적이거나 태평스러운 스타일로 쓰인 문학 작품, 또는 열정적이거나 허세를 부리거나 감상적이거나 대담한 작품은 실제로 그렇든 아니든 간에 대담하거나 강박적이거나 태평스러운 방식으로 쓰였거나 또는

21) Walton, "Points of View" 그리고 "Style". 이 논문들에서 나는 비록 믿는 체하기 개념을 사용해서 설명하는 것은 아니지만, 겉보기 작가의 본성과 중요성에 대해 여기에서보다 훨씬 더 많은 이야기를 한다.

열정적이거나 허세를 부리거나 감상적이거나 대담한 사람에 의해 쓰인 인상을 주는 작품이다. 그리고 그 스타일 자체가 우리에게 흥미로운 것이다. 역겨운 농담은 병든 마음의 산물인 것처럼 보인다.

어떤 텍스트가 어떻게 혹은 왜, 또는 어떤 종류의 사람에 의해 쓰였는지에 대해 주는 인상에 흥미가 있을 때, 우리는 그 인상이 얼마나 믿을 만한지 또는 믿을 만하지 않은지와는 별개로 그것을 그렇게 쓰고 있는 그런 종류의 누군가를 **상상할** 가능성이 크다. 만약 그러한 상상하기를 지시하는 것이 그 작품의 기능의 일부라면, 즉 그 작품의 작가가 그런 종류의 사람이었으며 작품을 그런 방식으로 혹은 그런 이유로 썼다는 것이 허구적이라면 허구적 작가는 그 작품의 (한) 화자이며, 그것을 쓰면서 그가 허구 작품을 창조해냈다는 것이 허구적이라면 그는 **이야기를 해주는** 화자다.

어떤 허구 작품의 화자가 허구 작품을 만들어낸다는 것이 허구적일 때, **우리가** 읽는 이야기인 실제 작품에 대해 **그것이** 그 화자가 만들어낸 그 허구라는 것이 보통은 허구적이다.[22] 결국, 실제 이야기의 단어들은 허구적으로 화자가 **그것들을** 쓰거나 말함으로써 자신의 이야기를 하는 것들이다. 《허영의 시장》의 화자가 하나의 소설을 쓴다는 것만이 허구적인 것이 아니라 그가 《허영의 시장》을 쓴다는 것이 허구적이다.

만약 그 안에 있는 그 단어들로 이루어진 실제 이야기가 허구적으로 화자가 말하는 그 이야기라면, 우리는 그 이야기가 발생시킨다는 것이 허구적인 그 허구적 참들은 그 이야기가 실제로 발생시키는 허구적 참들이라고 예상해야 한다. 화자가 만들어낸 소설인 《허영의 시장》이 베키 샤프가 로든 크롤리와 결혼한다는 것을 허구적으로 만든다는 것은 **단지** 허구적이기만 한 것이 아니다. 《허영의 시장》은 그녀가 그와 결혼한다는 것을 실제로 허구적으로 만든다.

이는 §7.6에서 우리가 관찰한 바다. 독자는 《허영의 시장》을 두 가지 방식으로, 두

22) 이것이 불가피한 것은 아니다. 실제의 어떤 짧은 이야기 S 안에서 그 안의 단어들이 작가 N에 의해 쓰인 한 서사 소설의 첫머리 단어들이라는 것이 허구적일 수 있다. N은 S의 화자이며, S의 단어들이 그가 쓴 단어들이라는 것은 S-허구적이다. 그리고 그 단어들을 쓰면서 그가 하나의 허구를 창조하고 있다는 것은 S-허구적이다. 그러나 S 자체가 그가 만들어내는 그 서사 소설이라는 것은 S-허구적이지 않을 것이다.

개의 구분되는 (1차적) 작품 세계를 확립하는 것으로 간주한다. 하나는 화자가 베키의 결혼을 포함한 다양한 사건이 발생한다는 것이 허구적인 하나의 이야기를 한다는 것이 허구적인 세계이고, 또 하나는 그러한 사건들이 실제로 발생한다는 것이 허구적인 세계이다. 독자는 두 작품 세계에 상응하는 두 믿는 체하기 게임 사이를 왔다 갔다 하며, 때로는 화자, 즉 허구적인 이야기꾼 및 그가 이야기를 한다는 사실에 집중하기도 하고, 때로는 그 이야기의 내용에 집중하기도 한다. (비록 그가 양쪽 세계를 동시에 인식하고 있을지라도 말이다.) 좀 덜 명백한 예들에 대해서도 똑같이 말할 수 있다. 어떤 이야기에서는 그것이 야심적이지만 그다지 재능이 없는 작가 지망생이 경솔하게 써내려 간 사랑과 약탈에 대한 하나의 이야기라는 것이 허구적일 수 있다. 또한 그 이야기 안에서, 그러나 별개의 작품 세계 안에서는 등장인물들이 사랑과 약탈의 여러 행위들에 관여한다는 것이 허구적일 수 있다. 독자는 그 이야기가 허구적으로 어떻게 발생했는지 및 그 이야기가 그 작가와 그의 동기 및 방식에 대해 주는 인상에, 그리고 사랑과 약탈의 행위들에 번갈아가며 집중할 것이다.

이야기를 해주는 화자와 그가 이야기하는 사건들은 여전히 하나의 세계를 공유하지는 않지만, 이제 서로 다르기는 하나 동일한 수준의 세계, 즉 작품 세계들에 속하는 것으로 보이게 된다. 이것은 이야기하기에 대한 허구적 참들과 이야기 속 사건들에 대한 허구적 참들 사이의 관계에 대한 몇 가지 질문을 불러일으킨다. (이것은 허구적으로 어떻게 화자와 그의 이야기하기가 사건에 관련되는가, 혹은 허구적으로 어떻게 화자가 사건에 대한 허구적 참들에 관련되는가에 대한 질문과는 다른 질문이다.) 예를 들면 우리는 이야기의 텍스트가 어떻게 양쪽 그룹의 허구적 참들을 동시에 발생시킬 수 있는지, 이야기꾼의 성격과 동기에 대한 어떤 허구적 참들을 확립하겠다는 작가의 결정이 다른 쪽 작품 세계 안에서 (이를테면) 사랑과 약탈의 행위들에 대해 무엇이 허구적이 되는지에 어떻게 영향을 주는지를 물을 수 있다.

하나의 문학 작품 또는 하나의 구절이 이야기를 해주는 화자와 보고하는 화자를 모두 가질 수 있다는 것은 분명하다. R이라는 사람이 사랑과 약탈에 관한 사건들을 보고해준다는 것이 허구적인 어떤 이야기는 허구적으로 S라는 사람이 해주는 이야기일 수 있다. 그 작품의 단어들은 R이 사랑과 약탈을 포함하는 사건들을 보고하면서 말하거나 쓰는 단어들이라는 것이 허구적이다. 또한 또 다른 작품 세계 안에서 그 단어들은 S가 R이라는 사람이 사랑과 약탈에 관한 사건들을 보고한다는 하나의 이야기를 하는 데 사용하는 단어들이라는 것이 허구적이기도 하다. 흥미로운 얽힘과 해석적 혼란의 가능성은 명백하다.

화자와 이야기의 "사건" 사이에 성립할 수 있는 다양한 관계, 그리고 특히 이야기를 해주는 화자와 보고하는 화자 사이의 차이에 유념하는 것은 화자가 실제 독자와 "사건" 사이를 매개하거나 매개하지 않는 방식들, 그리고 "사건"이 묘사되는 "관점"에 대해 이야기할 때 그것이 무엇을 의미할 수 있는지를 분류하는 데 도움을 줄 것이다.

9.7 매개하기

이야기를 해주는 화자들은 보고하는 화자들이 전형적으로 하는 방식으로 독자가 화자들이 이야기하는 사건들에 접근하는 것을 매개하지 않는다.

우리는 §9.2에서 보고하는 화자들이 매개할 수 있는 몇 가지 서로 다른 방식에 주목했다. 그것들을 조금 더 명쾌하게 묘사해보자. 어떤 이야기의 "사건(action)"에 대한 허구적 참들은 종종 보고하는 화자가 무엇을 말하는가에 대한 허구적 참들에 의존한다. 걸리버가 릴리푸을 방문했다는 것이 허구적인 이유는 걸리버가 그의 항해일지에 자신이 한 일을 적었다는 것이 허구적이기 때문이다. 허구적으로 어떤 화자가 영웅적 행위를 하는 것에 대해 말하면서 자신이 얼마나 명예롭게 행동했는지에 대해 감정이입하며 집요하게, 방어적으로 이야기한다는 사실은 그가 명예롭거나 영웅적으로 행동하지 않았다는 것이 허구적임을 함축할 수 있다. 무엇이 실제로 일어났는지에 대해 무엇이 허구적인가는 허구적으로 화자가 무엇을 말하고 그것을 어떻게 이야기하는지에 달려 있다. 사건들이 그가 말한 대로 일어났다는 것이 허구적이든 아니든 간에 말이다. 아마도 허구적으로 화자가 텍스트의 단어들을 말하거나 쓴다는 사실은 다른 어떤 허구적 참에도 의존하지 않는 **1차적** 허구적 참일 것이다. 그것은 심지어 유일한 1차적 허구적 참일 수도 있다. 그 작품이 발생시키는 다른 모든 허구적 참들은 거기에서 나왔을 것이기 때문이다.

이야기의 "사건"에 대한 허구적 참들이 화자의 언어적 행동에 대한 허구적 참들에 의존하는 한, 독자는 후자로부터 전자를 추론할 것이다. 우리는 우선 허구적으로 화자가 무엇을 말하고 그것을 어떻게 말하는지에 주목하고, 그것으로부터 허구적으로 무슨 일이 실제로 일어났는지를 판단한다. 이러한 추론을 할 때 우리는 화자의 성격과 인격, 그리고 상황에 대해 무엇이 허구적인지에 주의를 기울여야 한다. 마치 실제 사람들을 언제 믿을 수 있는지를 판단하기 위해 그들의 성격과 상황들을 고려할 필요가 있는 것처럼 말이다. 화자가 일어났다고 말하는 대로 사건들이 일어났다는 것이 허구적이라고 판단할지, 아니면 그런 식으로 일어나지 않았다는 것이 허구적이라고 판단할지는 상당한 정도까지 화자가 얼마나 통찰력이 있거나 지적이거나 정직하다는 것이 허구적인지에 대한, 즉 허구적으로 그가 편견을 가지고 있거나 혼동하고 있거나 참을 감추는 데 이해관계가 얽혀 있는지 아닌지에 대한 우리의 판단에 의존한다. 즉, 그것은 (많은 경우) 우리가 말한 두 가지 의미 중 첫 번째 의미에서 화자의 "신뢰성"과 관련되는 것들에 의존한다. 우리는 허구적 세계의 나머지 부분들에 대한 정보를 얻기 위해 화자의 말뿐만 아니라 그의 눈과 마음에도 의존한다. 그가 말하는 것을 믿지 않을 때라도 말이다.

우리는 화자에 대한 허구적 참을 통해 이야기의 사건들에 대해 무엇이 허구적인지에 실제로 접근하는 데서 그치지 않는다. 우리가 그를 통해 그 사건들에 접근한다는 것은 우리의 게임 안에서 허구적이다. 우리가 그의 보고 및 그의 성격, 인격, 상황들에 대해 그 보고가 드러내는 것들을 통해 그 사건들에 대해 알게 된다는 것은 허구적이다. 화자가 자신이 명예롭게 행동했다고 주장하는 방어적인 방식으로부터 독자가 화자가 실제로는 다르게 행동했다고 판단한다는 것이 허구적일 수 있다.

보고하는 화자는 이런 식으로 앞서 언급한 몇 가지 의미에서 때때로 우리가 이야기의 사건에 접근하는 것을 매개한다. 그러나 오직 때때로만 그렇다. 우리는 "전지적"

화자들 — 이 말이 허구적으로 화자가 말하는 것은 무엇이든지 자동으로 그 자체가 허구적이 된다는 것을 의미할 때 — 이 부분적 예외라는 것을 보았다. 아마도 화자가 말하는 방식의 어떤 재현도 내가 방금 개략적으로 보여준 단순한 그림에 정확하게 들어맞지 않을 것이다. 그러나 그러한 그림에 근접하는 어떤 것이 그런 많은 작품들에 적용된다는 것은 분명하다. 보고하는 화자들이 내가 기술한 매개하는 역할과 같은 어떤 일을 하는 경우는 사실상 빈번하다.

그러나 이야기를 해주는 화자들은 그렇지 않다. 예를 들어 고아로 자란 한 소년이 명성과 부를 추구하기 시작하는 어떤 이야기는 통찰력이 있거나, 어리석거나, 현명하거나, 신경증적이거나, 이기적이거나, 잔인할 정도로 정직한 누군가에 의해 쓰였다는 인상을 줄 수 있다. 우리는 우리가 그렇게 상상해야 한다고, 즉 (한 작품 세계 안에서) 그 이야기는 그러그러한 종류의 이야기꾼이 만들어낸 것이고 어떤 의도로 쓰였다는 것이 허구적이라고 판단할 것이다. 그러나 이것이 그 이야기가 (다른 허구적 세계 안에서) 그 고아와 그의 추구에 대한 어떤 명제들을 허구적으로 만드는지에 영향을 줄 것 같지는 않다. 그 이야기가 바보가 해주는 이야기인 것처럼 보인다 할지라도 — 그 이야기가 허구적으로 어떤 정신 나간 미치광이나 그 판단과 **보고들**을 절대 믿을 수 없는 거짓말쟁이가 만들어낸 것이라 할지라도 — 이것이 우리가 허구적으로 그 고아의 추구가 성공적이었다는 것을 (만약 그 이야기가 그렇게 말한다면) 의심하게 할 필요는 없다. 그 이야기 자체는 우리 앞에 있다. 우리는 그것을 읽고 우리 스스로 주인공이 어떤 운명에 이르게 될지 판단할 수 있다. 만약 우리가 그가 큰 재산을 모았다고 판단한다면, 우리는 그저 한 성공한 고아에 대한 이야기, 허구적으로 미치광이와 거짓말쟁이에 의해 만들어진 하나의 이야기를 읽게 되는 셈이다. 그 이야기 및 주인공의 추구가 성공한 허구적 세계는 허구적으로 미치광이와 거짓말쟁이가 만들어낸 이야기이다.

사실, 이야기를 해주는 화자에 대한 허구적 참들은 그 고아에 대한 허구적 참들에 의존할 가능성이 크다. 그 반대 방향이 아니라 말이다. 그 이야기가 미치광이에 의해 만들어진 이야기라는 인상을 주는 것은 아마도 허구적으로 그 주인공이 명성과 부를 추구해나가는 방식이라든지 그 과정에서 그에게 일어나는 일들 때문일 것이다. 허구적으로 그 주인공 자신이 미치광이라는 사실도 일조할 수 있다. 우리는 제정신인 작가라면 누구도 그런 이야기를 쓰지는 않을 것이라고 생각할 수 있으며, 허구적으로 그 이야기꾼은 제정신이 아니라고 판단할 것이다. (아마도 실제 이야기꾼도 제정신이 아니라고 판단할 것이다.) 허구적으로 병든 마음의 산물인 역겨운 농담은 그 내용 때문에, 허구적으로 그 등장인물들이 말하고 행동하는바 때문에 역겨운 것이다. 우리는 보통 농담이 역겨운 것이라고 먼저 판단하고 나서 그로부터 그 농담의 플롯이나 등장인물에 관한 결론을 이끌어내지 않는다.

우리는 이야기꾼에 대해 무엇이 허구적인지를 통해 그 고아의 추구에 대해 무엇이 허구적인지를 결정하지 않을 뿐 아니라, 우리가 어떤 종류의 사람이 그 이야기를 했는지, 그 이야기를 하는 그의 동기는 무엇인지 등을 기반으로 하여 그 고아가 어떻게 자신이 추구하는 바를 이행했으며 그가 얼마나 성공했는지를 확신한다는 것이 우리의 게임 안에서 허구적이지도 않다. 이러한 의미에서도 이야기를 해주는 화자는 보고하는 화자들이 종종 그렇게 하는 방식으로 매개하는 역할을 하지 못한다. (이 차이는 실제 보고자와 이야기꾼 사이의 차이에서 오는 자연스러운 결과다. 우리가 어떤 보고자의 보고를 믿을지 말지를 판단할 때는 그 출처를 따져야 하지만, 일반적으로 어떤 이야기꾼이 하는 이야기의 내용을 확신하기 위해 그 이야기꾼에게 특별히 주의를 기울이지는 않는다. 제2장을 보라.)

두 가지 단서가 있어야 할 것이다. 첫째, 나는 이야기를 해주는 화자가 매개**할 수 없다고** 주장하는 것이 아니다. 아마도 특별한 경우에는 적어도 내가 논의한 방식들 중 두 가지 방식에서 이야기를 해주는 화자도 매개할 것이다. 그림 8.5와 같은 엉성한 양식의 그림은 아마도 허구적으로 엉성하게 혹은 엉성한 사람에 의해 그려졌다고 할 수 있을 것이다. 이것은 (또 다른 작품 세계 안에서) 그 컴퓨터가 완전하고 정상적이라는 것을 허구적으로 만드는 이유의 일부일 것이며, 우리는 후자의 허구적 참을 (부분적으로) 전자로부터 추론할 것이다. 그러나 우리가 그 컴퓨터가 완전하다고 판단하는 이유에 그것을 그린 화가가 엉성한 사람이었다는 사실이 포함된다는 것은 분명히 우리 게임 안에서 허구적이지 않다. 의심할 여지없이 이 예와 유사한 문학에서의 예들, 즉 이야기꾼에 대해 무엇이 허구적인가에 의해 촉발되는 자비의 원칙에 그 내용을 의존하는 문학 작품들이 있다.

두 번째 단서는 다음과 같다. 이야기를 해주는 화자는 우리가 지금까지 논의해온 방식들과는 다른 어떤 방식으로 그가 이야기하고 있는 사건에 대한 우리의 접근을 매개할 수 있다. 두 개의 서로 다른 작품 세계들이 있으며, 한 작품 세계에서는 이야기를 해주는 화자가 이야기를 해준다는 것이 허구적이고, 다른 하나의 작품 세계에서는 주인공이 명성과 부를 추구한다는 것이 허구적이다. 그러나 첫 번째 세계에서는 그 고아 소년이 명성과 부를 추구한다는 것이 **허구적임**이 허구적이다. 그의 추구는 하나의 작품 세계와 하나의 (다른) 작품 세계에 내포된 세계 양쪽에서 일어난다. 이야기를 해주는 화자는 어떤 면에서는 후자의 경우 사건에 대한 우리의 접근을 매개하기는 한다. 우리가 그 소년의 추구에 대한 허구적 참들을 그것들에 책임이 있는 이야기, 즉 이야기꾼의 이야기를 읽음으로써 알게 된다는 것은 우리의 게임 안에서 허구적이다. 그러나 이것이 화자의 인격이나 상황에 대한 허구적 참들에 주의를 기울이는 것을 포함할 필요는 없다. 이야기꾼이 쓴 것을 읽음으로써 그 소년의 추구에 대해 무엇이 허구적인지를 알게 된다는 것이 허구적이기 위해 우리가 허구적으로 그 이야기가 누군가에 의해 쓰였다는 것을 자각할 필요도 없으며, 우리가 그 사실을 자각하고 있다는 것이 허구적일 필요도 없다.

9.8 화자가 있는 재현에서의 관점

어떤 문학 작품의 "시점" 또는 "관점" — 어쨌든 그 말의 한 가지 의미에서 — 은 종종 보고하는 화자의 관점, 즉 그가 이야기하는 사건과 관련한 그의 위치, 그 사건들에 대한 그의 공간적 · 시간적 관계, 그 사건들에 대해 그가 아는 것과 모르는 것, 그리고 그가 아는 것들의 출처, 그 사건들에 대한 그의 태도와 동일시된다. 그리고 그 작품은 사건들을 그의 관점에서 묘사한다고 말할 수 있는데, 왜냐하면 그가 그 사건들에 대한 독자의 접근을 매개하기 때문이다. 이야기를 해주는 화자 역시 시점이나 관점을 가진다. 다시 말해, 그가 시점이나 관점을 가진다는 것이 허구적이다. 비록 작품이 같은 식으로 이야기의 사건들을 이야기를 해주는 화자의 관점에서 제시하지는 않지만 말이다. 작품은 사건들을 제시하고 **또한** 이야기해주는 화자의 관점을 제시하지만, 이야기를 해주는 화자의 관점을 통해 사건들을 제시하지는 않는다.

게다가, 이야기를 해주는 화자의 시각은 보고하는 화자의 시각과는 달리 **이야기의 사건들에 대한** 시각이 아니다. 허구적으로 고아의 명성과 부에 대한 추구가 실제로 일어나는 세계는 허구적으로 그 이야기를 해주는 화자가 살고 있는 세계가 아니다. 화자가 사건의 실제 발생을 알고 그것을 이런저런 방식으로 바라본다는 것이 허구적일 수 있는 세계는 없다. 즉, 그가 그 고아에 대해 이런저런 수단을 통해 알게 되고 그에게 갈채를 보내거나 감탄하거나 그를 경멸하거나 동정하는 세계는 없다. 비록 이야기꾼의 세계 안에서 그 자신이 그 고아에 대해 알고 그를 좋게 혹은 나쁘게 생각한다는 것이 **허구적인** 하나의 게임을 한다는 것이 허구적이겠지만 말이다. 그 이야기꾼이 실제로 그 **이야기**와 그 이야기가 그 고아에 대해 발생시키는 **허구적 참들**에 관한 어떤 태도들을 가진다는 것 역시 허구적일 수 있다. (허구적으로) 그는 허구적으로 그 고아가 그렇게 행동한다는 사실이 허구적으로 그가 현명하게 또는 어리석게 또는 명예롭게 또는 유치하게 행동한다는 것을 함축하는 것으로 간주할 수 있다. 그 이야기꾼이 그 고아에 대한 허구적 참들이 재미있는 이야기, 혹은 흥미진진하거나 지루하거나 교훈적인 이야기를 만드는 데, 혹은 베스트셀러가 되는 데 기여하는 것으로 생각한다는 것이 허구적일 수도 있다. 이야기를 해주는 화자는 그 고아와 그의 세계를 **외부에서** 바라보는 반면, 허구적으로 실제로 일어난 일들을 보고하는 화자는 그것들을 **내부에서** 바라본다.

물론 문학 작품들은 종종 보고하는 화자이든 이야기를 해주는 화자이든 간에 화자의 관점과 다른 관점을 포함하거나 제시하기도 한다. 그리고 때때로 등장인물과 사건들이 다른 관점에서 묘사되기도 한다. 제라르 주네트(Gérard Genette)는 우리에게 **목소리**와 **분위기** 사이의 구별, 즉 "**내러티브 관점의 방향을 결정하는 관점을 가진 등장인물은**

누구인가라는 질문과 그것과는 전혀 다른 질문인 **화자는 누구인가**라는 질문 — 또는 더 간단하게는 **누가 보는가**라는 질문 — 과 **누가 말하는가**라는 질문" 사이의 구별을 관찰하기를 권고한다.[23] 나는 그저 한 사람의 **유일한** "내러티브 관점의 방향을 결정하는 관점을 가진 등장인물"이라는 것이 (심지어 작품의 한 구절 안에서라도) 있음에 틀림없다고 가정하지 않기를, 그리고 지배적인 관점이 또 다른 등장인물의 관점일 때라도 많은 경우 보고하는 서술자(화자)의 관점이 적어도 명목적으로라도 있다는 것을 인식하기를 주장하고자 한다.

어떤 보고하는 화자가 또 다른 등장인물이 사태를 어떻게 보는지를 있는 그대로 기술할 때, 양쪽 관점 모두 하는 역할이 있다. 그 작품은 사건들에 대한 그 등장인물의 시각에 대한 화자의 시각을 제시한다. (허구적으로 화자는 그 등장인물의 시각이 왜곡되거나 부적절하다고 간주한다는 것이 분명할 수도 있다.) 때때로 화자가 어떤 등장인물의 시각을 이런저런 덜 직접적인 방식으로 암시하거나 묘사한다는 것이 허구적일 때도 있다.

비평가들은 특히 서술자(화자)가 어떤 식으로든 또 다른 등장인물의 관점을 취하거나 택하는 것 같은 작품들, 즉 몇몇 이들이 모호하게 묘사해온 것처럼 두 개의 관점이 융합되거나 결합되는 경향이 있는 작품들에 흥미를 보여왔다.[24] 그런 많은 경우에서는 화자가 등장인물의 견해라고 간주하는 것을 자기 자신이 그 견해를 표현하는 것처럼 가장함으로써 보여준다는 것이 허구적이다. (허구적으로) 화자가 직접 인용이든 간접 인용이든 명시적으로 등장인물의 말을 인용할 때, 그는 자신이 그 등장인물이 말하거나 말할 것이라고 생각하는 대로 말하는 것처럼 가장하고 있는 것이다. (§6.3을 보라.) 그러나 때로는 그러한 흉내 내기가 덜 분명할 때도 있다.

화자가 아닌 어떤 등장인물의 관점을 제시하는 한 익숙한 기법은 웨인 부스(Wayne Booth)가 "3인칭 의식의 중심(third-person centre of consciousness)[*역주: 이야기를

---

23) *Narrative Discourse*, p. 186; Chatman, *Story and Discourse*, pp. 151-158도 보라.

24) Pascal, *Dual Voice*, p. 26.

전적으로 혹은 주로 한 개인의 관점에서 서술하지만 3인칭 시점인 경우]"이라 부른 것을 사용하는 것이다.[25] (허구적으로) 어떤 사건들에 관한 그 등장인물의 견해나 관점, 혹은 태도를 기술하거나 아니면 인용이나 다른 방식을 통해 그 등장인물이 아는 것과 알지 못하는 것을 명시적으로 말하는 대신, 화자는 그 등장인물이 알고 있거나 알아차리거나 중요하다고 생각하는 것들에 제한하여, 그리고 그 등장인물이 그 사건들에 대해 취하는 태도를 표현하는 방식으로 단순히 (허구적으로) 사건들을 기술한다. 헨리 제임스(Henry James)의 소설《대사들》에서 스트레더(Strether)는 "3인칭 의식의 중심"이다.[26]

> 스트레더가 호텔에 도착했을 때 그의 첫 번째 질문은 그의 친구에 대한 것이었다. 그러나 웨이마쉬가 분명히 저녁까지는 도착하지 않을 것임을 알고 나서도 그는 그리 당황하지 않았다. 그가 물어보자 사무실에서는 "시끄럽지 않을 경우에만" 방을 예약하겠다는, 반신료가 지급된 웨이마쉬에게서 온 전보를 보여주었고, 따라서 그들이 리버풀이 아니라 체스터에서 만날 것이라는 합의는 그 정도까지는 여전히 유효했다. 그러나 스트레더가 웨이마쉬가 부두에 있기를 그리 바라지 않게 한 그 비밀스런 원동력, 그래서 그에게 웨이마쉬를 만나는 일을 몇 시간 미루게 했던 그 원동력은 이제 그가 여전히 실망하지 않고 기다릴 수 있다고 느끼도록 해주었다.[27]

화자는 스트레더 자신이 아마도 잘 알고 있을 스트레더의 마음 상태를 뻔뻔하게 기술하지만, 웨이마쉬의 예정된 도착에 대해서는 스트레더가 입수할 수 있는 증거 — 전보 — 만을 보고하며 그것의 의미에 대해 추측한다("분명히").

우리는 허구적으로 화자가 보고하는 바가 허구적으로 그 등장인물이 알고 있는 바에 한정된다는 것을 어떻게 아는가? 종종 이것은 명백한데, 그 이유는 간단히 (허구적

25) Booth, "Distance and Point-of-View," p. 94.

26) 부스는 이런 방식으로 그의 관점이 제시되는 그 등장인물을 화자라고 부르지만, 나는 주네트가 말하듯이 이것이 혼동의 여지가 있다고 생각한다. 스트레더 자신은 허구적으로 그 텍스트의 단어들을 말하는 사람, 즉 우리의 의미에서의 화자가 아니다.

27) *The Ambassadors*, 시작 부분.

으로) 화자가 보고하는 사실들은 그 등장인물이 알 것이라고 예상할 수 있는 것들, 즉 우리가 그가 안다고 가정하는 것들이기 때문이다. 그러나 일단 그러한 패턴이 고정되고 나면, 즉 일단 허구적으로 화자가 보고하는 것을 허구적으로 그 등장인물이 알거나 알아차리는 것에 제한하는 선례가 확립되면, 화자가 어떤 것을 언급하거나 언급하지 않는다는 사실은 그 자체로 그 등장인물이 그것을 알거나 알아차린다거나 알지 못하거나 알아차리지 못한다는 것을 허구적으로 만든다고 이해될 수 있다. 따라서 그 등장인물의 관점의 인식론적 측면들에 대한 명제들은 명시적으로 표현되지 않고서도 허구적이 될 수 있다.

우리는 그런 많은 경우에서 화자가 그 등장인물이 어떤 것을 알고 어떤 것을 모르는지를 가리키거나 강조하는 한 가지 방법으로서 그가 보고하는 바를 고의로 그 등장인물이 아는 바에 한정한다는 것이 허구적임을 이해할 수 있다. 우리는 일상생활에서도 종종 그렇게 한다. 내가 어떤 친구가 법에 저촉되는 일을 한 사건을 설명할 때, 나는 그가 그때는 그날 밤을 어디서 보내게 될지 몰랐다는 사실을 극적으로 보여주기 위해 어떻게 그 일이 시작되었는지 설명하는 동안 그가 그날 밤을 감옥에서 보내게 되었는지 아닌지에 대해 말하는 것을 피할 수 있다. 화자가 이런 일상적인 방식으로 어떤 등장인물이 아는 것과 모르는 것을 묘사한다는 것은 쉽게 허구적이 될 수 있다.

이런 문학적 기교가 어떤 식으로든 독자에게 어떤 관점이 어떠한 것인지에 대한 감각, 어떤 관점에서 보았을 때 사건들이 어떻게 보이는지에 대한 느낌을 부여하고 그 관점을 가진 등장인물에게 감정이입을 하도록 부추긴다는 주장이 있어왔다. 독자의 게임에서는 사물에 대한 그 자신의 시각이 중요한 측면들에서 그 등장인물의 시각과 유사하다는 것이 허구적이다. 허구적으로 그는 그 등장인물이 아는 것과 알아차리는 것을 알고 알아차리는데, 그 이유는 그것이 바로 허구적으로 화자가 보고하는 바이기 때문이다. (비록 허구적으로 독자가 자신이 아는 바를 알게 되는 방법 — 화자의 보고로부터 — 이 그 등장인물이 그것을 알게 되는 방법과는 다르다 해도 말이다.) 또한 허구적으로 독자가 화자의 말을 통해 사태들에 대해 알게 되는 순서는 그 등장인물이 그것들을 발견하게 되는 순서와 근접할 가능성이 크다. 따라서 허구적으로 독자와 그 등장인물이 알게 되어 놀라는 것과 놀라지 않는 것은 일치하는 경향이 있을 것이다. 이러한 소설적 기법과 영화에서의 시점 샷 사이에는 하나의 유사점을 이끌어낼 수 있다. 허구적으로 〈늑대의 시간〉에 나오는 식사 장면을 보고 있는 관객이 보는 것과 알아차리는 것, 즉 스크린 위에 나타나는 것과 초점이 맞추어지는 것은 허구적으로 요한 보리가 보고 알아차리는 것으로 이해된다. 이러한 측면에서(그리고 다른 측면들에서도) 허구적으로 관객이 그 식사 장면을 보는 시각은 보리가 보는 시각과 같다.

《대사들》의 화자가 (허구적으로) 사물을 기술할 때 사용하는 단어들은 (허구적으로) 스트레더가 사물에 대한 자신의 지식을 표현하는 데 사용했을 만한 단어들의 근사치이다. 그러나 이 점은 화자가 스트레더를 3인칭으로 지시할 때나 그가 과거형을 사용하는 많은 경우들에 대해서는 적용되지 않는다. 스트레더는 친구의 도착이 연기된 데 대한 자신의 반응에 대한 지식을 (만약 그가 그것에 대해 자의식이 있다면) "나는 그리 당황하지 않는다"라는 말로 표현하지 "그는 그리 당황하지 않았다"라는 말로 표현하지 않을 것이다. 시각적 묘사에서 이에 대한 최선의 유비는 어떤 등장인물이 보는 바가 제시되는 영화에서 그 등장인물이 보고 있는 것을 보여주는 시점 샷과 함께 그것을 보고 있는 등장인물의 샷을 보여주는 경우, 또는 루소의 〈꿈〉, 에스키모의 롤 다이어그램(그림 8.14), 그리고 아마도 뭉크의 〈비명〉(그림 8.13)과 같이 무엇인가를 보고 있는 등장인물과 함께 그가 보는 장면을 그에게 보이는 대로 묘사하는 정지 그림들의 경우일 것이다.

그러나 이 묘사들 중 어떤 것에도《대사들》에서의 보고하는 화자에 상응하는 것은 없다. 허구적으로 우리가 화자에게서 듣는 것은 허구적으로 스트레더가 생각하거나 아는 것들이다. 그러나 허구적으로 보리가 보는 것들은 허구적으로 우리 스스로가 보는 것들이다.

나의 제안은, 허구적으로 화자는 그 자신이 많은 면에서 그가 그 등장인물에게 귀속시키는 바로 그 인식론적 위치에 있는 것처럼 말하면서 그 등장인물이 안다고 간주하는 것을 보고하고 그 등장인물이 모른다고 간주하는 것들에 대해서는 침묵을 지킨다는 것이다. 어떤 경우들에서는 화자가 그 등장인물이 어떤 인식론적 위치에 있다는 것을 가리키기 위한 한 방법으로 화자가 바로 그 인식론적 위치에 있는 것처럼 가장한다는 것이 허구적이라고 이해할 수도 있다. 그리고 그러한 가장하기는 하나의 믿는 체하기 게임에 참여하는 데 있을 것이다. 《심판》에서 발췌한 다음 구절은 처형당하기 직전 요제프 K의 생각을 묘사하고 있는데, 이러한 종류의 이해에 힘을 실어준다.

> 그의 시선은 채석장과 인접해 있는 집의 맨 위층에 쏠렸다. 깜빡거리는 등불 같은 것이 올라오더니 그쪽 창문의 여닫이창이 갑자기 활짝 열리고 어떤 사람의 모습이 나타났다. 멀고 높은 곳에 있었기 때문에 그 모습은 희미하고 가냘프게 보였는데, 그는 불쑥 몸을 앞으로 한껏 내밀더니 양쪽 팔을 그보다 더 멀리 뻗는 것이었다. 저 사람은 누구인가(Who was it)? 친구인가? 좋은 사람인가? 나를 동정하는 누군가인가? 나를 도우려는 누군가인가? 한 사람뿐인가? 아니면 온 인류인가? 도움이 다가왔는가? 그를 위한 변론이 남아 있는가(Were there arguments in his favour that one had overlooked)? 당연히 있음에 틀림없다. 논리는 물론 흔들 수 없는 것이지만, 살기를 원하는 사람을 이길 수는 없다. 그가 절대 거쳐온 적 없는 고등법원은 어디 있는가?[28]

우리는 화자가 "저 사람은 누구인가? 친구인가? ……"라고 질문하면서 창문 밖으로 몸을 내밀고 있는 사람이 누구인지, 친구인지, 좋은 사람인지 등을 궁금해하는 것처럼 가장한다는 것이 《심판》의 세계에서 허구적이라고 간주할 수 있다. 화자는 그가 그런 것들을 궁금해한다는 것이 허구적인 하나의 게임을 하는 것이다. 그가 이러한 가장하기에 참여하는 목적은 처형을 기다리는 동안 어떤 질문들이 K의 마음속에 지나갔는지를 보여주는 것이다. (이 경우 화자는 단지 K가 알았던 것, 그리고 알지 못했던 것만이 아니라 K에게 현재 떠오르는 생각들도 보여준다.) 화자는 K가 말하는 정확한 단어들, 즉 그가 K가 혼자 생각한 것으로 간주하는 그 단어들을 흉내 내고 있는 것이 아니다.

28) Kafka, *The Trial*, Cohn, *Transparent Minds*, pp. 122-123에서 인용.

K는 아마도 "누구인가(Who *is* it)? …… 나를 위한 변론이 있는가(*Are* there arguments in *my* favor) ……?"라고 생각했을 것이다. 그러나 화자가 K의 처형에 대해 이야기하면서 불확실하다고 표현하는 것처럼 가장하는 **사실들** — 창문 밖으로 몸을 내밀고 있는 사람의 정체성 등 — 은 화자가 K가 그 시점에 궁금해한 것으로 묘사하는 사실들이다.

(화자가 모르는 것처럼 가장하지만 실은 창문에 기대 서 있는 사람이 누구인지 안다는 것이 작품 세계에서 허구적일 수도 있다. 그러나 내 생각에 더 가능성이 큰 것은 그가 안다는 것도 알지 못한다는 것도 허구적이지 않다는 것이다.)

때때로 등장인물이 사물을 어떻게 바라보는지를 보여주기 위한 하나의 방법으로 화자가 그 등장인물의 관점의 다른 측면들 — 예를 들면 그 등장인물의 태도 — 을 표현하는 것처럼 가장한다는 것이 허구적일 때도 있다. 앤 밴필드는 "정말 즐거워! 뛰어들고 싶어! 왜냐하면 그럴 때 그녀는 항상 그렇게 느꼈기 때문이다. …… 부어튼(Bourton)에서 그녀는 프랑스식 창문을 활짝 열어젖히고 바깥으로 뛰어들곤 했다"[29]라는 구절에 나타난 외침으로 표현되는 심정은 댈러웨이 부인("그녀"가 지칭하는 등장인물)에게 귀속되어야지 화자에게 귀속되어서는 안 된다고 지적한다. 그러나 우리는 어떤 (보고하는) 화자가 (허구적으로) 이 심정을 표현하는 것처럼 **가장하고** 있으며, 그럼으로써 댈러웨이 부인의 기분을 드러내주는 것으로 간주할 수 있다.

조지 엘리엇(George Eliot)의 《다니엘 데론다》에 나오는 "그웬돌린이 가장 유감스러웠던 것은 결국 지갑 안에 있던 동전 4개에 9개를 더했을 뿐이라는 것이었다. 이 유대인 딜러들은 도박에 운이 없는 기독교인을 너무나도 비양심적으로 이용해먹고 있었다!"라는 구절에 대해 한 비평가는 다음과 같이 논평했다. "두 번째 문장인 감탄문은 첫 번째 문장과 문법적으로 동일하지만 첫 번째 문장과 같이 작가의 진술이 될 수 없으며 — 왜냐하면 그 문장은 이 소설이 편견임을 보여주고자 하는 견해를 단언하고 있으므로 — 등장인물인 그웬돌린이 가진 시각을 표현하는 것임에 틀림없다는 것을 알 수

29) Virginia Woolf, *Mrs. Dalloway*의 시작 구절. Banfield, *Unspeakable Sentences*, p. 66에서 인용, 논의됨.

있다."[30] 나의 제안은, (허구적으로) 보고하는 화자는 그웬돌린이 실제로 생각하는 바를 보여주기 위해 이러한 반유대주의적 태도를 표현하는 것처럼 가장한다는 것이다. (아이러니를 어떻게 이해할 것인가에 대한 §6.3에서의 내 제안과의 유사성은 명백할 것이다.)

나는 심지어 조이스의 〈젊은 예술가의 초상〉에서 발췌한 다음과 같은 구절에서 화자는 (허구적으로) 스티븐 디덜러스의 죄를 고해하는 것처럼 가장하는 것이라고, 그의 참회하는 심정을 표현하고, 모든 것을 말하고자 하는 그의 의도를 고백하고, 모든 사람이 알게 될 것이라는 사실 때문에 단념하지 않을 것이라는 그의 결심을 단언하는 것처럼 가장하는 것이라고 간주하고 싶다. (나는 스티븐 자신을 제외하고는 그 누구도 이 행위들 대부분을 실제로 수행할 수 없을 것이라고 생각한다.)

> 갑자기 미닫이가 열렸다. 고해자가 나왔다. 그는 다음이었다. 그는 공포에 질려 일어나 무턱대고 고해소 안으로 들어갔다.
>
> 마침내 때가 왔다. 그는 고요한 어둠 속에 무릎을 꿇고 눈을 들어 그의 위에 걸린 하얀 십자가를 바라보았다. 하느님은 그가 뉘우치고 있다는 것을 알 것이다. 그는 그의 모든 죄를 말할 것이다. 그의 고해는 길고 길 것이다. 그러면 성당 안에 있는 모든 사람이 그가 얼마나 큰 죄인이었는지 알게 될 것이다. 알라고 하자. 그것이 사실이었으니까. 그러나 하느님은 그가 뉘우친다면 그를 용서해주시기로 약속했었다. 그는 뉘우치고 있었다. 그는 그의 양손을 마주 잡았다.[31]

이러한 가장하기는 (만약 그것이 가장하기가 맞다면) 물론 완전히 폭로되어 있다. (허구적으로) 화자가 그가 하는 것처럼 가장하는 바를 실제로는 하고 있지 않다는 것은 완벽히 명확하다. 그러나 그러한 폭로가 가장하기를 무효화하지는 않으며, 만약 가장하

30) Pascal, *Dual Voice*, p. vii.

31) Cohn, *Transparent Minds*, p. 102에서 인용.

기의 목적이 사람들을 속이는 것이 아니라 스티븐이 스스로에게 고백하고 표현하고 인정하는 바를 보여주는 것이라면 그러한 폭로가 바람직하지 않다고만 할 수도 없다.

이것이 받아들이기에 너무 과하다 하더라도 적어도 (허구적으로) 화자가 실제로 할 수 있을 만한 어떤 행동들, 즉 고해가 얼마나 길어질지에 대해 외치는 것, 모든 사람이 알게 될 것이라는 예상을 표현하는 것, 죄의 중함에 대해 의식하고 말하는 것 등을 하는 것처럼 가장하고 있다는 것 정도는 허용할 수 있을 것이다.

나는 이 중 어떤 경우에서든 화자가 (허구적으로) 등장인물이 말하거나 생각하거나 행동하는 것으로 묘사하는 방식으로 화자 자신이 말하거나 생각하거나 행동하는 것처럼 가장하고 있다고 간주해야 한다고 주장하는 것은 아니다. 그러나 그러한 해석이 우리에게 열려 있다는 사실은 그 자체로 중요하다. 좀 더 조심스러운 대안은 화자가 실제로는 그런 것처럼 가장하지 않으면서 그러한 것처럼 가장하기의 가능성을 암시한다는 것, 또는 화자가 가장하는 것처럼 가장한다는 것이 허구적이라고 간주하는 것이다. 대부분의 경우 우리는 텍스트를 소리 내어 읽는 것을 쉽게 상상할 수 있으며, 그것은 (허구적으로) 화자가 문제의 가장하기에 실제로 참여한다는 것을 인정하는 것을 거의 불가피하게 만들 것이다. "이 유대인 딜러들은 도박에 운이 없는 기독교인을 너무나도 비양심적으로 이용해먹고 있었다!"를 경멸에 찬 어조로 읽는 것, "그는 뉘우치고 있었다"를 그것이 1인칭이었다면 깊은 회한과 뉘우침을 드러냈을 만한 방식으로 낭독하는 것이 그럴 것처럼 말이다.

말할 필요도 없이, 앞서 말한 것들은 문학적 재현에서의 매개하기와 관점에 대한 포괄적이고 체계적인 설명이 되기에는 한참 부족하다. 그러나 우리는 믿는 체하기 이론이 이 수없이 논의된 문제들에 대해 명료성과 통찰력을 더할 수 있는 몇 가지 중요한 방식들을 관찰할 수 있었다. 아마도 그 방식들은 다른 것들도 제안할 것이다.

IV
의미론과 존재론

10. 허구적 개체 없이 견디기

10.1 문제

우리는 모두 리어왕이라는 사람은 없다는 것, 셰익스피어의 희곡은 단지 허구일 뿐이라는 것을 알고 있다. 우리는 아주 어릴 때부터 〈피터와 늑대〉는 "그저 이야기"일 뿐이며 피터와 늑대는 존재한 적이 없다는 것을 배웠다. 그러나 우리에게 리어왕과 피터 같은 **등장인물들**이 있느냐고 묻는다면, 우리 입에서 나오는 첫 번째 대답은 정말로 그들이 있다는 대답이다. 우리는 용, 유니콘, 그리고 요정이란 없고, 있었던 적도 없다는 자명한 사실을 단숨에 시인한다. 그러나 다음 순간 우리는 **물론, 허구 속에는**, 용, 유니콘, 요정들, 그리고 그 밖의 모든 것들이 있다는 것을 허용하고 있는 자신을 발견하게 된다. 이것이 바로 허구적 개체들의 존재론적 지위에 대한 문제가 유래하는 곳인 상충되는 직관이다.

이러한 갈등은 철학자들이 다양한 부적절한 왜곡을 일으키게 하는 원인이 되었다. 몇몇은 있음(being)과 존재(existence) 사이의, 또는 있는 것(what there is)과 존재하거나 실재하는 것(what exists or is actual) 사이의 구분을 도입하기도 했다. 즉, 리어왕과 그렌델은 **존재하지** 않지만 **있다는** 것이다.[1] (이러한 주장의 부자연스러움은, 전이론적으로 보았을 때 리어왕이나 그렌델 같은 것이 "존재한다"는 것을 부정하는 것만큼이나 똑같이 그것들이 "있다"는 것을 부정하는 것도 받아들일 만한 것으로 보이며, 그러한 것들이 "있다"는 것을 긍정하는 것만큼이나 똑같이 "존재한다"는 것을 긍정하는 것도 받아들일 만한 것 같다는 사실에서 명백히 드러난다.) 때때로 리어왕과 그렌델은 존재하지만 현실적이지(real) 않다거나, 그들이 허구적 존재를 누리지만 실제적 존재를 누리는 것은 아니라거나, 혹은 허구의 영역에는 존재하지만 현실에는 존재하지 않는다고 주장되기도 한다. 이러한 다양한 방책들은 부두교(voodoo) 형이상학처럼 보인다. 이 설명들은 모순을 감추도록 고안된 속임수, 즉 한 손으로는 리어왕과 그의 무리에게 존재론적 지위를 제공하지만 다른 한 손으로는 그것을 다시 가져가버리는 그런 속임수가 아닌가 하는 인상을 피하기가 어렵다.

마찬가지로 호소력이 없는 한 대안은, 허구[2]에 대해서는 어떤 종류의 존재나 있음도 부정하지만, 그럼에도 불구하고 우리가 그것들을 지칭하고 그것들에 대해 이야기할 수 있고 또 실제로 그렇게 한다고 주장하는 것이다.[3] 이러한 주장은 리어왕과 같은 등장인물이 **있다는** 일상적인 주장을 간단히 거부해버리기를 요구한다. 더 중요한 것은, 이러한 주장이 우리에게 지칭을 어떻게 이해해야 하는지에 대한 곤란한 퍼즐을 떠맡긴다는 것이다. 인과적 지칭 이론은 이용할 수 없을 것인데, 왜냐하면 존재하지 않는 개체들은 원인이 될 수 없기 때문이다. 사실상 지칭은 어떤 관계가 아니게 된다. 이러한 전략은 양쪽 다 가지려고 하는 또 하나의 잘못된 시도, 즉 허구적 개체들의 존재를 거부하는 가운데 그것들의 존재를 몰래 들여오려고 하는 시도가 되고 만다.

양쪽 모두에 발을 걸치고 싶은 충동은 양쪽이 각기 문제를 가지고 있다는 사실에서 나온다. 한쪽에서 바라보면 다른 쪽 풀밭이 더 푸르게 보이는 것이다. 허구적 개체를

---

1) 예를 들면 Meinong, "Theory of Objects"에서.

2) 제4부에서 나는 "허구"와 "허구적 개체"를 **단지** 허구적일 뿐인 것들을 의미하는 것으로 사용하겠다. 이러한 용법은 "허구" 또는 "허구적 개체"를 허구적일 뿐만 아니라 실제적(actual)일 수도 있는 것으로 사용한 앞 장들에서의 용법과도 대조되고, 또한 "허구"를 허구 **작품들**을 의미하는 것으로 사용한 용법과도 대조된다.

3) Margolis, *Art and Philosophy*, pp. 252-263.

받아들이는 사람들과 거부하는 사람들 모두 많은 것을 설명해야 한다. 허구적 개체를 믿지 않는 사람들은 일상적인 담론에서 허구적 개체에 대한 지칭으로 보이는 많은 경우를 설명해야 한다. 만약 리어왕이란 없고 우리가 그것을 알고 있다면, 리어왕에게 세 딸이 있었다거나 또는 그가 셰익스피어의 희곡에 나오는 한 등장인물이라고 말할 때 우리는 무슨 말을 하고 있는 것인가? 허구적 개체를 믿는 사람들은 우리가 리어왕이라는 사람이 있다는 것, 그리고 용이나 유니콘 같은 것들이 있다는 것을 많은 상황에서 쉽게 그리고 자연스럽게 부정한다는 사실과 맞서야 한다. 이들은 만약 그런 것들이 있다면 그것들은 어떤 **종류의** 것들인지, 그것들이 어떤 속성을 가지는지에 대해서도 말해야 한다.

허구적 개체를 믿는 사람들은 또한 이 지점에서 등장인물들이나 다른 허구적 개체들을 이런저런 종류의 진기한 존재로 이해한다는 점에서 곤란한 입장에 처하게 된다.[4] 몇몇은 그것들을 배중률(the law of the excluded middle)이 적용되지 않는 "불완전한" 대상들로 간주한다. (레이디 맥베스는 두 자녀 이상을 두었다는 속성도, 두 자녀 이상을 두지 않았다는 속성도 가지지 않는다.) 테렌스 파슨스(Terence Parsons)는 글래드스톤이 셜록 홈스와 대화했다는 속성을 가지지 않았다 하더라도 셜록 홈스가 글래드스톤과 대화했다는 속성을 가졌을 수 있다는 것을 허용한다.[5] 허구적 개체를 믿는 다른 이들은 부분적으로 이런 거북한 결과를 피하기 위해 허구의 등장인물이 인간임이라든가 세 딸을 가짐 같은 일상적인 속성들을 가진다는 것을 부정하며, 허구의 등장인물들에게는 어떤 이야기 속에서 부여된 인간성(personhood)을 가졌다는 속성, 또는 허구적으로(혹은 "어떤 이야기 안에서") 인간임과 같은 속성, 또는 어떤 식으로든 부분적으로 인간성에 의해 구성된다는 등의 속성만을 허용하기도 한다. 어떤 이들은 허구적 대상들

4) 여기서 언급된 허구적 개체의 본성에 대한 몇 가지 견해 및 그 변형들(그중 많은 것은 나의 짧은 논평이 암시하는 것보다 더 정교하지만)은 다음에서 발견할 수 있다. Castañeda, "Fiction and Reality"; Fine, "Problem of Non-Existence"; Howell, "Fictional Objects"와 "Review of Parsons"; Lamarque, "Fiction and Reality"; Meinong, "Theory of Objects"; Parsons, *Non-Existent Objects*; Routley, *Exploring Meinong's Jungle*; Van Inwagen, "Creatures of Fiction"; Wolterstorff, *Works and Worlds*; Woods, *Logic of Fiction*.

5) *Non-Existent Objects*, pp. 59-60.

을 추상적 개체(유형이나 종류 또는 속성들의 집합)로 간주하며, 어떤 이들은 그것들이 필연적으로 그리고 영원히 존재한다고 간주한다. 어떤 설명에 따르면 서로 다른 작품들은 그 각각에 속하는 등장인물에게 정확히 동일한 속성들이 부여되지 않으면 동일한 등장인물에 대한 것이 될 수 없으며, 만약 정확히 동일한 속성들이 한 작품 안의 두 등장인물에게 부여된다면 그들은 두 인물이 아니라 한 인물이거나,[6] 또는 아무도 아니다(none).[7]

허구적 대상들에 대한 이런 다양한 개념은 모두 우리가 일상적으로 말하는 방식과 충돌한다. 우리는 평범한 구체적 개별자들을 묘사하는 것 같은 방식으로 허구적 개체들을 묘사한다. 우리는 리어왕과 레이디 맥베스가 루이 14세와 똑같이 배중률을 따르는 것처럼 이야기한다. 우리는 리어왕에게 세 딸이 있었다고 말하지만, 그가 **실제로는** 그런 평범한 속성들을 가질 수 없는 추상적 존재라는 것을 암시하지는 않는다. 우리는 마치 리어왕이 어떤 때에 존재하게 된 것처럼 말한다. (그러나 언제인가? 그가 태어났을 때인가, 아니면 셰익스피어가 그 희곡을 썼을 때인가?) 우리는《햄릿》의 주인공 햄릿과 스토파드(Stoppard)의 작품〈로젠크란츠와 길덴스턴은 죽었다〉에 나오는 햄릿은 한 사람이자 동일한 사람이라고 말한다. 각각의 작품에서 그에게 부여되는 속성들이 완전히 동일하지는 않음에도 말이다. 그리고〈플롭시의 아기토끼들 이야기〉[8]를 읽으면서, 우리는 이야기에서 토끼들이 어떻게 서로 다른지 말해주지 않음에도 불구하고, 이야기에서 그렇다고 말하기 때문에 여섯 마리의 서로 다른 토끼들이 있다는 것을 쉽게 허용한다. 만약 우리가 허구적 인물과 사물들에 대해 순진하고 전이론적인 믿음(commitment)을 가지고 있다면, 그것은 대부분의 면들에서 완벽히 평범한 인물과 사물들에 대한 믿음인 것처럼 보일 것이다. 전이론적인 존재론적 믿음이라고 여겨지는 바를 수용하기 위해 만들어진 이론들은, 특히 더 정교한 이론일수록, 문제가 되는 개체

---

6) Wolterstorff, *Works and Worlds*, p. 146. Fine, "Problem of Non-Existence"와 Walton, "Review of Wolterstorff," pp. 187-189를 보라.

7) Parsons, *Non-Existent Objects*, pp. 190-194.

8) Beatrix Potter, *The Tale of the Flopsy Bunnies*.

들을 급진적으로 재해석해야 한다는 것을 발견하게 된다.

이제까지 그 어떤 것도 해결되지 않았다. 우리가 결국 어떤 이론을 선택하게 되든, 몇몇 평범하고 명백하게 참인 관찰들은 완전히 있는 그대로가 아닌 방식으로 이해되어야 할 것이다. 우리가 어떻게 바라보든 간에, 무엇인가 재미있는 일이 허구 속에서 일어나고 있다.

양쪽 편에 있는 이론가들은 액면 그대로 받아들일 수 없는 진술들을 다른 말로 바꿔 쓰거나(paraphrase) 또는 다른 방식으로 그 진술들이 어떻게 이해되어야 하는지 나타내고자 시도해왔으나, 그 성공의 정도는 다양했다. 그러나 이것으로는 충분하지 않다.

존경받을 만한 이론이라면 **왜** 우리가 지금 하는 것과 같은 방식으로 표현하는지 또한 설명하기 위해 노력할 것이다. 만약 "리어왕에게는 세 딸이 있었다"라고 말하면서 우리가 어떤 특정한 리어왕을 지칭하는 것이 아니라면, 또는 지칭되는 대상에게 세 딸을 가짐이라는 속성을 부여하고 있는 것이 아니라면, 우리는 우리가 무슨 말을 하고 있는지뿐만 아니라 왜 우리가 그런 오인될 가능성이 있는 방식으로 말하는지도 알아야 한다. 만약 우리가 "리어왕"이라는 이름으로 골라내는 어떤 존재에게 세 딸을 가짐이라는 속성을 부여하고 있는 것이 아니라면, 왜 우리는 마치 그러고 있는 것처럼 말하는가? 만약 그렌델이라는 것은 없다거나 용은 없다고 말하는 것이 그렌델이나 용이 어떤 **종류의** 것인지에 대해 무엇인가를 말하는 것이라면, 즉 그것들은 실재하는 것이라기보다는 **허구적**이거나 **존재하지 않는** 개체라고 말하는 것이라면, 왜 우리가 그런 식으로 표현하는지에 대한 설명이 필요하다. 왜 우리는 실제로는 어떤 대상들의 **본성**에 대한 관찰인 것을 그런 것들이 있음을 부정하는 말로 위장해야 하는가? 게다가, 우리에게는 허구에 대해 말하는 다양한 종류의 것들을 이해하는 합리적으로 **체계적인** 방식이 필요한 것이지, 각각의 개별적 변칙들에 대한 조각조각의 임시적 타협이 필요한 것이 아니다.[9] 우리에게는 허구라는 것 전체를 이해하는 체계적이고 포괄적인 하나의 방식이 필요하다.

---

9) 호웰(Howell)이 이 점을 강조했다("Fictional Object," p. 153).

우리의 시야는 지금 우리 앞에 있는 형이상학적 · 의미론적 문제들을 넘어서서 우리가 앞 장들에서 탐구했던 미학적 문제들에까지 확장되어야 한다. 그러한 탐구에 착수하기 전에도 우리는 이 두 그룹의 문제들이 밀접하게 연관되어 있다고, 특히 "이야기에 사로잡히는" 경험이 허구적 개체들의 지위에 대한 우리의 상충되는 직관들과 밀접히 관련되어 있다고 가정할 이유를 발견할 수 있었다. 믿는 체하기 개념은 미학적 질문들을 다룰 때 중요한 역할을 했고 또 우리가 그러한 경험을 이해하는 데 핵심적이기도 했지만, 의미론적 · 형이상학적 질문들에 대해서도 해결의 열쇠가 될 것이다.

허구적 개체들의 지위에 대한 많은 논의들, 특히 실재론자들의 논의들은 믿는 체하기라든지 가장하기, 또는 상상하기와 같은 종류의 그 어떤 것도 언급하지 않은 채 진

〈그림 10.1〉
패트릭 메이너드(Patrick Maynard), 〈당신은 존재하지 않아!("You Don't Exist!")〉 (1990).

행된다. 이것은 놀라운 일인데, 왜냐하면 내 이론의 구체적인 사항들이 옳든 그르든 간에 어떤 종류의 그러한 개념은 허구라는 제도에 대한 어떤 적절한 설명에서라도 두드러지는 위치를 차지해야 한다는 것이 명백해 보이기 때문이다. 물론 믿는 체하기나 가장하기는 거의 어떤 이론에라도 추가로 덧붙여질 수 있을 것이다. 그러나 그 결과는 만족스럽지 못하게 분절된 이론이 되고 말 것이다. 허구적 개체들을 인정하고 그것들이 어떤 종류의 것들이며 우리의 담론에 어떤 방식으로 들어오는지 구체화한 이후에, 사람들이 어떤 상상하기나 가장하기에 참여한다고(허구적 개체들에 대해 그것들이 실재한다거나 또는 그것들이 있음뿐만 아니라 존재도 가진다거나, 또는 그것들이 속성이나 종류가 아니라 개별자들이라고 가장하거나 상상한다고) 덧붙일 수도 있다. 그러나 이렇게 하는 것은 너무 늦다. 믿는 체하기나 그것과 가까운 어떤 개념은 허구라는 제도에 너무나 근본적이기 때문에 우리는 그것이 허구적 개체들이 무엇이며 그것들이 있는지의 질문과 깊은 관련을 가진다고 예상해야 한다. 따라서 처음부터 탑승시키는 편이 낫다.

간단하게 말하면, 실재론자들이 사람들은 허구적 개체들을 지칭하고 그것들에 대해 이야기하며 우리의 이론은 사람들이 말하는 바를 타당하게 만들기 위해 허구적 개체들이 있다고 상정해야 한다고 정색하고 주장한다면, 그들은 허구라는 제도의 핵심에 자리하고 있는 믿는 체하기의 요소를 간과하거나 경시하고 있다는 것이 나의 주장이다. 그들은 허구적 개체들을 지칭하는 것처럼 가장하기와 이러한 가장하기에 대한 진지한 관심을 진정한 존재론적 믿음으로 착각하는 것이다. 우리가 믿는 체하기에 너무나 깊이 몰입해 있기 때문에 믿는 체하기는 이론화 자체까지도 감염시킨다. 우리가 할 일은 그것이 얼마나 만연해 있는지 볼 수 있을 만큼 충분히 탈출해보는 것이다.

한 가지 예비적 고찰이 더 있다. 허구적 대상들에 대한 나의 저항은 추상적 개체들 일반에 대한 의심에서 나오는 것이 아니라는 점이다. 내 주장은 속성, 수, 명제, 그리고 의미에 동등하게 적용되는 광범위한 경험주의적 또는 유명론적 경향에서 비롯된 것이 아니다. 구체적인 물질적(kickable) 대상을 편애하는 어떤 일반적인 편견이나 추상적인 것들을 추방하고자 하는 어떤 좋은 이유라도 허구적 개체들이 추상적인 것들로 간주되는 한 당연히 허구적 개체들을 다루는 데 영향을 줄 것이다. 그러나 그것이 내 주장의 이유는 아니다. 사실 나는 앞 장들에서 속성과 명제라는 것을 뻔뻔스럽게 사용해왔으며, 이제 나는 그것들을 허구적 개체들을 설명해서 없애버리는(explaining away) 데 사용할 것이다. 허구적 개체들에 대해 주의해야 할 중요한 직관적 근거들이 있으며, 그것은 추상적인 것들 일반에 쉽사리 적용되지 않는다. 허구에 대한 실재론적 설명이 씨름해야 하는 자료 중에는 많은 일상적인 비이론적 맥락에서 사람들이 허구적 개체들은 존재하지 않으며 그런 것들은 없다는 주장처럼 보이는 것을 자연스럽게 한다는 사실이 있다. 속성이나 수의 존재에 대해서는 그와 유사한 일상적 부정이 없다. 우리가 때로 리어왕이란 없다거나 용은 없다고 말하는 그런 비이론적 견지와 같은 어떤 견지에서 붉음과 같은 것은 없다거나 17이라는 수는 존재하지 않는다는 것을 지적하는 경우는 거의 없다. 누군가가 우주에서 수나 속성들을 추방해버리려고 하는 것은 오직 철학적으로 다른 속셈이 있을 때다. 피터 래빗이 이 세계에 존재하지 않는다는 것은 당연한 상식으로 보인다. (비록 그 반대편으로 향하는 전이론적 직관 또한 존재하지만 말이다.)

10.2 허구적 세계 안에서 그리고 허구적 세계에 대해 말하기

최선의 경우라 할지라도, 가장 지독하게 진지한 경우라 할지라도, 비평은 마치 예술과 같이 부분적으로는 하나의 게임이다.

– 존 가드너, 《도덕적 허구에 대하여(*On Moral Fiction*)》

실재론자이건 아니건 간에, 사실상 허구적 개체의 존재론적 지위에 관한 모든 논의는 사람들이 허구적 개체에 대한 것인 듯 보이는 단언들을 일상적으로 한다는 관찰, 그리고 이러한 단언들이 많은 경우 참에 대한 단언이라는 관찰에서 출발한다. 하지만 이런 식으로 시작하는 것은 잘못된 시작을 하는 것이다. 문제는 이러한 관찰이 틀렸다는 것이 아니다. 우리는 "톰 소여는 자신의 장례식에 참석했다" 또는 "돈키호테는 세르반테스가 창조해낸 등장인물이다"와 같은 것을 단언하듯이 말하며, 종종 우리가 그 말로써 단언하는 바는 참이다. 실수는 이것을 우리의 출발점으로 삼는 데 있다. 이러한 문장들의 발화가 기능할 수 있고 또 기능하는 (비록 덜 흔할지라도) 더욱 근본적인 방식이 있으며, 그 방식은 문제가 되는 단언적인 용법을 이해하는 길을 알려준다. 그 더욱 근본적인 발화는 가장하기 행위, 즉 믿는 체하기 게임들에 참여하는 행위이다.

반 데 벨데의 〈스헤베닝언 해변〉 위의 적절한 지점을 가리키면서 단언적인 목소리 톤으로 "저것은 배야"라고 말했던 스티븐을 떠올려보자. 우리는 그가 그 회화의 세계를 기술하는 것으로 이해하려 했을 때 어려움에 처했다. 그 맥락 안에서 "저것은 배야"는 스티븐이 그 그림의 세계 안에서 허구적임을 주장한다고 볼 수 있는 어떤 명제를 표현하는 것 같지 않았는데, 왜냐하면 우리는 지시어 "저것"의 적절한 지칭 대상을 찾을 수 없었기 때문이다. 이러한 어려움은 우리에게 스티븐은 단지 이 지시어로 어떤 것을 지칭하는 것처럼, 그리고 그것을 배라고 말하는 것처럼 가장하고 있을 뿐이라고 생각하도록 했다. 이제 이러한 제안을 발전시켜 다른 경우들에도 적용시켜볼 시점이 되었다. 만약 걸리버가 없고 릴리풋인도 없다면, 그들에 대한 명제들도 없다. 따라서 걸리버가 릴리풋인에게 붙잡혔다는 명제 같은 것은 없는 것처럼 보인다.[10] 그렇다면, "걸리버가 릴리풋인에게 붙잡혔다"라고 말하는 것은 이 명제에 허구성을 귀속시키는 것, 즉 허구적으로 걸리버가 릴리풋인에게 붙잡혔다고 말하는 것일 수 없다. 화자가 가장하기에 참여하고 있는 것일 수 있을까?

나는 여기서 **가장하기**에 관해 말하지만, 조심스럽게 하고 있다. 이는 믿는 체하기 게임에 언어적으로 참여하는 행위를 기술하는 편법에 지나지 않는다. 은행을 터는 것처럼 가장하는 것은 실제로는 우리의 게임 안에서 우리가 은행을 턴다는 것을 허구적으로 만드는, 그리고 그가 실제로 하는 것에 대해 그것이 은행 털기의 한 사례라는 것

10) 우리는 이 문장이 하나의 명제를 표현한다고, 즉 (그 맥락에서는) 걸리버와 릴리풋인에 대한 명제는 아니며 또 화자가 허구성을 귀속시킬 수 있는 그런 명제는 아니지만 어쨌든 정말로 하나의 명제를 표현한다고 허용할 수도 있다. 나는 이 문장이 표현하는 명제는 단지 그 문장으로 우리가 단언할법한 명제라고 주장할 것이다. 화자가 그 문장을 이용해 자신이 단언하는 바를 단언할 수 있거나 실제로 단언하는 것은 그 문장이 자신이 표현하는 그 명제를 표현하기 때문이 아니다.

을 허구적으로 만드는 어떤 것을 하는 것이다. 이 가장하기를 하는 이가 그와 같이 상상한다고, 즉 그가 하는 것이 은행을 터는 것이라고 상상한다고 덧붙여보자. 그렇게 이해된 "가장하기"는 물론 기만과는 관련이 없다. 또한 이런 의미에서 어떤 것을 하는 것처럼 가장하는 것은 그것을 실제로 하는 것과 전적으로 양립 가능하다. 경찰과 도둑 놀이를 하며 "멈춰라, 도둑!"을 외치는 아이는 자신이 그런 말을 외친다는 것을 허구적으로 만들며, 그가 실제로 이렇게 외치는 것이 그렇게 외치는 하나의 사례임이 허구적이다. 그가 비록 **단지** 도둑을 체포하는 것처럼 가장하고 있을 뿐이라 해도, 그는 실제로 "멈춰라, 도둑!"이라고 외침으로써 그렇게 외치는 것처럼 가장한다.

나는 §6.3에서 아이들의 믿는 체하기 게임에서 언어적 참여가 얼마나 널리 퍼져 있는지를 지적했으며, 감상자들이 종종 재현으로 하는 게임에 언어적으로 참여할 것이라는 예상을 표현했다. 즉 우리가 "저것은 배다", "앞바다에 몇 척의 배가 있다", "걸리버는 릴리풋인에게 붙잡혔다", 그리고 "이반은 스메르디아코프에게 분노했다" 같은 것들을 말할 때, 우리가 사건을 설명하거나 사태를 보고하고 있다는 것이 허구적일 것이라는 예상을 한 바 있다. 그런 말들을 이런 방식으로 이해하는 것은 화자를 허구적 세계(그의 게임 세계) **안에**(within) 위치시키며, 그가 그 세계에 기여하도록 한다. 이는 화자가 허구적 세계 외부의 시점에서 허구적 세계(작품 세계)에 대한 진정한 단언을 하고 있고 그 세계가 담고 있는 허구적 참들에 대해 무엇인가를 말하고 있다는 통상적인 가정과 대조된다. 가장하기로써 이해하는 것은 감상자가 허구적 세계를 실제로 기술하는 것이라기보다는 실제 세계를 기술하는 것처럼 가장하는 것으로 이해하는 것이다.

재현적인 예술 작품에 대한 얼마나 많은 우리의 담론이 가장하기로서, 믿는 체하기 게임에 대한 언어적 참여로서 이해될 수 있는가? 몇몇 경우에서는 가장하기 해석이 전혀 무리 없이 적용될 수 있다. 《안나 카레니나》의 독자는 안나의 자살을 알게 되자 눈물을 글썽이며 "안 돼! 가엾은 안나. 그녀에게 그런 운명은 가당치 않아"라고 혼잣말을 한다. 허구적으로 그는 안나의 죽음을 애도하며 그렇게 몰고 간 상황들에 대해 애석해한다. 공포영화를 보고 있는 찰스가 일행에게 몸을 기대며 "이크! 조심해! 점액질 괴물이 온다!"라고 소리칠 때, 그는 점액질 괴물이 오고 있다고 외치는 것처럼 가장하고 있다. 허구적으로 그는 그렇게 외치는 것이다. 만약 그가 그저 허구적 세계를 기술하는 것이라면, 그 점을 명확하게 할 수 있었을 것이다. 즉, 그는 그렇게 말하는 대신에 "영화의 세계 안에서 한 점액질 괴물이 다가오고 있어"라고 말할 수 있었을 것이다. 그러나 이 말은 원래의 말이 가졌던 절박한 분위기를 가지고 있지 않다. 찰스의 외치는 톤은 그 위험이 허구적임이 명시적으로 드러난다면 터무니없이 부적절해질 것이다. (《햄릿》에서 호레이쇼를 연기하는 배우가 유령이 나타났을 때 "보세요, 주인님, 그것이 와요, 희곡의 허구적 세계 안에서요!"라고 외치는 것과 비교해보거나 그레고리가 "조심해! 게임의 세계 속 덤불 안에 곰이 있어!"라고 외친다고 가정해보자.) 찰스는 가장하기에 참여하고 있다. 그는 그 자신에 대해 그가 그 상황에 걸맞은 절박한 심정으로 점액질 괴물이 곧 다가올 것이라고 외친다는 것을 허구적으로 만든다. "이크!", 그리고 "조심해!"는 기술처럼 보이지조차 않으며, 따라서 허구적 세계에 대한 기술처럼 보이지도 않는다. 그러나 그것들은 쉽게 이해된다. 찰스는 놀람이나 공포를 표현하는 것처럼 가장하고 있으며, (진지한) 경고를 하는 것처럼 가장하고 있다. 허구적으로 그는 그런 것들을 하고 있다.

그러나 허구작품에 대한 많은 발화는 그와 유사한 명백한 가장하기를 포함하지 않는다. 침착하고 초연한 비평, 거리를 둔 관찰, 냉철한 학문적 분석, 추상적 이론화가 존재한다. 제라르 주네트(Gérard Genette)는 문학 작품에서의 "시간교란(anachronies)"에 대해 논하면서 상퇴유(Santeuil)가 쓴 소설에 대해 다음과 같이 말한다. "몇 년 후에, 장(Jean)은 자신이 한때 사랑했던 마리(Marie Kossichef)가 사는 호텔을 다시 발견하고, 그가 오늘 받은 인상들을 그가 오늘 경험하고 있으리라고 한때 생각했던 인상들과 비교한다."[11] 그러고 나서 그는 텍스트 부분들의 순서를 이야기 세계 내에서 그 부분들이 재현하고 있는 사건들의 순서와 대조시킨다. 주네트가 게임을 하기 위해, 즉 가장하기를 하기 위해 자신의 진지한 이론화를 중단했다고 보기는 어렵다. 그리고 그는 그 소설 세계의 특징들을 정말로 지적한 것처럼 보인다. 스티븐이 사용한 것과 같은 지시어들은

11) *Narrative Discourse*, pp. 37-38.

가장 진지한 비평에서도 나타난다. 가장 건조한 학문적 강의를 하는 사람도 히에로니무스 보쉬(Hieronymus Bosch)의 〈건초마차〉 위의 특정 지점을 포인터로 가리키며 "저것은 돼지입니다"라고 말하고, 이어서 그 도상학적 의미에 대해 설명해나간다. 우리는 어떤 영화를 보거나 소설을 사야 할지 결정해야 하는 친구에게 그 영화나 소설의 플롯을 설명한다. 어떤 작품이 왜 우리를 매혹시키거나 불쾌하게 하거나 지루하게 하는지, 혹은 왜 우리가 그 작품을 좋거나 나쁘다고 생각하는지 설명하면서, 우리는 그 등장인물들이 어땠는지, 그리고 그들이 무엇을 했는지 묘사한다. 이런 경우들은 믿는 체하기와는 멀어 보인다. 우리는 실제 세계를 묘사하는 것처럼 가장한다기보다는 허구 세계를 실제로 묘사하고 있는 것은 아닐까?

한 가지 제안은 **비평**과 **감상**을 구분하고, 이 두 가지 서로 다른 활동에 참여하는 동안 사람들이 하는 언급들을 따로 다루는 것이다. 감상자는 작품이 소도구인 게임에 참여하면서 그 작품에 빠져들어 그 작품에 협조한다. (나는 §7.6에서 논의되었던 비참여적 감상을 잠깐 동안 무시하도록 하겠다.) 이와 대조적으로 비평가는 바깥에서, 구경꾼의 관점에서 작품과 그 작품으로 하는 게임들을 다루면서 그 작품이 발생시키는 허구적 참들을 있는 그대로 기술한다.

물론, 상황은 그렇게 간단하지 않다. 비록 감상은 주로 가장하기의 문제이며 비평은 주로 관찰하기와 기술하기의 문제라고 가정하더라도 말이다. 감상과 비평, 참여와 관찰은 그렇게 분리된 것이 아니다. 다른 한쪽을 하지 않고서 한쪽만 할 수는 없으며, 그 둘은 거의 동시에 이루어진다. 어떤 작품을 감상하기 위해서는 그 작품이 무엇을 허구적으로 만드는지 알아야 한다. 즉, 우리는 허구적 세계에 민감해야 한다. 이런 한에서 감상자는 비평가여야 한다. 비평가는 그 자신을 어느 정도까지 감상자처럼 가장하기에 빠져들도록 허용하지 않고서는 대개 작품의 세계를 그다지 잘 기술할 수 없다. 함축과 관련된 '실제의 원칙'과 '상호 믿음 원칙'이 적용되는 한, 추정(extrapolation)은 어떤 다른 것들이 실제로 그랬다면 어땠을지, 또는 예술가의 공동체 내에서 공유되는 연관된 배경 믿음들이 참이라면 어땠을지 결정하는 것을 포함한다. 그러한 전제와 배경지식들을 알고 있거나 믿고 있는 누군가의 입장이 되어보는 것, 그러한 상황에 있다고 상상하는 것, 그리고 그때 우리가 상상하고 있는 것이 무엇인지 생각해보는 것은 큰 도움이 된다. 이것이 바로 비평가가 믿는 체하기 게임에 참여할 때, 그가 감상자이기도 할 때 하는 일이다. 감상(참여적 감상)과 비평은 긴밀히 얽혀 있으며, 실제 세계를 기술하는 것처럼 가장하는 활동과 실제로 허구적 세계를 기술하는 것 역시 마찬가지다.

사실 우리는 종종 두 가지를 동시에 한다. 실제 세계에 대해 이야기하는 것처럼 가장하는 것은 종종 허구적 세계에 대해 실제로 이야기하는 한 방식이다. 다른 맥락들에서도 실제로는 다른 것을 말하기 위한 방법으로서 어떤 것을 말하는 것처럼 가장하는 일이 드물지 않다. 식사를 하는 사람은 자신이 배고프다는 것을 진지하게 드러내기 위해 코뿔소라도 먹을 수 있을 것 같다고 농담조로 말하기도 한다. 스미스는 비꼬는 투로 "존스는 슈퍼히어로야"라고 말하면서 존스가 스스로에 대해 그렇게 생각한다는 것을 함축하거나 암시하거나 단언한다. 키가 6인치인 사람들이 살고 있는 나라가 있다고 (진지하게) 주장하는 것처럼 가장하는 어떤 비평가이자 감상자는 그렇다는 것이 《걸리버 여행기》에서 허구적임을 지적하고 있는 것이다. 따라서 언어적 참여는 우리가 생각했던 것보다 훨씬 널리 퍼져 있는 것 같다. 화자가 허구적 세계에 대해 진지한 주장을 하고 있다는 것이 완벽하게 명백할 때조차 우리는 그가 가장하기에 참여하고 있다는 것을, 즉 그가 믿는 체하기 게임에 언어적으로 참여하고 있다는 것을 부정할 필요가 없다.[12)]

때때로 한 발화의 이중적 본성이 투명하게 드러나는 경우도 있다. 어떤 문학 교사는 윌리 로먼이 처한 곤경의 우의적이거나 상징적인 의미를 논하면서 ("가엾은 윌리는"이라고 시작하며) 심각한 분위기로, 그리고 깊은 근심을 표현하며 윌리 로먼의 비참한 상태에 대해 이야기할 수도 있다. 그가 실제 인간의 비극을 적절하게 동정 어린 방식으로 기술하는 것처럼 가장하고 있다는 것도, 그리고 그렇게 함으로써 그가 그 연극의 세계에 대해 침착한 관찰을 하고 있다는 것도 모두 명백한 것일 수 있다.

이중적 수행의 한쪽 양상이 다른 쪽 양상보다 강조될 수도 있다. 어떤 경우들에서

---

12) 에반스는 진지한 단언을 하기 위한 목적으로 믿는 체하기를 이용하는 경우를 강조한다(*Varieties of Reference*, pp. 363-364).

는 가장하기가 중요하다. 화자는 허구를 따라가면서 즐거워하지만, 다른 이들에게 그 허구적 세계에 대해 알려주는 것에는 거의 관심이 없을 수도 있다. 그가 허구적 세계를 기술하기도 한다 해도 그것은 그저 가장하기의 부산물에 불과할 것이다. 그러나 진지한 비평 속에 가장하기가 있을 때, 그것은 허구적 세계를 기술하기 위한 편리한 수단에 지나지 않을 것이다.

우리는 가장하기가 있기는 하다는 것을, 특히 (진지한) 단언에 강조점이 있을 때 어떻게 결정할 수 있는가? 반대로 가장하기에 강조점이 있을 때 진정한 단언이 이루어지고 있다는 것을 무엇이 결정하는가? 그 대답은 단언하기와 가장하기(참여)를 어떻게 이해해야 하는지에 달려 있다. 나는 단언에 대해서는 할 수 있는 설명이 없다. 물론, 때로는 화자가 가장하기를 하면서 단언하기보다 약한 무엇인가를 한다고 말하는 것 — 즉, 그가 단지 그 허구적 세계가 특정 종류의 것임을 함축하거나 암시하거나 그렇게 이해되기를 의도한다고 말하는 것 — 이 최선일 것이다. 정확히 어디에 선이 그어져야 하는지는 우리의 관심사가 아니다.

가장하기는 어떠한가? 비록 어떤 이들은 비평가들이 가장 건조한 학문적 상황에서도 적어도 형식적인 믿는 체하기 게임에 참여한다는 것을 기꺼이 허용한다 하더라도, 많은 이들은 어떤 교수가 윌리 로먼을 논하며 동정하는 관찰자의 역할을 노골적으로 할 때처럼 좀 더 명백한 경우들에만 가장하기와 참여에 대해 이야기하는 것을 선호할 것이다. 이러한 차이 역시 본질적으로 불분명하며, 우리는 마음 편히 그렇게 내버려 둘 수 있다. 그러나 비록 좁게 이해하는 경우라 해도, 즉 우리가 그 침착한 비평가가 실제 세계의 사건들을 설명하는 것처럼 (약하게) 가장하고 있는 것으로 간주하지 않는다 하더라도, 가장하기는 그 배경에 도사리고 있다는 것을 지적할 필요가 있다. 그 비평가는 실제 사건들을 설명하는 것처럼 가장하는 것처럼 **가장하고** 있거나 — 즉, 그가 어떤 게임에 언어적으로 참여하고 있다는 것이 허구적이거나, 또는 그렇게 가장하는 동작들을 고의로 하고 있는 것일 수 있다. (§7.6을 보라) 이 행위들 중 어느 쪽을 수행하는 것이든, 그것은 작품의 허구적 세계를 기술하는 한 방식으로서 실제 사건들을 설명하는 것처럼 실제로 가장하는 것을 자연스럽게 대체할 것이다. 청자는 어느 쪽 경우이든 화자의 요지를 이해할 수 있을 것이다. 또는 화자의 발화가 다른 사람들이 하는 게임의 소도구가 될 수도 있으며, 그 경우 화자는 그 자신이 그 게임에 참여하지 않는다 하더라도 그 발화들이 그렇게 사용되기를 의도할 수 있다. 어떤 사람은 "톰 소여는 자신의 장례식에 참석했다"라고 말하면서 그 자신이 어떤 톰 소여라는 사람이 자신의 장례식에 참여했다고 주장하고 있다고 상상하거나 또는 그렇게 상상하라는 지시에 따라야 한다고 간주하지 않을 수도 있다. 그러나 그의 말을 듣고 있는 청자에게는 그렇게 할 의무가 있을 수 있다. 따라서 비록 화자가 우리의 의미에서 누군가가 그 자신의 장례식에 참석했다고 단언하는 것처럼 가장하고 있는 것이 아니라 해도, 믿는 체하기는 관련이 된다.

허구적 개체에 대한 것처럼 보이는 진술들이 가장하기에서 발화되는 한, 그 진술들은 어떤 형이상학적 신비도 개입시키지 않는다. 샐리가 가장하기를 하며 "톰 소여는 자신의 장례식에 참석했어"라고 말할 때, 그녀가 톰 소여라고 부르며 그 자신의 장례식에 참석했다고 주장하는 누군가가 있다는 것은 그녀의 게임 안에서 **허구적**이다. 우리는 그런 사람이 정말로 있다고 가정할 필요가 없다. 우리는 심지어 샐리가 그에 대해 말하는 것처럼 **가장하는** 누군가 혹은 어떤 등장인물이 있다는 것도 가정할 필요가 없으며, 그녀가 단언하는 것처럼 가장하는 명제가 있다는 것도 가정할 필요가 없다. 우리가 그녀의 말이 명제를 표현한다는 것, 즉 그녀의 말이 그녀가 톰 소여라고 부르는 누군가에 대한 명제를 표현한다는 것, 그리고 그녀가 그러한 명제를 참이라고 단언한다는 것을 참이 아니라 **단지** 허구적이라고 간주한다면, 그녀의 발화는 참여 행위로서 완전히 이해 가능하다.

만약 이것이 전부라면, 우리는 허구적 개체들에 대한 지칭처럼 보이는 것을 단지 가장하기에 불과한 것으로 일축하며 당장 허구적 개체를 없애버릴 수 있을 것이다. 그러나 이것이 전부가 아니다. "톰 소여는 자신의 장례식에 참석했다"와 같은 것을 말하면서 우리가 때때로 진정한 단언을 하고 있다는 사실은 남아 있다. 우리가 그와 동시에 가장하기에 참여하고 있든 아니든 말이다. 우리의 임무는 이런 경우 무엇이 단언되고 있는지를 설명하는 일이다. (문제는 그 문장들 자체가 무엇을 의미하는지 혹은 **그것들**

이 어떤 명제들을 표현하는지가 아니다. 나의 입장은 그 문장들이 일상적인 말 그대로의 의미를 넘어서는 어떤 의미도 가지지 않는다는 것이며, 나는 순수하게 허구적인 개체들을 지시하는 것처럼 보이는 문장들은 실은 그 어떤 명제도 표현하지 않는다고 간주하기를 선호한다.)

허구적인 개체들을 지칭하는 것처럼 보이는 문장들의 단언적 용법을 이해하는 열쇠는 그 문장들이 가장하기 안에서 사용되는 용법을 1차적인 것으로 간주하는 것이다. 그 문장들에 의해 주장되는 바는 그 문장들이 믿는 체하기 안에서 하는 역할을 통해 이해될 수 있다.

10.3 일상적 진술들

허구적 개체를 지칭하는 것처럼 보이는 진술들은 몇 가지 종류가 있다. 가장 단순하고 가장 기본적인 것들 — 이를 허구에 관한 **일상적** 진술이라고 부르도록 하자 — 은 다음과 같다.

(1) 톰 소여는 그 자신의 장례식에 참석했다.
(2) 그 살인자는 마루 밑에 시체를 숨겼다. (에드거 앨런 포의 《고자질하는 심장》과 관련해 말할 때)
(3) 저것은 유니콘이다. (유니콘 태피스트리 중 하나를 가리키며 말할 때)

이러한 진술들은 "《톰 소여의 모험》 안에서", "이야기 안에서", 그리고 "그림의 세계 안에서"와 같은 구절들이 무리 없이 덧붙여질 수 있고 그렇더라도 원래의 진술과 동등한 결과를 낳는 것처럼 보이는 진술들이다. 이것은 일상적인 진술인지에 대한 간략한 테스트가 될 수 있을 것이다.

물론, (1)을 예를 들어

(1a)《톰 소여의 모험》의 세계 안에서 톰 소여는 그 자신의 장례식에 참석했다.

를 줄여 말한 것으로 이해하는 것은 우리의 문제를 해결하지 못한다. 이 더 긴 진술은 톰 소여에 대한 지칭처럼 보이는 것을 유지하고 있다. 이 진술은 그를 마크 트웨인(Mark Twain)의 소설 세계 안에서 그 자신의 장례식에 참석한 그런 존재로 기술하는 것처럼 보인다.

모든 일상적 진술들이 허구에 불과한 개체들에 대한 지칭처럼 보이는 것을 포함하지는 않는다. 어떤 진술들은 허구적인 사물들보다는 실제 사물들에 대한 것이다. 어떤 진술들은 심지어 개별자에 대한 진술의 형태를 띠고 있지도 않다.

(4) 시저는 3월 15일(Ides of March)에 대해 경고를 받았다. (셰익스피어의 희곡과 관련해 말할 때)

(5) 북쪽 숲에서 길러지는 거대 모기들은 애리조나에서 우물을 파는 데 사용되었다. (폴 버니언 이야기와 관련해 말할 때)

우리의 문제는 허구적 개체들과 관련된 것이지만, 우리는 허구적 개체들을 지칭하는 것처럼 보이는 진술들뿐 아니라 그렇게 보이지 않는 진술들에도 적용될 수 있는, 일상적 진술들에 대한 하나의 일반적 설명을 찾아야 한다.

일상적 진술들은 내가 **공인된** 믿는 체하기 게임이라고 불렀던 것 — 그 게임에 사용되는 것이 재현의 기능인 그런 종류의 게임 — 과 연결된다. 물론 어떤 작품을 우리가 원하는 대로 사용하는 것을 막을 수는 없다. 우리는《잃어버린 시간을 찾아서》의 책장 위 글자들과 같은 것이 허구적으로 작은 화성인의 발자국이 되는 게임을 고안해낼 수도 있다. 또 브뢰헬의 〈농부의 결혼식〉 위의 붉은 물감 자국을 허구적으로 악랄한 범죄 현장에서 흘린 피인 것으로 간주하기를 선택할 수도 있다. 그러나 이러한 용법들은 이 작품들의 표준적이거나 허용된 용법이나 그 작품들이 사용되도록 의도된 용법이 아니다. 즉, 이러한 게임들에서 사용되는 것은 그 작품들의 기능이 아니다. 이러한 게임들은 그 작품에 대해 공인되지 않았다.

게임이 공인된 것인가 아닌가는 그 게임 안에서 어떤 믿는 체하기의 원칙이 작동하고 있는가의 문제이다. 공인되거나 공인되지 않는 것은 게임의 "규칙들"이지 게임의 참여자들이 하는 "행동들"이 아니다. 지오콘다 부인의 눈을 바라보는 것을 신중히 피한다는 것을 허구적으로 만들기 위해 〈모나리자〉 앞에서 예의 바르게 행동하는 것은 권장할 만하지 않고 심지어는 부적절할 것이다. 그러나 만약 이 허구적 참과 다른 허구적 참들을 발생시키는 원칙들이 이런 종류의 작품들에 허용되는 원칙들이라면, 그 게임은 여전히 공인된 게임이다.《톰 소여》를 읽는 어떤 독자가 "톰은 절대로 수업을 빼먹지 않았어"라고 말할 때, 비록 그 게임이 공인된 게임이라면 톰이 가끔 수업을 빼먹었다는 것이 허구적이라 해도 그 독자는 공인된 게임에 참여하고 있는 것이다.

일상적인 진술들은 **공인된** 믿는 체하기 게임을 하는 중에 가장하기 안에서 자연스럽게 발화될 만한 그런 진술들로 이해되는 것들이다. 그러한 진술들의 단언적 용법을 이해하는 열쇠를 쥐고 있는 것은 바로 이 실제의, 또는 예상된(envisioned) 가장하기 — 공인된 게임에 언어적으로 참여하는 행위 — 이다.

몇몇 일상적 진술들은 **받아들일 만**하거나 **적절**하지만 어떤 것들은 그렇지 않다는 것은 논쟁의 여지가 없다. "톰 소여는 그 자신의 장례식에 참석했다"라고 말하는 것은 정당화되지만, "톰 소여는 절대로 수업을 빼먹지 않았다"라고 말하는 것은 정당화되지 않는다.[13] 이러한 받아들일 만함과 받아들일 만하지 않음은 쉽게 참과 거짓으로 통할 수 있고, 따라서 그 발화들을 진정한 단언으로 이해하는 것을 부추긴다. 그러나 이제는 명백해진 여러 이유 때문에 우리는 너무 급하게 이런 방향으로 움직여서는 안 된다. 가장하기 행위를 포함해 거의 모든 종류의 행위는 다양한 이유로 인해 적절하거나 부적절할 수 있다. 감상자들은 그들이 감상하는 작품에 공인된 종류의 게임을 하도록 기대

13) Woods(*Logic of Fiction*)는 "내기(bet) 민감성"을 이야기한다. 만약 당신이 톰이 자신의 장례식에 참석했다는 데 걸면, 당신이 이긴다. 만약 당신이 그가 절대로 수업을 빼먹은 적이 없다는 데 걸면, 당신이 진다.

되며, 그들이 언어적으로 참여할 때는 그러한 게임 안에서 그들 자신이 거짓보다는 참을 말한다는 것을 허구적으로 만들도록 기대된다. 애리조나에 거대한 우물 파는 모기들이 있다고 단언하는 것처럼 가장하면서, 로버트는 폴 버니언의 이야기에 공인된 게임 안에서 그 자신에 대해 그가 참을 말한다는 것을 허구적으로 만든다. 그의 가장하기 행위는 이런 방식으로 적절하다. 샐리가 톰 소여라는 이름으로 누군가를 지칭하고 그가 자신의 장례식에 참석했다고 말하는 것처럼 가장하는 것 역시 동일한 이유로 적절하다. 로버트가 애리조나에 우물 파는 모기가 없다고 주장하는 것처럼 가장하는 것이나 샐리가 자신이 톰 소여라고 지칭하는 누군가에 대해 그가 우주선을 타고 해왕성까지 갔다고 말하는 것처럼 가장하는 것은 부적절하고 받아들일 만하지 않을 것이다. 왜냐하면 그렇게 했을 때 만약 그 게임이 공인된 게임이라면 화자가 거짓을 단언한다는 것이 허구적이게 되기 때문이다. 발화의 받아들일 만함이나 받아들일 만하지 않음을 설명하기 위해 이와 같은 가장하기 행위에 참여할 때 우리가 참이거나 거짓인 무엇인가를 정말로 단언하고 있다고 가정할 필요는 없다.

그러나 가장하기 행위 자체가 적절하거나 부적절할 수 있다는 사실은 가장하기 행위들을 통해 단언을 할 수 있는 명백한 기회를 만들어낸다. 우리는 주어진 상황에서 어떤 행동이 적절한지를 단순히 그 적절한 방식으로 행동함으로써 다른 사람들에게 나타내줄(indicate) 수 있다. 어떤 이국 문화의 원주민은 외국에서 온 손님들에게 뱀의 간은 앵무새 둥지 소스와 함께 먹어야 한다는 것을 앞서서 그렇게 먹어 보임으로써 알려줄 수도 있다. 해럴드가 상을 탔다는 것을 그 사실이 공식적으로 공표되기 전에 이야기하는 것이 불편하거나 부적절하다면, 그 사실이 공표되었다는 것, 즉 해럴드의 행운이라는 주제가 이제 적절하게 이야기할 수 있는 일임을 나타내는 한 가지 방법은 거기에 대해 이야기하기 시작하는 것이다. 무엇인가를 하는 것은 때때로 그렇게 하는 것이 적절하거나 받아들일 만하다는 것을 주장하는 한 방법이다.

따라서 로버트는 애리조나에 우물을 파는 거대한 모기들이 있다고 단언하는 것처럼 가장하면서 그렇게 가장하는 것이 그 상황에서 적절하거나 받아들일 만하다고 말하고 있는 것일 수 있다. 이와 유사하게, 샐리는 "톰 소여는 자신의 장례식에 참석했다"고 말하면서 자신이 참여하는 가장하기에 참여하는 것이 적절하다는 사실에 주의를 환기시키는 것으로 이해될 수 있을 것이다. 문제가 되는 적절성이나 받아들일 만함은 특정한 종류의 것, 즉 문제가 되는 작품에 공인된 믿는 체하기 게임 안에서 허구적으로 참을 말하는 것의 적절성이나 받아들일 만함이다. 따라서 로버트와 샐리는 자신이 하는 것처럼 가장하는 것이 폴 버니언 이야기나 《톰 소여》에 의해 공인된 게임 안에서 자신이 참을 말하고 있다는 것을 허구적으로 만드는 것이라고 주장하는 것으로 간주될 수 있다.

나는 나중에 그들이 무엇을 단언하고 있는지, 그들의 주장을 어떻게 바꿔 써야 하는지에 대해 좀 더 명시적으로 말할 것이다. 그러나 바꿔 쓰기로 결정하는 것이 엄밀히 필요하지는 않다. 우리의 목적을 위해 필요한 것은 그러한 단언들의 진리조건들, 즉 화자가 참인 무엇인가를 (진정으로) 단언하는 것이 되는 상황들에 대한 설명이다. 만약 샐리가 단언하는 것이 무엇이든 그것이 참이 되는 데 톰 소여 같은 그 어떤 개체도 필요하지 않다면, 그녀가 "톰 소여"를 지칭하는 것처럼 보이는 방식으로 사용한다는 사실은 그런 것이 존재한다고 믿을 이유를 제공하지 않는다.

나는 샐리의 단언을 참으로 만드는 것은 단순히 그녀의 (공인된) 게임 안에서 그녀가 참을 말한다는 것이 허구적이라는 사실이라고 제안하는 바이다. 일반적으로, 주어진 재현에 의해 공인된 믿는 체하기 게임의 참여자가 일상적 진술을 발화함으로써 허구적으로 무엇인가를 단언하고 그렇게 함으로써 어떤 진정한 단언을 할 때 그가 진정으로 단언하는 바는 그가 참을 말한다는 것이 그 게임 안에서 허구적인 경우, 그리고 오직 그 경우에만 참이다.[14] 그러한 단언들을 어떻게 바꿔 쓸 것인가에 대한 우리의 논의는 이 원칙에 힘을 더해줄 것이다. 그러나 현재로서는 독자는 어떤 명백한 반례도 쉽게 떠오르지 않는다는 것을 확신하고 싶을 것이다.

14) 이는 개럿 에반스(Gareth Evans)가 허구와 관련한 진술들에 대해 제안한 진리조건과 가깝다(Varieties of Reference, chap. 10). 그는 그 진술들을 어떻게 바꿔 써야 하는지에 관해서는 말하지 않는다. 허구적 개체들에 대한 지칭처럼 보이는 것을 믿는 체하기를 통해 설명하려는 에반스의 시도는 어느 정도 그 본의나 몇몇 세부사항에서 내 주장과 무척 유사하다.

이러한 진리조건을 만족시키는 데 허구적 개체들은 명백히 불필요하다. 주어진 경우에서 그 조건이 만족되는지 아닌지는 문제가 되는 작품의 본성 및 그 작품에 공인된 게임들에서 어떤 발생의 원칙들이 유효한가에 달려 있다. 샐리가 참을 말한다는 것 — 따라서 샐리가 실제로 단언하는 것이 참이라는 것 — 은 그녀의 공인된 게임 안에서 허구적인데, 왜냐하면《톰 소여》에 공인된 게임들에서 발생의 원칙은 텍스트의 단어들을 볼 때 샐리가 하는 것처럼 말하는 것은 허구적으로 참을 말하는 것이 되는 그러한 원칙들이기 때문이다. 톰 소여와 같은 것은 전혀 필요하지 않다.

샐리가 진정으로 단언하는 것은 무엇인가? 그녀의 주장과 같은 것들은 어떻게 바꿔 써야 하는가? 그녀는 그저 위에서 말한 그 진리조건이 자신의 경우에 충족된다고, 즉 《톰 소여》에 공인된 게임 안에서 그녀가 참을 말한다는 것이 허구적이라고 단언하는 것인가? 아니, 그녀는 그녀 자신에 대해 이야기하고 있는 것이 아니다. 또한 그녀는 자신의 행동이나 자신이 사용하는 단어들에 대해 이야기하고 있는 것도 아니다. (그러나 그녀는 자신에 대한 무엇인가를 **함축**하거나 **암시**하고 있을 수는 있다.) 그녀가 단언하는 바는 다른 말을 사용하는 다른 누군가에 의해 단언될 수도 있다. 디얀(Diyan)은 그녀가 (인도네시아어로) "*Tom Sawyer menghadiri upacara pengkebumian dirinya*"라고 말할 때 그와 동일한 주장을 한다. 디얀의 단언은 분명히 샐리나 샐리의 행위, 또는 샐리가 사용한 단어들에 대한 것이 아니다. 따라서 샐리의 단언도 마찬가지다.

샐리의 주장은《톰 소여》라는 소설이 어떤 방식으로 행동하는 것, 즉 그 소설에 공인된 게임에 참여하는 동안 어떤 종류의 가장하기 행위에 참여하는 것이 허구적으로 참을 말하는 것이 되는 그런 소설이라는 것이다. 샐리와 디얀은 둘 다 문제의 방식으로 가장하기를 한다. 그들은 직접 예시함으로써 관련된 종류의 가장하기를 나타낸다.[15] 이 종류의 가장하기를 *K*라고 이름 붙이자. 그렇다면 샐리(그리고 디얀)의 단언은 다음과 같이 바꿔 쓸 수 있다.

---

15) 나는 곧 가장하기에 참여하지 않고서도 샐리와 디얀이 단언하는 바를 단언하는 화자 샘을 다루겠다.

(1b) 《톰 소여의 모험》은 그 작품에 공인된 게임 안에서 K 종류의 가장하기에 참여하는 사람은 그 자신이 그 게임 안에서 참을 말한다는 것을 허구적으로 만드는 것이 되는 그런 작품이다.

이런 형식의 바꿔 쓰기는 일상적 진술들 일반에 적용될 수 있다. (5) ("북쪽 숲에서 길러지는 거대 모기들은 애리조나에서 우물을 파는 데 사용되었다")를 말하면서 로버트는

(5a) 폴 버니언 이야기는 그 이야기에 공인된 게임 안에서 K^* 종류의 가장하기에 참여하는 사람은 그 자신이 그 게임 안에서 참을 말한다는 것을 허구적으로 만드는 것이 되는 그런 이야기다.

라고 단언하는 것이며, 이때 K^*는 로버트가 (5)를 발화함으로써 예시되는 종류의 가장하기이다.

K 종류의 가장하기와 K^* 종류의 가장하기란 무엇인가? 로버트의 경우처럼 허구적 개체에 대한 지칭처럼 보이는 것이 없을 때는 이런 종류의 가장하기를 구체화하는 순전히 기술적인 방식이 있다. 로버트는 북쪽 숲에서 길러지는 거대 모기들은 애리조나에서 우물을 파는 데 사용되었다는 명제를 단언하는 것처럼 가장한다. 허구적으로 그는 그렇게 단언한다. 이것이 바로 K^* 종류의 가장하기에 참여하는 것으로 간주되는 것이다. 따라서 로버트의 주장은 다음과 같다.

(5b) 폴 버니언 이야기는 그 이야기에 공인된 게임 안에서 북쪽 숲에서 길러지는 거대 모기들이 애리조나에서 우물을 파는 데 사용되었다고 허구적으로 단언하는 사람은 그 자신이 그 게임 안에서 참을 말한다는 것을 허구적으로 만드는 것이 되는 그런 이야기다.

이것이 다른 언어를 사용하는 다른 누군가에 의해 어떻게 말해질 수 있는지는 쉽게 알 수 있다. 로베르토는 "Mosquitos gigantes criados en los Bosques del Norte fueron utilizados para perforar pozos en Arizona"라고 발화함으로써 북쪽 숲에서 길러지는 거대 모기들이 애리조나에서 우물을 파는 데 사용되었다고 단언하는 것처럼 가장하며, 폴 버니언 이야기에 공인된 게임 안에서 그렇게 가장하는 것은 허구적으로 참을 말하는 것임을 실제로 단언하고 있다.

이 마지막 공식화는 더 간단한 공식화, 비록 엄밀히 동등하지는 않지만 많은 목적에 사용되기에는 충분히 가까운 하나의 공식화를 암시한다. 폴 버니언 이야기에 대해, 공인된 게임 안에서 북쪽 숲에서 길러지는 거대 모기들이 애리조나에서 우물을 파는 데 사용되었다고 허구적으로 단언하는 사람이 허구적으로 참을 말하는 것이 되도록 하는 것은 무엇인가? 그것은 그 이야기 안에서 북쪽 숲에서 길러지는 거대 모기들이 애리조나에서 우물을 파는 데 사용되었다는 것이 허구적이라는 사실이다.[16] 따라서 로버트의 단언은 간단하게 다음과 같이 바꾸어 쓸 수 있다.

(5c) 북쪽 숲에서 길러지는 거대 모기들이 애리조나에서 우물을 파는 데 사용되었다는 것은 폴 버니언 이야기 안에서 허구적이다.[17]

이것은 로버트가 (5)를 말하면서 "……라는 것은 폴 버니언 이야기 안에서 허구적이다"라든지 "……라는 것은 그 이야기 안에서 참이다"와 같은 어떤 구절을 생략하고 암시된 것으로 남겨두었을 뿐이라는 익숙한 제안과 동일한 결과를 낳는다. 그러나 (5)가 (5c)에서 생략에 의해 도출된다고 생각하는 것은 잘못이다. 짧은 쪽의 진술을 일차적인 진술로 간주하는 것이 더 적절하다.

---

16) 이것이 그 이야기 안에서 허구적이기 때문에 그것은 이 이야기에 공인된 어떤 게임 안에서도 허구적이다. 따라서 어떤 공인된 게임 안에서 우리가 이렇게 주장한다는 것이 허구적일 때는 우리가 주장하는 것이 참임이 그 게임 안에서 허구적이다.

17) §10.5를 보라.

이미 언급한 이유들 때문에 샐리가 말한 "톰 소여는 자신의 장례식에 참석했다"에 대해서는 이에 상응하는 간단한 바꿔 쓰기나 주해(gloss)가 없다. 로버트의 언급에 대한 더 긴 바꿔 쓰기인 (5b)는 로버트의 진술과 샐리의 진술 같은 다른 일상적인 진술들 사이의 유사성을 보여준다는 점에서 더 짧은 바꿔 쓰기보다 이점이 있다.

샐리의 단언("톰 소여는 자신의 장례식에 참석했다")은 내가 *K* 종류라고 이름 붙였던 종류의 가장하기에 대한 것이다. 나는 이런 종류의 가장하기에 대해 주어질 수 있는 그 어떤 유익한(informative) 개별화 기술(description)도 알지 못한다. 이런 방식으로 가장하는 것은 톰 소여가 자신의 장례식에 참석했다는 명제를 단언하는 것처럼 가장하는 것이 아니다. 만약 그런 명제가 없다면 말이다. 그것은 단언을 하는 것처럼 가장하는 것이며, 더 자세하게는 누군가에 대해 그가 자신의 장례식에 참석했다고 존재적으로(*de re*) 단언하는 것처럼 가장하는 것이다. 그러나 이런 종류의 모든 가장하기 행위가 *K* 종류인 것은 아니다. 하지만 우리는 어떤 개별화 기술이 제공되어야 한다고 주장할 필요가 없다. "*K*"의 지칭 대상은 샐리 자신이 보여주는 가장하기와 같은 사례들을 가리킴으로써 고정될 수 있다. 비록 "*K*"의 의미는 어떤 개별적인 사례에도 구속되지 않지만 말이다.[18)]

샐리는 *K*를 그것의 한 사례인 그녀 자신의 가장하기 행위를 나타내고 보여줌으로써 구체화(specify)한다. 이는 *K*라는 종류가 어떤 종류의 것인지에 대한 어느 정도의 이해 없이는 충분하지 못할 것인데, 왜냐하면 샐리의 가장하기가 속하는 서로 다른 많은 종류의 가장하기가 있기 때문이다. 우리는 어떤 하나의 사례를 가리킴으로써 한 색조를 구체화할 수 있지만, 그것은 오직 그 사례가 나타내는 종류가 색조라는 것이 이해될 때만이, 즉 그 종류에 속하는 사례들이 색에 있어서 정확히 유사하다는 점이 이해될 때만이 그렇다. 샐리는 또 다른 가장하기 행위가 그녀가 나타내는 그 종류에 속하는지를 어떻게 결정할지에 대한 이해가 있을 때만이 그 한 사례를 보여줌으로써 *K*를 나타내는 데 성공할 수 있다. 이 말이 우리가 그 샘플에서 어떤 결정적인 (비관계적) 속성, 즉 우

18) 나는 *Naming and Necessity*의 자연종 용어에 대한 크립키(Kripke)의 설명에 의존하고 있다.

리가 그 샘플 없이도 확인할 수 있는 속성을 뽑아낼 수 있어야 한다는 것을 의미하지는 않는다. 그러나 우리는 어떤 가장하기 행위가 동일한 관련 종의 가장하기가 되기 위해서는 샘플과 어떤 관계를 가져야 하는지 알아야 한다. 디얀의 가장하기 행위가 샐리의 가장하기와 가지는 관계, 즉 그 관계에 의해 그 두 가장하기가 적절한 종류의 동일한 종에 속하게 되는 관계는 무엇인가?

로버트와 로베르토가 길을 알려줄 것이다. 잠시 동안 그들이 폴 버니언 이야기를 소도구로 사용하는 어떤 하나의 확장된 믿는 체하기 게임에 참여한다고 생각해보자. 이 게임 안에서는 두 사람 모두 동일한 주장을 한다는 것, 즉 두 사람 모두 동일한 명제를 단언한다는 것이 허구적이다. 이것이 바로 그들의 가장하기 행위들 사이에 있는 결정적인 관계이다. 또한 허구적으로 그 두 사람 모두가 단언하는 어떤 명제 — 북쪽 숲에서 길러지는 거대 모기들이 애리조나에서 우물을 파는 데 사용되었다는 명제 — 가 마침 실제로 있다. 그러나 이것은 핵심적인 것이 아니다. 허구적으로 샐리와 디얀 모두가 단언하는 명제는 없다. 그럼에도 불구하고, 그 두 사람 모두의 행위를 포함하는 것으로 이해되는 어떤 확장된 게임 안에서 그 두 사람 모두가 단언하는 하나의 단일한 명제가 있다는 것은 허구적이다. 허구적으로 두 사람 모두 누군가에게 그 자신의 장례식에 참석했다는 속성을 귀속시키며, 허구적으로 이 두 사람이 그러한 속성을 귀속시키는 한 단일한 인물이 있다. 허구적으로 그들은 이 속성을 귀속시키는 인물을 지칭하기 위해 마침 동일한 이름 "톰 소여"를 사용한다. 그러나 이것도 필수적이지 않다. "톰 소여는 자신의 장례식에 참석했다"라고 말하는 대신 샐리는 "허클베리 핀의 절친한 친구는 자신의 장례식에 참석했다"라고 말할 수도 있다. 그녀가 단언하는 바가 그녀가 "톰 소여는 자신의 장례식에 참석했다"라고 말하면서 단언할 바라는 것은 여전히 허구적이다. 우리는 심지어 새로운 이름을 만들어낼 수도 있다. 디얀은 "톰 소여를 Su Quitopo라고 부르자"라고 선언한 다음, "Su Quitopo는 자신의 장례식에 참석했다"(또는 "Su Quitopo menghadiri upacara pengkebumian diriunya")라고 단언할 수도 있다. 어느 경우이든, 그녀가 단언하는 바는 샐리가 "톰 소여는 자신의 장례식에 참석했다"라고 말하며 단언하는 바라는 것이 허구적일 것이다. 즉, 그 가장하기는 여전히 *K* 종류의 가장하기이다. 그리고 실제로 단언되는 것 ―《톰 소여의 모험》은 공인된 게임 안에서 그렇게 가장하는 것이 허구적으로 참을 말하는 것이 되는 그런 작품이라는 것 ― 은 여전히 동일하다.[19]

샐리와 디얀을 확장된 하나의 단일한 믿는 체하기 게임에 참여하는 것으로 생각하는 것은 정당한가? 나는 보통 서로 다른 감상자들은 그들 자신의 분리된 게임을 하는 것으로 간주해왔다. 그러나 그들이 그렇게 간주되어야 하는지는 분명하지 않다. 비록 그들 각각이 상대편의 참여에 대해서는 알지 못한다 하더라도 말이다. (그들은 동시에 두 방식 모두로 참여한다고 여겨질 수도 있을 것이다. 우리는 샐리가 그녀 자신의 게임을 하고 있지만, 그것은 디얀도 참여하고 있는 더 큰 게임의 일부이기도 하다고 간주할 수도 있다.) 어쨌든 우리는 이 포괄적인 게임을 다음 절에서 내가 논할 게임들과 같이 **비공식적**이지만 매우 자연스러운 게임으로 간주할 수 있다.[20]

나는 샐리와 디얀을 로버트와 로베르토와 마찬가지로 진정한 주장을 하는 것처럼 가장하기에 참여하고 있는 것으로 이해한다. 그러나 우리가 그들이 단언하는 바를 단언하기 위해 가장하기에 참여할 필요는 없다. 우리는 관련된 종류의 가장하기를 구체화해야 하지만, 그것은 그 가장하기를 예시하지 않고서도 이루어질 수 있다. 샘은 샐리가 말한 것, 즉 "톰 소여는 자신의 장례식에 참석했다"를 말하지만, 가장하기를 하면서 그렇게 말하는 것은 아니다. 샐리와 마찬가지로, 그는《톰 소여의 모험》은 공인된 게임 안에서 *K* 종류의 가장하기에 참여하는 것은 허구적으로 참을 말하는 것이 되는 그런 작품이라고 (진정으로) 단언하고 있다. 그러나 그는 그 하나의 예를 보여줌으로써가 아니라 그런 방식으로 가장하는 동작을 거침으로써, 즉 가장하기에서 사용되었다면 그런 종류

19) 만약 우주가 상대적이라면, 어떤 것도 그저 움직이거나 정지해 있는 것이 아니라 반드시 상대적으로만 그렇다면, 우리는 어떤 부류의 대상들을 구체화할 때 어떤 주어진 대상, 예를 들면 토성에 상대적으로 정지하고 있는 것들로서, 즉 그 부류의 한 구성원(예를 들면 토성) 그리고 다른 것들이 구성원이 되기 위해 그 구성원에 대해 가져야 하는 관계를 나타냄으로써 그렇게 할 것이다. 종류 *K*가 구체화되는 것은 이런 방식으로이다.
간접적 담론에 대한 데이비슨(Davidson)의 설명과의 관련성은 명백할 것이다. "갈릴레오는 지구가 돈다고 말했다고 내가 말할 때, 나는 갈릴레오와 나 자신을 동일한 것을 말하는 사람(same-sayers)으로 나타낸다."("On Saying That")

20) 무엇이 샐리와 디얀의 가장하기를 동일한 종류의 가장하기로 만드는가에 대한 또 다른 설명은, 그들이 동일한 명제를 단언한다는 것을 허구적으로 만드는 실제 상황 ― 아마도 만약 샐리와 디얀이 진정한 단언을 하고 있는 것이라면 그들은 동일한 명제를 단언하고 있을 것이라는 사실 ― 을 통해 설명하는 방식일 것이다.

의 가장하기에서 사용되었을 가능성이 가장 큰 말들을 사용함으로써 *K*를 지칭한다.

이 모든 것을 살펴보았을 때, 허구적 개체들이 지닌 운명은 어떤 것인가? 어떤 의미에서는 샐리의 단언에서 톰 소여에 대한 지칭인 것처럼 보이는 것을 제거할 수 있는 편리한 바꿔 쓰기, 즉 샐리의 단언과 동일한 것을 일상적인 영어로 말하는 또 다른 방법이 없다는 것이 옳다. 내가 제안한 바꿔 쓰기는 톰 소여에 대한 지칭처럼 보이는 것을 포함하지 않는다. 그러나 그것은 "*K*"라는 전문 용어의 도입을 필요로 하며, 이 *K*는 "톰 소여"라는 이름을 포함하는 문장의 사용, 즉 그 종류 *K*의 한 사례를 가리킴으로써 설명되고 그 지칭 대상이 고정되었다. 우리는 허구적 개체들이 실제로는 존재하지 않음에도 불구하고 허구적 개체들에 대한 믿음이 우리의 언어와 개념적 틀에 깊이 박혀 있다고 결론 내려야 하는가? 그렇지 않다. 우리가 "*K*"의 지칭 대상을 고정시키도록 해주는 것은 "톰 소여"와 같은 이름을 **가장하기에서** 사용하는 것이기 때문이다. "톰 소여"라는 이름으로 누군가를 지칭하는 것처럼 가장하는 것은 어떤 흥미로운 의미에서도 그 이름의 지칭 대상이 있다는 것을 믿는 것이 아니다. 우리가 결론내려야 하는 바는 우리의 개념적 틀에 핵심적인 것은 우리의 단언하는 것처럼 가장하기, 우리의 믿는 체하기 게임이라는 것이다. 우리가 세계를 구조화하는 데 중요한 역할을 담당하는 것은 바로 그것이지 허구적 개체들에 대한 존재론적 믿음이 아니다.

몇몇 독자는 단순하고 일상적인 발화처럼 보이는 것에 대한 내 바꿔 쓰기의 복잡성 때문에 괴로울 것이다. 그러나 걱정할 필요가 없다. 만약 샐리가 (1)로써 의미하는 바를 분명히 했을 때 (1b)만큼이나 복잡하다면, 이는 그것을 말하는 더 간단한 방식을 사용하는 좋은 이유가 되기 때문이다. (1b)가 거북할 정도로 너무 복잡하다는 바로 그 이유 때문에 우리는 언어가 다루기 쉬운 (1b)의 등가물을 고안해내리라고 예상할 수 있다. 그러나 어떻게 샐리는 (1)을 발화하면서 **그** 모든 것을 의미할 수 있는가? 분명히 그녀는 (1b)와 같은 것을 상세하게 마음에 품고 있지 않으며, 그것을 공식화할 능력도 가지고 있지 않다. 어떤 의미에서 그녀는 그 모든 것들을 의미하지 **않는다**. 그녀는 (1b)와 같은 진술이 아니라 (1)과 같은 진술을 통해 생각한다. 따라서 그녀에게 있어 그녀가 말하는 바는 실제로 상대적으로 단순하다. (단순성과 복잡성은 우리 언어의, 또는 우리 사고 언어의 구문론에 있는 것이라고 덧붙일 수 있을 것이다.) 그럼에도 불구하고 (1b)는 샐리가 (1)을 단언할 때 그녀가 성립한다고 주장하는 사태를 이론적 목적에 필요한 명시적인 형태로 나타낸다.

단순해 보이는 발화를 복잡하게 바꿔 쓰는 데 대한 한 가지 걱정은 다음과 같은 것이다. 어떤 바꿔 쓰기의 후보는 여러 가지 반례를 피하기 위해 고안된 다양한 절을 임시방편적으로 이어 붙임으로써 만들어질 수도 있다. 그 결과는 왜 그 말해진 바가 말해질 만한 것인지, 즉 바꿔 쓰인 발화를 통해 원래의 말해진 바를 포착한다 해도 왜 사람들이 거기에 관심을 가져야 하는지를 불분명하게 만드는 불명료한 뒤범벅이 되기 쉽다. (여기서 추정되는 것은, 우리가 간단한 방식으로 말하는 그 내용은 때때로 우리가 그것을 말하는 것이 중요하다고 생각하는 것들이라는 것이다.) 나의 바꿔 쓰기는 이러한 문제를 포함하지 않는다. 만약 내 설명이 옳다면, (1)과 같은 진술들을 통해 사람들이 표현하는 사실들은 그들이 중요하다고 생각할 것이라고 예상할 수 있는 사실들이다. 감상자들이 예술작품으로 하는 (공인된) 게임들이 중요하다고 했을 때, 사람들은 어떤 종류의 단언하는 것처럼 가장하기가 이 게임들 안에서 허구적으로 참을 단언하는 것이 되는지, 그리고 참여자들이 허구적으로 언제 참을 말하고 있고 언제 참을 말하고 있지 않은지에 관심이 있을 수밖에 없다.

어떤 바꿔 쓰기를 제안할 때, 우리는 실제로 말해지는 바가 왜 사람들이 그것을 표현하는 그 특정 방식으로 표현되게 되었는지 역시 설명할 수 있어야 한다. 왜 우리는 다른 것이 아닌 바로 그 생략된, 또는 단순화된, 또는 간접적인 말하는 방식을 사용하게 되었는가? 일상적인 진술들에 대한 나의 설명은 이 점에 대해서도 설득력 있는 설명을 할 수 있다. 우리가 살펴본 것처럼, 어떤 행동이 적절하다는 생각을 간단히 그 행동을 함으로써 표현하는 경우는 흔하다. "톰은 자신의 장례식에 참석했다"와 같은 것을 단언적으로 말하는 것은 이런 흔한 행동 패턴의 또 하나의 사례일 뿐이다.

허구적 개체들에 대한 지칭처럼 보이는 것을 담고 있는 다양한 종류의 진술 중에서, 그러한 개체들을 인정하라고 가장 큰 압력을 가하는 것들은 일상적인 진술들이 아니다. 다른 것들이 더 고약하다. 그러나 가장 고약한 것들조차 나에게는 일상적인 패턴의 알아볼 만한 변형들인 것처럼 보인다. 나는 두 가지 주된 변형을 검토해볼 것인데, 하나는 다음 절에서, 그리고 다른 하나는 §11.1에서 살펴볼 것이다.

10.4 비공식적 게임들

아 행복한, 행복한 가지여! 너희들은 잎들을
흩어버릴 수도 없고, 봄에 작별을 고할 수도 없으리;
그리고 행복한 연주자여, 지칠 줄 모르고,
영원히 새로운 노래를 영원히 부르는 자여;
더 행복한 사랑! 더 행복하고 행복한 사랑이여!
영원히 따뜻하고 언제나 즐기게 될,
영원히 갈망하며, 영원히 젊은;

- 존 키츠, 〈그리스 항아리에 부치는 노래〉

미켈란젤로는 우리가 천당과 지옥을 지나며 성당을 나갈 수 있도록, 그래서 르네상스에서 나와 카라바조의 세계, 미켈란젤로의 상상력조차 넘어서는 곳에 있는 관능성과 공간적 부조화의 세계를 향해 움직여가도록 시스틴 성당의 마지막 벽을 끝맺는다.

- 프랭크 스텔라, 《작동하는 공간(Working Space)》

허구 작품들에 공인된 게임들 — 게임 안에서 소도구로 사용되는 것이 작품들의 기능인 게임들 — 은 사람들이 그 작품들로 하는 유일한 게임이 아니다. 우리는 종종 작품이 허구적 참을 발생시킬 수 있도록 하는 원칙들을 변경하면서 우리 자신의 게임을 고안하거나 공인된 게임을 수정한다. 우리는 특수한 목적을 위해 특수한 게임을 한다. 때때로 그렇게 하면서 우리는 이러저러한 종류의 정통적이지 않은 전통을 따르기도 한다. 때때로 우리는 그 자리에서 즉석으로 만들어낸다. 많은 공인되지 않은 게임들은 단편적이며, 우리는 대화 중에 잠시 전환하여 그러한 게임에 참여하기도 한다. 때때로 — 공인된 게임의 경우보다 훨씬 많이 — 우리는 그러한 게임에 참여하기보다는 그저 그러한 게임을 암시한다. 그럼에도 불구하고 재현에 대해 우리가 말하는 것들의 많은 부분은 그러한 게임을 통해 이해되어야 한다. 이러한 게임들이 어떤 식으로든 불법적이라는 함축을 피하기 위해, 나는 공인되지 않은(unauthorized) 게임보다는 **비공식적**(unofficial) 믿는 체하기 게임에 대해 이야기할 것이다.

우리는 물론 믿는 체하기에 대한 자의적인 원칙들을 규정할 수 있고, 그것으로 새로운 종류의 게임을 확립할 수 있다. 그러나 많은 비공식적 게임들은 완벽하게 자연스럽고 규정 없이도 즉시 이해된다. 사람 조각상을 어루만지는 것이 허구적으로 사람을 어루만지는 것이 되는 게임은 대부분의 전통적인 조각상에 대해 공인되지 않은 게임이다. 초상화에 다트를 던지는 것이 그려진 사람에게 다트를 던지는 것을 허구적으로 만드는 게임 안에서 소도구로 사용되는 것은 대부분의 18세기 초상화의 기능이 아니다. 그러나 이러한 게임들은 그 이상 쉽게 파악될 수도 없을 것이다. 레오나르도의 〈최후의 만찬〉에 나오는 식사하는 사람들이 왜 모두 테이블의 한쪽에만 앉아 있는지를 꼭 알려고 할 때처럼, 어리석은 질문들을 추구하기를 고집하는 것은 종종 공인된 게임을 비공식적 게임으로 변형시키는 것이다. (§4.5를 보라.)

가장하기에서 이루어지는 많은 비일상적인 진술은 비공식적 게임에 기여하는 것으로 이해될 수 있다. 화자가 실제로 가장하기에 참여하고 있지 않더라도 그러한 진술들이 발화되는 맥락 안에서 그 진술들은 종종 어떤 종류의 비공식적 게임들, 그와 유사한 맥락 안에서 그와 유사하게 말하는 사람이 참여하고 있을법한 그러한 게임들을 암시하거나 함축한다. 배의 선미 갑판 위에서 진행되는 길버트와 설리반의 〈군함 피나포어〉 공연에 대해

(6) 그 오케스트라는 물속에 있다.

라고 말하는 것은 악단석이 허구적으로 뱃머리 아래에 있는 바다인 하나의 게임을 암시한다. 미켈란젤로의 〈피에타〉에 대한 공격을 지칭하는 것이라 예상될 수 있는 맥락에서

(7) 한 야만인이 망치로 마리아를 공격했다.

는 조각상을 공격하는 것이 허구적으로 그 조각상이 묘사하는 바를 공격하는 것이 되는 게임을 암시한다.

(8) 어린 고아 애니는 이제 40년이 넘는 세월 동안 여덟 살이다.

는 다소 비정통적이지만 완전히 이해 가능한 어떤 게임, 즉 그 만화 연작이 40년간 지속되어왔다는 사실이 그렇게 오랜 세월 동안 여덟 살에 머물러 있는 눈이 큰 애니라는 이름의 소녀가 있다는 것을 허구적으로 만드는 데 결정적인 역할을 하는 게임에 쉽게 적용된다. 데스데모나를 연기하는 어떤 여배우에 대해

(9) 그녀는 지난 2주 동안 아홉 번 죽었다.

라고 말하는 것도 약간은 삐딱하지만 위의 경우와 그리 다르지 않은 어떤 게임을 포함하는 것으로 즉시 이해된다.

서로 다른 작품 안에 있는 등장인물들 사이의 비교는 그 다양한 작품에 공인된 게임들을 자연스럽게 결합하는 비공식적 게임들에 기여하는 것으로 간주될 수 있다.

(10) 로빈슨 크루소는 걸리버보다 더 기지가 있었다.

는 데포의 《로빈슨 크루소》와 스위프트의 《걸리버 여행기》가 모두 소도구로 사용되는, 그리고 각 소설이 각각에 공인된 게임 안에서 기능하는 것과 상당히 유사하게 기능하는 어떤 게임을 암시한다. 격식 없이 말하자면, 크루소와 걸리버는 모두 그 결합된 게임 세계의 등장인물이며 그들 각각은 자신의 원래 세계에서 보여주었던 정도의 기지를 그 게임 세계로 가져온다.

한 작품의 등장인물과 다른 작품의 등장인물을 동일시하는 것은 호머의 《오디세이》와 테니슨의 시 《율리시스》에 대해

(11) 율리시스는 오디세우스다.

라고 말할 때처럼 그와 유사하게 이 두 작품을 결합하는 하나의 게임을 하는 것이 될 것이다.[21]

하나의 비공식적 게임 안에서 소도구가 되는 두 작품 사이에 충돌이 있다면 어떻게 되는가? 《오디세이》에서 오디세우스(=율리시스)는 집으로 돌아간다. 《지옥 편》에서 그는 돌아가지 못한다.[22] 이러한 충돌은 《오디세이》와 《지옥 편》에 대해 말하면서 "오디세우스는 율리시스야"라고 이야기하는 단편적인 비공식적 게임에서는 마주할 필요가 없다. 아마도 이렇게 말하면서 허구적으로 우리가 참을 말한다는 것은 분명하겠지만, 이 두 작품이 소도구가 되는 비공식적 게임의 다른 측면들에 대해 깊이 생각할 필요는 없다. 그러나 만약 우리가 그 게임을 더 진행시키고자 고집한다면, 몇 가지 대안이 있다. 만약 어떤 사람이 "오디세우스(=율리시스)는 집으로 돌아가기도 했고 돌아가지 않기도 했다"라고 말하거나 또는 "오디세우스(=율리시스)는 집으로 돌아갔지만 《지옥 편》에서는 그렇게 하지 않은 것으로 잘못 묘사되었다"라고 말한다면, 우리는 그 사람이

---

21) 이 경우 우리가 참을 말한다는 것이 허구적이라면, 그것은 그 두 작품 사이의 어떤 인과적 연관, 즉 그것이 어떤 종류의 인과적 연관이든 X의 어떤 전기(biography)와 그에 대한 논평 사이에 일어나는 인과적 연관 덕분에 그러하다. 이때 이 논평은 그 전기를 통해서만 X에 대해 알고 있는 누군가가 하는 논평이며, 따라서 그 논평에 나오는 "X"라는 이름은 그 전기 안에서 "X"가 지칭하는 누군가를 지칭하게 된다.

22) 나는 Howell, "Fictional Objects," p. 171에서 이 예를 빌려왔다.

참을 말한다는 것이 허구적이라고 간주할 수 있을 것이다. (그 게임을 후자의 방식으로 이해하는 것은《지옥 편》을 하나의 재귀적 소도구, 즉 그 자신에 대한 허구적 참을 발생시키는 소도구로 만든다.) 우리는 이러한 질문들을 어리석은 질문이라 판단하고 무시해도 좋을 것이다.

(6)~(11)과 같은 진술들의 단언적 사용은 어떻게 이해되어야 하는가? 만약 화자가 어떤 종류의 믿는 체하기 게임을 함축하고 또 어쩌면 거기에 참여하고 있을 뿐 아니라 진지한 단언도 하고 있다면, 그는 무엇을 단언하고 있으며 어떤 조건들 하에서 그의 단언이 참이 되는가?

공인된 게임 대신 함축된 비공식적 게임으로 대체해야 한다는 것을 제외하면, 그 대답은 일상적인 진술들의 단언적 사용에 대해 우리가 한 대답과 평행하다. 화자가 가장하기에 참여하고 있다고, 즉 진정으로 무엇인가를 단언할 뿐 아니라 함축된 종류의 어떤 게임에 언어적으로 참여하고 있다고 가정해보자. 그렇다면 그는 그 게임 안에서 자신이 참을 말한다는 것이 허구적인 경우, 오직 그 경우에만 참인 무엇인가를 단언하고 있는 것이다. 만약 그가 가장하기에 참여하고 있지 않다면, 그가 단언하는 것은 그 단언이 어떤 함축된 종류의 게임 안에서 허구적일 경우, 오직 그 경우에만 참이 되는데, 이때 함축된 게임이란 그가 그 게임을 하고 있다면 그가 참을 말하는 것이 되는 그런 종류의 게임이다. 그는 무엇을 단언하고 있는가? 그것은 그의 상황이, 그가 예시하거나 나타내는 방식으로 가장하는 것이 어떤 함축된 종류의 게임 안에서 허구적으로 참을 말하는 것이 되는 그러한 상황이라는 것이다.

이 설명은 일상적인 진술에 대해 우리가 했던 설명을 포함하는 것으로 간주될 수 있다. 우리는 그저 자신들의 맥락 안에 있는 일상적인 진술들이 논의되고 있는 그 작품들에 공인된 게임들을 함축하는 것으로 간주하기만 하면 된다. 이것은 이제까지 논의된 일상적인 진술과 비일상적인 진술 모두의 단언적 사용을 통합적으로 다룰 수 있도록 해줄 것이다.

그러나 두 가지 종류의 경우에 함축된 게임들이 구체화되는 방식에는 차이가 있다. 함축된 비공식적 게임은 그 안에서 그러그러한 발생의 원칙이 작동하고 있는 게임으로 구체화되어야 한다. 일상적인 진술에 의해 함축된 게임들은 그 발생의 원칙이 무엇이든 간에 문제의 작품에 의해 공인된 게임으로서 구체화되어야 한다. 도린이 유니콘 태피스트리 중 하나를 보면서 "울타리 안에 유니콘이 있다"라고 말할 때 단언하는 바는 그 태피스트리가 그것에 공인된 모든 게임 안에서 어떤 사람이 울타리 안에 유니콘이 있다고 주장한다는 것이 허구적이라면 그가 참을 말했다는 것이 허구적이 되는 그러한 경우에만 참이다. 도린의 단언은 태피스트리의 색상이 실제 태피스트리의 색상과 달랐더라도 참이 되었을 단언이지만, 그 작품에 공인된 믿는 체하기 게임들 사이의 보완해주는 차이 덕분에, 울타리 안에 유니콘이 있다는 것은 공인된 게임 안에서 여전히 허구적이다.[23] 만약 그 태피스트리에 대한 공인된 게임들이 다른 발생의 원칙을 가지고 있어서 유니콘이 울타리 안에 있다는 것이 공인된 게임들에서 허구적이지 않게 되는 어떤 문화적 맥락에 그 태피스트리가 놓여 있다면, 도린이 (실제로) 단언하는 것은 참이 아닐 것이다. 반대로, 예를 들어 (6)이나 (10)을 말하면서 우리가 하는 주장은 그러그러한 발생의 원칙이 있는 어떤 게임 안에서든 주어진 방식으로 가장하는 것이 허구적으로 참을 말하는 것이 되는 경우, 오직 그 경우에만 참이다.

허구에 대한 광범위한 진술들은 내가 기술한 방식으로 함축된 비공식적 믿는 체하기 게임을 통해 이해될 수 있다. 다음은 다양한 추가적인 사례들이다.

(12) 오스카 와일드는 도리안 그레이의 심장에 단검을 꽂음으로써 그를 죽여버렸다.

(13) 대부분의 아이들은 미키마우스보다 E.T.를 더 좋아한다.

(14) 셜록 홈스는 다른 어떤 탐정보다 유명하다.

(15) 현실에, 스페인에 굴복당하여, 돈키호테는 1614년에 그의 고향 마을에서 죽었다. 미구엘 데 세르반테스는 그보다 약간 더 오래 살았을 뿐이다.[24]

---

23) 어떤 이야기가 서로 다른 단어들을 포함하면서도 여전히 바로 그 이야기일 수는 없다고 주장할 수도 있다. 그러나 우리는 만약 그것이 성립한다고 가정한다면 어떤 일이 일어날지 질문할 수 있다.

24) Borges, "Parable of Cervantes and the *Quixote*," p. 242.

우리는 주어진 사례에 어떤 종류의 비공식적 게임이 함축되어 있는지를 어떻게 결정하는가? 주어진 진술이 일상적인 진술이라고 간주할 것이 아니라 어떤 함축된 비공식적 게임을 찾아야 하는 것인지 자체를 어떻게 알 수 있는가? 쉬운 비결은 없다. 주어진 진술에 대한 한 가지 해석이 다른 해석보다 더 합리적이 되는 것은 맥락적인 특징들 및 이전 선례들로 구성된 복잡하고 변화하는 집합체에 의해서이다. 관련된 원칙들을 체계화할 수 있을 가능성은 작품 세계에 대한 발생의 원칙, 또는 은유를 이해하는 "규칙"을 체계화할 수 있을 가능성보다 별로 나을 것이 없다.

내 생각에, 다르게 해석할 충분한 이유가 없는 경우 허구에 대한 진술을 일상적인 것으로 간주하자는 추정(그리고 그와 유사한, 발화를 은유적으로 해석하기보다는 말 그대로 해석하는 것을 우선시하는 추정)이 존재하는 것 같다. 그보다 상위에는 자비의 원칙이 작동한다. 대안적 이해가 가능한 경우, 어떤 발화를 부조리하거나 명백하게 거짓이거나 사소하거나 어리석은 것으로 만들 만한 방식으로 이해하는 것은 피해야 한다. 가능하다면 화자가 터무니없는 말을 하는 것으로 이해하지 않도록 해야 한다. (10) ("로빈슨 크루소는 걸리버보다 더 기지가 있었다")을 말하는 것이 《로빈슨 크루소》나 《걸리버 여행기》 중 하나에 공인된 게임 안에서 허구적으로 참을 말하는 것이 아니라는 점은 노골적으로 분명하다. (심지어 화자가 분별 있게 말하지 않는다는 것이 허구적일 수도 있을 것이다.) 만약 이 발화가 일상적인 진술로 이해되었다면 화자가 진정으로 단언하는 것은 참이 아닐 것임은 완전히 명백하다. 따라서 우리는 두드러진 비공식적 게임과 좀 더 합당한 비일상적 해석을 찾는다. 이 경우 우리는 《로빈슨 크루소》와 《걸리버 여행기》가 모두 소도구가 되는 비공식적 게임이 함축된 것으로 간주한다. 그러한 게임 안에서 "로빈슨 크루소는 걸리버보다 더 기지가 있었다"라고 말하는 것은 허구적으로 참을 말하는 것이며 따라서 적어도 이러한 발화에 의해 행해진 진정한 단언은 참일 것이라는 주장을 할 수는 있다. 물론 자비의 원칙은 참을 보장하지 않는다. "한 야만인이 렌치로 마리아를 공격했다"는 "한 야만인이 망치로 마리아를 공격했다"가 함축하는 것과 동일한 게임을 함축하겠지만, 그 게임 안에서 전자를 말하는 것은 허구적으로 거짓을 말하는 것이다.

자비 외에 무엇이 포함되는가? 선례들은 중요하다. 함축된 게임이 공인된 게임이 아닐 때라도, 어떤 거의 표준적인 함축의 패턴들이 있다. 어떤 하나의 비공식적 게임 안에 서로 관련 없는 작품들을 결합하는 관행은 잘 확립되어 있다.

(16) 제인 오스틴은 엠마 우드하우스를 창조했다.

라고 말할 때와 같이, 작가에게 있어 어떤 종류의 사람과 사물들에 대한 허구는 허구적으로 그러한 것들을 창조하는 것이 되는 비공식적 게임들은, 무엇인가가 어떤 속성을 가진다는 것을 허구적으로 만드는 것이 허구적으로 무엇인가에게 그러한 속성을 부여하는 것이 되는 게임들과 마찬가지로 흔하다.

다른 함축들은 좀 더 새로운 경로를 택하기도 한다. 레오나르도의 색이 바래가는 〈최후의 만찬〉에 대한 대화 도중에 한 말인

(17) 최후의 만찬의 손님들은 점점 사라져간다.

라든지, (9) 또는 시스틴 성당에 대한 스텔라의 논평을 생각해보자. 비공식적 게임이 함축되는 상대적으로 표준적인 방식과 새로운 방식 사이의 차이는 소멸해가는 은유와 신선한 은유 사이의 차이에 비견될 수 있다.

지금까지 내가 언급한 비공식적 게임들은 비록 허구 작품에 의해 공인되지는 않았지만 그러한 작품들에서 영감을 받았으며, 또한 공인된 게임이 변경된 것으로 쉽게 간주될 수 있다. 그러나 비공식적 게임이 반드시 공인된 게임과 어떤 관계가 있어야 하는 것은 아니며, 비공식적 게임은 염두에 둔 어떤 허구 작품 없이도 발생할 수 있다. 이국의 종교 교의를 논하는 어떤 인류학자는 그 종교의식을 행하는 사람들이 할법한 말을 하면서 그들에게 동의하는 척할 수도 있다. 그는 "이것은 비를 부르는 의식이다"라고 말하거나 "비슈누 신을 달래야 한다"라고 말할 수도 있다. 이러한 말들은 실제로는 원주민이 생각하는 바에 대한 관찰일 것이다. 그러나 그렇게 말하면서 그 인류학자는 원주민이

믿는 바가 허구적이 되는 게임, 즉 그의 발화가 원주민의 믿음과 일치할 경우에만 그가 참을 말한다는 것이 허구적이 되는 그러한 게임에 참여하거나 그러한 게임을 암시하는 것일 수 있다. 이러한 방식으로 허구 작품보다는 다른 사람의 믿음에 기반을 둔 게임들, 또는 사실인 것처럼 보이거나 사실이라고 주장되는 바, 혹은 우리가 환영이나 미신이라고 간주하는 바에 기반을 둔 게임들, 즉 참여자가 자신이 받아들이지 않는 믿음에 "협조"하거나 공모하거나 또는 그것을 묵인하는 게임은 곧 중요해질 것이다.[25]

10.5 변형들

내가 제안한 허구에 대한 진술을 다루는 방식은 엄격하게 받아들여지도록 의도된 것이 아니다. 어떤 느슨함이 그러한 진술들에 대한 해석을 물들이고 있으며, 비공식적 믿는 체하기 게임이 관련될 때 (비록 어떤 비공식적 게임이 함축되는지 분명하다 하더라도) 특히 그렇다.

더 단순한 경우들에서도 유사한 느슨함이 발견된다. 해럴드가 상을 받았다는 것을 이야기하는 행동은 (명시적으로 말한 내용 외에도) 청자에게 몇 가지 다른 정보를 제공하는 데 기여할 수 있다. 화자는 그의 수상에 대해 이야기함으로써 그것을 이야기하는 것이 알맞거나 적절하다는 것을 청자에게 알리는 데 성공한다. 화자는 또한 청자에게 그것이 적절해진 원인이 되는 두드러진 상황, 예를 들어 그의 수상이 공식적으로 발표되었다는 사실을 알려줄 수도 있다. 아마도 화자가 청자에게 후자를 확신시키는 것은 전자를 나타냄으로써일 것이다. 청자가 해럴드의 행운에 대해 이야기하는 것이 적절해지는 조건이 충족된다고 간주하는 것은 그들이 그것이 적절하다는 것을 알게 되었기 때문이다.

25) 에반스는 믿는 체하기가 "원래는 예술적인 또는 상상적인 과정의 산물이 아니었던 공유된 환영 …… 또는 오인된 증언"(*Varieties of Reference*, p. 353)에서 발전해나올 수 있다고 강조한다.

화자가 자신이 청자에게 믿도록 유도하는 것을 반드시 단언할 필요는 없다. 이 경우 무엇이 단언되는지는 사례의 세부사항, 맥락의 특징들, 그리고/또는 우리가 구체화하려고 노력할 필요가 없는 화자의 심적 상태뿐 아니라 단언에 대해 우리가 선호하는 설명에도 의존할 것이다. 화자가 해럴드의 수상에 대해 이야기하는 것이 적절하다고 단언하는 것으로, 그러면서 공식적인 발표가 있었다는 것을 함축하거나 암시하는 것으로 간주하는 것이 그럴듯할 수도 있다. 또는 화자가 공식적인 발표가 있었다는 것을 단언하고 있으며 그의 수상에 대해 이야기하는 것이 적절하다는 것은 단지 함축하거나 암시하는 것으로 간주하는 것이 최선일 수도 있다. 또는 화자가 둘 다 단언하거나 어느 것도 단언하지 않을 수도 있다. 또는 그녀가 정확하게 무엇을 단언하는지에 대한 분명한 답이 없을 수도 있다.

허구에 대한 진술도 이와 유사한 선택지를 제시할 수 있다. 내가 제안한 것은, 그러한 진술을 할 때 우리는 함축된 종류의 게임에서 어떤 방식으로 가장하기를 하는 것이 허구적으로 참을 말하는 것임을 단언한다는 것, 즉 그렇게 가장하는 것이 이러한 면에서 적절하다고 단언한다는 것이다. 그러나 어떤 경우에는 화자가 그 적절함의 원인이 되는 어떤 상황이 성립한다는 것을 단언한다고 간주하는 것이 더 합리적일 수도 있다. (6) ("그 오케스트라는 물속에 있다")을 말하는 것은 그 오케스트라가 지금 있는 그 악단석에 있다는 것을 주장하는 단순히 약간 화려한 방식일 수 있다. 왜냐하면 이것이 바로 관련된 방식으로 가장하는 사람에 대해 그가 참을 말한다는 것을 함축된 종류의 게임들 안에서 허구적으로 만드는 것이기 때문이다. 이러한 해석에 따르면 화자의 단언은 가장하기 또는 믿는 체하기 게임에 대한 것이 아니다. 그럼에도 불구하고, 가장하기는 관련이 된다. 화자는 그가 단언하는 바를 단언하기 위한 하나의 수단으로서 가장하기에 참여하고 있을 수 있다. 즉, 화자가 그 오케스트라는 물속에 있다고 주장하고 있다는 것이 (어떤 비공식적 게임 안에서) 허구적일 수 있다. 아마도 그는 참여하고 있지는 않더라도 그러한 종류의 가장하기에 주의를 끌고 있으며, 어떤 종류의 게임 안에서 그렇게 가장하는 것은 허구적으로 참을 말하는 것임을 비록 단언하지는 않더라도 함축하거나 암시하고 있을 것이다. 그가 자신이 그 오케스트라가 악단석에 있다는 것을 청자에게 알리게 될 것이라고 기대하는 것은 바로 이것을 함축하거나 암시함으로써다. 오케스트라가 악단석에 있다는 것을 단언하기 위해 "그 오케스트라는 물속에 있다"라는 말을 사용하는 것의 적합성은 이 말이 이러한 가장하기를 떠올리게 하는지의 여부에 달려 있다.

또 다른 사례를 살펴보자.

(18) 나폴레옹은 시저보다 오만했다.

(역사에 대한 관찰로서가 아니라 셰익스피어의 희곡과 톨스토이의 소설에 대한 주장으로서, 즉 "셰익스피어의 줄리어스 시저가 톨스토이의 나폴레옹보다 오만했다"로 표현될 수 있는 주장으로서 이해될 때.)[*역주: 시저와 나폴레옹이 뒤바뀐 것으로 보인다.] 내가 앞서 제안했던 종류의 바꿔 쓰기는 다음과 같을 것이다.

(18a) 《줄리어스 시저》와 《전쟁과 평화》는 그러그러한 종류의 게임 안에서 나폴레옹이 시저보다 오만하다고 단언하는 것처럼 가장하는 것이 허구적으로 참을 말하는 것이 되는 그런 작품들이다.

여기서 관련된 종류의 게임은 두 작품이 함께 소도구로 사용되는 어떤 비공식적 게임이다. 그러나 화자는 어떤 비공식적 믿는 체하기 게임에 대해 무엇인가를 말하는 것이 아니라 단지 두 작품 세계 사이를 비교하는 것으로 보일 수도 있다. 우리는 다음과 같은 어떤 바꿔 쓰기가 그럴듯하다고 생각할 수도 있다.

(18b) 《전쟁과 평화》에서 나폴레옹은 그 정도까지 오만하다는 것이 허구적이고 《줄리어스 시저》에서 시저는 그렇지 않다는 것이 허구적인, 그런 오만함

의 어떤 정도가 있다.[26)]

이러한 두 가지 제안된 바꿔 쓰기는 동등하지 않지만 서로 긴밀하게 연관되어 있다. (18a)의 참은 (18b)의 참에 의존한다. (18a)에서 언급된 종류의 비공식적 게임은 그 안의 허구적 참들이 어떤 방식으로 그 두 작품의 세계들 안에서 허구적인 것에 의존하는 게임이다. 《줄리어스 시저》 또는 《전쟁과 평화》 안에서 허구적인 시저 또는 나폴레옹의 오만함의 정도에 대한 명제들은 비공식적인 결합된 게임 안에서도 허구적이다. 만약 이러한 명제들이 (18b)에서 기술된 것과 같다면, 이러한 게임 안에서 나폴레옹이 시저보다 오만하다는 것은 허구적이고 나폴레옹이 그렇다고 허구적으로 단언하는 참여자는 허구적으로 참을 말하고 있는 것이다.

따라서 우리는 두 해석 사이의 어떤 느슨함을 예상할 수 있다. (18)을 말하는 것은 (18a) 및 (18b)로 표현된 사실들 중 하나 또는 모두를 청중에게 전달하는 데 사용될 수 있을 것이다. 상황(과 단언에 대한 설명)에 따라 화자가 둘 중 하나(또는 모두, 또는 둘 다 아닌 것)를 단언하는 것으로 간주하는 것이 합리적일 수 있다. 아마도 (18b)로 표현된 사실이 (18a)로 표현된 사실보다 중요할 것이다. 사람들은 거의 임시적인 비공식적 게임 안에서 무엇이 허구적인가보다는 작품 세계 안에서 (그리고 따라서 공인된 게임들 안에서) 무엇이 허구적인가에 더 관심이 있을 가능성이 크다. 따라서 (18)은 (18a)로 바꿔 쓰인 주장보다는 (18b)로 바꿔 쓰인 주장을 하기 위해 사용될 가능성이 클 것이다. 그러나 우리가 이 문장을 사용하여 (18b)를 주장하는 것은 (18a)가 표현하는 비공식적 게임에 대한 사실을 암시하고 함축함으로써이다.

독자는 다른 진술들에 대한 유사한 대안적 바꿔 쓰기를 시도해보고 싶을 것이다.

(11) 율리시스는 오디세우스다.

(12) 오스카 와일드는 도리안 그레이의 심장에 단검을 꽂음으로써 그를 죽여버

26) Howell, "Fictional Objects," p. 154; Parsons, *Non-Existent Objects*, pp. 169-170; 그리고 프라이어(Prior)에 대한 파슨스(Parsons)의 언급을 보라.

렸다.

(14) 셜록 홈스는 다른 어떤 탐정보다 유명하다.

(19) 그 체스 두는 사람들은 수를 두지 않은 채 한 세기 이상 체스판을 열심히 들여다보고 있는 중이다(도미에의 〈체스 두는 사람들〉을 지칭하면서 말할 때).

라고 단언하는 것은 각각 다음을 단언하는 것이 될 것이다.

(11a) 테니슨의 《율리시스》는 호머의 《오디세이》와 그러그러한 발생적 관계를 맺고 있다.

(12a) 오스카 와일드는 《도리안 그레이의 초상》에 대한 공인된 게임 안에서 어떤 방식[독자가 "도리안 그레이는 심장을 관통한 단검 때문에 죽었다"라고 말할 때 보통 가장할 만한 방식]으로 가장하는 것이 허구적으로 참을 말하는 것이 되도록 《도리안 그레이의 초상》을 썼다.

(14a) 어떤 실제 탐정도 그 정도까지 유명할 수 없는 명성의 정도가 있고, 셜록 홈스 이야기에 대해 공인된 게임 안에서 어떤 방식["셜록 홈스는 그 정도까지 유명하다"라고 말하는 사람이 보통 가장하고 있을 만한 방식]으로 가장하는 것은 허구적으로 참을 말하는 것이다.

(19a) 체스판을 열심히 들여다보고 있는 체스 두는 사람들을 묘사하는 도미에의 〈체스 두는 사람들〉은 한 세기 이상 존재해왔다.

그 자체로만 고려했을 때, 이러한 바꿔 쓰기들은 다양한 것들이 모인 무더기로 보인다. 그것들을 각각 나름으로 보는 것은 바꿔 쓰인 진술들을 임시적이고 단편적인 방식으로 다루는 것이 될 것이다. 그러나 이 바꿔 쓰기들 각각은 어떤 함축된 비공식적 게임 안에서 가장하기를 하면서 문제의 문장을 발화하는 사람이 허구적으로 참을 말하는 것이 되게 하는 어떤 두드러진 상황을 구체화한다. 이는 우리가 각 경우의 다양한 서로 다른 바꿔 쓰기들에 어떻게 이르게 되는지, 문제의 말을 발화하는 것이 어떻게 그 바꿔 쓰기가 표현하는 바를 단언하는 하나의 방식으로 기능하게 되는지를 설명한다. 비공식적 게임의 이러한 공통적인 배경적 역할은 호웰이 올바르게 주장하듯이 이러한 진술들 및 유사한 진술들을 "자연스럽고 일관성 있게" 다룰 수 있도록 해준다. 사실상 우리는 더 나아갔다. 우리는 이러한 진술들과 일상적인 진술들, 즉 비공식적 게임이 아닌 공인된 게임에 관련된 진술들 사이의 어떤 체계적인 연관을 발견했다.

§10.3에서 우리는 몇몇 일상적인 진술들을 바꿔 쓰는 한 대안적 방법에 주목한 바 있다. 우리는 (5) ("북쪽 숲에서 길러지는 거대 모기들은 애리조나에서 우물을 파는 데 사용되었다")를 폴 버니언 이야기에 공인된 게임 안에서 북쪽 숲에서 온 거대 모기들이 애리조나에서 우물을 파는 데 사용되었다고 허구적으로 단언하는 것은 허구적으로 참을 말하는 것이 된다는 주장으로 간주하기보다는 단순히 그러한 이야기 안에서 그러한 모기들이 그렇게 사용되었다는 것이 허구적이라는 주장으로 이해할 수도 있다. 이 대안은 이제 친숙해진 패턴에 들어맞는다. 두 번째 바꿔 쓰기는 첫 번째 바꿔 쓰기를 참으로 만드는 사실을 표현한다.

몇몇 그럴듯하지 않은 바꿔 쓰기들 역시 이 패턴에 들어맞는다. 브뢰헬의 〈농부의 결혼식〉 안의 색과 형태의 배열은 그 작품에 공인된 게임 안에서 우리가 농부들이 결혼식을 하고 있다고 허구적으로 단언할 때 우리가 참을 말한다는 것이 허구적이라는 사실에 책임이 있다. "농부들이 결혼식을 하고 있다"라고 말하는 것을 이 배열을 기술하는 하나의 방식으로 간주하는 것은 왜 안 되는가? 물론 누군가 그렇게 하는 것을 생각해볼 수 없는 것은 아니다. 그러나 관련된 색의 얼룩들을 상세하게 나타내는 진술은 보통의 경우 이 말로 말해지는 바를 포착하는 것으로 여겨지기 어려울 것이다. 이러한 바꿔 쓰기가 실패하는 데 대한 설명의 일부는, 보통 우리가 색과 형태의 관련 조합 그 자체에 관심이 있기보다는 회화의 세계 및 그 회화에 공인된 게임 세계 안에서 허구적인 것에 관심이 있으며 따라서 그것에 대해 이야기할 가능성이 크다는 데 있다. 심지어 우리는 농부들이 결혼식을 하고 있다는 것을 허구적으로 만드는 색과 선의 정확한 특징

들을 알아차리지조차 못할 수도 있다.[27]

다른 경우에는, 문제의 방식으로 가장하는 것이 허구적으로 참을 말하는 것이라는 사실에 책임이 있는 상황들이 그것이 허구적이라는 사실보다 훨씬 더 흥미로울 수도 있다. 이런 경우들은 화자가 단언하는 바가 단순히 그러한 상황이 성립한다는 것임이 그럴듯하게 되는 경우들이다. 어떤 사람이 말하는 바가 무엇인지를 결정할 때 믿는 체하기가 결정적으로 관여하는 경우에도 그가 말하는 바의 내용은 가장하기나 믿는 체하기 또는 그러한 종류의 어떤 것에 대한 언급도 포함하지 않을 수 있다는 점을 알아차리는 것이 중요하다.

허구에 대한 진술들의 해석, 특히 비공식적 게임을 포함하는 진술들의 해석에 대해 더 손보아야 할 여지가 있다.[28] 그러나 나는 바꿔 쓰기를 위한 합리적인 후보자들 전부는 아니더라도 대부분은 어떤 종류의 게임 안에서 어떤 방식으로 가장하는 것이 허구적으로 참을 말하는 것이라는 생각과 어떻게든 연결될 것이라고 예상한다. 내가 제안한 바꿔 쓰기들 중 어떤 것도 우리에게 허구적 존재자를 강요할 우려가 없다. 내 생각에는 떠올릴 수 있는 어떤 그럴듯한 변형들이라도 마찬가지일 것 같다.

10.6 논리적 형식

바꿔 쓰기는 그것들이 바꿔 쓰는 진술들의 논리적 형식 및 그것들 사이에 성립하는 함축 관계를 유지해야 한다. 피터 반 인와겐(Peter Van Inwagen)은 허구와 관련된 진

27) 어떤 감상자는 그 그림이 어떤 허구적 참들을 발생시키는지와 별개로 하나의 추상적 디자인으로서 그 그림에 관심이 있을 수도 있다. 그러나 농부들이 결혼식을 하고 있다는 것을 허구적으로 만드는 그 개별적인 색과 형태의 결합에 관심을 보일 가능성은 별로 없다. 게다가, "농부들이 결혼식을 하고 있어"라고 말함으로써 이 특징들을 나타내는 것은 분명히 그 특징들 자체보다는 그것들의 재현적인 기능에 주목하게 하는 것이다.

28) 여기 "율리시스는 오디세우스다"를 이해하는 한 대안적 방법이 있다. 그 두 작품 간의 발생론적 관계 덕분에 우리는 테니슨의 시를 읽는 동안 호머의 《오디세이》 및 그것의 공인된 게임들의 어떤 측면을 염두에 두고 있다고 이해될 수 있다. 이 문장의 발화의 요지는 이 사실을 전달하는 것이며, 이것이야말로 단언되고 있는 바일 것이다.

술들에 대해 내가 제안한 것과 같은 바꿔 쓰기들이 이러한 요구사항을 만족시키는지에 대해 회의적인 입장을 표명한 바 있다.[29] 그는

(20) 모든 소설에 대해, 그 소설에 등장하거나 또는 등장하는 인물의 모델인 한 허구적 인물이 있다.

는 어떤 복잡한 양화(quantificational) 구조, 즉 (20)에서

(21) 만약 어떤 등장인물도 모든 소설에 등장하지는 않는다면, 어떤 등장인물은 또 다른 등장인물을 모델로 한다.

로의 추론을 유효하게 하는 양화 구조를 가지고 있는 것처럼 보인다고 지적한다. 그러나 내가 권장했던 (20)과 (21)의 바꿔 쓰기들 중 어떤 것도 이러한 논리적 형식을 가지고 있지 않다. 우리의 1차적 모델에서, 이 양자 모두는 다음과 같은 어떤 형태로 바꿔 쓰일 수 있을 것이다.

K 종류의 가장하기에 참여하는 것은 그러그러한 종류의 게임 안에서 허구적으로 참을 말하는 것이다.

(두 경우에 관련된 가장하기의 종류는 서로 다르다.) 다른 대안은 (20)과 (21)을 관련된 방식으로 가장하는 어떤 사람에 대해 그가 참을 말한다는 것을 허구적으로 만드는 상황(현존하는 소설들의 총체에 대한 상황)을 증명하는 것으로 간주하는 것이다. 분명히 우리는 그런 어떤 바꿔 쓰기들이 (20)과 (21)에 드러난 양화 구조를 반영하리라고 기대할 수 없다. 양쪽 종류의 바꿔 쓰기 모두 (20)이 논리적 형식에 의해 (21)을 함축

29) 내 이론의 한 초안에 대한 답변인 "Pretense and Paraphrase"에서. 또한 Van Inwagen, "Creatures of Fiction," pp. 304-305를 보라.

한다는 것을 보여주지 않는다.

우리는 이러한 결과를 감수할 수 있을 뿐 아니라, 그러한 결과 위에서 잘 해나갈 수 있다. 우선, 우리의 바꿔 쓰기가 포착하려고 하는 바는 인용된 문장을 발화할 때 화자가 말하는 바이지 문장 자체가 의미하는 바나 **그 문장이** 표현하는 명제 — 만약 있다고 한다면 — 가 무엇인지가 아니라는 점을 상기하라. 화자가 말하는 바는 그가 사용하는 문장들이 나타내는 논리적 형식을 단순히 가지고 있지 않다. 그렇지 않다고 가정하는 것은 선결문제 요구의 오류(question begging)를 범하는 것이 될 것이다. 그러나 우리는 왜 사람들이 문장을 발화할 때 그들이 단언하는 바의 논리적 형식과 다른 논리적 형식을 보여주는 문장을 사용하는지 설명할 필요가 있다. 그리고 분명히 (21)을 통해 말해지는 바가 (20)을 통해 말해지는 바로부터 연역적으로 따라 나오는 것처럼 **보인다**. 즉 (20)을 받아들이면서 (21)에 동의하지 않는 것은 떠올리기 쉽지 않다. 말해진 바의 양화 구조가 이러한 함축을 보장하지 않는다면, 무엇이 보장하는가? 만약 그 함축이 성립하지 않는다면, 왜 성립하는 것처럼 보이는 것인가? 설명은 쉽게 제공될 수 있지만, 우선 화자가 (20)과 (21)을 통해 단언할 수 있는 바에 대해 좀 더 말해보자.

(20)과 (21)의 발화는 일상적인 종류라고 할 수 있는 비공식적 게임을 포함하는 것으로 이해될 수 있는데, 이러한 게임은 다음과 같은 특징들과 근사한 어떤 특징들을 가지고 있다. (a) 모든 소설은 그 게임 안에서 소도구이며, 어떤 소설에서든 허구적인 것들의 대부분은 그 게임 안에서 허구적이다. 이 비공식적 게임은 §10.4에서 익숙해진 방식으로 각 개별 소설에 공인된 게임들을 결합한다. (b) 이렇게 결합된 게임에서는 우주가 다양한 소설들에 상응하는 영역들로 나누어져 있다는 것이 허구적이다.[30] "어떤 등장인물이 어떤 소설 안에 등장한다"라고 말하는 것은 허구적으로 어떤 사람을 어떤 영역 안에 위치시키는 것이다. (c) 어떤 종류의 소설을 쓰는 것은 함축된 종류의 게임 안에서 스스로에 대해 자신이 사람들("등장인물들")을 창조하고 그들에게 어떤 속성들

30) 이것은 다른 게임들을 결합하는 비공식적 게임들의 드물지 않은 특징이다. 비록 이 영역들이 허구적으로 무엇인지, 또는 허구적으로 사물들이 동일하거나 서로 다른 영역들에 속한다는 것이 무엇인지에 대해 말할 수 있는 것이 거의 없더라도 말이다. (§11.1을 보라.)

을 부여한다는 것을 허구적으로 만드는 것이다. ("제인 오스틴은 엠마 우드하우스를 창조했다"와 비교해보라.) (d) 우리가 흔히 말하듯 어떤 작가가 "기존에 존재하는 어떤 등장인물을 한 등장인물의 모델로 삼을" 때, 그가 어떤 사람을 어떤 다른 사람과 비슷하도록 창조한다는 것, 즉 그가 다른 누군가의 이미지대로 누군가를 만든다는 것이 허구적이다. (화자는 "사람들"이 아니라 "등장인물들"에 대해 말함으로써 자신의 가장하기를 폭로하지만, 이것은 단언의 내용에 영향을 주지 않는다. §11.1을 보라.)

의심의 여지없이, 함축된 종류의 비공식적 게임 안에서 (20)과 (21) — 그 문장들 자체 — 이 그것들이 가지고 있는 것처럼 보이는 논리적 구조, 즉 이 구조 덕분에 (20)이 (21)을 함축하게 되는 그러한 구조를 가지는 명제들을 표현한다는 것은 허구적이다. 그리고 엘렌이 그러한 게임에 참여하는 동안 (20)을 단언적으로 발화한다면, 그녀가 단언하는 바는 그 논리적 형식만으로 (21)에 의해 단언되었을 바를 함축한다는 것이 엘렌에 대해 허구적이다. 이는 엘렌이 (20)을 통해 실제로 단언하는 바가 (21)에 의해 단언되었을 바를 그런 식으로 함축한다는 인상을 부분적으로 설명한다.

엘렌은 (20)을 통해 무엇을 진정으로 단언하는가? 가장 단순하고 1차적인 경우 (비록 그럴 것 같지 않더라도) 그녀는 기술된 종류의 비공식적 게임에 참여하고 있으며, 자신이 하는 것처럼 가장하는 것은 허구적으로 참을 말하는 것임을 단언하고 있다. 그녀의 가장하기는 그 문장에 의해 드러나는 형식의 무엇인가를 단언하는 것처럼 가장하기의 한 종류이며, 그녀가 그러한 형식의 어떤 명제를 단언한다는 것은 허구적이다. 따라서 그녀가 이러한 종류의 가장하기에 대해 실제로 단언하는 바가 전혀 다른 형식을 가지고 있다 하더라도, 자연스럽게 그녀는 그 문장을 사용한다.

엘렌이 이 종류의 가장하기에 대해 거기에 참여하지는 않은 채 이야기한다 해도, 그녀는 여전히 그 가장하기를 지칭한다. 그녀가 그 가장하기에 대해 이야기하는 것이 아니라 그렇게 가장하는 것이 허구적으로 참을 말하는 것이 되게 하는 상황이 있다는 것을 가리키는 것이라 해도, 그녀가 자신이 성립한다고 주장하는 그 상황에 주의를 환기시키는 것은 그 종류의 가장하기를 나타냄으로써이다. 둘 중 어느 경우이든 그녀가 사용하는 문장인 (20)은 그것이 보여주는 그 논리적 형식으로 인해 그녀의 목적에 적합한데, 왜냐하면 그녀가 지칭하거나 나타내는 그 방식으로 가장하는 것은 허구적으로 그러한 형식의 무엇인가를 단언하는 것이기 때문이다.

그러나 (20)이 (21)을 함축하는 그러한 양화 구조를 가진다는 것은 참이 아니라 **단지** 허구적이다. 그리고 (20)을 통해 단언되는 바가 그 논리적 형식만으로 (21)을 통해 단언되는 바를 함축한다는 것은 참이 아니라 기껏해야 허구적이다. 그럼에도 우리는

(22) 진술 (20)은 그 논리적 형식만으로 (21)을 함축한다.

를 단언하면서 참을 말하는 것일 수 있다. (22)의 단언은 그 자체로 우리가 허구에 대한 다른 진술들을 이해하는 것과 같이 이해될 수 있다. 1차적 사례에서 화자는 어떤 종류의 가장하기 — (20)이 그 논리적 형식만으로 (21)을 함축한다고 단언하는 것처럼 가장하기 — 를 나타내고, 어떤 함축된 종류((20)과 (21)에 의해 함축된 종류)의 비공식적 게임 안에서 그렇게 가장하는 것은 허구적으로 참을 말하는 것이라고 주장한다. 이 주장은 참인데, (20)이 그 논리적 형식만으로 (21)을 함축하지 않는다 하더라도 그렇다. (22)는 말 그대로 받아들인다면 거짓이다. 다시 말하지만, 이 논의들이 주는 교훈은 우리가 허구성과 참 사이, 실제로 성립하는 것과 단지 성립하는 것처럼 가장되는 것 사이를 신중하게 구분해야 한다는 것이다.

혼동의 가능성은 비록 그 논리적 형식만으로는 아니라 하더라도 (20)에 의해 단언되는 바가 (21)에 의해 단언되는 바를 **정말로** 함축할 것이라는 사실에 의해 증가된다. 함축된 믿는 체하기 게임을 구성하는 원칙들은 (21)을 단언하는 것이 참을 말하는 것임이 허구적이 아니라면 (20)을 단언하는 것이 참을 말하는 것임이 허구적이 될 수 없는 그러한 원칙일 가능성이 크다. 그렇지 않을 경우 비공식적 게임은 다소 기이한 논리적 환상이 되고 말 것이다. 그리고 이 원칙들은 우리가 (20)을 단언할 때 참을 말한다는 것이 허구적이 되도록 하는 데 필요한 상황은 우리가 (21)을 단언할 때 참을 말한다는 것이 허구적이 되도록 하는 상황인, 그러한 원칙들일 가능성이 크다. (20)이 참이고 (21)이 거짓이 되는 경우를 떠올리기 어렵다는 것은 놀라운 일이 아니다.

11.
존재

11.1 폭로와 부인

사람들이 가장하기를 할 때, 그들은 때때로 자신들의 가장하기를 폭로(betray)한다. 즉, 그들은 그저 가장하고 있을 뿐임을 거의 명시적으로 드러낸다. 허구에 대한 일상적인 진술이나 이제까지 살펴본 비일상적인 진술들은 그것이 가장하기라는 것이 인식되지 않는다면 오해를 사고 말 것이다. 따라서 폭로하는 것이 필요하다.

(22) 상아 의족을 한 어떤 고래잡이가 거대한 흰 고래를 쫓았다.[*역주: 앞장의 (22)와 번호가 중복되나 내용상 별 상관이 없어 보인다.]

라고 단언하는 것은 그런 사건이 일어났다고 진지하게 단언하고 있는 것처럼 말하는 것이다. 우리는 화자가 그렇게 단언하는 것처럼 가장(또는 그러한 가장하기를 암시)하고 있을 뿐임을 그 맥락을 통해 판단해야 한다. 혼동할 위험이 있을 때, 우리는 가장하기를 폭로할 수 있다. 예를 들면 우리는

(23) 멜빌의 소설《모비 딕》에서, 상아 의족을 한 어떤 고래잡이가 거대한 흰 고래를 쫓았다.

라고 말할 수 있다. 이러한 폭로는 (실제이든 함축적이든) 가장하기에 주의를 돌리게 하며, 이야기하고 있는 바가 가장하기에 대한 것임을 명확하게 만든다. (이 경우 그것은 아마도 진짜로 단언되는 바가 무엇인지를 바꾸지는 않을 것이다. 화자는《모비 딕》의 공인된 게임 안에서 그가 나타내는 방식으로 가장하는 것 — 상아 의족을 한 어떤 고래잡이가 거대한 흰 고래를 쫓았다고 단언하는 것처럼 가장하는 것 — 은 허구적으로 참을 말하는 것이라고 단언하고 있다.)

폭로는 "이야기 안에서"와 "그림의 세계 안에서" 같은 어구의 중요한 역할이다. 그러나 폭로는 다른 다양한 방법으로도 이루어질 수 있다. 가장하기는 다음과 같은 문장 안에서처럼 "(허구적) 등장인물"에 대해 명시적으로 이야기함으로써 폭로될 수도 있다.

(24) E. M. 포스터의《인도로 가는 길》의 등장인물인 무어 부인은 신경쇠약을 앓고 있었다.

비공식적 믿는 체하기 게임과 관련된 진술들도 보통의 진술들과 마찬가지로 가장하기를 폭로할 수 있다. 우리는 (6) ("그 오케스트라는 물속에 있다") 대신에

(25) 말하자면 그 오케스트라는 물속에 있다.

라고 말하거나, (10) ("로빈슨 크루소는 걸리버보다 더 기지가 있었다")라고 말하기보다

(26) 디포의 소설 속 로빈슨 크루소는 스위프트의 걸리버보다 더 기지가 있었다.

라고 말할 수 있다.

화자는 자신이 폭로하는 가장하기에 참여하고 있는 것인가? 폭로된 가장하기는 여전히 가장하기인가? 분명히 그럴 수 있다. 그러나 그렇지 않더라도 상관없는데, 왜냐하면 우리는 스스로 예시하지 않으면서도 어떤 종류의 가장하기를 암시하고 그것에 대해 이야기할 수 있기 때문이다. (23)의 화자는 그가 폭로하는 가장하기에 실제로 참여하고 있지 않을 수도 있다. 그 폭로는 그가 상아 의족을 한 어떤 고래잡이가 거대한 흰 고래를 쫓았다고 정말로 주장하는 것이 아니라는 것, 그가 **기껏해야** 그렇게 하는 것처럼 가장하고 있을 뿐이라는 것, 그리고 어쨌든 그가 이야기하고 있는 것은 이런 종류의 가장하기에 대한 것임을 나타낸다.

때때로 우리는 폭로를 넘어서서 가장되는 것을 **부인**(disavow)하기도 한다. 만약 우리가 가장되는 방식으로 정말로 단언한다면 우리는 참을 단언하고 있는 것이 아니라고 사실상 선언하면서 말이다.

(27) 누군가가 벌레로 변했다는 것은 **단지** 카프카의《변신》안에서일 뿐이다.

라고 말하는 사람은 자신이 누군가가 벌레로 변했다는 것을 주장하고 있지 않다는 것을 밝히는 것만이 아니다. 그는 그것을 주장하는 것은 참을 단언하는 것이 아니라고, 그 누구도 정말로 벌레로 변한 것은 아니라고 선언하고 있기도 하다.

우리는 (23)에서의 폭로가 그 단언의 내용에 영향을 주지 않는다는 것을 보았다. 그것은 "상아 의족을 한 어떤 고래잡이가 거대한 흰 고래를 쫓았다"가 허구에 대한 (일상적인) 진술로 간주되어야 한다는 것을 밝히는 것이기도 하다. 그러나 (27)에서의 부인은 (적어도) 화자가 단언하는 바의 일부이다. 그는 "누군가가 벌레로 변했다"라는 일상적인 진술로써 단언될 만한 것만을 단언하는 것이 아니다. 그는 그저 어떤 종류의 게임에서 그렇게 가장하는 것이 허구적으로 참을 말하는 것이 된다고 주장하기 위해서가 아니라, 가장되는 바를 부인하기 위해 어떤 종류의 가장하기를 나타내고 있는 것이다.

폭로와 부인은 §7.6에서 논의되었던, 매체에 주목을 불러일으키거나 또는 어떤 이야기가 그저 이야기일 뿐이라거나 어떤 그림이 그저 그림일 뿐이라는 사실에 특별히 주목을 불러일으키는 장치들을 사용함으로써 참여를 저해하도록 하는 재현을 고안해 내는 관행과 명백한 유사성을 가진다. 그럼에도 불구하고 양쪽 모두의 경우에서 가장하기, 참여 — 그것이 실제이든 아니면 상상된 것이든, 폭로된 것이든 부인된 것이든 또는 저해된 것이든 — 는 핵심적이다.

우리가 지금까지 살펴본 종류의 가장하기는 단언하는 것처럼 가장하기(pretending-to-assert)에 속하는 것들이었다. 이러한 종류의 가장하기에 참여하는 것은 허구적으로 어떤 단언하기 행위를 수행하는 것이다. 그중 일부는 허구적으로 우리가 어떤 톰 소여라는 인물을 지칭하고 그가 그 자신의 장례식에 참석했다고 단언할 때처럼, 지칭하는 것처럼 가장하기(pretending-to-refer)를 포함한다. 그러나 때때로 우리는 단언하는 것처럼 가장하기와는 독립적으로 어떤 종류의 지칭하는 것처럼 가장하기를 예시하거나 나타내기도 하며, 나아가 그것에 대해 논평하기도 한다. 우리는 다음과 같이 말하는 경우 그렇게 하는 것이다.

(28) 그레고르 잠자는《변신》의 (순수하게 허구적인) 한 등장인물이다.

"그레고르 잠자"라는 이름을 사용하면서 화자는 무엇인가를 지칭하는 것처럼 가장하거나 또는 어떤 종류의 지칭하는 것처럼 가장하기를 암시한다. 그런 다음에 그는 이러한 가장하기를 폭로하며, 자신이 무엇인가를 지칭하고 있다는 것은 단지 허구적일 뿐임을 밝힌다. (앞으로 살펴보겠지만, 그는 또한 그가 가장하는 바의 일부를 부인하고 있기도 하다.)

이 경우 화자는《변신》의 어떤 공인된 게임 안에서 그가 나타내는 방식으로 가장하기를 하는 것은 허구적으로 무엇인가를 지칭하는 것이 된다는 것을 인정한다. 그러나 작품을 명시할 필요는 없다.

(29) 그레고르 잠자는 (순전히 허구적인) 등장인물이다.

라고 말하는 것은 그것이 가장하기임을 폭로하지만, 관련된 공인된 게임 안에서 그렇게 가장하는 것이 허구적으로 성공적으로 지칭하는 것이 되는 어떤 작품이 **있다**는 것만을 인정하는 것이다. 우리는 다음과 같이 말하는 경우처럼 이것조차 인정하는 것을 피할 수 있다.

(30) 그레고르 잠자는 존재하지 않는다.

가장하기를 폭로하는 것은 그 가장하기 밖으로 나가서 그것에 대해 논평하는 것이다. 내가 논의한 예들에서 폭로는 가장하기에서 발화되거나 발화될 만한 말들에 덧붙여진 구절을 통해 이루어진다. 그 덧붙여진 구절 자체는 가장하기 안에서 발화되지도, 어떤 종류의 가장하기를 구체화하는 데 기여하지도 않는 것처럼 보인다. 그 구절은 그것이 덧붙여진 말이 구체화하는 종류의 가장하기에 대해 논평하기 위해서만 사용된다.

그러나 그러한 많은 덧붙여진 구절들을 그 자체로 가장하기 — 그 구절들이 폭로하는 가장하기와는 다른 가장하기 — 의 일부로 간주할 수 있는 한 가지 방식이 있다. 많은 폭로하기(그리고 부인하기)가 취하는 형식은 드러내기이다. 진술 (29)는 화자가 그 주어의 지칭 대상에 어떤 속성을 귀속시키는 일상적인 단칭 진술의 문법 구조를 가지고 있다. 물론 정말로 그러한 것은 아니다. 그 진술에 대한 내 설명이 화자가 그가 그레고르 잠자라고 부르는 무엇인가에 대해 그것이 어떤 허구적인 등장인물이라고 말하고 있는 것처럼 **가장한다**는 설명인 것도 아니다. 진술 (29)는《변신》의 공인된 게임들에 대한 진술인 것처럼 보일 것이다. 그러나 그것은 "그레고르 잠자는 벌레로 변했다"와 같은 일상적인 진술로 취급되어서는 안 된다. 왜냐하면 (29)를 단언하는 것은 내가 그 진술을 이해한 대로라면 참인 어떤 것을 단언하는 것이기 때문이다. 그러나《변신》의 공인된 어떤 게임 안에서 가장하기를 하며 이 진술을 말하는 사람이 참을 표현하고 있다는 것은 허구적이지 않다. (격식 없이 말하자면, 그 소설 안에서와 그 소설의 공인된 게임들 안에서 그레고르는 그저 허구적인 등장인물이 아니라 실제 사람이다.)

그러나 (29)를 말하는 사람이 허구적으로 참을 말하는 것이 되는 비공식적 게임,

즉 "실제" 사람들과 "허구적 등장인물들"이라는 두 종류의 사람들이 있다는 것이 허구적인 어떤 게임이 있을 수 있다. 화자는 이러한 비공식적 게임에 참여하는 것으로, 즉 허구적으로 "그레고르 잠자"라는 이름을 사용하여 무엇인가를 지칭하고 그 지칭 대상에 그가 "허구적인 등장인물이다"라는 술어로 구체화하는 속성을 귀속시키는 것으로 간주될 수 있다. (허구적인 등장인물임이라는 속성이 없다는 것은 문제가 되지 않는다. 화자는 이 말이 어떤 속성을 골라내는 것처럼 가장하고 있으며, 그 말이 그렇게 한다는 것은 이 비공식적 게임 안에서 허구적이다.) 화자는 한 가지 가장하기에 참여함으로써 다른 가장하기를 폭로한다. 비공식적 게임 안에서 허구적으로 참을 말하면서, 그는 자신이 공인된 게임 안에서 그 고유명사를 사용하여 단지 지칭하는 것처럼 가장하고(또는 그러한 가장하기를 암시하고) 있을 뿐임을 나타낸다.

위에서 기술된 것과 같은 종류의 비공식적 게임들이 있어야 한다는 것은 놀라운 일이 아니다. 우리가 "그레고르 잠자"라는 이름으로 무엇인가를 지칭하는 것처럼 가장하는 순간, 더 나아가서 우리가 지칭하고 있는 대상에게 속성들을 귀속시키는 것처럼 가장하고자 하는 유혹은 인간같이 믿는 체하기에 탐닉하는 존재에게는 거의 불가항력적이다. 때때로 우리는 이 지칭하는 것처럼 가장하기가 단지 가장하기일 뿐임을 나타내야 하며, 따라서 그것을 폭로한다. 우리는 "그레고르 잠자라는 것(또는 사람)은 없다" 라거나 "'그레고르 잠자'는 아무것도 가리키지 않는다"라고 말할 때처럼 외부에서 그 정체를 밝히며 가장하기를 완전히 포기할 수도 있으며, 때때로 정말로 포기하기도 한다. 그러나 우리는 그것을 폭로할 때조차 그 가장하기의 정신은 아닐지라도 형식의 일부는 유지하고자 할 수 있다. 폭로는 더 나아간 가장하기를 통해 이루어진다. 우리는 "그레고르 잠자"라는 이름에 "허구적인 등장인물이다"라는 술어를 붙임으로써 그 이름으로 지칭된 무엇인가에 어떤 속성을 귀속시키는 것처럼 가장하며, 그렇게 함으로써 우리가 그저 무엇인가를 지칭하는 것처럼 가장하고 있을 뿐임을 명확히 한다. (그저 농담하고 있을 뿐이라고 진지하게, 그리고 흥을 깨면서 간단히 말해버리지 않으면서도 그저 농담임을 알리는 한 가지 방법은 그 농담을 노골적으로 말도 안 되는 지점까지 밀고 나가는 것이다. 우리는 그렇게 그 농담을 포기할 필요 없이 그것이 농담일 뿐임을 분명히 한다.)

다른 폭로 장치들 역시 공인된 게임에 덧붙여진 비공식적 게임에 기여하는 것으로 생각될 수 있다. "존재함은 술어이다"라는 것, 또는 다르게 표현하면 "존재한다"라는 술어는 일부는 가지지만 모든 것들이 가지지는 않는 한 진정한 속성을 표현하며 "존재하지 않는다"는 그 여집합(complement)을 표현한다는 것은 아마도 어떤 비공식적 게임 안에서 허구적일 것이다. 따라서 (30)을 발화하는 누군가가 그가 "그레고르 잠자"라고 지칭하는 누군가에게 어떤 속성을 진정으로 귀속시킨다는 것은 허구적일 수 있다. 우리는 그 이름을 누군가를 지칭하기 위해 사용하는 것처럼 가장한다는 것을 폭로하면서도 이와 같은 것을 허구적으로 만들 수 있다. 우주가 "실제 세계"와 다양한 "허구적 세계들"이라는 몇 가지 영역으로 구성되어 있고 그 영역들 각각에는 그 자체의 거주자들이 있다는 것이 어떤 비공식적 게임 안에서 허구적일 수도 있다.

(31) 카프카의《변신》의 세계에서 한 남자가 벌레로 변했다.

라고 말하는 것은 한 남자가 벌레로 변하는 일이 우주의 어떤 한 부분 혹은 영역에서 일어났다고 허구적으로 단언하는 것이며 그 단언은 허구적으로 참일 수 있다. (우디 앨런이 실제 세계보다는 만화 속에 존재하고 싶다고 표현했을 때, 그는 후자의 종류와 같은 비공식적 게임을 환기시킨 것이다.)

내가 방금 기술한 것과 같은 비공식적 게임들 안에서 허구적인 것, 우리가 정말인 것처럼 가장하는 것 — 예를 들면 "단지 허구적인 등장인물이다"와 같은 술어로 표현되는 어떤 속성을 가진 사물들이 있다는 것, 그리고 "존재한다"가 어떤 것들은 가지지 않는 어떤 속성을 표현한다는 것 — 이 바로 어떤 실재론 유파의 이론가들이 정말로 그러하다고 주장하는 바임을 알게 될 것이다. 그들의 실수는 과도한 고지식함에 따른 실수, 즉 가장하기를 가장되는 바 그대로인 것으로 착각한 실수이다.

11.2 존재와 비존재 주장

우리는 앞서 (28), (29), 그리고

(30) 그레고르 잠자는 존재하지 않는다.

와 같은 존재 부정 진술들을 이해할 한 가지 방법에 거의 다다른 바 있다. 나는 이 진술들 중 어떤 것이라도 단언하는 것은 (아마도 어떤 더 나아간 가장하기에 참여하거나 그러한 가장하기를 암시함으로써) 일종의 지칭하는 것처럼 가장하기를 나타내고 폭로하는 것이라고 제안했다.[1]

여기에 한 가지 걱정이 있다. 우리는 (30)에 대한 우리의 설명이 단칭 존재 주장들을 일반적으로 다루는 방법과 어울리기를 원한다. 그러나 많은 단칭 존재 주장들, 특히 소설이나 다른 허구 작품들과 아무런 관련이 없는 주장들은 명백한 가장하기나 믿는 체하기를 포함하고 있지 않다. 사람들은 그레고르 잠자, 걸리버, 그리고 로빈슨 크루소뿐만 아니라 벌컨(Vulcan)[*역주: 수성보다 안쪽에 있을 것으로 추정되는 가상의 행성], 젊음의 샘, 호머(Homer), 네스호의 괴물, 그리고 국무부 내에 있는 스파이의 존재를 긍정하거나 부정한다. 스티븐 쉬퍼(Stephen Schiffer)는 믿는 체하기를 통해 존재 부정문을 다루는 개럿 에반스(Gareth Evans)의 방식이 다음과 같은 예들에는 적용되지 않는 것처럼 보인다고 말했다.

(32) 카다피(Qaddafi)는 존재하지 않고 존재한 적도 없다. 그런 사람은 없다("이 말이 참이라는 것만을 제외하고는 우리의 세계와 똑같은 한 가능세계에서"

1) (30)을 "실제로" 존재하는 것이 아니라 "이야기 안에서" 존재하는 것에 대한 주장으로 이해하는 것도 가능하다. 그렇게 이해된다면 그 진술은 거짓이고 "그레고르는 존재한다"는 참이며, 양쪽 진술 모두는 일상적인 진술이 되고 양쪽 다 폭로를 포함하지 않게 된다. 그러나 나는 "실제로" 존재하는 것에 대한 주장들을 설명하고자 하고 있다.

말할 때).

왜냐하면 "이 상상된 발화의 진리조건은 분명히 화자와 청중이 참여하는 가장하기나 믿는 체하기를 전혀 언급하지 않을 것이기 때문이다".[2]

우리는 존재 주장을 믿는 체하기로 설명하려는 시도를 성급하게 완전히 포기해버리지 말아야 한다. 우리가 알고 있듯이, 그러한 설명이 화자나 청중이 실제로 가장하기나 믿는 체하기에 참여한다고 가정할 필요는 없다. 화자는 어떤 종류의 가장하기를 예시하지 않고도 청중이 그러한 가장하기에 주목하도록 할 수 있다. 그리고 그 발화는 누구도 해본 적 없고 또 앞으로 하지도 않을 것이지만 청중이 분명히 이해할 수 있는 종류의 게임을 함축할 수도 있다. 우리는 또한 비공식적 게임은 어떤 인정된 허구 작품과도 연결될 필요가 없다는 것을 알고 있다. 그럼에도 불구하고, 존재 주장들은 제10장에서 논의된 것과 같은 단언들이 그러한 만큼 믿는 체하기를 직접적으로나 핵심적으로 포함하고 있지 않다. 이 점은 벌컨, 호머, 그리고 국무부의 스파이뿐 아니라 그레고르 잠자, 걸리버, 그리고 로빈슨 크루소의 존재에 대한 긍정과 부정에도 마찬가지로 해당한다.

우리가 보았듯이, (30)을 말하면서 화자는 어떤 종류의 가장하기를 폭로한다. 그러나 그러한 폭로가 그 화자의 단언 내용에 포함되지는 않는다. 그의 단언은 **부인**(disavowal)이라고 할 수 있고, 부인은(어쨌든 우리가 고려하고 있는 종류의 부인은) 가장하기에 대한 논평이 아니라 가장되는 바 혹은 가장될 수도 있는 바에 대한 논평이다. "그레고르 잠자"라는 이름을 사용하면서 화자는 어떤 종류의 지칭하는 것처럼 가장하기뿐 아니라 어떤 종류의 지칭하려고 **시도하는** 것처럼 가장하기(pretending-to-*attempt*-to-refer) 또한 나타내고 있다. 그가 부인하는 것은 가장된 종류의 지칭하려는 시도, 혹은 시도들이다. 그의 주장은, 이러한 방식으로 지칭하려고 시도하는 것은 그 어떤 것도 지칭하는 데 성공하지 못하리라는 것이다.[3] 가장하기는 화자가 부인하고자

2) Schiffer, "Review of Gareth Evans," p. 42.

3) 이로부터 자신이 나타내는 방식으로 (성공적으로) 지칭하는 것처럼 가장하는 사람은 **단지** 가장하고 있을 뿐이라는 것이 따라 나온다. 따라서 그는 지칭하려고 시도하는 것처럼 가장하기뿐 아니라 지칭하는 것처럼 가장하

하는 종류의 지칭 시도를 골라내는 한 방법으로서 관여할 뿐이다. 그는 그러한 시도를 하는 것처럼 가장함으로써, 또는 이러한 종류의 가장하기를 나타냄으로써 그것을 골라낸다.

지칭하려는 시도의 종류를 골라내는 다른 방법들도 있다. 우리는 어떤 가장하기도 떠올리게 하지 않고 실제로 관련된 종류의 시도를 함으로써 그렇게 할 수도 있다. 또는 그러한 시도에서 사용되거나 사용될 만한 말들을 사용할 수도 있다. (32) 또는

(33) 벌컨은 존재하지 않는다.

를 단언하면서 우리는 지칭하려는 시도에서 실제로 사용된 "벌컨"이나 "카다피"라는 이름을 발음하며, 그다음에 그런 종류의 시도를 부인한다. 화자 자신은 적어도 진지하게 지칭하고자 시도하는 것은 아닌데, 왜냐하면 그가 이어서 그러한 시도가 실패한다고 선언하고 그러한 시도를 부인하기 때문이다. 그러나 벌컨이나 카다피의 존재를 믿는 사람들이 그 이름을 사용하는 방식에 익숙하다면, 청중은 화자가 어떤 종류의 시도를 부인하고 있는지 알 수 있다. 자신이 부인하는 종류의 지칭하려는 시도를 나타내기 위해 화자가 지칭하려고 시도하는 것처럼 가장하거나, 즉 허구적으로 지칭하려는 시도를 하거나 또는 그러한 가장하기를 암시하거나 할 필요는 없다. (30)을 단언할 때 우리가 "그레고르 잠자"를 사용해 지칭하는 것처럼 가장하거나 그러한 가장하기를 나타내는 것은 사실이지만, 이것이 우리의 단언 내용에 핵심적인 것은 아니다. 우리가 단언하는 것은 그저 어떤 방식으로 지칭하려고 시도하는 것이 실패한다는 것이기 때문이다.

지칭하려는 시도의 가능한 혹은 실제의 행위를 보여주거나 나타내는 것은, 다른 시도들이 동일한 종류의 시도가 되기 위해서는 견본과 어떤 관계를 가져야 하는지 이해되어야만이 그 시도가 속하는 하나의 종류를 골라내는 데 성공할 수 있다. (§10.3을

기 또한 폭로하는 것이 된다. 여기서의 어색함은 "지칭하기"가 "단언하기"와 달리 성공한다는 것을 함축하고 있다는 사실로부터 나온다. 지칭한다는 것은 무엇인가를 골라내는 데 성공한다는 것이다. 그러나 단언한다는 것은 언제나 참인 어떤 것을 말하는 데 성공한다는 것이 아니다.

보라.) 믿는 체하기는 여기서 개입될 수 있다. 폰세 데 레온(Ponce de León)[*역주: 스페인의 탐험가(1460~1521)]이 "la Fuente de la Edad"라는 이름으로 지칭하고자 한 시도들과 마법의 힘을 가진 샘물에 대한 동일한 기록을 믿은 다른 사람들이 한 지칭 시도들은 우리가 "젊음의 샘은 존재하지 않는다"라고 말할 때 부인하는 것과 같은 종류의 지칭 시도이다. 이 구절을 다른 언어들로 번역한 것 및 이 구절 대신 사용될 수 있는 다른 이름들, 이것들과 적절하게 연결된 대명사들과 한정 기술구(definite description)들을 진지하게 사용하는 몇몇 경우들 역시 마찬가지다. 이러한 시도들을 동일한 종류의 시도로 만드는 것은 어떤 함축된 비공식적 게임 안에서 그 이름들이 동일한 것에 대한 성공적인 지칭임이 허구적이라는 사실이다. 이 게임은 물론 폰세 데 레온이 믿었던 바가 허구적인 게임, 그리고 이 모든 사례들에서 지칭되는 마법의 힘을 가진 하나의 샘이 있다(또는 있었다)는 것이 허구적인 그러한 게임이다.

"그레고르 잠자"가 우리가 (30)을 말할 때 부인하는 종류의 진지한 지칭 시도에서 실제로 사용된 적은 절대로 없겠지만, 우리는 어떤 것이 그러한 시도를 하는 것으로 간주될지를 알고 있다. 《변신》이 진지한 기록이라고 간주하고 자신이 그 책을 통해 알게 되었다고 생각하는 바를 이야기하는 사람은 그러한 시도를 하는 것일 것이다. 카프카의 텍스트를 읽는 다른 (믿을 수 없을 만큼) 순진한 독자들과 그들을 통해 그레고르에 대해 알게 된 사람들에게는 그들 모두가 지칭하는 "그레고르 잠자"라는 이름의 어떤 한 사람이 있다는 것이 어떤 명백한 믿는 체하기 게임 안에서 허구적일 것이다. (아마도 서로 다른 독자들이 참여한다는 사실만 제외한다면, 이 게임은 공인된 게임일 것이다.)

이 게임들의 세부는 대부분 우리가 두 (성공적인) 지칭 행위가 동일한 것에 대한 지칭이 되기 위해 실제로 필요한 것이 무엇이라고 간주하는지에 의존할 것이다. 나는 그 사례들 사이의 역사적 연관관계가 결정적이라고 믿는다. 만약 카프카는 전혀 모르고 있었지만 "그레고르 잠자"라는 이름을 가진 실제 인물이 우연히 존재한다면, 그에 대해 이야기하는 것은 《변신》의 순진한 독자가 지칭하고 있는 대상을 허구적으로 지칭하는 것이 아닐 것이며, 이 지칭 시도들은 관련된 종류의 지칭 시도가 아닐 것이다. 나는 이 이상의 상세한 설명은 하지 않겠다.

한 종류의 지칭 시도들을 한데 묶는 것이 무엇인지를 설명하는, 믿는 체하기가 그 안에서 덜 필수적인 역할을 하는 다른 방식들도 있다. 그중 한 가지는 관련 종류의 게임들에서 하나의 대상이 지칭된다는 것이 허구적이 되기 위한 상황들(사례들 사이의 역사적 연관관계를 포함한)을 통해 설명하는 것이다. 또는 단순히 두 지칭 시도들은 **만약** 그 지칭 시도들이 성공적이거나 성공적이었다면 그 지칭 대상들이 같거나 같았을 것인 바로 그 경우에만 동일한 종류의 지칭 시도라고 제안할 수도 있을 것이다. (이 마지막 대안은 이대로는 충분하지 못할 것이다.)

(단칭) 존재 긍정문은 어떤가? 그것들은 어떤 종류의 지칭하려는 시도들에 대한 **공언**(avowal)이다.

(34) 호머는 존재한다.

라고 단언하는 것은 어떤 방식 — 사람들이 "호머"라는 이름을 사용할 때 보통 지칭하려고 시도하는 방식 — 으로 지칭하려고 시도하는 것이 무엇인가를 지칭하는 데 성공한다고 주장하는 것이다. 화자가 "호머"라는 이름을 사용하는 것은 그 자체로 이러한 종류의 시도일 것이며, 그것도 성공적인 시도일 것이다. 이는 화자가 그러한 시도를 하는 것처럼 가장한다는 것, 즉 허구적으로 그러한 시도를 하는 게임을 한다는 것 또는 그가 그러한 가장하기를 암시한다는 것과 양립 불가능하지 않다. 그러나 그는 자신이 말하고 있는 바를 말하기 위해 이 중 어느 것도 할 필요가 없다. 그는 그저 어떻게든 관련된 종류의 지시 시도를 구체화하고 그것을 공언하기만 하면 — 그것이 성공적이라고 선언하기만 하면 된다. 폴 버니언 이야기들이 실제 역사적 인물과 관련되어 있다고 간주하는 사람은 "폴 버니언은 존재한다"라고 단언할 텐데, 아마도 그러한 단언을 통해 일종의 지칭하는 것처럼 가장하기를 나타내면서, 그러나 어떤 방식으로 지칭하려고 시도하는 것이 성공한다는 것만을 단순히 단언하면서 그렇게 할 것이다.

"허구적 개체들에 대한" 존재 주장들은 이런 식으로 존재 주장들 일반과 조화되며, 허구에 대한 우리의 다른 많은 담론과는 분명히 다르다. 후자와 같은 많은 담론들은 어떤 종류의 게임 안에서 어떤 방식으로 가장하기를 하는 것은 허구적으로 참을 말하는 것이라는 단언들로 구성된다. 존재 긍정과 부정은 이러한 담론들과 유사한 방식으로 가장하기나 믿는 체하기에 대한 것이 아니다. 긍정되거나 부정되는 것이 "허구적 개체들"의 존재일 때라도 말이다.

그러나 이것이 이야기의 전부는 아니다. 많은 존재 주장들은 이 마지막 결론이 암시하는 것보다는 믿는 체하기와 더욱 관련되어 있으며, 허구에 대한 다른 진술들과 중요한 점에서 유사한 것으로 이해될 수 있다. 많은 경우에서 가장하기의 폭로는 더 나아간 가장하기를 통해 이루어지는 것으로 간주될 수 있다는 점을 상기해보라. 이는 부인에 있어서도 마찬가지인데, 왜냐하면 폭로의 도구들은 종종 부인의 도구가 되기 때문이다. 우리가 (29)나 (30)을 단언할 때는 우리가 "그레고르 잠자"를 지칭하면서 사용하고 "(순전히 허구적인) 등장인물이다" 또는 "존재하지 않는다"라는 술어를 통해 그 지칭 대상에 어떤 속성을 귀속시킨다는 것이 허구적일 것이다. 화자가 가장된 지칭을 폭로하는 것, 그리고 우리가 이제 알게 되었듯이 그 가장된 종류의 지칭 시도를 부인하는 것은 그런 식으로 단언하는 것처럼 가장하기를 통해서이다. 따라서 그 진술은 두 종류의 인물들 — "실제의" 인물들과 "(단지 허구적인) 등장인물들" — 이 있다는 것이 허구적인, 또는 어떤 사람들은 "존재하고" 어떤 사람들은 존재하지 않는다는 것이 허구적인 비공식적 게임들을 함축한다.

폭로 그리고/또는 부인의 다른 사례들도 "실제" 짐승들뿐 아니라 "신화적인" 짐승들도 있다는 것이 허구적이거나, 또는 어떤 공훈과 모험과 놓쳐버린 거대한 물고기는 "꾸며낸 이야기"이거나 "상상의" 것이지만 다른 것들은 "진짜"라는 것이 허구적이거나, 오아시스는 "환영적"일 수도, "실제"일 수도 있다는 것이 허구적이거나, 이 세계에 있는 많은 트럭들 중에서 어떤 것들은 "장난감"이며 곰 중에는 "피와 살로 된" 곰들뿐 아니라 "박제된" 곰들도 있다는 것이 허구적인 게임들을 함축하는 것으로 이해하는 것이 어렵지 않다. (우리는 "터비는 아주 착한 곰이고 소중한 친구야. 터비가 진짜가 아니라는 것이 너무 애석해", "[구명] 재킷이 올라가는 것을 막는 끈과 줄, 그리고 다른 장치들은 효과적인 것들에서부터 존재하지 않는 것들에 이르기까지 광범위하다",[4] 그리고 "신화적인 짐승들은 그리 위험하지 않다"와 같은 것들을 말할 때 이러한 게임에 참여하는 것이다.)

위의 예들에서 인용부호들은 우리에게 신화적임이나 환영적임이나 상상적임이나 가짜임이나 실제임이나 진짜임이라는 속성은 없다는 것을 상기시켜주기 위해 사용된다. 비록 무엇인가가 그러한 속성을 가진다는 것이 허구적인 그러한 속성이라 할지라도 말이다. (또한 박제되었음이나 장난감임은 곰이나 트럭이 가질 수도 있는 어떤 속성이 아니다.) "가짜인", "신화적인", "환영적인", "진짜의", 그리고 "실제의"와 같은 술어들이 속성들을 표현한다는 것은 단지 허구적이다. 적절한 게임들에 참여할 때, 우리는 그것들을 사용해 속성들을 귀속시키는 것처럼 가장하지만, 우리가 무엇인가에 귀속시킨다고 그런 식으로 가장하는 그런 속성들은 없다.[5]

위에서 기술된 종류의 비공식적 게임들은 허구 작품들과는 아무런 관련이 없는 존재 진술들에 의해 함축될 수 있다. 예를 들어 우리는 "벌컨"을, 명왕성은 가진 속성인 "존재한다"라는 술어에 의해 표현되는 속성을 결여하는 어떤 행성의 이름을 허구적으로 일컫는 것으로 생각할 수 있다.

그 문법적 형식이 정확히 단칭 술어를 귀속시키는 형식은 아닌 진술들인 "벌컨은 없다(There is no Vulcan)"와 "로빈슨 크루소는 없다(There is no Robinson Crusoe)"와 같은 진술들은 (33)이 그러한 것보다는 2차적 가장하기를 포함하는 것으로 쉽게 이해되지 않는다. 화자는 아마도 어떤 종류의 지칭하는 것처럼 가장하기를 나타내거나 심지어는 그러한 가장하기에 참여함으로써 어떤 종류의 지칭하기를 나타내고 부인한다. 그러나 그는 아마도 지칭된 무엇인가에 어떤 속성을 귀속시키는 가장하기를 나타냄으로써 그렇게 하지는 않을 것이다.

---

4) *Consumer Reports* (July 1988), p. 435.

5) 나는 "존재한다"가 때때로 "1차적 개념, 즉 모든 것들에 대해 참인 그런 속성을 나타내기 위해" 사용된다고 말하는 에반스(*Varieties of Reference*, p. 345)에게 동의하지 않는다. 그러나 그 술어가 그런 식으로 사용된다는 것이 허구적일 수는 있다.

존재 주장들을 위에서 기술된 종류의 2차적 가장하기를 포함하는 것으로 간주하는 것은 우리가 그것들을 허구와 관련된 술어 귀속 진술들에 대한 설명에 포함시킬 수 있도록 해준다. 우리의 1차적 모델에서 (30)이나 (33)의 화자는 일종의 단언하는 것처럼 가장하기(더 상세하게는 일종의 무엇인가에게 어떤 속성을 귀속시키는 것처럼 가장하기)를 나타내며, 함축된 종류의 한 (비공식적인) 게임 안에서 그렇게 가장하는 것은 참을 말하는 것이 된다고 주장하는 것이다. 존재 진술들이 이런 식으로 이해되건 내가 앞서 제안한 방식으로 이해되건, 우리는 그 진술들이 같은 사례에서 똑같이 참이거나 거짓이라고 예상할 수 있다. 왜냐하면 분명히 함축된 게임들은 우리가 "X"를 발화하면서 나타내는 종류의 지칭 시도들이 성공적일 경우에만 우리가 "X는 존재한다"라고 말할 때 우리가 참을 말한다는 것이 허구적인 그런 게임들이기 때문이다. 그리고 그런 종류의 지칭 시도들이 성공적이지 못할 경우에만 "X는 존재하지 않는다"라고 말할 때 우리가 참을 말한다는 것이 허구적이다.[6]

1차적 모델은 가장하기와 믿는 체하기를 존재 진술들을 통해 단언되는 바의 내용 안으로 되돌려놓는다. 심지어 벌컨이나 카다피의 존재에 대한 긍정과 부정도 어떤 종류의 가장하기와 (비공식적인) 믿는 체하기 게임에 대한 단언이 될 것이다. 그러나 우리는 1차적 모델에 대한 우리와 친숙한 변형을 사용할 수 있다. 단칭 존재 진술들을 그 진술이 허구적이라고 주장하는 것으로 이해하는 것이 아니라 화자가 나타내는 방식으로 단언하는 것처럼 가장하는 것은 허구적으로 참을 말하는 것이 된다는 사실을 초래하는 상황이 성립한다는 것을 입증하는 것으로 이해하는 것이 최선일 수도 있다. (우리는 §10.5에서 비공식적 게임을 포함하는 진술들은 그러한 이해에 특별히 더 잘 들어맞을 가능성이 크다는 것을 보았다.) 존재 진술의 경우 관련된 상황이란, 화자가 나타내는 방식으로 지칭하고자 시도하는 것은 무엇인가를 지칭하는 데 성공하거나 실패한다는 사실이다. 따라서 우리는 존재 주장들에 대한 우리의 원래 설명으로 되돌아온다. 그러나 이제 우리는 어떻게 (30)과 (33) 같은 문장들이 그 문장들이 말하는 바를 말하는 데

6) 존재 긍정문의 경우에, 우리는 실제로 그런 시도를 한다. 따라서 우리는 "X"를 사용해 지칭하는 데 실제로 성공하는 경우에만 우리가 "X는 존재한다"라고 발화할 때 참을 말한다는 것이 허구적이라고 말할 수 있다.

사용되게 되었는지 이해할 수 있다. 우리는 그것들과 같은 존재 주장들 및 그것들과 매우 가깝게 닮은 술어 귀속 진술들 — (실제) 사물에 진짜로 속성을 귀속시키는 진술들과 허구적 사물에 일상적인 속성들을 귀속시키는 것처럼 보이는 진술들 모두 — 사이의 예상치 못한 연속성을 발견했다. 우리는 또한 "허구적인 개체"에 대한 존재 진술들뿐 아니라 허구 작품과 아무런 관련도 없는 존재 진술들도 포함하는 존재 진술에 대한 하나의 통합적 설명을 이루어냈으며, 허구 작품과 관련이 없는 존재 진술들을 가장하기나 믿는 체하기에 대한 주장으로 간주하지 않고서도 그렇게 해냈다.

물론 믿는 체하기 개념은 비록 그것이 존재 주장들의 내용 안에는 자리하지 않는다 하더라도 이러한 결과를 이루어내는 데 있어 필수적이다.

참고문헌

Aldis, Owen. *Play Fighting*. New York: Academic Press, 1975.

Allen, Woody. Quoted in *Newsweek* (June 1976): 46.

Antonioni, Michelangelo. *Blow-Up: A Film by Michelangelo Antonioni*. New York: Simon and Schuster, 1971.

Apollinaire, Guillaume. *The Cubist Painters: Aesthetic Meditations.* Translated by Lionel Abel. New York: G. Wittenborn, Schultz, 1949.

Apuleius. *The Golden Ass*. Translated by Jack Lindsay. Bloomington: Indiana University Press, i960.

Aristotle. *Poetics*. Translated by Gerald F. Else. Ann Arbor: Ann Arbor Paperbacks, University of Michigan Press, 1970.

Arnheim, Rudolf. "The Robin and the Saint." In *Toward a Psychology of Art*. Berkeley: University of California Press, 1966.

_____ *Film as Art*. Berkeley: University of California Press, 1966.

Ashbery, John. "Self-Portrait in a Convex Mirror." In *Self-Portrait in a Convex Mirror*. New York: Viking, 1975.

Bach, Kent. "Part of What a Picture Is." *British Journal of Aesthetics* 10 (1970): 119-137.

Banfield, Ann. "Narrative Style and the Grammar of Direct and Indirect Speech." *Foundations of Language* 10 (1973): 1-39.

_____ *Unspeakable Sentences: Narration and Representation in the Language of Fiction*. Boston: Routledge and Kegan Paul, 1982.

Barth, John. "Frame Tale." In *Lost in the Funhouse*. New York: Bantam Books, 1969.

_____ "Life Story." In *Lost in the Funhouse*. New York: Bantam Books, 1969.

Baum, L. Frank. *The Road to Oz*. New York: Ballantine Books, 1972.

Baxandall, Michael. *Painting and Experience in Fifteenth-Century Italy*. London: Oxford University Press, 1972.

Bazin, Andre. *What Is Cinema?* Edited and translated by Hugh Gray. Berkeley: University of California Press, 1971.

Beardsley, Monroe. *Aesthetics: Problems in the Philosophy of Criticism*, zd ed. New York: Harcourt Brace Jovanovich, 1980.

_____ "Fiction as Representation." *Synthese* 46 (1981): 291-313.

_____ *The Possibility of Criticism*. Detroit: Wayne State University Press, 1970.

Bennett, John G. "Depiction and Convention." *The Monist* 58 (April 1974): 255-268.

Berkeley, George. *Three Dialogues between Hylas and Philonous*. In Berke-ley's Philosophical Writings. Edited by David Armstrong. New York: Collier, 1965.

Bernstein, Leonard. CBS Interview (November 24, 1979).

Bettelheim, Bruno. *The Uses of Enchantment: The Meaning and Importance of Fairy Tales*. New York: Knopf, 1977.

Booth, Wayne. "Distance and Point-of-View: An Essay in Classification." In *The Theory of the Novel*. Edited by Phillip Stevick. New York: Free Press, 1967.

_____ *The Rhetoric of Fiction*. Chicago: University of Chicago Press, 1961.

Borges, Jorge Luis. "Everything and Nothing." In *Labyrinths: Selected Stories and Other Writings*. Edited by Donald A. Yates and James E. Irby. New York: New Directions, 1964.

_____ "Parable of Cervantes and the *Quixote*." In *Labyrinths: Selected Stories and Other Writings*. Edited by Donald A. Yates and James E. Irby. New York: New Directions, 1964.

_____ "Tlön, Uqbar, Orbis Tertius." In *Labyrinths: Selected Stories and Other Writings*. Edited by Donald A. Yates and James E. Irby. New York: New Directions, 1964.

Braudy, Leo. *The World in a Frame*. Garden City, N.Y.: Anchor, 1976.

Calvino, Italo. *If on a Winter's Night a Traveler*. Translated by William Weaven New York: Harcourt Brace Jovanovich, 1981.

Casey, Edward S. *Imagining: A Phenomenological Study*. Bloomington: Indiana University Press, 1976.

Castaneda, Hector-Neri. "Fiction and Reality: Their Fundamental Connections: An Essay on the Ontology of Total Experience." *Poetics* 8 (1979): 31-62.

Charlton, William. "Feeling for the Fictitious." *British Journal of Aesthetics* (1984): 206-216.

Chatman, Seymour. *Story and Discourse: Narrative Structure in Fiction and Film*. Ithaca: Cornell University Press, 1978.

Chisholm, Roderick. *The First Person: An Essay on Reference and Intentionality*, Minneapolis: University of Minnesota Press, 1981.

Clark, Herbert H., and Richard J. Gerrig. "On the Pretense Theory of Irony." *Journal of Experimental*

Psychology: General 113 (1984): 121–126.

Clark, Ralph W. "Fictional Entities: Talking about Them and Having Feelings about Them." *Philosophical Studies* 38 (1980): 341–349.

Cohn, Dorrit. *Transparent Minds: Narrative Modes for Presenting Consciousness in Fiction*. Princeton: Princeton University Press, 1978.

Coleridge, Samuel. *Selected Poetry and Prose*. Edited by Elizabeth Schneider. New York: Holt, Rinehart, and Winston, 1951.

Conrad, Joseph. *The Secret Agent*. Garden City, N.Y.: Doubleday, 1953.

Cortazar, Julio. "Blow–Up." In *Blow–Up and Other Stories*. Translated by Paul Blackburn. New York: Macmillan (Collier), 1968.

_____ "Continuity of Parks." In *Blow–Up and Other Stories*. New York: Macmillan (Collier), 1968.

Currie, Gregory. "Fictional Truth." *Philosophical Studies* 50 (1986): 195–212.

_____ "What is Fiction?" *The Journal of Aesthetics and Art Criticism* 63, no. 4 (Summer 1985): 385–392.

Dan to, Arthur C. *The Transfiguration of the Commonplace*. Cambridge, Mass.: Harvard University Press, 1981.

Darwin, Charles. *The Expression of Emotions in Man and Animals*. Chicago: University of Chicago Press, 1965.

Davidson, Donald. "On Saying That." *Inquiries into Truth and Interpretation*. Oxford: Clarendon Press, 1984.

Donnellan, Keith. "Reference and Definite Descriptions." *Philosophical Review* 75 (July 1966): 281–304.

_____ "Speaking of Nothing." *Philosophical Review* 83 (1974): 3–31.

Dostoyevsky, Fyodor. "Notes from the Underground." In *Notes from the Underground*, White Nights, The Dream of a Ridiculous Man, and Selections from The House of the Dead. Translated by Andrew R. Mac–Andrew. New York: New American Library, 1980.

Doyle, Sir Arthur Conan. "The Adventures of the Empty House." In *The Complete Sherlock Holmes*. Garden City, N.Y.: Doubleday, 1930.

Eaton, Marcia. "Liars, Ranters, and Dramatic Speakers." In *Art and Philosophy*. Edited by William Kennick. zd ed. New York: St. Martin's, 1979.

Evans, Gareth. *The Varieties of Reference*. Edited by John McDowell. Oxford: Oxford University Press, 1982.

Farrell, Daniel M. "Recent Work on the Emotions." *Analyse und Kritik* 10 (1988): 71–102.

Federman, Raymond. *Take It or Leave It*. Excerpt in *Statements: New Fiction front the Fiction Collective*. Assembled by Jonathan Baumbach. New York: George Braziller, 1975.

Fielding, Henry. *Tom Jones*. Harmondsworth, Middlesex, England: Penguin, 1966.

Fine, Kit. "The Problem of Non–Existence: I. Internalism." *Topoi* 1 (1982): 97–140.

Fish, Stanley. "How to Do Things with Austin and Searle." In *Is There a Text in This Class? The Authority of Interpretive Communities*. Cambridge, Mass.: Harvard University Press, 1980.

Fried, Michael. *Absorption and Theatricality: Painting and Beholder in the Age of Diderot*. Berkeley: University of California Press, 1980.

_____ *Realism, Writing, Disfiguration: On Thomas Eakins and Stephen Crane*. Chicago: University of Chicago Press, 1987.

Gale, Richard. "The Fictive Use of Language." *Philosophy* 46 (1971): 324-339.

Gardner, John. *On Moral Fiction*. New York: Basic Books, 1977.

Genette, Gérard. *Narrative Discourse: An Essay in Method*. Translated by Jane E. Lewin. Ithaca, N.Y.: Cornell University Press, 1983.

Gombrich, Ernst. *Art and Illusion*, zd ed. New York: Pantheon Books, 1961.

_____ "Meditations on a Hobby Horse, or the Roots of Artistic Form." In *Meditations on a Hobby Horse and Other Essays on the Theory of Art*. London: Phaidon, 1965.

_____ "Standards of Truth: The Arrested Image and the Moving Eye." *Critical Inquiry* 7, no. 2 (Winter 1980): 237-273.

Gombrowicz, Witold. *Pornografia*. Translated by Alastair Hamilton. New York: Grove Press, 1966.

Goodman, Nelson. "Fiction for Five Fingers." *Philosophy and Literature* (October 1982): 162-164.

_____ *Languages of Art*. Indianapolis: Bobbs-Merrill, 1968.

_____ *Ways of World-Making*. Indianapolis: Hackett, 1978.

Greenspan, Patricia. "Emotions as Evaluations." *Pacific Philosophical Quarterly* 62 (1981): 158-169.

Grice, Paul. "Meaning." *Philosophical Review* 66 (1957): 377-388.

Halliwell, Leslie. *The Filmgoer's Companion*. New York: Avon, 1974.

Hazlitt, William. *The Characters of Shakespeare's Plays*. London: C. H. Reynell, 1817.

Hermeren, Goran. *Representation and Meaning in the Visual Arts*. Lund: Larsomedelsforlagen (Scandinavian University Books), 1969.

Howell, Robert. "Fictional Objects: How They Are and How They Aren't." *Poetics* 8 (1979): 129-177.

_____ "Review of Parsons, Nonexistent Objects." *Journal of Philosophy* 80, no. 3 (1983): 163-173.

Hume, David. *An Enquiry Concerning Human Understanding*. Edited by Antony Flew. La Salle, 111.: Open Court, 1988.

_____ "Of the Standard of Taste." In *Of the Standard of Taste and Other Essays*. Edited by John W. Lenz. Indianapolis: Bobbs-Merrill, 1965.

_____ "Of Tragedy." In *Of the Startdafd of Taste and Other Essays*. Edited by John W. Lenz. Indianapolis: Bobbs-Merrill, 1965.

Hyslop, Alec. "Emotions and Fictional Characters." *Australasian Journal of Philosophy* 64, no. 3 (September 1986): 289–297.

James, Henry. *The Ambassadors*. New York: Harper and Brothers, 1902–3.

Kael, Pauline. *I Lost It at the Movies*. Boston: Atlantic–Little, Brown, 1965.

_____ *Kiss Kiss Bang Bang*. Boston: Little, Brown, 1965.

Kafka, Franz. "The Burrow." Translated by Willa and Edwin Muir. In *Franz Kafka: The Complete Stories*. Edited by Nahum N. Glatzer. New York: Schocken Books, 1971.

_____ "The Metamorphosis." Translated by Willa and Edwin Muir. In *Franz Kafka: The Complete Stories*. Edited by Nahum N. Ghtzer. New York: Schocken Books, 1971.

Karelis, Charles. "The Las Meninas Literature–and Its Lesson." In *Creation and Interpretation*. Edited by Raphael Stern. New York: Haven Publications, 1985.

Keats, John. "Ode on a Grecian Urn." In *The Mentor Book of Major British Poets*. Edited by Oscar Williams. New York: The New American Library, 1963.

Kraut, Robert. "Feelings in Context." *Journal of Philosophy* 83, no. 11 (November 1986): 642–652.

Kripke, Saul. *Naming and Necessity*. Cambridge, Mass.: Harvard University Press, 1973.

_____ *Wittgenstein on Rules and Private Language: An Elementary Exposition*. Cambridge, Mass.: Harvard University Press, 1982.

Laing, R. D. *Knots*. New York: Random House, 1972.

Lamarque, Peter. "Fiction and Reality." In *Philosophy and Fiction: Essays in Litemry Aesthetics*. Aberdeen: Aberdeen University Press, 1983.

_____ "How Can We Fear and Pity Fictions?" *British Journal of Aesthetics* 21, no. 4 (Autumn 1981): 291–304.

Lem, Stanislaw. *A Perfect Vacuum: Perfect Reviews of Nonexistent Books*. Translated by Michael Kandel. New York: Harcourt Brace Jovanovich, 1971.

Leonardo da Vinci. *Treatise on Painting*. Edited by A. P. McMahon. Princeton: Princeton University Press, 1956.

Levinson, Jerrold. "What a Musical Work Is." *Journal of Philosophy* 77, no. 1 (January 1980): 5–28.

Lewis, David. "Attitudes De Dicto and De Se." In *Philosophical Papers. Vol. 1.* New York: Oxford University Press, 1983.

_____ *Convention*. Cambridge, Mass.: Harvard University Press, 1969.

_____ *Counterfactuals*. Oxford: Blackwell, 1973.

_____ "Truth in Fiction." In *Philosophical Papers. Vol. 1.* New York: Oxford University Press, 1983.

Locke, John. *An Essay Concerning Human Understanding*. New York: Dover, 1959.

MacDonald, Margaret. "The Language of Fiction." In *Art and Philosophy*. Edited by W. E. Kennick. zd ed. New York: St. Martin's, 1979.

Mailer, Norman. *The Executioner's Song*. Boston: Little, Brown, 1979.

Mann, Thomas. "Death in Venice." *Death in Venice and Seven Other Stories*. Translated by H. T. Lowe-Porter. New York: Random House, 1936.

Mannison, Don. "On Being Moved by Fiction." *Philosophy* 60, no. 231 (January 1985): 71-87.

Margolis, Joseph. *Art and Philosophy*. Brighton: Harvester, 1980.

Marquez, Gabriel Garcia. "The Incredible and Sad Tale of Innocent Erendira and Her Heartless Grandmother." In *Innocent Erendira and Other Stories*. Translated by Gregory Rabassa. New York: Harper and Row, 1978.

Martin, Pete. "Pete Martin Calls on Hitchcock." In *Film Makers on Film Making*. Edited by Harry Geduld. Bloomington: Indiana University Press, 1971.

McNair, Robert E. *Basic River Canoeing*. 3d ed. Martinsville, Ind.: American Camping Association, Bradford Woods, 1972.

McPhee, John. *The Pine Barrens*. New York: Farrar, Straus, and Giroux, 1967.

Meinong, Alexius. "The Theory of Objects." Translated by Isaac Levi, D. B. Terrell, and Roderick M. Chisholm. In *Realism and the Background of Phenomenology*. Edited by Roderick M. Chisholm. New York: Free Press, 1960.

Melville, Herman. *Moby Dick*. New York: Random House, 1930.

Meyer, Leonard. *Emotion and Meaning in Music*. Chicago: University of Chicago Press, 1956.

_____ "On Rehearing Music." In *Music, the Arts, and Ideas*. Chicago: University of Chicago Press, 1967.

Morreall, John. "Enjoying Negative Emotions in Fiction." *Philosophy and Literature* 9, no. 1 (April 1985): 95-103.

Mothersill, Mary. *Beauty Restored*. Oxford: Oxford University Press, 1984.

Nabokov, Vladimir. *Pnin*. New York: Doubleday, 1957.

Newfield, Jack. "Journalism: Old, New, and Corporate." *The Reporter as Artist: A Look at the New Journalism Controversy*. Edited by Ronald Weber. New York: Hastings House, 1974.

Newhall, Nancy. *P. H. Emerson: The Fight for Photography as a Fine Art*. New York: Aperture, 1975.

Novitz, David. "Fiction, Imagination, and Emotion." *Journal of Aesthetics and Art Criticism* 38, no. 3 (Spring 1980): 279-288.

_____ *Knowledge, Fiction, and Imagination*. Philadelphia: Temple University Press, 1987.

_____ *Pictures and Their Use in Communication*. The Hague: Martinus Nijhoff, 1977.

O'Brien, Flann. *At Swim-Two-Birds*. London: MacGibbon and Kee, 1966.

Ohmann, Richard. "Speech Acts and the Definition of Literature." *Philosophy and Rhetoric* 4 (1971): 1-19.

Opie, I., and P. Opie. *Children's Games in Street and Playground*. Oxford: Oxford University Press,

1969.

Panofsky, Erwin. "Die Perspective als 'Symbolische Form.'" In *Aufsätze zu Grundfragen der Kunstwissenschaft*. Berlin: 1964.

_____ "Style and Medium in the Motion Pictures." In *Film Theory and Criticism: Introductory Readings*. Edited by Gerald Mast and Marshall Cohen, zd ed. New York: Oxford University Press, 1979.

Parsons, Terence. *Nonexistent Objects*. New Haven: Yale University Press, 1980.

_____ "Review of John Woods, *The Logic of Fiction: A Philosophical Sounding of Deviant Logic*." *Synthese* 39 (1978): 155-164.

Pascal, Roy. *The Dual Voice*. Totowa, N.J.: Rowan and Littlefield, 1977.

Pavel, Thomas G. *Fictional Worlds*. Cambridge, Mass.: Harvard University Press, 1986.

Peacocke, Christopher. "Depiction." *The Philosophical Review* (July 1987): 383-410.

_____ "Imagination, Experience, and Possibility: A Berkeleian View Defended." In *Essays on Berkeley: A Tercentennial Celebration*. Edited by John Foster and Howard Robinson. Oxford: Clarendon Press, 1985.

_____ *Sense and Content*. Oxford: Oxford University Press, 1983.

Peirce, Charles Sanders. *The Collected Papers of Charles Sanders Peirce*. Vols. 1-6. Edited by Charles Hartshorne and Paul Weiss. Cambridge, Mass.: Harvard University Press. 1931-1935.

Penrose, Roland. "In Praise of Illusion." In *Illusion in Nature and Art*. Edited by R. L. Gregory and E. H. Gombrich. London: Duckworth, 1973.

Plantinga, Alvin. *The Nature of Necessity*. Oxford: Oxford University Press, 1974.

Podro, Michael. *The Critical Historians of Art*. New Haven: Yale University Press, 1982.

Poe, Edgar Allan. "Facts in the Case of M. Valdemar." In *The Portable Poe*. Edited by Philip Van Doren Stern. New York: Viking, 1945.

Potter, Beatrix. *The Tale of the Flopsy Bunnies*. New York: Frederick Warne and Co., 1909.

Pratt, Mary Louise. *Toward a Speech Act Theory of Literary Discourse*. Bloomington: Indiana University Press, 1977.

Price, H. H. *Belief*. London: George Allen and Unwin, 1969.

Puig, Manuel. *Heartbreak Tango*. Translated by Suzanne Jill Levine. New York: Vintage, 1981.

Robbe-Grillet, Alain. "Jealousy." In *Two Novels by Robbe-Grillet (Jealousy and In the Labyrinth)*, Translated by Richard Howard. New York: Grove Press, 1965.

Roberts, Robert C. "What an Emotion Is: A Sketch." *The Philosophical Review* 97, no. 2 (April 1988): 183-209.

Rorty, Richard. "Is There a Problem about Fictional Discourse?" In *Consequences of Pragmatism* (Essays: 1972-1980). Minneapolis: University of Minnesota Press, 1982.

_____ "The World Well Lost." *Journal of Philosophy* 69, no. 19 (1972): 3–18.

Rose, Barbara. *American Art since 1900: A Critical History*. London: Thames and Hudson, 1967.

Routley, Richard. *Exploring Meinong's Jungle and Beyond: An Investigation of Noneism and the Theory of Items*. Canberra: Research School of Social Sciences, Australian National University, 1980.

Rubin, Kenneth H., Greta G. Fein, and Brian Vandenberg. "Play." In *Socialization, Personality, and Social Development*. Edited by E. Mavis Hetherington. Vol. 4 of Handbook of Child Psychology. 4th ed. Edited by Paul H. Mussen. New York: John Wiley and Sons, 1983.

Ryan, Marie-Laure. "Fiction, Non-Factuals, and the Principle of Minimal Departure." *Poetics* 8 (1980): 403–422.

Savile, Anthony. *The Test of Time: An Essay in Philosophical Aesthetics*. Oxford: Oxford University Press, 1982.

Schier, Flint. *Deeper into Pictures*, Cambridge: Cambridge University Press, 1986.

Schiffer, Stephen. *Meaning*. Oxford: Oxford University Press, 1972.

_____ "Review of Gareth Evans, *The Varieties of Reference*." *Journal of Philosophy* 85, no. 1 (January 1988): 33–42.

Scholes, Robert. *Structural Fabulation*, Notre Dame, Ind.: University of Notre Dame Press, 1975.

Scruton, Roger. *Art and Imagination*. London: Methuen, 1974.

Searle, John. "The Logical Status of Fictional Discourse." *New Literary History* 6 (1975): 319–332.

_____ *Speech Acts: An Essay in the Philosophy of Language*. Cambridge: Cambridge University Press, 1969.

Shakespeare, William. *A Midsummer Night's Dream*. In *William Shakespeare: The Complete Works*. Edited by Charles Jasper Sisson. New York: Harper and Brothers, n.d. (Preface dated 1953.)

_____ *Othello*. In *William Shakespeare: The Complete Works*. Edited by Charles Jasper Sisson. New York: Harper and Brothers, n.d. (Preface dated 1953.)

Sheikh, Anees A., and John Shaffer, eds. *The Potential of Fantasy and the Imagination*. New York: Brandon House, 1979.

Sidney, Sir Phillip. *An Apology for Poetry, or The Defense of Poesy*. Edited by Geoffrey M. A. Shepherd. London: Thomas Nelson and Sons, Ltd., 1965.

Silverstein, Shel. "Slithergadee." In *Uncle Shelby's Zoo: Don't Bump the Glump*. New York: Simon and Schuster, 1964.

Singer, Jerome L. *The Child's World of Make-Believe: Experimental Studies of Imaginative Play*. New York: Academic Press, 1973.

Skulsky, H. "On Being Moved by Fiction." *Journal of Aesthetics and Art Criticism* 39 (1980): 5–14.

Smith, Barbara Herrnstein. *On the Margins of Discourse: The Relation of Literature to Language*. Chicago: University of Chicago Press, 1978.

Snyder, Joel. "Picturing Vision." *Critical Inquiry* 6 (Spring 1980): 499-526.

Snyder, Joel, and Neil Walsh Allen. "Photography, Vision, and Representation." *Critical Inquiry* 2, no. 1 (Autumn 1975): 143-169.

Sober, Elliott. *Simplicity*. Oxford: Oxford University Press, 1975.

Stalnaker, Robert. "A Theory of Conditionals." In *Studies in Logical Theory*. Edited by Nicholas Rescher. Oxford: Blackwell, 1968.

Steinberg, Leo. "The Eye Is Part of the Mind." *Partisan Review* 22, no. 2 (1953): 194-212.

Stella, Frank. *Working Space: The Charles Eliot Norton Lectures, 1983-84*. Cambridge, Mass.: Harvard University Press, 1986.

Strawson, Peter. "Imagination and Perception." In *Experience and Theory*. Edited by Lawrence Foster and J. W. Swanson. N.p.: University of Massachusetts Press, 1970.

Thackeray, William Makepeace. *Vanity Fair: A Novel without a Hero*. New York: Modern Library, 1950.

Thurber, James. "The Macbeth Murder Mystery." In *The Thurber Carnival.* New York: Dell, 1962.

Tolkien, J. R. R. "On Fairy-Stories." In *The Monsters and the Critics, and other Essays*. Edited by Christopher Tolkien. Boston: Houghton Mifflin, 1984.

Tovey, Donald Francis. "Programme Music." In *The Forms of Music*. Cleve- land: World Publishing Company, 1956.

Toynbee, A. J. Quoted in *Webster's Third New International Dictionary*. Springfield, Mass.: G. and C. Merriam, 1971.

Twain, Mark (Samuel L. Clemens). *The Adventures of Huckleberry Finn (Tow Sauwyer's Comrade)*. New York: Modern Library, 1985.

_____ *The Adventures of Tom Sawyer*. Harmondsworth, Middlesex, England: Penguin, 1986.

Urmson, J. O. "Fiction." *American Philosophical Quarterly* 13, no. 2 (April 1976): I53-I57.

Van Inwagen, Peter. "Creatures of Fiction." *American Philosophical Quarterly* 14 (1977): 299-308.

_____ "Pretence and Paraphrase." In *The Reasons of Art: Artworks and the Formations of Philosophy / L'art a ses raisons: Les oeuvres d'art: Défis à la philosophie*. Edited by Peter J. McCormick. Ottawa: University of Ottawa Press, 1985.

Voltaire. *Candide*. In *Candide and Other Romances*. Translated by Richard Aldington. London: Abbey Library, n.d.

Walton, Kendall L. "Categories of Art." In *Art and Philosophy*. Edited by William Kennick. zd and 3d eds. New York: St. Martin's, 1979.

_____ "Linguistic Relativity." In *Conceptual Change*. Edited by Glenn Pearce and Patrick Maynard. Dordrecht, Holland: Reidel, 1973.

_____ "Points of View in Narrative and Depictive Representation." *Noûs* 10 (1976): 49-61.

_____ "Review of Nicholas Wolterstorff, Works and Worlds of Art." *Journal of Philosophy* 80 (1983): 179-

193.

_____ "Style and the Products and Processes of Art." In *The Concept of Style*. Edited by Berel Lang, zd ed. Ithaca, N.Y.: Cornell University Press, 1987.

_____ "Transparent Pictures." *Critical Inquiry* 11 (1984): 246–277.

_____ "What Is Abstract About the Art of Music?" *The Journal of Aesthetics and Art Criticism* 46, no. 3 (Spring 1988): 351–364.

Weber, Ronald. *The Literature of Fact: Literary Nonfiction in American Writing*. Athens, Ohio: Ohio University Press, 1980.

_____ "Some Sort of Artistic Excitement." In T*he Reporter as Artist: A Look at the New journalism Controversy*. Edited by Ronald Weber. New York: Hastings House, 1974.

Williams, Bernard. "Imagination and the Self." In *Problems of the Self: Philosophical Papers*, 1956–72. Cambridge: Cambridge University Press, 1973.

Wilshire, Bruce. *Role Playing and Identity*. Bloomington: Indiana University Press, 1982.

Wilson, George M. *Narration in Light: Studies in Cinematic Point of View*. Baltimore: Johns Hopkins University Press, 1986.

Wittgenstein, Ludwig. *The Blue and Brown Books*. Oxford: Basil Blackwell, 1958.

_____ *Philosophical Investigations*. Translated by G. E. M. Anscombe. 3d ed. New York: Macmillan, 1958.

Wodehouse, P. G. *How Right You Are*, Jeeves. New York: Harper and Row, 1985.

Wollheim, Richard. *Art and Its Objects*. 2d ed. Cambridge: Cambridge University Press, 1980.

_____ "Imagination and Identification." In *On Art and the Mind*. Cambridge, Mass.: Harvard University Press, 1974.

_____ "On Drawing an Object." In *On Art and the Mind*. Cambridge, Mass.: Harvard University Press, 1974.

_____ *Painting as an Art*. Princeton: Princeton University Press, 1987.

_____ *The Thread of Life*. Cambridge, Mass.: Harvard University Press, 1984.

Wolterstorff, Nicholas. *Works and Worlds of Art*. New York: Oxford University Press, 1980.

Woods, John. *The Logic of Fiction: A Philosophical Sounding of Deviant Logic*. The Hague: Mouton, 1974.

찾아보기

ㅊ

ㅍ

ㅎ

역자 후기

이 책은 켄달 월튼(Kendall L. Walton)의 『Mimesis as Make-Believe: On the Foundations of the Representational Arts』(1990)를 번역한 것이다. 현대 영미 분석미학에서 켄달 월튼만큼 미학의 광범위한 분야에 영향을 끼친 이론가는 거의 없다 해도 과언이 아니다. 이 책은 그의 대표저서로서, 출간된 지 30여 년이 지났지만 여전히 미학의 핵심적인 논쟁들의 중심에 자리하고 있다.

이 책의 원제를 그대로 번역하면 "믿는 체하기로서의 미메시스: 재현적 예술의 토대에 대하여"가 되겠으나, "미메시스"라는 용어의 대표성을 살리기 위해 제목을 다소 수정했다. "미메시스"란 흔히 모방이라고 번역되며 예술에 대한 가장 오랜 개념 중 하나로서 미학에서 중요하게 다루어진다. 그러나 월튼은 이 개념을 모방보다는 상상하기, 재현, 허구, 또는 그의 용어대로라면 믿는 체하기의 개념으로 바라보기를 주장한다. 월튼은 이 용어들의 혼란스러운 일상적 용법을 따라가기보다는 그것들을 새로운 이론적 범주로 재정립하고자 한다.

이 책에서 월튼은 예술과 상상하기의 관계라는 오랜 주제를 "놀이"라는 관점에서 바라보고자 한다. 월튼이 주목하는 것은 인형 놀이나 장난감 트럭 놀이와 같은 아이들의 놀이와 그림, 조각, 소설, 연극, 영화와 같은 재현적인 예술 사이의 상관관계이다. 월튼의 주된 아이디어는, 재현적인 예술작품은 "믿는 체하기 게임(games of make-believe)"에서의 소도구(prop)라는 것이다. 월튼에 의해 이론화된 "믿는 체하기"는 상상하기의 한 종류로서, 다른 상상하기와 달리 소도구를 필요로 하며 이 소도구들에 대해 특정한 상상을 하도록 하는 규칙을 준수함으로써 이루어지는 게임을 뜻한다. 아이들이 아기 인형을 소도구로 삼아 엄마 놀이를 하는 것처럼, 감상자는《걸리버 여행기》를 소도구로 삼아 어떤 배의 의사가 쓴 항해일지를 읽는 놀이를 하며 〈붉은 지붕의 물방앗간〉을 소도구로 삼아 붉은 지붕의 물방앗간을 보는 놀이를 한다. 소설과 그림, 연극과 영화를 비롯한 모든 재현적인 예술 작품은 이런 의미에서 믿는 체하기 게임의 소도구이며, 믿는 체하기는 상상하기라는 점에서 모든 재현 작품은 월튼이 말하는 "허구"가 된다.

이 책의 뛰어난 점은 이러한 기본 아이디어를 전개시켜나가는 힘에 있다. 월튼은 믿는 체하기 게임의 개념을 명확히 한 후, 믿는 체하기에서 발생하는 허구 세계의 본질, 허구 세계에 대한 감상자의 참여와 허구에 대한 감정 반응, 허구적 대상의 존재론 등의 보다 깊은 문제에 다가간다. 허구와 비허구는 어떻게 구분되는가? 허구의 감상자는 어떤 역할을 하는가? 회화와 소설은 어떤 점에서 다른가? 우리는 왜 우리가 참이라고 믿지 않는 허구적 이야기에 대해서 공포나 동정 같은 감정을 느끼는가? 어떻게 주인공의 운명에 슬퍼하면서도 비극을 즐길 수 있는가? 왜 우리는 똑같은 이야기를 다시 읽으면서도 서스펜스를 느끼는가? 소설의 주인공과 같은 허구적 대상들의 존재론적 지위를 어떻게 간주해야 하며 그들을 지칭하는 진술들의 의미를 어떻게 이해할 것인가? 우리는 월튼의 철저하고도 통찰력 있는 분석을 통해 철학과 미학의 오랜 난제들의 핵심에 접근하게 되며, 믿는 체하기라는 단순하지만 호소력 있는 개념은 이러한 많은 문제들에 대한 독창적인 해결의 실마리를 제공해준다.

예술을 아이들의 놀이와 연관시키는 시도 자체는 그 자신이 밝히고 있듯이 새로운 시도는 아니다. 월튼은 서문에서 그림을 나무막대로 만든 말에 비유하는 에른스트 곰브리치의 에세이를 예로 든다. 그러나 월튼은 이러한 아이디어가 어느 정도까지 체계적으로 이론화될 수 있으며 예술이 제기하는 여러 문제들에 어떻게 효과적으로 대답할 수 있는지를 보여줌으로써 미처 예상하지 못했던 방식으로 그 설득력을 증명한다. 영미 미학에서 새로운 개념을 만들어내고 그러한 개념을 광범위한 미학적 문제에 적용함으로써 하나의 큰 이론으로 완성해나간 경우는 많지 않다. 아마도 영미 미학이 거시적 관점에서 모든 문제들을 바라보기보다는 개별 문제들에 대한 최선의 설명을 추구하는 방식으로 전개되어온 이유도 클 것이다. 그런 점에서 월튼의 이론은 영미 미학 내에서 흔치 않은 위치를 차지하고 있다.

그러나 월튼의 이론은 앞서도 밝혔지만 아직도 많은 논쟁에서 상충하는 입장들 중의 한 편을 대표하는 이론이기도 하다. 한 예로 허구에 대한 감정 반응의 문제를 살펴보자. 우리는 어떤 사람이 부당하게 불행한 처지에 처해 있기 때문에 그를 동정하고 어떤 대상이 나에게 위협을 가하기 때문에 그 대상을 두려워한다. 그러나 우리의 동정이나 두려움의 대상이 실은 존재하지 않는다는 것을 알게 된다면 그러한 감정은 사라져버릴 것이다. 즉 우리의 감정은 대상이 존재한다는 믿음에 의존한다. 그러나 우리는 모두 안나 카레니나라든지 드라큘라는 존재하지 않고 단지 허구적일 뿐임을 알고 있음에도 안나를 동정하며 눈물을 흘리고 드라큘라를 두려워한다. 이러한 현상을 어떻게 설명할 것인가? 이것이 바로 이른바 "허구의 역설"이라 불리는 미학의 난제 중의 하나이다. 허구에 대한 우리의 반응은 비합리적이고 비일관적일 뿐인가? 몇 가지 대답이 존재한다. 우리는 허구를 감상하는 동안만은 이른바 "불신을 보류"하며 허구 속 대상이 실제로 존재한다고 믿는다는 주장, 그리고 감정의 대상이 실제로 존재한다는 믿음 없이도 그 대상이 고통을 겪고 있거나 나에게 위협을 가한다는 생각만으로도 동정이나 두려움을 느낄 수 있다고 하는 "사고 이론"의 주장이 그것이다. 그러나 월튼은 이러한 이론들과는 달리 우리가 허구적 대상이나 상황에 대해 진정한 감정을 느낀다는 것을 거부한다. 그에 따르면 우리가 안나 카레니나에 대해 동정을 느끼거나 드라큘라를 두려워한다는 것은 단지 "허구적"이며 따라서 우리의 감정은 진정한 동정이나 공포의 감정이 아니라 "유사-동정" 혹은 "유사-공포"이다. 이러한 주장은 허구를 감상할 때 감상자가 허구 세계의 바깥에서 들여다보는 관찰자에 그치는 것이 아니라 그 세계의 참여자가 되며 감상자 자신에 대한 상상하기를 포함하는 믿는 체하기 게임을 하는 것이라는 월튼의 이론 내에서 큰 설득력을 가진다.

월튼의 이 책을 처음 접한 것은 2005년 오종환 교수님의 수업에서였다. 나는 그때만 하더라도 허구라든지 상상하기의 문제에는 별 관심이 없었고 그저 유난히 논쟁이 많이 오고 간 수업이 재미있다는 생각만으로 참여했던 기억이 있다. 그러나 그 후 공부를 더 하게 되면서 허구가 예술에서 얼마나 중요한 개념인지 알게 되었고 이 믿는 체하기라는 개념이 얼마나 많은 문제들에 관련되는지 차츰 깨닫게 되었다. 그럼에도 이 책의 진가를 제대로 알게 된 것은 회화적 재현에 대한 박사논문을 준비하면서였다고 할 수 있다. 비록 회화적 재현에 대한 월튼의 이론에 모두 동의하지는 않지만, 월튼의 이론 아래 있는 재현에 대한 직관과 통찰력에는 깊이 공감하며 그의 이론에 존경을 표하고 싶다.

번역을 시작하고 나서 이런저런 핑계로 출간이 너무 늦어져버렸다. 언제 책이 나오는지 궁금해하던 주변 분들에게 죄송할 뿐더러 그렇지 않아도 출간된 지 오래된 책을 번역하느라 너무 긴 시간을 써버려서 원저자에게도, 그리고 이 책이 좀 더 일찍 나왔으면 더 도움이 되었을 분들에게도 죄송할 따름이다. 그럼에도 월튼의 이론이 지나간 이론이 아니라 아직도 논쟁의 한 축을 담당하는 "현역"이며, 이 책이 월튼이 새로이 촉발시킨 많은 논쟁들을 거슬러 올라가다 보면 반드시 만나야 되는 책이라는 점에 확신을 갖고 있기에 감히 널리 읽힐 수 있기를 기대해 본다.

마지막으로 이 번역서가 나오기까지 도움을 주신 분들께 감사의 말을 전하고 싶다. 우선 이 책을 처음 접하게 해주신 오종환 교수님과 그 수업에서 함께 공부했던 선후배들께, 그리고 오랜 시간이 지나 다시금 이 책을 대학원에서 같이 읽어준 후배들께 감사드린다. 그분들께는 이 책을 이해하는 데, 그리고 번역이 조금이라도 정확하게 되는 데 많은 빚을 졌다. 번역이 생각보다 오랜 시간이 걸렸음에도 믿고 기다려주신 북코리아 출판사, 출간을 지원해주신 서울대학교 인문대학, 그리고 번역을 주선해주신 이해완 교수님께도 감사드린다. 마지막으로, 개인적인 친분이 없음에도 불구하고 한국어판 서문을 부탁드렸을 때 흔쾌히 글을 보내 주신 켄달 월튼 교수님께 감사드린다. 이 번역서가 모쪼록 미학을 연구하는 이들에게 조금이라도 도움이 되기를 바라며, 많은 이들에게 분석미학의 재미와 깊이를 알게 해주었으면 하는 바람이다.